Paul Kirchhof

Das Maß der Gerechtigkeit

W0173687

Paul Kirchhof

Das Maß der Gerechtigkeit

Bringt unser Land wieder ins Gleichgewicht!

DROEMER

Besuchen Sie uns im Internet:
www.droemer.de

Die Einschweißfolie ist biologisch abbaubar.
Dieses Buch wurde auf chlor- und säurefreiem Papier gedruckt.

Copyright © 2009 bei Droemer Verlag
Ein Unternehmen der Droemerschen Verlagsanstalt
Th. Knaur Nachf. GmbH & Co. KG, München
Alle Rechte vorbehalten. Das Werk darf – auch teilweise –
nur mit Genehmigung des Verlages wiedergegeben werden.
Umschlaggestaltung: ZERO Werbeagentur, München
Satz: Adobe InDesign im Verlag
Druck und Bindung: CPI – Ebner & Spiegel, Ulm
Printed in Germany
ISBN 978-3-426-27479-8

2 4 5 3 1

Inhalt

Einstimmung

Wenn unser Leben nach Recht und Anstand verläuft, bleibt die Gerechtigkeit eine Erscheinung wie Sonnenaufgang und Sonnenuntergang. Wir erleben sie als Selbstverständlichkeit unseres Alltags. Doch wenn etwas nicht mit rechten Dingen zugeht, wird die Gerechtigkeit zu einem dringenden Anliegen. Wir rufen nach dem Richter, fordern von ihm Gerechtigkeit, klagen auf unser individuelles Recht. Gerechtigkeit ist so gegenwärtig wie die Gesundheit. Wer gesund ist, stellt die Frage nach den Bedingungen eines gesunden Lebens kaum. Erst wenn eine Krankheit ihn bedroht oder bedrückt, wächst seine Aufmerksamkeit für den Arzt und die Medikamente, die seine Krankheit heilen, seine Schmerzen lindern. Der Arzt wird die Gesundheit kaum definieren, wohl aber die Krankheit diagnostizieren und eine Therapie entwickeln können. Ebenso zögert der Richter, das große Wort der Gerechtigkeit in den Mund zu nehmen, sucht aber in jedem Urteil Unrecht durch Recht zu ersetzen oder auszugleichen.

Uns ist stets bewusst, dass wir die Gerechtigkeit nicht vollständig verwirklichen, uns ihr nur annähern können. Eine Ordnung des menschlichen Zusammenlebens, die den Vorstellungen aller Betroffenen entspricht, ist kaum möglich, weil die Menschen so verschieden, voller Fehler und Unzulänglichkeiten sind und dementsprechend handeln. Das Wort von der Gerechtigkeit beschreibt deshalb keinen Zustand, der irgendwann einmal erreichbar ist, sondern ein Ziel, auf das hin wir uns bewegen.

Gerecht handelt in der Regel, wer den Lebensbedürfnissen der Menschen, unserer Kultur und den vom Gesetzgeber bestimmten allgemeinen Regeln genügt. Die Gerechtigkeit darf nicht in Teilgerechtigkeiten – eine soziale, eine liberale oder eine demokratische – aufgelöst werden. Wer in einer liberalen Gerechtigkeit nur den Unternehmer sieht, der in seiner Freiheit seinen Betrieb durch Entlassungen rettet, nicht aber die Schicksale der entlassenen Arbeitnehmer bedenkt, beobachtet nur das Überleben des Unternehmens und lässt damit wesentliche Anfragen an das Recht unbeantwortet. Wer soziale Gerechtigkeit fordert und dabei nur auf den Staatsbeamten blickt, der in der ersten Reihe staatliche Wohltaten verteilt, den Finanzbeamten aber aus dem Blickfeld verdrängt, der in der zweiten Reihe die für diese Wohltaten benötigten Steuergelder einsammelt, verfehlt in diesem verengten Blick das Gerechtigkeitsanliegen. Wer unter dem Stichwort der demokratischen Gerechtigkeit den jeweiligen Gegenwartswillen der Bürger zur Geltung bringen will, verkennt das Unabstimmbare im Recht, den Minderheitenschutz, auch das Rechtsstaatsprinzip, das nicht den spontanen, oft wechselnden Willen des Staatsvolkes als Rechtsquelle anerkennt, sondern die gut vorbereitete Willensäußerung eines Wahlaktes oder einer förmlichen Abstimmung.

Gerechtigkeit fordert dauernde, unverbrüchliche Prinzipien des menschlichen Zusammenlebens. Dabei verfolgen die Menschen *fünf Grundanliegen*:

Niemand darf die Rechte anderer – Leib und Leben, körperliche und seelische Integrität, Eigentum – *verletzen.*

Jeder Mensch soll sein Glück selbst suchen, die Freiheit haben, Herr seiner selbst zu sein und über einen eigenen Lebensbereich selbst zu bestimmen. Jeder wählt selbstbestimmt seinen Beruf, sucht sich seinen Ehepartner, richtet sich seine Wohnung ein, gibt bei der Wahl seinem Kandidaten seine Stimme.

Das Recht weist nicht Herrschaftsräume, sondern Verantwortlichkeiten zu. Das Freiheitsrecht berechtigt den Menschen nur zur Beliebigkeit, wenn seine Entscheidungen ihn allein betreffen, er also beschließt, heute ein Glas Bier und morgen ein Glas Wein zu trinken. Sind hingegen andere Menschen mit betroffen, übernimmt der Freiheitsberechtigte mit der Wahrnehmung seines Freiheitsrechts rechtliche Verantwortlichkeit für andere. Die Eltern führen ihr Kind in unsere Kultur, der Arzt dient der Gesundheit des Patienten, der Bankier verwaltet treuhänderisch das Geld anderer, der Bauherr schafft Standsicherheit für die nächsten Generationen. Übt der Staat Kompetenzen und Befugnisse aus, hat er diese stets gegenüber den Betroffenen – in einer Demokratie gegenüber den Wählern – zu verantworten. Er wird also an den Wirkungen gemessen, die er bei den betroffenen Menschen erreicht.

Verantwortlichkeiten sind so wahrzunehmen, dass *der Handlungsmaßstab sich verallgemeinern lässt.* Begründet die Wahrnehmung eines Freiheitsrechts nur Herrschaft über sich selbst – entscheidet der Mensch nur, was er isst, wie er sich kleidet, welches Buch er lesen will –, ist der freie Mensch niemandem Rechenschaft schuldig. Hat er aber für andere mitzuentscheiden, erwartet das Recht, dass seine Entscheidung nicht nur für diesen Fall, sondern für alle gleichgelagerten Fälle vertretbar ist. In diesem Verallgemeinerungsauftrag liegt der Ursprung des allgemeinen Gesetzes, des Gleichheitssatzes, der Unbefangenheit und Unparteilichkeit des Richters.

Gerechtigkeit denkt hin zum Besseren, lehrt aber ebenso Zufriedenheit, auch Dank. Sie erlaubt kein selbstzufriedenes Behagen im Gegenwärtigen, treibt auch nicht zu grenzenlosem Optimieren. Sie fordert eine *Kultur des Maßes*. Wer im Erwerbsstreben tatkräftig und erfolgreich war, deswegen sparen und investieren konnte und sich mit einer Rendite von 5 % zufriedengab, genießt heute Reichtum. Wer nach ständig optimierten Gewinnen heischt, hat sich auf Wette und Spiel eingelassen und Vermögen verloren. Recht strebt nach dem Angemessenen, nach Maß und Grenze. Wenn eine Strafe nicht der Tat, ein Unternehmergewinn nicht der Leistung, eine Ehrung nicht den Verdiensten entspricht, ruft das Recht nach einem Haltepunkt. Recht setzt Maßstäbe, scheut die Maßstablosigkeit, die Maßlosigkeit.

Unser Alltagsleben ist durchdrungen von Recht und Gerechtigkeit. Vor allem der Staat setzt Recht und setzt es durch. Doch die Gerechtigkeit liegt auch in unserer Hand, in der Verantwortlichkeit der freien Bürger. Es ist recht, wenn die Eltern ihr Kind ermahnen oder ermuntern, der Lehrer seinen Schülern Wissen und Anstand vermittelt, der Meister mit seinen Gesellen das gelungene Werk feiert, der Sportverein mit seinen Mitgliedern Fairness und Fitness trainiert, der ehrenamtliche Helfer sich den Armen und Schwachen zuwendet. Und vielleicht ist es ebenso recht, wenn wir in diesem Buch gemeinsam über Gerechtigkeit nachdenken.

I. Gerechtigkeit – ein fragendes Wort

1. Der Ring des Gyges

Im alten Griechenland sprach der weise Sokrates mit seinen Schülern über Gerechtigkeit. In diesem Gespräch verwies Glaukon auf die Geschichte des Gyges, der durch Unrecht zu einem genuss- und erfolgreichen Leben gekommen war.

Gyges war ein Hirte des Königs Kandaules von Lydien. Er hatte einen Ring gefunden und steckte sich diesen an den Finger. Als er an dem Ring herumspielte, bemerkte er, dass dieser bei einer bestimmten Drehung die Kraft hatte, ihn unsichtbar zu machen. Daraufhin nutzte er die Möglichkeit, ungesehen an den Königshof zu gelangen. Er verführte die Königin, ermordete den König und übernahm seine Herrschaft.

Diese Geschichte veranlasste Glaukon zu der Frage, warum Sokrates dennoch behaupte, dass der Gerechte der Glücklichere sei. Die Lehren des Sokrates antworten, die Gerechtigkeit sei »für die Seele selbst das Beste«. Wer sich bemühe, gerecht zu sein, den würden die Götter nicht vernachlässigen. Selbst wenn der Gerechte mit Armut und Krankheit geschlagen sei, werde es ihm irgendwann – »im Leben oder auch nach dem Tode« – zu etwas Gutem ausschlagen.

Schließlich räumt Sokrates ein, dass die Gerechtigkeit auch weltlichen Lohn zu Lebzeiten sichere. Wer gerecht handle, sei wie ein Langstreckenläufer. Auf der Mitte der Strecke würden die Ungerechten für ihre Schnelligkeit bejubelt. Doch der Gerechte laufe bis zum Schluss ausdauernd und sicher ins Ziel, erringe schließlich den Preis und den Lorbeer, während die Ungerechten ausgelacht und schmählich behandelt werden.

Friedrich Hebbel erzählt die Geschichte des Gyges in seiner Tragödie *Gyges und sein Ring* anders: Gyges schenkt dem König von Lydien den Zauberring. In Stolz und Eitelkeit drängt der König Gyges, sich durch den Ring unsichtbar zu machen, ihn in das Schlafzimmer seiner Gemahlin Rhodope zu begleiten und dort ihre Schönheit zu bewundern. Dieser Frevel verstößt gegen die heiligen Sitten aus Rhodopes Heimat, wonach nur Vater und Ehegatte eine Frau unverschleiert zu Gesicht bekommen dürfen. Im Schlafzimmer angekommen, sieht Gyges sein Unrecht ein und nimmt den Ring ab, um den König Kandaules nach diesem althergebrachten Ehr- und Rechtsverständnis zu zwingen, ihn wegen des Frevels an seiner Frau zu töten. Doch Kandaules weigert sich. Rhodope erfährt davon und fordert Gyges auf, Kandaules im Zweikampf zu töten. Kandaules fällt in diesem Duell. Nach ihrer Hochzeit mit Gyges gibt Rhodope sich am Ende selbst den Tod, um dem althergebrachten mythischen Gesetz der Reinheit zu genügen.

2. Ist Gerechtigkeit nützlich?

Der Gyges der alten Griechen ist ein Mörder, der seine Tat verbergen konnte. Jeden Gerechten aber drängt es, *diese Tat aufzudecken und zu bestrafen.* Zudem verfügt Gyges über die Gabe der Unsichtbarkeit, die alle anderen Menschen nicht besitzen. Ist es gerecht, dass ein Mensch ein Talent mehr hat als alle anderen? Ist es gerecht, dass der eine gesund, der andere mit Behinderung zur Welt kommt, der eine reich, der andere arm, der eine als Staatsangehöriger, der andere als Fremder, einer als Mann, eine andere als Frau? Diese Verschiedenheiten stellen die Frage der Gleichheit.

Gyges setzt seine besondere Fähigkeit ein, um die Königin und die Herrschaft des Königs zu gewinnen. Er erreicht sein Ziel auf einem *Weg, der allen anderen versperrt ist.* Dies erscheint unfair. Damit stellt sich die Frage, ob die Entwicklung der Menschen, ihre Chancen, ihre Begegnungen, ihre Erwerbsmöglichkeiten, ihr Zugang zur Macht bestimmten Verfahrensregeln folgen müssen, die jedem einen ähnlichen Ausgangspunkt und vergleichbare Entfaltungsmöglichkeiten sichern. Gerechtigkeit fordert nicht nur Gleichheit, sondern auch ein einsichtiges Verfahren, anerkennt Verschiedenheit allenfalls dann, wenn sie in einem gerechten Verfahren erreicht worden ist.

Sokrates allerdings vermittelt ein Gerechtigkeitsverständnis, das *selbstgenügsam* erscheint, vor allem aber den einzelnen Menschen auf eine Tugend verpflichten will, die Gutes, Vernünftiges, auch Vergnügliches in sich trägt, die Streit vermeidet und dadurch den Frieden sichert. Gerecht ist das Gute, der Gerechte ist allein deswegen glücklicher als der Ungerechte.

Doch Glaukon wendet mit der Geschichte des Gyges ein, Ungerechtigkeit sei nützlicher als Gerechtigkeit, schaffe Vorteile für die eigene Person, erschließe den Weg zur Macht. Thomas Hobbes wird später sagen, dass *die Autorität, nicht die Wahrheit* Recht setze, Friede und persönliche Sicherheit durch Herrschaft, nicht durch Gerechtigkeit gesichert werden.

Doch ehe die These entfaltet wird, gerecht sei das, was die Macht stärke, ergänzt Sokrates, dass die Gerechtigkeit dem Gerechten nicht nur Glück bringe, das sich mit dem gerechten Handeln von selbst einstelle, sondern gerechtes Handeln dem Gerechten *am Ende seines Lebens oder nach seinem Tode zugute komme*. Der Vorteil eines – modern gesprochen – guten Gewissens, das durch Unrecht niemals erlangt werden kann, wird durch die Erwartung einer von den Göttern gewährten Gerechtigkeit erweitert.

Schließlich führt die Gerechtigkeit, die andere Menschen nicht übervorteilt, mit Sokrates auch zu einem *Lohn der Mitbürger* und Zeitgenossen. Der gerechte Langstreckenläufer empfängt am Ziel den Lorbeerpreis. Dieser Lohn würdigt die Tugend, anerkennt die Leistung, ehrt den Menschen in Charakter und Gewissen, meint den Lohn der Tauschgerechtigkeit nicht in Gütern, sondern allenfalls in Taten, die der Freund dem Freund schuldet. Doch Rache, Sühne oder Strafe für Unrecht sind Sokrates fremd, weil für ihn schlechterdings nichts zur Gerechtigkeit gehören kann, was Schaden anrichtet.

Der Gerechtigkeitsgedanke von Sokrates spricht uns auch heute an, weil er *jeden einzelnen Menschen* mit seinem Gewissen und seiner Verantwortlichkeit *als Ursprung der Gerechtigkeit bestimmt*. Nicht Gesellschaftssysteme, Märkte oder Staatsverfassungen garantieren Gerechtigkeit. Nur das gerechte Denken und Handeln jedes einzelnen Menschen führt zur Gerechtigkeit in der Stadt, in der Rechtsgemeinschaft, im Staat.

Dieses Ideal der individuellen Selbstverantwortlichkeit für das Recht lässt allerdings offen, wie die Gerechten das Unrecht der Dreisten, Mächtigen, Rücksichtslosen zurückweisen können. *Uns genügt nicht die persönliche Tugend der Gerechtigkeit,* die Übereinstimmung des einzelnen Menschen mit seinen eigenen Maßstäben, sondern wir fragen nach einer Ordnung, die alle Menschen bindet, dadurch Frieden schafft, jedermann eine ähnliche Chance auf individuelles Glück eröffnet und Gleichheit in den Grundbedingungen des Lebens und der individuellen Entwicklung sichert.

Diese das Recht anerkennende und das Unrecht zurückweisende Gerechtigkeit ist das Thema bei Friedrich Hebbel. Seine Tragödie fordert für die Tat des Gyges *Sühne und Rache*. Wenn Gyges sich bewusst enttarnt, sich im Schlafzimmer sichtbar macht, bietet er sich Kandaules an, um die Schande auszugleichen, die Rhodope durch seinen verletzenden Blick erlitten hat. Dieser Wille zur Gerechtigkeit scheint neue Gerechtigkeit hervorzubringen, weil Kandaules sich nicht an Gyges rächt, damit Leben zerstört, sondern im Duell mit Gyges, also als Täter aus Eitelkeit und Stolz seine Sühne empfängt. Doch auch Gyges wird nicht durch die Königin und die Krone belohnt; Rhodope nimmt sich das Leben. Der Wille zur Gerechtigkeit führt in Tragik. Der Mensch ist schuldig, gänzlich zur Gerechtigkeit nicht fähig, scheitert an der Idee des Gerechten. Gerechtigkeit scheint entrückt, ist nie gänzlich erreichbar, wird zu einem Ideal, das vollkommen nur vom Übermenschlichen verwirklicht werden kann.

Doch damit wird der *Auftrag, unter Menschen gerechtes Recht zu setzen,* nicht unerfüllbar. Das Recht muss die menschlichen Schwächen, Leidenschaften und Eitelkeiten aufnehmen und so zu einem Maß des möglichst Gerechten finden. Gyges ist hochaktuell.

3. Die Spekulanten des Finanzmarktes

Unsichtbarkeit verführt zu Unrecht, erleichtert die verwerfliche Tat, ermöglicht das Übervorteilen des anderen, begründet Herrschaft jenseits von Chancengleichheit und Verfahren. Wenn wir diese Geschichte des Gyges modern erzählen wollen, bieten sich die Spekulanten des Finanzmarktes an, die das für jeden sichtbare und verständliche Bankgeschäft in den Nebel von Finanztransaktionen führen, eigenes Handeln und eigene Verantwortlichkeiten in der Anonymität eines unverständlichen Marktes entschwinden lassen, Anleger und unbeteiligte

Geldeigentümer schädigen, ohne dass diese den Angriff erkennen und abwehren könnten.

Herkömmlich nimmt eine Bank vom Sparer Geld gegen 3 % Zinsen und leiht dieses Geld dem Investor für 6 % Zinsen. Sie bemisst die Laufzeit des Sparvertrages und des Darlehensvertrages für dieselbe Zahl von Jahren und beobachtet dann sorgfältig, ob ihr Schuldner vernünftig wirtschaftet und seine Schulden rechtzeitig zurückzahlen kann. Mit diesem Geschäftsmodell erschließt die Bank für den Sparer, den Investor und für sich solide Gewinne.

Doch nun gehen Finanzinstitute dazu über, ihre Darlehensforderungen an eine eigens dafür gegründete *Zweckgesellschaft* zu verkaufen, dort zu einem Paket zu bündeln, dem Paket einen klangvollen Namen zu geben und die Anteilsscheine an diesem Paket an Privatleute oder andere Banken zu verkaufen, sie auch bei der Zentralbank als Pfand zu hinterlegen. So gewinnt die Bank neues Geld, um weitere Darlehen zu vergeben, diese wieder zu einem Paket zu schnüren und das so hergestellte Wertpapier erneut zum Beschaffen von Geld zu verkaufen. Zugleich löst sie sich vom Risiko eines schlechten Schuldners, weil sie ihre Darlehensforderung ja bereits verkauft hat, also auf Zahlungen des Schuldners nicht mehr angewiesen ist. Das Finanzinstitut verliert das Interesse an der Gediegenheit ihres Schuldners. Häuser werden deshalb bis über den Schornstein hinaus beliehen.

Jede Stufe dieser Finanztransaktionen bringt den Beteiligten – Managern, Versicherern, Ratingagenturen, Beratern und Prüfern – *schöne Gewinne*. Aus dem Bankier des persönlichen Vertrauens werden Finanzinstitute, deren Transaktionen sich immer mehr von der wirtschaftlichen Realität der Produktion, der Arbeit, des Investierens und des Handels entfernen. Die Welt des Geldes und der Kredite steht fast unverbunden neben der Realwirtschaft und wird bald in einem allgemeinen Finanzmarkt unsichtbar. Keiner versteht mehr das Finanzgeschehen, nennt dieses – um die Künstlichkeit bewusst zu machen – eine Blase, die schließlich – das überrascht nun nicht mehr – platzt. Dieser Knall erschüttert die beteiligten Finanzinstitute – und das sind alle Institute dieser Welt.

Andere Geschäftsmodelle *spekulieren in Währungen*. Der Großvermögende kauft englische Pfund auf Kredit. Dann verkauft er einen Teil der noch hochwertigen Pfund, bekundet dadurch an der Börse seine Sorge um fallende Kurse, vor denen man rechtzeitig fliehen möge, trägt so zum Fallen der Kurse bei und erfüllt später seine verbleibende Darlehensschuld in niederwertigem Pfund. Der Kursverfall bringt dem Spekulanten Gewinn, obwohl dieser aktiv am Verfall mitgewirkt und keinen greifbaren Mehrwert geschaffen hat. Andere Spekulanten wetten auf die Wertentwicklung von Wertpapieren, Rohstoffen oder »Finanzprodukten«, deren Wirkungsweisen sie allenfalls erahnen. Die Finanzkrise ist eine Krise des Wissens, Begreifens, Verstehens.

4. Güterschutz, Verantwortlichkeit, Verallgemeinerungsfähigkeit, Maß

Unser moderner Gyges nutzt die Unverständlichkeit der Finanzprodukte und die Undurchsichtigkeit des Finanzmarktes, um andere zu übervorteilen. Er erzielt Gewinne, ohne dafür auch nur ein einziges Auto gebaut, ein Haus errichtet oder einen Kranken geheilt zu haben. Er wählt Darlehensschuldner aus, ohne für deren Zahlungskraft einzustehen, verkauft dann ein Paket dieser unsoliden Forderungen und erzielt dafür einen Kaufpreis, ohne den Käufer über die Risiken dieser verbrieften Forderungen aufzuklären. Wandeln Finanzinstitute derartige Milliardenkredite in Wertpapiere um, gefährden sie den Wert des Geldes, weil diesen Geldgeschäften keine realen wirtschaftlichen Werte zugrunde liegen, der für die Wertpapiere erzielte Kaufpreis aber in Realwerte eingetauscht werden kann. Den Spekulanten treibt der unbegrenzte Wille, sein Vermögen zu mehren, zu Risiko, Torheit, Übermut. Er schafft nicht Werte, sondern entwertet, *schädigt* Kunden, Investoren, die Geldwirtschaft und letztlich die Grundlage unseres Währungsvertrauens. Er *verweigert die Verantwortlichkeit* für seine Kreditgeschäfte, handelt nach einem *nicht verallgemeinerungsfähigen Maßstab*, verliert gänzlich eine *Kultur des Maßes*. Er stellt die Gerechtigkeit in Frage.

Tolstoi erzählt in seinem Gleichnis *Wie viel Erde braucht der Mensch?* von einem Bauern, dem angeboten wurde, sich so viel Land anzueignen, wie er an einem Tag umschreiten könne. Der Bauer, von Habsucht getrieben, überschätzt seine Kräfte und stirbt, bevor er an seinen Ausgangspunkt zurückkehren konnte. Er brauchte – für sein Grab – nur sechs Ellen Erde, fand sich im Bemühen um größtmöglichen Gewinn in der Gleichheit aller Sterblichen.

5. Sichtbares und Unsichtbares

Gyges ist gegenwärtig

Auch der moderne Staat gewährt Gerechtigkeit nur für das, was er sieht, weiß, versteht. Ein Teil der Wirklichkeit bleibt aber *auch für den Gesetzgeber außerhalb seines Blickfeldes*. Wir fühlen uns verantwortlich, wenn eine Familie in der Nachbarschaft durch ein Unglück Hab und Gut verloren hat, helfen aber kaum bei der Annäherung der Lebensbedingungen, wenn täglich weltweit 24 000 Menschen an Hunger sterben. Wir anerkennen selbstverständlich das Lebensrecht des geborenen – sichtbaren, begreifbaren – Babys, ringen aber um eine Kultur des Lebens, wenn das Kind noch ungeboren – für das bloße Auge nicht sichtbar – ist. Wir stützen unsere Entscheidungen auf langfristige Naturerfahrungen – die Jahreszeiten Frühling, Sommer, Herbst und Winter –, können aber das Wetter von morgen nicht verlässlich vorhersagen. Die Unsichtbarkeit eines Gyges ist auch der Gegenwart nicht fremd.

Allerdings *sucht der Mensch mehr Sicherheit*, als ihm seine Möglichkeiten des Sehens und Erkennens erlauben. Wir vertrauen der Wettervorhersage für morgen, den Wirtschaftsprognosen der »Fünf Weisen« für das nächste Jahr, den Einschätzungen einer Ratingagentur über die Entwicklung eines Unternehmens, den Voraussagen über zukünftiges Wählerverhalten, obwohl wir erfahren haben, dass diese Voraussagen nicht immer eingetroffen sind. Und wenn der Strafrichter über die vorzeitige Entlassung eines Sexualtäters zu entscheiden und deshalb über die Gefahr seiner Rückfälligkeit zu befinden hat, bedient er sich eines Gutachters, der den Täter wenige Tage beobachtet und dann die Frage der Rückfälligkeit kaum mit einem klaren Ja oder Nein beantworten kann. Wir vertrauen, weil wir Sicherheit wünschen und für diesen Wunsch das Wissen von der menschlich verbleibenden Unsicherheit verdrängen.

Das Recht wahrt Distanz im Allgemeinen

Die Gerechtigkeit verwirklicht eine Ordnung, die *teilweise bewusst die volle Wirklichkeit nicht aufnimmt,* sich aber auch auf *die begrenzte Fähigkeit des Menschen* stützen muss, die Wirklichkeit vollständig zu ermitteln. Die Justitia wird vielfach mit verbundenen Augen dargestellt. Sie entscheidet »ohne Ansehung der Person«, sichert also die Gleichheit aller vor dem Gesetz. Diese Unbefangenheit wird heute nicht durch blinde Richter, sondern durch die Regel verwirklicht, dass der Richter, der befangen ist oder gegen den eine Besorgnis der Befangenheit besteht, nicht richten darf. Niemand ist Richter in eigener Sache, in der Sache seines Freundes oder seines Feindes.

Die Justitia mit den verbundenen Augen will aber auch bewusst machen, dass nur der Richter gerecht richtet, der *eine gewisse Distanz zu den betroffenen Menschen wahrt.* Der Richter ermittelt den für Gesetz und Recht erheblichen Sachverhalt, nicht Lebensgeschichte und Persönlichkeit der Beteiligten. Er prüft, ob jemand einen Verkehrsunfall fahrlässig verursacht und deshalb zum Schadensersatz verpflichtet ist, nicht ob jemand ein guter oder schlechter Mensch ist. Er stellt fest, ob jemand einen anderen schuldhaft getötet hat, nicht ob er gebildet oder ungebildet ist. Er prüft ein Bauvorhaben auf seine Vereinbarkeit mit dem Baurecht, nicht den dringenden Wunsch des Antragstellers nach einem schönen und behaglichen Wohnhaus.

Bernhard Schlink schildert in seinem Roman *Der Vorleser* den Strafprozess gegen die KZ-Lageraufseherin Hanna, die der Meinung ist, das Gericht tue ihr Unrecht, weil es sie verurteile, ohne sich in ihre Lage hineinzuversetzen: »Wenn keiner dich versteht, dann kann auch keiner Rechenschaft von dir fordern.« Das Recht fragt hingegen, ob ein vorsätzliches Verbrechen nicht schon deshalb Strafe verdient, weil es ein Verbrechen ist und als Unrecht von jedermann erkannt werden kann. Ein Strafrichter weiß, dass er den Angeklagten als Täter verstehen muss, hat aber ebenso erfahren, dass ein vollständiges Hineinfühlen in die Individualität und Biographie des einzelnen Menschen auch Distanz nehmen und vom verallgemeinernden Gesetz wegführen kann.

Im Laufe der Verhöre will Hanna verheimlichen, dass sie Analphabetin ist. Letztlich sieht sie sich zu dem Geständnis gezwungen, einen in den SS-Akten enthaltenen Bericht geschrieben zu haben. Dieser belastet sie so sehr, dass sie zu einer lebenslänglichen Freiheitsstrafe verurteilt wird. Das mangelnde Wissen des Gerichts führt zu einer – im Vergleich zu den anderen Angeklagten – höheren Strafe. Doch der Richter *kann nur nach dem Wissen urteilen, das sich ihm in sorgfältiger Verhandlung offenbart.*

Den Gesetzgeber trifft die Aufgabe, in begrenzter Voraussicht, unter einem »Schleier des Nichtwissens« und in bewusster Verallgemeinerung zu entscheiden. Er erlässt die langfristige, in die Zukunft vorausgreifende Regel, ohne schon heute alle zukünftigen Fälle zu kennen. Die Abgeordneten entscheiden »an Aufträge und Weisungen nicht gebunden und nur ihrem Gewissen unterworfen«; sie sollen idealtypisch in einem Nichtwissen von ihrer Mitbetroffenheit und ihren Eigeninteressen den rechtlichen Vorgriff in die Zukunft bestimmen. Das Gesetz regelt allgemeine Tatbestände, die jedermann in einem rechtserheblichen Merkmal, in einer bestimmten Lebenssituation erfassen. Bei einem Kaufvertrag über ein Auto ist erheblich, ob der Käufer 18 Jahre und deswegen voll geschäftsfähig ist; ob er sich dieses Fahrzeug sehnlichst wünscht oder eigentlich für überflüssig hält, ist unerheblich. Rechtlich bedeutsam ist, ob das Fahrzeug den allgemeinen Sicherheitsstandards und den Qualitätsmerkmalen des jeweiligen Autotyps entspricht; belanglos ist, ob dem Käufer bessere und preisgünstigere Konkurrenzmodelle angeboten werden könnten.

Der Gesetzgeber ist beauftragt, trotz seiner Unfähigkeit, in die Zukunft vorauszublicken, Zukünftiges zu regeln, trotz Ungewissheit Rechtsgewissheit zu schaffen. Die Verfassung sucht diesen Auftrag zunächst dadurch zu erfüllen, dass sie zwischen *»Gesetz und Recht«* unterscheidet und damit bewusst macht, dass allein das Gesetz noch nicht die Gerechtigkeit verwirklicht, dass auch der Gesetzgeber stets auf dem Weg zu der nicht gänzlich erreichbaren Gerechtigkeit bleibt. Die Justitia ist eine unnahbare Frau mit dem Charme des teilweise Unsichtbaren, Unerreichbaren, die gerade deshalb alles rechtliche Sinnen und Streben bestimmt.

Sodann regelt das Gesetz durch *abstrakte Tatbestände,* die nicht jeden einzelnen Fall im Detail vorzeichnen, sondern nur Regeln bilden, die offen auch für tatsächliche Veränderungen sind. Das Strafgesetzbuch bestraft den Diebstahl »einer fremden beweglichen Sache«, meinte damals – 1877 – einen Kerzenständer, ein Buch und ein Pferdefuhrwerk, erfasst mit demselben Tatbestand heute die Elektrolampe, den Computer und das Auto.

Schließlich garantiert das Recht die Gleichheit aller vor dem Gesetz heute nicht dadurch, dass es allen Abgeordneten eine Binde über die Augen legt oder sie bei Befangenheit und Parteilichkeit an der Abstimmung hindert, sondern durch die Verpflichtung auf den *Gleichheitssatz*, der jeden betroffenen Bürger berechtigt, gegen ein ihn benachteiligendes Gesetz beim Bundesverfassungsgericht Verfassungsbeschwerde zu erheben und dadurch die Ungültigkeit des Gesetzes herbeizuführen.

Das Recht handelt vom äußerlich Sichtbaren

Das Recht sichert die äußeren Lebensbedingungen des Menschen, bringt seine Freiheit zur Entfaltung. Thema dieses Rechts sind die äußerlich greifbaren und beweisbaren Geschehnisse. Das Recht beansprucht nicht Macht über das Denken, Meinen, Fühlen und Wollen der Menschen. Es achtet für jeden Menschen einen *Raum der Privatheit*, zu dem Staat und Umwelt keinen Zutritt haben, wo er in Ruhe gelassen werden will. Der Staat darf nicht heimlich Mithörvorrichtungen schaffen oder Tonbandaufzeichnungen machen. Das Recht darf nicht zulassen, dass die Medien in den Privatbereich von Prominenten eindringen und dadurch deren Persönlichkeitssphäre verletzen. Ein Grundrecht auf Datenschutz schützt den Einzelnen davor, dass die in der modernen Informationstechnologie jederzeit verfügbaren, beliebig übertragbaren und fast grenzenlos kombinierbaren Daten ohne seine Zustimmung erhoben, aufbewahrt und verwendet werden. Gerade in der Gegenwart technischer Ausforschungs- und Dokumentationsmacht hat der einzelne Mensch ein Recht, in seiner Privatsphäre nicht gesehen, nicht gehört, nicht dokumentiert zu werden. Er führt sein persönliches Leben in verlässlicher Distanz zum Staat.

Das Gesetz fragt deshalb auch nur nach inneren Vorgängen – Vorsatz oder Fahrlässigkeit –, wenn ein äußeres Handeln Rechtsgüter verletzt hat und nunmehr die Vorwerfbarkeit dieser Verletzung zu prüfen ist. Soweit es nicht um Vorwerfbarkeit und Schuld geht, sollte das Gesetz die Frage nach Zielen, Absichten und Ideen gänzlich vermeiden. Allerdings spricht das Einkommensteuergesetz beim steuerbegründenden Tatbestand von der »Gewinnerzielungsabsicht«. Doch ist jedem bewusst, dass auch der absichtslose Gewinn steuerpflichtig ist und der unbeabsichtigte betriebliche Aufwand den Gewinn mindert. Wenn der Anleger seine Bank beauftragt, eine Aktie zu verkaufen, der Verkauf aber versehentlich unterbleibt und die Aktie jetzt einen unverhofften Gewinn erbringt, muss dieser versteuert werden. Schädigt der Unternehmer unbeabsichtigt durch einen Betriebsunfall sein Betriebsvermögen, darf er diesen Aufwand einkommensmindernd geltend machen. Der Bundesfinanzhof ermittelt deshalb die »Gewinnerzielungsabsicht« nicht nach dem Willen des Steuerpflichtigen, sondern nach den äußeren Umständen des Erwerbs. Der Europäische Gerichtshof sucht allerdings bei der Gründung einer Gesellschaft im niedrigbesteuernden Ausland durch einen »Motivtest« zu ermitteln, ob diese Niederlassung den Erwerb beabsichtigt oder eine Steuerminderung bezweckt. Dieser Test wird die Steuerbarkeit der Gewinne nicht klären. Das Unternehmen strebt immer nach einem möglichst hohen Nettogewinn und hat deswegen stets den Marktgewinn, aber auch die Steuerminderung im Sinn.

Der Mensch kann nur begrenzt erkennen

Auf dieser Grundlage allgemeiner Gesetze entwickelt sich schließlich eine Arbeitsteilung, die vom Gesetzgeber die allgemeine, dauernde Regel erwartet, Verwaltung und Rechtsprechung hingegen mit dem *Nach- und Weiterdenken dieser Regel* für den gegenwärtigen Fall beauftragt. In dieser Aufgabenteilung gewinnt das Recht die Fähigkeit, mit seinen Aussagen jeweils die Anfragen der Gegenwart zu beantworten.

Doch auch der Verwaltungsbeamte und der Richter treffen, wenn sie Sicherheit über den Sachverhalt gewinnen wollen, auf die Unsicherheit menschlichen Beobachtens, insbesondere die Fragwürdigkeit der Zeugenaussage. Der kundige Richter unterscheidet, ob der Mensch über eigene *Erfahrung* berichtet – die Ampel stand schon auf Rot, als das Fahrzeug auf die Kreuzung fuhr; der Mieter hatte ausdrücklich gefragt, ob Hunde in der Wohnung erlaubt seien; das Haus war erkennbar schon baufällig, bevor es einstürzte – oder ob er eine *Erinnerung* wiedergibt:

an den Vater, der schon stets in seinem ältesten Sohn seinen Nachfolger sah; an die Situation nach dem Krieg, in der alle Menschen hungrig, obdachlos und entrechtet, aber nachbarschaftlich, zupackend und erneuerungswillig waren. Er beobachtet die Zeugen und unterscheidet zwischen dem *berichtenden* Zeugen, der lediglich das sagt, was er gesehen hat; dem *mitrichtenden* Zeugen, der mehr gesehen haben will, als er sehen konnte; dem *parteilichen* Zeugen, der seine Antworten daraufhin abwägt, ob sie dem Kläger oder dem Beklagten zugute kommen; dem *wankelmütigen* Zeugen, dem der Ernst für das Verfahren fehlt und der bekundet, es könne so, aber auch anders gewesen sein; dem *skrupulösen* Zeugen, der im Bemühen um die Wahrheit alle Möglichkeiten der Tatsachensicht durchdenkt und sich damit selbst verwirrt; dem *betrügerischen* Zeugen, der den Richter zu einem bestimmten Urteil drängen will. Oft sind Zeugen und Sachverständige überfordert, etwa wenn sie aus einer früheren Begegnung mit einem Menschen ableiten sollen, wie dieser sich in Zukunft verhalten wird. Auch Rechtsprechung ist Menschenwerk. Das Bemühen um ein humanes Recht erreicht stets nur menschliches Recht.

Autorität

Wenn das Recht Gewissheit im Ungewissen schaffen soll, braucht es eine Autorität, deren Bestimmungsanspruch sich nicht allein aus Vernunft und besserem Wissen ableitet. Wer Gesetze in Geltung setzen darf, beansprucht nicht als Mensch mehr Vernünftigkeit als die gesetzesunterworfenen Menschen, sondern fordert Anerkennung und Vertrauen, die nicht nur in der Unbefangenheit, Vernünftigkeit und Weisheit des rechtsetzenden Menschen ihren Ursprung haben.

Jeder Mensch, der Recht setzt, *greift über sich hinaus*, beansprucht eine Überordnung, um Menschen auf allgemeine Regeln zu verpflichten. In der Geschichte des Rechts wird der Urheber des Gesetzes deshalb stets in Distanz zu den Menschen gebracht, einer Autorität oberhalb der rechtsbetroffenen Menschen zugewiesen. Im Alten Testament übergibt Gott den Menschen Gesetzestafeln, die diese zu beachten haben. Später erkennen die Menschen das Recht in der *Natur*, die objektiv vorgegeben ist, sich der menschlichen Vernunft erschließt, aber menschlicher Willkür und menschlichem Wollen und Argwohn entzieht. Danach unterstellt das Recht einen *Staatsvertrag* des Staatsvolkes, in dem die Menschen um der Friedensgemeinschaft willen ein Stück ihrer Freiheit aufgeben, das gerechte Recht in der Zustimmung aller finden.

Dabei ist allerdings nicht an eine statistische Erhebung oder verlässliche Meinungsumfrage des tatsächlichen Willens aller beteiligten Menschen gedacht, sondern eher an den Willen der Einsichtigen, Verständigen, Vernünftigen. Erneut sucht die Gerechtigkeit eine Wertordnung jenseits subjektiver Wertungen. Schließlich erhoffen wir uns eine allgemeine, jedermann gerecht werdende Rechtsordnung dadurch, dass wir Menschen über diese Ordnung entscheiden lassen, aber den *Schleier des Nichtwissens* über sie breiten, so dass sie vergessen, ob sie arm oder reich, gesund oder krank, Männer oder Frauen, Inländer oder Ausländer sind. Das Nichtwissen über die eigene Person und die individuelle Interessenlage ist eine Bedingung für das Entstehen guten Rechts. Wenn Recht entsteht, wächst der Mensch über sich hinaus.

Verbindlichkeit

Wenn das Gesetz die allgemeine Regel unausweichlich und verbindlich setzt, bindet es seine Adressaten. Gesetzgebung bringt *Gesetzesbindung* hervor. Deswegen ist der Rechtsetzer stets bemüht, die Wirkungskraft seiner Regeln zu sichern, die Verbindlichkeit seines Rechts möglichst verlässlich zu gewährleisten. Traditionell, aber auch gegenwärtig hilft die Religion, soweit ihre Lehren die Beachtung des Rechts fordern. Hinzu treten feierliche *Versicherungen, Treueschwüre und Eide*.

Die moderne Gesetzgebung setzt auf eine *kühle Geschäftsmäßigkeit einer Rechtssprache*, die in einer rechtsgepragten Sprechweise den Inhalt eines Gesetzes jedem Adressaten möglichst gleich übermittelt. Doch dieses Ziel wird ein schriftlicher Text niemals erreichen, weil *das Gesetz mit seiner Verkündung bereits veraltet ist.* Wenn Artikel 102 des Grundgesetzes sagt *»Die Todesstrafe ist abgeschafft«*, scheint die Aussage bestimmt und unmissverständlich. Das Bundesverfassungsgericht hat aber an diesem Maßstab zu entscheiden, ob die

Auslieferung eines Ausländers an seinen Heimatstaat zulässig ist, wenn der Täter dort wegen der vorgeworfenen Straftat mit dem Tode bedroht ist. Hier muss der Richter eine neue Anfrage an den Artikel 102 des Grundgesetzes beantworten, die so nicht vorgesehen war. Wenn Artikel 5 Absatz 1 Satz 3 des Grundgesetzes lapidar bestimmt: *»Eine Zensur findet nicht statt«*, muss die Rechtsprechung entscheiden, ob mit dieser Vorschrift nur eine Kontrolle der Publikationen vor der Veröffentlichung (Vorzensur) oder auch eine Kontrolle nach der Veröffentlichung (Nachzensur) untersagt ist, ob eine Vorprüfung der Strafbarkeit erlaubt bleibt, ob eine Erdrosselungssteuer wie eine Zensur wirkt, und jüngst, ob der Widerruf eines Anzeigenauftrags durch ein Ministerium gegenüber einer Zeitung, die kritisch über dieses Ministerium berichtet hatte, einer Zensur gleichkommt. Selbst Artikel 38 Absatz 2, wonach *wahlberechtigt ist, wer das 18. Lebensjahr vollendet hat,* könnte bei engagierter Interpretation trotz zahlenmäßig bestimmter Aussage offen lassen, ob derjenige, der am Wahltag vor 18 Jahren geboren ist, schon zu der Uhrzeit wählen darf, die vor seinem Geburtszeitpunkt liegt. Es gibt keine Norm, die nicht interpretationsbedürftig und interpretationsfähig wäre.

Beim Gespräch unterstützt der Sprecher seine Aussage durch die Tonlage, durch Gesten und Gebärden. Seine Stimme stimmt zu oder gegen, stimmt ein oder um, drückt Einsicht oder Befremden aus. Ein Stirnrunzeln deutet Kritik an, ein Lächeln Wohlwollen, ein Flüstern Vertraulichkeit. Die ausgebreiteten Arme laden den Gesprächspartner ein, die abwehrenden Hände schaffen Distanz. *Über diese Ausdrucksmittel verfügt ein Gesetz nicht.* Es ist nach der Verkündung für ein Gespräch über den Gesetzestext sprachlos geworden. Doch der Rechtsstaat verweigert deswegen nicht das Gespräch. Im Gegenteil: *Er schafft in der Recht-Sprechung ein eigenes Organ, das dem Betroffenen das Gespräch über das Gesetz anbietet.* Wittgenstein stellt die Frage, ob die Sprache Kleid oder Verkleidung des Gedankens sei. Heinrich Böll sagt für das Dichterwort: »Kaum ausgesprochen oder hingeschrieben, wandeln (die Worte) sich und laden dem, der sie aussprach oder schrieb, eine Verantwortung auf, deren volle Last er nur selten tragen kann.« Der Richter nimmt diese Frage auf, sucht die Sprache zum verlässlichen Kleid des Rechtsgedankens werden zu lassen und entlastet den

Gesetzgeber, indem er den Gedanken der Norm für die Gegenwart und den betroffenen Einzelfall weiterdenkt. *Rechtsprechen ist mehr als Nachsprechen von Vorgeschriebenem*, ist ergänzendes und vervollständigendes Nachdenken des Rechtssatzes für den Einzelfall.

Die Justitia verkörpert die ausgleichende Gerechtigkeit

Der ursprüngliche Garant des Rechts, der Kaiser oder König, wurde *weniger als Gesetzgeber und mehr als Richter gedacht*. Er entscheidet den Streit, bringt Frieden, beendet Kampf und Gewaltbereitschaft durch einen gerechten Spruch. Er steht in seiner Person, seiner Autorität für die Gerechtigkeit, setzt das Maß, dem die Menschen sich in ihren Gegensätzlichkeiten und Auseinandersetzungen zu unterwerfen haben. Dieses Maß kann nicht durch Parteien und Interessenten verfremdet, nicht in seiner Allgemeinverbindlichkeit gehemmt werden.

Blicken wir wieder auf die Kunst, so sehen wir die Gerechtigkeit dort als Frau, als Justitia, dargestellt, die in der einen Hand die *Waage* hält, die gegenläufige Anliegen zum Ausgleich bringt. Sie entscheidet unparteilich und unbefangen, trägt deshalb *die Augen verbunden*. Sie ist unantastbar, unverletzlich, dem menschlichen Zugriff *entrückt,* trägt aber in der zweiten Hand *ein Schwert,* weil das Recht durchgesetzt, erkämpft, erzwungen werden muss.

Deswegen muss sich gerade die Gegenwart vergewissern, dass Gerechtigkeit nicht im bloßen Tausch, im kompromisshaften Ausgleich gegenläufiger Interessen liegt, sondern in *allgemeinen Regeln,* die *jedermann* sein Recht, seine Chance auf eigenes Glück, seine Verantwortlichkeit, seine Allgemeinbindung, sein Maß geben. An einem Recht der Gegenseitigkeit wären nur diejenigen beteiligt, die im Tausch etwas leisten können. Die Tauschpartner bieten eine Leistung an und zahlen einen Preis; sie verzichten auf die Verletzung des anderen, damit dieser seinerseits nicht verletzt. Doch warum sollte der reiche Konzernchef dem armen Obdachlosen ein Almosen geben, wenn er diesem nie mehr begegnen wird; der Kraftprotz den Schwächling stützen, wenn er diesem gänzlich überlegen ist; der Arzt dem todkranken Patienten in mitternächtlicher Anstrengung helfen, wenn dieser ohne diese Hilfe sterben, also niemanden mehr zur Verantwortung ziehen wird? Das Recht gewinnt Autorität und Geltung, weil seine Regeln sich von den augenblicklichen Interessen der Beteiligten abheben, weil sie allgemein sind, in die Zukunft des heute noch unbekannten Falles vorgreifen.

Gerechtigkeit wendet sich somit zunächst an jeden einzelnen Menschen, seine Tugend, seine Einsichtsfähigkeit, seine Selbstlosigkeit, erreicht in dieser *sokratischen Jedermannstugend* allgemeinen Frieden und eine öffentliche Ordnung. Doch Gerechtigkeit fordert auch Sühne und Strafe, also eine Autorität, die das Gute belohnt und das Böse bestraft. Diese Unterscheidung zwischen Gut und Böse kann das Recht nie abschließend definieren, schon gar nicht in jedem Einzelfall vollziehen. Deshalb bleibt das Recht *nicht bei der unerreichbaren, bei Hebbel in die menschliche Tragik führenden Gerechtigkeit stehen,* sondern sucht den Auftrag zu erfüllen, sich dem Gerechten möglichst anzunähern.

6. Quellen des Rechts

Wer auch immer Recht setzt und Recht spricht, Gesetze erlässt und über Gesetze nachdenkt, muss Maßstäbe suchen, auffinden und deuten, die *dem Menschen,* seinen Bedürfnissen und Eigenheiten, der das Recht bestimmenden *Kultur* und dem Willen der Rechtsgemeinschaft *gerecht werden.* Recht wurzelt in der Wirklichkeit des Menschen, in der historisch gewachsenen und bewährten Kultur und sodann – in diesem Rahmen – im Willen des Gesetzgebers.

Gesetzestext und Rechtsgedanke

Kein Mensch möchte der Willkür des Staates ausgeliefert sein, weder der Willkür des Gesetzgebers noch der des Richters. Auch in einer Demokratie entsteht verbindliches Gesetzesrecht nicht allein deshalb, weil der Gesetzgeber es so gewollt hat. Vielmehr muss dieses Recht dem Menschen und seiner Kultur entsprechen. Diese Erfordernisse einer Menschen- und Kulturgerechtigkeit *sind heute schriftlich in der Verfassung niedergelegt,* brauchen deshalb nicht mehr unmittelbar aus der Natur, der Vernunft, aus religiösen oder philosophischen Wahrheiten abgeleitet zu werden. Auch der Gesetzgeber ist an das Grundgesetz gebunden. Das Bundesverfassungsgericht gewährleistet insbesondere auf Antrag eines betroffenen Bürgers, dass die Entscheidungen des Gesetzgebers im Rahmen des Verfassungsrechts bleiben.

Für diese Bindung von Gesetzgeber und Rechtsprechung an das Grundgesetz stellt sich nun die Grundsatzfrage, ob der in der Gesetzesurkunde niedergelegte *Gesetzestext* oder eher der in dem Text ausgesprochene *Rechtsgedanke* die verbindliche Regel vorzeichnet. Jedenfalls für die Grundsatzwertungen der Gerechtigkeit, die im Verfassungstext ausgedrückt sind, trägt der Text allein die Entscheidung nicht. Die Verfassungen regeln die Prinzipien der Rechtsgemeinschaft, deuten das Gemeinte vielfach nur an, bleiben teilweise fragmentarisch: *»Jeder hat das Recht auf die freie Entfaltung seiner Persönlichkeit.«* An diesem Maßstab entscheidet das Bundesverfassungsgericht, ob das Reiten im Walde durch Gesetz untersagt werden darf, ob ein Ausländer in Deutschland seinen Beruf frei wählen und frei zu einer Versammlung einladen darf.

»Kunst und Wissenschaft, Forschung und Lehre sind frei.« Dieser Verfassungssatz ist der Maßstab, wenn Gesetzgeber und Bundesverfassungsgericht zu beurteilen haben, ob die Universitätsgremien drittelparitätisch – mit einem Drittel Professoren, einem Drittel Studenten, einem Drittel wissenschaftliche und sonstige Mitarbeiter – besetzt werden dürfen, ob die Universität von einem Aufsichtsorgan mitbestimmt und kontrolliert werden darf, in dem Nichtuniversitätsmitglieder die Mehrheit haben; wie die Universität ihre Kapazitäten einzusetzen und fortzuentwickeln hat, um möglichst vielen Studienbewerbern einen Studienplatz anzubieten.

»Das Eigentum und das Erbrecht werden gewährleistet. Inhalt und Schranken werden durch die Gesetze bestimmt.« Diese Vorgabe leitet den Gesetzgeber, wenn er zu prüfen hat, ob die geistige Urheberschaft an einem Computerprogramm, der Rentenanspruch des Rentners, das Grundstück einer Gemeinde oder das Einkommen bei der Einkommensteuer als Eigentum geschützt ist. Der bloße Verfassungstext ließe den Gesetzgeber und Verfassungsrichter fast allein, stünde nicht hinter jedem Verfassungswort ein Rechtsgedanke, hier der Schutz des Eigentums als wirtschaftliche Grundlage persönlicher Freiheit.

Menschen können sich in Sprache nur verständigen, weil sie mit jedem Wort eine bestimmte Vorstellung verbinden. Wenn wir von »Mensch«, »Beruf«, »Gesetz« oder »Gericht« sprechen, nimmt der Angesprochene im Wort einen Teil der uns vertrauten Wirklichkeit, Kultur oder Rechtserfahrung auf, die er mit dem Sprecher teilt. Diesen Sprachbefund drückt das schöne Wort der *»Rechtsquelle«* aus: An der Quelle wird das Wasser nicht gefertigt, sondern sichtbar gemacht. Es war bereits im Berg vorhanden, tritt nun aber aus dem Inneren des Berges hervor, so dass der Mensch es schöpfen und als Lebensmittel nutzen kann. Die Rechtsquelle ist der Erkenntnisgrund, nicht der Entstehensgrund für Recht. Die Rechtsgemeinschaft sucht die Quelle zu fassen, zu verfassen, um das im Innern des Berges vorhandene, bisher aber vom Menschen nur vermutete Wasser allseits sichtbar, greifbar, nutzbar zu machen. Bei der Fassung des Rechts wird sich der Verfassunggeber bemühen, all das in der Wirklichkeit und im Kulturwissen angelegte Recht vollständig zu erschließen, die darüber hinaus notwendigen Regelungen in die Verantwortung eines zur Gesetzgebung berufenen Staatsorgans zu weisen.

Wirklichkeit

Gerecht ist die Ordnung des menschlichen Zusammenlebens, die allen Menschen entspricht. Ihre Maßstäbe ergeben sich zunächst aus *der Natur des Menschen.* Der Mensch will nicht hungern, nicht verletzt werden, nicht im Krieg leben, nicht seiner Freiheit beraubt oder entehrt, nicht aus der Gemeinschaft ausgegrenzt oder ausgeschlossen werden. Doch wenn wir näher nach den Antworten fragen, die uns die Natur für die Inhalte des Rechts gibt, werden wir erleben, dass wir uns als Menschen, die dieser Natur unterworfen sind, nicht aus dem Blickwinkel einer höchstpersönlichen und begrenzten Beobachtung der Natur lösen können. »Wie oft du auch an das Tor der Natur klopfen magst, sie wird dir niemals in verständlicher Sprache antworten, denn sie ist stumm.« Die Sklaverei, die rechtliche Unterscheidung der Menschen nach Herkunft und Hautfarbe, die Unterdrückung der Frau sind viele Jahrhunderte aus der Natur des Menschen abgeleitet worden. Erst die neueste Zeit anerkennt die Gleichheit jedes Menschen, weil er Mensch ist.

Selbst die elementaren Bedürfnisse des Menschen werden rechtlich nur zur Wirkung gebracht, wenn die *für das Recht Verantwortlichen diese ersichtlichen Bedürfnisse auch zur Kenntnis nehmen.* Der Mensch ist betroffen, wenn sein Nachbar ermordet wird oder tödlich verunglückt. Wenn Gleiches in einem fernen Krieg geschieht, berührt uns das wenig, weil wir uns nicht in die Lebenslage dieser Menschen versetzen, für sie kaum Mitleid empfinden. Bei der Bewältigung des von der DDR den Menschen zugefügten Unrechts ist der Kampf um die rechtswidrig enteigneten Grundstücke erbitterter als der Streit um den Ausgleich höchstpersönlicher Rechtsgüter – die Tötung eines Angehörigen, der Verlust der Gesundheit, das Verbot, Studium und Beruf frei zu wählen, die Unterdrückung der Religion –, weil die unwiederbringlich verlorenen persönlichen Güter allenfalls in Geld ausgeglichen, die Grundstücke hingegen täglich gesehen und betreten werden können. Und wenn wir gegenwärtig die rechtliche Rahmenordnung für die soziale Marktwirtschaft erneuern müssen, hängt die Entscheidung wiederum vom Blick auf die Wirklichkeit von Gütererwerb und Güterverteilung ab. Auf dem Markt bietet die Marktfrau ihre Äpfel an, und der Kunde erwirbt die roten und gelben Äpfel, die braunen und faulen bleiben liegen. In der Planwirtschaft hingegen teilt der Staat die vorhandenen Äpfel zu – auch die braunen und faulen. Mit dieser Beobachtung bleiben wir gelassen gegenüber einer aufgeregten Kritik, die eher den Markt in Frage stellt, als dass sie die Schwächen eines Finanzwettbewerbs ohne eine Kultur des Maßes ins Bewusstsein rückt.

Der Elementarbedarf des Menschen

Im Elementaren beauftragt die Wirklichkeit das Recht, jedem Menschen *Nahrung, Kleidung, Unterkunft und ein friedliches Umfeld* zu sichern. Ist jemand obdachlos, stellt sich nicht die Frage, ob, sondern wie ihm ein Zuhause geboten wird. Wenn eine Wohngegend durch jugendliche Gewalttäter unsicher geworden ist, erwarten wir vom Recht, dass es den Frieden, den sicheren Schulweg für die Kinder, den Nachhauseweg des späten Gastes ohne Gefahr und Angst gewährleistet. Wenn Menschen in einem Verkehrsstau viele Nachtstunden verharren müssen, zwingt ihr Grundbedarf die Rechtsgemeinschaft, ihnen durch heißen Tee und warme Decken Hilfen zu leisten. Gegenwärtig steht der Rechtsstaat vor allem vor der Aufgabe, jedem in Deutschland lebenden Menschen das kulturelle Existenzminimum, die deutsche Sprache, auch Elementarkenntnisse im Schreiben, Lesen, Rechnen zu vermitteln, damit der Mensch Zeitungen lesen, Verträge schließen, Rechnungen bezahlen, auch Beschwerden einreichen kann. Die Gemeinschaft der Sprache und einer Elementarbildung ist Bedingung eines freiheitlichen Gemeinwesens.

Sodann lehrt uns die Wirklichkeit des Menschen, dass wir den freiheitsberechtigten Bürger nicht stets als gesund, stark und urteilskräftig denken dürfen, er vielmehr oft auch *krank, schwach und ängstlich* ist. Wir dürfen vom Kleinkind nicht erwarten, dass es die Regeln des Straßenverkehrs beachtet, verantwortlich mit Gas, Feuer und Technik umgehen kann, eine Steuererklärung abgibt. Das Recht gibt dieses Kind in die Verantwortlichkeit der Eltern. Für das heranwachsende Kind schaffen wir Kindergärten und Schulen, um jedem Menschen eine Ausbildung und Bildung zu vermitteln, die er allein aus eigener Kraft so nicht erwerben könnte.

Die Realität sagt uns, dass der Mensch krank werden kann. Deshalb verlangt das Recht, dass wir ein *Gesundheitssystem* von Ärzten, Krankenhäusern und Pflegepersonal bereitstellen, um die Krankheit zu heilen, Schmerzen zu lindern, die Folgen des Alterns durch Brille, Hörgerät oder künstliche Hüfte zu mäßigen. Dabei gerät der Arzt in eine unvermeidbare Bedrängnis, wenn das Finanzierungssystem ihm möglichst viele Operationen nahelegt oder ihn in persönliche finanzielle Not bringt. Die Leistungen des Arztes und des Krankenhauses müssen der Natur des Menschen gerecht werden, ein Maß des Humanen finden, das Heilmethoden und Heilungsziele auf die Krankheit, die Psyche, die Hoffnungen und Ängstlichkeiten des einzelnen Menschen abstimmt. Dieser Auftrag stellt Anforderungen an die Qualifikation der Ärzte und an die medizinische Technik, an Organisation und Hygiene, an Ermutigung und Tröstung. Der Mensch in seiner Not fragt auch nach dem Sinn des Lebens, dem Sinn einer Krankheit, dem Sinn des Sterbens und erwartet Antwort. Als ich jüngst den Direktor eines Krankenhauses fragte, was die Besonderheit seines Hauses sei, verwies er auf die dort geleistete Spitzenmedizin, gleichrangig aber auf das Lächeln, dem jeder Patient in seinem Hause begegne. Dieses Krankenhaus war nicht ein Haus der Kranken, sondern ein Haus der Genesung.

Praktische Lebenserfahrung lehrt uns, zwischen *Kranken* und *Behinderten* zu unterscheiden. Die Behandlung des Kranken zielt auf Heilung, wird getragen von der Hoffnung, im gemeinsamen Kampf gegen die Krankheit zu siegen. Auch der behinderte Mensch hat einen Anspruch auf medizinische Behandlung und stützende Betreuung, erwartet aber vor allem Hilfe in dem Bemühen, sein Leben so unbeschwert wie möglich zu führen, am Alltags- und Berufsleben beteiligt zu sein. Dieser Integrationsauftrag gilt insbesondere, wenn Heilung nicht möglich ist. Hier erwartet das Recht den Mut zum unbegrenzten Helfen, eine unerschöpfliche Gelassenheit gegenüber der besonderen Lage des Behinderten.

Institutionen

Die Auseinandersetzung mit den menschlichen Lebensbedürfnissen zeigt uns auch, dass der freie Mensch *öffentliche Einrichtungen* braucht, um seine Freiheit wahrnehmen zu können. Wer die Freiheit des Autofahrens beansprucht, benötigt eine Straße. Wer sich bilden will, braucht Schulen und Hochschulen. Wer sein Recht durchsetzen muss, ist auf Gerichte angewiesen. Wer religiös leben will, wird nicht für sich Religion und Kirchlichkeit selbst erfinden, sondern hofft auf Kirchen, die ihn zur Mitgliedschaft einladen. Markt und Wettbewerb stützen sich auf einen rechtlichen Rahmen, der das Tauschen ermöglicht und Bedarf befriedigt: Wer einen Hunderteuroschein in der Tasche hat, kann sich Früchte, Fische oder Fertiggerichte seines Geschmacks nur kaufen, wenn ein Markt diese Güter anbietet, die öffentliche Friedensordnung die erworbenen Güter dem Käufer zuweist, weil er sie bezahlt hat, und eine Währungsordnung gewährleistet, dass der auf dem Geldschein ausgewiesene Wert auch tatsächlich den dort versprochenen Tausch ermöglicht. Wer seinen Beruf ausüben will, braucht einen Arbeitsplatz oder die Chance, selbst ein Erwerbsunternehmen zu gründen. Wer anderen Menschen bei Sport, Geselligkeit, Oper, Konzert oder Film begegnen will, sucht Einrichtungen, die diese Gemeinschaftserlebnisse vermitteln. Hier setzt das Recht einen verbindlichen

Rahmen, der Freiheit ermöglicht und gelegentlich auch den Ruf nach staatlichen Organisations- und Finanzhilfen beantwortet.

Vorrechtliche Bindungen

Unsere tatsächliche Erfahrung mit der Freiheit macht bewusst, dass Freiheit nur wahrnehmen kann, wer selbstbewusst ist, *Bürgerstolz* entwickelt, über *Maßstäbe verfügt, die ihm eigene Urteile und Bewertungen erlauben.* Wir müssen uns heute mit großem Ernst die Frage stellen, ob die Menschen durch ihre Freiheitsrechte überfordert werden, wenn die bindenden Maßstäbe des inneren Friedens, der mitmenschlichen Zuwendung, der Fairness und Lauterkeit im Wettbewerb, der Bereitschaft zu Sozialem und Ehrenamt als alltägliche Selbstverständlichkeiten verlorenzugehen drohen. Die Gerichtspraxis zeigt uns, dass der Kampf um die Parklücke zu Handgreiflichkeiten führt, das Bemühen um neue Märkte in die Korruption drängt, das Training für prestige- und geldträchtige Fußballsiege auf das bewusste, »taktische« Foul angelegt ist und Eltern im Alter trotz großer Familien zuweilen vereinsamen.

Freiheit kämpft gegen Mauern, die trennen, beengen und bedrängen. Gefängnismauern oder früher die Berliner Mauer verbreiten Trostlosigkeit. Doch wenn der Angreifer einem Menschen nach dem Leben trachtet, der Mensch sich in seine Privatsphäre zurückziehen will oder die Flutkatastrophe ihn wegzuspülen droht, ist er *dankbar für Fundament und Mauer*, die ihn schützen und gegen äußere Einwirkungen abschirmen. Freiheitsrechte sind definierte – begrenzte – Rechte. Der Mensch legt Wert darauf, dass dieses sein Grundstück ist, das andere das Nachbargrundstück; dass er seinen von ihm erwählten und durch Qualifikation erworbenen Beruf ausübt, der andere Zugang zu einem anderen Beruf hat; dass er der Urheber seines Briefes, seines Buches, seiner Erfindung bleibt, seine Urheberschaft nicht mit der anderer vermischt wird; dass er als Bürger seiner Stadt, seines Landes, seines Staates wählen darf und nicht andere, dieser Rechtsgemeinschaft nicht zugehörende Menschen gleichen Einfluss nehmen können.

Wie hoch die rechtlichen Vorkehrungen und tatsächlichen Mauern sein müssen, hängt von der *jeweiligen Freiheitskultur* ab. Wenn alle Menschen die Kraft zur Freiheit hätten, Herr über sich selbst wären und ihre Freiheit verantwortlich wahrnähmen, brauchten wir keine polizeiliche Gewalt, keinen Strafrichter, keine Gefängnismauern. Je weniger aber das Verhalten der Menschen allgemeinen Freiheitserwartungen entspricht, desto mehr müssen Staat und Recht Grenzen setzen, Sicherheit gewähren, Mauern errichten.

Freiheit baut auf vorrechtliche, ethische Bindungen. Die Eltern vermitteln diese Maßstäbe in Vorbild und Familienkultur, Schulen durch Ausbildung und Erziehung, das Arbeitsleben schafft es in der Gemeinsamkeit des Werkens und des Werkes, die Kirchen lehren sie in ihrer Botschaft. Wachstum und Zukunft lesen wir insoweit nicht in Bilanzen, sondern erleben wir in der Begegnung freier Menschen. Das Zusammenleben, das wir gerecht nennen, findet nicht nur in staatlichen Gesetzen seinen Maßstab, sondern in den von den Bürgern entwickelten und verstandenen Prinzipien von Ethos und Moral. Die Verantwortlichkeit für die Gerechtigkeit ist auf den verfassungsgebundenen Staat und die freiheitsberechtigte Gesellschaft aufgeteilt.

Wandel der Wirklichkeit

Die Wirklichkeit wird auch in ihrer Entwicklung vom Recht aufgenommen. Wenn das Grundgesetz die Freiheit des »*Rundfunks*« garantiert und damit 1949 – das Fernsehen war zwar schon erfunden, rechtlich aber noch ohne Bedeutung – den Hörfunk meinte, die tatsächliche Entwicklung diesen Funk dann aber auch zum Fernsehfunk fortgebildet hat, so muss nunmehr der »Rundfunk« als Oberbegriff für Hör- und Fernsehfunk gedeutet werden. Die Garantie der »*Pressefreiheit*« war ursprünglich auf den technischen Vorgang des Pressens eines Schriftstücks angelegt, muss aber mit der Änderung der Drucktechniken mitschreitend erweitert als allgemeine Medienfreiheit gedeutet werden.

Als die *Fünf-Prozent-Klausel* für die erste gesamtdeutsche Wahl 1990 auf das wiedervereinte Bundesgebiet erstreckt wurde, bedeutete dies für die Parteien der ehemaligen DDR, dass sie die fünf Prozent der in Gesamtdeutschland abgegebenen Stimmen in ihrem alten Stammgebiet der ehemaligen DDR gewinnen mussten, da sie in der Kürze der Zeit in der alten Bundesrepublik weder Kandidaten aufstellen noch für sie werben konnten. So wirkte die Fünf-Prozent-Klausel praktisch wie eine 23,7-Prozent-Klausel. Die Fünf-Prozent-Klausel musste deswegen ausnahmsweise für die erste gesamtdeutsche Wahl nach dem Prinzip »vereint wählen, getrennt zählen« separat jeweils auf die ehemaligen Wahlgebiete Westdeutschland und DDR angewandt werden.

Das Recht nimmt insbesondere in den Fragen des elementaren Bedarfs, der Verantwortung und Schutzbedürftigkeit des Menschen in seiner Entwicklung vom Säugling bis zum Greis, bei Regelung von Berufsausbildung, Berufsqualifikation und Berufsaufstieg, Technik und Sicherheit, Umweltschutz, Medizinrecht und Sozialrecht, Gefahrenabwehr und Gefahrenvorsorge *die tatsächlichen Anfragen an das Recht auf und gewinnt meist in dem Verstehen der Frage schon die Antwort*. Wenn am Neckar Hochwasser droht und die Heidelberger Altstadt gefährdet ist, sucht niemand im Gesetzbuch Maßstäbe, sondern fragt nach den tatsächlichen Möglichkeiten, um der Wasserflut Herr zu werden. Das Recht veranlasst vorbeugend die Schulung des Personals für die Gefahrenabwehr, erschließt Auffanggebiete, in denen das Wasser vorläufig aufgesogen werden kann, schafft technische Vorkehrungen zum Schutz der Uferstraße und der angrenzenden Häuser und leitet die vorsorgliche Evakuierung der unmittelbar betroffenen Menschen. Es nimmt dabei die Erfahrungen aus früheren Überschwemmungen auf, entwickelt daraus die Maßstäbe zukünftiger Gefahrenabwehr, ist besonders wirkungsvoll, wenn sich im Nachhinein bestätigt, dass die vorgesehenen Maßnahmen tatsächlich geeignet, zur Abwehr erforderlich, für die betroffenen Menschen zumutbar gewesen sind. Recht ist erfolgreich, wenn es der Realität genügt.

Recht hat einen wesentlichen Ursprung in der *guten Gewohnheit*. In Zeiten, als es noch kaum geschriebenes Recht gab oder jedenfalls nur wenige Menschen Geschriebenes lesen konnten, wurde das Recht in tatsächlicher Übung vermittelt und gebildet. *Recht fordert, was sich gehört*. Die Menschen sollten friedlich und ohne Gewalt miteinander leben, Seuchen, Krankheiten und Feuer voneinander fernhalten, zur Sicherheit ihrer Burgen, Städte und Dörfer beitragen, im Erwerbsleben etwas leisten, die Kinder gut erziehen und zu tüchtigen Menschen heranwachsen lassen. Diese Maßstäbe von Lebenserfahrung, Gemeinschaftsverantwortung und menschlicher Vernunft wurden durch die Personalhoheit von Kaiser und König, die moralische Autorität und Herrschaft der Kirche bestätigt, vertieft und in das Bewusstsein einer

Rechtskultur gerückt. Das Wissen von dieser Kultur, ihrer Entwicklung und ihres Hineinwachsens in unsere Rechtsgegenwart erschließt den zweiten Weg, der uns zum Recht führt.

Kulturwissen

Diese zweite Quelle für Recht bietet die historisch gewachsene und erprobte Kultur von Frieden, individuellen Rechten und Ausgleich. Wenn die Menschen in einen Kampf aller gegen alle geraten sind, suchen sie eine Ordnung des *Friedens*. Wenn der Einzelne nicht gleichzeitig jagen, Früchte sammeln, eine Hütte bauen und eine Feuerstelle hüten kann, finden die Menschen zu *Arbeitsteilung und Tauschwirtschaft*. Wenn einige im Überfluss leben, andere zu verhungern drohen, wächst der Wille nach einem *sozialen Ausgleich*. Schließlich entwickeln die Menschen eine Gemeinsamkeit der Sprache, verstehen den Sinn des Lebens in ähnlichen Grundauffassungen der Religion und Philosophie, entfalten sich in Literatur, Musik und bildender Kunst. Sie bauen Schulen und Universitäten, Krankenhäuser und Armenhäuser, Straßen und Flugplätze, organisieren Wahlen und Abstimmungen. Und der Mensch gewöhnt sich an diese Einrichtungen. Würde ihm der Zugang zu Schule oder Universität, zu Straße oder Krankenhaus, zu Telefon oder Fernsehen verweigert, empfände er das heute als Unrecht, weil gute Gewohnheit und selbstverständliche Kulturerwartungen ihm diesen Zugang versprechen. In anderen Regionen der Welt wäre der Mensch mit einem Leben in einer einfachen Hütte und einer täglichen Handvoll Reis zufrieden.

Jeder Mensch braucht die Sicherheit einer Friedensordnung, die Existenzgrundlagen für sein Leben und seine körperliche Entwicklung, die Freiheit zur Entfaltung seiner Persönlichkeit, die Zugehörigkeit zu einer Gesellschaft, mit der er sprechen, eine gemeinsame Kultur entwickeln, eine Arbeitsteilung verabreden kann. Das Recht soll nicht eine Herrschaft der Mächtigen errichten und verteidigen, nicht ein stetiges Wachstum der Wirtschaft organisieren, nicht eine Kultur verbindlich durchsetzen. Recht setzt vielmehr den Rahmen, in der sich Freiheit, Kultur, Staatlichkeit, Demokratie und Wohlstand entfalten. *Recht stützt die von den Menschen getragene Kultur* – des Maßes, der Friedlichkeit, des Zusammenhalts, der Gleichheit in Freiheit, der demokratischen Mitwirkung in der Rechtsgemeinschaft, des Marktes, des Sozialen.

Lebenserfahrung und Lebenssicht

Die Lebenserfahrung und Lebenssicht, die unsere Kultur uns vermittelt, bestimmen das Grundgerüst unseres Zusammenlebens, damit das Recht. Wenn wir von der *Würde* des Menschen sprechen, denken wir in einer Tradition von Christentum, Humanismus und Aufklärung, die den Menschen in seiner Verstandeskraft, seiner Bereitschaft zur Sittlichkeit, seiner Gleichheit mit anderen Menschen versteht. Denken wir an das Gesetz, treten die antiken Gesetzestafeln, die mittelalterlichen Nachschriften guter Gewohnheit, die gegenwärtigen parlamentarischen Verfahren zum Hervorbringen verbindlicher Regeln vor Augen. Blicken wir auf die Inhalte dieser Gesetze, die das Eigentum und den privatwirtschaftlichen Vertrag regeln, die Strafen für Mord und Diebstahl bestimmen, die Bedingungen für die öffentliche Sicherheit und Ordnung in Sprache fassen, so erinnern wir uns an herkömmliche, wie selbstverständlich beachtete Werte und Gepflogenheiten. Die gute, vertraute und deswegen Vertrauen genießende Übung und Rechtspraxis ist eine wesentliche Quelle für Recht und Rechtsfinden.

Wenn wir die elementare Frage der Gerechtigkeit stellen und *gut* von *böse* unterscheiden wollen, begegnen wir den Sagen, Märchen und Rechtssprichwörtern, die uns lehren, dass das Gute siegt und das Böse bestraft wird.

»Der ist ein Narr, wer andern tut,
was ihm von keinem scheint als gut.
Schau jeder, was er andern tu',
damit man es auch ihm füg' zu.
Was einer rufet in den Wald,
dasselb' ihn allzeit widerhallt;
wer andre stößet in den Sack,
wart selbst auch auf den Backenschlag.«

So reimt der Baseler Professor *Sebastian Brant*, um Lebensweisheit und Menschenklugheit leichter in das Bewusstsein der Menschen seiner Zeit zu prägen.

Der alte Landmann gibt seinem Sohn die Lebenserfahrung mit auf den Weg:

»Dem Bösewicht wird alles schwer,
er tue, was er tu!
Der Teufel treibt ihn hin und her
und läßt ihm keine Ruh.«

Dabei klingt in dem Wort »Bösewicht« das Wort »wicht« nach, das den unberechenbaren Dämon, den elenden Kerl bezeichnet. Und als der Teufelsbündner Kaspar zu Tode getroffen niederstürzt, heißt es im »Freischütz«:

»Er war von je ein Bösewicht! Ihn traf des Himmels Strafgericht!«

Gut und Böse bezeichnen – das ist unser Gerechtigkeitsoptimismus – in den universalen Menschenrechten Mindesterfordernisse des richtigen Rechts, brauchen aber ergänzende Regeln, die sich *aus der jeweiligen Kultur eines Volkes und einer Region ergeben.* In den warmen Regionen der Welt werden andere Formen der Bekleidung gepflegt als in den kalten, in den reichen Regionen andere Arten des Sozialen als in den armen. Die Industriestaaten erkennen ihren Raubbau an der Natur und pflegen die Umwelt, die Schwellenländer suchen zunächst den industriellen Anschluss an das Weltniveau und vernachlässigen insoweit den Umweltschutz.

Wer Recht als Gerechtigkeit gestalten will, schafft eine verbindliche Ordnung, die gut ist, deren Güte aber nicht aus Rechtsvorgaben, Produktionseinheiten oder Wachstumsraten erwächst. Sie erwartet vielmehr das Gute von Menschen, die ihre Vernunft gebrauchen und Maßstäben folgen, die in ihrem Staatsvolk, ihrer Region, ihrer Entwicklung verallgemeinerungsfähig sind.

Wir begreifen das Recht in Sprache

Recht erwächst aus Kultur, weil die Kultur die Sprache prägt, in der Recht sich ausdrückt und Verbindlichkeit beansprucht. »Sprache ist der große Kanal, durch den die Menschen einander ihre Entdeckungen, Folgerungen und Erkenntnisse vermitteln.« Sprache schafft den Zusammenhalt einer menschlichen Gemeinschaft, ist Voraussetzung für gemeinsames Handeln, liegt der Einheit im Recht zugrunde, lenkt im Mitteilen, Anregen, Warnen und Befehlen die menschliche Zusammenarbeit, schafft Autorität und Verbindlichkeit. Bietet die Sprache *Wirklichkeitsbegriffe* wie »Familie«, »Eigenes«, »Freiheit«, »Gleichheit« oder »sich vertragen« an, nimmt das Recht diese Ideen auf und erklärt sie in bestimmten Rechtsfolgen für verbindlich. Entwickeln sich *Rechtsbegriffe* wie »Gericht«, »Verfahren«, »Steuer«, »Verantwortlichkeit«, »Haftung«, »Schuld«, so übernimmt das Gesetz diese gewachsenen Rechtsgedanken, führt sie fort und gibt sie verbindlich an die Zukunft weiter. Wir begreifen das Recht in überbrachten und herkömmlichen Begriffen. Das Recht findet deshalb auch bei Erneuerungsvorhaben in dem Überkommenen und Geläufigen seinen Ausgangspunkt.

Dabei hebt die allgemeine Regel – das Gesetz – das Rechtserhebliche in das Licht des Bedeutsamen und belässt die Besonderheiten und Individualitäten des Einzelfalls im Dunklen des Rechtsunerheblichen. Das Gesetz erfasst seinen Gegenstand jeweils in der Perspektive seiner Regelungsabsicht: Das Mietrecht beobachtet das *Haus* in seiner Tauglichkeit für das menschliche Wohnen, um dann den angemessenen Mietzins zu bestimmen; das Strafrecht sucht für dasselbe Haus nach den Türen, Mauern oder Zäunen, die den Hausfrieden umgrenzen und damit den Hausfriedensbruch bestimmen; das Baurecht prüft die Standsicherheit des Hauses, das Entsorgungsrecht den im Haus produzierten Müll und die Wege zu seiner Beseitigung; das Gebührenrecht bemisst die Reinigungsgebühren nach der an die öffentliche Straße grenzenden Hausfläche, und die Grundsteuer fragt nach dem Wert des Grundstücks.

Das Gesetz begleitet eine sich verändernde Welt. Deswegen sucht der Gesetzgeber mit seinen Regelungen so in die Zukunft vorzugreifen, dass er durch die tatsächliche Entwicklung möglichst nicht widerlegt wird. Er schafft entwicklungsoffene *Erneuerungsinstrumente,* wie Wahlen, Gesetzgebungs- und Gerichtsverfahren, Kompetenzordnungen oder den Vertrag. Er setzt *fragmentarische Rechtssätze,* die von öffentlichen Belangen, dem Wohl der Allgemeinheit, dem wichtigen Grund, der Billigkeit handeln, also die gemeinte Verbindlichkeit lediglich andeuten und damit ein Stück Gesetzgebung offenlassen.

Wenn das Polizeirecht die »öffentliche Sicherheit und Ordnung« zum Maßstab macht, so war früher einmal nach diesem Maßstab Frauen das Rauchen auf öffentlichen Straßen verboten, hingegen die Entsorgung von Müll auf die Straße erlaubt. Später hat derselbe Gesetzestext just die gegenteilige Folge. Heute scheinen wir eine öffentliche Ordnung zu entwickeln, die sowohl das Rauchen wie das Entsorgen verbietet.

Gerechtigkeit fordert somit einerseits ein *vertrautes Recht,* das sich als selbstverständliche Regel in das Bewusstsein der Menschen eingeprägt hat und deshalb allgemein beachtet wird, andererseits ein *offenes Recht,* das diese Vertrautheit nicht zu sehr auf den Buchstaben und das enge Wort bezieht, sondern in einem verbindlichen Rechtsgedanken auch zukünftige, heute noch nicht voraussehbare Entwicklungen erfassen lässt.

Lebenskultur prägt Recht

Die gewachsene Kultur greift unmittelbar auf die Inhalte des Rechts zu, wenn sie Begriffe wie Freiheit, Gleichheit, Sicherheit, Würde, Vertrag, Eigentum, Ehe und Familie formt. Das Recht festigt und verstetigt diese Maßstäbe und Lebensformen. In der Tradition des Rechts ist die *Familie* die Gemeinschaft von Eltern und Kindern, die Ehe die Gemeinschaft von Mann und Frau, die potenzielle Elternschaft. Die Familie wird stets als Ursprung der nächsten Generation geschützt, in der die Kinder geboren und erzogen werden, die Eltern Verantwortung für ihre Kinder tragen, sie erziehen, ihnen Beistand und Unterhalt leisten, später aber auch die Kinder den alt und gebrechlich gewordenen Eltern durch Beistand und Unterhalt einen erträglichen Lebensabend sichern. In gemeinsamer Elternschaft ist auch eine Aufgaben- und Gewaltenteilung zwischen Mutter und Vater angelegt. In den gegenseitigen Beistands- und Unterhaltspflichten von Eltern und Kindern ist eine Generationenverantwortlichkeit vorgezeichnet.

Recht und Kultur bestimmen sich gegenseitig. Die Demokratie setzt auf Wahlen und damit auf die Wertvorstellungen der Wähler. Das Berufsrecht findet in Berufserfahrung Qualifikationsmaßstäbe. Universitäten geben in ihrer Tradition dem Wissenschaftsrecht ihr Thema.

Verantwortung, Schuld, Haftung

Eine der wesentlichen Errungenschaften unserer Rechtskultur bieten die Maßstäbe von Verantwortung, Schuld und Haftung. Wenn ein Fahrzeugführer wegen eines unvorhersehbaren Risses in der Fahrbahndecke von seiner Spur abkommt und auf ein entgegenkommendes Fahrzeug auffährt, ist dieses ein *Unglück*, kein Unrecht. Das Recht und seine Befolgung hätte dieses Geschehen nicht vermeiden können. Fährt derselbe Fahrer hingegen wegen überhöhter Geschwindigkeit auf das andere Fahrzeug auf, verletzt er das *Recht*. Er ist für sein Verhalten verantwortlich. Er ist schuldig und kann deshalb bestraft werden. Er haftet dem Geschädigten für den Schaden, den er fahrlässig verursacht hat.

Die *Verantwortlichkeit*, für eigenes Tun einstehen zu müssen, *mäßigt* die *Risikobereitschaft*, stärkt das Recht, gleicht Unrecht aus und nähert es wieder dem Recht an. Wer erwägt, sich durch Korruption einen Auftrag zu verschaffen, eine Steuer zu hinterziehen oder ein ihm anvertrautes Kapital in der Unübersichtlichkeit des Finanzmarktes zu verspielen, handelt vorsichtiger, wenn er für sein Verhalten auf Schadensersatz verklagt und bestraft werden kann. Gleiches gilt für den Vertragspartner. Wer erwägt, Bestechungsgelder entgegenzunehmen, steuerverkürzende Schwarzarbeit zu leisten oder sein Geld mit hohem Risiko einzusetzen, wird zögern, wenn er sich Haftung und Strafe vor Augen führt.

Das geltende Recht sieht für die Korruption Strafe und Haftung vor. Der Rechtsmaßstab ist klar, die Verwerflichkeit dieses Tuns allgemein bewusst. Das *Steuerrecht* sieht für den Steuerhinterzieher Strafe und Haftung vor, beginnt allerdings, erst, etwa bei Bauleistungen, auch dessen Partner für den Steuerausfall einstehen zu lassen. Bei der *Börsenspekulation* sind Spiel und Wette zum geschäftlichen Alltag geworden, mögen sie auch Existenzen, Familiengüter, Arbeitsplätze und Wirtschaftswachstum vernichten. Eine Strafe droht nicht. Den Vermögensschaden trägt der Anleger. Dessen Haftung ist gerecht. Es fehlt jedoch die Mithaftung dessen, der mit fremdem Geld ohne Maß spekuliert. Die Rechtsordnung sucht die Spielleidenschaft grundsätzlich einzudämmen, stellt das Glücksspiel unter Genehmigungsvorbehalt, beschränkt die Zulassung von Spielbanken und begrenzt die Zahl und das

Risiko von Spielautomaten, stellt im Übrigen das illegale Spiel unter Strafe. Diesem Recht ist allerdings noch nicht bewusst geworden, dass sich durch neuere Erscheinungen des *Finanzmarktes* der Geld- und Kreditverkehr vielfach zu Spiel und Wette entwickelt hat, das Recht deswegen auch hier mäßigend wirken muss.

Die Abhilfe der Rechtsgemeinschaft in der aktuellen Not allerdings widmet sich zunächst den Folgewirkungen der Fehlspekulation – der Schwächung des Finanzsystems und damit der Gesamtwirtschaft –, von der alle Wirtschaftsbeteiligten betroffen sind. Das *Finanzmarktstabilisierungsgesetz* nimmt zur Krisenbewältigung durch einen finanziellen Hilfsfonds und daraus zu finanzierende Garantien die Allgemeinheit der Steuerzahler in die Pflicht, obwohl diese zu dem Geschehen eigenhändig nicht beigetragen haben. Die Größe des Schadens und die Breite des Risikos führen zu Finanzverantwortlichkeiten derer, die schlechthin keine Handlungsverantwortung trifft.

Naturwissenschaft, Technik und Wirtschaft

Gegenwärtig *nimmt das Recht* insbesondere naturwissenschaftliche Erkenntnisse, Handlungsmöglichkeiten der Technik und das Wissen über Geld, Produktion, Markt und Wettbewerb *auf,* die *das moderne Leben bestimmen und damit Anfragen an das Recht richten.* Der Produzent stellt heute Güter mehr durch Maschinen, Computer und Roboter als durch menschliche Hand her. Wir bewegen uns auf Straße, Schiene, im Wasser und in der Luft mit Hilfe von Fahrzeugen. Die alltägliche Beweglichkeit stützt sich auf Fahrstühle und Rolltreppen. Der Arzt bedient sich der Apparatemedizin, der Arzneimittel, des Herzschrittmachers und des Hörgeräts, um Krankheiten zu heilen oder Funktionsstörungen aufzufangen. Psychopharmaka, Stimulanzien und Drogen können den Menschen in seiner Leistungsfähigkeit und in seinem Glücksgefühl steigern, ihm auch über Krankheiten und Schwächen hinweghelfen, ebenso aber auch seine Entwicklung, seine Körperintegrität, seine Herrschaft über sich selbst und seine Verantwortlichkeit stören und zerstören.

Moderne Nachrichtentechniken, Computer und Leitsysteme steigern das Wissen, das Gedächtnis, die Kommunikations- und Informationsfähigkeit des Menschen schier ohne Grenzen. Die *Geldwirtschaft, der offene Markt,* die freie Erkundung und Befriedigung des individuellen Bedarfs in Tausch und Werbung schaffen Wachstum und Prosperität in bisher ungeahnten Ausmaßen. Das *geistige Eigentum* an Patenten, Computerprogrammen, Filmen oder Musikstücken erschließt die Chance eines Marktes der Erfinder, Urheber und Künstler, aber auch der Verleger, Produzenten und Händler. Unsere moderne Welt ist von Technik, Naturwissenschaft, Markt und Wettbewerb geprägt.

Auch dieser Teil unserer Kultur bestimmt die Inhalte des Rechts. Drogen und Doping sind verboten, Arzneimittel bedürfen der Zulassung, Maschinen, Fahrzeuge und technische Geräte müssen Sicherheitsstandards genügen und sich ständigen Kontrollen unterwerfen. Der Verkehr wird geregelt. Daten dürfen nur in den Bahnen des Rechts erhoben, verbreitet, aufbewahrt, genutzt werden. Geistiges Eigentum ist in den Gewährleistungen und Handlungsmöglichkeiten des Rechts geschützt. Markt und Wettbewerb, Bankenwesen und Finanzsysteme brauchen einen rechtlichen Rahmen, eine Haftungsverantwortlichkeit, ein Maß gegen Gewinnoptimierung und spekulativen Leichtsinn. Das hochtechnisierte System von Verkehrseinrichtungen, Energieversorgung, Krankenhauswesen oder Massenansammlungen machen die Lebensbedingungen des Menschen und damit ihn selbst anfälliger für Störungen und auch für willentliche Angriffe. Das Recht antwortet auf eine hochtechnisierte Welt mit einer *Technikordnung* – der Zulassung von Fahrzeugen, Produktionsformen, Atomreaktoren –, einer *neuen Gewährleistung von Freiheit und Sicherheit innerhalb der Technik* – dem Datenschutzrecht, Qualifikationsanforderungen für technische Berufe, DIN-Normen –, einer *Gegenwehr gegen Risiken der Technik und ihres Missbrauchs* durch Instrumentarien des Rechts und der Technik – dem Umweltrecht, Waffenrecht oder der Technikaufsicht.

Recht ist somit Ausdruck der in einer Rechtsgemeinschaft gewachsenen Kultur, *nimmt das Wissen der Gegenwart auf*, nutzt die hergebrachten und bewährten Institutionen, stützt sich auf anerkannte Werte, *beantwortet die modernen Anfragen an das Recht*. Ohne diese kulturellen Voraussetzungen könnte Recht nicht entstehen. Selbst eine »verfassunggebende Gewalt« baut auf eine vorgegebene Ordnung, die bestimmt, wer der Verfassunggeber ist – der König, eine verfassunggebende Versammlung, das Staatsvolk –, in welcher Sprache die Verfassung begriffen werden soll, wem die Gesetzesinitiative zusteht, wie das Beratungsverfahren zu organisieren ist, mit welchen Mehrheiten abgestimmt wird und wie das Gesetz zu veröffentlichen oder zu verkünden ist.

Wollen

Die dritte Quelle für Recht ist der Wille. Wie die Einkommen verteilt werden, wie hoch die Steuer sein soll, wie das Bildungssystem und das Krankenhauswesen organisiert werden, bedarf der Entscheidung. Schon die Grundwertungen der Verfassung, die in der Natur des Menschen angelegt und in der Rechtstradition entwickelt worden sind, müssen *durch Gesetz näher ausgestaltet werden*. Das Grundgesetz gewährleistet Inhalt und Schranken von Eigentum und Erbrecht in Gesetzen (Artikel 14), Artikel 23 ermächtigt Deutschland zur Mitwirkung in der Europäischen Union, Artikel 24 zur Mitgliedschaft in den Vereinten Nationen. Im Gesetzgebungsverfahren wirken ein unmittelbar gewählter Bundestag (Artikel 38) und ein aus Mitgliedern der Landesregierungen zusammengesetzter Bundesrat (Artikel 51) zusammen. Die Vereinigungsfreiheit (Artikel 9) gewinnt erst im Vereinsrecht, im Recht der Personen- und Kapitalgesellschaften ihre praktische Bedeutung. Diese Verfassungsbestimmungen beruhen auf Entscheidungen, die nach lebhafter Debatte mehrheitlich eine Antwort auf eine historische Anfrage an das Recht geben. Erst recht sind das Strafgesetzbuch mit seinen Straftatbeständen und dem jeweiligen Strafmaß, das Bürgerliche Gesetzbuch mit der Ausgestaltung von Vertragsfreiheit, Sachenrecht und Familienrecht, das Baugesetzbuch mit seiner Bauleitplanung für Wohnen, Erwerbstätigkeit, Verkehr und Umwelt Ergebnis politischer Initiativen, kontroverser Debatten und abschließender parlamentarischer Entscheidung.

Diese Entscheidungen gewinnen innere Überzeugungskraft und äußere Geltung nur, wenn sie nicht bloßer Ausdruck durchsetzungsfähiger Interessen sind, sondern allgemeine, den Bedürfnissen aller Rechtsbeteiligten entsprechende Regeln bieten. Das Gesetz braucht *allgemeine Sätze,* die von persönlichen Anliegen, Lebensdeutungen und Leidenschaften unabhängig sind, die jedermann gerecht werden.

Hier setzt die Hoffnung auf Demokratie und Parlamentarismus, die Sehnsucht nach Gerechtigkeit an. Wenn das *Staatsvolk selbst,* repräsentiert durch seine Abgeordneten, die Grundregeln seines Zusammenlebens beschließt, wird es die Rechte der einzelnen Menschen achten, jedem Menschen das Recht zubilligen, sein Glück selbst zu suchen, die von diesen Individualrechten zugewiesenen Herrschaftsräume als Verantwortlichkeiten ausgestalten, diese Verantwortlichkeiten gegenüber anderen als verallgemeinerungsfähige und allgemeine Regel fassen und eine Kultur des Maßes wahren. Demokratie und Parlamentarismus tragen in sich die Hoffnung auf Gerechtigkeit, sollen unseren fünf Gerechtigkeitskriterien genügen.

Diese Hoffnung auf eine zu mehr Gerechtigkeit führende demokratische Organisation *setzt auf politische Parteien,* die in ihren Programmen und in ihrem alltäglichen politischen Handeln ihre Ziele ersichtlich machen, ihre Gerechtigkeitsvorstellungen definieren. Dabei erwarten die Wähler, dass die Parteien die für die jeweilige Gegenwart erheblichen Gerechtigkeitsalternativen zur Wahl stellen, die Grundrichtung der Rechtsentwicklung also vom Wähler entschieden wird. Demokratie gibt das Recht in die Hand des Staatsvolkes und erhofft von ihm in eigener Sache Gerechtigkeit.

7. Zehn Erwartungen der Gerechtigkeit

Wenn wir über Gerechtigkeit sprechen, *verbindet jeder damit unterschiedliche Erwartungen.* Der Kriegsbedrohte denkt an den Frieden, der Hungernde an die Bekämpfung von Not und Armut, der Strafgefangene an Freiheit, der Unternehmer an maßvolle Steuern, der Theaterdirektor an staatliche Zuwendungen und der Spekulant an einen staatlichen Rettungsschirm, der ihn vor den Folgen seiner Spiele und Wetten schützt. Deswegen ist es wichtig, dass wir uns zunächst der Aufgaben vergewissern, die das Recht erfüllen soll und erfüllen kann.

Die Erwartungen an das Recht sind hoch, der Anspruch des Rechts ist eher bescheiden. Es kann den Kranken nicht gesund machen, den Missmutigen nicht ermutigen, dem Neider nicht Mitfreude vermitteln und nicht einem einzigen Menschen Liebe schenken. Recht setzt einen verbindlichen Rahmen, in dem die Menschen leben. Was die Menschen aus ihrem Leben machen, ob sie eine Ehe oder das Alleinsein suchen, einen Beruf ausüben oder sich vom Erwerbsleben fernhalten, eigenes Vermögen mehren oder anderen zuwenden, in friedlicher Nachbarschaft leben oder streiten, hängt von ihnen ab. Das Recht bietet eine Ordnung des Friedens und der Freiheit, der einzelne Mensch achtet diese Ordnung und nutzt seine Freiheit.

Deshalb widmen wir uns den fünf Grundanliegen der Gerechtigkeit (Schutz vor Verletzungen, persönliche Selbstbestimmung, Verantwortlichkeit, Verallgemeinerungsfähigkeit der Maßstäbe, Kultur des Maßes) und weiteren fünf, diese Gerechtigkeit stützenden Prinzipien (Kontinuität, Wettbewerb und Geborgenheit, Vertrauen, Verteilung von Geld und Gütern, Staatsorganisation). Die folgenden zehn Kapitel handeln von diesen zehn Prinzipien:

1. Gemeinsame Maßstäbe

Gerechtigkeit erfährt der Mensch durch den anderen Menschen. Er empfindet das Verhalten eines anderen ihm gegenüber als gerecht, wenn es gemeinsamen Maßstäben entspricht. Deshalb brauchen wir Regeln, die den einzelnen Menschen, aber auch den Staat und seine Organe binden. Der Staat und jeder einzelne Mensch müssen bei ihrem Verhalten der gleichen Vorstellung von Gut und Böse, von den zu schützenden Rechtsgütern und deren Verletzungen folgen. Ein beherrschender Staat wird viel von dem, was er für richtig hält, in verbindlichen Vorschriften regeln. Ein freiheitlicher Staat belässt ein Großteil der erhofften Gerechtigkeit in der Freiheit seiner Bürger. Je freiheitlicher ein Verfassungsstaat ist, desto mehr richten sich die Gerechtigkeitserwartungen an das Gewissen des Menschen, je beherrschender der Staat wirkt, desto mehr richten sich die Gerechtigkeitserwartungen an das Gesetz. Der moderne Verfassungsstaat beantwortet die gegenwärtigen Anfragen an das Recht durch allgemeine Gesetze, die dem freien Leben der Menschen einen Rahmen setzen, im Übrigen aber ihre Bereitschaft zu eigenverantwortlichem Handeln voraussetzen.

2. Das Recht braucht Autorität und gemäßigte Gewalt

Menschliche Gemeinschaft ist deswegen nicht nur auf Freiheit, sondern ebenso auf Autorität, auf Führung angelegt. Gerechtigkeit braucht den Erzieher, den Lehrer, den Dienstherrn, den Gesetzgeber, den Polizeibeamten, den Richter. Die Justitia trägt Waage und Schwert. Der Verfassungsstaat beansprucht unbedingte Herrschaft für das Recht, macht aber in den Grundrechten die Freiheit seiner Bürger, in der Gewaltenteilung eine Mäßigung und Qualifikation der Staatsgewalt zum Inhalt seines Rechts; er sucht im Demokratieprinzip einen mit jeder Führung verbundenen Widerstand oder gar Aufstand durch die Wahl der Regierenden nach dem Prinzip der Macht auf Zeit aufzufangen.

3. Freiheit, Gleichheit, Sicherheit

Recht ist auf den einzelnen Menschen auszurichten und wird daran gemessen, wie viel Freiheit, Gleichheit und Sicherheit es jedem Menschen gewährt. Der Mensch sucht Sicherheit gegen Krieg und Terrorismus, gegen Angriffe anderer Menschen, gegen Willkür und Unterdrückung durch den Staat. Er beansprucht Gleichheit vor dem Gesetz, anerkennt aber die Ungleichheit zwischen dem staatlichen Garanten des Rechts und dem Menschen als dem Rechtsadressaten, zwischen dem heutigen Recht und dem morgigen – besseren – Recht, zwischen der von der Norm erfassten Normalität und der rechtsunerheblichen individuellen Abweichung. Vor allem aber beansprucht der Mensch Freiheit; er will sein Glück selbst suchen, sich von anderen unterscheiden. Dabei ist der Mensch nicht nur vernünftig, sondern auch hungrig, leidenschaftlich, begierig, unbekümmert. Alle diese rechtlichen Vorgaben sind nicht selbstverständlich, sondern müssen von den Menschen jeweils neu errungen werden. Dabei bleibt es eine ständige Aufgabe, den Ausgleich zwischen Freiheit, Gleichheit, Sicherheit zu finden.

4. Gesetz und Rechtsbewusstsein

Unter den Bedingungen des Verfassungsstaates braucht die Gerechtigkeit nicht den Revolutionär, sondern den rechtsverständigen Menschen, der die Instrumentarien von Freiheit und Gesetzgebung nutzt, um eine Entwicklung zum besseren Recht zu fördern. Das Recht muss um den Bürger werben, ihn überreden, ihn überzeugen. Der Bürger sollte immer wieder den Einklang zwischen äußerer Rechtsordnung und seinen inneren Rechtsüberzeugungen prüfen, bei Dissonanzen auf eine Änderung der Gesetze oder auf eine Erneuerung seines Rechtsbewusstseins hinwirken. Diese ständige Auseinandersetzung zwischen geltendem Recht und persönlichem Rechtsbewusstsein würde allerdings in die Beliebigkeit entgleiten, wenn nicht Grundsatzwerte Staat und Staatsvolk, Gesetzgeber und Wähler in einer Kulturgemeinschaft binden und allgemeine Gesetze nicht von der Allgemeinheit verstanden würden.

5. Freiheit vom Staat und durch den Staat

Jeder Mensch beansprucht die gleiche Würde, ist »mit Vernunft und Gewissen begabt«; er beansprucht deshalb, Herr seiner selbst zu sein, sein Leben eigenverantwortlich zu gestalten, auch Verantwortung für andere Menschen zu übernehmen. Doch ist der Mensch nicht stets selbstbewusst, gestaltungswillig und urteilsfähig, sondern auch schwach, krank, hilfsbedürftig. Deswegen gewährt die Freiheit jedes Menschen, sein eigenes Glück zu suchen, nicht nur eine Freiheit von der Bevormundung durch andere, sondern ebenso die Freiheit »von Furcht und Not«, beansprucht also die Hilfe der Rechtsgemeinschaft insbesondere bei Krankheit, Arbeitslosigkeit, Alter. Diese Freiheiten weisen den Staat nicht in Distanz, sondern fordern von ihm Friedensvorkehrungen, soziale Sicherheit, Lebensmöglichkeiten. Deswegen muss das Recht einerseits zur Freiheit ermutigen und Leistungen anerkennen, andererseits den Hilfsbedürftigen durch Recht, Institutionen und Geld unterstützen.

6. Recht in der Generationenfolge

Recht setzt Maßstäbe, die über die Gegenwart hinausgreifen; es muss deshalb auch den Wechsel regeln. Das Erbrecht, die Wahl eines neuen Parlaments, die Amts- und Firmennachfolge, die Offenheit für neues

Wissen oder eine andere Kunst brauchen einen Ausgleich zwischen Altem und Neuem, zwischen Vergangenem, Werdendem und Zukünftigem.

7. Wettbewerbliche Erneuerung und vertraute Geborgenheit

Ein Instrument, um das Recht und die Freiheitswahrnehmung ständig zum Besseren und Neuen zu drängen, ist der Wettbewerb. Doch dieses Auswahlinstrument ist geeignet für politische Wahlen, für den wirtschaftlichen Markt, für den Sport, nicht jedoch als Handlungsinstrument des Staates, der seine Bürger nicht in Sieger und Besiegte teilt. Es taugt ebenso nicht als Maßstab für Lebensbereiche der Geborgenheit, der Vertrauens, der Sicherheit, der Gleichheit. Recht fordert nicht das Maximum, sondern pflegt eine Kultur des Maßes.

8. Vertrauen

Die Rechtsordnung baut auf Vertrauen. Das gilt für die Friedlichkeit im Alltagsleben, für die verlässliche Qualität der Lieferungen und Leistungen im Berufsleben, für die Gegenseitigkeit in Ehe und Familie, für die Freundschaft, die Kollegialität, den Sport. Das Recht braucht Vertrauen in seine Gesetze, Vertrauen in das Geld, Vertrauen in den Generationenvertrag. Die gegenwärtige Generation braucht eine gesetzliche Rahmenordnung zur kraftvollen Wahrnehmung ihrer Freiheit, das Staatsvolk zur gestaltungsfreudigen Nutzung seiner demokratischen Rechte, die Erwerbstätigen zur Finanzierung der Sozialversicherung, die Gesamtheit der Menschen zur Schonung der Umwelt. Vom Staat erwarten wir eine maßvolle Gesetzgebung, eine treuhänderische Besteuerung und Haushaltspolitik, einen strukturellen Verzicht auf Verschuldung.

9. Erwerben, Verteilen, Umverteilen

Jeder Mensch kann seinen Bedarf nur decken und seine Lebenslage nur verbessern, wenn er sich anstrengt und Güter gewinnt. Leben baut auf Leistung. In einer arbeitsteilenden Wirtschaft erzielt jeder für seine Leistung ein angemessenes Entgelt. Der Verfassungsstaat allerdings setzt den Rahmen für diese Erwerbsgerechtigkeit, bezieht aber auch diejenigen, die nicht erwerben können, in die Verteilung eines Mindestgeldes ein. Gegenwärtig sind die Erwerbschancen von Kapital und Arbeit neu zu überdenken. Die großen Unterschiede zwischen Arm und Reich stellen die Frage nach der Verteilungsgerechtigkeit. Der Geldmarkt ist enger an die Realwirtschaft zu binden. Entgeltwürdige Leistungen sind neu zu definieren. Die Sozialleistungen sind zu vereinfachen.

10. Gewaltenteilung und Einheit der Rechtsordnung

Der Staat sucht Gerechtigkeit durch eine Aufgabenteilung zu verwirklichen. Die klassische Gewaltenteilung – Regierung, Gesetzgebung, Rechtsprechung – mäßigt die Staatsgewalt und organisiert Sachverstand und Berufserfahrung. Das Bundesstaatsprinzip eröffnet bundesstaatliche Alternativen und bürgernahe Entscheidungen. Die Europäische Union schafft einen Binnenmarkt und pflegt die Gemeinsamkeit einer europäischen Wertegemeinschaft. Doch jeder Mensch braucht die Sicherheit in der ihm eigenen Rechtsgemeinschaft, die Geborgenheit im vertrauten Recht. Hier liegt der kulturelle Ursprung von Demokratie und Staatsvolk, auch die rechtspolitische Aufgabe gegenüber einer Flut von Normen, die unübersichtlich, widersprüchlich, privilegienanfällig sind.

Diese zehn Anliegen der Gerechtigkeit richten sich an den freiheitsberechtigten Bürger und den freiheitsverpflichteten Staat. Wenn wir sie im Folgenden bedenken, bleibt bewusst, dass Gerechtigkeit stets ein fragendes Wort ist. Das Gesetz schafft Sicherheit, die Frage nach der Gerechtigkeit beunruhigt.

II. Die zu früh abgebrochene Aufklärung

1. Der verlorene Beutel

Johann Peter Hebel erzählt uns, um die Gerechtigkeit verständlich zu machen, eine nachdenklich stimmende Geschichte: Ein Mensch hatte einen Beutel mit 800 Talern verloren und bot einen Finderlohn von hundert Talern. Nach einigen Tagen fand ein ehrlicher Mann den Beutel, brachte ihn dem Eigentümer zurück und hoffte auf den Finderlohn. Der Eigentümer war froh, seinen Beutel wieder in Händen zu halten, sann aber auf eine Ausrede, um den Finderlohn nicht bezahlen zu müssen. Er öffnete den Beutel, schaute hinein und behauptete, darin seien nur noch 700 Taler. Der Finder habe ersichtlich die ihm zustehenden Taler schon genommen und Recht daran getan. Der Finder versicherte, er habe den Beutel so wie gefunden zurückgegeben, fühlte sich in seiner Ehrlichkeit in Frage gestellt und brachte den Fall vor Gericht.

Der Richter ließ sich den Sachverhalt von beiden Kontrahenten ausführlich schildern. Der Finder versicherte, er habe den gefundenen Beutel, ohne ihn zu öffnen, an den Eigentümer herausgegeben. Der Eigentümer behauptete, in dem Beutel seien nur noch 700 Taler gewesen. Der Richter aber kannte die Ehrlichkeit des Finders und die schlechte Gesinnung des anderen und sprach: Wenn der eine einen Beutel mit 800 Talern verloren, der andere aber nur einen mit 700 Talern gefunden hat, so kann der gefundene Beutel nicht der verlorene sein. Er verurteilte den Eigentümer deshalb, den Beutel wieder an den Finder herauszugeben, der ihn behalten solle, bis der wahre Eigentümer sich melde. Der Eigentümer aber solle sich gedulden, bis ein Finder auftauche, der tatsächlich einen Beutel mit 800 Talern gefunden habe. So sprach der Richter, und dabei blieb es.

2. Das Gute wird belohnt

Wir stimmen dem Urteil zu, obwohl der Richter erkennbar Fehler gemacht hat, die wir einem Richter nicht zubilligen. Er unterstellt einen

Sachverhalt, den es nicht gegeben hat. Er verweigert dem Eigentümer 700 Taler, die ihm gehören, spricht dem Finder 700 Taler zu, die ihm nicht zustehen. Wir halten das Urteil dennoch für gerecht, *weil der Eigentümer sich den Verlust seines Eigentums selbst eingebrockt hat,* weil er betrügen wollte und nun sein betrügerisches Wort sich gegen ihn selbst wendet. Er wollte sich auf Kosten eines anderen bereichern und muss nun dafür büßen. Die Schädigung eines anderen ist Unrecht und muss gesühnt werden.

Das Urteil erscheint auch deshalb richtig, weil es *den ehrlichen Finder belohnt.* Er hat sich anständig verhalten, soll deshalb einen Vorteil daraus ziehen. Im Normalfall wäre ein Finderlohn von hundert Talern genug. Doch wir beurteilen jetzt nur die Frage, ob die 700 Taler besser beim betrügerischen Eigentümer oder beim redlichen Finder aufgehoben sind.

Dabei stört uns nicht, dass der Richter ein Geschehen unterstellt, von dem er weiß, dass es sich so nie zugetragen hat. Auch stellen wir nicht die Frage nach dem berechtigten Eigentum, die uns bewusst machen würde, dass der ehrliche Mann entgegen dem Gesetz um 700 Taler bereichert ist und der unehrliche Eigentümer entgegen dem Gesetz 700 Taler verloren hat. Wir blicken mehr auf das Urteil, das weise erscheint. Diese Weisheit wächst wie die Gerechtigkeit aus Lebensklugheit, Personenkenntnis, Unbefangenheit, einem Sinn für Maß und Ausgleich, der *denjenigen, der einen anderen schädigen will, ins Unrecht setzt und bestraft.*

Diese Art, Recht zu finden, anerkennen wir heute nicht mehr. Wir lassen unser Vertrauen nicht bei einer einzelnen Person, dem gerechten Richter, sondern erwarten Gerechtigkeit vom generellen, demokratisch hervorgebrachten Maßstab des *allgemeinen Gesetzes.* Das Gesetz steht für Sachlichkeit, Gemeinwohl, Gleichheit, Maß, Zukunftsoffenheit. Doch damit wird der unbefangene und feinsinnige Richter, der den streitigen Sachverhalt sorgfältig ermittelt und das Wort des Gesetzes auf diesen Sachverhalt anwendet, nicht überflüssig. Wir vertrauen Gesetz und Richter.

Es wäre schlechthin irreal, wollte man vom Richter erwarten, er könne die rechtliche Lösung des Einzelfalls wie ein Automat aus dem Gesetz abrufen, das Recht allein durch Logik und nicht durch eigene

Wertung finden. *Das Gesetz sieht nicht jeden zukünftigen Fall voraus,* es muss für den nicht vorausbedachten Fall nach- und weitergedacht werden. Wenn das Recht die beliebige Nutzung des Computers erlaubt, der Autocomputer aber eine neue Gefahrenlage hervorruft, muss der Richter dieser Gefahr auch dann angemessen begegnen, wenn das Gesetz noch keine Sonderregelung bereitstellen würde. Das Recht braucht eine Arbeitsteilung zwischen der gesetzgebenden Gewalt, die in die Zukunft vorausdenkt, und der rechtsprechenden Gewalt, die eine Regel für den vergangenen Fall anwendet.

3. Vertrauen, Vertrautheit, Verantwortlichkeit

Wir vertrauen den Regeln, die uns vertraut sind. *Vertrauen baut auf die Erwartung, dass der andere verantwortlich handeln werde*, sein Handeln nach gemeinsamen Maßstäben ausrichte, er uns nicht verletze, eine Kultur des Maßes pflege, dass er gerecht sei.

Vertrauen in Gesetz und Einzelentscheid

Im Recht *setzen wir unser Vertrauen nicht mehr auf eine einzelne Person*, den weisen Richter, der auch einmal müde, vielleicht nicht hinreichend vorbereitet oder durch die Eintönigkeit gleichartiger Fälle bedrückt sein kann. Wir *trauen auch nicht allein dem Gesetz,* das Gerechtigkeit nicht schon in seinen Regeln garantiert. Auch das allgemeine, demokratisch durch das Parlament beschlossene Gesetz kann eine für den einzelnen Fall ungeeignete Antwort bieten, weil der Gesetzgeber diesen Fall nicht gesehen oder nicht vorausgesehen hat. Es kann auch eine ungerechte Antwort geben, wenn es Interessenten im Parlament gelungen ist, das Gesetz zum Instrument ihrer Privilegien zu machen. Die gesetzliche Erneuerung passt das Recht an neue Entwicklungen an, vermittelt freiheitliche Weite, organisiert Aufbruch, auch Wagnis. Eine leichtfertige Reform kann aber auch mit dem Erprobten brechen, Unsicherheit gegenüber Bewährtem schaffen, unbedacht die betroffenen Bürger aus vertrautem Recht verdrängen. Das moderne Gesetz ist oft mangelhaft, weil unsere Lebensverhältnisse immer unübersichtlicher werden. Die Fragen des Umweltschutzes, des Finanzmarktes, des Weltfriedens in fernen Regionen, der Gesundheitsreform, des Steuerrechts verstehen nur wenige Abgeordnete und Bürger. Das Gesetz muss dieses Problem der Komplexität und Kompliziertheit durch Vereinfachung lösen, darf es nicht durch ähnlich unüberschaubare Regeln verschärfen.

Unsere Gerechtigkeit *setzt also Vertrauen zunächst in das Gesetz, dann aber auch in den Einzelentscheid.* Dieses Zusammenwirken von Gesetz und Gesetzesanwender darf allerdings nicht dazu führen, dass die Herrschaft des Gesetzes nun wieder der Herrschaft eines Menschen weichen würde. Sie setzt voraus, dass der Richter bei der Anwendung des Gesetzes der Rechtsfindung verantwortlich etwas hinzufügt, das Teil des Rechts ist. Das Gesetz lässt in seinen allgemeinen Regeln ein Stück der Rechtsentscheidung offen, die der Richter durch sein Urteil ergänzt. Allgemeine Regel und Einzelentscheid dienen demselben Recht, haben also dieselben Quellen.

Symbol und Stil als Stütze der Vertrauens

Das Gericht sucht dieses Vertrauen *durch Symbol und Stil zu fördern* – durch die Justitia mit der Waage, die richterliche Robe, eine allgemein geläufige Art des Verhandelns, eine verbindende Form. Ein Richter, der glaubt, in Turnschuhen eine Gerichtsverhandlung führen zu sollen, überschätzt sich selbst. Er gewinnt das Vertrauen der Parteien nicht als Mensch oder dank seiner Rechtskenntnis, sondern als Teil einer Institution, des Gerichts, das in Geist, Stil und Gehabe auf Rechtsfindung angelegt ist. Der Richter ist berechenbar, zuverlässig, antwortet maßstabgebunden. Er gewährt rechtliches Gehör, verhandelt mündlich, erschließt sich in Rede und Gegenrede der Parteien eine weite Sicht auf das tatsächliche Geschehen und seine rechtliche Deutbarkeit. Der gute Richter gewinnt das Vertrauen der Streitparteien, wenn er jeden nachdenklich und gelassen anhört, in seinen Fragen vermittelt, dass er den Sachverhalt und das rechtliche Anliegen beider Parteien verstanden hat, wenn er stets in seiner Verhandlungsführung, seinem Denken und Gehabe unbefangen bleibt, er sein Urteil in dem gemeinsamen Maßstab – dem Gesetz – gut zu begründen weiß. Er verkündet das Urteil öffentlich, schafft so Vertrautheit und Sicherheit. Seine ersichtliche Unbefangenheit und seine Gebundenheit an das Gesetz machen seine Entscheidung verlässlich, voraussehbar, vertrauenswürdig. Und jeder Richter erlebt im Gerichtsalltag, dass er, sobald er die Robe überzieht, seine persönliche Freiheit an der Garderobe abgibt, er jetzt in seinem Auftreten, seiner Verfahrensführung, seinem Urteil den Streitparteien dient, er ihnen verantwortlich ist, dass er erst mit dem Ausziehen der Robe wieder seine Freiheit als Bürger und Mensch zurückgewinnt. Nicht die Person des Richters entscheidet, sondern das Gericht im Namen des Volkes.

Verantwortlichkeit für drei Quellen des Rechts

Recht entsteht – so haben wir gesagt – aus drei Quellen. Das *Recht beantwortet zunächst die Anfragen der Wirklichkeit*, die eine Regel für das friedliche Zusammenleben der Menschen und die Entscheidung eines Streites fordert. In dieser Frage liegt oft schon die rechtliche Antwort. Wenn ein Mensch zu verhungern droht und die Rechtsgemeinschaft ihn ernähren kann, ist die Antwort des Rechts vorgegeben: Der Mensch muss vor dem Hunger bewahrt werden.

Sodann bestimmt die *historisch gewachsene und erprobte Kultur des menschlichen Zusammenlebens* den Inhalt des Rechts. In unserem freiheitlichen Rechtssystem ist die Religionsfreiheit garantiert, in anderen Staaten herrscht eine Staatsreligion. In Deutschland ist die Gerichtssprache Deutsch, in Frankreich Französisch. In unseren Krankenhäusern erwartet der Patient eine apparate- und arzneimittelgestützte Hochleistungsmedizin, in anderen Regionen der Welt vielleicht eher ein Naturheilkundeverfahren.

Die dritte Entstehens- und Erkenntnisquelle für Recht ist schließlich *der Wille der Recht setzenden Autorität*, in einer Demokratie der Wille des Parlaments. Es muss entschieden werden, ob die Bundeswehr nur das eigene Territorium verteidigt oder auch anderswo in der Welt Frieden schafft, wie hoch Einkommen und Umsatz besteuert werden, welche Straßen gebaut und welche staatlichen Unternehmen privatisiert werden sollen.

Recht und Gerechtigkeit bemessen sich nach den tatsächlichen Anfragen an das Recht, nach dem kulturellen Umfeld, in das ein Recht setzendes Parlament und ein Recht sprechender Richter eingebettet sind, schließlich nach dem Willen dessen, der für die Rechtsgemeinschaft Recht zu setzen und durchzusetzen hat.

Gesetzgeber, Rechtswissenschaft und Richter ist bewusst, dass der Wille des Gesetzgebers nur eine unter anderen Erkenntnisquellen für Recht ist, dass die Autorität des Gesetzgebers nicht die Verantwortlichkeit der Rechtsfindenden gegenüber der nach Recht fragenden Wirklichkeit und der die Rechtsentwicklung prägenden Kultur gänzlich überlagert. Wer Recht setzt oder anwendet, hat nicht nur zu erkennen, zu wissen oder zu wollen, sondern zu verantworten.

Die Aufklärung befreit von Autoritäten zur Vernunft

Diese Bindung entspricht dem Anliegen der Aufklärung. Die Aufklärung gibt dem einzelnen Menschen die Freiheit von Autorität und Bevormundung durch andere. Die Gesellschaft hatte sich im Lauf der Geschichte aus einer Enge von Bindungen durch Magistrat und Zünfte, Stände und Hochgesellschaft, Kirche und Klöster, Grundherrschaft und Militär gelöst.

Doch diese Freiheit ist nicht nur eine Freiheit von Autoritäten, die den Menschen in ein willkürliches Belieben entlässt, sondern zielt letztlich auf »sittliche« Freiheit. Der freie Mensch bedient sich seines Verstandes, sucht die »Wahrheit« im Recht und folgt selbstgesetzten, aber verallgemeinerungsfähigen Gesetzen.

Diese Aufklärung ist zu früh abgebrochen worden, wenn wir sie heute vor allem als Ungebundenheit, Autoritätslosigkeit, Wertungsarmut deuten, nicht aber die Frage nach der Freiheit wozu stellen. Wir müssen deshalb die Aufklärung fortsetzen – heute insbesondere gegen die übermächtige Autorität von Erwerbsstreben und wirtschaftlichem Wettbewerb und seinen Bindungen in ökonomischer Effizienz, in der Teilrationalität von Kalkulation und Kalkül. Die aufgeklärte Freiheit ist auch die Freiheit zur Wissenschaft und zu ihrem Erkenntnisstreben, die Freiheit zur Kunst und zu ihrer Formensprache, die Freiheit zur Familie und zu ihrer Geborgenheit, die Freiheit zur natürlichen Umwelt und zu ihren Gesetzmäßigkeiten von Wachsen und Vergehen, die Freiheit zur Religion und zu ihrer Frage nach Sinn und Zukunft. Eine

Befreiung zum Licht der Vernunft, die sich auf die Freiheit zu Markt und Wettbewerb und zu naturwissenschaftlicher Empirie verengt, wäre Kant und Schiller gänzlich fremd gewesen.

4. Zwei Alternativen wissenschaftlichen Denkens

Sicherheit im Beweisbaren oder Weite im Ergründen

Die moderne Wissenschaft macht faszinierende Fortschritte, lässt aber *mit dem Zuwachs an Wissen zugleich die grenzenlose Dimension des Nichtwissens bewusst werden.* Der Mensch stößt mehr und mehr in das *Weltall* vor, erahnt dessen Ausdehnung, erkennt unser Sonnensystem als einen winzigen Teil eines Universums, das aus unzähligen Galaxien und unbenennbaren Zahlen von Sternen besteht, die vermutlich ebenfalls von Milliarden von Planeten umgeben sind, von denen wir bisher knapp 200 identifizieren können. Dabei mögen einige dieser Planeten erdähnliche Bedingungen, vielleicht für menschliches Leben, bieten. Wir wissen wenig, vermuten viel, erahnen Grenzenloses, das in den Sternen steht.

Die Forscher entdecken, dass der menschliche Körper aus einzelnen, miteinander zusammenwirkenden *Zellen* besteht, dass in diesen Zellen und zwischen diesen Zellen Moleküle wirken. Eine nähere Kenntnis dieser Abläufe mag es möglich machen, die biophysikalischen Grundlagen für eine Erhöhung der Lebenserwartung des Menschen zu legen. Doch warum diese Abläufe sich so wiederholen, bleibt verborgen.

Die Wissenschaft vom Menschen und von seiner Geschichte, vom Zusammenleben im Recht, in der Kultur, in Wirtschaftssystemen stößt uns immer wieder auf die *Endlichkeit des Menschen,* über die hinauszudenken wir uns bemühen, aber mehr mit Staunen als mit Wissen Antworten suchen. Wir greifen über die Erfahrungen naturwissenschaftlicher Ursachenabläufe hinaus, mäßigen auch den inneren Antrieb aus Erwerbsstreben, Geltungswillen und politischem Machtbewusstsein, suchen aus dem Inneren des Menschen den Sinn seines Lebens, seinen Ursprung und sein Ziel zu ergründen. Das Ergebnis ist weniger Wissen und Erfahrungssicherheit, sondern Staunen und Bescheidenheit.

Die beiden deutschen Nobelpreisträger des Jahres 2007 haben diese Erfahrung in einem Interview deutlich zum Ausdruck gebracht. *Gerhard Ertl,* der Nobelpreisträger für Chemie, sagt: »Das Leben ist ein gewaltiges Wunder, wir nähern uns wissenschaftlich den Erklärungen an, aber eine Frage bleibt doch immer bestehen: Warum das alles? Hier glaube ich an Gott!« Und *Peter Grünberg,* Nobelpreisträger für Physik, fragt: »Was ist denn jenseits des Weltalls? Es gibt immer ein Ende, eine Wand. Aber genauso, wie ich das als Kind gelernt habe, lernte ich: Hinter der Wand ist auch wieder etwas. Das ist ein Konflikt, damit müssen wir leben. Unendlichkeit. Das ist das Unergründbare. Es ist da.«

Der Wissenschaftler widmet sich dem Teil der Welt, den er *mit den naturwissenschaftlichen Methoden von Kausalität und Experiment beobachten und erklären will.* Er ist sich dabei aber seiner begrenzten Erkenntnismöglichkeit, seiner notwendigen Selbstbeschränkung bewusst und nimmt sie zum Anlass, *die Welt im Übrigen zu ergründen, nach Sinn, Bedeutung und Ziel dieser Welt zu fragen.* Die Beschränkung auf das naturwissenschaftlich Beweisbare gibt Sicherheit, Souveränität im Methodischen, wie bei einem Fürsten, der sein Hoheitsgebiet souverän beherrscht, für das Nachbargebiet aber nichts zu sagen hat. Doch der Mensch will nicht in einem begrenzten Gebiet verharren; er will reisen, in die Ferne streben, die Weite der Welt erleben. Mir sagte jüngst ein Krebsforscher, der als Arzt auch Sterbende begleitet, die Wissenschaft habe den Krebs in allen seinen Erscheinungsformen bisher nicht erkennen können; die Welt verstehen zu wollen, solle man von der Wissenschaft nicht erwarten. Die Bereitschaft zum Ergründen der Welt hat Weite und Wagnis zur Folge. Die Kultur der Menschheitsgeschichte wagt eine Antwort: Die Welt lebt und entwickelt sich nach ihren naturwissenschaftlich erschließbaren Gesetzmäßigkeiten. Jenseits dieser Schöpfung existiert ein Grund für die Welt, den Menschen, das Denken und Forschen.

Recht greift über Kausalität und Kalkül hinaus

Dieses Hinausdenken über empirische Kausalität und ökonomisches Kalkül ist Bedingung des Rechts. Das Recht sucht die richtige Regel, findet sie aber nicht in den Gesetzmäßigkeiten der Natur. Wenn die

Unverletzlichkeit der Würde jedes Menschen dem Recht vorgegeben ist, sie sich weder aus der Natur des Menschen empirisch erschließen lässt noch dem Willen des Gesetzgebers anheimgegeben ist, braucht das Recht eine verbindliche Ausgangsregel, ein *Axiom*, ein *Tabu*, ohne das der Inhalt einer Verfassungsordnung und ihre Verbindlichkeit nicht abgeleitet werden können. Die Wirklichkeit mit ihren Ursachen und Wirkungen – der Sachverhalt – stellt die Fragen an das Recht. Die Antworten ergeben sich aus dem Bild des Menschen, das der Mensch von sich durch Ergründen, durch die Frage nach Herkunft und Zukunft, durch ein Denken jenseits seines Ichs und über seine Lebenserfahrung hinaus gewonnen hat. Das Elementarrecht – die Gerechtigkeit? – erkennen wir nicht durch Beobachten des Menschen in seinen Molekülen, Zellen, seiner Körperstruktur, seiner Abhängigkeit von der ihn umgebenden Natur, seinen Bewegungs- und Handlungsmöglichkeiten. Recht erkennen wir auch nicht allein aus dem Wünschen und Wollen des Menschen, seinen tatsächlichen oder unterstellten Zustimmungen zu einem Staatsvertrag, einem Gesetz, einem Friedensbund, nicht aus seiner Psyche und deren Beeinflussbarkeit. Die Kernsätze des Rechts erkennen wir aus dem Sinn des menschlichen Lebens, aus der Bedeutung und dem Ziel der menschlichen Gemeinschaft, aus den Gründen, aus denen sich die gegenwärtige Rechtskultur entwickelt hat.

Dabei macht sich das Recht die Unterscheidung zwischen tatsächlichem *Geschehen* und menschlichem *Verstehen,* zwischen den Ereignisketten der Wirklichkeit und dem Verstehen menschlichen Handelns zunutze. Das Recht ereignet sich in dem »Raum der Ursachen«, in dem Menschen verhungern, ein Fahrzeug im Straßenverkehr durch einen Aufprall beschädigt wird, ein Mensch einen anderen tötet, der Forscher ein Arzneimittel erfindet, der Astronaut zum Mond fährt. Recht lebt aber ebenso im »Raum der Gründe«, in dem der Mensch nach dem Sinn und der Bedeutung seines Lebens fragt, die Geltung des Rechts zu begründen und seine Inhalte zu rechtfertigen sucht und die Institutionen des Rechts – den Staat und seine Organe – legitimieren will.

Das Recht sucht das Handeln des Menschen in einer Friedensordnung zu binden, in Freiheitsrechten zu entfalten, weiß dabei, dass *kein Mensch nur nach Vernunft und Rationalität handelt,* er vielmehr in Zorn und Enttäuschung, in Hoffnung und Erwartung, in Ehrgeiz und

Gewinnsucht, in Sinnlichkeit und Sexualität lebt. Die Wirklichkeit erwartet vom Recht nicht nur Impulse der Vernünftigkeit, die sich an den Verstand richten. Recht regelt auch die Grundlagen und Grenzen für ein Handeln des Menschen nach Belieben und Willkür, nach Voreingenommenheit und Trieben, die in den rechtlichen Maßstäben von Freiheit, Verantwortlichkeit, Schuld und Haftung, auch von Legitimation und Repräsentation geformt werden müssen.

Wissen setzt Bewusstsein voraus. Dieses Bewusstsein des Menschen wird geprägt von der menschlichen Erfahrung, seinen Hoffnungen, seinen Perspektiven, Grundsatzwertungen und Vorbildern. Der Mensch verfügt über ein Wissen, das aus Beobachten und Erfahren erwächst, das er bewusst sprachlich ausdrücken, in mathematischen Formeln, Statistiken, Dateien fassen kann (explizites Wissen). Daneben baut er auf ein Wissen, das aus seiner Erinnerung, seinen persönlichen Überzeugungen, Leidenschaften, Ahnungen, Sichtweisen, Wertungen und Leitbildern erwächst (implizites Wissen). »Alles Wissen und Kennen veraltet in uns; aber alle Empfindung ist ewig unerschöpflich und neu.«

Der Rechtssatz braucht die *Rationalität des Sprachlichen,* wird im modernen Recht in einem geschriebenen Text festgehalten, stützt sich aber in seinen Geltungs- und Verbindlichkeitsgründen auf Erfahrung, Erinnerung, Geschichte, Wertsysteme, Leitbilder, Friedensvorstellungen, Sinnerwartungen.

Vielfach wird gesagt, Verständnis und Bildung des Staates seien »in erheblichem Maße durch – ins Weltliche transponierte – theologische Vorstellungen« bestimmt worden. Wenn der Mensch vor der Frage steht, wie er etwas, was er tun will, tatsächlich tun kann, handelt er nach Erfahrung und wissenschaftlicher Erkenntnis *(Verfügungswissen).* Stellt er sich hingegen die Frage, was er tun soll und was er tun darf, richtet er sich nach Wertmaßstäben, Vorbildern, Kulturprinzipien, persönlichen Überzeugungen *(Orientierungswissen).* Der Mensch handelt nach, wie es in einer alten Rechtsformel heißt, »Wissen und Gewissen«. Das Wissen öffnet insbesondere das Tor zu Erfahrung und Wissenschaft, das Gewissen zu Ethik, Moral, Religion. Beide sind Quellen des Rechts; sie begründen Verhaltensregeln, die gelten wollen, die Verbindlichkeit und Befolgung beanspruchen.

Der Mensch liebt

Eine der *Grundbedingungen menschlicher Existenz* und individuellen Glücks ist die Liebe von Mann und Frau. Liebende sind verzaubert. Der Körper vermittelt mehr, als der Mensch begreifen kann. Der eine Partner sucht sich in das Denken, Empfinden und Handeln des anderen einzufühlen, seine Neigungen und Hoffnungen aufzunehmen, seine Fragen durch seine Person zu beantworten, sich darin persönlich zu verantworten. Das Paar begegnet sich zunächst scheu, geht verhalten aufeinander zu, sucht Achtung in zögerndem Fragen auszudrücken, Bewunderung in Augenblicken zu zeigen, Zuneigung in Zärtlichkeit spürbar zu machen. Es vollendet eine Einheit in Zweiheit. Über allem liegt der Hauch des Geheimnisvollen, des Privaten, des Intimen.

Selbstverständlich können die Menschen den Schleier des Geheimnisses wegziehen, die körperliche Begegnung in der Öffentlichkeit darstellen, der Käuflichkeit ausliefern, als Instrument der Herrschaft, des Erwerbs, der Provokation einsetzen. Doch wenn *der Mensch in sich hineinhört,* weiß er, dass das Intime nicht öffentlich werden darf, dass in der Würde des Menschen Individualität und Privatheit angelegt sind.

Diese Liebe ereignet sich in anderer Form von Begegnung und Verantwortlichkeit als Liebe der Eltern, als Nächstenliebe des Zuwendens und Mitverantwortens, sie begründet schließlich in einer Annäherung an die Rationalität des Rechts ein allgemeines Prinzip mitmenschlicher Achtung. Der Kirchenlehrer *Augustinus* sagt: »Liebe und tu, was du dann wollen kannst.« Diese Lehre ist nicht Ausdruck eines weltfernen Ideals, sondern Erfahrung eines Menschenkenners, der mitten in der Welt von Launen und Leidenschaften steht. Derselbe Augustinus bittet für sich: »Gib sie mir, die Keuschheit und Enthaltsamkeit, aber noch nicht gleich!« Er weiß, dass das Recht in seinen Prinzipien von den Menschen mehr als das alltägliche Sichtreibenlassen erwartet, in seinen Einzelaussagen aber die Freiheit auch für menschliche Schwäche gewähren muss. Deshalb formt das Recht die Freiheit zum definierten – begrenzten – Freiheitsrecht und weist der Freiheit Verantwortlichkeit zu.

Der Mensch stirbt

Schier unausweichlich stellt uns die Wirklichkeit des Todes vor die Frage des Lebenssinns. Der Mensch ist zu einem glücklichen Leben bereit und veranlagt, wird deshalb im Alltag den Gedanken an den Tod verdrängen, im Verlauf seines Lebens aber immer wieder mit dem Tod konfrontiert. Wenn der Tod lediglich alle Beziehungen zum bisher Dagewesenen abbricht und der Mensch in die Beziehungslosigkeit fällt, wenn es das Ziel des menschlichen Lebens wäre, zu Staub zu zerfallen, wenn der Tod lediglich der Gegensatz zum Leben wäre, dann würde dieses Lebensende einen ungeheuerlichen Schatten auf das Leben werfen, drückte Hoffnung, Lebensfreude, Glücksstreben, Freiheit nieder. Ein solches Ende ängstigt; es erschwert die Rationalität eines vernünftigen Lebens, das Selbstbewusstsein zur freiheitlichen Gestaltung der eigenen Lebenswelt, die Verantwortlichkeit für den anderen. Trostlosigkeit bestimmt dieses Leben. Demgegenüber wollen Religion und insbesondere das Christentum nicht ängstigend an die Vergänglichkeit erinnern, nicht ein Vorbote des Todes sein, sondern eine *Friedensbotschaft* verkünden, Vertrauen in die Zukunft schaffen, Angst überwinden, dem Menschen die aus der Angst erwachsende Aggressivität nehmen, ihm den inneren und häuslichen Frieden, eine erste Voraussetzung zum Weltfrieden, geben.

Der Philosoph Jürgen Habermas berichtet von der Trauerfeier für den Schriftsteller *Max Frisch,* einen Agnostiker, dem jedes Glaubensbekenntnis fremd war, dessen Sarg aber nach seinem ausdrücklichen Willen während dieser Feier in St. Peter in Zürich aufgebahrt worden war. Max Frisch habe – so sagt Habermas – offenbar die Peinlichkeit nichtreligiöser Bestattungsformen empfunden und durch die Wahl des Ortes öffentlich die Tatsache bekundet, dass die aufgeklärte Moderne keine angemessene Form für den letzten, eine Lebensgeschichte abschließenden Übergang gefunden habe. Doch das Anliegen greift über die Form des Abschieds, die Kultur des Trostes hinaus und fordert ein Denken über den Augenblick hinaus, in dem einem Menschen Welt und Zeit wie nichts erscheinen. Dieses Nichts ist eine Grunderfahrung des Religiösen, aber auch des Rechts, die gemeinsam dem Menschen in seinem Leben und seiner Freiheit einen Sinn über die eigene Existenz hinaus geben, damit auch in einer pragmatischen Klugheit das Denken, die Handlungsmaßstäbe und die Gemeinschaftsordnung über die Generationenfolge hinaus verstetigen wollen. Die Aufklärung war beglückt von der Erfahrung des Lichts und der Erleuchtung. Dieses Streben nach Licht – heute nach mehr Licht, als der Aufklärung erfahrbar war – leitet uns.

Der Mensch denkt über sich selbst hinaus

Jeder denkende Mensch fragt nach dem Sinn des Lebens

Das Recht erwächst aus dem Willen des Menschen, über sich hinauszudenken. *Jeder denkende Mensch fragt im Laufe seines Lebens nach dem Woher und Wohin*, sucht nach Ursprung und Ziel seiner Existenz, denkt über den Sinn seines Lebens und der Welt nach. In dieser existenziellen Frage, der sich kaum jemand verschließen kann und verschließen will, steht der Mensch nicht allein, sondern stützt sich auf verschiedene Denk- und Glaubenstraditionen, die sich in ihrer Erfahrung, ihrer Glaubenspraxis, ihrer Theologie und aktuellen Gemeinschaft der Deutung der Welt und des Menschen widmen. Deshalb steht am Anfang der modernen Menschenrechtskataloge stets die Freiheit der Religion und der Weltanschauung. Die großen Kulturen und Kulturreligionen dieser Welt geben eine ähnliche Antwort. Sie verweisen auf etwas Unendliches, Unergründbares – auf Gott.

Das deutsche Grundgesetz regelt den Aufbruch zu einem neuen, einem besseren Recht, das Krieg, Unterdrückung, Menschenverachtung hinter sich lassen will. Das deutsche Volk gibt sich *»im Bewusstsein seiner Verantwortung vor Gott und den Menschen«* dieses Grundgesetz, so sagt es die Präambel unserer Verfassung. Damit wird eine Verantwortlichkeit angesprochen, die über die Kausalhaftung, die rationalsprachliche Rechtfertigung, die mitmenschliche Gegenseitigkeit und Rücksichtnahme hinausgeht.

Die verfassungsrechtliche Wertordnung

Diesen Gedanken hat die Rechtsprechung des Bundesverfassungsgerichts sehr bald in die Rationalität eines geschriebenen Rechtssystems aufgenommen und zu einer Wertordnung verstärkt. Die Grundrechte wirken auch als *»objektive Wertordnung«,* weisen also nicht nur den Staat in Distanz, sondern bestimmen als Grundsatzwertungen auch die Begegnung der Bürger untereinander, prägen die gesamte Rechtsordnung. Anlass dieser Grundsatzentscheidung war der Streit zwischen einer Filmgesellschaft und dem Senatsdirektor *Erich Lüth,* in dem Lüth durch zivilgerichtliches Urteil untersagt worden war, gegen den Film *Unsterbliche Geliebte* von Veit Harlan zum Boykott aufzurufen. Veit Harlan hatte sich insbesondere durch seinen antisemitischen Film *Jud Süß* während des Zweiten Weltkriegs in den Dienst nationalsozialistischer Propaganda gestellt. Die Filmunternehmen sollten nunmehr – 1950 – nach Auffassung Lüths einen Film dieses Regisseurs nicht in ihr Programm aufnehmen, das Publikum diesen Film nicht besuchen.

Erich Lüth konnte sich auf die jedermann gewährte Meinungsäußerungsfreiheit berufen, die nicht nur das Aussprechen der individuellen Meinung schützt, sondern auch *die geistige Wirkung dieser Meinung* auf das Umfeld. Allerdings kann diese Freiheit durch ein Gesetz eingeschränkt werden, das etwa die Beleidigung oder das Verraten eines Geschäftsgeheimnisses verbietet.

Das Bürgerliche Gesetzbuch untersagt ein Verhalten, das gegen die »guten Sitten«, gegen »Treu und Glauben« verstößt, einen anderen »sittenwidrig schädigt«. Diese Generalklauseln öffnen auch die privatrechtlichen Rechtsbeziehungen zwischen den Bürgern für die »objektive Wertordnung« der Verfassung. Das Bundesverfassungsgericht hebt hervor, dass auch die bürgerlich-rechtlichen Vorschriften nicht in Widerspruch zur objektiven Wertordnung der Verfassung treten dürfen, dass das Bürgerliche Recht primär in »der Erkenntnis der wertsetzenden Bedeutung« der Grundrechte ausgelegt werden müsse. Die Grundrechte weisen seitdem nicht mehr nur den Staat in seine Verfassungsschranken, sondern bestimmen mit ihren Wertungen auch die Rechtsbeziehungen unter den Bürgern. Lüth durfte deshalb zum Boykott aufrufen.

Die neuere Rechtsprechung *zögert zwar, den Begriff der »Wert«ordnung aufzunehmen,* um nicht den Unterschied zwischen der auf Rationalität angelegten Rechtsordnung und der von Wertungen geprägten ethischen Ordnung zu verwischen. Im Ergebnis ist aber anerkannt, dass die Grundrechte eine inhaltliche Ordnung der Freiheit, der Gleichheit, der kulturellen Existenzsicherung und der sozialen Zugehörigkeit begründen, die Ausgangspunkt für die gesamte Rechtsordnung ist und diese inhaltlich bestimmt. Deswegen können wir das Grundgesetz als die geschriebene, auf Rationalität und gerichtliche Kontrolle angelegte Rechtsordnung verstehen, die *den äußeren Rahmen menschlichen Zusammenlebens setzt, den andere aus Ethik und Moral ableiten.* Dabei betont die Verfassung die Unterscheidung zwischen der äußeren Ordnung des Rechts und den inneren Maßstäben des Gewissens: Der Staat setzt die äußere Ordnung und garantiert dabei individuelle Freiheit. Der freie Mensch gewinnt in diesem Freiheitsrecht Herrschaft über sich selbst und übernimmt Verantwortung für andere; er muss deshalb eigene, aber verallgemeinerungsfähige Maßstäbe seiner Freiheit entwickeln.

Politisiertes Recht

Das Grundgesetz gibt so den Menschen in der Bundesrepublik den »Wert«, den geistigen Halt, nach dem sie sich sehnen; es begrenzt damit die politische Macht von Regierung und Gesetzgeber, die in dieser wertbestimmten Ordnung gebunden sind. Fast gleichzeitig zu der Lüth-Entscheidung des Bundesverfassungsgerichts beginnt in der Rechtsordnung der DDR die Politisierung des Rechts. Am 2. und 3. April 1958 fand in Potsdam-Babelsberg eine staats- und rechtswissenschaftliche Konferenz statt, in der – insbesondere im Hauptreferat von Walter Ulbricht – die bisherige ostdeutsche Rechtswissenschaft in ihrer Rückständigkeit gerügt, in ihrem Erstarren »bürgerlicher« Ideologie, in »Dogmatismus« und »Formalismus« beanstandet wurde. Demgegenüber benötige eine marxistisch-leninistische Ordnung die grundrechtlichen Freiheiten vom Staat nicht, weil das »Proletariat« den Staat ohnehin lenke. Deshalb – so die Beschlüsse der Babelsberger Konferenz – müsse die Trennung von Staat und Gesellschaft als ein bürgerliches Prinzip rasch aufgegeben, die Rechtsgeschichte als akademisches Lehrfach beendet, das auf den Schutz des Individuums ausgerichtete Verwaltungsrecht durch einen neue »Wissenschaft von der staatlichen Leitung« ersetzt werden. Der Mensch sei nicht frei, sondern Objekt staatlicher Steuerung. Nicht das Recht sei Maßstab des gesellschaftlichen Fortschritts, sondern die Dialektik von Kritik und Selbstkritik. Nicht das Verfassungsgesetz sei oberstes Maß von Recht und Unrecht, sondern der Parteibeschluss. Das Wort Walter Ulbrichts wurde in der DDR zum »Gesetz«.

Das Lüth-Urteil betont die Freiheit des Menschen, Babelsberg die Identität von Staat und herrschender Klasse. Trotz historisch gewachsener gemeinsamer Rechtskultur und einer gemeinsamen Schreckenserfahrung entstanden gegenläufige Staatskonzepte. Doch die Idee der Freiheit und der Demokratie setzte sich später – 1989 – mit der Wiedervereinigung durch und ist heute nicht nur deutsches, sondern weitgehend europäisches Gemeingut.

Warum gilt Recht?

Der Mensch hat naturwissenschaftlich die Mitte der Welt verlassen

Das Christentum lehrt, der Mensch sei Ebenbild Gottes. Damit *wird der Mensch größer gedacht, als er sich selbst erlebt und als er vielleicht wahrhaben will.* Der Mensch darf als prinzipiell gut, verantwortlich, selbstbeherrscht, neugierig, gelehrig, als liebevoll, poetisch, musikalisch verstanden werden. Der Mensch kann zum Niederen verkümmern, ihm kann seine Seele entgleiten, er kann seine Geisteskraft verleugnen, gleichermaßen aber zum stetig Höheren – zur Erkenntnis, zur künstlerischen Schöpfung, zur Liebe – hinaufsteigen.

Dieses Aufsteigen ist *Grundlage des rechtlichen Freiheitsvertrauens.* Wenn der Mensch heute die Natur wissenschaftlich erforscht, sie technisch nutzt und meistert, sich künstlerisch entfaltet, das Gemeinschaftsleben in einem Verfassungsstaat ordnet, das Wirtschaftswesen auf Produktivität und angemessene Verteilung ausrichtet, scheint er auf dem Weg zu lichten Höhen, um das Menschliche, sich selbst zu verwirklichen.

Unser modernes Weltbild, in dem das Universum nicht um die Erde kreist, hat *den Menschen aus der naturwissenschaftlichen Mitte der Welt verdrängt.* Die Biologie sieht Entwicklungszusammenhänge zwischen Affen und Menschen, nimmt dem Menschen seine kreatürliche Ausnahmeposition. In der Psychologie scheint der Mensch die Verfügungsgewalt über sich selbst einzubüßen, nicht mehr Herr seiner selbst zu sein. In den Experimenten moderner Genforschung sieht er seine

Identität gefährdet. Seit der Erfindung der Atomwaffen muss er seine Lebenssicherheit in Frage stellen. Ballungsräume, dominante Medien, einige Industrieprodukte entfremden den Menschen von seiner natürlichen Umwelt, entziehen ihm die unmittelbare Erfahrung von Hunger und Durst, von Kälte und Hitze, von Wind und Wetter, von Neugierde und Forscherdrang. Je mehr er die Welt beherrscht, desto mehr scheint er sich selbst zu entgleiten.

Das Recht stellt den Menschen in die Mitte seiner Ordnung

Das *Recht regelt ein Kontrastprogramm. Es stellt den Menschen in die Mitte seiner Ordnung,* macht ihn im Gegensatz zu anderen Lebewesen zum alleinigen Adressaten seiner Aussagen, setzt auf seine Freiheit und Selbstbestimmung, betont die Einmaligkeit der Person, beansprucht nachhaltigen Frieden – und hat damit Recht. Der Mensch sucht seine Freiheit so zu entfalten, dass er die in ihm angelegten Möglichkeiten stetig besser nutzt. Hier liegt der Ursprung eines Denkens in wissenschaftlichem Fortschritt, in politischer Bewegung, in Strategien der Optimierung. Zugleich bietet das Recht dem Menschen in der Freiheit die Möglichkeit, sich selbst zu genügen, vor sich selbst zu bestehen, sich in seinen Begabungen, Neigungen, seinem Wollen selbst zu begreifen, zufrieden und dankbar zu sein. Der Mensch schreibt und beurteilt in seinem Gewissen seine innere Geschichte, macht sich sein Verhältnis zum »Wahren, Guten, Schönen« bewusst, entwickelt intellektuelle Redlichkeit, Geschmack, Sicherheit im Rechtlichen. Kann er mit anderen Menschen, in seiner Familie, in seinem Freundeskreis, in seiner Forschergruppe, gemeinsam Fragen an sich selbst stellen und beantworten, gewinnt er Halt, Geborgenheit, Festigkeit in Zustimmung und Bestätigung.

Die Religion sagt dem gläubigen Menschen, dass ein Gotteszuspruch ihn zu sich selbst führt. Diese Aussage vollzieht der weltanschaulich-neutrale Staat nicht mit. Er *nutzt aber die Früchte dieses Denkens,* das der Wirklichkeit des Krieges ein Friedensgebot entgegenstellt, Willkür und Übermaß durch eine Kultur des Maßes ersetzt, wissenschaftliche Neugierde in ein Forschen über die Erkenntnis und die Erkenntnisfolgen in Verantwortlichkeit lenkt, den Wettbewerb des Übervorteilens in die Lauterkeit des ehrbaren Kaufmanns führt und die individuelle Leistung anregt, diese aber auf das Soziale verpflichtet. Vielleicht liegt das Tabu, die unwiderlegliche Hoffnung einer Rechtsordnung in diesem über sich Hinausdenken, in dem der Mensch größer entworfen ist, als er sich selbst beim Blick in den Spiegel sieht. Dieses Menschenbild fordert und schafft eine allgemeine Ordnung. Es überredet und gewinnt Verbindlichkeit.

Das Grundgesetz bekennt sich

Das Grundgesetz »bekennt sich« darum zu den Menschenrechten (Artikel 1 Absatz 2). Diese Ordnung der Rationalität und gerichtlichen Nachvollziehbarkeit beginnt mit einem Bekenntnis. Die *Charta der Vereinten Nationen* bekräftigt den »Glauben« an Würde und Wert der menschlichen Persönlichkeit. Die *Europäische Union* versteht die Achtung der Menschenwürde als einen der »*Werte,* auf die sie sich gründet«. Die Unabhängigkeitserklärung der Vereinigten Staaten vom 4. Juli 1776 baut auf »Wahrheiten«, die von den 13 amerikanischen Staaten »für klar und keines Beweises bedürfend« gehalten wurden. Der »Raum der Gründe« ist eröffnet, nicht nur der »Raum der Ursachen«. Die modernen Verfassungen haben religiöse Wurzeln, die kultiviert, gepflegt und bewässert werden müssen.

Dabei verzichtet der moderne Verfassungsstaat in seinen Aussagen auf einen Wahrheitsanspruch. Die Aufklärung weist dem Staat die Verantwortung zu, seine Autorität und sein Handeln vor den betroffenen Menschen zu rechtfertigen. Gleichzeitig entlastet sie die Kirche von der weltlichen Herrschaft, stellt sie frei für ihren geistlichen Auftrag. Damit leitet sich Recht nicht aus einer vorgefundenen Wahrheit ab, sondern muss sich immer wieder in der Gegenwart – demokratisch vor dem heutigen Wähler – begründen. Diese Begründung wäre kaum zu leisten, erwüchse das Recht allein aus dem Willen des Gesetzgebers und seiner Autorität. Das Recht wird hingegen einsichtig und verständlich, wenn es die Anfragen der Wirklichkeit beantwortet und die gewachsene Kultur des Rechts kontinuitätsbewusst fortsetzt.

Die Aufklärung hat die Wissenschaft zu ihren eigenen Methoden des Erkennens befreit; sie legt politische Macht auf Legitimation nicht durch Gott, sondern durch die Betroffenen – die Nation, das Staatsvolk – an, verpflichtet den freien Menschen nicht zu einer bestimmten

Religion, sondern entlässt ihn in die Religionsfreiheit. Diese Aufklärung kann weitergedacht werden. Wir sind rechtlich frei von Religion und Kirche, wollen aber ebenso frei sein zu Ethos und Moral, für die Sinnfrage und Kulturerfahrung, soweit das unbegrenzte Denken des Menschen – die Erfahrung seiner Vergänglichkeit, seine Fähigkeit, zu hoffen, sich zu Höherem anzuspornen – ihn in diese geistige Richtung drängt. Der Staat lebt aus dem Humus, aus dem er erwächst. Wie die Baumkrone die Wurzeln des Baumes spiegelt, so ist der Staat Ausdruck seiner geistigen Wurzeln. Deswegen genügt es nicht, Staat und Kirche zu trennen, die religiöse Legitimation und Bindung des Staates zu überwinden. Vielmehr muss das Zusammenwirken von Staat und Kirche, von Recht und Moral neu gedacht werden.

5. Eine Freiheitskultur, die dem Menschen dient

Wir sind also auf dem Weg, einen Grund für das richtige Recht und seine Verbindlichkeit wiederzuentdecken, der nicht allein in naturwissenschaftlichen Gesetzmäßigkeiten liegt, der dem erfahrungswissenschaftlichen Denken vorausgeht. Dies erscheint unmodern. Moderne Formen der Rechtsphilosophie erklären in der Rechtslogik, der Rechtsinformatik, der analytischen Rechtstheorie, den system-, konsens- und anerkennungstheoretischen Begründungen Recht. Doch gehört auch zu ihren Verstehensgründen, dass der Mensch eine Würde hat, dass die elementaren Freiheitsgarantien vorgegeben sind und selbst durch eine Verfassungsänderung nicht aufgegeben werden könnten.

Seit dem Terroranschlag des 11. September 2001 geht die Angst um, das Aufeinandertreffen religiöser Gegensätze sei Ursache des Terrors. Die Staaten müssten deshalb die Religionen oder zumindest die Religionsfreiheit bekämpfen. Diese These ist ebenso töricht wie die Auffassung, man müsse die Wissenschaftsfreiheit abschaffen, weil sie Waffen erfunden habe; die Unverletzlichkeit der Wohnung aufgeben, weil Terroristen die Wohnung als Ausgangsbasis ihrer Anschläge genutzt hätten; oder die Wirtschaftsfreiheit beenden, weil sie überhöhte Vorstandshonorare und eine Krise des Finanzmarktes veranlasst habe. Wir müssen im Gegenteil die Wissenschaftsfreiheit, die Wirtschaftsfreiheit, die Privatheit der Wohnung wieder *als eine Freiheitskultur entfalten, die dem Menschen dient und* deshalb in diesem Dienst auch ihr Selbstverständnis und ihre Grenzen findet.

In gleicher Weise dient die Religionsfreiheit dem Menschen. Das *Christentum* verkündet heute vorbehaltlos eine Friedensbotschaft, die sich gegen Gewalt und Terror wendet und in dieser Lehre überzeugt. In dieser entschiedenen Friedlichkeit liegt langfristig ein innerer Geltungsanspruch dieser Religion, mag auch mancher die christliche Lehre ohne Herrschaftsanspruch als aktuelle politische Schwäche deuten. Der *Islam* verdient unsere nachhaltige geistige Auseinandersetzung. Diese mag Unterschiede im Verständnis der Menschenwürde, in der Gleichheit von Mann und Frau, in der Religionsfreiheit, im demokratischen Prinzip der Macht auf Zeit, im Privateigentum bewusst machen, aber auch bedeutende Gemeinsamkeiten in der Verehrung eines Gottes und der daraus folgenden Verantwortung, einer Familienkultur und mancher Alltagsgerechtigkeiten hervorheben. Christentum und Islam werden gemeinsam niemals auf ihren Gottesglauben verzichten, die Welt nicht allein nach den Naturgesetzen, der Beschreibung struktureller Regelmäßigkeiten zu verstehen suchen. Deswegen wäre es eine provozierende Vergröberung, Islam und Terrorismus in einem Atemzug zu nennen oder die Frau im Islam allein als Opfer mit Kopftuch, im Harem unter der Gewaltherrschaft des Mannes zu sehen. Die Freiheit der Religion ist nicht die Alternative zur Moderne, sondern Teil unserer Zukunft.

6. Gut und Böse

Wenn die Eltern ihr Kind erziehen, vermitteln sie ihm eine Vorstellung von Gut und Böse. Wenn der Käufer ein Auto erwirbt oder der Patient sich vom Arzt behandeln lässt, stellt er bestimmte Qualitätsmaßstäbe. Wenn der Forscher ein Ergebnis seiner Untersuchungen veröffentlicht, lässt er die Güte seiner Leistung in wissenschaftlicher Kritik beurteilen. *Unser Leben ist auf das Gute, auf Qualität angelegt.* Dennoch sprechen wir im Recht nur zögernd, teilweise fast verlegen, in der begrifflichen Unterscheidung von »gut« und »böse«.

Demokratie fordert nicht das Gute, sondern vermeidet grobe Fehler

Die moderne Demokratie traut sich nicht, diesen Maßstab von Güte und Qualität auch für die Gesetzgebung zu fordern. Sie ist bescheidener, bindet die Gesetzgebung in einem verfassungsrechtlichen Rahmen, überlässt dann aber der Mehrheit die Entscheidung und erhofft von ihr das bessere Recht. Die Verfassung garantiert weniger die Güte des Gesetzes, sondern vermeidet die gröbsten Mängel. Entstehensgrund für das Recht sind verfassungsrechtliche Elementarvorgaben, sodann aber der Wille des Gesetzgebers, der sich vor den Wählern verantwortet und sich aus deren Willen rechtfertigt.

Diese Kombination von Grundwerten im Elementaren und Mehrheitswillen in den gesetzlichen Folgerungen bringt zum Ausdruck, dass die Rechtsordnung in der Fülle ihrer Einzelaussagen nicht aus vorgefundenen Prinzipien abzuleiten ist. Sie muss durch das Gesetzgebungsorgan entschieden werden und ist unmittelbar danach für eine andere parlamentarische Entscheidung zugänglich. Das Recht ist in seinen Fundamentalprinzipien unabänderlich, im Übrigen aber in zwei Rechtsprinzipien *auf stetige Erneuerung angelegt:* Wir wählen immer wieder ein neues *Parlament* – in der Erwartung, dass es bessere Gesetze verabschiedet. Die Verfassung gibt dem Menschen *Freiheit,* damit er in seiner Herrschaft über sich und seinen Lebensbereich seine Lebenslage eigenverantwortlich verbessert.

Das Gesetzesrecht und die Wahrnehmung individueller Freiheit sollen aber – das ist die Erwartung des freiheitlichen Verfassungsstaates – *auf allen Wegen zum Guten führen und das Böse meiden.* Das Grundgesetz nämlich eröffnet in Grenzen des verfassungsrechtlichen Rahmens dem Gesetzgeber nicht die beliebige Mehrheitsentscheidung, sondern stellt die Abgeordneten des Deutschen Bundestages von allen Aufträgen und Weisungen frei und unterwirft sie »nur ihrem Gewissen«. Die grundrechtliche Freiheit bietet dem Freiheitsberechtigten – jedenfalls in seinen kleinen Gegenwartsfreiheiten – das Recht zur Beliebigkeit, gewährleistet dabei aber »die Freiheit des Glaubens, des Gewissens und die Freiheit des religiösen und weltanschaulichen Bekenntnisses«, also eine Form der inneren Verantwortlichkeit und

Vergewisserung, die der Freiheitsberechtigte brachliegen lassen kann, die das Grundgesetz aber als eine Regelfreiheit des Menschen gewährleistet.

Die Hoffnung, ein Handeln allein nach Vernunft werde die Menschen zu Respekt, Rücksicht und Maß führen, wird zu oft enttäuscht. Die Menschen sind zu verschieden, stark und schwach, als dass der eine den anderen nicht unterwerfen oder übervorteilen würde. *Es wäre schlechthin unvernünftig, vom Menschen allein ein Handeln nach Vernunft zu erwarten.* Er lässt sich bestimmen von Leidenschaften, Ehrgeiz, Selbstüberschätzung, Enttäuschung und Verbitterung. Dennoch erwartet die Idee der Freiheit und der Demokratie, dass der einzelne Mensch und damit die Gesamtheit des Staatsvolkes, der Staat, den Weg zum Guten, jedenfalls zum Besseren findet.

Gesetz und Gewissen

Doch *wer sagt mir, was gut und was böse ist?* Das Kind nimmt in der Familie, wenn es Eltern und Geschwister beobachtet, die Maßstäbe für Gut und Böse fast unbewusst auf. Der Lehrer macht diese Prinzipien bewusst, vermittelt am Beispiel von Poesie, Geschichte oder Musik die Fähigkeit, das eigene Gewissen zu entfalten. Im Sport trainiert der junge Mensch Fairness, die er auch beachtet, wenn er angestrengt, leidenschaftlich und erschöpft ist. Das Arbeitsleben führt den Menschen in die Erfahrung, dass Zusammenarbeit stärkt, Anstrengung und Einsatz lohnt, Gediegenheit und Qualität anerkannt werden, die Vollendung des Werkes zufriedenstellt. Das Wirtschaftsleben pflegt eine Redlichkeit des Tausches, der Gegenseitigkeit, die im Geben und Nehmen eine neue zuteilende Gerechtigkeit sucht und im vertraglichen Konsens findet. Die öffentliche Debatte kann das Böse geißeln, das Gute hervorheben, Leistung anerkennen. Freundschaft lehrt danken. Die Philosophie entwickelt verallgemeinerungsfähige Maßstäbe eigenen Handelns, eine Ethik des Allgemeinen. Die Religion verkündet die Botschaft, dass Gott gut ist, dass der Mensch nicht vollkommen gut sein kann, er aber nach dem Guten strebt.

Hier *teilen sich das staatlich gewährleistete Recht und die vom Gewissen des Einzelnen getragene Moral.* Doch dadurch wird das Gesetz nicht unmoralisch. Die Unterscheidung zwischen der staatlichen Regelung der äußeren Handlungen, der Legalität, und den inneren Bestimmungsgründen der Handlungen, ihrer »Moralität«, lässt dem Menschen die Freiheit des Denkens, Meinens, Glaubens und Wollens. Der Gedanke der Freiheit sagt, dass jeder – im Einklang mit der Freiheit von jedermann – sein Glück selbst sucht und findet. Staat und Recht werden nicht – wie der Vater dem Kinde – vorschreiben, was »wahrhaft nützlich oder schädlich ist«, wie der Mensch »glücklich sein solle«.

Doch damit ist nicht in Frage gestellt, dass auch das Gesetz von Abgeordneten hervorgebracht wird, die ihrem Gewissen verantwortlich, zur Vernunft begabt und von der Idee der verallgemeinerungsfähigen Regel geprägt sind. Das Gesetz erzwingt nicht eine Moralität der Bürger, wird aber von Abgeordneten hervorgebracht, die zwischen gut und böse, zwischen anständig und unanständig, zwischen fair und unfair zu unterscheiden wissen. Das Grundgesetz kann die Abgeordneten auf diese Kategorien nicht verpflichten; das Gewissen der Abgeordneten kann aber diese Kategorien zur Wirkung bringen, wenn das Parlament Rechtssätze beschließt, die auf rationalen Vollzug und auf Kontrollierbarkeit angelegt sind.

Freiheitsangebote und demokratische Repräsentation

Diese Freiheitsrechte bleiben gesetzliche *Angebote, deren Annahme der freiheitliche Staat erwartet, aber nicht erzwingt.* Das Wirtschaftsleben – Markt und Wettbewerb – ereignet sich nur, wenn die Menschen von ihrer Berufs- und Eigentümerfreiheit Gebrauch machen. Würden sie dieses Angebot verweigern, gäbe es keinen Markt, keine Güter und deren Verteilung, keine Steuern, keinen Finanzstaat. Die Zukunft des Staates hängt vom Heranwachsen junger Staatsbürger ab. Der Generationenvertrag baut auf die Existenz der diesen Vertrag später erfüllenden Schuldner. Der Geldwert ist nur bei Erfüllung des Einlösungsversprechens durch die nächste Generation gesichert. Das Wirtschaftswachstum setzt das Heranwachsen von Erfindern, Firmengründern, Produzenten, Arbeitnehmern und Konsumenten voraus. Dennoch gibt die freiheitliche Verfassung die Entscheidung für oder gegen das Kind und die Familie in die Hand der Freiheitsberechtigten, macht sich also auf Gedeih und Verderb von der Bereitschaft und Kraft der freien Menschen zur Wahrnehmung dieser Freiheit abhängig.

Unsere Kultur baut darauf, dass sich Menschen für die wissenschaftliche Erkenntnis anstrengen und selbstkritisch forschen, dass sie das Schöne immer wieder künstlerisch in Formensprache zum Ausdruck zu bringen wissen und religiös die Frage nach Ursprung und Ziel des menschlichen Lebens stellen und zu beantworten suchen. Das Freiheitsrecht wahrt Gleichheit und Begegnung zwischen den freien Menschen, *das Freiheitsangebot setzt auf individuelles Wissen und Gewissen.*

Diese zur Freiheitswahrnehmung und zur Gewissensanspannung bereiten Menschen finden in den Abgeordneten ihre Vertreter – »Vertreter des ganzen Volkes«, nicht nur einer Partei oder Gruppe. Der Abgeordnete erhält sein repräsentatives Mandat, um Recht hervorzubringen, ist also der Gerechtigkeit mehr verpflichtet als der Normalbürger. Deswegen sollten die Abgeordneten – jeweils in ihrer Sprache und in den Begrifflichkeiten des zu entscheidenden Gesetzes – über Gut und Böse sprechen. Medien und Öffentlichkeit sollten – wiederum in ihrer Sprechweise – nach Gut und Böse fragen. Jede Gesetzesinitiative sollte förmlich begründen, warum die Neuregelung das Recht besser und nicht schlechter macht. Wenn wir vom freien Bürger die Kraft zur Freiheitswahrnehmung erwarten, dürfen wir vom Abgeordneten die Kraft erwarten, als »Vertreter des ganzen Volkes«, »nur seinem Gewissen unterworfen« Recht zu setzen.

7. Die Verfassung

Das Konzept des Vertrauens

Das Grundgesetz zeigt besonders anschaulich, dass Gerechtigkeit auf den Menschen vertraut, der Recht setzt und sich in seiner Freiheit gerecht verhält. Das Grundgesetz regelt Kompetenzen, in denen die Staatsorgane zu verantwortlichem Handeln ermächtigt werden, und Grundrechte, die den Menschen Freiheitsrechte geben. Die Verfassung setzt den verbindlichen Gerechtigkeitsrahmen. Die gegenwärtige, für den Bürger spürbare *Gerechtigkeit wird durch die Staatsorgane und die Freiheitsberechtigten geschaffen*. Grundsätzlich muss jeder, der besondere Verantwortlichkeiten gegenüber anderen übernimmt, im Vorhinein beweisen, dass er dieser Verantwortung gerecht werden kann. Der Arzt muss sich für die ärztliche Zulassung qualifizieren, der Kraftfahrer einen Führerschein erwerben, der Lehrer seine Lehrbefähigung belegen. In der Demokratie hingegen ist wählbar und wahlberechtigt, wer Deutscher ist und das 18. Lebensjahr vollendet hat. Zum Amt des Gesetzgebers – einer gesteigerten Verantwortlichkeit für Mitbürger und Gemeinwohl – wird also derjenige zugelassen, der vom Wähler für geeignet befunden und deshalb gewählt worden ist. Der Maßstab dieser Eignungsprüfung durch Wahl ist undefiniert. Die Prüfungskommission – das Wahlvolk – qualifiziert sich allein durch Staatsangehörigkeit und Lebensalter. Die Demokratie setzt ein großes Vertrauen auf das Staatsvolk und seine Repräsentanten.

Bei der Gewaltenteilung deutet das Grundgesetz die *Aufgaben und Kompetenzen* von Regierung, Gesetzgebung und Rechtsprechung an, umgrenzt aber deren einzelne Aufgaben nicht ausdrücklich. Am deutlichsten ist die Aufgabe der Rechtsprechung benannt; sie ist »an Gesetz und Recht gebunden«. Doch auch hier macht die Verfassung bewusst, dass sie der Rechtsprechung eine Gewalt »anvertraut«, sie also ein wesentliches Stück Vertrauen auch bei dem Richter lässt.

Für die Finanzgrundlage des Staates, die Steuerpflicht, verteilt das Grundgesetz nur die Gesetzgebungskompetenzen auf Bund und Länder und spricht bei der Verteilung der Steuererträge von einzelnen Steuerarten, insbesondere der Einkommensteuer, der Körperschaftsteuer, der Umsatzsteuer und der Erbschaftsteuer. Wie diese allerdings ausgestaltet werden und wie hoch der Steuersatz sein soll, entscheidet der Gesetzgeber.

Die Grundrechte regeln im Kern die Freiheit der Menschen; sie überlassen es damit dem Freiheitsberechtigten, wie er seine Ehe- und Familienfreiheit, die Freiheit von Wissenschaft oder Kunst, die Religionsfreiheit, die Berufs- oder Eigentümerfreiheit wahrnehmen will. Auch das grundrechtliche Freiheitskonzept ist ein Vertrauenskonzept, das die Gestaltung der freiheitlich abgeschirmten Lebensbereiche dem Willen und der Verantwortung der Freiheitsberechtigten überlässt.

Nur selten spricht das Grundgesetz von *Pflichten*. In zwei Kernrechtspositionen verpflichtet es *den Staat:* Er hat die Würde des Menschen zu achten und zu schützen. Ehe und Familie stehen unter dem besonderen Schutze der staatlichen Ordnung. Auch der Pflichtenstatus der Menschen ist im Grundgesetz kaum geregelt. Pflege und Erziehung der Kinder sind nicht nur das natürliche Recht der Eltern, sondern auch »die zuvörderst ihnen obliegende Pflicht«. Und »Eigentum verpflichtet«. Schulpflicht und Steuerpflicht klingen im Text der Verfassung an. Der grundsätzliche Pflichtenstatus, Gesetz und Recht zu achten und zu befolgen, wird stillschweigend mitgedacht, als selbstverständlich vorausgesetzt. Die Verfassung regelt weniger Ansprüche, die der Einzelne im Eigeninteresse durchsetzen kann, sondern Ermächtigungen, deren Wahrnehmung erst die reale Verfasstheit von Staat und Gesellschaft bestimmt.

Balance zwischen Festschreibung und Offenheit

Bei der Verfassunggebung greifen die Verfassunggeber über ihren eigenen Verstehens- und Erlebnishorizont hinaus; sie nutzen eine gegenwärtige Basisübereinstimmung über das richtige Recht, um dieses verbindlich mit einer Geltungsdauer vorzuschreiben, die über das Leben der beteiligten Menschen hinauswirkt. Von den Urhebern des Grundgesetzes lebt heute keiner mehr; wir leben aber nach dieser Verfassung.

Eine solche Verfassung hat eine *ausgewogene Balance zwischen Festschreibungen und Offenheiten zur Voraussetzung*. Sie betoniert das Fundament des Hauses, baut aber die darauf errichteten Stockwerke und Zimmer so, dass sie ständig verändert werden können. Die Staatsverfassung errichtet eine feste, nachhaltige Organisation des Staates, erteilt dessen Organen aber nur einen befristeten Auftrag, spricht ihnen nur eine Herrschaft auf Zeit zu. Das Staatsvolk wählt die Herrscher nicht unbedingt und unwiderruflich, sondern auf vier oder fünf Jahre. Die Herrscher bleiben in dem Angewiesensein auf Wiederwahl täglich sensibel für die Anliegen und Vorstellungen des Staatsvolkes.

Die Verfassung *kann allgemeine Rechtsgrundsätze für die Politik formulieren,* gibt aber viele Entscheidungen in die Hand von Parlament und Freiheitsberechtigten. Die Frage des richtigen Glaubens und von

Glauben und Nichtglauben bleibt offen, wird in der Garantie der Glaubens- und Gewissensfreiheit den freien Menschen überlassen. Die Wirtschaftsverfassung und damit die Fundamentalalternative Kapitalismus oder Sozialismus wird in der Garantie von Privateigentum, Berufsfreiheit und der Verpflichtung der staatlichen Haushaltswirtschaft auf die Erfordernisse des gesamtwirtschaftlichen Gleichgewichts auf einige Grundpfeiler gestützt; die Entwicklung des Wirtschaftsrechts bleibt aber Sache der parlamentarischen Auseinandersetzung. Das Grundgesetz eröffnet damit auch für den Kampf gegen die *aktuelle Finanzkrise* große Gestaltungsräume, fordert dabei aber eine klare Zuweisung von Verantwortlichkeiten. Grundrechte und Kompetenzen begründen Entscheidungsverantwortlichkeiten. Der Gesetzgeber hat deshalb die Anonymität »des Marktes«, »der Börse«, »des Fonds«, »des Staates«, »des Budgets«, »der Zentralbank« durch verantwortliche Personen wie den Sparer, den Investor, den Aktionär, den Anlageberater, den Wertpapierhändler, den Steuerzahler, den Minister oder das Mitglied des Zentralbankrates zu ersetzen und dadurch Fehler dem Wissen und der persönlichen Verantwortung des handelnden Menschen zuzuordnen. Freiheit mündet immer in Verantwortlichkeit, in Haftung.

Der Verfassungsstaat *nimmt sich in der Garantie der Freiheit in seinem Machtanspruch deutlich zurück;* er äußert sich nicht zu der richtigen Gestaltung von Eheleben und Familie, zur Richtigkeit von Religion und Weltanschauung, zum Bedürfnis nach bestimmten Berufen oder zur Erwünschtheit öffentlich geäußerter Meinungen, sondern überlässt diese gemeinschaftswichtigen Entscheidungen dem einzelnen Freiheitsberechtigten. Dadurch kann er sein Gewaltmonopol auf den Auftrag beschränken, Frieden zu wahren, Freiheit und Gleichheit für jedermann zu sichern, den Rahmen für das Handeln des Staates und die Herrschaft des freien Menschen über sich selbst zu gewährleisten. Je weniger der Staat die gesellschaftliche Ordnung gestaltet, desto weniger muss er seine Hoheitsgewalt einsetzen, desto mehr regeln die Menschen untereinander ihre Konflikte. An diesen freiheitlichen Kerngedanken des Verfassungsstaates ist gerade gegenwärtig zu erinnern, wenn der Staat mehr und mehr mit Subventionen und Steuervergünstigungen in das Wirtschaftsleben eingreift, wenn er die Menschen zur Förderung des Schiffsbaus in Taiwan drängt, obwohl dieses Förderungsprogramm ursprünglich die deutsche Küste gemeint hatte und ihnen ständig wechselnde Investitionen in verschiedenen Hotelketten nahelegt, obwohl dadurch eine stetige Entwicklung dieser Unternehmen mit hinreichendem Eigenkapital und hinreichender Eigenverantwortung gefährdet wird. Die Verfassung schreibt die Staatsgewalt und die Freiheitsgrundrechte fest, bestimmt aber die Wirkungsbereiche von Staat und Gesellschaft so, dass eine offene Entwicklung möglich ist. Dabei ist der Einsatz staatlicher Gewalt eher rechtfertigungsbedürftig, die Wahrnehmung individueller Freiheit eher der Regelfall.

Die politische Herrschaft – Herrschaft von Menschen über Menschen – ist nicht einfach vorgegeben und von den Herrschaftsunterworfenen hinzunehmen, sondern muss sich nach dem Demokratieprinzip des Grundgesetzes vom Staatsvolk herleiten und rechtfertigen. Ein solches *System stets erneuerter Führung* baut nicht auf das Vertrauen in einen Herrscher, dem der Untertan Treue, Gehorsam und Achtung schuldet und dafür Schutz und Existenzsicherheit erwartet. Vielmehr vertraut die Demokratie auf die Nation, die Staatsangehörigen in ihrem vertrauten kulturellen Umfeld, aus dem die Freiheit zu gemeinsamen Wahlen, aber auch die Erwartung zur demokratischen Begrenzung der Macht und zum Schutz der Menschenrechte erwächst. Herrschaft provoziert Opposition, Auflehnung, auch Aufstand. Deswegen *hält die parlamentarische Demokratie Mehrheit und Minderheit,* Regierung und Opposition in ständigen parlamentarischen Beratungen so *im Gespräch,* dass das Staatsvolk sich in seinen verschiedenen Anliegen nicht spaltet, vielmehr die gegenläufigen Vorstellungen und Ziele in einer gemeinsamen Debatte den Weg zur richtigen Lösung finden. Auch ist die Verfassung ein Instrument des Zusammenführens, der Einheitsbildung. Sie gibt der Politik in langfristig gültigen Prinzipien materiell Halt und verfahrensrechtlich Haltung, lässt aber politische Fragen offen. In dieser Offenheit werden nur wenige Menschen mit ihren politischen Vorstellungen prinzipiell zurückgewiesen, kaum politische Gruppen ausgegrenzt, die Risiken vermindert, jemand könne diese Verfassung prinzipiell unerträglich finden und sich enttäuscht abwenden.

Die Grundentscheidung, ob der Staat sich durch eigene Staatsunternehmen finanziert oder ob er das Wirtschaftsleben grundsätzlich in privater Hand belässt und sich deshalb durch Teilhabe am privaten

Wirtschaftserfolg, durch *Steuern*, finanziert, ist im Grundsatz der Privatnützigkeit von Eigentum und Arbeit getroffen. Ob die Steuern aber mehr den Einkommensbezieher oder den Konsumenten belasten, ob eine Erbschaftsteuer notwendig oder verzichtbar ist, ob der Konsum von Genussmitteln, Alkohol und Energie mit einer zusätzlichen Steuer belastet werden soll, ist der Entscheidung des Gesetzgebers überantwortet.

Der Antwortcharakter der Verfassung

Recht antwortet stets auf die Fragen, die sich aus den jeweiligen Lebensbedingungen der Menschen ergeben. Die steinzeitlichen Jäger und Sammler, die prähistorischen Hirtennomaden hatten kaum Streit wegen Besitz und Eigentum. Die wenigen Habseligkeiten wurden bei der Wanderung von Ort zu Ort von den Familienmitgliedern selbst oder von einigen wenigen Lasttieren getragen. Das Vieh gehörte der Sippe gemeinsam. Die tatsächlichen Verschiedenheiten unter den Menschen waren rechtlich zu vernachlässigen. Die Rechtsordnung konnte sehr einfach sein. Doch wenn ein Stamm anfängt, Weideplätze ausschließlich für seine Herde, Jagdreviere allein für seine Jäger zu beanspruchen, beginnt das Sesshaftwerden und damit der Anspruch auf Eigentum, Gebietshoheit, Ausschließlichkeitsrechte. Das Rechtssystem muss eine Ordnung der Freiheit herstellen, die zwischen dem Anspruch jedes Menschen zur Selbstbestimmung und seiner Zugehörigkeit zu einer Friedens- und Ordnungsgemeinschaft ausgleicht.

Die Verfassung schreibt nicht ein gleichbleibendes Fundamentalziel des Staates, ein Gemeinwohl, fest, sondern überlässt das Suchen und Finden des Gemeinwohls der Allgemeinheit der Freiheitsberechtigten und dem Verfahren staatlicher Entscheidungsfindung. Die Verfassung errichtet eine Ordnung nicht der Wahrheit, sondern der Kulturerfahrung; sie regelt Entscheidungsprozesse, weniger Entscheidungsergebnisse und stellt das gegenwärtige Recht immer wieder in Frage. So konnte unter Geltung und mit Impulsen dieses Grundgesetzes aus der rechtlichen Verschiedenheit von Mann und Frau eine Gleichberechtigung werden, aus der anfänglichen elementaren Existenzsicherung nach dem Kriege ein umfassendes staatliches Sicherungssystem für

Rente, Krankheit, Arbeitslosigkeit und Pflegebedürftigkeit. Es konnte die Vermögensteuer entfallen und eine Energiesteuer (Ökosteuer) eingeführt werden. Der Nationalstaat konnte sich immer mehr für eine Mitgliedschaft in der Europäischen Union und für eine Mitwirkung bei den Vereinten Nationen öffnen. Zwei sich eher feindlich gesonnene Staaten, die alte Bundesrepublik und die DDR, konnten sich unter dem Konzept dieser Verfassung wieder vereinigen.

Historische Anlässe

Die Verfassung beantwortet Anfragen der politischen Wirklichkeit an das Recht, bleibt dabei in ihren Aussagen aber *so allgemein, dass stets eine gewisse Distanz zu Betroffenen und Gegenwart gewahrt ist.* Aus den Bürgerkriegen ist der Wille nach einem Staat entstanden, der Leib und Leben, Eigentum und Rechtsschutz gewährleisten kann. Aus der Unterdrückung der Religionsfreiheit ist das Recht der Auswanderer auf die Freiheit von Glauben und Gewissen erwachsen. Der Sturz der absoluten Monarchie überwand die Standesgrenzen, die feudalen und zünftischen Bindungen; es entfalteten sich individuelle Freiheit und ein Recht des offenen Marktes. Doch die Verfassung formuliert ihre Antworten so, dass sie nicht nur den Bürgerkrieg, die Glaubensunterdrückung, die Feudalherrschaft betreffen, sondern allgemein die Staatlichkeit, die Freiheit, das Wirtschaftsgeschehen regeln. Der Antwortcharakter der Verfassung führt zu allgemeinen Organisationsprinzipien und freiheitlichen Angeboten, die gerade über den historischen Anlass hinaus wirken wollen. In dieser Allgemeinheit bleibt die Verfassung als Richtmaß und Grenze staatlichen Handelns stets aktuell.

Die Verfassung gibt als Antwort auf eine historische Lage Impulse für konkrete Rechtsänderungen. Als die *englische Revolution im 17. Jahrhundert* Adel und Bürgertum im Widerstand gegen die Stuart-Dynastie einte, forderte sie einen Wechsel in der Person des Monarchen, nicht eine Änderung der rechtlichen Grundprinzipien. Das Missfallen galt dem Herrscher, nicht dem Herrschaftssystem. Deshalb kam es nicht zu einem Bruch mit dem bisherigen Recht, nicht zu einer neuen Verfassung, sondern zu einer Bestätigung bisheriger Verfasstheit.

Als die *Auswanderer in Amerika* sich vom englischen Mutterland trennen wollten, wehrten sich die Kolonisten gegen das englische Parlament, in das sie keine Vertreter entsenden durften, von dem sie deshalb Unabhängigkeit begehrten. Doch die freiheitliche Ordnung in England mit einem Parlament, durchlässigen Standesgrenzen und schwachen Feudalbindungen erschien durchaus vorbildlich. Der Bruch mit dem bisherigen Recht lag in der Unabhängigkeit, im Entstehen eines neuen – amerikanischen – Staatsvolkes, im Beginn eines eigenständigen Verfassungsstaates.

Der *Französischen Revolution* hingegen ging es um den Sturz der absoluten Monarchie, die Beendigung der Feudalherrschaft und ihrer Erniedrigungen, die Bekämpfung bitterer Armut und die Modernisierung des Wirtschaftswesens. Diese Revolution wollte nicht nur die politischen Verhältnisse verändern, sondern die ständisch-feudale Gesellschaftsordnung abschaffen. Sie wollte nicht – wie in Amerika – hergebrachte Rechte besser sichern, sondern ein besseres Recht einführen. Die amerikanische Verfassung bewahrte eine aus England mitgenommene Gesellschaftsordnung, die Französische Revolution wollte die Gesellschaft umgestalten und die gesamte Rechtsordnung auswechseln.

Entstehen des Grundgesetzes

Das *deutsche Grundgesetz* suchte 1949 zunächst staatliche Eigenständigkeit zurückzugewinnen und baute einen demokratischen Rechtsstaat wieder auf. Deutschland war kriegszerstört, litt gerade im Winter 1946/47 bittere Not, hatte seine Handlungsfähigkeit verloren, drohte auseinanderzubrechen, in West und Ost geteilt zu werden. Ein neuer Krieg schien nicht ausgeschlossen. Die Grundsatzfrage, ob Deutschland zu einem sozialistischen Zentralstaat oder einem föderalistischen Rechtsstaat werden solle, drängte auf baldige Antwort. Die amerikanischen, britischen und französischen Militärgouverneure forderten eine demokratische Verfassung mit einer föderalistischen Regierungsform. Das Grundgesetz dürfte einen Teil seiner Kraft aus dieser Erfahrung existenzieller Not, persönlicher Enttäuschung, kollektiver Abhängigkeit gewonnen haben. Der Wille zu einer elementar neuen Ordnung führte zu einem zukunftweisenden, in Teilen unveränderlichen, unantastbaren Verfassungsrecht. Dieses allerdings musste wegen des Auftrags zur Wiedervereinigung als »Provisorium« Geltung gewinnen.

Das Grundgesetz ist dem deutschen Staatsvolk nicht zur Abstimmung vorgelegt worden. Der demokratische Souverän, von dem alle Staatsgewalt ausgeht, hatte keine Gelegenheit, dieser Verfassung zuzustimmen oder sie abzulehnen. Dennoch *leidet das Grundgesetz nicht an einem Geburtsmakel.* Die Grundbegriffe dieser Verfassung – Würde, Freiheit, Gleichheit, Sicherheit, Staat, Demokratie, Gesetz, Gewaltenteilung, Gericht – nehmen historisch gewachsene und erprobte Rechtsgedanken auf, die nicht 1949 erdacht, sondern vorgefunden und niedergeschrieben worden sind. Der Verfassunggeber der Moderne *übt nicht eine verfassunggebende, sondern eine verfassungweitergebende Gewalt aus,* gibt auf der Grundlage erprobter Werte, bewährter Institutionen und gesicherter Erfahrungen Verfassungsrecht weiter. Die Bürger verständigen sich auch nicht einvernehmlich in einem »Gesellschaftsvertrag« über die Grundordnung ihres Gemeinwesens, sondern wachsen in eine Rechtskultur hinein, in der die Grundstrukturen des Rechts bereits wirksam sind. Verfassungen entstehen erst, wenn die Kulturgemeinschaft des Staatsvolkes bereits vorhanden ist, wenn sie in einer bestimmten Sprache die Rechtsfragen begreift und beantwortet, wenn ein Verfahren anerkannt wird, nach dem das Staatsvolk – einstimmig, mit qualifizierter Mehrheit, mit einfacher Mehrheit – abstimmt, wenn die Form der Debatte – öffentlich oder geheim, das Publikum in der Rolle der Beteiligten oder der Zuhörer – gefunden worden ist, wenn die Menschen bereit sind, eine in einer bestimmter Form – der geschriebenen Urkunde, der öffentlichen Verlesung, der Unterschrift eines Volksrepräsentanten – in Kraft gesetzte Verfassung anzuerkennen und gelten zu lassen.

Die deutsche Einheit 1990

Nachdem sich diese neue Verfassung bewährt, sie zu Freiheit in wachsendem Selbstbewusstsein und Bürgerstolz geführt, ein »Wirtschaftswunder« veranlasst, Verfassungsstaatlichkeit zur Selbstverständlichkeit hat werden lassen, wurde diese Entwicklung von den unter einer Kontrastverfassung lebenden Menschen in der DDR beobachtet. Alle Bundesregierungen hatten sich nach dem Verfassungsauftrag des Grundgesetzes zu bemühen, die Teilung friedlich zu überwinden und das Ziel der Wiedervereinigung anzustreben. Dann kam – lang ersehnt, aber unverhofft – die Wiedervereinigung unter dem Konzept des Grundgesetzes. Das Grundgesetz hat auf der Grundlage einer gemeinsamen, kontinuierlich wirkenden Kultur an einer schroffen Demarkationslinie zwischen Verfassungsstaat und realem Sozialismus die Aufmerksamkeit und Sympathie der Menschen in der DDR gewonnen, die dann mit Kerzen und Kirchenliedern für die Freiheit demonstrierten und damit den Weg zur Einheit Deutschlands bahnten. Das Grundgesetz enthält in seinem Entstehensgrund 1949 eine Antwort auf eine Diktatur, gibt bei seiner fundamentalen Bewährungsprobe im Prozess der Wiedervereinigung Deutschlands 1990 erneut eine Antwort im Kontrast zu bestehenden Herrschaftsformen, greift dabei aber über die historischen Anlässe hinaus und bildet allgemeine verfassungsgesetzliche Regeln.

Mit der deutschen Einheit hat das Grundgesetz eine *einmalige Zustimmung des Staatsvolkes erfahren.* Es ist in der Rechtsgeschichte kein anderer Fall bekannt, bei dem ein Staatsvolk nach vierzig Jahren Trennung sich nicht in zwei einander eher feindlich gesonnene Staatsvölker hat teilen lassen, vielmehr in Friedlichkeit die Vereinigung nach dem Konzept einer Verfassung herbeigeführt hat. Auch diese grundlegende Verfassungsänderung und Verfassungserweiterung ist ohne förmliche Entscheidung des Staatsvolkes zustande gekommen. Dennoch hat auch diese friedliche Revolution wirksam die Verfassung Deutschlands – sein Staatsgebiet, sein Staatsvolk, seine Staatshoheit – verändert.

Die Entstehung des Grundgesetzes und die deutsche Einheit zeigen, dass es wesentlicher rechtlicher Vorarbeiten, einer gewachsenen Rechtskultur und eines starken Willens zur Verfassung bedarf, um eine Verfassung zu schaffen oder zu erneuern. Der Einigungsvertrag hat ein Stück Gerechtigkeit freigelegt, die durch ungerechtfertigte Herrschaftsstrukturen überlagert war, Widerstand und Aufstand provozierte und deshalb weichen musste.

Der Verfassungsmaßstab für die europäische Integration

Auch die europäische Integration *ist in einer gewachsenen, vor allem aus der Kriegserfahrung entstandenen Kultur angelegt.* Wenn Deutschland an der Verwirklichung eines vereinten Europas mitwirkt und durch ein Bundesgesetz Hoheitsrechte auf die Europäische Union überträgt, so kann dieses Gesetz eine Zuständigkeit des europäischen Gesetzgebers an Stelle von Bundestag und Bundesrat begründen; es kann der Europäischen Kommission Kompetenzen zuweisen, die bisher die Bundesregierung hatte, und den Europäischen Gerichtshof statt der deutschen Gerichte mit der Entscheidung eines Streites beauftragen. Wenn der Bundestag durch Gesetz anordnet, dass der Unionsvertrag in Deutschland gelte, kommt dieses einer Verfassungsänderung gleich.

Artikel 23 des Grundgesetzes rechtfertigt diese Ausnahme. Bis zur Einheit Deutschlands enthielt Artikel 23 des Grundgesetzes die Ermächtigung an die in der ehemaligen DDR gelegenen Länder, dem Grundgesetz beizutreten. Nachdem die Einheit erreicht, die provisorische Verfassung durch eine endgültige Verfassung ersetzt worden war, bedurfte es dieses Einheitsartikels nicht mehr. An seiner Stelle regelt die Verfassung nun die Bedingungen, unter denen Deutschland an der Europäischen Union mitwirkt: Die Bundesrepublik darf nur Mitglied einer Europäischen Union sein, die demokratischen, rechtsstaatlichen, sozialen und föderativen Grundsätzen verpflichtet ist und einen dem Grundgesetz ähnlichen Grundrechtsschutz gewährleistet *(Struktursicherungsklausel)*. Zweitens darf die Bundesrepublik ihre Hoheitsgewalt nur insoweit auf die Europäische Union übertragen, als Deutschland dadurch nicht seine Qualität als Staat, als Republik, als Demokratie, als sozialer Rechts- und Bundesstaat verliert *(Identitätsgarantie)*. Drittens gilt die Übertragung von Hoheitsbefugnissen nur insoweit, als Bundestag und Bundesrat dieser Übertragung ausdrücklich durch Gesetz – in der Regel mit verfassungsändernder Mehrheit – zugestimmt haben *(Gesetzesvorbehalt)*. Würde die Europäische Union Rechtsakte jenseits dieser Ermächtigung durch das deutsche Gesetz erlassen, wären diese Rechtsakte in Deutschland unwirksam. Die deutschen Organe dürften diese ausbrechende Rechtsakte nicht beachten.

Andere Mitgliedstaaten kennen ähnliche Rechtsgrundsätze. Sie wirken nur an einer Union mit, deren Rechtsstruktur für einen Verbund von Verfassungsstaaten geeignet ist, bewahren in der Integration ihre eigene Identität als Verfassungsstaat und fordern für die Übertragung von Hoheitsbefugnissen auf die Europäische Union entweder eine Volksabstimmung oder hohe parlamentarische Mehrheiten. Europa hat klare Vorstellungen entwickelt, welche Maßstäbe für die Zusammenarbeit in einer Rechtsgemeinschaft von Staaten gelten müssen. Auf der Grundlage dieser Verfassungen haben dic Verfassungsgerichte der Mitgliedstaaten eine Entwicklung angestoßen, die das Prinzip der parlamentarischen Demokratie in der Union verstärkt und einem Staatenbund gemäß wirksam werden lässt. Diese wohl *einmalige judikatorische Demokratiebewegung* wurzelt in der gemeinsamen europäischen Tradition von Demokratie und Staatlichkeit. Ihr Erfolg lässt sich noch nicht abschließend einschätzen.

Das Grundgesetz – ein Versuch geschriebener Gerechtigkeit

Das Grundgesetz antwortet immer wieder auf neue Anfragen der Gegenwart. Es ist seit 1949 54-mal geändert worden. Die Verfassungsänderung ist kein seltener Vorgang. Allerdings bleiben dabei die Strukturprinzipien des Grundgesetzes stets unverändert. Sie haben sich seit 1949 bewährt, bei der Einheit Deutschlands einen glanzvollen Erfolg errungen und im Rahmen der Europäischen Integration stets einen Maßstab geboten, diese Union in der europäischen Rechtstradition und ihrer Kontinuität fest zu verwurzeln. Die Verfassung hat somit *einen unverrückbaren und unveräußerlichen Kern*, enthält aber auch viele veränderbare und veränderungsbedürftige Einzelaussagen. Unsere Gerechtigkeitsfrage aber betrifft die unverrückbaren Prinzipien der Verfassung. Diese sind ein historischer Glücksfall – gegenwärtig geschriebenes Recht.

Alle Staatsorgane legen sie ihrem Handeln zugrunde. Der Bürger kann sie auch beim Bundesverfassungsgericht geltend machen. Doch bleibt uns dabei bewusst, dass diese Gerechtigkeitswerte *eine Kulturleistung der Verfassunggeber enthalten und nur fortwirken, wenn sie in den Köpfen des Staatsvolkes wirksam sind.* Die Verfassung hat einen kulturellen, historischen Ursprung, beansprucht für Gegenwart und Zukunft Verbindlichkeit, enthält damit zugleich den Auftrag, die in ihr beschriebene Rechtskultur im Denken und Handeln der Menschen weiterzugeben.

Der Mensch erkennt Gesetzmäßigkeiten über die Gegenwart hinaus

Die Verfassung rechtfertigt sich und beansprucht Geltung aus der Fähigkeit des Menschen, über sich selbst hinauszudenken und daraus verbindliche Folgerungen für die Zukunft zu ziehen. Dies ist in der Naturwissenschaft und Technik geläufig und selbstverständlich. Wer heute die Gesetzmäßigkeit erkannt hat, wie ein Auto zu bauen und zu lenken ist, wird diese Erkenntnis in aller Zukunft anwenden. Gleiches gilt für Erfahrungen und Einsichten zu den rechtlichen Bedingungen guter Politik. Wer einen Bürgerkrieg erlebt hat, weiß für alle Zukunft unbeirrt, dass er den Frieden organisieren, deswegen einen Staat gründen und mit Gewaltmonopol ausstatten muss. Wer staatliche Unterdrückung und Willkür erdulden musste, möchte für alle Zukunft sichergestellt wissen, dass der Staat zu Unterdrückung und Willkür nicht mehr in der Lage, er deswegen durch die Herrschaft des Rechts, eine Gewaltenteilung, eine materielle Verpflichtung auf Grundrechte gemäßigt wird. Wer die historischen Experimente einer staatlichen Plan- und Zentralwirtschaft in der DDR und einer staatsfernen Privatwirtschaft in der Bundesrepublik Deutschland in ihren Wirkungen für die betroffenen Arbeitnehmer und Produzenten, aber auch für den allgemeinen Wohlstand beobachtet und verglichen hat, ist sich in der Grundentscheidung für Privateigentum, Berufsfreiheit und unternehmerische Initiative für alle Zukunft sicher. Wer für den modernen Finanzmarkt feststellt, dass freies Handeln ohne persönliche Haftung zu Spiel und Wette anregt, dass die Anonymität von Märkten, Fonds, Kapitalbeteiligungen und Finanzprodukten in die Unverantwortlichkeit führt, wird überschaubare Verantwortlichkeit und Haftung schaffen. Die Verfassung ist insoweit Ergebnis von Erfahrung, Kulturentwicklung und dem Willen, die Zukunft zu gestalten.

Das Grundgesetz gewinnt seine Autorität also aus der Überzeugungskraft seiner Regelungen – Frieden, Demokratie, Recht, Freiheit, Gleichheit –, aus seiner Übereinstimmung mit den Elementaranliegen des Menschen und der gewachsenen Rechtskultur, auch aus einer Zustimmung von Landtagen und Militärgouverneuren, vor allem aus dem stillschweigenden Konsens der nach dieser Verfassung lebenden Menschen. Rechtsüberzeugung und Rechtspraxis vermitteln Autorität.

Grundnorm

Die Verfassung ist die Grundnorm, die sich aus einer verfassunggebenden Gewalt ableitet und den Glanz des Gerechten zu verbreiten sucht. Sie wird als vorgegebene, nicht mehr hinterfragbare *Grundnorm* wirksam, die aus sich heraus Verbindlichkeit beansprucht und andere Gesetze hervorbringt. Sie beruft sich auf eine verfassungweitergebende *Gewalt,* also auf eine schon bestehende Verfasstheit des Staatsvolkes, die ein Mandat und eine Autorität zum Erlass dieses Grundgesetzes voraussetzt, dann diese Autorität auf das geschriebene – positive – Verfassungsgesetz überträgt. Sie beansprucht *Gerechtigkeit,* die verbindliche Regelung der Grundprinzipien, die für das Gelingen einer Gesellschaft und eines Staates unverzichtbar sind.

Letztlich nimmt die Verfassung in dem juristisch-logischen Axiom von Menschenwürde, Friede, Freiheit, Gleichheit, Sicherheit ihren Ausgangspunkt, wurzelt aber in dem empirischen Befund, dass die Kulturgemeinschaft des Staatsvolkes eine Grundordnung wünscht, sich auf diese einlässt und in ihr rechtlich zu Hause ist. Geltungsgrund einer Verfassung ist insoweit *der Wille zu dieser Autorität,* die Recht setzt und durchsetzt.

In der praktischen Folge erscheint diese Geltungsbedingung einsichtiger als in der Theorie. Wenn die Amerikaner – die Bürger der Vereinigten Staaten, soweit sie volljährige Männer und nicht Sklaven waren – vor mehr als 200 Jahren ihrer Verfassung zugestimmt haben, ist diese heute nicht anders legitimiert als das deutsche Grundgesetz. In beiden Fällen haben die gegenwärtig unter diesen Verfassungen lebenden Menschen keine Möglichkeit, zu diesem Gesetz ja oder nein zu sagen. Und wenn wir am nächsten Sonntag nach sorgfältiger Vorbereitung eine Volksabstimmung über das Grundgesetz durchführen und den Abstimmenden die vereinfachte, verständliche Frage stellen würden, ob sie eine Demokratie oder eine Diktatur wünschen, hinge unsere zukünftige Verfassung nicht von dem Ergebnis dieser Abstimmung ab. Wenn wir nämlich – wider besseres Wissen – unterstellten, dass die Mehrzahl der Menschen sich für eine Diktatur entschiede, würden wir dennoch an den Prinzipien von Freiheit, Gleichheit, Sicherheit, Demokratie festhalten, weil uns diese richtig erscheinen. Wir würden also die »falsche« Abstimmung als Revolutionsversuch charakterisieren, den die Bürger zurückweisen müssten und zu dem die Verfassungsorgane nicht berechtigt wären. Die Verfassung gilt in ihrer Richtigkeit, ihrer Überzeugungskraft und der Bereitschaft der Menschen, sie als ihre eigene anzuerkennen. Das Grundgesetz ist nicht bloß Setzung, nicht bloß Wille eines Verfassunggebers. Es ist in seiner *Kernstruktur gewachsene Kultur.*

Vordenken und Vorschreiben

Der Mensch sucht vorauszuschauen und zwei Fragen zu beantworten: Wie muss der Mensch handeln, um ein glückliches, ein gutes Leben zu führen? Was schuldet der Mensch dem anderen, damit auch dieser ein gutes und glückliches Leben führen kann? Mit diesen beiden Grundsatzfragen rückt das Recht an die Seite der Ethik, die aus Herkommen, guter Gewohnheit, menschlicher Fähigkeit zur Verantwortlichkeit die Regeln für eine gute Lebensführung und das richtige Handeln zu entwickeln sucht. Dabei beschreibt die Ethik das Entstehen und Wirken dieser Normen, vergewissert sich der Sprache und damit der Methode des Begreifens dieser Regeln und erprobt sie in der modellhaften Anwendung. Die Ethik will die Regeln für zukünftiges Zusammenleben vorausdenken, das Recht sie vorausschreiben, vorschreiben, in verbindlichen Vorschriften fassen.

Das Ergebnis dieses Vordenkens und Vorschreibens ist die Verfassung. Wenn wir uns sicher sind, dass wir die Autorität des Rechts *im Menschen selbst, in seinem Zukunftsvertrauen und seinem Willen zur Gestaltung einer guten Zukunft suchen,* so scheuen wir uns nicht, das Recht wieder in seinen Sinnzusammenhang mit guter Gewohnheit, Menschlichkeit, Zukunftserwartung zurückzuführen. Die Verfassung schreibt Ethik im Elementaren fest. Die verfassungsrechtliche Garantie der Freiheit erwartet – jenseits rechtlicher Verbindlichkeit – eine Freiheitswahrnehmung in Verantwortlichkeit, also die Entwicklung individueller, verallgemeinerungsfähiger Regeln in persönlichen, auf die Allgemeinheit gerichteten Maßstäben.

Verfassungsrecht wird verbindlich, weil *der rechtliche Vorgriff in die Zukunft von den Menschen dieser Rechtsgemeinschaft getragen wird.* Das Prinzip des Friedens im Recht entspricht dem Anliegen jedes Menschen. Die Garantie der Existenzsicherheit genügt dem Mindesterfordernis individuellen Lebens. Die Gewährleistung der Freiheit eröffnet persönliche Entfaltungschancen, Bewährungsmöglichkeiten, Hoffnungen. Der Gedanke der Gleichheit formuliert das heute bestimmende Menschenbild. Demokratie und parlamentarisches Verfahren ermächtigen und verpflichten den Garanten dieses Rechts, den Staat, in seinen Gesetzen das Recht der Entwicklung anzupassen und neue Anfragen an das Recht zu beantworten.

Dieser Zusammenhalt in einer gemeinsamen Zukunftserwartung ist selbstverständlicher Bestandteil jeder, insbesondere der modernen Kultur. Das wird besonders offenkundig beim *Geld*. Wenn wir heute nicht mehr eine Ware gegen die andere tauschen, vielmehr für eine Leistung – früher ein Stück Gold, eine wertvolle Münze – nun ein mit einer Wertsumme bedrucktes Papier oder eine Gutschrift auf einem Konto entgegennehmen, um mit diesem verbrieften Wertversprechen später bei einem anderen Vertragspartner eine Leistung eintauschen zu können, so beruht diese Geldwirtschaft auf dem Vertrauen, dass die Generation von morgen den heute gesparten Geldwert auch tatsächlich in Gegenleistungen eintauschen wird. Die nächste Generation ist nicht gefragt worden, ob sie dieses Einlösungsversprechen zu erfüllen gedenkt. Sie wächst aber wie selbstverständlich in ein Wirtschaftssystem hinein, das im Geld Güter bewertet, Werte aufbewahrt, Güter tauscht. Grundlage unseres Wirtschaftens ist also eine gute Gewohnheit, die gemeinsame Überzeugung von der Richtigkeit dieser Gewohnheit und die zum Ausdruck gebrachte Bereitschaft, auch in Zukunft nach den Prinzipien dieses Herkommens zu handeln. Die Entstehensgründe für Recht und Geldwirtschaft sind sehr ähnlich.

8. Aufklärung tut not

Wenn die Wissenschaft Ethik nicht hervorbringen kann, wenn staatlich organisierte Mehrheiten blind und ungerecht sein können und der moderne Mensch gegenüber seinem eigenen Wissen und Erkennen mit wachsenden wissenschaftlichen Erkenntnismöglichkeiten immer bescheidener wird, brauchen wir ein neues Denken über Wissen und Ungewisses, Erfahren und Empfinden, Erkennen und Erleben. Die Frage, ob sich der Mensch dem Religiösen widmet, erwächst heute weniger aus einem Gegensatz von Wissen und Glauben, sondern hängt von dem Bewusstsein der Endlichkeit des Menschen ab. Geburt und Tod können wir empirisch beobachten, aber nicht erklären. Wir können den Menschen in seine kleinsten Teile zerlegen, erfassen damit aber nicht seine Herkunft und Zukunft. Wenn der Gehirnforscher die materiellen Entsprechungen für menschliches Erkennen und Wollen im Gehirn geortet hat, wird er damit den Streit um den freien Willen nicht gelöst haben. Wer als verantwortlicher Politiker den Frieden in der Welt nicht zu sichern vermag, wird seine Friedensbotschaft kaum an die Stelle des verfassungsrechtlichen Friedensprinzips setzen wollen. Wer Menschenrechte erkennen kann und bekennen will, braucht dennoch eine Gewaltenteilung und eine Unrechtshaftung, weil der Mensch auch im Dienst der Menschenrechte fehlbar ist. Wer das Messer, das Schießpulver, die Flugzeuge oder die Atomspaltung entdeckt hat, bringt der Menschheit Segen und Fluch. Das Recht sucht Gesetzmäßigkeiten, die im Verständnis des Menschen angelegt sind und nicht in Naturgesetzen abgelesen werden können.

Wenn der Richter in der Erzählung von Johann Peter Hebel dem Finder den Beutel mit den 700 Talern zuspricht, der Eigentümer aber leer ausgeht, dann tragen Ethik und Moral dieses Urteil. *Das Recht aber versucht Gerechtigkeit aus geschriebenen Gesetzen und verantwortlicher Freiheit zu gewinnen.* Es baut auf die Rationalität eines in Sprache gefassten Rechts und auf die Verantwortlichkeit des freiheitsberechtigten Bürgers. Der Mensch unterscheidet rechtmäßig und rechtswidrig, richtig und falsch, gut und böse, trifft seine Entscheidungen aber auch in Hoffnung oder Enttäuschung, in Sympathie oder innerer Abwehr. Wer die Aufklärung als einen Sieg der Rationalität versteht, der andere Zugänge zu den Fragen des Lebens ausschließt, wird den Menschen, wird dem Leben in seiner Gesamtheit und in der aus dieser entspringenden Schönheit nicht gerecht – diese Aufklärung wird zu früh abgebrochen. Gerechtigkeit will dem einzelnen Menschen dienen; sie gibt jedem Menschen ein eigenes Recht und sucht seine Person und Persönlichkeit in einer festgefügten staatlichen Ordnung zur Entfaltung zu bringen.

III. Mensch, Person, Persönlichkeit im staatlichen Recht

1. Die biblische Geschichte des Moses

Als die Söhne Israels nach Ägypten gekommen waren, machten die Ägypter sie zu ihren Sklaven. Dennoch erschien den Ägyptern das Volk Israel als eine ständige Bedrohung, weil es sich stetig vermehrte. Da gab der Pharao seinem Volk den Befehl, alle Knaben der Hebräer in den Nil zu werfen und zu töten.

Eine Frau aus dem Volk der Hebräer hatte einen Sohn geboren und diesen drei Monate lang verborgen. Als sie ihn nicht mehr verbergen konnte, nahm sie ein Binsenkörbchen, dichtete es mit Pech und Teer ab, legte den Knaben hinein und setzte ihn am Nilufer im Schilf aus. Seine Schwester blieb in der Nähe stehen, um zu sehen, was mit ihm geschehen würde.

Die Tochter des Pharaos kam herab, um im Nil zu baden. Als sie im Schilf das Körbchen entdeckte, öffnete sie es, sah das weinende Kind, erkannte, dass es ein Hebräerkind war, bekam aber Mitleid, ließ es aufziehen, nahm es als Sohn an und nannte es Moses.

Moses wuchs heran. Eines Tages ging er zu den Hebräern hinaus und schaute ihnen bei der Fronarbeit zu. Als er sah, wie ein Ägypter einen Hebräer schlug, erschlug er den Ägypter und verscharrte ihn im Sand. Der Pharao hörte von diesem Vorfall und wollte Moses töten. Doch Moses entkam ihm, wurde von Gott berufen, die Israeliten aus der Zwangsarbeit zu befreien und in ein Land zu führen, in dem Milch und Honig fließen. Moses wurde zum Anführer der Israeliten bei ihrem Auszug aus Ägypten, wurde zum Mittler des von Gott geschlossenen Bundes mit Israel und übergab dem Volk die Zehn Gebote, die Grundlage eines bis heute bestimmenden, erst gesprochenen und dann in Gesetzestafeln überbrachten Rechts.

Das Volk Israel wanderte vierzig Jahre durch die Wüste und erreichte dann Kanaan. Moses ist vorher verstorben, hat das Gelobte Land nicht mehr erreicht.

2. Die Flucht vor dem Unrecht und die Grundlegung des Rechts

Die biblische Geschichte des Moses hat wie kaum eine andere Kunst und Kultur angeregt. Moses steht nicht für den sokratischen Einklang von Gewissen und natürlicher Ordnung, der den Gerechten glücklich macht. Er vertritt auch nicht den hebbelschen Kampf für die Gerechtigkeit, in dem eine Tragik des Menschen wurzelt. Er sucht auch nicht, wie Johann Peter Hebel, die Gerechtigkeit im unmittelbaren Zugriff auf Ethos und Moral. Moses steht für Gebote. Diese machen *sein Volk wehrhaft,* fordern es auf, sich nicht mit seinem Schicksal abzufinden. Sie bieten die Maßstäbe, die in das Gelobte Land führen. Moses ist ein früher Vordenker für eine Gerechtigkeit durch einen verfassten Staat. Heute hoffen wir auf ähnliche Entschlossenheit und Tatendrang. In der Finanzkrise erwarten wir eine kraftvolle politische Unterscheidung zwischen erhaltenswürdigen und gescheiterten Banken, bei der Steuerreform einen Gesetzgeber, der in Unabhängigkeit von Interessengruppen und Privilegienwünschen auf Einfachheit setzt, in der Renten- und Gesundheitspolitik einen Reformer, der entschieden für die Kinder, die Schuldner unseres Generationenvertrages, eintritt.

Moses ist zunächst von der Unrechtsherrschaft des ägyptischen Pharaos in seinem Leben bedroht, wird aber *durch zwei Frauen gerettet*: Seine Mutter setzt in ihrer Not das Kind aus, gibt ihm dabei aber in dem geflochtenen Körbchen und der Beobachtung des weiteren Geschehens so viel an Sicherheit und Rettungschancen mit auf den Weg, als ihr in Unrecht und Bedrängnis möglich ist. Sodann empfindet die Tochter des Pharaos, die eigentlich der Welt der Verfolgung und der Kindstötung zugehört, Mitleid mit dem unschuldigen und hilflosen Kind, übernimmt aus der Zufallsbegegnung Verantwortlichkeit, rettet das Kind und nimmt es als eigenes an, überbrückt den Gegensatz von Eigenem und Fremdem.

Dieser von Schutz und Zuwendung getragene Moses wird dann zum Kämpfer für sein Volk: Er erschlägt einen Ägypter und muss fliehen. Später wird er zum Streiter für Recht und Gerechtigkeit, wird beauftragt, die Israeliten aus der Unterdrückung in die Freiheit einer rechtlichen Ordnung zu führen.

Moses vermittelt den von Gott geschlossenen Bund, in dem Israel sich nicht unterwirft, sondern zum Partner gegenseitiger Verantwortlichkeit, gegenseitigen Vertrauens, gegenseitiger Bindung wird. Hier werden Menschen angesprochen, die sich *nicht einem Schicksal ergeben, sondern Herrschaft vereinbaren,* die Sicherheit vor Unterdrückung suchen und – im vierzigjährigen Wandern durch die Wüste immer wieder – nach ihrem Recht auf ein Stückchen eigenen Glücks rufen.

Moses führt die Israeliten auf ihrem Weg in das Gelobte Land, erreicht aber selbst nicht dieses Ziel, sondern überbringt mit den Zehn Geboten *die rechtliche Grundlage einer besseren Welt,* die in der Rationalität des Sprachlichen allgemeine, auf Dauer verbindliche Regeln des Gemeinschaftslebens begründen.

Die Zehn Gebote sprechen meist von einem *»Du sollst nicht«* – morden, die Ehe brechen, stehlen, falsch gegen deinen Nächsten aussagen, nach dem Haus deines Nächsten verlangen. Eine verallgemeinerungsfähige Regel wendet sich an den einzelnen Menschen. Sie sagt, was nicht sein darf, überlässt das Verhalten im Übrigen der Freiheit der Menschen und ihrer Selbstorganisation. Die Gerechtigkeitsordnung definiert Unrecht, das nicht sein darf, gibt damit das Recht und die Annäherung an die Gerechtigkeit in die Hand der Rechtsbeteiligten.

Mosis »Geburt war« – so Thomas Mann – »unordentlich, darum liebte er leidenschaftlich Ordnung, das Unverbrüchliche, Gebot und Verbot«. *Das Chaos ruft nach Ordnung*. Ohne Regeln des Menschlichen herrscht Unmenschlichkeit. Der »Fels des Anstandes« entfaltet keine Macht, muss innerlich angenommen werden, setzt auf Freiwilligkeit.

Die *Zehn Gebote* warnen vor einer Vergötterung des Menschlichen und der menschlichen Leistung, vor der Anmaßung, selber den Schöpfer der Welt spielen zu wollen, vor der stetigen Lust am Tabubruch. Sie empfehlen einen *Sonntag,* an dem der Mensch sich freinimmt, nicht hetzt, eine gemeinsame Zeit mit anderen genießt, aus der Selbstvergewisserung, Kultur und Recht entstehen. Die Gebote erwarten, dass die Kinder *ihre Eltern ehren und versorgen,* damit sie später einmal selbst versorgt werden – der Generationenvertrag, in dem die Eltern ihre Kultur an die Kinder weitergeben, aber auch Unterhalt und Beistand in der Not sichern, wird vorgezeichnet. Das *Verbot von Tötung und Todes-*

strafe schützt ein elementares Rechtsgut, ist Voraussetzung des Friedens, der Sicherheit und damit der Gemeinschaft. Der Schutz der *Ehe* will Partnerschaften und Familien stabilisieren und der Ursehnsucht nach endloser Liebe eine Chance geben; der Mensch träumt – »hoffnungslos romantisch« – von der unendlichen Liebe zwischen Mann und Frau und gibt ihr in den aus der Ehe hervorgehenden Kindern eine Zukunft. Die Achtung vor dem *Eigentum* des anderen begründet in der Unterscheidung zwischen Mein und Dein eine Kernregel des Wirtschaftslebens, öffnet aber auch den Blick auf die Verpflichtung des Eigentums, das den Habsüchtigen in Grenzen weist und die Frage der Beteiligungsgerechtigkeit nachdrücklich stellt. Das Verbot, ein *falsches Zeugnis* abzulegen, stellt die Frage, wie viel Wahrheit die Welt verträgt und wie viel Lüge sie braucht, wer einen Anspruch auf Wahrheit hat und wie viel herbe Wahrheit dem einzelnen Menschen tagein, tagaus zuzumuten ist. Und die menschliche Begierde, der Ehrgeiz, die Habsucht, die Gier werden in einer *Kultur des Maßes* gebunden, in der auch Selbstlosigkeit, Dankbarkeit, Rücksicht ihren Platz haben.

So haben wir ein mehr als 3000 Jahre altes Rechtsdokument, in dem Kriterien der Gerechtigkeit in Rechtssätzen gefasst, diese Sätze über die ganze Welt und über die Jahrtausende hin verallgemeinert worden sind. Sie konnten nach häufigen Niederlagen immer wieder eine Kultur des Rechtsgüterschutzes, des individuellen Rechts auf ein Stückchen Glück, der Verantwortlichkeit für den anderen und eine Herrschaft des Maßes begründen.

3. Die tägliche Hoffnung auf Gerechtigkeit

An dem Tag, an dem ich die Geschichte von Moses erneut gelesen habe, bin ich siebzehnmal der Frage nach der Gerechtigkeit begegnet. Allerdings wird Gerechtigkeit immer nur bewusst, wenn sie fehlt. Wenn sie alltäglich wirkt, bemerken wir sie kaum.

Bei der morgendlichen Zeitungslektüre lese ich Artikel, die eine Besetzung eines kleinen, schwachen Nachbarlandes durch eine große Militärmacht als Unrecht rügen, einen Raubüberfall auf offener Straße als Gefahr für Sicherheit und Frieden anprangern, ein grobes Foul beim

Fußballspiel als strafwürdiges Unrecht beschreiben. Wer Freiheit, Leib oder Leben anderer *verletzt,* in den Eigenbereich des anderen übergreift, *handelt unrecht.*

Dieselbe Zeitung würdigt die Wahlergebnisse bei einer Landtagswahl als gerecht, weil sie einer großen Partei Stimmenverluste eingebracht und sie die absolute Mehrheit gekostet, der anderen großen Partei die Rolle einer Kleinpartei zugewiesen habe. Zugleich wurde gerühmt, dass mit der zu erwartenden Wahl eines Bundesministers zum Ministerpräsidenten ein kraftvoller Neuanfang gelingen werde, der einer allgemeinen Ratlosigkeit nach der Wahl ein Ende setzen werde. Gerechtigkeit scheint auch *auf das Neue und Bessere, auf den demokratischen Wechsel zu hoffen,* auf eine Überprüfung politischer Macht und ihrer Handlungsmaßstäbe angelegt.

Als ich dann mit meinem Auto in mein Institut fuhr und dabei von einem Fahrzeug mit deutlich überhöhter Geschwindigkeit überholt wurde, erschien mir diese Regelverletzung als offensichtliches Unrecht, weil sie Menschen gefährdet und eine allgemeine Ordnung verletzt. Später bei der Tankstelle musste ich für das Benzin einen hohen Preis bezahlen; ein anderer Kunde sprach empört von dem Unrecht, das die »Ölmultis« dem wehrlosen Käufer zufügten. Später fand ich beim Durchsehen meiner Post den Brief einer Gruppe von Studenten, die beanstandeten, dass die Prüfer im Juristischen Staatsexamen einigen Kandidaten zu strenge Noten gäben und sie dadurch gegenüber anderen Bewerbern benachteiligen würden. Das Recht fordert bei der Fahrgeschwindigkeit, bei der Preisgestaltung und bei der Beurteilung der Leistungsfähigkeit eines anderen eine *Kultur des Maßes.* Gerechtigkeit wehrt sich gegen Grenzenlosigkeit, fordert für die Kraft und Macht des Menschen eine Schranke, bindet Freiheit in den Rahmen des Rechts.

In meiner Sprechstunde sprachen mich Studenten auf ein Gerechtigkeitsanliegen in eigener Sache an. Einer hatte sich beim Gleitschirmfliegen verletzt und deshalb die zweite Hälfte der Examensklausuren verpasst; er erwartete nun, dass ihm besondere Nachholklausuren angeboten würden, damit er rechtzeitig mit seinen Semesterkommilitonen sein Studium abschließen könne. Ein anderer beanstandete das strikte Rauchverbot im Juristischen Seminar, das die Anliegen von

Rauchern und Nichtrauchern nicht hinreichend behutsam aufeinander abstimme. Ein Dritter hatte sich in der Enttäuschung, zu einem Studiengang nicht zugelassen worden zu sein, zu einem beleidigenden Brief an die Zulassungsstelle hinreißen lassen und wollte diesen Brief nun gern ungeschehen machen. Eine junge Mutter schließlich haderte mit dem Recht, das ihr nicht die Chance böte, sich gleichzeitig angemessen ihrem Säugling zu widmen und zu studieren. Gerechtigkeit verlangt Rücksicht zu nehmen, eigene Anliegen auf die Bedürfnisse anderer abzustimmen, *eigenes Handeln nach der Mitbetroffenheit Dritter zu bemessen.* Die junge Mutter macht das Gegenprinzip bewusst: Überforderungen Einzelner sind gemeinsam zu mäßigen.

Bei der anschließenden Arbeit an einem Beitrag zum Gleichheitssatz stieß ich erneut auf die Frage, ob unser überdifferenziertes und unverständliches Steuerrecht noch in der Lage ist, dem Steuerpflichtigen zu sagen, was sich im Steuerwesen gehört. Die Gesundheitsfinanzierung führt uns zu dem gleichheitserheblichen Problem, ob ein Vergleich von Beitragszahlungen und Gesundheitsleistungen noch möglich ist, wenn diese Vorgänge in der Anonymität eines Gesundheitsfonds unvergleichbar werden. Bei den Maßstäben der Studienplatzvergabe beunruhigt das Prinzip des Numerus clausus, das den jeweiligen Abiturientenjahrgang vergleicht und dort Gewinner und Verlierer definiert, mag auch der Verlierer eines Spitzenjahrgangs in seiner Leistungsfähigkeit dem Gewinner eines mittleren Jahrgangs überlegen sein. Schließlich lehrt uns die gegenwärtige Krise des Finanzmarktes, dass die Gleichheit von Anbieter und Nachfrager – eine Bedingung von Marktwirtschaft und Wettbewerb – nicht mehr gegeben ist, wenn keiner die Finanzprodukte und ihre Risiken versteht, Verantwortlichkeit und Haftung von Anleger und Berater in der Anonymität von Fonds, Derivaten und Leergeschäften entschwinden. Gerechtigkeit verlangt ein Rechtssystem, das die Menschen verstehen, dessen *Regeln ihnen einleuchten,* dessen Wirkungen den Menschen zugute kommen, das *allgemeines – gemeinsames – Rechtsbewusstsein bildet.*

Am Abend war ich zu einem Vortrag eingeladen. Vor dem Hörsaalgebäude stritten sich zwei Besucher um einen Parkplatz; der unterlegene bezeichnete den Gewinner als unanständig, unsozial. Später bei der Diskussion entwickelte ein Teilnehmer mit einer Ausführlichkeit, die einem Koreferat nahekam, eine interessante Gegenthese, wurde aber vom Diskussionsleiter unterbrochen, weil auch andere noch zu Wort kommen wollten. Hier stehen rechtlich unverbindliche Regeln von *guter Gepflogenheit, Anstand und Sitte* auf dem Prüfstand. Sie machen bewusst, dass Gerechtigkeit sich nicht in der Beachtung des verbindlichen Rechts erschöpft, dass sich vielmehr auch eine Kultur des Begegnens, des Wertschätzens, des Anerkennens, des fairen Austausches entfalten muss. Recht ist das Verhalten, das sich verallgemeinern lässt.

Der Wunsch nach Gerechtigkeit begleitet uns täglich. Doch wir werden nicht täglich die Frage nach der Gerechtigkeit stellen, weil sie sehr grundsätzlich, fundamental, schwer zugänglich ist. Zur Gerechtigkeit gehört auch ein Stück *Gelassenheit,* die aus der ständigen Begegnung mit den Menschen in ihrer Unzulänglichkeit, Voreingenommenheit, Selbstbezogenheit erwächst. Gerechtigkeit erfährt nicht derjenige, der sich im Ideal ewigen Friedens, des grenzenlos Guten, stetiger Bildung und Zuwendung wähnt, sich dabei vielleicht als die Mitte dieses Idealsystems versteht. Gerechtigkeit erlebt, wer Dialoge führt, Rücksicht nimmt, vom Besseren überzeugt Unwissende lehrt. Jeder Richter weiß, dass ein nach Buchstabe und Sinn des Gesetzes richtiges Urteil die Chance zu mehr Gerechtigkeit bietet, aber nicht selbst schafft. Ob die Entscheidung, den Einsatz der Bundeswehr in Somalia zuzulassen, Frieden bringt oder den Bürgerkrieg verlängert, bestimmen letztlich die Kampfbeteiligten. Ob die gerichtlich angeordnete Herausgabe von zwei Kindern vom Vater an die Mutter die Kinder, die Mutter und den Vater glücklicher machen wird, hängt vom Umgang der beteiligten Menschen miteinander ab. Ob die richterlich erzwungene Angleichung von einkommensteuerlich zu verschonendem Existenzminimum und sozialrechtlich gewährtem Minimum im Ergebnis beiden Gruppen ein höheres Existenzminimum sichert oder mittelfristig eine Gleichheit in einem niedrigeren Existenzminimum herstellt, entscheidet der Gesetzgeber. Gesetz und Richterspruch bieten einen Gerechtigkeitsrahmen, innerhalb dessen der Mensch gerecht handeln und Gerechtigkeit erleben kann.

4. Das Gesetz herrscht

Das Gesetz setzt das Maß

Gerechtigkeit herrscht, wenn das Gesetz herrscht. Kein Mensch steht über dem Gesetz. *Allgemeine Regeln* sind für alle verbindlich, schaffen eine gemeinsame Rechtsordnung, an die sich jeder hält. Auch der Herrscher ist dem Gesetz unterworfen, darf nicht willkürlich handeln. Das Recht wahrt allgemeinen Frieden, gibt jedem die Sicherheit im Recht. Konflikte werden nicht durch körperliche Gewalt – das Faustrecht – ausgetragen, sondern mit der Autorität des Gesetzes durch sprachliche Auseinandersetzung gelöst.

Es ist nicht recht, wenn alle friedlich in der U-Bahn sitzen, einer aber gewalttätig wird. Es ist unrecht, wenn alle Menschen von ihrem Einkommen Steuern zahlen, einer aber die Zahlung dieser Gemeinlast verweigert. Die Rechtsgemeinschaft ist enttäuscht, wenn alle Eltern ihre Kinder gut erziehen, ein Elternpaar sein Kind aber verwahrlosen lässt. Die von der Rechtsordnung geschützten Güter sind elementar bedroht, wenn alle Straßenverkehrsteilnehmer auf der Autobahn rechts fahren, einer – der Geisterfahrer – aber links fährt und ihnen auf der Überholspur entgegenkommt. Das friedliche Zusammenleben der Rechtsgemeinschaft ist berührt, wenn zu einer eleganten Feier alle Gäste festlich gekleidet erscheinen, ein Paar sich aber in Bikini und Badehose darstellt.

Der Gewalttäter in der U-Bahn verletzt den allgemeinen Frieden. Der Steuerverweigerer entzieht sich einer Gemeinlast. Eltern verfehlen ihren Auftrag, wenn sie ihr Kind vernachlässigen. Der Geisterfahrer stört die Ordnung auf den Straßen und gefährdet damit Leib und Leben. Die Badegäste beim Festakt missachten Herkommen und allgemeine Übung, betreten damit zumindest einen Vorhof des Unrechts.

Mensch, Person, Persönlichkeit

Das Gesetz kann allerdings auf Dauer die Menschen nur binden, wenn die Regel zum gemeinsamen Maßstab von Normgeber und Normadressaten wird. Das Recht bestätigt den *Menschen* in seiner Würde, heißt ihn als Mitglied dieser Rechtsgemeinschaft willkommen. Jeder *Mensch* gehört, allein weil er Mensch ist und unabhängig von Leistung und Verdienst, der Rechtsgemeinschaft an, ist ihr anvertraut. Er beansprucht eine gesetzliche Ordnung, die ihm die allgemeinen Rahmenbedingungen seines Lebens sichert. Er will frei atmen und ein gesundes Leben führen, beliebig denken und seine Meinung äußern, Ehe und Familie entfalten, sich bilden und ausbilden, erwerben, Eigentum besitzen, seine Zukunft verlässlich sichern. Soweit der Einzelne sich nicht aus eigener Kraft in Freiheit selbst die notwendigen Bedingungen seines Lebens schaffen kann, hofft er auf die Leistungskraft der Rechtsgemeinschaft, den sozialen Staat, der ihm diese Elementarvoraussetzungen seines Lebens bereitstellen möge.

Der Mensch wird zur *Person,* wenn er Rechte hat, Berechtigter ist. Die Person erwartet vom Gesetz, dass es ihr ein Recht auf selbstbestimmte Lebensführung sichert, ihr Freiheit, Leben, körperliche Unversehrtheit, Ehre gewährleistet. Diese selbstverantwortliche Person darf den Ehepartner selbst wählen, sich nach eigener Neigung und Begabung ihren Beruf suchen, ihr Haus nach ihren Bedürfnissen planen, ihren Sport nach eigenem Belieben treiben. Die Person kann Rechte erwerben – etwas Eigenes kaufen oder erben, eine Firma gründen, sich als Staatsbürger an Wahlen beteiligen. Sie kann Güter und Rechte weitergeben – etwas verkaufen, verschenken, vererben, stiften.

Der revolutionäre und zugleich romantische Geist des beginnenden 19. Jahrhunderts begnügte sich jedoch nicht mit der Nüchternheit der Rechtsperson, sondern strebte nach Höherem; er suchte den Menschen in seinen Talenten, seinem inneren Selbst, seinem geistigen Dasein zur Entfaltung zu bringen. Eine Hochkultur bietet der *Persönlichkeit* das geistige Umfeld einer Sprache, Musik, Literatur und bildenden Kunst, der Religion, der Schule und Hochschule, um sich in dieser Freiheit zu entfalten. Der Mensch beansprucht insbesondere Würde und Gleichheit, die Person Rechte und Freiheit, die Persönlichkeit kulturelle Entfaltungsmöglichkeit. Das allgemeine Gesetz überzeugt und gewinnt Autorität, wenn es dem Menschen, der Person und der Persönlichkeit entspricht.

Vertrauen auf das vertraute Recht

Ein freiheitsbestimmtes Recht baut auf Vertrauen. Nur wenn wir voneinander erwarten dürfen, dass der andere *nach gemeinsamen Maßstäben verantwortlich handelt,* sind Freiheit und Frieden möglich. Das Kind vertraut den Eltern, weil diese ihm vertraut sind, es Zutrauen zu den Eltern als verlässlichen, glaubwürdigen, ehrbaren Menschen gewonnen hat. Es traut sich, auf die Lebenserfahrung, die Lauterkeit und Liebe der Eltern zu setzen, vertraut sich ihnen in dieser Erwartung an. Der Mensch baut darauf, dass der Bäcker ihm morgens Lebensmittel und nicht Schädigungsmittel verkauft, die Straßenverkehrsteilnehmer die Verkehrsregeln einhalten und damit einen Unfall vermeiden. Wir setzen im öffentlichen Leben darauf, dass die Medien uns richtig informieren und die Vielfalt der Meinungen vermitteln, dass die Parteien im Wahlkampf ihre programmatischen Ziele offen und verständlich benennen, ihr Führungspersonal persönlichkeitsgerecht vorstellen, dass das Parlament in öffentlicher Debatte die tatsächlich erwogenen Gesetzesalternativen und bestimmenden Motive unverschleiert erörtert. Der nächsten Generation trauen wir zu, dass sie den heute gesparten Hunderteuroschein für einen ähnlichen Gegenwert einlösen, die heute gesetzlich versprochene Rente und Krankenversicherung tatsächlich aufbringen und die heute empfangene Zuwendung und Bildung an eigene Kinder weitergeben wird. Und der freie Mensch handelt mit Selbstvertrauen, traut sich zu, eine Familie zu gründen, sich beruflich zu qualifizieren, eine Abenteuerreise zu wagen. Vertrauen ist der Humus der Gerechtigkeit, lässt sich rechtlich nicht erzwingen, ist aber für kulturelle Hege und Pflege zugänglich.

Individualität und Zusammenhalt

Doch der Mensch vertraut nicht nur dem anderen Menschen, sondern beobachtet ihn auch in seiner Lebenssituation und vergleicht diese mit der eigenen. Dabei wird er stets *Unterschiede* zum Vorteil des anderen und zu seinem Nachteil feststellen. Der andere kann begabter, gesünder, schöner, anerkannter, mächtiger, reicher sein, in Ehe, Familie, Beruf, Nachbarschaftslage, Vereinsmitgliedschaft besser dastehen, im

Umfeld seiner Wohnung, seines Arbeitsplatzes, seiner Religion, seines Verbandes, seiner Partei auf der Sonnenseite leben. Dieser Vergleich zwingt das Recht zu einer Aussage, inwieweit diese Verschiedenheiten erwünscht oder geduldet sind und inwieweit das Recht sie annähern und ausgleichen muss.

Gerechtigkeit fordert die *Gleichheit vor dem Gesetz*. Das meint zunächst die gleiche Anwendung des Gesetzes auf jedermann ohne Ansehen der Person, fordert dann aber auch gesetzliche Regelungen, die für die Freiheit eines jeden ähnliche Ausgangsbedingungen schaffen. Das Sozialrecht sichert jedem Menschen in Deutschland die finanziellen Voraussetzungen menschenwürdigen Lebens. Die allgemeine Schulpflicht wirkt auf eine Gleichheit der Menschen in der Elementarbildung hin. Güter in Gemeingebrauch, die öffentlichen Straßen und Verkehrsmittel, bieten jedermann gleiche Bewegungsmöglichkeiten an. Die Offenheit des Marktes für jeden Anbieter und Nachfrager, der gleiche Wert des Euros für jeden Marktteilnehmer öffnen zumindest ähnliche Chancen für Tausch und Konsum. Die Gleichheit der Wahl sichert jedem Deutschen den gleichen Zugang zur Wahl und ein gleiches Stimmgewicht.

Doch das Prinzip der *Freiheit* erlaubt jedem, andere Wege als sein Nachbar zu wählen. Wenn wir heute alle Menschen in Deutschland mit 1000 Euro ausstatteten und in die Freiheit entließen, kehrte morgen der gute Kaufmann mit 1100 Euro zurück, der normale Konsument hätte schon hundert Euro verbraucht und der Sorglose die 1000 Euro verprasst. Freiheit hat Verschiedenheit zur Folge, erlaubt, vorhandene Verschiedenheiten der Begabungen, Neigungen, Willensstärke zu mehren; sie anerkennt, dass das Recht der freien Selbstbestimmung Unterschiede rechtfertigt.

Das Recht steht deshalb insbesondere vor der Aufgabe, Freiheit und Gleichheit, Individualität und Zugehörigkeit *in einer Balance zu halten*. Jeder Mensch möchte für sich möglichst viel in Freiheit erwerben, aber nicht in Freiheit verlassen und hilflos sein. Er will sich besser als andere qualifizieren, aber jedenfalls nicht hinter eine Mindestbildung für alle zurückfallen. Er möchte seinen Ehepartner, seine Freunde, seine Gesprächspartner frei wählen, aber durch dieses Freiheitsrecht jedenfalls nicht in die Unkultur gestoßen sein. Er sucht in der öffentlichen Debatte dieser Demokratie eigene Aussagen und Ziele hervorzuheben, beharrt aber auf dem formal für alle – den Staatsphilosophen wie den Politikverdrossenen – gleichen Wahlrecht. Das Recht hat zwischen der Zusammengehörigkeit der Mitglieder der Rechtsgemeinschaft und der Individualität der einzelnen Person zu vermitteln und dabei die Sicherheit im Frieden und in der Verlässlichkeit des Rechts zu wahren.

5. Recht wird gefunden und entschieden

Göttliches, natürliches, vertragliches Recht

Diese Grundsatzforderungen der Gerechtigkeit werden uns nun nicht von einer übermenschlichen Macht als zeitloses Recht übergeben. Sie müssen vielmehr in jeder Kultur und Gegenwart wieder neu entdeckt werden. Damit stellt sich die *Frage nach der Autorität*, die dieses Recht setzt und durchsetzt. In einer religiös geprägten Gesellschaft bietet die Kirche eine Moral, die alle Menschen die notwendigen Regeln des Zusammenlebens lehrt, zugleich auch innere Bindungen schafft, nach denen Selbstbestimmungs- und Freiheitsrechte ausgeübt werden. Dieses *göttlich legitimierte Recht* hat höchste Autorität, verliert aber an Überzeugungskraft und Bindungswirkung, je weniger eine Gesellschaft durch eine gemeinsame Religion geprägt ist.

Das *Naturrecht* setzt weniger auf ein religiös geprägtes Gewissen, das dem Menschen die Unterscheidung von Gut und Böse vermittelt, sondern auf die in jedem Menschen angelegte Humanität, die Einsicht in die natürlichen Bedürfnisse der Menschen nach Existenzsicherung, Frieden, Freiheit, Anerkennung und Mitgestaltung des Gemeinschaftslebens. Auch heute bewegt uns die Hoffnung, das Rechtsgesetz möge so rational, objektiv sein wie das naturwissenschaftliche Gesetz. Wahrscheinlich ist richtig, dass jeder Mensch, der in Frieden und Existenzsicherheit lebt, dabei sein Wissen und Gewissen behutsam entfaltet, die Gerechtigkeitsbedingungen für das menschliche Zusammenleben einsehen kann. Doch wird sich diese Einsicht oft gegen seinen Machtwillen, seinen Ehrgeiz, sein Erwerbsstreben, seinen Zorn und Hass, seine Enttäuschung nicht durchsetzen, vor allem aber auch auf Gegenvorstellungen treffen, die nicht vom feinsinnigen Hineindenken in das Humane, sondern von Eigennutz geprägt sind. Recht ist eine Konfliktordnung, die den Menschen in ihren Existenzkämpfen Maßstäbe setzt und nicht vom individuellen Philosophieren und Meditieren einen Maßstab erwartet.

Deshalb sucht das Recht nach einer Gemeinschaft, die einvernehmlich gerechte Regeln hervorbringt. Sie glaubt, diese in einem *Gesellschaftsvertrag* zu finden, in dem alle Mitglieder einer Rechtsgemeinschaft sich auf Grundbedingungen ihres Zusammenlebens verständigen und insbesondere die Voraussetzungen bestimmen, unter denen der Einzelne bereit ist, ein Stück seiner Freiheit für die gemeinsame Friedlichkeit und Sicherheit aufzugeben. Doch werden in dieser Gemeinschaft die Interessen der Reichen und Armen, der Gebildeten und Ungebildeten, der Erwerbstätigen und Arbeitslosen, der Religiösen und Unreligiösen so unterschiedlich sein, dass das Recht nicht einvernehmlich hervorgebracht werden kann und deshalb mehrheitlich entschieden werden muss. Die Mehrheit aber soll in ihrer Mächtigkeit nicht die Minderheit unterwerfen, sondern eine Rechtsordnung entwickeln, in der auch die Minderheit – jeder Einzelne in seiner Individualität – leben kann.

Auch der Glaube, dass eine unaufhörliche *offene Debatte* die Menschen der Vernunft näher brächte und dadurch zum richtigen Recht führte, scheitert an der Erfahrung, dass auch parlamentarische Debatten und öffentliche Diskussionen interessengebunden, von Leidenschaften bestimmt, von Ehrgeiz und Resignation, von Enttäuschung und Rache geprägt sein, das Denken und Handeln an den Rand des Unvernünftigen führen können. Selbst wenn über alle Beteiligten der *Schleier des Nichtwissens* gebreitet würde, sie also nicht einmal wüssten, ob sie arm oder reich, mächtig oder ohnmächtig sind, blieben Vorurteil, Interesse, Leidenschaft weiterhin Entscheidungsmaßstäbe. Ebenso scheint der demokratische Gedanke einer »*höchsten Gewalt*« des Staatsvolkes, das sich dank dieser Gewalt eine Verfassung gebe und selbst binde, überzeichnet, weil auch ein Staatsvolk – aus Enttäuschung, Angst, Elend – zu Willkür neigen könnte, soweit es nicht in der Kontinuität überlieferter Rechtsstrukturen gebunden ist.

Damit stehen wir vor der Aufgabe, eine rechtsetzende Autorität zu finden, die vor Willkür gefeit ist und allgemeine Anerkennung verdient. So begann die Suche nach dem *Philosophenkönig*, der in seiner Lebensklugheit, Weisheit und mitmenschlichen Erfahrung das richtige Recht findet, für dieses mit der Kraft seiner Gedanken und Worte zu werben weiß, dabei jedermann überzeugt und so eine im Inneren geeinte Rechtsgemeinschaft formt. Doch selbst wenn wir diesen Philosophenkönig gefunden und zur Rechtsetzung ermächtigt hätten, wären wir nicht sicher, ob er nicht durch seine Macht, durch Schmeichelei oder Geld korrumpiert würde, dadurch Unbefangenheit und Weitsicht verlöre und zum Willkürherrscher werden könnte.

Im anfänglichen Aufbruch zu einer rechtlichen Friedensgemeinschaft, die Krieg und Bürgerkrieg, den Kampf aller gegen alle hinter sich lässt, waren Menschen bereit, den *Tyrannen* herrschen zu lassen, damit er eine Ordnung errichte und wahre, die Räuberbanden, Raufbolde und andere Rechtsbrecher in die Schranken des Rechts zwinge. Doch bald wird der Alleinherrscher – Kaiser, König oder Fürst – an bestimmte allgemeine Regeln gebunden. Auch der Kaiser steht nicht über dem Gesetz: Die herrschende Autorität hat Ordnung und Frieden zu wahren, ein gedeihliches Zusammenleben zu sichern. Sie stellt ihre Autorität in den Dienst der Gerechtigkeit.

Die *moderne Demokratie* findet diese Autorität nicht in einer durch Unbefangenheit und Redlichkeit ausgezeichneten Einzelperson, sondern im Staatsvolk. Wenn das Staatsvolk selbst sich immer wieder seinen Herrscher wählt, die Herrschaft also von den Beherrschten ausgeht, können die besten Herrscher gewählt und ungeeignete abgewählt werden. Das Staatsvolk ist Inhaber der Staatsgewalt, übt diese aber dadurch aus, dass es sich Organe wählt, die Recht setzen und Recht durchsetzen, dabei aber rechtlich gebunden werden können. Diese Organe sind verfasst, an unverletzliche und unveräußerliche Menschenrechte gebunden. Jeder Mensch ist Berechtigter, hat insbesondere Gegenrechte gegen die Staatsgewalt. Außerdem werden Gesetzgeber, Regierung, Verwaltung und Richter jeweils mit anderen Aufgaben und Kompetenzen ausgestattet, um gemeinsam, sich ergänzend und kontrollierend, das Recht – Frieden, Freiheit, das Soziale – zu verwirklichen.

In einer Demokratie *verhält sich der Staat zum Staatsvolk wie der Handschuh zur Hand.* Der Handschuh liegt schlaff darnieder, bewegt sich nicht, gewinnt erst durch die Hand Beweglichkeit, packt mit der Hand zu oder lässt etwas fallen, winkt ein Willkommen oder einen Abschied, weist einen Weg oder wehrt etwas ab. Die Aufgabe des Rechts ist es nun, diesen Handschuh so zu stricken, dass er hinreichend vor Kälte, Nässe und Verletzungen schützt, andererseits nicht die Beweglichkeit der Hand beengt und erschwert. Die Hand erweckt den schlaffen Handschuh zum Leben; der Handschuh schützt die Hand vor äußeren Einwirkungen und gibt ihr eine gediegene Form. Die Demokratie ist so gut wie die Hand, die ihr Lebendigkeit gibt.

6. Gerechtigkeit durch den Staat

Staat und Nation

Das Recht braucht also *Maßstäbe,* die dem Menschen in seiner Würde gerecht werden, aber auch den *Staat,* der diese Maßstäbe in allgemeinen Regeln verdeutlicht, fortbildet und im Einzelfall zur Wirkung bringt. Staatliches Recht baut auf die materiellen Prinzipien von Menschenwürde, Freiheit, Gleichheit, Sicherheit, Sozialem, Toleranz, auf demokratische Organisation und ein rechtsstaatliches Verfahren. Diese Maßstäbe setzt und verwirklicht der über den einzelnen Menschen stehende Staat, der allgemeine Gesetze erlässt und vollzieht. Dafür beansprucht der Staat das *Monopol, körperliche Gewalt auszuüben,* den einzelnen Bürger zu entwaffnen. In seinem Auftrag wird der Staat von Staatengemeinschaften wie der UNO oder von der Europäischen Union unterstützt, von privaten Organisationen wie Amnesty International oder dem Roten Kreuz angeregt, von privatwirtschaftlichen Weltunternehmen herausgefordert. Doch der einzelne Mensch *richtet seine Rechtserwartung und sein Rechtsvertrauen auf seinen Staat,* der den Rahmen seiner Lebensbedingungen bestimmt und das ihn treffende Recht bündelt und legitimiert. Der Bürger erlebt Hoheitsgewalt durch seinen Staat, rechtfertigt diese Hoheitsgewalt zuvörderst durch die

Wahl des staatlichen Parlaments, leistet seinen Beitrag zur Entfaltung der Freiheitsrechte vor allem durch Anstand, Rechtschaffenheit, Redlichkeit in der Nachbarschaft seiner engeren örtlichen Gemeinschaft. Wir erwarten also Gerechtigkeit vom Staatsvolk und von den durch das Staatsvolk gewählten Staatsorganen, den Freiheitsberechtigten und dem staatlichen Angebot von Freiheitsrechten.

Darin stimmen das Demokratieprinzip und die Vereinten Nationen überein. Die *Vereinten Nationen,* ursprünglich der Völkerbund, vertrauen auf die Staatsvölker, die alle Macht ihrer Staaten mäßigen und kontrollieren werden und selbst zu einer Friedensgemeinschaft der Vereinten Nationen bereit sind. Die Nation ist die Kulturgemeinschaft des Staatsvolkes, die Staatsgewalt hervorbringt, begrenzt, überwacht und erneuert, aber auch die Staaten in gemeinsamen Rechtsprinzipien zu guter Nachbarschaft und friedlicher Zusammenarbeit führt.

Dieses *Vertrauen auf Staatsvolk und Nation* ist allerdings keineswegs selbstverständlich. Staatsvölker, Nationen, Ethnien und Nationalstaaten haben vielfach Streit und Gewalt erzeugt, Konflikte über Jahrhunderte hinweg geschürt und verschärft, Kriege geführt und Menschen unterdrückt. Deswegen erlebt die Utopie eines *Weltenstaates*, der an die Stelle der vielen, gegenwärtig rund 200 Staaten tritt, immer wieder eine Renaissance. Dieser Gedanke schreckt. Er nähme dem einzelnen Menschen, der in einen Konflikt zu dieser Gewalt eines Weltenstaates geriete, das elementarste Recht, aus diesem Staat zu fliehen, in einem anderen Staat Zuflucht zu suchen. Der Weltenstaat würde jeden Flüchtenden in jedem Winkel dieser Erde erreichen. Seiner Weltenmacht stünde keine Gegenmacht gegenüber, die Übermacht und Machtmissbrauch in Schranken weisen könnte. Es dient deshalb der Gerechtigkeit, wenn eine Macht nicht alle Menschen beherrscht, wenn sie auf Gegenmächte trifft. Auch die Weltmacht soll anderen Staaten und Menschen begegnen, über die sie keine Gewalt hat, die sie überzeugen, für eine Zusammenarbeit gewinnen muss. Souveräne Staaten, die auf Verständigung angewiesen sind, entfalten eine Gemeinschaft der Werte und des Friedens täglich neu. Die Machtgelüste eines militärisch überlegenen Staates werden durch das Gegengewicht eines Waffen- und Drohpotenzials anderer Staaten gemäßigt.

Mit dem *Wegfall des Eisernen Vorhangs,* im Glück eines grenzoffenen Europas haben viele Menschen Freiheit gewonnen. Diesen Sieg der Freiheit haben sich die Menschen mit der einzigartigen friedlichen Revolution in der ehemaligen DDR verdient. »Mut, Entschlossenheit, Demokratie und Unabhängigkeit« – so sagt eine Zeitzeugin – »gaben uns die Kraft, die Mauer zu überwinden.« Damit aber ist die Freiheit nicht für immer gesichert. Der Sozialismus ist in sich zusammengebrochen, weil er das Wohl der Allgemeinheit versprochen, aber für das Wohl einer dominierenden Herrschaftsschicht gehandelt hat. Die Idee der Freiheit war so überzeugend, dass die beherrschten Menschen sie sich erkämpft haben. Dabei entfiel aber für die Wahrnehmung dieser nun fast allgemeinen Freiheit die Notwendigkeit, sich gegenüber einem anderen Staatssystem in der Nachbarschaft bewähren zu müssen.

Deswegen müssen wir uns gegenwärtig auf die Idee zurückbesinnen, die dem freiheitlichen Staat zugrunde liegt. Bei *Adam Smith,* auf den die Gedanken des Minimalstaates, des freien Wettbewerbs, des freien Ausgleichs der individuellen Interessen am Markt zurückgehen, nutzt der Mensch seine Freiheit in »Sympathie«, in der Fähigkeit zu Mitgefühl, zu Gleichgestimmtheit mit den anderen Menschen, so dass er die Mitmenschen verstehen, daraus Lehren für das eigene Verhalten ziehen, somit moralisch urteilen kann. Die freien Unternehmer, derentwegen der Staat sich begrenzt, sind im freien Wettbewerb von den Verbrauchern gesteuert, denn »der Verbrauch allein ist Ziel und Zweck einer jeden Produktion«.

Immanuel Kant, der die äußere staatliche Ordnung und moralische Autoritäten um der aufgeklärten Freiheit jedes einzelnen Menschen willen zurücknimmt, erwartet von diesem freiheitlichen Handeln, dass es stets verallgemeinerungsfähig sei, also dank Vernunft, Wissen und Einsicht Maßstäbe entwickelt, die nicht nur den individuellen Willen steuern, sondern ebenso eine allgemeine Gesetzgebung bestimmen können.

Friedrich A. von Hayek, der das Freiheitsideal für die Gegenwart erneuert hat, warnt vor einer Anmaßung des Wissens, insbesondere vor der vermeintlichen Rationalität zentraler Planungsinstanzen. Ordnungen menschlichen Handelns – Märkte, Sprachen, Recht, Wissenschaften, Moral – entstehen in einem allmählichen Prozess von Versuch und Irrtum, in dem die Erfahrungen aufeinanderfolgender Generationen zu Stetigkeit und allgemeiner Richtigkeitsüberzeugung beitragen. Hayek erwartet aber von den Freiheitsberechtigten eine Art Wissensteilung, bei der das Recht dafür sorgt, dass die Handlungen dieser arbeitsteilig wissenden Menschen allgemeinen Eigenschaften ihrer Gesellschaft angepasst sind, die in diesem allmählichen Prozess von Versuch und Irrtum entstanden sind und als Erfahrung weitergegeben werden.

Der Staat lässt Konflikte offen

Die Garantie dieser Allgemeinheit ist heute Aufgabe des Staates. Der freiheitliche und demokratische Staat *lässt viele Konflikte bewusst offen* – den Streit der Religionen über die richtige Lehre, den Streit der Parteien über die besseren politischen Ziele, den Streit zwischen Unternehmen über das bessere Produkt, den Streit der Wissenschaftler über die bessere Erkenntnis.

Die Freiheitsrechte verbieten dem Staat eine Beurteilung und Bewertung, wenn der Mensch seine Wohnung einrichtet, sein Tagebuch schreibt, sein Eheleben gestaltet, seine Kunst pflegt, seine Religion ausübt. Der Staat hat zu schweigen, wenn die Eheleute ihre Aufgaben von Kindererziehung und Berufsausübung untereinander aufteilen, wenn ein Schriftsteller sich das Thema seines Buches selber wählt, wenn Wissenschaftler den Weg ihrer Forschung selbst bestimmen. Diese Kunst des Verfassungsstaates zu schweigen ist hochaktuell. Gelingt sie, kann jeder in diesem Staat in seiner Verschiedenheit eine rechtliche Heimat finden.

In dieser Offenheit festigt der demokratische Staat die Bindungen innerhalb des Staatsvolkes als einer *politischen Kultur- und Rechtsgemeinschaft,* stärkt im Staatsvolk Zugehörigkeit und gegenseitige Verantwortlichkeit. Die Nichtstaatsangehörigen werden dadurch nicht ausgegrenzt, sondern bleiben in ihren Menschenrechten berechtigt. Der demokratische Rechtsstaat bietet Sicherheit im Recht, wenn er rechtliche Grundprinzipien für jede staatliche Macht verbindlich vorgibt, die Staatsgewalt sodann in einzelne Gewalten teilt, dadurch mäßigt und für ihre jeweilige Aufgabe qualifiziert, vor allem aber wenn er die staatlich Mächtigen durch das Prinzip der Wahl – der Wiederwahl oder der Abwahl – von den Beherrschten abhängig macht. *Dieses Gerechtigkeitsprinzip gelingt nur in Hochkulturen:* Der Bürger muss sich für das Gemeinwesen interessieren, die personellen und programmatischen Alternativen beurteilen können, seine eigenen Interessen definieren und auf die Gemeinschaftsinteressen abstimmen; er muss als freier Mensch Redlichkeit und Anstand pflegen. Das Recht bietet ein Kulturprogramm für den Staat und für jeden Bürger.

7. Gerechtigkeit in der Gemeinschaft von 200 Staaten

Die Gerechtigkeit ist also nicht in der Autorität einer einzigen Macht, eines Weltenstaates, gut aufgehoben, sondern *in der Gewissheit der 200 Staaten über gemeinsame Prinzipien des Rechts.* Gegenwärtig scheinen gerade die Staaten in Europa und Amerika, die jahrhundertelang die Welt beherrscht haben, vor der neuen Erfahrung zu stehen, die Macht über die Welt und die Verantwortung für die Welt mit anderen zu teilen. Es ist Vergangenheit, dass die reichen Industrienationen – ca. 18 % der Weltbevölkerung – die Welt bestimmen. Die Vereinten Nationen, deren Entscheidungen weniger die Vollversammlung und mehr der Sicherheitsrat trifft, unterwerfen sich immer weniger dem Willen von fünf ständigen Mitgliedern. Die führenden Nationen der Welt finden sich kaum noch in einer Gruppe G8; sie werden insbesondere die Mächte Asiens hinzuziehen müssen. Der Gedanke, ein islamisches Land werde auf Dauer eine westliche Herrschaft – des Militärs oder der Wirtschaft – auf eigenem Boden billigen oder auch nur dulden, liegt fern.

Die *universalen Rechte jedes Menschen* auf Existenz und Freiheit, auf gleiche demokratische Mitwirkung an der staatlichen Herrschaft, auf Gleichheit vor dem Gesetz drängen auf eine Rechtsordnung, die jedem der über 6,7 Milliarden Bewohner dieser Erde einen Anteil an deren Gütern und Lebensmöglichkeiten sichert. Deswegen beanspruchen neue Industrienationen einen freien Welthandel, fordern niedrige Handelsschranken und damit besseren Zugang zu den amerikanischen und europäischen Märkten. Sie streben im gegenseitigen Tauschen nach einem höheren Lebensstandard für alle und setzen auf die in diesem weltweiten Tausch angelegten Abhängigkeiten.

Wenn Klimawandel und globale Erwärmung die Erde real bedrohen, sind alle Staaten für ihre gegenwärtigen Umweltbelastungen verantwortlich, werden aber auch für die von ihnen verursachten Altlasten einstehen müssen. Aus dieser Haftung für früheres eigenes Verhalten folgt gegenwärtig eine höhere *Umweltverantwortlichkeit* der Industriestaaten als der Schwellenländer.

Kein Mensch, in welchem Staat auch immer er lebt, steht über dem Recht. Und kein von diesen seinen Bürgern gerechtfertigter Staat darf sich den universalen Rechten entziehen. Deshalb sollen sich *alle Staaten den Bestimmungen der Internationalen Menschenrechtskonvention* unterwerfen, sich in gemeinsamen Verträgen im Abbau ihrer Atomwaffen binden und Atomtests beenden. Jeder Staat, der sich vom Atomwaffensperrvertrag verabschieden oder sich vom Atomteststoppvertrag entfernen würde, wäre eine akute Gefahrenquelle; er würde eine unbestimmte, beliebige Zahl von Menschen in ihrer Existenz und Freiheit bedrohen.

Unsere Suche nach einem vertrauten und vertrauenswürdigen, überzeugenden und einsichtigen Recht führt uns also zu dem Gesetz, in dem der Mensch über sich selbst hinauswächst, zu einer Autorität, die das Fragen nach dem richtigen Recht anerkennt, zum Staat, der den Rechtserwartungen und dem Rechtsvertrauen seiner Bürger genügt. Wir bewegen uns von Moses, der für die Gerechtigkeit kämpft und sein Volk zu den Zehn Geboten und zum Gelobten Land führt, zum Verfassungsstaat, dessen Recht den einzelnen Menschen berechtigt, zur Rechtsperson macht, ihm Freiheit, Gleichheit, Sicherheit gewährt. Der Verfassungsstaat weiß, dass er der Gerechtigkeit verpflichtet ist, dieses Ziel aber weitgehend in die Hand der Freiheitsberechtigten und Wahler gelegt ist.

IV. Freiheit, Gleichheit, Sicherheit

1. Der Müller Arnold

Müller Arnold betrieb eine Wassermühle in der Neumark. Er blieb seinem Grundherrn, dem Grafen von Schmettau, die Pacht für die Mühle seit 1771 schuldig, weil sein Nachbar, der Landrat von Gersdorff, das Wasser aus dem Mühlenbach abgeleitet hatte, um Karpfenteiche anzulegen. Die Mühle des Müllers Arnold konnte deshalb viele Monate im Jahr nicht betrieben werden. Graf von Schmettau verklagte daraufhin den Müller Arnold auf Zahlung des offenen Pachtzinses und war mit seiner Klage erfolgreich, weil den Grafen von Schmettau als Verpächter keine Verantwortlichkeit für den Wassermangel treffe, Arnold sich insoweit wegen seines Schadens an seinen Nachbarn von Gersdorff halten möge. Nach langwierigen Verfahren wurde die Mühle des Müllers Arnold schließlich zwangsversteigert. In einem weiteren Verfahren des Müllers Arnold gegen den Landrat von Gersdorff unterlag Arnold ebenfalls, weil von Gersdorff als Eigentümer zur Ableitung des Wassers unabhängig von den Interessen des Müllers berechtigt gewesen sei.

Nach verschiedenen Bittschriften an Friedrich den Großen verwies der König den Müller an das Kammergericht und forderte eine baldige Entscheidung. Das Urteil fiel – inzwischen war es Dezember 1774 – wieder zuungunsten des Müllers aus. Daraufhin bestellte der König den Großkanzler von Fürst und die drei an der Entscheidung beteiligten Kammergerichtsräte zu sich ins Schloss, beanstandete das Urteil und begründete dieses damit, »dass der geringste Bauer, ja was noch mehr ist, der Bettler, ebenso wohl ein Mensch ist, wie Seine Majestät sind«. Diese Begründung wurde in den Zeitungen veröffentlicht.

»Indem vor der Justiz alle Leute gleich sind, es mag sein ein Prinz, der wider einen Bauern klagt, oder auch umgekehrt, so ist der Prinz vor der Justiz dem Bauern gleich; und bei solchen Gelegenheiten muss pur nach der Gerechtigkeit verfahren werden, ohne Ansehen der Person.« Ein Justiz-Collegium, das Ungerechtigkeiten ausübe, sei »gefährlicher und schlimmer« als eine Diebesbande. Vor dieser könne man sich schützen, »aber vor Schelmen, die den Mantel der Justiz gebrauchen, um ihre üblen Passiones auszuführen, vor denen kann sich kein Mensch hüten. Die sind ärger wie die größten Spitzbuben, die in der Welt sind«, und verdienten eine doppelte Bestrafung.

Der König ließ die drei Kammergerichtsräte verhaften und auf die Festung Spandau bringen. Dem Minister des Kriminaldepartments, Freiherr von Zedlitz, befahl der König, dem Kriminalsenat beim Kammergericht aufzugeben, alle verhafteten Richter zu einer Festungshaft von mindestens einem Jahr zu verurteilen und auf Erstattung des gesamten dem Müller erwachsenen Schadens zu erkennen. Doch der Kriminalsenat erklärte die beschuldigten Richter für schuldlos. Schließlich sprach der König das Urteil, so wie er es befohlen hatte, am 1.1.1780 selbst. Nachdem später die Mühle nach Umwegen wieder in die Hände der Familie Arnold gegeben war, hat der König die Inhaftierten begnadigt.

2. Auf dem Weg zu einem modernen Rechtsstaat

Mit dem berühmten Fall des Müllers Arnold nähern wir uns der *Gleichheit jedes Menschen vor dem Recht* – dem Gesetz und dem Richter –, die Unterschiede von Stand und Herkommen für rechtlich unerheblich erklärt, Bettler und Majestät im Recht gleich behandelt und den einzelnen Menschen als Berechtigten, als »Rechtsperson« anerkennt. Der Nachbarstreit betrifft alle fünf Fragen eines modernen Gerechtigkeitsverständnisses: Der Besitzer des höher liegenden Grundstücks darf den des niedriger liegenden *nicht schädigen,* muss ihm die Möglichkeit *selbstbestimmter* Erwerbstätigkeit offenhalten, seine Eigentümerfreiheit *verantwortlich* ausüben, dabei *verallgemeinerungsfähige Maßstäbe* beachten oder entwickeln, dabei *Maß und Rücksicht* pflegen. Wenn schließlich der König Gerechtigkeit gegen die Gerichte herstellt, ist dort die Gewaltenteilung noch nicht entwickelt, das Erfordernis demokratischer Legitimation noch nicht erkennbar. Doch gerade dieses Defizit kündigt eine Umwälzung an, die den Verfassungsstaat am Horizont sichtbar werden lässt.

Nach damaligem Rechtsverständnis war *der König oberster Gesetz-*

geber und Gerichtsherr. Er war verantwortlich für Gesetz und Recht, übte ein Aufsichtsrecht über die Justiz aus, konnte Urteile korrigieren, wenn er glaubte, Recht werde gebeugt und eine Klassenjustiz benachteilige den armen Müller gegenüber dem reichen Nachbarn. Friedrich sah sich durch das Urteil, das in seinem Namen ergangen war, »cruel gemisbraucht«.

Die Frage, ob jeder Eigentümer das Wasser eines über seinen Grund und Boden fließenden Baches nutzen dürfe, ohne die Folgen für den Unterlieger zu berücksichtigen, hatte Friedrich – anders als die Gerichte – mit sicherem Judiz als eine Gerechtigkeitsfrage verstanden. Keiner dürfe sein Eigentum so ausüben, dass dadurch ein anderer an der Nutzung seines Eigentums gehindert werde. Hier geht es um den Gerechtigkeitsgrundsatz, *keiner dürfe einen anderen schädigen*, aber auch um das *Verantwortlichkeitsprinzip,* wonach jeder seine Freiheit so auszuüben hat, dass er dieses gegenüber einem Mitbetroffenen verantworten kann. Das Verhältnis von Grundeigentum und wasserrechtlicher Befugnis war damals im geschriebenen Recht nicht klar geregelt. Die Auffassung des Königs wurde später in das Allgemeine Landrecht aufgenommen: Ist eine Mühle schon vorhanden, darf ein Nachbar, durch dessen Grundstück das zu ihrem Betrieb nötige Wasser fließt, dieses Wasser nicht entziehen.

Auch das Gerechtigkeitsprinzip der *Verallgemeinerungsfähigkeit* ist durch die Entscheidung des Königs berührt. Der Müller galt früher vielfach als betrügerisch, weil der Bauer sein Getreide dem Räderwerk der Mühle ausliefern musste, ohne den Mahlvorgang und damit das Maß des ihm gehörenden Mehls selbst beobachten und kontrollieren zu können. Der Müller wurde vielfach beargwöhnt, weil er Geld und Gut hatte und mit seiner Frau ein vergnügtes Leben führt. Sinnbildlich speit im »Tischlein-deck-dich« der Esel des Müllers Gold. Die Arbeit in der Mühle ist beschwerlich, im Märchen jedoch nur für den Esel, nicht für den Müller. In mancher Tradition wird die Mühle – wie auch im Pariser Varieté »Moulin Rouge« – frivol. Einem solchen Müller widmet sich Friedrich der Große, fordert zur Lösung des Falles eine allgemeine Regel, tauscht gedanklich den Unterlieger gegen den Oberlieger, den Müller gegen den Adligen aus; er verwirklicht damit *eine Gerechtigkeit ohne Ansehen der Person*, eine Gleichheit jedes Menschen – ausdrücklich sowohl des geringsten Bauern wie Seiner Majestät – vor dem Gesetz.

Doch um dieses Recht dem Müller Arnold zu gewähren, musste Friedrich der Große Eigenständigkeit und wachsendes Selbstbewusstsein der damaligen Richterschaft brechen, musste jedenfalls einer in der Richterschaft schon verbreiteten *Vorstellung von der Unabhängigkeit und Weisungsfreiheit des Richters* zuwiderhandeln. Friedrich der Große kannte die Idee Montesquieus von der Gewaltenteilung und hatte die feste Absicht, nicht in den Lauf eines gerichtlichen Verfahrens einzugreifen, weil in den Gerichtshöfen das Gesetz sprechen und der Herrscher schweigen sollte. Dennoch hat er 33 eigene Strafentscheidungen getroffen. Die damaligen Richter feierten ihre Standesgenossen, weil sie sich im Fall Arnold unbeugsam gezeigt hatten. Die kleinen Leute und das Ausland feierten Friedrich den Großen, weil er mit sicherem Judiz das Recht der Zukunft angewandt hatte. Der preußische Staat war auf dem Weg zu elementaren Rechten jedes Menschen und der Jedermannsgleichheit vor dem Gesetz, öffnete sich auch langsam für die Idee der Gewaltenteilung, eine notwendige Bedingung der Grundrechte gegen die Staatsgewalt.

Aus dem nicht allzu fernen Frankreich sollten bald *Revolutionslärm und Freiheitsjubel* zu hören sein. Die Idee der Freiheit, Gleichheit und Sicherheit bewegte die Menschen, veranlasste in revolutionären Umwälzungen eine Gleichheit der Menschen ungeachtet ihres bisherigen Standes, führte aber auch zu Bürgerkrieg und Guillotine.

3. Brüderlichkeit oder Sicherheit

Freiheit, Gleichheit, Brüderlichkeit, so lautet der geläufige Dreiklang der modernen Demokratien seit der Französischen Revolution. Die Brüderlichkeit erscheint vielfach als die *glanzvolle, begeisternde Figur,* die den Sinn der Französischen Revolution am besten verkörpert. Sie wird *dargestellt als schöne Frau,* die alle Menschen für sich gewinnt. Sie ist umgeben von Vögeln, Herzen, Kleinkindern, Blumen. Sie nährt einen Überschwang an Erwartungen, lässt die Menschen träumen, zeichnet am Horizont die Utopie »der grenzenlosen Stadt Philadelphia«.

In dieser Brüderlichkeit liegt *noch keinerlei Aggressivität*. Doch bald wird die Brüderlichkeit zu einem *ausgrenzenden Begriff*: »Jeder Franzose ist heute euer Bruder, bis er sich offen als Verräter am Vaterland erweist.« Da die Aristokraten »kein Vaterland haben«, sind sie von vornherein vom Kreis der Brüder ausgenommen. Es »gibt nur Brüder oder Feinde«.

Die »Verbrüderung« ist ein *Mittel, die Menschen in Zugehörige und Fremde, in Gute und Böse aufzuteilen*. Das Gefühl der Brüderlichkeit wird verbunden mit der *Gewalt*, mit einer gemeinsamen kämpferischen Aktion. Die so verstandene »Brüderlichkeit« formt Gruppen, die den »Verräter« ausgrenzen und letztlich töten. Sie ist auf dem Weg zum Brüderlichkeitsterror.

Während Freiheit und Gleichheit Rechte begründen, enthält die »Brüderlichkeit« nur eine *moralische Verpflichtung*. Sie ist bis 1848 nicht in die Texte der französischen Verfassungen aufgenommen worden. Erst die Verfassung von 1848 regelt in der Einleitung, dass die »Bürger das Vaterland lieben« müssen, dass sie dann auch »für das Gemeinwohl Hilfe leisten, indem sie sich gegenseitig brüderlich unterstützen«. Die Republik wird verpflichtet, »durch einen brüderlichen Beistand den Unterhalt ihrer bedürftigen Bürger sicherzustellen«. Die Brüderlichkeit ist also zunächst innere Haltung gegenüber dem Vaterland, wird dann zu einer ebenfalls eher moralischen Beistands- und Unterhaltspflicht. Rechtlich tritt an die Stelle der Brüderlichkeit die Sicherheit.

Die Erklärung der Menschen- und Bürgerrechte vom 26. August 1789 stellt in Artikel 1 fest, die Menschen werden *»frei und gleich an Rechten geboren und bleiben es«*. Nach Artikel 2 ist »der Endzweck aller politischen Gesellschaft« »die Erhaltung der natürlichen und unverjährbaren Menschenrechte. Diese Rechte sind die Freiheit, das Eigentum, die Sicherheit, der Widerstand gegen Unterdrückung.«

Das dritte Ideal der frühen Demokratien, die *Sicherheit,* kommt noch deutlicher in der Verfassung der Französischen Republik vom 24. Juni 1793 zum Ausdruck. Die jedem Menschen verbürgten Rechte sind »Gleichheit, Freiheit, Sicherheit, Eigentum«. Entsprechendes sagt die Verfassung von 1795 in den Artikel 1 bis 4. Die Freiheit besteht »darin, tun zu können, was den Rechten eines anderen nicht schadet«. Die Gleichheit besteht »darin, dass das Gesetz für alle das Nämliche ist, es sei, dass es beschütze, oder dass es strafe. Die Gleichheit lässt keinen Unterschied der Geburt, keine Erblichkeit der Gewalten zu.« – *»Die Sicherheit fließt aus der Mitwirkung Aller, um Jedem seine Rechte zu sichern.«*

Versteht man das Eigentum als »das Recht, sein Vermögen, seine Einkünfte, den Ertrag seiner Arbeit und seines Fleißes zu genießen und darüber zu verfügen«, so würden wir dieses Recht heute als Ausdruck der Eigentümer- und Berufsfreiheit verstehen, also der Freiheit zuordnen. Die Kernrechte des Menschen bestehen dann in seiner Freiheit bis zu der Grenze der Rechte eines anderen, der Gleichheit vor dem Gesetz und der aus der Mitwirkung aller bei der Verwirklichung dieser Jedermannsrechte fließenden Sicherheit. *Der juristische Dreiklang lautet: »Freiheit, Gleichheit, Sicherheit.«*

4. Zusammenklang von Freiheit, Gleichheit und Sicherheit

Das Grundgesetz stellt den einzelnen Menschen in seiner Würde in den Mittelpunkt seiner Garantien, gibt *dem Staat im einzelnen Menschen Maß und Ziel*. Die Würde des Menschen hebt seine Freiheit vom Staat hervor. Diese Freiheit setzt voraus, dass der Staat seine Bürger, wie es Abbé Sieyès bei den Beratungen der Französischen Nationalversammlung über den Entwurf der Erklärung der Menschen- und Bürgerrechte formuliert hat, *gegen drei Feinde schützt:* die übelwollenden Bürger, die durch Gesetz und Rechtspflege in ihre Schranken gewiesen werden; die einzelnen Amtsträger, die Behörden und der Staatsapparat insgesamt, deren Willkür durch eine gute Verfassung gebannt werden muss; und den auswärtigen Feind, gegen dessen Angriffe eine Armee verteidigt. Der Mensch ist also durch seine Mitmenschen, die Gewalt seines eigenen Staates und durch fremde Mächte bedroht. Er erwartet dennoch Sicherheit von der Mitwirkung aller, die jedem seine Rechte zubilligen, beansprucht eine Gleichheit vor dem Gesetz, das schützt und straft, genießt in dieser sichernden und schützenden Gemeinschaft Freiheit bis an die Grenze der Drittschädigung. Staat und Recht sollen dem Menschen erlauben, »sein eigener Herr zu sein«. Dazu braucht jeder Mensch einen allgemeinen Frieden, gleiche Menschenrechte, die ihm Freiheit gewähren. Freiheit, Gleichheit, Sicherheit sind Ausdruck desselben Verfassungsdenkens. Wenn Freiheit ein Jedermannsrecht ist, sichert sie die Gleichheit jedes Menschen, sich und seine Lebensbedingungen selbst zu bestimmen. Dabei setzt der Staat im Friedensgebot und in »allgemeinen« Gesetzen die Grenzen, die eine gemeinverträgliche Wahrnehmung der Freiheit braucht.

Andererseits erleben wir immer wieder *grobe, oft unerträgliche Ungleichheiten,* die der einzelne Mensch in seiner Freiheit allein nicht ausgleichen kann, oft auch nicht ausgleichen will. Wenn in Mitteleuropa seit über sechzig Jahren Frieden herrscht, genießen wir die wichtigste Gleichheit, die Staat und Recht gewähren können. In anderen Regionen Europas herrscht Krieg. Menschen werden getötet, vertrieben, sind in ihrer Existenz durch Hunger, Krankheit, Obdachlosigkeit bedroht. Hier hat der Staat seine Ursprungsaufgabe, Sicherheit zu gewähren, nicht erfüllen können. Er verletzt damit die Freiheit, Gleichheit und Sicherheit der betroffenen Menschen.

Sind Frieden und Freiheit garantiert, wird der Einzelne diese Garantien nutzen, um als sein eigener Herr *sein Leben anders zu gestalten* als seine Mitmenschen. Während der eine seinen Lohn spart, um später damit Besitz zu erwerben, gibt der andere sein Geld für gutes Essen oder elegante Kleider aus. Mancher entfaltet sich in Kunst und Wissenschaft, ein anderer verbringt seine Zeit lieber auf dem Sportplatz. Das eine Paar genießt Fernreisen, das andere findet in Kindern seine Erfüllung. Sicherheit und Freiheit für alle ist auf Verschiedenheit, auf Ungleichheit angelegt.

Damit stellt sich die *soziale Frage*. Die *Französische Revolution* kämpfte gegen eine ständische Sozialstruktur, gegen Massenarbeitslosigkeit und Armut. So entstand der revolutionäre Ruf nach »Brüderlichkeit«, ein geistig-moralischer Kampfbegriff, der die Wirklichkeit unerträglicher Ungleichheiten – Standesunterschiede, Armut, Bildung – scharf kritisiert und neue Sozialstrukturen fordert. Die Revolution will die Wirklichkeit umgestalten, verlangt eine andere Freiheit, eine neue Gleichheit durch den Staat.

Die *amerikanischen Kolonien* hingegen haben ihre Menschenrechte in einer Gesellschaftsordnung entwickelt, die mit sich im Reinen und wirtschaftlich erfolgreich ist; sie brauchten deshalb keine Freiheit von einer ständestaatlichen Tradition, sahen kaum die Notwendigkeit staatlicher Fürsorge, auch weniger die Aufgabe des Staates, die Bildung seiner Bürger zu organisieren. Die amerikanische Revolution kämpfte um die Anerkennung der in England geläufigen Freiheit vom Staat und der Gleichheit vor dem Gesetz auch im neuen, unabhängigen Amerika. Der sich seiner selbst und seiner Lebensbedingungen sichere Amerikaner forderte Gleichheit in Freiheit, die in der Neuen Welt eigenständig gewährt werden sollte.

Der Verfassungsstaat hat immer wieder *neu zu entscheiden*, wie viel Freiheit er dem Einzelnen in den tatsächlichen Voraussetzungen gewähren will. Er erzwingt mit der allgemeinen Schulpflicht eine Mindestbildung seiner Bürger, bietet in den verschiedenen Bildungswegen Weiterbildung und wissenschaftliche Qualifikation an, erlebt aber schon in der Grundschule, dass die Schüler das Angebot dank individueller Begabung, Lernfähigkeit und Lernbereitschaft unterschiedlich annehmen. Der soziale Staat schützt durch seine Sozialhilfe den einzelnen und bietet durch Bildungsstipendien, Vermögens-, Gründungs- und Bauhilfen annähernde Freiheitsbedingungen, die aber wiederum in Freiheit – unterschiedlich – genutzt werden sollen.

5. Sicherheit

Der Staat wird als Garant der Sicherheit gegründet

Sicherheit garantiert den *äußeren Frieden,* schützt gegen Krieg und Terror, gegen Gewalttätigkeit, Raub und Diebstahl, verspricht aber zunehmend auch eine *»soziale« Sicherheit*, wie Mutterschutz, Vorsorge gegen Risiken der Krankheit, der Gebrechlichkeit, des Unfalls, des Alters, der Arbeitslosigkeit.

Der Staat wurde gegründet, damit er seinen Bürgern Sicherheit gewährt. Als die Menschen in Krieg und Bürgerkrieg, im Kampf aller gegen alle, ihres Lebens, ihres Eigentums und ihrer Freiheit nicht mehr sicher waren, schufen sie einen Staat mit überlegener Gewalt, der jeden Angreifer und Störer in Schranken weist. Die beste Regierung sei diejenige, die imstande sei, den höchsten Grad von Glück und Sicherheit hervorzubringen. Die frühen Verfassungen des 18. Jahrhunderts gewähren dem Bürger teilweise ein Recht auf den Schutz der staatlichen Gemeinschaft im Genuss seines Lebens, seiner Freiheit und seines Eigentums. Dabei ist allerdings stets auch der Preis bewusst, den der Bürger für seine Sicherheit zu entrichten hat. Mit dem Recht auf Sicherheit tauscht der Mensch seine Freiheit in ein Freiheits*recht* ein, bindet seinen Willen zur Beliebigkeit in friedenswahrenden Rechten. Sicherheit setzt auch die *Grundpflicht* voraus, Abgaben und persönliche Dienstleistungen zu erbringen. Staat und Bürger begründen eine Art Versicherungsverhältnis, in dem der Staat Sicherheit garantiert und der Bürger für die Sicherheit Beiträge leistet. Im Staatsvertrag gewinnt der Bürger den Schutz der Gemeinschaft, gibt aber auch einen Teil seiner natürlichen Rechte auf, weil nur so gemeinsame Sicherheit zu erreichen ist. Erlebt der Bürger diesen Schutz nicht, entfällt seine Bereitschaft, sich dieser Gemeinschaft zu unterwerfen. Seine natürliche Freiheit kehrt zurück.

Sicherheit durch Staat, Friedensgemeinschaft, Mitmenschen

Die Französische Revolution erklärt die Sicherheit zum Menschenrecht, das die Freiheit durch eine *unwiderstehliche Gewalt des Staates* sichert. Dieses Recht verteidigt den Menschen gegen Angriffe von Mitbürgern und gegen den auswärtigen Feind und schützt ihn auch gegen Verletzungen durch die Staatsgewalt. Heute garantieren Staat und Staatsverfassung diese Sicherheit für den Einzelnen vor allem durch die Polizei, die Gefahren abwehrt, und die Gerichte, die Rechte des Einzelnen auch gegenüber der Staatsgewalt durchsetzen.

Wenn der Staat diese Sicherheit garantiert, erwartet das Recht von den Menschen, dass sie *sich untereinander* in der Begegnung, in der Arbeitsteilung bei Produktion und Handel, im marktwirtschaftlichen Tausch, in guter Nachbarschaft Sicherheit gewähren. Bei den Reichstagsberatungen über das Bürgerliche Gesetzbuch wurde hervorgehoben, dass das Privatrecht die »Magna Charta unserer öffentlichen Freiheit« biete, die Freiheit weit mehr auf der Vertragsfreiheit beruhe als auf der Staatsverfassung.

Vor dem auswärtigen Feind gewinnen wir Freiheitsschutz heute vor allem durch *völkerrechtliche Verträge* und die *Friedensgarantien der Vereinten Nationen.* Nicht der einzelne Staat und seine Verteidigungsarmee sollen allein den kriegerischen Angriff fernhalten, sondern die Staaten vereinbaren Friedensgemeinschaften und verzichten dabei verbindlich auf den Angriffskrieg. Sie gründen Verteidigungsgemeinschaften, insbesondere die Nato, und wehren, wenn die Friedensvereinbarung nicht trägt, gemeinsam kriegerische Angriffe ab.

Waffenbesitz und Fahrgeschwindigkeit

Die Regel, dass der Einzelne Sicherheit für sich und andere schafft, der Staat auf dieser Grundlage eine gemeinsame Sicherheit für alle gewährleistet, die Verantwortlichkeit für die Sicherheit also in zwei Stufen zugewiesen wird, ist im Grundgesetz anerkannt. Doch die praktischen Folgen sind damit im Einzelnen noch nicht vorgezeichnet. Das zeigt sich aktuell in den Fragen, ob das staatliche *Waffenrecht* dem Einzelnen die Waffe, damit ein elementares Instrument des Selbstschutzes, aus der Hand nimmt und ob das *Straßenverkehrsrecht* das Fahren mit Hochgeschwindigkeiten als Sicherheitsrisiko untersagt oder dem Einzelnen die Verantwortung zuweist, seine Geschwindigkeit selbst zu bestimmen. Diese Fragen werden von zwei freiheitlichen Rechtsordnungen, der amerikanischen und deutschen, gegenläufig beantwortet.

Der *amerikanische Supreme Court* hatte über die gegenwärtige Bedeutung eines 1789 beschlossenen und 1791 ratifizierten Verfassungsartikels zu entscheiden: »Da eine gut geordnete Miliz zur Sicherheit eines Freistaates notwendig ist, so muss das Recht des Volkes, Waffen zu haben und sie zu tragen, unverletzt bleiben.« Der District of Columbia hatte seinen Bürgern den Besitz von Pistolen verboten und für Gewehre bestimmt, dass sie durch Schlösser funktionsunfähig gemacht werden müssen. Das Recht, Waffen zu tragen, galt lange als überholt, weil die Bundesstaaten keine Milizen mehr einrichteten, deswegen auch Waffen in privater Hand nicht mehr bereitgehalten werden müssten.

Doch in der Geschichte des amerikanischen Rechts und dessen Vorläufer bietet schon die englische Bill of Rights ein *individuelles Recht auf Selbstverteidigung mit standesangemessenen Waffen,* das später in der Französischen Erklärung der Menschen und Bürgerrechte vom 26. August 1789 in einem *Menschenrecht auf »Widerstand gegen Unterdrückung«* nachklingt. Diese individuelle Wehrfähigkeit hatten die Gründer der Vereinigten Staaten vor Augen, als sie sich dem Befehl der Kolonialmacht widersetzten, ihre Waffen abzugeben. Und dieses Recht wollten sie in ihrer Verfassung verankern. Deshalb hat der Supreme Court das individuelle Recht auf Waffenbesitz bekräftigt und wiederhergestellt. Jedermann soll sein Gewehr im Schrank haben, damit die Bürger selbst für ihre Sicherheit sorgen können.

Im Gegensatz dazu setzt die *deutsche Verfassung* vorbehaltlos auf das *Gewaltmonopol des Staates*. Der Staat entwaffnet den einzelnen Bürger, garantiert ihm dafür aber die Sicherheit einer staatlich gewährten öffentlichen Ordnung, in der die Polizei sichtbar ist, stets eingriffsbereit, stärker als jeder Angreifer und Störer, rechtlich diszipliniert, um nicht selbst zur Gefahr zu werden. Das amerikanische Recht sieht den Bürger als Garanten der Sicherheit, gibt ihm deshalb die Waffe als Instrument von Notwehr und Nothilfe in die Hand. Das deutsche Recht versteht den bewaffneten Bürger als möglichen Gewalttäter oder überängstlichen Nothelfer, auch als Amokläufer, und nimmt ihm deshalb das bedrohliche Instrument einer Waffe aus der Hand.

Anders bewertet das *Straßenverkehrsrecht* die freiheitliche Kraft und Verantwortlichkeit des Bürgers, die Sicherheit auf öffentlichen Straßen zu gewährleisten. Das deutsche Straßenverkehrsrecht kennt auf Autobahnen grundsätzlich *keine allgemeine Geschwindigkeitsbegrenzung;* es baut somit auf die Fähigkeit des freien Bürgers, seine Geschwindigkeit eigenverantwortlich so zu bemessen, dass die Sicherheit und Leichtigkeit des Straßenverkehrs nicht gefährdet werden. Das *amerikanische Recht hingegen kennt allgemeine Höchstgeschwindigkeiten*, traut also dem Verkehrsteilnehmer nicht zu, selbst zu entscheiden, was je nach Verkehrslage die angemessene Geschwindigkeit ist.

Wenn allerdings auch in Deutschland ein Schilderwald mit Höchstgeschwindigkeiten von 60, 80, 100 Stundenkilometern das allgemeine Gebot der Rücksichtnahme verdrängt, das Straßenverkehrsrecht eine Ordnung errichtet, die der Mensch nicht aus Verstehen und Vernunft befolgt, sondern der er sich um der Ordnung willen unterwerfen, der er »blind« folgen soll, so gibt das moderne Recht den Anspruch auf, durch Vernunft zu überzeugen, in seiner Richtigkeit für den Betroffenen plausibel zu sein, den Menschen zu einer verlässlichen Welt der Sicherheit und des Friedens mehr zu überreden als zu zwingen. Recht stützt sich auf die Autorität des Verfassungsstaates, rechtfertigt sich aber aus dem durch die staatliche Praxis erworbenen *Vertrauen in die Autorität des Rechts*. Wenn dieses Vertrauen in die Vernünftigkeit und Zuverlässigkeit des Rechts verlorenginge, wäre das Recht in seiner Autorität und damit in seiner Verbindlichkeit gefährdet.

Terror – Zerstörung des Sicherheitsvertrauens

Dieses Rechtsvertrauen wird gänzlich untergraben, wenn eine *staatliche Gewaltherrschaft* die Sicherheit im eigenen Recht und die Rechtskultur des Maßes durch Willkür zerstört: Der einzelne Mensch fühlt sich der Staatsgewalt ausgeliefert. Er lebt täglich in der Sorge, durch willkürliche Verhaftung aus dem vertrauten Kreis seiner Familie, seines Berufs, seiner Nachbarschaft herausgerissen zu werden. Seine Körperintegrität ist durch Verletzungen, Misshandlungen und Folter bedroht. Die freiheitliche Herrschaft über sich selbst wird durch den Zwang zur Unterwerfung unter eine Fremdherrschaft verdrängt. Letztlich droht stets die Entrechtung, Erniedrigung und Zerstörung. Gegen diese Gewaltherrschaft stemmt sich das Grundgesetz. Der Verfassungsstaat und die Freiheitskultur unserer Bürger haben eine verlässliche Form des Gemeinschaftslebens in Freiheit begründet, die Vertrauen verdient.

Doch ist dieser Verfassungsstaat gegenwärtig durch *terroristische Gewalt,* auch durch Taten von Amokläufern, bedroht, die eine in friedlichem Vertrauen lebende Gesellschaft mit Gewaltakten überrascht. Der Täter tritt plötzlich aus der Allgemeinheit von Versammlungsteilnehmern, von U-Bahn-Fahrgästen, von Autofahrern oder Schülern hervor; er zerstört überraschend das Leben beliebiger Menschen und entschwindet in die Anonymität der unkenntlichen Terroropfer oder der Zufallsgruppierungen, aus der er hervorgetreten ist. Der Terror erklärt keinen Krieg, macht die Streitparteien nicht in Uniformen sichtbar, bezeichnet sein Opfer nicht in einem Vorwurf von Feindschaft oder Schuld, benennt allenfalls in nachträglichen Bekennerschreiben ein abstraktes politisches Ziel, das die Zufallsopfer aber nicht mehr erfahren und schon gar nicht persönlich würdigen und beurteilen können. Der Angreifer entzieht sich dem geltenden Recht mit seinen Strafen, weil er um des Angriffs willen zur Selbstaufgabe seines Lebens bereit ist, er also nicht einmal durch die Androhung einer Todesstrafe beeindruckt werden könnte. Die Drohungen des Terrorismus sind gegenwärtig, niemals voraussagbar, werden vielfach nicht oder erst nach Jahren ausgeführt; sie lassen staatliche Vorkehrungen mitunter als überängstlich, als übermäßig erscheinen.

Der Terrorist stellt sich mit seiner Suizidbereitschaft gegen die menschliche Vernunft, gegen die gesicherte Erfahrung eines gelingenden Lebens, gegen die Zuverlässigkeit einer Rechtsgemeinschaft. Er versucht, die Versprechungen des Staates und seines Gewaltmonopols lächerlich zu machen, weil der Täter für den Staat kaum greifbar ist, er sich durch Unsichtbarkeit – den Vorteil des Gyges – staatlicher Gegenwehr entzieht. Er hat sich vor der Tat in der Regel kaum etwas zuschulden kommen lassen, ist meist unauffälliger Teilnehmer am bürgerlichen Leben, vollzieht einen einmaligen Zerstörungsakt und wählt dabei freiwillig den Tod. Er tötet andere, entzieht sich durch den Tod jeder Verantwortung, lehnt sich gegen die allgemeine Regel einer Mindestachtung der Opfer auf, verweigert sich jedem Maß.

Wie kann der Staat sich gegen dieses Unrecht wehren? Er wird versuchen, die Planungen und Vorkehrungen der Terroristen schon früh zu erkennen und damit *den Angriff im Keim zu ersticken*. Der Preis dieses Früherkennungssystems allerdings ist hoch: Er berührt die Vertraulichkeit des auch im ehelichen Schlafzimmer gesprochenen Wortes, die Überwachung des Telefonats auch Unbeteiligter und Unschuldiger, die Kontrolle privater Datenspeicher, die grundsätzlich außer dem Berechtigten niemanden etwas angehen, die verstetigte Beobachtung und Aufzeichnung unseres Gemeinschaftslebens auf öffentlichen Straßen und Plätzen. Auch wenn der Terrorismus in Deutschland bisher noch keinen erfolgreichen Anschlag vollzogen hat, scheint er allein durch die von seiner Existenz ausgehende Bedrohung über den Verfassungsstaat zu triumphieren. Es schwindet die Kultur staatlicher Selbstbeschränkung, der menschenrechtlichen Mäßigung, der Gewaltenteilung, der Voraussehbarkeit und Berechenbarkeit staatlichen Handelns nach Gesetz und Öffentlichkeit.

Wir stehen gegenwärtig wieder vor der *Grundsatzfrage, wie viel Freiheit wir mit dem Eintritt in die staatliche Schutzgemeinschaft opfern wollen*. Bisher wird die Erwartung erfüllt, der Staat möge gegen Bürgerkrieg, Fehde und private Eigenmacht schützen. Doch der Schutz gegen den Terrorismus führt zu den Grundlagen universaler Menschenrechte zurück: Wir brauchen eine allgemeine, in aller Welt verbreitete Grundüberzeugung von Menschenwürde und Friedlichkeit, eine humanitäre Vernunft, eine Übereinstimmung der grundlegenden Prinzipien des Zusammenlebens, ein allgemeines Vertrauen in eine Völkerrechtsordnung, die Tötung und Selbsttötung als Mittel der Politik ächtet. Dieses Fundament der Menschenrechte setzt voraus, dass die Menschen in aller Welt ausreichende Lebensbedingungen – insbesondere des Friedens, der Existenzsicherung, der wirtschaftlichen Entfaltungschancen, der Religions- und Meinungsfreiheit – vorfinden, so dass eine Tötung niemandem als ein angemessenes Mittel von Selbstbehauptung und Widerstand erscheinen kann.

Eine Zusammenarbeit unter den Völkern weist den Weg zu diesem Idealzustand. Die Menschen tauschen in einem offenen Markt Güter, erwirtschaften und genießen gemeinsam Werte, entwickeln eine gemeinsame Rechtskultur der sprachlichen Konfliktschlichtung, anerkennen individuelle Menschenrechte und die Verfassungsstaatlichkeit. Dieses Konzept verzichtet auf militärische Interventionen, will anderen keine Kultur aufdrängen. Es verbietet ein Finanzsystem, das in undurchschaubaren Finanztransfers die Unerfahrenen ausbeutet. Sein Gesundheits- und Bildungssystem wirkt weltweit auf eine Statusgleichheit jedes Menschen in elementaren Lebensbedingungen hin. Es baut auf Religionen, die Friedensbotschaften verkünden, auf die Würde jedes Menschen setzen, Nächstenliebe und Gewaltlosigkeit predigen und damit Freiheit ermöglichen.

Es ist offen, ob dieser Weg jemals beschritten wird und sein Ziel erreicht. Wesentlich ist gegenwärtig der *unbeirrte Neuanfang*. Allerdings steht der Verfassungsstaat währenddessen vor der Aufgabe, seine Bürger schon heute vor Terroranschlägen hinreichend zu schützen.

Er hat die Gefahrenlage realistisch zu erkunden, einer drohenden Gefahr so vorzubeugen, als habe schon einmal ein Angriff stattgefunden. Solange die terroristische Bedrohung nur ein abstrakter Gedanke bleibt, werden die Menschen kaum bereit sein, zur Gefahrenabwehr beachtliche Rechte aufzugeben. Sollte jemals ein Terrorangriff erfolgreich sein, werden dieselben Menschen fragen, warum der Staat diesen Angriff nicht wirksamer abgewehrt habe. Das aktuelle Erlebnis eines Unglücks ist ein ebenso schlechter Ratgeber wie die leichtfertige Geringschätzung des Risikos. Das Recht muss deshalb auch gegenüber dem Terrorismus die Normalität des Verfassungsstaates wahren, Menschenrechte, Gewaltenteilung, Berechenbarkeit staatlichen Handelns gewährleisten, bei gefährdenden Tatsachen aber eine wirksame Aufklärung und Gegenwehr organisieren. Dazu bietet uns vielleicht die gegenwärtige Finanzkrise einen Maßstab: Bisher haben wir zwar gespürt, dass wir mit Wette und übermütiger Risikobereitschaft nicht Geld verdienen sollten. Doch schien alles noch einmal gutzugehen. Heute wissen wir, dass die Finanztransaktionen und Derivatgeschäfte nicht mehr beherrschbar sind und diese Krise für uns, die Steuerzahler, umso teurer wird, je zögerlicher und zaghafter wir sie bekämpfen. Deswegen muss heute das Maß gesetzt werden – freiheitsgerecht und gelassen.

6. Freiheit

Freiheit wird vorgefunden, muss aber errungen werden

Jedes Mitglied einer Rechtsgemeinschaft hat das Recht, von dieser Gemeinschaft im Genuss seines Lebens geschützt zu werden. Kern dieser Sicherheitsgarantie ist die *persönliche Freiheit* in ihren Voraussetzungen von Leib und Leben, Selbstbestimmung und Eigentum.

Die modernen Verfassungen stellen fest, diese Freiheit sei dem Menschen *eigen,* ihm angeboren, werde also vom Recht vorgefunden, nicht durch das Recht gegeben. Die Freiheit sei die natürliche Bedingung für individuelles Glück. Deswegen müsse eine Ordnung der Unfreiheit ein für alle Mal ausgeschlossen werden. Dieser vorgefundenen Freiheit und dem daraus erwachsenden Freiheitssignal verdanken wir die Vertragsfreiheit und damit unsere allgemeine wirtschaftliche Prosperität, die Wissenschaftsfreiheit und damit das ständige Fortschreiten medizinischer, technischer, geistiger Einsichten und Erkenntnisse, die Religionsfreiheit und damit die Eigenständigkeit von Glauben und Wissen, von Kirche und Staat, die Medienfreiheit und damit die Öffentlichkeit und Vielfalt der Informationen, Beurteilungen, Empfehlungen und Bewertungen. Doch ruft die Behauptung von der vorgefundenen Freiheit auch das *Missverständnis* hervor, *die Freiheit falle jedermann von Natur aus zu, müsse nicht von ihm täglich individuell errungen werden.* Wer nicht lesen und schreiben lernt, kann nicht am Marktgeschehen oder an politischen Wahlen teilnehmen. Wer sich beruflich nicht bildet und ausbildet, erlebt die Berufsfreiheit nicht in der Weite qualifizierter Berufe. Wer kein Musikinstrument zu spielen gelernt hat, dem bleibt die Freiheit zu musizieren verschlossen. Wer sich nicht Wissen und Erkenntnismethoden erschließt, für den bleibt die Wissenschaftsfreiheit ein leeres Recht. Freiheit ist eine Fähigkeit, die durch Persönlichkeitsentwicklung und Selbstbildung geprägt ist und insoweit von dem Berechtigten erweitert oder verengt wird. *Das Freiheitsrecht ist ein Angebot*, das der Berechtigte annehmen kann, aber auch ausschlagen darf.

Auch die vorgefundene Freiheit wird in der Verfassung als Freiheits*recht* gewährleistet, also auf die Freiheiten der anderen Rechtsbeteiligten abgestimmt, gegen Verletzung geschützt und gegen Widerstand durchgesetzt. Die Idee der Freiheit gewinnt im Freiheitsrecht die Kraft des staatlichen Rechts und seiner Vollstreckungsorgane. Dabei räumt der eine Mensch dem anderen eher ein Freiheitsrecht ein, wenn der andere ihm das gleiche Recht gewährt. Er wird den anderen nicht schlagen, damit er ihn nicht schlägt. Er mag auf das Rauchen verzichten, damit er nicht als Passivraucher vom anderen geschädigt wird. Doch wird er auch auf den Millionengewinn an der Börse verzichten, damit der andere nicht in Armut und Elend abgleitet? Das Freiheitsprinzip sagt nicht, wie viel Achtung, Friedlichkeit und Förderung Menschen einander entgegenbringen müssen, sondern *setzt eine Gemeinschaftskultur voraus,* die in Freiheit hinreichende Regeln für das menschliche Zusammenleben bildet und damit rechtliche Regelungen erübrigt. Das Freiheitsprinzip und eine humane Gesellschaft werden sich nur entfalten, wenn der Mensch innerlich in bestimmten Grundsätzen gebunden ist. Ein gemeinsames Bild vom Menschen ist Bedingung der Freiheitsrechte, die Gegenseitigkeit eine der Formen ihrer Ausübung. Das lehren Christentum und Aufklärung, die das Freiheitsprinzip als Grundlage von Recht und Staat hervorgebracht haben.

Freiheit vom Staat und Freiheit durch den Staat

Der moderne Verfassungsstaat gewährleistet diese Freiheit jedes Menschen, seine eigene Freiheitskultur zu entwickeln, als *Freiheitsrechte*. Sie erschließen die Weite menschlichen Denkens, naturwissenschaftlichen Forschens, empirischen Gestaltens von Wirtschaft und Gesellschaft, einer rationalen Begründung des Staates. Die in dieser Freiheit mitgedachte Kraft zur Annahme des Freiheitsangebots, zur Verantwortlichkeit jenseits des Rechts, zur inneren verallgemeinerungsfähigen Gesetzlichkeit hingegen bleibt Sache des einzelnen Menschen. Der Staat regelt in seiner Rationalität die äußere Ordnung. Die innere Ordnung findet der freiheitsberechtigte Mensch. Aufgabe der Freiheitsrechte ist es deshalb, die individuellen Freiheiten in ihrer Gemeinverträglichkeit zu definieren, also zu begrenzen, dann aber den Staat in Distanz zu weisen und staatliche Eingriffe in die Freiheit abzuwehren. Der Mensch in seiner Freiheit ist beauftragt, seine Leidenschaften, seinen Zorn und Hass zu zügeln, Ehrgeiz und Erwerbsstreben zu mäßigen, Machtwille und Geltungssucht erträglich zu äußern. Die rationale Ordnung des Rechts ist keineswegs so unvernünftig, menschliches Verhalten als allein rational bestimmt zu verstehen. *Es wäre nicht menschlich, das Motiv menschlichen Handelns allein in der Vernunft zu sehen.* Es wäre unmenschlich, dem Menschen nicht auch ein Handeln aus Lieben und Hoffen, Furcht und Angst, Enttäuschung und Resignation, Bitterkeit und Verzweiflung zuzugestehen.

Der Staat schützt den Menschen durch seine Normen gegen Übergriffe des Mörders, des Diebes, des Betrügers, des Vertragsbrüchigen. Regeln des Bürgerlichen Rechts, des Strafrechts, des Polizei- und Ordnungsrechts setzen einen Rahmen, in dem die Freiheit eine verbindliche Grenze findet. Zwar wurde die Freiheit des Einzelnen lange als prinzipiell unbegrenzt gedacht, während die Befugnisse des Staates zu Eingriffen in die Freiheitssphäre des Bürgers prinzipiell begrenzt seien. Doch der Staat *gewährleistet die Freiheiten als Rechte, das heißt als definierte, begrenzte Berechtigungen*. Das Eigentum des einen endet an der Grundstücksgrenze des anderen. Die Freiheit der Familie bezieht sich grundsätzlich auf die Selbstbestimmung im eigenen Lebenskreis der Kinder und Eltern. Die Freiheit des Berufs berechtigt zu Leistungen, die den Anforderungen des Berufsstandes genügen. Die Freiheit der Medien trifft auf das Informationsbedürfnis der Empfänger.

Ein Staat, der Freiheitsrechte schützen und Angriffe auf die Freiheit abwehren will, braucht *Macht*. Er beansprucht ein Gewaltmonopol, nimmt den Bürgern das Recht und die Instrumente, um ihre Freiheit selbst zu verteidigen. Ein derart überlegener Staat ist wirksamer Garant, kann aber auch gefährlicher Gegner der Freiheit sein. So wird aus der grundrechtlichen Freiheit in den modernen Verfassungsstaaten vor allem eine Freiheit vom Staat, ein Abwehrrecht, das ungerechtfertigte und übermäßige staatliche Eingriffe in den Freiheitsbereich des Menschen verhindert. Die Rechtsfolge dieser *Abwehrrechte* ist ein Unterlassen des Staates. Die Würde des Menschen ist *un*antastbar. Die *un*gestörte Religionsausübung wird gewährleistet. Wohnung, Briefgeheimnis, Post- und Fernmeldegeheimnis sind *un*verletzlich. Jeder hat das Recht, sich aus allgemein zugänglichen Quellen *un*gehindert zu unterrichten. Die Stoßrichtung dieser Freiheit von Eingriffen des staatlichen Freiheitsgegners bestimmt sich nach der jeweiligen historischen Gefahrenlage. Religionsfreiheit meint in Frankreich vor allem die Freiheit von einer Kirche, die das öffentliche Leben maßstabgebend bestimmt hat. Für die amerikanischen Auswanderer und damit für die USA ist die Religionsfreiheit die Freiheit vom Staat, der sie in Europa gehindert hatte, ihren Glauben frei auszuüben und zu wählen. In der deutschen Verfassungstradition der Weimarer Reichsverfassung und des Grundgesetzes setzt die Religionsfreiheit auf eine gute Nachbarschaft zwischen Staat und Kirchen, die eine unterschiedliche, aber gemeinsame Verantwortlichkeit gegenüber den Menschen wahrnehmen.

Doch oft ist *der Einzelne auf den Staat angewiesen,* um seine Freiheit zu schützen oder seine Freiheit wahrnehmen zu können. Nur der Staat kann den Eigentümer eines Hauses in der Nähe der Autobahn vor übermäßigem Verkehrslärm schützen, den Nachbarn eines Atomreaktors vor bedrohlichen Strahlen bewahren, den Straßenpassanten oder U-Bahn-Benutzer gegen Gewaltangriffe abschirmen, dem mittelständischen Unternehmer den Zugang zum Markt gegen die Dominanz eines marktbeherrschenden Kartells offenhalten. Hier erwartet der Freiheitsberechtigte nicht eine Freiheit vom Staat, sondern eine *Freiheit durch den Staat*.

Noch deutlicher ist der freie Bürger auf den Staat angewiesen, wenn dieser einen freiheitlich benötigten Lebensbereich beherrscht. In Zeiten eines Fernsehens mit nur drei Kanälen konnte die Rundfunkfreiheit nur in öffentlich-rechtlichen Rundfunkanstalten ausgeübt werden, die den tatsächlich begrenzten Zugang zur Freiheit freiheitsoffen organisierten. Der Student nimmt seine Studienfreiheit heute auf Studienplätzen wahr, die weitgehend bei staatlichen Universitäten monopolisiert sind. Vielfach führt die individuelle Gesundheits- und Altersvorsorge in staatliche Zwangsversicherungen. In diesen staatlich beherrschten Freiheitsräumen verwirklicht sich Freiheit nicht durch die Abwehr des Staates, sondern im freiheitsgerechten Zugang zu staatlichen Einrichtungen. Der freiheitsberechtigte Studienbewerber oder Krankenversicherte hat einen Anspruch darauf, dass ihn der Staat nach freiheitsgerechten Maßstäben an seinen Einrichtungen teilhaben lässt. *Aus dem Abwehrrecht wird ein Teilhaberecht. Aus Freiheit wird Gleichheit.* Der Berechtigte darf nicht eine bestimmte staatliche Leistung beanspruchen, nicht die Einrichtung eines besonderen, von ihm erhofften Studiengangs für eine äußerst seltene Sprache fordern, sondern kann nur verlangen, dass der Staat ihm nach sachgerechten Maßstäben Zugang zu den bestehenden Studiengängen verschafft.

In Ausnahmefällen kennt das Grundgesetz *grundrechtliche Leistungsrechte*, die nicht nur Teilnahme an vorhandenen Einrichtungen gewähren, sondern den Staat verpflichten, bestimmte, individuell benötigte Leistungen zu erbringen. Deswegen ist jedem Menschen ein Existenzminimum zu sichern. Inhalt dieser Leistungsverpflichtung des Staates ist vor allem der Schutz: Die Menschenwürde ist zu schützen (Artikel 1 Absatz 1 des Grundgesetzes). Jede Mutter hat Anspruch auf den Schutz und die Fürsorge der Gemeinschaft (Artikel 6 Absatz 4). Den unehelichen Kindern sind durch die Gesetzgebung die gleichen

Bedingungen für ihre leibliche und seelische Entwicklung und ihre Stellung in der Gesellschaft zu schaffen wie den ehelichen Kindern (Artikel 6 Absatz 5). Privatschulen sind unter bestimmten Voraussetzungen der Qualität und der Offenheit zu genehmigen (Artikel 7 Absatz 4 Satz 3). Daneben hat der Staat seinen Bürgern Schutz durch seine Gerichte zu bieten, öffentliche Schulen einzurichten, Organe und Organisationen für das Petitionsrecht zu schaffen, Wahlen und Abstimmungen zu organisieren und ein Recht auf Zugang zu öffentlichen Ämtern zu schaffen.

Allgemeine soziale Leistungsgrundrechte, etwa auf Arbeit, Bildung, Wohnung oder auf Entwicklung und Frieden, wie sie im internationalen Recht nachdrücklich gefordert werden, sind dem Grundgesetz hingegen fremd. Der Staat könnte diese Ansprüche nur erfüllen, wenn er die Herrschaft über den Arbeitsmarkt, die Wohnungen, die Berufswege übernähme und damit die Menschen aus ihrer Freiheit verdrängte. Freiheit bietet die Chance und das Risiko zur Verschiedenheit. Diese Freiheit würde im Kern in Frage gestellt, wenn der Staat die Verantwortung für die Ergebnisse der Freiheitswahrnehmung übernähme. Deswegen gewährt der Staat den allgemeinen Rahmen für individuelle Freiheit, nicht den Erfolg persönlicher Freiheitsbemühungen. Selbst die Verantwortung für den Frieden trägt der Staat gegenüber der Allgemeinheit, wäre hingegen überfordert, schuldete er jedem Einzelnen diesen Frieden.

Sechs Freiheitsgewährleistungen

Im Ergebnis enthält das Freiheitsrecht sechs Gewährleistungen. Erstens beauftragt es den Staat, *die Freiheit des Menschen vor allgemeinen Lebensgefahren* und Bedrohungen durch Krieg, Terror, Hungersnot oder Naturkatastrophe *zu bewahren;* der Mensch will nicht getotet oder verletzt werden und nicht verhungern. Sodann beansprucht der Mensch in seiner *Freiheit, Herr seiner selbst zu sein,* sein eigenes Leben eigenverantwortlich zu bestimmen, sein Glück nach eigenem Gutdünken zu suchen; er will seinen Tisch selbst decken, seine Wohnung selbst einrichten, seinen Beruf selbst wählen. Als Drittes bietet die Freiheit *den Schutz der Staatsgewalt gegen individuelle Verletzungen durch andere Menschen* durch Gewalttätigkeiten, Fahrlässigkeit im Straßenverkehr oder die Verletzung eingegangener Verträge; der Mensch erwartet staatlichen Schutz gegen Räuber und Erpresser, Geisterfahrer, gegen Vertragsbruch. Viertens weist das Freiheitsrecht *die Staatsgewalt in ihre Schranken,* wehrt freiheitsverletzende Eingriffe des Staates ab; der Staat darf den Menschen grundsätzlich nicht einsperren, bevormunden, enteignen. Fünftens gibt die Freiheit auch das Recht, *selbstbestimmt an öffentlichen Angelegenheiten teilzunehmen,* die Rechtsgemeinschaft mitzugestalten, insbesondere durch Wahlen und Abstimmungen als Teil des Staatsvolkes über die Ziele und Mittel des gemeinsamen Lebens zu entscheiden; der Bürger bestimmt über Programm und Personal zukünftiger Politik. Sechstens schließlich *öffnet sich die Freiheit jenseits des Freiheitsrechts den inneren Bindungen,* der Fähigkeit zur Verantwortlichkeit, dem Gewissen. Wir suchen diese Kraft zur Freiheit durch öffentliche Debatte und Medienfreiheit, durch Elternverantwortung und elterliches Vorbild, durch schulische Erziehung, durch Religion und Weltanschauung zu wecken und zu nähren. Der Mensch gibt nach seinem Gewissen den Armen, hält selbstbestimmt Diät, betreut ehrenamtlich eine Jugendmannschaft, gründet eine Musikgruppe. Die Balance zwischen persönlicher Freiheit und verantwortlicher Gebundenheit in der Rechtsgemeinschaft bleibt eine Kernfrage des Rechts.

7. Gleichheit

Maßvolle Ausgleichung

Wer vergleicht, beobachtet *Unterschiede.* Die Menschen unterscheiden sich nach Herkunft und Begabung, Familienstand und Ausbildung, Eigentum und Ansehen, Einfluss und Lebensfreude. Mit diesen Voraussetzungen beansprucht der Mensch *Freiheit,* will sich vom anderen weiter unterscheiden. Damit stellt sich die Frage, inwieweit die vorgefundenen und die freiheitlich hergestellten Verschiedenheiten gerechtfertigt sind. Der Gleichheitssatz fordert die Prüfung, wer welchen Vorteil und Nachteil verdient hat.

Die Unterschiede werden *je nach Leistung und Verantwortung ge-*

mehrt. Der eine erzielt ein hohes Einkommen, weil er ein neues Medikament entdeckt hat. Der andere bleibt arm, weil er sich niemals am Berufsleben beteiligen konnte. Dieser wird mit einer langjährigen Freiheitsstrafe bestraft, weil er einen anderen bewusst getötet hat, jener mit einer Geldstrafe belegt, weil er den Tod eines Menschen im Straßenverkehr fährlässig verursacht hat. Der wissbegierige Forscher erhält einen Preis, der wissensunlustige Student scheitert im Examen.

Wenn der eine sein Glück genießt, der andere mit Mangel und Geringschätzung hadert, wächst das Bedürfnis nach Gleichheit. Die Demokratie versucht, den Rahmen für eine homogene und ausgeglichene Gesellschaft zu schaffen, das Anliegen der Gleichheit durch eine maßvolle Angleichung zu lösen. Sie gewährleistet jedem eine Gleichheit der Würde, bietet Frieden und Sicherheit, garantiert die ökonomischen Voraussetzungen für die individuelle Existenz und Entfaltungsfreiheit. Gleichheit definiert den Gemeinschaftsstatus der jedermann zukommenden Rechte und Lebensbedingungen, Freiheit die sich daraus individuell ergebenden Chancen zur Verschiedenheit.

Weg zum Besseren

Die Demokratie unterscheidet das Staatsvolk von anderen Menschen und gibt jedem volljährigen *Staatsbürger,* in demokratischer Gleichheit, ein Recht auf Wahl und Abstimmung, damit er in seiner Freiheit auf das Gemeinwesen einwirken kann. Sie begründet in einer *sozialen* Gleichheit die Zugehörigkeit *aller Menschen* zur Rechtsgemeinschaft mit ihren sozialen, kulturellen und rechtlichen Standards. Die Frage, wer nun über den Angleichungsbedarf, die erträgliche tatsächliche Verschiedenheit und die unerträgliche, diskriminierende Unterscheidung, die Gleichheit vor dem allgemeinen Gesetz und die Differenzierung nach Verantwortung und Verdienst entscheidet, sucht die Demokratie durch die Kompetenz des gewählten Gesetzgebers, das Erfordernis eines *allgemeinen* – privilegienfeindlichen – Gesetzes und das Freiheitsrecht zur Verschiedenheit zu lösen. So wird aus dem Zustand der Gleichheit ein *Prozess der Angleichung.*

Der Gesetzgeber gibt der Entwicklung des Menschen und seiner Freiheit einen *gleichbleibenden rechtlichen Rahmen,* von der Chancengleichheit ab Geburt, die den Menschen trotz Verschiedenheit der Begabung, der Familie, der elterlichen Förderung in einer gemeinsamen Sprache, Friedlichkeit, Hochkultur und allgemeinen Schulpflicht aufwachsen lässt, bis zur Gleichheit im Tod, der jeden ereilt.

Das Gesetz sucht jedermann im Gedanken der Gleichheit den Weg zum Besseren zu erschließen, will ihm eine gute Erzichung und Ausbildung bieten, die persönliche Entfaltung frei von Standesunterschieden, wirtschaftlichen oder politischen Zwängen gewährleisten, eine Erwerbschance in einem offenen Markt sichern, die formale Gleichheit von Anbieter und Nachfrager wahren. Doch *je mehr die Leidenschaft für die Gleichheit erwacht, desto mehr bedroht sie die Freiheit.* Die Pianistin wird ihre Virtuosität immer besser entfalten, das Verkaufstalent seine Umsätze und Gewinne immer mehr steigern, der Forscher stetig nach tieferen Erkenntnissen streben. Wer diese Unterschiede in Begabung, Leistung, daraus folgendem Ansehen und Einkommen unterdrücken wollte, raubte den Menschen die Freiheit, schüfe eine Gleichheit durch Verhinderung und Erschwerung persönlicher Entfaltung, führte letztlich in den Bürgerkrieg. Wer andererseits den Angleichungsprozess allein auf Bildung und Leistung stützt, würde Bildungsbereite, aber Bildungsunfähige nicht erreichen, damit wesentliche Abstriche bei der Angleichung machen müssen.

Der *Staat* wahrt und schafft Gleichheit im Wesentlichen *durch Recht*, das *Wirtschaftsleben* durch entgeltlichen *Tausch*. Wer diese Instrumente vermengt, insbesondere vom Staat mehr Geld als Recht erwartet, führt den Staat in korrumpierende Gegenseitigkeiten, stellt die Wirtschaft vor Handelshemmnis und Privileg, schafft Steuervorteile und begünstigende Staatsleistungen. Demokratische – gemäßigte – Gleichheit braucht deshalb eine hohe Sensibilität für die Angleichungsinstrumente. Gleichheit kann durch Tugend der Menschen, ihre gute Erziehung und Ausbildung, durch Gesetz oder ungebundene Gewalt, durch Finanzzuwendungen oder Güter im Gemeingebrauch verwirklicht werden. Ginge es allein um wirksame Angleichung, wäre auch eine Erdrosselungssteuer gleichheitseffizient, die jedem sein Jahreseinkommen über 250 000 Euro wegsteuerte, damit aber den Leistungsanreiz nähme. Nicht jedes Instrument, nicht jeder Angleichungsprozess wird dem Menschen gerecht.

Rechtliche und tatsächliche Gleichheit

Die Gleichheit vor dem Gesetz kämpft gegen das Privileg, gegen die Geringschätzung des anderen, gegen einen Staat und ein Recht, das den einen bevorzugt und den anderen benachteiligt. In der französischen Revolution war die Gleichheit zunächst das Maß *im Kampf gegen persönliche Geringschätzung,* weniger gegen reale Unterschiede. Die Sklaverei des ländlichen Eigentums und die Fesseln der Industrie sollten beendet werden, weil sie beleidigend waren. Die Revolution wollte Erniedrigungen rächen und suchte erst danach materielle Vorteile. Doch bald forderte die Gleichheit immer mehr tatsächliche Angleichung, insbesondere eine gleiche schulische Erziehung, eine Annäherung von Eigentum und Besitz; sie stellte letztlich das Erbrecht in Frage.

Diese Gleichheit veranlasst eine *Entwicklung ohne Haltepunkt,* verfehlt eine Kultur des Maßes, damit des Rechts. Wenn die Gleichheit der Rechte jedermann die gleichen Entfaltungsmöglichkeiten bietet, werden die Menschen die Verschiedenheit ihrer Begabung, ihrer familiären Erziehung, ihrer Charakterstärke und Körperkraft nutzen, um sich von anderen zu unterscheiden und diese Unterschiede stetig zu mehren. Die Gleichheit der Rechte bietet Freiheit zur Individualität und Verschiedenheit. Selbst wenn ein Diktator alle Menschen am Anfang eines Jahres mit gleichem Vermögen und Einkommen ausstatten würde, könnten diese Menschen ihr Eigentum mehren, sparen oder verprassen; sie stünden am Ende des Jahres mit mehr oder weniger Eigentum da und wären dann im Ausgangspunkt für zukünftigen Erwerb wieder verschieden. Solange der Mensch Würde, Individualität und Freiheit hat – und keine Rechtsordnung wird ihm diese nehmen sollen und können –, werden die Menschen ihre Lebensbedingungen verschieden gestalten.

Die *Gleichheit im Tatsächlichen,* die reale Gleichheit, erzwingt die stetige Änderung, korrigiert ständig die Ergebnisse persönlichen Wollens und Anstrengens, organisiert eine Herrschaft ohne Rast und Ruhe. Die Revolution folgt dem Wort: »Wir streben von nun an danach, gleich zu leben und zu sterben, wie wir gleich geboren sind. Wir wollen die wirkliche Gleichheit oder den Tod.« Die Forderung nach gleichen

Lebensbedingungen für alle Menschen führt zur Diktatur. Die Menschen mit immer wieder neuen – anderen – Ideen und freiem Verhalten werden zu Feinden der Gleichheit, deshalb bekämpft und letztlich, weil sie immer wieder zur Freiheit je nach Begabung und Fähigkeit streben, vernichtet. Das für jeden gleiche »Glück« verkündet zunächst – zu Recht – die Strafgleichheit, die gleiche Vertragsfreiheit, die Steuergleichheit. Doch wird dann nicht der gleiche Zugang zu öffentlichen Ämtern, sondern ein Verbot der Differenzierung nach Eignung, Befähigung und Leistung erzwungen, wird auf das Vermögen des anderen zugegriffen und jedes Erbe für die Allgemeinheit beansprucht, werden schließlich Geschäfte und Privathäuser geplündert, alle auf dem Markt verfügbaren Güter nach formaler Gleichheit verteilt, eine einheitliche Kleidung gefordert, werden alle Zeichen von kultureller Tradition, Religion und Autorität zerstört, die Erfolgreichen und Andersdenkenden verhaftet.

Jeder, der sich mit einem anderen vergleicht, wird entdecken, dass er *in irgendeinem Lebensbereich schlechter steht als der andere,* dass er weniger »Glück« hat. Der andere lebt in einer harmonischeren Ehe, übt den angeseheneren, leichteren und ertragreicheren Beruf aus, gewinnt mehr Einfluss und Macht, genießt höheres Ansehen. Wer sich allein im Spiegel des anderen sieht, verfällt dem Wahn, eine stets verbesserte Lebenssituation erzwingen zu sollen. So entstehen Neid, schrankenlose Angleichung, Revolution, wachsendes menschliches Unglück.

Umgekehrt genügt aber auch die *formale Gleichheit* vor dem Gesetz nicht dem Anliegen des Gleichheitsgrundsatzes, wenn sich seine Wirkung darauf beschränkt, dass jeder in einem gleichen Recht unterschiedlich Eigentum erwirbt und nutzt und diese Unterschiede ständig mehrt. Eine solche formale Gleichheit erschien in der Französischen Revolution als »eine Abstraktion von einer solchen Belanglosigkeit, von einer solchen Albernheit«, dass sie vollkommen nutzlos sei. Rechtsgleichheit erscheint als leere Verheißung, als Illusion.

Doch Gleichheit ist ein Recht, also eingebettet in eine *Kultur des Maßes,* die insbesondere im gleichen Recht des anderen ein Maß findet und damit der Gleichheit dient. Dieses Maß sucht der Gleichheitssatz vor allem in einer Existenzgleichheit für jedermann, sodann in Staat und Staatsvolk, in individueller Würde und Freiheit, in Zeitablauf und

Rechtsvertrauen. Dieser Gleichheitssatz unterscheidet zwischen einer *Statusgleichheit* jedes Menschen in Würde, Freiheit, Existenzsicherung, einer *Entsprechensgleichheit* des Gesetzes je nach Verdienst und Bedarf, nach Betroffenheit und Verantwortung und einem *Willkürverbot*, das ein staatliches Handeln nach Vernunft und Verstehen fordert und nach Belieben untersagt, die Instrumente der Angleichung mäßigt, Gewalt und Zwang möglichst meidet. Gleichheit fordert deshalb nicht die Ähnlichkeit, sondern den rechtfertigenden Grund für Ähnlichkeit oder Verschiedenheit.

Lebensgleichheit im Elementaren

Der Staat sucht *die Elementarvoraussetzungen individueller Freiheit einander anzunähern.* Die Sozialhilfe lässt keinen in Freiheit verhungern. Der Schulzwang fördert eine allgemeine Bildung. Der Impfzwang schützt jedermann gegen Seuchen. Der Markt bietet jedermann die Chance von Angebot und Nachfrage. Straßenbau und Straßenverkehrsordnung erschließen allgemein sichere und leichte Bewegungsmöglichkeiten. Der Steuerertrag finanziert Freiheitsgüter – soziale Sicherheit, Kulturstätten, Krankenhäuser – für jedermann. Letztlich setzt die allgemeine Pflicht, das Recht zu achten und zu befolgen, den Rahmen für Frieden, für gegenseitige Rücksichtnahme, für gemeinsame Lebensbedingungen, für Freiheit. Dieses Recht kann den Freiheitsberechtigten sogar gegen sich selbst schützen, wenn der Polizeibeamte den Selbstmordversuch unterbindet, die Dopingbehörde dem Sportler an der selbstschädigenden Leistungssteigerung hindert, das Arbeitsrecht die Einwilligung des Arbeitnehmers in entwürdigende Wohnbedingungen für unerheblich erklärt und das Medizinrecht die Veräußerung bestimmter eigener Organe verbietet.

Oft wird *das Recht die Menschen trotz ihrer Verschiedenheit gleich behandeln.* Im Wirtschaftsleben gilt jeder Volljährige grundsätzlich als gleichermaßen geschäftserfahren und geschäftstüchtig; er kann deshalb einen Vertrag schließen, mögen seine Lebenserfahrung, sein Verhandlungsgeschick, sein Eigensinn und seine Durchsetzungskraft sich auch deutlich von anderen unterscheiden. Das demokratische Wahlrecht begründet für jeden volljährigen Bürger ein gleiches Wahlrecht, mag er staatspolitisch verständig und versiert sein oder das Politische ihm fremd und unbedeutend erscheinen. Vor allem aber spricht das Recht jedem eine Statusgleichheit im Elementaren zu: Er hat das gleiche Recht zu leben, an den kulturellen, ökonomischen und rechtlichen Elementarstandards der Rechtsgemeinschaft teilzuhaben, sich zu informieren und zu debattieren, ein Dach über dem Kopf zu haben, sich ausreichend zu ernähren, Rundfunk, Fernsehen, Telefon zu nutzen.

In dieser elementaren Lebensgleichheit – auch in der bildungspolitischen, erwerbswirtschaftlichen und demokratischen Chancengleichheit – weist die Freiheit den Staat nicht in Distanz, sondern *fordert von ihm Freiheitsvorkehrungen für jedermann*. Diese Erwartungen an den Staat sind berechtigt, werden aber immer anspruchsvoller und gefährden heute – insbesondere im Zugriff auf den Staatshaushalt – die Leistungskraft der Steuerzahler und damit des Staates. Der Bürger erwartet vom Staat die Lösung aller seiner Finanzprobleme, drängt den Staat in die Rolle des »Alleslösers« und löst ihn damit aus dem verfassungsrechtlich vorgegebenen Rahmen des Maßes. Gelegentlich fordert der Unternehmer Millionenzuwendungen zur Sicherung der von ihm bereitgehaltenen Arbeitsplätze. Der Neugründer hofft auf öffentliche Investitionen zur Erschließung eines neuen Gewerbegebietes. Der Bankier ruft, wenn er sich verspekuliert hat, nach einer staatlichen Stütze für seine Bank. Der Sänger setzt auf den Bau und Betrieb einer Oper und der Weltraumforscher auf das staatliche Milliardenprogramm einer Weltraumstation, die seiner Forschungsfreiheit die konkrete Anwendung sichert. Im Aufbruch zur Freiheit kämpfen die freiheitshungrigen Menschen um möglichst große Distanz zu Herrscher, Diktatur und Staat. Im Alltag gesicherter Freiheit nähern sie sich immer mehr dem Staat und seinen Wohltaten, insbesondere den Zuwendungen aus dem Staatshaushalt.

Staat, Staatsvolk und Nation

Die zweite rechtserhebliche Unterscheidung der Menschen folgt aus der Gewährleistung der Gleichheit als Recht. Recht braucht Menschen, die verbindliche Regeln setzen, und eine Allgemeinheit von Menschen, die diese Regeln befolgen. Recht ist *auf Autorität, Rechtsetzungsge-*

walt auch auf den Zwang des Gesetzesvollzugs angelegt. Eine Revolution übertreibt diese Ungleichheit im Anspruch totalitärer Herrschaft.

Um diesen Gegensatz zwischen Herrschern und Beherrschten zu mäßigen, gewährt die Demokratie Macht nur auf Zeit; sie bestimmt die Mächtigen durch Wahl, so dass die Ausübung der Macht stets an der Allgemeinheit der Machtunterworfenen ausgerichtet wird. Doch auch diese demokratische Allgemeinheit fordert weitere Unterscheidungen. *Die Staatsgewalt geht vom Staatsvolk aus,* also von Menschen, die einer Kulturgemeinschaft der Deutschen, der Franzosen oder eines anderen Volkes angehören. Der Ausländer ist menschenrechtsberechtigt, aber nicht wahlberechtigt. Bei der Wiedervereinigung sind die Deutschen, die bisher durch die reale Politik geteilt waren, wieder zu einer tatsächlichen Kulturgemeinschaft zusammengeführt worden. Daneben mag die Unionsbürgerschaft der Europäischen Union Grundfreiheiten und ein kommunales Wahlrecht allen Staatsangehörigen der jeweiligen Mitgliedstaaten zusprechen. Doch Subjekt der Demokratie ist das Staatsvolk, niemals die Menschheit.

Heute wird vielfach erwogen, die Ungleichheit zwischen Herrschern und Beherrschten bei der Gesetzgebung zu überwinden. Das Staatsvolk soll die Gesetzgebungsbefugnis unmittelbar selbst ausüben, das Gesetz durch *Volksentscheid* beschließen. Die Mitglieder der Verfassunggebenden Versammlung in Frankreich 1791 haben diesen Gedanken zurückgewiesen. Für Abbé Sieyès war es selbstverständlich, dass das Volk die Macht hat, die Männer auszuwählen, die für es entscheiden, doch könne das Volk nicht die Macht haben, selbst zu entscheiden. Hier klingt der Gedanke Rousseaus an, dass der Gemeinwille nicht die Summe der Einzelwillen ist. Auch ist bewusst, dass der damalige moderne Bürger sich im Gegensatz zum antiken nicht in völliger Ungebundenheit der Politik zuwenden könne, dass deshalb eine Arbeitsteilung zwischen Kandidaten und Wählern notwendig ist. Damals entschloss man sich sogar, die politische Gleichheit noch auffälliger zu differenzieren und die Wählbarkeit an den Grundbesitz und an den Steuerbetrag von fünfzig Livres zu knüpfen.

Heute kann die Ungleichheit zwischen Gesetzgeber und Gesetzesunterworfenen nicht durch einen Volksentscheid abgemildert werden, weil die Anfragen an den Gesetzgeber – im Atomrecht, Energierecht,

Umweltschutz oder Steuerrecht – so anspruchsvoll sind, dass der Volksentscheid wesentlich *von demjenigen abhinge, der die Fragestellung vermittelt* und Entscheidungsempfehlungen überbringt. Ermächtigt würden also weniger das Staatsvolk als die Medien, die derzeit ohnehin schon eine wesentliche, vielleicht dominierende politische Macht innehaben. Vor allem aber kann der moderne Grundrechtsschutz, der dem Einzelnen sein Recht auch gegen den mehrheitlichen oder einstimmigen Entscheid des Gesetzgebers gibt, nur durch verfassungsgebundene Staatsorgane gewährt werden; eine *Verpflichtung der Allgemeinheit freier Bürger auf die Grundrechte des Einzelnen ist kaum möglich.* Deswegen fordert die Balance zwischen individuellen Grundrechten der Einzelperson und demokratischem Mehrheitswillen eine Bindung der Mehrheitsentscheidung in den Verfassungsstrukturen von Parlamentarismus, Gewaltenteilung, Grundrechtsschutz.

Bei den Beratungen über die französische Erklärung der Menschen- und Bürgerrechte hatte Abbé Sieyès den Vorrang der Gleichheit vor der Freiheit betont, weil man die *Nation* nur als die Vereinigung von rechtlich gleichgestellten Individuen definieren könne. Diese Gleichheit der Franzosen sei eine Vorbedingung für ihre Einheit und Unteilbarkeit. Die Nation verdiene diesen Vorrang vor der Freiheit, weil sie nicht nur die Idee des Privilegs ausschließe, sondern die Existenz der Privilegien ihr so fremd sei wie Ausländer. Dabei bleibt stets die Möglichkeit bewusst, die Zugehörigkeit zur Nation auszuweiten, weil die Trennlinie zwischen Bürgern und Fremden eine beliebig verschiebbare Grenze sei. Im Ergebnis sollten eher Privilegien des Ranges, der Geburt und des Vermögens abgebaut als eine Kulturgemeinschaft befestigt werden. Lequinio schreibt: »Ich kenne heute weder Bürger noch Volk im überkommenen Sinne [...], aber ich kenne reiche Klassen und Klassen von Arbeitern und Armen.« Diese Unterscheidung zu überwinden war Aufgabe der Nation und ihrer Gleichheit, ist heute ein Auftrag des sozialen Staates.

Der *Bundesstaat* ist auf weitere Unterscheidungen angelegt. Er erlaubt und fordert eigene Regeln für die jeweilige Gemeinde, in der ein Bürger seine konkrete Lebenssituation des eigenen Hauses, der Schule für seine Kinder, der inneren Sicherheit in der Nachbarschaft, der Erwerbs- und Einkaufsmöglichkeiten, der Freizeit erlebt. Sodann haben die Bundesländer eigene Parlamente, die allein für das Staatsvolk in diesem Land Recht setzen, damit die polizeirechtlichen Maßstäbe der inneren Sicherheit bestimmen, über das Schul- und Universitätssystem entscheiden, die Entwicklung von Kindergärten, Kinderkrippen und Kinderhorten leiten und zu wesentlichen Teilen die Planung der Lebensbedingungen und Infrastruktur verantworten. Das Recht der Universitäten in Baden-Württemberg ist ein anderes als das in Hessen. Das Polizeirecht hier unterscheidet sich deutlich von dem in Berlin. Der Gewerbetreibende in Heidelberg zahlt eine andere Gewerbesteuer als sein Konkurrent in Ludwigshafen. Gleichheit ist im Vergleichsrahmen des jeweiligen Gesetzgebers gebunden.

Gleichheit und Freiheit

Die Gleichheit vor dem Gesetz garantiert Gleichheit in der Freiheit, macht jeden zum Herrn seiner eigenen Lebensführung. Der freie Mensch wählt seinen eigenen Weg und kommt an dem allein für sich selbst gewählten Ziel an. Der Dichter schreibt Tag und Nacht und freut sich an seinen Texten, der Kaufmann verkauft Tag und Nacht und widmet sich seinen Bilanzen, der Falstaff tafelt Tag und Nacht und wird trunken. Diese Menschen sind dank ihrer Freiheit grundverschieden. Damit steht auch die Gleichheit vor der Frage, ob *die in Freiheit erreichten Unterschiede* des Verdienstes, der öffentlichen Anerkennung, der Macht und des Reichtums aus dem Prinzip der Gleichheit in Freiheit gerechtfertigt werden oder ob diese realen Verschiedenheiten Anlass sind, die Menschen einander anzugleichen. Soll eine Gleichheit nach Leistung und Bedarf verwirklicht werden, oder sucht der Gleichheitssatz eine »vollkommene« Gleichheit, ausschließlich bezogen auf das Lebensnotwendige und die immer gleiche »Aufnahmefähigkeit des Magens«, und gibt dann aber alles Übrige in die Hand der Allgemeinheit, damit individuelle Freiheit zur Unterschiedlichkeit möglichst unterbunden wird?

Doch selbst wenn wir jedem nur das gäben, was er braucht, ist die unterschiedliche Aufnahmefähigkeit der Gehirne keine selbstgefällige Illusion der Intelligenten, die unterschiedliche Körperkraft und Gesundheit nicht nur Stolz der Sportlichen, die unterschiedliche Lebenserwartung der Menschen nicht nur Ärgernis einer Statistik. Diese persönlichen Verschiedenheiten sind für den Einzelnen wie die Gesellschaft *hoffnungsvoll stimmende Wirklichkeit.* Die Gemeinsamkeit der Erziehung, eine Mindestausbildung im Rahmen der Schulpflicht mit ähnlichem Grundwissen und einer ähnlichen Grundmoral bieten jedem Beteiligten ähnliche Chancen, die aber letztlich dic Unterschiede des Geistes, des Charakters, der Gesundheit und der Tatkraft niemals werden einebnen können und sollen. Eine Gleichheit in der Freiheit bewahrt vor einer unterdrückenden und niederdrückenden Diktatur der Gleichheit nach der für alle gleichen Aufnahmefähigkeit der Mägen.

Gleichheit in der Zeit

Wenn der Gleichheitssatz Angleichungen, also Änderungen von Recht und Wirklichkeit, veranlasst, schafft er Ungleichheiten. *Jede Änderung eines Gesetzes begründet eine Ungleichheit* zwischen der bisherigen und der neuen Rechtslage. Das demokratische Ideal, das Volk wähle immer wieder ein neues Parlament, damit dieses bessere Gesetze mache, ist das Ideal, das die Gleichheit in der Zeit vernachlässigt. Ein Bürger, dem das bisherige Recht vertraut ist und der im Vertrauen auf dieses Recht sein Leben organisiert hat, empfindet das neue Recht oft als Vertrauensbruch, als Störung seiner Rechtserwartungen.

Deshalb verlang der Gleichheitssatz bei Rechtsänderungen eine Gleichheit in der Zeit, die nicht das neue Recht hindert, *wohl aber dem jähen Bruch entgegentritt,* den schonenden Übergang ebnet. Als das Grundgesetz 1949 mit einer freiheitlichen Demokratie bewusst den Gegensatz zur vorangehenden Diktatur betonte, als die Wiedervereinigung 1990 entschieden das bisherige Regime der DDR beenden wollte, konnte das neue Recht die Wirkungen des früheren Rechts nicht ungeschehen machen. Hat der Unrechtsstaat einen Menschen getötet, ihn verletzt, in seiner beruflichen Entwicklung behindert, ihm die Ehre genommen, erwarten die Betroffenen, dass der neue Staat dieses Handeln als Unrecht anerkennt und so weit als möglich wiedergutmacht und ausgleicht. Doch wenn der Staat eine Ehe zwangsgeschieden, das Ministerium eine Partei aufgelöst oder der Richter eine rechtswidrige Enteignung anerkannt hat, haben sich Menschen auf diese Rechtslage eingerichtet, vielleicht neu geheiratet, eine andere Partei gegründet, das Eigentum vom Staat erworben. Selbst gegenüber dem Unrecht muss das neue Recht ein Stück Kontinuität bewahren, mag es auch den jähen Bruch mit dem bisherigen Recht demonstrieren wollen.

Die Gleichheit in der Zeit schützt das Vertrauen in das Recht und gewährleistet die Kontinuität der rechtlich und staatlich gestaltbaren Lebensbedingungen. Deswegen *ist das Revolutionäre der Gleichheit fremd*. Der Gleichheitssatz beauftragt den Staat, jedem Menschen das gleiche Recht zu garantieren, um in Würde zu leben, Herr seiner selbst zu sein und am Gemeinschaftsleben demokratisch teilhaben zu können. Das setzt Existenzsicherung in der jeweiligen Gegenwart, langfristige schonende Angleichung an die Zukunft, ein allgemeines Willkürverbot bei jedem staatlichen Handeln voraus.

Statusgleichheit und demokratisch gestaltbare Gleichheit

Wenn »alle Menschen« vor dem Gesetz gleich sind (Artikel 3 Absatz 1 des Grundgesetzes) und »niemand« wegen der Eigenheiten seiner Person benachteiligt oder bevorzugt werden darf (Artikel 3 Absatz 3 des Grundgesetzes), so *verbietet eine allein an die Existenz des Menschen und seine Persönlichkeit anknüpfende Regelung nahezu jede Differenzierung*. Der grundlegende Status des Menschen – seine Würde, sein Anspruch auf Freiheit, sein Recht auf intellegible Unversehrtheit – ist vom Staat zu achten und zu schützen. Diese Verpflichtung zielt auf einen materiell gleichen Status für jedermann. *Je mehr hingegen der Mensch anderen Menschen begegnet,* sich in die Öffentlichkeit begibt, sich am Marktgeschehen, an der politischen Debatte, an Straßenverkehr und Reisen beteiligt, *desto mehr sind diese allgemeinen Lebensverhältnisse durch das Gesetz gestaltbar*. Die eigene Person entfaltet sich im individuell beherrschten, gegen den Staat abgeschirmten Lebensbereich. Das auf Begegnung und Austausch angelegte Umfeld hingegen unterliegt dem Einfluss von Staat und Recht.

Die für jedermann geltende *Statusgleichheit* sichert die gleiche Anerkennung des Menschen in seiner Individualität und Würde; das Recht auf eine gegen staatliches Fragen und Beobachten abgeschirmte Privatheit; den Anspruch auf Befriedigung des existenznotwendigen Bedarfs, auf existenzielle Zugehörigkeit des im Inland wohnenden Menschen zur Sozialgemeinschaft des Staates; den gleichen Zugang zur Rechtsordnung und zur Teilhabe des entscheidungsfähig gewordenen Menschen am Rechtsverkehr, der jedermann Rechtsfähigkeit und Geschäftsfähigkeit sichert; den gleichen Zugang zum Rechtsschutzverfahren (Artikel 19 Absatz 4 des Grundgesetzes) und zum Jedermannsrecht auf Petition (Artikel 17 des Grundgesetzes); die Gleichheit in der Unverletzlichkeit von Leib und Leben, auf Abwehr drohender Eingriffe, aber auch auf Ausgleich bei Verletzungen; das Recht auf geistige Unverletzlichkeit, insbesondere auf persönliche Ehre; auf Nutzung der Güter in Gemeingebrauch, auf Teilhabe am allgemeinen Schulwesen und an der staatlichen Daseinsvorsorge, auf Unterrichtung aus allgemein zugänglichen Quellen, auf Ausübung der Elementarfreiheiten wie der Glaubens-, Gewissens-, Gedanken- und Meinungsfreiheit, soweit sie andere kaum berühren.

Das Gesetz stellt den Menschen aber nicht nur in seinem Elementarstatus gleich, sondern *beobachtet auch seine unterschiedliche Eignung,* bestimmte Aufgaben zu erfüllen. Der Gleichheitssatz verlangt, dass die gestaltende und regelnde Staatsgewalt die im Regelungsgegenstand vorgefundene Wirklichkeit aufnimmt und mit Blick auf das Regelungsziel würdigt und beurteilt. Regelt der Gesetzgeber die Eignung von Berufsbewerbern für ihre geplante Berufstätigkeit, so unterscheidet er zwischen tatsächlich geeignetem und ungeeignetem Arzt, Busfahrer, Lehrer, um für die zukünftige Berufsleistung qualitative Gleichheit zu gewährleisten und die Leistungserwartungen zukünftiger Nachfrager gleich zu schützen. Enteignet der Staat eines von zwei benachbarten Grundstücken zum Straßenbau, so bestimmt sich das Gleichmaß dieser Entscheidung weniger nach der Betroffenheit der beiden Eigentümer und mehr nach der Eignung des Grundstücks für den geplanten Straßenbau, für das »Wohl der Allgemeinheit«; liegt das seit hundert Jahren im Familienbesitz gehaltene Grundstück innerhalb, das gestern erworbene Spekulationsgrundstück außerhalb der Trassenplanung, nimmt der Staat das Familiengrundstück in Anspruch. Erschließt das Gerichtskostenrecht im Zivilprozessrecht den Zugang aller zu Gericht und Urteil, so unterscheidet der Gleichheitssatz die arme von der zahlungsfähigen Partei, bestimmt die Prozesskosten deshalb nicht nach der gleichen Entgeltwürdigkeit der gerichtlichen Leistung, sondern nach der unterschiedlichen Zahlungskraft der Rechtsuchenden. Der Gleichheitssatz nimmt insbesondere die im Menschen und in seinen Lebensbedingungen angelegten Ungleichheiten auf, wenn er die Geschäftsfähigkeit und das Wahlrecht nach dem Grad der Einsichtsfähigkeit bestimmt, die Berufsqualifikation nach Begabung und Talent bemisst, den Helfer bei Naturkatastrophen nach seiner Hilfsfähigkeit auswählt. Der Gleichheitssatz fordert insoweit auch politische Bescheidenheit und staatliche Selbstbescheidung: Staatliches Handeln ist stets in seinen faktischen Grenzen zu verstehen, die Verfassung als gegenwartsoffener Auftrag gegenüber der Verfassungswirklichkeit zu handhaben, der Gleichheitssatz »sachgerecht« anzuwenden.

Gleichheit als umfassendes, gegenstandsloses Recht

Die *Freiheitsrechte* werden grundsätzlich *für einen bestimmten Gegenstand* gewährt. Die Religionsausübung soll ungestört bleiben, die Berufswahl und die Berufsausübung nicht behindert werden, das Eigentum nicht entzogen, die Wohnung nicht verletzt, die Meinungsäußerung nicht unterdrückt werden. Die Freiheit gewinnt in ihrem Gegenstand Konturen.

Demgegenüber hat der allgemeine *Gleichheitssatz* des Artikel 3 Absatz 1 des Grundgesetzes *keinen konkreten Gegenstand;* er muss sich vielmehr allgemein in nahezu jeder Rechtsfrage bewähren. Deswegen braucht der Vergleich einen räumlichen, gegenständlichen und personalen Bezugspunkt, will er sich nicht in der Allgemeinheit einer Weltbeobachtung oder der Konturenarmut beliebiger Differenzierungen verlieren.

Den personalen Anknüpfungspunkt für einen Vergleich bietet der Status des Menschen, seine *Statusgleichheit* in Würde, Sicherheit, Zugehörigkeit, für die der Gleichheitssatz nahezu die Dichte eines Differenzierungsverbotes erreicht. Sodann lehnt sich die Vergleichsperspektive des allgemeinen Gleichheitssatzes an die Freiheitsrechte an, die in ihren Gewährleistungen bereits Ähnlichkeiten fordern und Verschiedenheiten rechtfertigen. Wenn die Verfassung das Privateigentum garantiert, hat jeder Eigentümer grundsätzlich das Recht, sein Eigenes zu besitzen, zu nutzen, zu verwalten und über es zu verfügen. Hier garantiert die Gleichheit eine gleiche Freiheit. Zugleich rechtfertigt dieses Freiheitsrecht den Unterschied zwischen Eigentümer und Nichteigentümer. Der Eigentümer eines Grundstücks darf es nutzen und genießen; der Nichteigentümer hat draußen zu blciben. Ebenso erschließen andere Freiheitsrechte, die des Berufs, der Religion und Kirchenzugehörigkeit, der Medienfreiheit, der Ehe und Familie, der Versammlungs- und Vereinigungsfreiheit, der Wohnung gleiche Rechte für die Berechtigten, halten aber andere just von diesem freiheitlich schon beherrschten Raum fern. Die gleiche Gewähr von Freiheitsrechten begründet ein *verfassungsrechtliches Differenzierungsprogramm.* Die freiheitliche Nutzung der gleichen Freiheit und der Gleichheit vor dem Gesetz macht den Menschen zum Herrn seiner selbst, seiner eigenen Angelegenheiten, teilweise auch seiner Begegnung und Zusammenarbeit mit anderen.

Normen regeln die Normalität; sie müssen deshalb Regeln für den Regelfall treffen. Würde ein Gesetz eine Regel nach dem Ausnahmefall bilden – die Eltern-Kind-Beziehung nach der verwahrlosten Mutter ausrichten, das allgemeine Postgeheimnis nach dem Verhalten von Terroristen bemessen, das Beamtenrecht an dem korrupten Beamten orientieren –, so wäre allein diese Blickverengung Anlass für Gleichheitswidrigkeiten. Gleichheit durch das Gesetz und vor dem Gesetz fordert ein Gespür für Regel und Ausnahme.

Sodann knüpft der Gleichheitssatz an die *Sachgesetzlichkeiten* des zu regelnden Lebensbereichs an. Es wäre gleichheitswidrig, wollte der Gesetzgeber das unmündige Kind für geschäftsfähig erklären, den hilfsbedürftigen Kranken zur Bundeswehr einziehen, den unausgebildeten Menschen als Busfahrer zulassen. Das Gesetz nimmt insbesondere Naturgesetzmäßigkeiten auf – schützt die Mutter besonders, verbietet ungenießbares Trinkwasser, plant nicht eine Universität auf Sand und sollte den Geldwert nicht von Arbeitserfolg und realer Wertschöpfung trennen. Gleichheit fordert den Sinn für die Gesetzmäßigkeiten des Menschen und seiner Lebenssicht, damit für Humanität und Menschlichkeit.

Die Gleichheit nimmt den Gesetzgeber auch für die von ihm geregelten verbindlichen Gestaltungen im Prinzip der *Folgerichtigkeit* beim Wort. Solange die Erbschaftsteuer die Erbmasse zu Verkehrswerten bewertet, muss das Bewertungsverfahren diese Werte auch tatsächlich – für Geldwerte wie für Grundstücke gleichermaßen – annähernd erfassen. Solange das Sozialhilferecht das Existenzminimum finanzieren soll, muss die Höhe der Sozialhilfe der tatsächlichen Entwicklung des Sozialbedarfs folgen. Soweit der Gesetzgeber den Umweltschutz in einem Kooperationsverfahren verwirklichen will, darf der Gesetzgeber dieses Instrumentarium nicht durch Zwangselemente untauglich machen. Der Gesetzgeber wirkt durch die Macht seines Sprechens, muss sich insoweit aber auch beim Wort nehmen lassen.

Darüber hinaus wirkt der Gleichheitssatz als allgemeines *Willkürverbot*, das die ersichtlich grobe Ungerechtigkeit beanstandet. Diese auf eine bloße Willkürprüfung zurückgenommene Gleichheit hat sich entwickelt, weil das Bundesverfassungsgericht bei der gerichtlichen Kontrolle von Gesetzen die Entscheidungskompetenz des Gesetzgebers achten, aber auch gegenüber Verwaltung und Gerichtsbarkeit den bloßen Fehler bei der Gesetzesanwendung vom verfassungserheblichen Rechtsbruch abheben will. Hat das Finanzamt eine Einkommensteuerschuld um 1000 Euro zu hoch – ungleich – festgesetzt, ist zwar das Gesetz verletzt und der Bescheid vom Finanzamt oder Finanzgericht zu korrigieren. Das Bundesverfassungsgericht würde sich dieses Falles aber nicht annehmen, weil sonst alle Verwaltungsfehler zu einem Verfassungsproblem würden und das Bundesverfassungsgericht dann die Rolle eines Superrevisionsgerichts übernehmen müsste. Hat das Finanzamt hingegen einen Privatverkauf zur Umsatzsteuer herangezogen, obwohl nichtunternehmerische Leistungen überhaupt nicht umsatzsteuerpflichtig sind, ist dieses grobe Unrecht willkürlich und vom Bundesverfassungsgericht zu beanstanden. Die Zurücknahme des allgemeinen Gleichheitssatzes auf ein Willkürverbot achtet die Funktionenordnung, insbesondere die Entscheidungskompetenz und Entscheidungsbefugnis des Gesetzgebers und die Arbeitsteilung zwischen Fachgerichtsbarkeit und Verfassungsgerichtsbarkeit.

8. Ursprung modernen Gerechtigkeitsverständnisses

Dieser rechtliche Aufbruch in die Moderne, die Freiheit, Gleichheit, Sicherheit verheißt, enthält im Kern die Erwartungen, die wir heute an eine gerechte Ordnung richten. Sicherheit beansprucht jeder Mensch für sich und die ihm gehörenden Güter. Er will *nicht verletzt* werden – nicht in seinem Leben und seiner Körperintegrität, nicht in seiner Freiheit und Ehre, nicht in seinem Eigentum und seinen Erwerbsmöglichkeiten, nicht in seinem Status als Bürger und Demokrat.

Neben dieser Sicherheit beansprucht der Mensch Freiheit, will also über sich und seinen persönlichen Bereich herrschen, ohne dass eine andere Autorität ihn dort störe oder mitregieren wolle. Persönliche Freiheit, das *Streben nach individuellem Glück* gelingen nur, wenn jeder Mensch Herr seiner selbst ist, also verantwortlich handelt, und dem Staat die Aufgabe zugewiesen wird, sein Handeln an den Auswirkungen auf das persönliche Schicksal der Staatsbürger und Menschen zu messen.

Dieser Freiheitsanspruch enthält *zwei Zuweisungen von Verantwortlichkeiten:* Der freiheitsberechtigte Mensch ist Herrscher über sich selbst, verantwortet seine eigene Lebensgestaltung und – bei den großen Zukunftsfreiheiten der Ehe und Familie, des Berufs und Eigentums, der Firmengründung oder Forschung – auch seine Freiheitswahrnehmung in ihren Wirkungen für andere. Zugleich wird dem Staat die Verantwortlichkeit zugewiesen, eine rechtliche Ordnung des Friedens und der Rechtssicherheit zu organisieren, in der jeder diese Freiheit genießen kann. Die Fundamentalunterscheidung zwischen freiheitsberechtigtem Bürger und freiheitsverpflichtetem Staat weist vor allem Verantwortlichkeiten zu.

In diesem Gedanken einer Sicherheit und Freiheit für jedermann ist bereits das Erfordernis der *Verallgemeinerungsfähigkeit* angelegt, das der Gleichheitssatz dann ausdrücklich ausspricht. Die Gleichheit entwickelt sich sehr bald zu einer Gleichheit vor dem Gesetz, meint also die Gleichheit durch Bildung verallgemeinerungsfähiger Regeln. Diese Allgemeinheit bindet zunächst das staatliche Gesetz, das allgemein und nicht nur für den Einzelfall gelten muss, wirkt aber darüber hinaus als allgemeines Handlungsprinzip insbesondere für Rechtsprechung und Verwaltung. Der Verwaltungsbeamte und der Richter haben im Rahmen des Gesetzes den Einzelfall so zu entscheiden, dass ihr Entscheidungsmaßstab verallgemeinerungsfähig ist und in jedem späteren, gleichgelagerten Fall wieder angewandt werden kann. Wenn das Strafgesetz dem Richter bei Betrug oder Steuerhinterziehung einen Strafrahmen von fünf Euro Geldstrafe bis zu fünf Jahren, in besonders schweren Fällen von sechs Monaten bis zu zehn Jahren Freiheitsentzug eröffnet, der Richter nunmehr entscheidet, dass bei einem Schaden von mehr als einer Million Euro eine Freiheitsstrafe von mehr als zwei Jahren ohne Bewährung verhängt werden müsse, darf der Richter nicht im nächsten gleichgelagerten Fall auf sechs Monate, im übernächsten auf zehn Jahre Freiheitsentzug erkennen. Gleichheit fordert ein verallgemeinerungsfähiges rechtliches Entscheiden.

Diese Sicherheit im Rechtsgüterschutz, die sich in der Zuteilung abgestimmter Verantwortlichkeiten festigt und erneuert und in dem Gebot der Verallgemeinerungsfähigkeit einen Maßstab findet, bleibt jedoch ohne *eine Kultur des Maßes* ungenügend. Jede Wahrnehmung individueller Freiheit und staatlicher Kompetenz kann durch Übertreibung ihre Rechtfertigung verlieren. Wenn die Eltern ihr Kind in liebevoller Umarmung fast ersticken, die Gesundheitsversicherung die Vorsorgeuntersuchungen zur lebensbegleitenden Pflicht machen will, der Journalist seine berechtigte Kritik zur Ehrverletzung steigert, der Unternehmer seinen frei errungenen wirtschaftlichen Erfolg in einem Kartell absichert oder der Staat im Dienste immer neuerer und schönerer Finanzierungsaufgaben die Steuerlast bis zur Erdrosselung erhöht, gerät die verantwortliche Wahrnehmung von Freiheit und Kompetenz auf eine schiefe Ebene ohne Haltepunkt. Freiheiten und Handlungsermächtigungen an den Staat gewährt das Recht stets definiert, also begrenzt. Insoweit ist in dem Rechtsideal von Freiheit, Gleichheit, Sicherheit immer auch eine Kultur des Maßes mitgedacht.

Diese in den Prinzipien von Rechtsgüterschutz, eigener Glückssuche, Verantwortlichkeit, Verallgemeinerungsfähigkeit und Maß angedeutete Gerechtigkeit wird in der weiteren Entwicklung der Verfassungsstaaten verdeutlicht und verfeinert. Die *Demokratie* sucht in der Rückbindung der Staatsgewalt an den Bürger, im Prinzip der Wahlen und der Macht auf Zeit die Verantwortlichkeit der Staatsgewalt gegenüber den Bürgern zu kräftigen, den Entscheidungsmaßstab der Verallgemeinerungsfähigkeit im Erfordernis der Wahl immer wieder zu erneuern. *Die Bindung des Verfassungsstaates* in seiner jeweiligen Verfassung beansprucht, den Menschen Sicherheit in ihrer Existenz, in ihren Lebensbedingungen und ihren elementaren Rechten zu gewährleisten, die Staatsgewalt in der Gewaltenteilung zu mäßigen, die Verantwortlichkeit der Staatsorgane in einem Kompetenz- und Kontrollsystem zu stärken. Das *Gesetz* als Mitte von Verfassungsstaat und Demokratie steht für die allgemeine Regel und deren allgemeinen Vollzug. Die wachsende *Weltoffenheit des Verfassungsstaates,* seine Mitwirkung insbesondere an einem vereinten Europa und an einer völkervertraglichen Friedensgemeinschaft dient elementaren Sicherheitsanliegen, sucht den Rechtsgüterschutz und insbesondere die Ideen von Freiheit, Gleichheit, Gesetzmäßigkeit über das Gebiet eines Staates hinaus zu verallgemeinern und ist im Prinzip der vertraglich begrenzten Zuweisung von Einzelermächtigungen auf klar definierte Verantwortlichkeiten angelegt.

Die Geschichte des Müllers Arnold und die Französische Revolution führen die Gerechtigkeit damit zu einem Maß, das gesetzliche Regeln nach ihren Auswirkungen auf den einzelnen Menschen beurteilt. Dieses Recht überzeugt, weil es jedem Menschen gerecht wird. Doch lehrt insbesondere die Französische Revolution, dass das Recht mit überzeugenden Prinzipien erfolgreich ist, niemals aber ein rechtlicher Zwang zu einer bestimmten Gesinnung ausgeübt werden darf. Überzeugendes Recht gewinnt den Rechtsadressaten, zwingt ihn nicht. Auch diese Einsicht ist seit langem bekannt; sie wurde schon von Solon, einem der großen Gesetzgeber der Antike, bewusst gemacht.

V. Rechtliche Regel und innere Überzeugung

1. Singen statt Sprechen

Als die Athener im Kampf um die Insel Salamis erfolglos gestritten und sich von der Insel zurückgezogen hatten, erließen sie im Jahre 604 v. Chr. ein Gesetz, das jedermann mit Todesstrafe bedrohte, der in Wort oder Schrift dafür eintrat, den Krieg wiederaufzunehmen.

Ein junger Mann empfand den Rückzug als Schmach und beschloss, in den Athenern neuen Mut und neue Entschlossenheit zu entfachen. Doch das Gesetz verbot, in Wort oder Schrift zum Krieg aufzufordern. Deswegen setzte er sich ein Hütchen auf, verstellte sich als Wahnsinniger, kleidete sich als Sänger, eilte zum Marktplatz und ließ seine Wünsche und Aufrufe als Gesang erklingen.

Der Sänger wurde nicht bestraft, hatte das Gesetz doch Wort und Schrift, nicht aber Gesang verboten. Er war mit seinem Lied erfolgreich: Die Athener begannen den Kampf um Salamis erneut, beendeten ihn siegreich und hoben das Gesetz auf. Der junge Mann – es war Solon – wurde später zu einem berühmten Gesetzgeber, der Athen eine dauerhafte Verfassung gegeben hat.

2. Befehl und Geltungskraft

Wer durch die Französische Revolution oder die Dichter des Sturm und Drang zu Fragen der Gerechtigkeit geführt wird, erwartet gutes Recht vom Revolutionär. Solon hingegen gewinnt die Athener für eine bessere Zukunft, weil er mit seinem Gesang Übereinstimmung schafft oder bewusst macht. Seine Entscheidung für den Gesang statt der Rede scheint vordergründig eine plumpe Umgehung des Gesetzes, vollzieht aber zugleich den Wechsel vom nüchternen Text zur Poesie. *Vers und Melodie sprechen nicht nur den Verstand, sondern alle Sinne an.* Die Leichtigkeit des Singens führt die Zugehörigen in Gemeinsamkeiten, die wir in Musik und Poesie empfinden. Auch bei seiner späteren Gesetzgebung soll Solon seine Gesetze in Gedichte übertragen haben; er spricht damit die Bürger von Athen nicht nur in der Vernunft des Sprachlichen, sondern im Klang des Poetischen an. Solon ist ein Revolutionär des Liedes, das Rechtsbewusstsein schafft, nicht mit der Guillotine tötet.

Nicht nur Solon schafft Recht, indem er statt der Verstandessprache Lyrik und Sprachmelodien wählt und in dieser Form einprägsam – der Geschichte und dem Gedächtnis zuliebe – für das Recht jenseits der Vernunft wirbt. Im alten Griechenland wurde Recht vielfach in Versform vermittelt, mit Harfe und Flöte vorgetragen. Das *Zwölftafelgesetz* war darauf angelegt, auswendig gelernt zu werden. Ende des 15. Jahrhunderts hat Sebastian Brant in seinem *Narrenschiff* (1494) den Menschen in Versform, bebildert mit schönen Holzschnitten, einen Spiegel vorgehalten, der den Menschen seiner Zeit in über 100 Verskapiteln ebenso viele Narrentypen vorstellte, die Unsitten und Missstände – soziale und moralische Normabweichungen – verkörpern: »In diesen Spiegel sollen schauen die Menschen alle, Männer, Frauen.« – »Im Narrentanz voran ich gehe, da ich viel Bücher um mich sehe, die ich nicht lese und verstehe.« Auch ein anderer »Spiegel«, der *Sachsenspiegel,* nutzte Verse und erläuterte diese in Bildern, um mit dieser Form die Menschen für das Recht zu gewinnen und sie damit in ihrer Empfänglichkeit für Poesie und Melodie jenseits der Rationalität nackter Sprache und nüchterner Schrift zu erreichen. Diese beiden Werke fertigen nicht Recht, das sich aus seiner Vernunft rechtfertigt, sondern nehmen gewachsene und vertraute Regeln auf und vermitteln sie in eindringlicher Form, die anspricht und auf Mitwirkung angelegt ist.

In Zeiten, in denen viele Menschen noch nicht lesen und schreiben konnten, ließ sich das Gesetzblatt noch nicht schwarz auf weiß oder in einem Computerprogramm übermitteln und auch nicht in dem Gedächtnis eines Buches oder eines Datenspeichers jederzeit abrufbar ablegen, sondern musste den Menschen durch gute Erziehung, durch anschauliche Ansprache, in einprägsamen Bildern vermittelt werden. *Diese Mündlichkeit und Bildlichkeit des Rechts hatte zwei Vorteile:* Sie begrenzte das Gesamtvolumen der Gesetzesvorschriften durch die Aufnahmefähigkeit des Menschen, seine gute Gewohnheit, sein Gedächtnis, die allgemeine Zugänglichkeit von Bildern und Symbolen. Vor allem aber musste das Recht anschaulich, volkstümlich, einprägsam vermittelt werden und inhaltlich überzeugen, also im Einklang mit den bestimmenden Rechtsauffassungen stehen; es gewährleistete damit in der Überbringungsform ein Stück Rechtskontinuität, Nachhaltigkeit, Wertungssicherheit.

Heute will die Gesetzessprache nicht eine Sprache in aller Munde, sondern ein allgemein verständliches, den Rechtsgedanken verlässlich überbringendes Ausdrucksmittel sein. Diese nüchterne Rechtssprache des kargen Wortes trifft möglichst eine Aussage, deren Bedeutung für alle Adressaten gleich ist. Doch Sprechen teilt nicht immer denselben Gedanken mit, sondern erreicht den Adressaten in seiner Vorstellungswelt, Begrifflichkeit und Erfahrung, bringt ihn auch auf Gedanken, die seine Anliegen gegen das Recht stellen und deswegen die rechtliche Anordnung zu vermeiden suchen. Wenn wir von *»Freiheit«* sprechen, meint der Steuerpflichtige die Freiheit vom Staat, die Steuerfreiheit, der Sozialhilfeempfänger höhere, ihm Freiheit ermöglichende Staatsleistungen, also die Freiheit durch den Staat. Wer heute von *»sozial«* spricht, lässt den einen an eine höhere Sozialhilfe denken, den anderen an bessere Bildungschancen, den dritten an eine Umverteilung von Eigentum und Vermögen, den vierten an das Verbot von Millionengewinnen, den fünften an das Mäzenatentum des erfolgreichen Unternehmers, den sechsten an die Selbstlosigkeit des Ehrenamtes. Sprechen ist immer auch Austausch zwischen Sprechendem und Angesprochenem. In keinem Gespräch ist der Gesprächspartner sicher, dass sein Wort vom anderen so verstanden wird, wie es gemeint ist. Dies gilt noch mehr für Aussagen in der schriftlichen Form eines Gesetzbuches, die der Gesetzgeber nicht durch Gesten und Gebärden des Sprechers, nicht durch Deutungen und Klarstellungen, durch Vergewissern und Ergänzen verdeutlichen kann.

Solon singt, statt zu sprechen. Der Gesang vermeidet das Sprechverbot, verstößt aber mit seiner Forderung nach Kampf und Krieg gegen das mit dem Sprechverbot beabsichtigte Friedensgebot. Solon ist der Strafe entgangen, nicht weil er mit Witz und Pfiffigkeit eine andere Form der Mitteilung wählt, sondern weil er die Athener aus Enttäuschung und Resignation zu Kampf und Erfolg führt, weil sein Handeln der inneren Überzeugung der Athener entspricht, er sie aus der ängstlichen Untätigkeit in die mutige Tat leitet. *Recht wirkt, wenn es die*

Menschen überzeugt, bleibt hingegen eine leere Hülse formaler Verbindlichkeit, wenn die Adressaten die Anliegen von Befehl und Geltungsanspruch nicht teilen, in ihren Wirkungen nicht verstehen und gutheißen. Selbstverständlich kann der Gesetzgeber mit seinen Anordnungen neues Recht und neues Rechtsbewusstsein schaffen. Doch kann das Recht dabei nur die Entwicklung von Werten, Weltanschauungen und Grundüberzeugungen über menschliches Zusammenleben beeinflussen. Recht wird sich auf Dauer gegen ein gegenläufiges Beharren der Rechtsgemeinschaft auf bisherigen Wert- und Ordnungsvorstellungen nur durchsetzen, wenn es die Menschen überzeugen kann, das Neue sei besser. Das Umweltrecht konnte sich auf anerkannte und geschriebene Prinzipien des Naturschutzes und einer Bewahrung der Umwelt stützen, brauchte aber vierzig Jahre, um die Lebensformen von Produktion, Straßenverkehr, Energieverzehr, Abbau der Wälder und Zerstörung der Natur grundlegend zu ändern. Das Rauchverbot in Gaststätten hatte einen forschen Beginn, scheint jetzt aber zu bröckeln. Bisherige Gepflogenheit entwickelt ein Beharrungsvermögen, das die Rationalität einer vernünftigen Gesundheitspolitik erst noch überwinden muss.

3. Das Streben nach Glück

Das Kernanliegen eines Rechts, das die äußere Rechtsordnung und die inneren Rechtsüberzeugungen im Einklang hält, drückt sich am deutlichsten in dem individuellen *Recht* aus, *sein eigenes Glück zu suchen.* In diesem »Glück« klingt einerseits die Hoffnung auf ein günstiges Schicksal an, auf die Rahmenordnung, die den Menschen umgibt, andererseits ein Glücksgefühl, das der Mensch empfindet, der mit sich im Reinen ist und sein Leben als beglückend erlebt.

Das Recht auf Glückssuche

In der Unabhängigkeitserklärung der Vereinigten Staaten werden »*Wahrheiten*« formuliert, die als »klar und keines Beweises bedürfend« gelten: »dass alle Menschen gleich geboren, dass sie von Ihrem

Schöpfer mit gewissen unveräußerlichen Rechten begabt sind, dass zu diesen Leben, Freiheit und das Streben nach Glückseligkeit gehöre«. Es sei das Recht des Volkes, die Regierungsfundamente auf diesen Prinzipien aufzubauen und die Regierungsbefugnisse in den Formen zu organisieren, »wie es ihm zu seiner Sicherheit und seinem Glücke am erforderlichsten scheint«.

Diese Erklärung anerkennt das Recht, nach etwas *Erhofftem und Erwünschtem, aber noch Unbestimmtem und nicht gänzlich Bestimmbarem* zu suchen. Das Glück ist einerseits Ziel eines vernünftigen und pflichtbewussten Handelns, andererseits Geschick, schicksalhafte Fügung, die den Menschen erreicht, die er aber nicht verdienen kann. Glück ist ein äußeres Ereignis, aber auch ein innerer Zustand. Der Mensch kann glücklich sein, weil er jahrzehntelang in Frieden lebt, die Hochkultur in Deutschland genießen kann, die gesunden Lebensbedingungen in Mitteleuropa erleben darf. Er empfindet aber ein vielleicht intensiveres Glücksgefühl, wenn ihm ein Gedicht gelungen ist, er geheiratet hat, er einen beschwingten Abend mit Musik, Tanz und kulinarischem Genuss verbringt. Heute Morgen waren meine Frau und ich auf der Loipe. Neuschnee hatte sich über die Landschaft und Bäume gebreitet; spontan kam uns ein Kindervers in den Sinn: Allüberall auf den Tannenspitzen sah ich goldene Lichtlein sitzen – ein kleines Glück des Erinnerns und Erlebens.

Das Recht kann schicksalhaftes Glück und Unglück nicht wenden, den einzelnen Menschen auch nicht vor persönlichem Glück und Pech bewahren. Doch es kann Regeln für das »gute Leben« entwickeln, den Menschen veranlassen, wenn er fällt, sich wieder aufzurichten und erneut sein Glück zu suchen.

Fragen wir die Menschen nach den Ursachen ihres Glücks, so scheint Unglück aus Weltschmerz, Langeweile, Neid, Schuldgefühlen, Unmäßigkeit und Übermaß zu erwachsen, Glück aus Lebensbejahung, Zuneigung, Familie und Ehe sowie Arbeit zu entstehen. Gegenwärtig scheinen die Menschen dabei Glück eher in ihrer individuellen Leistung – Erfüllung im Tun – zu finden; von der Zukunft erwarten sie weniger das ganz große Glück und eher die kleinen Glücksmomente – Gemeinsamkeit, Harmonie, Geborgenheit.

Jeder Mensch ist seines Glückes Schmied. Er kann sein Glück versuchen, auf gut Glück ein Abenteuer beginnen, auch sein Glück machen. Er mag durch Anstrengung, Qualifikation, Zielstrebigkeit einen Teil seines Schicksals wenden, sein Glück verdienen.

Der Staat ist eines Glückes Schmied

Der Staat und sein Recht können *den Rahmen individuellen Glücks wesentlich verbessern oder verschlechtern.* Die staatliche Friedenspolitik, Bildungspolitik, Sozialpolitik und Arbeitsmarktpolitik geben dem Menschen mehr oder weniger Existenzsicherheit und Freiheit. Der Staat mag auch den Zufall zu einem Ursprung individuellen Glücks machen, etwa beim Losentscheid, der jemandem ein Amt oder einen Studienplatz gibt, oder beim Lotteriegewinn, den der Gewinner als Glück empfindet, ihn aber auch in das Unglück dessen führen mag, der wegen seines unverhofften Reichtums von vielen Menschen bedrängt und bedroht wird.

Doch das persönliche Glück berührt sich am unmittelbarsten mit Recht und Staat, wenn der freiheitsberechtigte Mensch mit dem Rechtsverständnis der ihn umgebenden Allgemeinheit – ihren Werten, ihren Idealen, ihrer inneren Ordnung – übereinstimmt. Wer sein Glück verdienen, wer andere beglücken will, begnügt sich nicht mit dem allein ihm vorbehaltenen Glück, sondern will dieses Glück mitteilen und teilen. Erlebt er sein Glück im Einsatz für ein großes Gemeinschaftsziel – seine Kultur, seinen demokratischen Staat, seinen Forschungsstil, die Gerechtigkeit –, trägt er ein Stück zu Staat und Recht bei. Die Demokratie stützt sich auf dieses Wollen ihrer Bürger, der Rechtsstaat baut auf diese freiheitlichen Impulse. Erst wenn der Einzelne sich seinen Zugang zu einem elementaren Glück nicht erschließen kann, ist der Staat mit seinem Recht, seiner Organisationskraft, seiner Finanzmacht gefordert. Er bietet Beistand in Unglücksfällen, Lebenshilfe bei Krankheit, Behinderung, Schwäche. Er leistet Finanzhilfen bei existenzieller Gefährdung. Die Allgemeinheit des Rechts und die Kraft des staatlichen Etats mäßigen die Wechselfälle des Lebens, fördern Zugänge zum selbstverdienten Glück, helfen in individueller Not, mag diese auch selbstverschuldet sein.

Das Recht kann deshalb das Glück des Menschen nicht erzwingen, meist den Weg zum persönlichen Glück kaum ebnen, allenfalls Hindernisse aus dem Weg räumen. Deswegen *gehört es zur Gerechtigkeit, die begrenzten Gestaltungsmöglichkeiten von Staat und Recht zu erkennen und anzuerkennen.* Viele Diktaturen sind aus dem Willen entstanden, für jeden Menschen das gleiche Glück zu erzwingen, enden dann aber in einem für jeden Menschen gleichen Zwang, der das Glück des Einzelnen verfehlt. Der Staat soll den Rahmen der persönlichen Glückssuche sichern, soll das Recht so gestalten, dass es mit dem freiheitlichen Wollen und Werten seiner Bürger in Einklang steht. Gerechtigkeit fordert in historischen und literarischen Dramen meist den Revolutionär. In Verfassungsstaaten kann Gerechtigkeit auch in bescheidener Übereinstimmung mit bescheidenem Recht liegen. Auf dieser Grundlage wächst der Wille zum Besseren.

4. Recht und Moral

Bis in die Neuzeit konnte Recht überzeugen, zum Glück der Menschen beitragen, weil *Recht und Moral eine Einheit waren.* Das Gesetz wirkte in Übereinstimmung mit der herrschenden Moral in der Überzeugungskraft seiner Werte. Der Rechtsbrecher tat etwas, was sich nicht gehört. Er handelte moralisch blind, Recht vermittelte Einsicht.

Freiheit ohne Moral überfordert

Der moderne Mensch scheint *in die Ungebundenheit zu drängen*, Bindungen durch Ehe und Familie zu meiden, die Zugehörigkeit zu einer Kirche und Weltanschauung zu scheuen, die Mitgliedschaft in Partei oder Verband zu fliehen, einer allgemeinen Ethik und Moral mit Skepsis zu begegnen. Er treibt nicht Sport in einer Mannschaft, sondern trainiert sich selbst mit den Maschinen eines Fitnesscenters. Dieses *Verbleiben bei sich selbst* macht durchaus ein selbstbewusstes Freiheitsverständnis sichtbar, kann den Menschen aber auch deutlich überfordern. Wer nicht eine innere Bindung täglich anderen gegenüber erprobt und sich so für die Wahrnehmung seiner Freiheitsrechte rüstet, dürfte dem Angebot der Freiheit nicht gewachsen sein. Der Altenpfleger braucht in der Einsamkeit des Nachtdienstes wenigstens eine verlässliche Vorstellung von der Würde des auf ihn angewiesenen Menschen, der Arzt bei dem Humanexperiment ein Ethos des Forschens, der Lehrer beim Unterricht eine Verantwortung für seine ihm anvertrauten Schüler, der Bergführer eine sensible Einschätzung seiner Fähigkeiten und derjenigen seiner Gruppe. Allein die Befolgung eines Gesetzes schafft diese innere Bindung nicht.

Freiheit ist stets als eine *verantwortliche Freiheit* gedacht worden. In der Antike sucht der Bürger ein gutes Leben zu führen, fragt nach Maß und Mitte, strebt nach Anerkennung und Ruhm. Die Goldene Regel, deren Ursprünge bis ins 5. vorchristliche Jahrhundert reichen, lehrt, dass man anderen nur das zufügen solle, von dem man wolle, dass es einem selbst getan werde. Immanuel Kant versteht die Freiheit als Unabhängigkeit von der nötigenden Willkür eines anderen, erwartet aber von dem freien Menschen verallgemeinerungsfähige Handlungsmaximen, zielt also letztlich auf »sittliche Freiheit« ab. Sittlich frei ist der Mensch, dem die »Beherrschung der Triebe durch die moralische Kraft« gelingt, der »sich seines Verstandes ohne Leitung eines anderen zu bedienen« weiß. Er soll nicht einem anderen gegenüber gehorsam sein, wohl aber im Gehorsam gegen das Gesetz handeln, das er sich selbst gegeben hat. Und die Freiheit im Wirtschaftsleben sieht vor allem den Menschen, der zur Gleichgestimmtheit fähig ist, der Gefühle der Mitmenschen verstehen und nachempfinden kann und daraus Lehren für das eigene Verhalten zu ziehen vermag, der als »unparteiischer Zuschauer« moralisch urteilsfähig wird. Das Erwerbsstreben im eigenen Interesse macht den Unternehmer vom Konsumenten abhängig, dient einem Ausgleich zwischen Anbieter und Nachfrager. In einer modernen Sicht des Marktes tritt die Gläubigkeit an Vernunft und wissenschaftliche Beweisbarkeit zurück. Der Prozess des Erprobens und Korrigierens, von Versuch und Irrtum, lässt eine Lebensordnung entstehen, in der Menschen ihr Handeln in Freiheit im Rahmen allgemeiner Regeln spontan koordinieren, Erfahrungen aufeinanderfolgender Generationen aufnehmen und fortbilden. Wissen und Erfahrung lehren den Menschen, dass seine Verantwortung für sich selbst auf die Freiheit anderer abgestimmt werden muss.

Im Mittelalter ist das Recht von *christlicher Moral* geprägt. Kirchliche und weltliche Herrscher waren eher Richter, die ein vorgefundenes Recht erkannten, als dass sie ihren Willen zum Gesetz machten. Je mehr die Kirche dann in ihrem Einfluss zurücktrat, desto mehr nahm der Staat sich des individuellen Glücks an, regelte und überwachte die Moral des Einzelnen in verbindlichen Regeln. Die aufgeklärten absoluten Fürsten wollten für Glück und Tugend ihrer Untertanen sorgen, die Wohlfahrt des Volkes verwirklichen. Für diesen guten Zweck regelte der Wohlfahrtsstaat das Leben der Menschen umfassend, bestimmte selbst Grundsätze guten Benehmens. Fluchen und Müßiggang waren verboten, Trinken und Essen wurde ein Maß gesetzt, die richtige Bekleidung nach Stand und Anlass war vorgegeben. Der Pranger sorgte für öffentliche Ächtung. Der Staat bestimmte, was der einzelne Mensch zu glauben und welcher Kirche er anzugehören hatte. Er suchte den äußeren Frieden durch seine Ordnung zu garantieren, die innere Friedlichkeit in den gemeinsamen Grundüberzeugungen der Menschen herzustellen. Eine in der Geschlossenheit der Weltsicht und des Denkens einheitliche Gesellschaft mag den innerlich Zugehörigen Heimat und Frieden bieten; sie drängt die Zweifelnden aber in die Verzweiflung. Eine solche Einheit entspricht nicht unserem Freiheitsverständnis.

Recht und Moral gehen eigene Wege

Die Neuzeit trennt Recht und Moral kategorisch. *Immanuel Kant* sieht den »größten denkbaren Despotismus« in einer Regierung, die ihr Volk so behandelt wie ein Vater seine unmündigen Kinder, die nicht wissen, was für sie nützlich oder schädlich ist. Staat und Recht regeln die äußere Ordnung des Friedens und menschlichen Zusammenlebens. Ethos und Moral bestimmen die innere Gesinnung, die den Menschen bei der Wahrnehmung seiner Freiheit leitet. Dieses Freiheitskonzept des Rechts nimmt den Menschen so, wie er ist; es will seine Unzulänglichkeit, seinen Egoismus, seine Einfalt und Verführbarkeit nicht moralisch bekämpfen. Er ist frei, solange er dem Gesetz gehorcht, mag er sich auch innerlich gegen das Gesetz auflehnen. Das Gesetz umzäunt die individuelle Freiheit, übersteigt aber niemals diesen Zaun, der Individualität, Autonomie, Privatheit schützt.

Nach diesen Erfahrungen bleibt die Trennung von Recht und Moral mehr denn je eine Errungenschaft des freiheitlichen Staates. Allerdings wird die Rationalität des geschriebenen und förmlich beschlossenen Rechts derzeit überzeichnet. Die Verabschiedung der Menschenrechtserklärung durch die Vereinten Nationen sei – so sagt eine Anekdote – nur möglich gewesen *»unter der Bedingung, dass man nicht fragt, warum«*. Eine solche Rechtsetzung unter der Voraussetzung, dass niemand nach den Gründen für dieses Recht fragt, oder gar das Bewusstsein vorherrscht, dass es dafür nicht genügend Gründe gebe, wird letztlich scheitern. Ein unbegründetes oder unbegründbares Recht bricht bei der ersten Belastungsprobe wie ein Kartenhaus zusammen.

5. Je mehr Freiheit, desto mehr Suche nach Maßstäben

Das Grundgesetz öffnet das Fenster zwischen dem Verfassungstext und den mitgedachten Erwartungen an Staatsorgane und freie Bürger, wenn es von der »Würde des Menschen« spricht, auf das Gewissen setzt, die freie Entfaltung der Persönlichkeit durch das Sittengesetz einschränkt, wenn es betont: »Eigentum verpflichtet«, wenn die Herrschaft über sich selbst zur Beliebigkeit berechtigt, die Freiheitswahrnehmung, die auch Dritte betrifft, hingegen Verantwortlichkeit für die mitbetroffenen anderen Menschen fordert.

Der freie Mensch entwickelt Urteilskraft

Eine gleichheitlich verfasste Gesellschaft mehrt die Unterschiede, wenn der wichtigste Gleichheitssatz *Freiheit für jedermann* gewährt. Die Freiheit der Revolution fordert Freiheit von Unterdrückung und Herrschaft. Auch sie erlaubt aber jedem Menschen, sich von anderen zu unterscheiden. Die Revolution kämpft für Gleichheit, erlebt dann aber auch die Kraft ihres zweiten Ideals, der Freiheit: Auch in der Revolution entwickelt der Dichter und Komponist eine künstlerische Virtuosität, widmet sich der Kaufmann dem Erwerb und erzielt hohe Gewinne, isst der Schlemmer Speise und Trank im Übermaß. Trifft diese Freiheit auf unterschiedliche Lebensbedingungen, in denen der Einzelne selbst bestimmt – insbesondere auf Unterschiede in Wohnung,

Arbeitsplatz, Gesundheit, Bildung und Einkommen –, so steigern diese ungleich verteilten Grundlagen der Freiheit die Verschiedenheit der Lebensverhältnisse: Der Begüterte gewinnt leichter zusätzliches Einkommen, der Gebildete gestaltet sein Leben bewusster, der Eigentümer einer großen Wohnung pflegt eher eine Kultur des Hauses, der Gastlichkeit und der Begegnung.

Je mehr der Staat die Bindungen der äußeren Rechtsordnung um der Freiheit willen zurücknimmt, je freier die modernen Gesellschaften werden, je mehr das Arbeitsleben mit verkürzten Arbeitszeiten und verbesserten Arbeitsbedingungen Möglichkeiten der Selbstbestimmung und Selbstentfaltung bietet, desto mehr *suchen die Menschen Maßstäbe der inneren Bindung*. Um ihre Fähigkeit zur Freiheit zu entfalten, müssen sie selbst Lebensprinzipien aus eigener Lebenssicht und Lebenserfahrung entwickeln, Wissen und Gewissen schulen. Der Mut, den eigenen Verstand zu gebrauchen, setzt Erfahrung und Wissen, Urteilskraft und Verantwortungsbewusstsein voraus. Mut meint nicht Übermut, sondern bedachte Zielstrebigkeit. Dabei helfen Autoritäten, die Maßstäbe anbieten. Je mehr das Recht den Menschen in Freiheit entlässt, werden die Menschen durch die gute Gewohnheit, die Regeln von Anstand und Sitte, die Prinzipien von Treu und Glauben, die Empfehlungen von Wissenschaft und Philosophie geleitet. Die Philosophie bietet eine Ethik, die Religion eine Moral.

Gegenwartsfreiheiten und Zukunftsfreiheiten

Die dem einzelnen Menschen zustehende Freiheit wird vielfach als das Recht zur Beliebigkeit verstanden, setzt aber oft die Kraft zur Bindung voraus. Der Freiheitsberechtigte darf seine *kleinen Gegenwartsfreiheiten,* deren Ausübung lediglich ihn selbst betreffen, nach Belieben wahrnehmen. Er kleidet sich heute sportlich, morgen festlich; isst heute großzügig, morgen karg; liest die Nachrichten heute in der Zeitung und morgen im Internet. Für diese Entscheidungen braucht er keinen bewussten Maßstab und ist niemandem Rechenschaft schuldig. Er würde insbesondere eine Frage des Staates nach diesem seinem Verhalten ohne Antwort lassen. Diese alltäglichen Freiheiten sind eine wesentliche Grundlage unserer Kultur.

Die großen Zukunftsfreiheiten hingegen setzen die Kraft zur Bindung voraus, weil ihre Wahrnehmung auch andere Menschen betrifft. Diese Selbstbestimmung gelingt nur, wenn der Arzt sich vor der Eröffnung seiner Praxis für den Dienst an seinen Patienten durch ein langjähriges Studium qualifiziert hat und weiter fortbildet, wenn der Firmengründer täglich für seine Kunden, seine Arbeitnehmer, seinen Markt und sein Produkt verantwortlich tätig ist, wenn der Hausbauer den Bewohnern wie den Gästen die Standsicherheit und Bewohnbarkeit des Gebäudes garantiert, wenn die Eltern eine lebenslängliche – unkündbare und unscheidbare – Verantwortlichkeit für ihre Kinder wahrnehmen. Ob der Mensch diese großen Gärten der Freiheit – des Berufs, der Firma, des Hauses, der Familie – betritt, unterliegt seiner freien Entscheidung. Hat er den Garten aber betreten, trifft er Entscheidungen auch für andere Menschen und übernimmt für diese Verantwortung.

Freiheit von Zwang oder Zwang zur richtigen Freiheitswahrnehmung

Je mehr der Staat Voraussetzungen und Maßstäbe der Freiheitswahrnehmung organisiert, desto mehr betritt er den Raum persönlicher Freiheit, in der nicht Staat und Recht, sondern Individuum und Moral herrschen. Die *Französische Revolution* hat im Kampf um die Freiheit eine noch nie da gewesene Gewaltherrschaft bis in die äußersten Winkel der Privatheit und Individualität entfesselt. Dieses tragische Ergebnis einer gutgemeinten Revolution ist den Revolutionären immer ein Rätsel geblieben. Es mag sich teilweise daraus erklären, dass die Freiheitsverheißung die tatsächlichen Probleme der Armut, der Erniedrigung, der drückenden Abgaben, der Privilegien und der starren Traditionsbindung nicht lösen konnte. Der Hauptgrund aber dürfte in der Gespaltenheit der Revolutionäre liegen, die teilweise für eine Freiheit von jeder Bindung – auch der Bindung durch Tugend und Moral – kämpften und teilweise für das gesellschaftliche Glück einer durch Tugend geprägten Gemeinschaft stritten, hinter der die individuelle Freiheit zurückstehen musste.

Je mehr *die Freiheit in der Zugehörigkeit zu einer moralischen Gemeinschaft entfaltet werden muss, desto mehr bindet die Gemeinschaft.*

Wäre die Moral Maßstab staatlichen Handelns, wäre der Weg zu Bevormundung und Diktatur beschritten. Die Frage, inwieweit individuelle Freiheit dem Gemeinschaftsanliegen weichen muss, ist so alt wie die Frage nach der Gerechtigkeit. Schon in der Antike setzte die Gemeinschaft höhere Ziele als das persönliche Interesse: Die Freiheit der Krieger war eine heroische Freiheit, die Freiheit der Eigentümer Eigennutz. Die Französische Revolution hatte im Dienst der »besseren« Gemeinschaftsziele zunächst einen Schleier und dann das Leichentuch über die Freiheit geworfen. Anfangs wurden die Presse- und die Theaterfreiheit eingeschränkt, dann folgten willkürliche Verhaftungen, schließlich die Guillotine. Die Einheit des Staatsvolkes verbot die Opposition. Vor dem öffentlichen Wohl gab es nichts zu verbergen, auch nicht eine geheime Wahl. Sonn- und Feiertage waren aufgehoben, der Schutz der Privatheit außer Kraft gesetzt, damit das Volk nicht in seinem häuslichen Bereich der Revolution abtrünnig würde.

Umgekehrt kann auch die Freiheit zu selbstbestimmtem Handeln bis zur *Anarchie* übersteigert werden. Wenn sich keiner mehr an das Recht gebunden fühlt, nach Lust und Laune sich das nimmt, was er wünscht, wird aus der Gesellschaft des Friedens eine Horde von Dieben, Mördern, Vergewaltigern, Brandstiftern und Ehrabschneidern. Doch auch in einer Friedensordnung gewährt Freiheit nicht Herrschaft über andere. Die Freiheit der Eltern gibt kein Recht, die Kinder zu unterdrücken. Die Freiheit des Arbeitgebers bietet nicht die Befugnis, Arbeitnehmer auszubeuten. Die Freiheit der Medien berechtigt nicht, Leser, Hörer und Fernsehzuschauer in die Irre zu führen, ihnen Wesentliches zu verschweigen, ihnen durch Täuschung und Emotion eigene Urteilskraft zu rauben. Aus der Freiheit würde Willkür, aus dem Gewissen Eigensinn.

Die Freiheit, durch eigenes Handeln die Gemeinschaft mitzubestimmen, trifft auf die gleiche Freiheit der anderen Bürger, die ein gleiches Mitbestimmungsrecht beanspruchen. Damit entsteht die Frage nach dem Maß der Freiheit, der Freiheitsverantwortlichkeit, das den Bürger vor den Übergriffen anderer Bürger schützt, ihn gegen ungerechtfertigte Eingriffe des Staates abschirmt, auch den Staat vor Begehrlichkeiten und Sonderforderungen der Bürger sichert. Heute denken wir die *Freiheit zur demokratischen Gemeinschaft* auch als einen Weg zur Rationalität, der – von Moral und Sittlichkeit befreit –

die nüchterne Frage nach dem für die Gemeinschaft Besten verfolgt und beantwortet. In dem Verfahren einer öffentlichen parlamentarischen Debatte und einer Entgegensetzung von Regierungsmehrheit und Opposition sehen wir vor allem die Chance, die verantwortliche, »gute«, »faire« Lösung zu finden.

Ein Wertefundament ist selbstverständlich

Keine Verfassung garantiert sich selbst. Dieses Wort von Joseph von Eichendorff beim Aufbruch zur Demokratie in Deutschland, dem Hambacher Fest 1832, macht bewusst, dass eine Verfassung nicht in einer Urkunde existiert, sondern von dem Willen der Menschen zu dieser Verfassung getragen wird. Auch das moderne Recht braucht die Selbstverständlichkeit eines Wertefundaments, das die Architektur und die Säulen der Rechtsordnung trägt. Dieses Fundament von allgemein anerkannten Rechtswertungen ist heute vorhanden: Die *Würde* des Menschen ist nach unserem Verfassungsrecht »unantastbar«. Das *Friedensprinzip* sichert den Rahmen von Existenz und Freiheit. Die *Existenzsicherung* für jedermann lässt niemanden verhungern. Der Gedanke der *Freiheit* wird in der Gestaltung des individuellen Lebensraums allgemein anerkannt und beansprucht. *Elementargebote* wie »Du sollst nicht töten«, »... den anderen nicht verletzen«, »... nicht stehlen«, »... nicht brandstiften«, »... nicht betrügen« sind zu rechtlichem Gemeingut geworden. Das *Ziel, immer wieder nach Gerechtigkeit zu streben,* ist selbstverständliches Anliegen der Gesetzgebung und damit Aufgabe des Staates. Auch heute ist der Staat Garant und Urheber von Recht und Gerechtigkeit. Allerdings neigt der Staat dazu, diesen seinen Autoritätsanspruch durch ein parlamentarisches Gesetzgebungsverfahren zu bemänteln, das alles Recht zur Disposition der Mehrheit zu stellen scheint. Er löst die Gerechtigkeitsfrage in Einzelthemen auf, stellt diese zur parlamentarischen und öffentlichen Diskussion, macht aus der fundamentalen Gerechtigkeit eine Detailgerechtigkeit und will so den hörbaren Anliegen des Wählers und demokratischen Bürgers entgegenkommen.

Der Grundsatzstreit um die Gerechtigkeit, um die elementaren Werte einer Gesellschaft wird umso schwächer, je mehr diese Grundprinzipien gesichert sind. Der Unterdrückte kämpft mit aller Kraft für seine Freiheit. Der in Freiheit und Wohlstand Lebende erwartet vom Parlament etwas mehr Geld, mehr Straßen, bessere Schulen und Krankenhäuser. Diese Forderungen sind nicht Ausdruck vordergründigen Denkens, sondern einer gesicherten, nicht angezweifelten Rahmenordnung der Freiheit und des Wohlergehens.

Die Menschen haben sich ihren Wertemaßstab bewahrt. Wenn ein Kind verletzt wird oder durch Vernachlässigung verwahrlost, fordert eine berechtigte Empörung die angemessene Strafe. Lassen sich Vorstandsmitglieder nach Scheitern ihrer Unternehmenspolitik eine hohe Abfindung bezahlen, empfindet die Öffentlichkeit das als unmoralisch und sucht das Recht in den Dienst dieser Moral zu stellen: Verbote oder steuerliche Sonderlasten sollen überhöhte Abfindungen unterbinden oder mäßigen. Andere hoffen auf den Staatsanwalt, der wegen »Untreue« – ein moralisierender Paragraph – einschreiten möge. Wird der Abstand zwischen Spitzengehältern und Mindesteinkommen, zwischen Milliardenvermögen und Existenznot immer größer, fordern Gesellschaft und Demokratie eine Kultur des Maßes, auch ein Mehr an Verteilungsgerechtigkeit. Der Zugriff von Interessenten und Verbänden auf die Staatskasse, der Wunsch nach immer mehr Rettungsschirmen und Subventionen, erscheint unanständig und gerät zunehmend in den kritischen Blick von Steuerzahlern und Haushaltsdebatte. Das Elementarunrecht einer Staatsverschuldung von bisher – inzwischen überschrittenen – 1,5 Billionen Euro bei Bund, Ländern und Gemeinden konnte sich nur entwickeln, weil die Ungeheuerlichkeit dieser Zukunftslast sich in der Zahl 1,5 Billionen kaum jemand vorstellen kann. Nun wird bewusst, dass die Tilgung dieser Schuld mit Zins und Zinseszins bei einer jährlichen Rückzahlung von 100 Milliarden Euro – mehr als ein Fünftel der jährlichen Steuereinnahmen – dreißig Jahre dauern würde. Eine eindringliche Debatte über die Zumutbarkeit dieser Zukunftslast für die nachfolgende Generation beginnt. Eine neue Schuldengrenze im Grundgesetz steht, wenn auch erst für später, bevor.

Auch Einzelaufträge an Gesetzgebung und Verwaltung werden wertebewusst formuliert: Der Ruf nach *Steuergerechtigkeit* ist unüberhörbar. Schwarzarbeiter und Steuerhinterzieher werden als »Sozialschädlinge« angeprangert. Das Strafrecht kennt heute wie selbstverständlich

»Maßregeln der Sicherung und Besserung«. Schulen vermitteln Werte. Die *Arbeitslosigkeit* fordert ein Angebot eines Arbeitsplatzes, gelegentlich auch Betreuung und Therapie. Die Kühle von Wirtschaftsfreiheit und Wettbewerb begnügt sich nicht mit den Vorgaben des Rechts, sondern wird durch *Regeln der Fairness,* des Anstandes und einer Verantwortlichkeit jenseits des Rechts (Compliance, Corporate Governance) ergänzt. Gute Nachbarschaft, Offenheit für den Ausländer, Verständnis für den Immigranten, Rücksichtnahme im Straßenverkehr, Disziplin bei der Müllentsorgung, auch die Bereitschaft zu Gesundheit und Sportlichkeit entwickeln Freiheitsmaßstäbe und Gemeinsinn.

Bewährte Werte und unausgesprochene moralische Gewissheit

Diese wertungssichere, moralbewusste Gesellschaft und Politik leiten ihre Gerechtigkeitsforderungen allerdings nur selten aus ethischen oder moralischen Prinzipien ab und weisen Ethik und Moral jedenfalls in der öffentlichen Debatte eher noch als gestrige Maßstäbe zurück. Sie suchen Zuflucht in *Formalmaßstäben,* die eine Veränderung fordern und sicher sind, den Weg zum Besseren und Besten zu beschreiten, aber in ihren Begriffen und Begründungen im Vorfeld von Ethik und Moral verharren.

Das häufigste der in diesem Kontext genannten Stichworte ist *»Modernität«*. Wir hoffen, die Familienpolitik, der Umweltschutz, das Verwaltungsrecht, Wissenschaft und Medizin seien »modern«. Dieser Modernitätsanspruch löst sich von bisherigem Recht, stellt Herkömmliches nachdenklich und selbstbewusst in Frage, verheißt das bessere und beste Recht in einer der Modernität wie selbstverständlich eigenen Gewissheit.

Der Modernität nahe verwandt ist der *»Fortschritt«*. Parteien, Bildungsprogramme, Strafrechtsreformen, Verkaufskonzepte, Forschungsmethoden, Stadtplanungen, Haushaltsprinzipien, Kinderkrippen oder Jugendorganisationen empfehlen sich als fortschrittlich, ohne sichtbar zu machen und zu begründen, wohin sie fortschreiten wollen. Der Aufruf zum Fortschritt kann den Aufbruch ins Ungewisse verlangen, ebenso in das Gelobte Land führen. Gleiches gilt für die *»Bewegung«*. Einen ähnlich offenen Schlüssel zur Vielfalt bietet der Begriff *»Integration«*, der Menschen – Ausländer, Behinderte, Unionsbürger, ehemalige Straftäter – in eine Gemeinschaft einführen, dort heimisch werden lassen, auch einbinden und verpflichten will.

Vergleichbare Verweise ins Unbestimmte – oder in die Moral – sind Begriffe wie die *»guten Gründe«*, durch die der Gesetzgeber dem Vorwurf der Willkür und Gleichheitswidrigkeit entgehen kann. Der *»Interessenausgleich«* stimmt die gegenläufigen Anliegen aufeinander ab, macht damit einen Annäherungsbedarf bewusst und ortet das Annäherungsziel irgendwo in der Mitte der gegenläufigen Interessen. *»Intelligente Lösungen«* beanspruchen Vernunft und Klugheit, haben allerdings oft auch die Ursachen der gegenwärtigen Finanzkrise – Derivate und Zertifikate – empfohlen.

Am wirkungsmächtigsten ist gegenwärtig das Stichwort *»Verfahren«:* Nicht die unterscheidbare Qualität von richtig und unrichtig, von gut und schlecht hält die Gesellschaft zusammen, sondern die faire Diskussion über das Richtige und Falsche, das Gute und Schlechte, in der sich jeder beteiligen und mit der Kraft seiner Argumente Einfluss nehmen kann. Dieses Vertrauen auf eine offene Diskussion, in der Gesetze und richterliche Entscheidungen »vernünftig« begründbar werden, stützt sich auf ein Grundvertrauen in die Vernünftigkeit der beteiligten Menschen, vielleicht auch auf den Gedanken, dass die Rechtsordnung grundsätzlich aus dem Eigeninteresse der Menschen – oder zumindest der »vernünftigen« Menschen – begründet werden kann.

Dabei garantieren die materiellen Gewährleistungen der Verfassung, insbesondere die Garantien der Freiheitsrechte für jedermann, dass nicht der Mehrheitswille aller Bürger das Verfahren abschließt, sondern ein gebundener Wille Entgegenkommen, Zugeständnis, Kompromiss in den Grenzen des Verfassungsrechts hält. Staatliche Entscheidungen können selbstverständlich auch gegen Diskursbeteiligte getroffen werden. Doch in allen diesen Hinweisen und Andeutungen zum Recht, seinen Entstehensgründen und Entwicklungen *steckt ein Stück Rechtsklugheit:* Das Recht baut auf die Gemeinsamkeit von Wertvorstellungen, auf eine anerkannte Ordnung, auf allseits geübte und gepflegte Formen mitmenschlichen Zusammenseins.

Diese gemeinsame Vorstellung von einer für das friedliche Zusammenleben unverzichtbaren Ordnung bestimmt auch den Raum der Toleranz. Toleranz meint nicht die Lässigkeit des Maßstabes und die Leichtigkeit des Denkens, die in die Beliebigkeit führt, nicht die Weichmütigkeit des Wohlmeinenden, der jeden Wohlklang für Wahrheit hält. Toleranz fordert einen intellektuellen Kraftakt, um jeweils zu erkennen, was sich gehört. Toleranz ist der Großmut des wertungssicheren, gemeinschaftssensiblen Menschen, der eher eigene Rechte und Anliegen zurücknimmt als fremde schädigt.

6. Im Steuerrecht wissen wir nicht, was sich gehört

Diese Wertvorstellungen, dieses Empfinden des ehrbaren Kaufmanns und anständigen Bürgers für das, was sich gehört, scheinen im Steuerrecht gänzlich verlorengegangen zu sein. Der Steuerpflichtige achtet nicht das Steuergesetz, sondern sucht seinen Forderungen auszuweichen. Sein Lied, mit dem er Wort und Schrift, seine Bindung an das Gesetz, ins Leere laufen lassen will, ist die *Steuergestaltung*. Er nutzt den zivilrechtlichen Vertrag, um Rechtsfolgen zu Lasten Dritter – der Steuerzahler – zu begründen, ein Privileg zu vereinbaren und vertraglich über das Gesetz zu verfügen, das nur für das Parlament verfügbar ist.

Das Steuergesetz kommt ihm dabei entgegen, weil es nicht langfristig Wertebewusstsein bildet, nicht Vertrauen schafft, sondern vielfach tagesaktuellen Regelungsbedürfnissen folgt, Aussagen in der Flüchtigkeit eines Augenblicksanliegens trifft, partei- und verbandspolitische Sonderanliegen verwirklicht, die strukturierende Grundsatzentscheidung durch Kompromiss und Beschwichtigung meidet. So wird das Steuerrecht zum Anlass, am Beispiel eines klassischen Eingriffsrechts zu prüfen, wie weit die Grundprinzipien des Rechts die geltenden Gesetze bestimmen, das Recht seine Adressaten überzeugt und der Betroffene die gesetzliche Regel als unausweichliche Pflicht anerkennt.

Der Erfolgreiche begeht keinen Banküberfall, ist aber zur Steuerhinterziehung bereit

Im Steuerrecht erleben wir, dass Menschen, die niemals auf den Gedanken kämen, einen Diebstahl oder einen Banküberfall zu begehen, zu einer Steuerhinterziehung durchaus bereit sind. Diese Steuerhinterzieher sind oft wirtschaftlich sehr erfolgreich, könnten sich ihr Leben in den Annehmlichkeiten persönlichen Reichtums gestalten, wagen aber dennoch das Risiko einer strafbaren Steuerhinterziehung. Dabei ist die *Verwerflichkeit eines solchen Betrugs gegenüber Steuerzahlern nicht anders als die eines Betrugs gegenüber Vertragspartnern*. Der Bundesgerichtshof bedenkt Betrug und Steuerhinterziehung mit gleichen Strafen: Bei einem Schaden von mehr als 100000 Euro droht in der Regel eine Freiheitsstrafe, die zur Bewährung ausgesetzt werden kann. Bei einem Schaden von mehr als einer Million Euro wird in der Regel eine Gefängnisstrafe verhängt, für die eine Aussetzung zur Bewährung nicht in Betracht kommt. Die Steuerhinterziehung birgt also das Risiko eines erheblichen Freiheitsverlustes. Selbst wer grundsätzlich zu einer Straftat bereit wäre, würde bei nüchterner Abwägung von Chance und Risiko den Versuch der Hinterziehung unterlassen. Dennoch ist dieses Verhalten weit verbreitet. Schwarzarbeit, das Verschweigen von Auslandsgewinnen oder das umsatzsteuerrechtliche Karussellgeschäft bieten aktuelle Beispiele.

Der Straftatbestand der *Steuerhinterziehung* gilt in seiner heutigen Allgemeinheit erst seit der Reichsabgabenordnung 1919. Erst mit der Einführung der Einkommensteuer in der zweiten Hälfte des 19. Jahrhunderts musste der Steuerpflichtige sein gesamtes Einkommen erklären, und es entstand das Bedürfnis, den Steuerpflichtigen unter Androhung von Strafe zu zwingen, seine Angaben vollständig zu machen. Seitdem wird vermutet, dass es »ungemein viel Leute« gibt, die »nicht entfernt das zahlen, wozu sie gesetzlich verpflichtet« sind. Die Menschen kämpfen nicht mehr gegen das ungerechte Gesetz, sondern arrangieren sich mit dem Unrecht durch Steuergestaltung. Das Bundesverfassungsgericht hat 1991 für die Besteuerung der privaten Erträge des Kapitalvermögens festgestellt, die Besteuerung dieser Erträge könne weitgehend nicht durchgesetzt werden, weil die Steuerpflichtigen in erheblichem Umfang diese Einkünfte nicht erklären und die staatlichen Kontrollmöglichkeiten nicht ausreichen würden.

Der Hauptgrund für die Steuerhinterziehung aber liegt in der fehlenden Autorität des Steuerrechts. *Der Steuerpflichtige weiß nicht mehr, was sich gehört.* Grundsätzlich begegnet der Bürger dem staatlichen Gesetz mit der Bereitschaft, die verbindliche Regel zu befolgen. Diese Rechtstreue steht unter dem Vorbehalt, dass das staatliche Gesetz dem Verfassungsrecht entspricht. Doch auch bei verfassungswidrigem Gesetzesrecht leistet er nicht Widerstand, sondern bereinigt den Konflikt in Gerichtsverfahren, letztlich durch eine Entscheidung des Bundesverfassungsgerichts.

Grundsätzlich anders verhält sich der gesetzesunterworfene Bürger, wenn das Steuergesetz von ihm eine Zahlung zur Finanzierung des Gemeinwesens verlangt. Er sucht einen Steuerberater auf und überlegt mit ihm gemeinsam, *wie die Befolgung des Steuergesetzes zu vermeiden sei.* Er prüft beharrlich, wie er die steuerliche Regelbelastung für sich mindern kann, obwohl andere diesen Ertragsausfall durch Mehrzahlungen ausgleichen müssen. Dabei macht er die Erfahrung, dass er im klugen Schachspiel mit dem Finanzamt vielfach siegen wird und mit Finten und Finessen seine Steuerschuld verringern kann, weil das Steuergesetz viele Ausnahmen, Widersprüchlichkeiten und Formulierungsmängel enthält, gelegentlich sogar zu Vermeidungsstrategien einlädt. So erlebt der Steuerpflichtige die Steuerschuld *nicht als unausweichliche Last, sondern als gestaltbare, oft gänzlich vermeidbare Pflicht*. Damit aber – und das ist für den Rechtsstaat verheerend – geht *der Rechtsgedanke im Steuerrecht verloren,* der eine Verteilungsgerechtigkeit beansprucht, auch die Betroffenheit der anderen Steuerzahler beobachtet, eine Nachbargleichheit fordert und verlangt, »dass mein Nachbar ebenso schwer von der Steuerlast betroffen wird wie ich selbst«.

78 % der Deutschen haben das *Gefühl, dass dieses System nicht gerecht sei.* Die Frage, ob die Steuerhinterziehung in Deutschland weit verbreitet sei, bejahen 77 %. Dabei ist in allen sozialen Schichten die Vorstellung, Steuerhinterziehung sei ein Allgemeinverhalten, fast zur Selbstverständlichkeit geworden. 53 % gehen zwar davon aus, dass sich Steuerhinterziehung vor allem in höheren Schichten ereigne; doch 43 %

vertreten die Auffassung, sie sei generell verbreitet. Nur eine kleine Minderheit von 8 % empfindet das deutsche Steuersystem als gerecht.

Die Kassenhäuschen stehen an den Autobahnen, die Steuerpflichtigen nehmen die Schleichwege

Der Steuerstaat errichtet seine Kassenhäuschen an den Autobahnen des Wirtschaftsgeschehens, den Normalwegen, und verlangt Zahlungen, wenn der Steuerpflichtige Einkommen erzielt, seine Kaufkraft durch Umsatz erfolgreich eingesetzt oder eine Erbschaft angetreten hat. Die Steuerpflichtigen hingegen suchen die Schleichwege und Nebenpfade, um diesen Mautstellen auszuweichen. Ein Beispiel bietet die *Abgeltungsteuer,* die ab 1. Januar 2009 Zinsen, Dividenden und Veräußerungsgewinne mit einem gleichbleibenden Steuersatz von 25 % besteuert. Ein Werbungskostenabzug ist – jenseits des Sparer-Pauschbetrages von 801 Euro – nicht möglich. Doch hat der Gesetzgeber von dieser einfachen, Rechtsbewusstsein bildenden Regel die Ausnahme zugelassen, dass Gewinne aus der Veräußerung von Anteilen an Fondsgesellschaften auch in Zukunft steuerfrei sein können. Diese Regelung lädt zu Gestaltungen über Fonds ein, bei denen die Veräußerungsgewinne steuerfrei gehalten werden, später auch der Verkauf oder die Rückgabe von Fondsanteilen steuerlich unbeachtlich sein können. Deswegen haben Banken, Versicherungen und Fondsgesellschaften eine große Informationskampagne gestartet, wie durch kluge Anlagen und Depotumschichtungen diese Abgeltungsteuer noch rechtzeitig vor dem 1. Januar 2009, dann aber mit Wirkung für eine lange Zukunft vermieden werden kann. In Zeiten, in denen die Struktur anonymer Finanzmärkte grundlegend neu überdacht werden muss, schafft der Gesetzgeber einen starken Anreiz, den Anleger eilig – oft übereilt – in Fondsinvestitionen zu locken.

Die Abgeltungsteuer öffnet nur ein kleines Fenster mit Blick auf *ein steuergesetzlich veranlasstes Glasperlenspiel,* das Bank- und Versicherungsgeschäfte heute fast stets zu Steuergeschäften macht. Bankberater und Versicherungsagent werben weniger mit hohen Renditen, mehr mit Steuerersparnis; sie versprechen nicht einen Nettokapitalertrag von 5 %, sondern die Vermeidung der Abgeltungsteuer. Der Kunde rechnet nicht, entdeckt deshalb auch nicht, dass die Kosten und Ertragseinbußen oft höher sind als die Steuerersparnis; er frönt dem Volkssport der Steuervermeidung. Im Fußball gilt die Regel, dass der Spieler nicht seine Hände, bei der Steuervermeidung, dass er nicht seine ökonomische Vernunft einsetzen darf.

Aber auch der Bürger, der nicht auf steuerentlastende Gestaltungen sinnt, begegnet den Widersprüchlichkeiten und Ungereimtheiten des Steuerrechts in seinem Alltag. Fährt der Steuerpflichtige mit dem Taxi zu einem Markt, so beträgt die *Umsatzsteuer* bis zu einer Entfernung von 50 km 7 %, im Übrigen 19 %. Erwirbt er auf dem Gemüsemarkt Ketchup und andere Gewürzsaucen, bezahlt er den ermäßigten Steuersatz von 7 %, erwirbt er hingegen Tomatensaft, ist dieser mit dem Regelsteuersatz belastet. Leitungswasser ist mit 7 %, in Flaschen abgefülltes Wasser mit 19 % besteuert. Erwirbt er bei einem Imbissstand Speisen in Pappbehältern mit Serviette und Einwegbesteck – und auf Wunsch mit Ketchup und Mayonnaise – und verzehrt diese Speisen dann im Gehen, so gilt der begünstigte Umsatzsteuersatz von 7 %. Erwirbt und verzehrt er dieselben Speisen bei dem danebenliegenden Gartenrestaurant, so trägt er den Regelsteuersatz von 19 %. Unser Marktbesucher bleibt in der Regel unbeschwert, weil er von diesen steuerlichen Torheiten nichts weiß. Wüsste er, dass die Steuersätze so unterschiedlich sind, empfände er dieses als staatliche Willkür. Und das ist es auch.

Zwei Eigentümer tauschen ihre benachbarten Wohnungen

Das Steuerrecht trifft oft nicht auf den gesetzlich gemeinten Regelfall, sondern auf den *steuerbewusst gestalteten Grenzfall*. Dabei setzt das Steuerrecht der wirtschaftlichen Freiheit der Bürger grundsätzlich – anders als etwa das Wirtschaftsverwaltungsrecht – keine zwingenden Maßstäbe, wie der Mensch zu wirtschaften hat. Das Steuerrecht wartet den Erfolg freien privaten Wirtschaftens ab, knüpft dann aber seine Forderungen an das wirtschaftliche Ergebnis, ohne zu beachten, wie dieser Erfolg bemäntelt oder verschleiert worden ist. Der Schwiegervater wendet bei der *Kettenschenkung* seinem Schwiegersohn etwas zu, sucht dabei aber die höheren Freibeträge des Schenkungsteuerrechts für seine Tochter zu nutzen. Deswegen beschenkt er zunächst seine Tochter, verpflichtet diese aber im Schenkungsvertrag, den Betrag sofort an ihren Ehemann weiterzuleiten. Die Steuerrechtsprechung nimmt diesen Zwischenerwerb der Tochter schenkungsteuerrechtlich nicht zur Kenntnis und anerkennt nicht deren Freibeträge.

Bei der *»Überkreuzvermietung«* tauschen zwei Eigentümer benachbarter ähnlicher Eigentumswohnungen ihre Wohnungen und vermieten sich wechselseitig die nunmehr fremde Wohnung, um die Aufwendungen und Abschreibungen für die Fremdvermietung einkommensteuerrechtlich geltend zu machen, die ihnen bei Eigennutzung nicht zustünden. Die Rechtsprechung stellt hier fest, dass die Eigentümer ihre Wohnungen nicht zum Erwerb, sondern zur eigenen Lebensgestaltung nutzen, und versagt ihnen deshalb – wiederum zu Recht – die Abzugsmöglichkeit.

Versucht der Erwerber einer Eigentumswohnung die Grunderwerbsteuer dadurch zu verringern, dass er vom Bauträger vertraglich einen noch unbebauten Grundstücksteil erwirbt, zugleich aber vereinbart, dass er den Bauträger mit der Errichtung seiner Wohnung beauftragt, so erwirbt der Käufer in einem *kombinierten Kauf-Werk-Vertrag* ein bebautes Grundstück. Die Grunderwerbsteuer bemisst sich nicht nach dem Preis für den Grundstücksteil, sondern nach dem Preis für das gesamte fertiggestellte Objekt einschließlich Grundstück. Räumt der Vater seinem studierenden Sohn für die Dauer seiner Studienzeit einen *Nießbrauch an einer Darlehensforderung* ein, um die Zinserträge dem Sohn zukommen zu lassen, der dafür eine niedrigere Einkommensteuerprogression und eigene Freibeträge beansprucht, so ist dieser zivilrechtlich wirksame Übertragungsvorgang steuerlich unerheblich, weil er nur die Einkünfte – die Zinsen, nicht aber die Einkunftsquelle, die Darlehensforderung – dem Sohn überträgt.

Andererseits ist es selbstverständlich *legitim,* dass der Steuerpflichtige seine wirtschaftlichen Verhältnisse *so gestaltet, dass er möglichst wenig Steuern zahlen muss.* Wer sein Unternehmen in einer Kapitalgesellschaft verselbständigt, seinen Betrieb ins Ausland verlegt, Betriebsvermögen in Privatvermögen überführt oder ein Kind adoptiert, kann sicher sein, dass diese tatsächlichen Veränderungen auch die entsprechenden Steuerwirkungen zur Folge haben. Wer eine Partei gründet, eine gemeinnützige Stiftung errichtet oder an eine Universität spendet, darf alle dafür vorgesehenen steuerlichen Entlastungen in Anspruch nehmen. Wer nach Kenia auswandert und sein Wertpapiervermögen in Deutschland belässt, braucht nach geltendem Recht weder in Deutschland noch in Kenia seine Zinsen zu versteuern.

Auch bei der *steuerbewussten Wahl der Organisationsform eines Unternehmens* – der Wahl der Rechtsform der GmbH, der Kommanditgesellschaft oder der GmbH und Co. KG – hat die Steuergestaltung bisher weitgehend Anerkennung gefunden. Das Bundesverfassungsgericht fordert hier jedoch eine grundlegende Änderung: Die bloße Wahl der Organisationsform eines Unternehmens rechtfertige für sich genommen keine Belastungsunterschiede. In dem dort entschiedenen Fall der *»Schwarzwaldklinik«* hätte allein die Wahl der Rechtsform unterschiedliche Steuerlasten im Umsatz- und Gewerbesteuerrecht zur Folge gehabt. Wenn eine Schwarzwaldklinik von einem Chefarzt – einem Freiberufler – geführt wird, sieht das Gesetz von der Umsatz- und Gewerbesteuerbelastung ab. Wird dieselbe Schwarzwaldklinik in Form einer Gesellschaft mit beschränkter Haftung betrieben, ist die Klinik Gewerbebetrieb kraft Rechtsform, deshalb umsatz- und gewerbesteuerpflichtig. Das Bundesverfassungsgericht beanstandet diese formalistische Unterscheidung. Die Verweigerung der umsatzsteuerlichen Steuerentlastung allein wegen der Rechtsform des Unternehmens verstößt gegen das Gleichbehandlungsgebot. Auch die Garantie der Vereinigungsfreiheit wird durch die steuerliche Verteuerung der Wahl einer bestimmten Rechtsform gefährdet und inhaltlich ausgehöhlt.

Der Unternehmer zieht ins Niedrigsteuerland

Besonders problematisch sind in einer weltoffenen Wirtschaft die Fälle, in denen ein Unternehmen einen Betrieb ins Ausland verlegt und seine Auslandstätigkeit damit dem dort geltenden Steuerrecht unterwirft. Eine inländische Gesellschaft gründet in einem *Niedrigsteuerland* eine Gesellschaft, lässt sich dann überhöhte Preise in Rechnung stellen oder sich mit Konzernumlagen belasten, mindert damit die inländischen Gewinne und verlagert sie in das niedrig besteuerte Ausland. Hier fragt das Steuerrecht vor allem, ob die ausländische Gesellschaft eine erwerbswirtschaftliche oder nur eine vermögensverwaltende Tätigkeit entfaltet, ob sie tatsächlich oder nur formal aus steuerlichen Gründen existiert. Sodann prüft das Finanzamt, ob die Preise, die von zwei miteinander verbundenen Partnern vereinbart werden, auch unter Fremden so vereinbart worden wären.

Der Staat kann seine Steuergesetze nur in seinem Staatsgebiet verwirklichen; er steht im Übrigen in einer internationalen Konkurrenz offener Staaten. Wenn die Staatsgrenzen für Personen, Waren, Wissen, Leistungen und Kapital offen sind, können Unternehmen und Einzelpersonen Sitz und Wohnsitz in das Land verlegen, das ihnen rechtlich die besten Entfaltungsbedingungen bietet. Der Steuerpflichtige *ist dem Steuergesetz nicht mehr unausweichlich unterworfen,* sondern akzeptiert die Steuer durch Beibehaltung seines Sitzes oder weicht der Steuer aus, indem er seinen Sitz ins Ausland verlegt. Das Recht, einzuwandern oder auszuwandern, bietet auch das Recht, sich der neuen Steuerrechtsordnung zu unterwerfen. Doch versucht das *Außensteuerrecht* Maßstäbe zu entwickeln, um die tatsächliche grenzüberschreitende Erwerbstätigkeit von der nur formalen grenzüberschreitenden Zurechnungsgeste zu unterscheiden. Wer Produktion und Handel ins Ausland verlegt, wird dort besteuert. Wer aber eine im Inland fortgesetzte Erwerbstätigkeit nur formal – durch eine Briefkastenfirma – im Ausland leitet, bleibt im Inland steuerpflichtig. Die Steuer belastet die Erwerbstätigkeit, wie sie sich tatsächlich ereignet, nicht wie sie technisch dargestellt und rechtlich bemäntelt wird. Die tatsächliche Erwerbstätigkeit im Ausland ist steuerwirksam; die formale Geste einer Zuordnung inländischer Tätigkeiten zum Ausland ist steuerunwirksam. Grundsätzlich wird jeder in Deutschland erwirtschaftete Euro in Deutschland versteuert, aber auch nur jeder in Deutschland veranlasste Aufwand und Verlust für die deutsche Steuer beachtet.

7. Die Steuer als Garant der Freiheit

Wir brauchen wieder ein Steuerrecht, das den Steuerpflichtigen den Rechtsgedanken der Steuer vermittelt. Das Steuerrecht ist so zu erneuern, dass jedermann in einfachen Rechtsprinzipien erfährt, was der Staat von ihm erwartet, welche Steuerlasten er seinen Planungen zugrunde legen muss, welche einsichtigen Gründe eine Steuer rechtfertigen.

Steuer oder Staatsunternehmen

Die Steuer ist der *Preis der Freiheit*. Der Staat steht vor der Frage, ob er seinen Finanzbedarf durch Staatsunternehmen befriedigen, sich also mit eigenen Unternehmen am Erwerbsleben beteiligen soll oder ob er Arbeit und Eigentum in privater Hand belässt, das Wirtschaftsleben also in die freiheitliche Verantwortung von Berufstätigen und Eigentümern gibt, dann aber am Erfolg privaten Wirtschaftens teilhaben, also besteuern muss. Würde der Staat eigene Wirtschaftsunternehmen gründen, würde er Herrschaft über Löhne und Preise gewinnen, müsste aber die private Hand zu Gunsten der öffentlichen aus dem Markt verdrängen. Der Staat brauchte keine Steuer, weil er selbst den Preis für die angebotenen Waren und Dienstleistungen, die Höhe der Löhne, die Zuteilung der Gewinne bestimmt und daraus seinen Vorteil zieht. Garantiert der Staat hingegen Berufsfreiheit, Unternehmensfreiheit und Eigentümerfreiheit, belässt er also die Produktionsfaktoren Kapital und Arbeit in privater Hand, muss er sich durch Besteuerung der Gewinne, der Löhne, des Umsatzes und der Erbschaft finanzieren. *Die Steuer ist das Finanzierungsinstrument der Freiheit, das Staatsunternehmen das der Staatsherrschaft.*

Die Steuer gibt Empfangenes zurück

Eine Steuer rechtfertigt sich aus dieser freiheitsgerechten Finanzierung des staatlichen Bedarfs, im *Belastungsgrund der Einzelsteuer aber auch aus den Leistungen,* die der Einzelne bei der Verbesserung seines Einkommens und Vermögens von der Rechtsgemeinschaft erhalten hat. Wer ein Einkommen erzielt, empfängt das Entgelt für die erbrachte Leistung als Arbeitnehmer, als Gewerbetreibender, als Arzt oder als Vermieter. Doch diese selbst verdiente Leistung ist nur möglich, weil der Staat die Bedingungen für ein freies Wirtschaften schafft: Er sichert den inneren und äußeren Frieden, so dass der Mensch unbeschwert seiner wirtschaftlichen Tätigkeit nachgehen kann. Er bietet ein Vertragsrecht an, in dem die Beteiligten ihre Absprachen verbindlich treffen können. Er stellt den Euro bereit, nach dem sie den Wert ihrer Güter bemessen, ihre Preise vereinbaren, ihre Werte aufbewahren. Er bildet in seinen Schulen und Hochschulen qualifizierte Arbeitskräfte, aber auch schreib- und rechenkundige Nachfrager und Konsumenten aus und ermöglicht so technische und organisatorische Spitzenproduktionen, einen Handel unter den Bedingungen der modernen Geld- und Scheckwirtschaft, eine Werbung mit den Aussagen des Wortes und der sprachlichen Pointe. Die Rechtsgemeinschaft stellt aber vor allem Kaufkraft bereit, die ein Leistungsangebot annimmt und bezahlt.

Das persönliche Einkommen ist also selbst verdient, zugleich aber Erfolg unserer Rechtsordnung, unseres Marktes, unserer kaufkräftigen wirtschaftlichen Gemeinschaft. Deswegen beansprucht der Staat, der diese Gemeinschaft repräsentiert, von demjenigen, der individuelles Einkommen erzielt hat, einen *maßvollen Anteil* seines Einkommens als Steuer, damit diese Rahmenbedingungen auch in Zukunft sichergestellt werden können. Dabei ist dem Staat auch bewusst, dass hohe Einkommen nicht nur Folge eines hochqualifizierten Leistungsangebotes sind, sondern auch Ausdruck der Neigungen, Gewohnheiten und Moden der Nachfrager. Wenn der Autor eines Kriminalromans sein Buch in wenigen Wochen in einfacher Sprache, einfachem Aufbau und einfachem Handlungsablauf schreibt, gewinnt er vielleicht zwei Millionen Käufer. Schreibt ein anderer Autor in dreijähriger Tag- und Nachtarbeit ein Buch über ein besseres Steuerrecht, mag er allenfalls auf 20000 Käufer hoffen. Nicht immer entspricht die Höhe des Einkommens der Qualität des Angebots.

Auch der *Umsatz* beruht nicht nur auf der Kaufkraft des Nachfragers, sondern ebenso auf der Vielfalt und Buntheit der Angebote. Wer über Geld verfügt, kann in unserem Marktsystem nahezu alles kaufen, was er sich von diesem Markt erhofft. Die Schaufenster und Regale sind gefüllt; er kann beliebig auswählen, wird als Kunde umworben, als zahlungskräftiger Käufer aufmerksam und wohlwollend empfangen. In anderen Rechtsordnungen genügt Geld allein nicht zum Kauf. Wer ein Auto, ein Fernsehgerät oder einen Laptop erwerben will, muss sich dort in eine Schlange einreihen, in eine Warteliste eintragen, gute

Beziehungen – ein Netzwerk – nutzen oder Tauschgüter anbieten. Wer einen Hunderteuroschein in der Tasche hat und einen gewaltigen Hunger verspürt, wird heute in unseren Städten unter vielen Gaststätten und Restaurants wählen können. Stünde er in der Wüste, würde er trotz des Hunderteuroscheines verhungern. Auch der freie Gütertausch ist eine Leistung unserer Hochkultur, die Frieden, Vertragsfreiheit, das sichere Tauschmittel des Geldes, qualifizierte Mitarbeiter, Nachfrager und Kaufkraft gewährt. Um diese Bedingungen des Tauschens auch für die Zukunft zu sichern, fordert der Staat eine Umsatzsteuer.

Auch der Erbe kann seine *Erbschaft* nur antreten und genießen, weil die Rechtsordnung ihm sein gesetzliches oder testamentarisches Erbrecht sichert, der Friede und das Verfassungsrecht seine Freiheit auch in der Erbnachfolge stützen, er nach den Bedingungen unseres Marktes über sein Erbe frei verfügen kann, er die in der Erbschaft angelegte Freiheit des Erwerbs, der Lebensführung und der neuen Entfaltungsmöglichkeiten unbeschwert genießen kann. Deshalb fordert der Staat die Erbschaftsteuer.

Die Steuer rechtfertigt sich als *der kollektive Preis für die rechtlichen und wirtschaftlichen Voraussetzungen, finanzielle Leistungsfähigkeit zu erwerben*. Bemessen wird sie als *Gemeinlast*, nicht als Entgelt. Der Einzelne trägt finanziell zum Erhalt und zur Entwicklung dieser Kultur bei, weil er finanzielle Leistungsfähigkeit erwerben konnte. Die individuell erlebten Staatsleistungen – der polizeiliche Schutz, die schulische Bildung, die Sozialhilfe – werden selbstverständlich nicht entgolten. Die Steuer sichert den unbefangenen Finanzstaat, dem Verkauf und Kauf von Staatsleistungen fremd sind.

Die Steuer entsteht, wenn der Mensch freiwillig am Markt tätig wird

Traditionell wurden Steuern erhoben, *weil der Herrscher dem Untertan Sicherheit bot,* ihr Leben und ihr Vermögen schützte. Steuergegenstand sind dann die geschützte Person und das geschützte Vermögen. Das Belastungssystem aus Kopf- und Vermögensteuer ist vorgezeichnet. Später erwartete der Herrscher, dass *der Untertan seine Arbeitskraft und sein Vermögen auch für ihn einsetze*. Die Steuerlast wurde dementsprechend nach den jeweiligen Erwerbsmöglichkeiten bemessen. Die Steuer belastete den Ertrag, den der Steuerpflichtige hätte erzielen *können*. Steuergegenstand waren Grund und Boden, gewerblicher und landwirtschaftlicher Betrieb, Gebäude und Personen.

Heute sucht der Staat die Steuer möglichst freiheitsschonend auszugestalten. Er erwartet nicht mehr vom Vermögen, vom Gewerbekapital oder vom landwirtschaftlichen Betrieb bestimmte Erträge, die erzielt werden könnten, sondern wartet ab, ob der Steuerpflichtige tatsächlich Erträge erzielt hat. Die Steuer greift zu, wenn der Steuerpflichtige sich freiwillig am Markt betätigt und *dort ein Einkommen erzielt hat*. Lässt der Mensch seine Talente ungenutzt, seine Grundstücke brachliegen und seinen Betrieb unbewirtschaftet, entsteht keine Steuerschuld. Die Steuerschuld vertreibt also den nicht Erwerbswilligen, nicht Erwerbsfähigen oder Untüchtigen nicht aus seinem Vermögen, sondern nimmt am Erwerb des Tüchtigen teil. Der steuerliche Zugriff auf das hinzuerworbene Einkommen schont die Freiheit des Bürgers für oder gegen den Erwerb.

Gleiches gilt im Grundsatz für die Umsatzsteuer, die Verbrauch- und Verkehrsteuern. Die Steuer entsteht erst, wenn *der Nachfrager seine Kaufkraft eingesetzt und etwas erworben hat*. Solange er sein Geld spart, sich an den millionenfachen Erwerbsmöglichkeiten seines Geldes vergnügt, fällt Umsatzsteuer nicht an. Auch bei der Grunderwerbsteuer, der Versicherungsteuer, der Feuerschutzsteuer und der Rennwett- und Lotteriesteuer sind gezahlte Entgelte Bemessungsgrundlage der Steuern. Die Verbrauchsteuern auf Tabak, Alkohol, Kaffee und Energie entstehen zwar regelmäßig, wenn die Ware den Betrieb verlässt und den freien Marktverkehr erreicht. Der Belastungsgedanke bleibt aber der gleiche: Getragen wird die Steuer von dem Verbraucher, der die Verbrauchsgüter tatsächlich erworben und bezahlt hat.

Direkte und indirekte Steuern werden nebeneinander erhoben und erzielen jeweils zusammen ein ähnliches Steueraufkommen. Doch *die direkte Steuer kann die Steuerlast individuell* dem Steuerpflichtigen entsprechend seinem Einkommen und Vermögen *zumessen*. Die indirekte Steuer belastet den Unternehmer, der die Steuer dann auf den Endverbraucher überwälzt. Sie nimmt diesen Steuerträger nicht zur Kenntnis. Er muss die Steuer zahlen, mag er Millionär oder Arbeitsloser sein, seine Nachfrage aus Einkommen oder aus Kredit finanzieren. Doch die indirekte Steuer belastet eher die kleinen Einkommen. Wer sparen und investieren kann, wird insoweit von der indirekten Steuer nicht erfasst. Die indirekten Steuern gelten deshalb herkömmlich als Steuern der Aristokratie, die direkten Steuern als Steuern der Demokratie.

Auch die *Erbschaft- und Schenkungsteuer* kann für die Schenkung und die testamentarische Erbfolge als *freiwillige Güterbewegung* verstanden werden. Die gesetzliche Erbfolge allerdings erfasst allein die Bereicherung des Erben, belastet dabei aber auch einen Vermögensneuerwerb. Die Steuer verteuert jeweils einen Erwerb; sie verdrängt nicht aus einem Bestand.

Die Steuer stärkt Leistungsbewusstsein

Die Steuer ist somit Bedingung für unser Wirtschaften und damit für die allgemeine Prosperität. Deswegen muss sie so gestaltet sein, dass sie *die Leistungsfähigkeit nicht hemmt, die Leistungsbereitschaft nicht verfälscht*. Die maßvolle und allgemein verständliche Steuer wird sogar das allgemeine Leistungsbewusstsein und die Leistungsfreude stärken, damit das Fundament unseres freiheitlichen Wirtschaftssystems festigen. Während gegenwärtig der Kleinverdiener scheel auf den Großverdiener schaut und fragt, warum dieser so viel und er so wenig Einkommen erzielt, wird auch der Kleinverdiener in Zukunft Freude am wirtschaftlichen Erfolg des Großverdieners haben, wenn er sich gewiss ist, dass dieser Erfolg – etwa zu 25 % – der Allgemeinheit und damit auch ihm zugute kommt. Für die Zukunft wird er hoffen, dass der wirtschaftliche Erfolg des anderen weiter wächst, damit noch mehr Geld in die Gemeinschaftskasse fließt.

Gegenwärtig allerdings empfinden viele Steuerzahler die Steuerlast nicht als notwendige Begleitung ihres Erfolges, sondern als *Ausdruck des Neides* der anderen. Diese Sicht ist völlig verfehlt. Selbstverständlich mag der Geringverdiener kritisch und emotional auf den Großverdiener schauen. Das wäre aber nicht anders, wenn wir die Rollen einmal vertauschten, und der Firmenchef nunmehr 20 000 Euro im Jahre verdiente, sein Mitarbeiter aber eine Million Euro. Nun würde der Chef fragen, ob es gerecht sei, dass sein Mitarbeiter so viel verdiene. Er würde aber vermutlich gutheißen, dass er von seiner Million 250 000 in die Gemeinschaftskasse abgeben müsse. Eine Gemeinlast erscheint insbesondere plausibel, wenn sie den Nachbarn trifft.

Einkommensunterschiede und unterschiedliche Steuerlasten dürfen deshalb nicht nur – emotional – beobachtet, sondern müssen in ihrem rechtfertigenden Grund befragt werden. Dadurch wird bewusst, dass *höhere Leistungen höhere Einkommen rechtfertigen*. Welche Leistung aber hochwertig und welche geringwertig ist, bestimmt nicht das staatliche Gesetz, sondern die Allgemeinheit der Nachfrager, die für eine ihnen wertvoll erscheinende Leistung einen hohen Preis, für eine ihnen geringwertig erscheinende Leistung einen geringen Preis bezahlen.

Wenn die Steuer ein allgemeines Bewusstsein schafft, dass der Großverdiener viel, der Kleinverdiener wenig in die Gemeinschaftskasse zahlt – der Einkommensmillionär 250 000 Euro, der Lohnempfänger mit 20 000 Euro Jahreseinkommen 1750 Euro –, so trägt das Steuerrecht zur Freude am wirtschaftlichen Erfolg des anderen bei. Diese könnte gestärkt werden, wenn jedenfalls einmal im Monat ein *Steuer-Dax* im Fernsehen gezeigt würde, der die dreißig erfolgreichsten Steuerzahler des Monats – notwendig identisch mit den dreißig erfolgreichsten Unternehmern – vorstellen und damit dem Steuerzahler bewusst machen würde, was diese Unternehmer durch Steuerzahlung für die Allgemeinheit getan haben. Und wenn dann der Bundespräsident, jeder Ministerpräsident, jeder Bürgermeister zum Jahresanfang jeweils die dreißig ehrbaren Steuerzahler mit den größten Zahlungen einladen würde, um sich öffentlich bei ihnen für ihren wirtschaftlichen Erfolg – 75 % zum privaten Nutzen, 25 % für die Gemeinschaft – zu bedanken, würde sich das Denken in Deutschland grundlegend verändern.

Hat sich diese Freude an der – zu einem Viertel gemeindienlichen – Leistung des anderen langsam entwickelt, *wird unsere Gesellschaft freiheitsfähig*. Sie lebt von den Spitzenleistungen der Erfinder, Wissenschaftler, Unternehmensgründer, Künstler und Sportler, nimmt steuerlich an deren Einkommenserfolg teil und richtet die gesamte Gemeinschaft darauf aus, dass möglichst viele Menschen erfolgreich sind. Diese freie Gemeinschaft bringt Leistungsbereitschaft und Leistungsfähigkeit zur Entfaltung, wirft nicht den Erfolgreichen zurück. Das Steuerrecht kann somit idealtypisch einen Weg von der scheelen zur tatkräftigen Leistungsgesellschaft erschließen.

8. Die Steuer als Gegner der Freiheit

Wem dieser Gedanke zu idealistisch erscheint, sollte sich fragen, welcher *bessere Gedanke* ihn bestimmt. Wir müssen bereit sein, zum Besseren zu denken, dürfen nicht in Fehlentwicklungen resignieren und diese als »politische Realität« festschreiben.

Jeder gezahlte Euro mindert Freiheit

Geld gibt Freiheit. Jeder an den Fiskus gezahlte Euro vermindert die wirtschaftliche Grundlage, auf der ein Steuerpflichtiger seine Freiheit entfaltet. Die Steuer ist ein Eingriff in das verfassungsrechtlich geschützte Geldeigentum des Steuerpflichtigen und muss deshalb vom Gesetzgeber besonders gerechtfertigt werden. Der staatliche Finanzbedarf und der steuerliche Zugriff auf Wertbewegungen, die lediglich den Preis des Tausches verteuern, können eine Steuer rechtfertigen, wenn sie maßvoll ist. Deswegen muss der Staat immer wieder die Notwendigkeit seiner Finanzaufgaben überprüfen, seine Mittel sparsam bewirtschaften, in der Gleichheit der Steuer die Gemeinlast auf alle Schultern verteilen und dadurch für den Einzelnen maßvoll gestalten.

Dieses Maß ist in der Geschichte immer wieder nicht nur beschrieben, sondern auch in Bildern und Poesie ausgedrückt, nicht nur gesprochen, sondern »besungen« worden. *Man solle die Kuh melken, aber nicht schlachten,* die Gans so rupfen, dass sie unter möglichst wenig Geschrei so viele Federn wie möglich lässt, bei der Schafschur und bei Steuern aufhören, sobald die Haut erreicht sei. »Ein König richtet das Land auf durch Recht. Wer aber Steuern erpresst, richtet es zugrunde.« »Die große Kunst« der Besteuerung »besteht nun darin, diese Summen zu erheben, ohne die Staatsbürger zu bedrücken«.

In den frühen Anfängen von Gruppen- und Menschenrechten gegen die Obrigkeit war der *Schutz gegen willkürliche und maßlose Steuern* –

neben dem Schutz vor willkürlicher Verhaftung – *stets eines der ersten Grundanliegen.* In der Tradition der deutschen Staatsphilosophie spricht Friedrich der Große in seinem Zweiten politischen Testament (1768) von der »großen Frage«, ob man bei der Besteuerung das Wohl des Staates oder das des Einzelnen vorziehen müsse. »Ich antworte, dass der Staat aus Einzelnen zusammengesetzt ist und es nur ein Wohl für den Fürsten und seine Untertanen gibt. Die Hirten scheren ihre Schafe, aber sie ziehen ihnen nicht das Fell ab. Es ist gerecht, dass jeder Einzelne dazu beiträgt, die Ausgaben des Staates tragen zu helfen, aber es ist gar nicht gerecht, dass er die Hälfte seines jährlichen Einkommens mit dem Souverän teilt. Bauer, Bürger und Edelmann müssen in einem gut verwalteten Staat einen großen Teil ihrer Einkünfte selbst genießen und sie nicht mit der Regierung teilen.«

Karl von Rotteck sagt für den europäischen Liberalismus im 19. Jahrhundert, die Neuzeit habe den Anmaßungen des Fiskus »den Krieg erklärt«, zu denen auch »jene prinziplosen oder bloß von Willkür oder von hablustiger Berechnung diktierten Steuersysteme« gehören, die im Maß ihrer Forderung durch die Wahl der Besteuerungsgegenstände und durch die Art der Lastenverteilung Gleichheit und Verhältnismäßigkeit verletzen.

Stets geht es um einen Maßstab, der »dem Kaiser gibt, was des Kaisers ist«, dadurch werden aber die *Einkommens- und Vermögensverhältnisse des Steuerpflichten nicht grundlegend verändert.* Das Bundesverfassungsgericht betont von Anfang an, dass die Eigentumsgarantie den Steuerpflichtigen vor einem »erdrosselnden Eingriff« und »einer grundlegenden Veränderung seiner Einkommens- und Vermögensverhältnisse« bewahre. In der Entscheidung über die Vermögensteuer drückt das Gericht diese Grenze in Zahlen aus, nimmt dabei das Wort Friedrichs des Großen auf und stellt fest, dass die steuerliche Gesamtbelastung »in der Nähe einer hälftigen Teilung zwischen privater und öffentlicher Hand« verbleiben muss. Diese Obergrenze für die Gesamtsteuerlast in der Nähe der hälftigen Teilung ist in einer späteren Entscheidung des Bundesverfassungsgerichts zwar wieder auf das Verbot einer grundlegenden Beeinträchtigung des wirtschaftlichen Erfolges zurückgenommen worden. Diese Entscheidung verstärkt aber den verfassungsrechtlichen Schutz des Privateigentums gegenüber der

Besteuerungsgewalt und betont den Auftrag des Steuergesetzgebers, eine Überbelastung des Steuerpflichtigen zu vermeiden.

Die Steuer ist der Preis der Freiheit, aber nur eine maßvolle Steuer fordert einen der Freiheit angemessenen Preis.

Lenkungsteuern steuern in die Unfreiheit

Anreiz zur ökonomischen Torheit

Der Steuerpflichtige verliert aber über die Zahlungspflicht hinaus ein wesentliches Stück seiner Freiheit, wenn das Steuerrecht ihn durch Sonderlasten oder Steuervergünstigungen drängt, *seine Freiheiten in einer staatlich erwünschten Weise auszuüben*. Die Steuern auf alkoholische Getränke sollen den Einzelnen »abschrecken«, Alkohol zu trinken. Die Kraftfahrzeugsteuer entlastet den Halter, dessen Fahrzeug umweltfreundlich ausgerüstet ist. Der Staat fordert Steuern zur Finanzierung seiner Aufgaben, bedroht oder begünstigt dabei aber den Steuerpflichtigen so, dass dieser sich in seinem nicht steuerpflichtigen Verhalten nach den steuergesetzlichen Vorgaben richtet.

Die Lenkung des Steuerpflichtigen durch staatliche Anreize und Abreize ist heute keine Randerscheinung des Steuerrechts mehr, sondern für viele Erwerbszweige und Marktregionen die *Regel*. Banken- und Versicherungsgeschäfte sind heute weitgehend Steuergeschäfte. Die Bank umwirbt den Anleger mit der Verheißung von Steuerersparnissen, weniger mit dem Versprechen angemessener Renditen. Der Versicherungsnehmer kauft nicht eine Allianzrente, sondern eine Riesterrente. Bausparer und Rentensparer fragen nach einem Anlagemodell, das für das eingesetzte Kapital Steuern spart und einen möglichst großen Teil der Rendite unbesteuert lässt. Das deutsche Steuerrecht hat so in den unterschiedlichsten Bereichen – insbesondere der Landwirtschaft, des Bergbaus, des Verkehrs, der Wohnungsvermietung, der Regionalpolitik – Kapitalströme geleitet, aber auch fehlgeleitet und Kapital vernichtet. Oft sind dabei die Kosten der Steuervermeidungsstrategie höher als die Steuerersparnis, etwa wenn der Steuerpflichtige eine nicht sinnvolle Fremdfinanzierung wählt, eine Investition entgegen den Bedürfnissen seines Unternehmens vorzieht oder verschiebt, einen Standort trotz schlechterer Arbeitskräfte und Absatzmöglichkeiten ins steuergünstige Ausland verlegt oder seinen Betrieb »steueroptimierend« in eine Vielzahl von Gesellschaften untergliedert, bis das Unternehmen kaum noch beherrschbar und kontrollierbar ist. Der dramatische Fall der *»Schrottimmobilie«* zeigt die Fehlentwicklung. Investoren haben wegen der Werbung mit einer Steuerersparnis Grundstücke erworben, die sich nicht vermieten, deswegen auch nicht veräußern ließen. Sie haben »Schrott« gekauft, Kapital verbrannt, dafür oft einen Kredit aufgenommen, und stehen deshalb vor der Asche ihrer Investition und vor der Realität ihrer Schulden. Das staatliche Steuergesetz hat den Steuerpflichtigen auf den Weg der Unvernunft, in das ökonomische Unglück geführt.

Diese steuerliche Verengung individueller Freiheit ist teilweise *widersprüchlich.* Einmal zieht der Zügel das Pferd nach rechts und dann nach links. Der Staat fördert den Tabakanbau, sucht aber gleichzeitig das Rauchen durch Rauchergesetze und Tabaksteuer zu unterbinden. Er verteuert den Energieverbrauch durch Energiesteuern, bietet aber dem öffentlichen Personennahverkehr, der Binnenschifffahrt und den Luftfahrtbetrieben Steuervergünstigungen. Der Bundesrechnungshof beanstandet deshalb, dass den Gesetzen »aussagefähige Ziele« fehlten, dass deswegen eine Prüfung nicht möglich sei, »ob die Vorschrift notwendig und angemessen ist, das angestrebte Ziel zu erreichen«.

Ein Verhalten, das dem Steuerpflichtigen *nach eigener Einsicht ökonomisch sinnvoll erscheint, braucht keinen steuerlichen Anreiz.* Der Steuerpflichtige wird wie geplant investieren, dabei die angebotene Steuervergünstigung – als Mitnahmeeffekt – mitnehmen und dadurch die anderen Steuerpflichtigen belasten, die den lenkungsbedingten Ertragsausfall durch Mehrzahlungen auszugleichen haben. Lenkt die Steuer hingegen zu einem Verhalten, das der Steuerpflichtige nach eigener ökonomischer Einschätzung so nicht wählen würde, drängt es in die ökonomische Torheit, wenn der Grundgedanke unseres Wirtschaftssystems richtig ist, dass individuelles Erwerbshandeln nach eigenverantwortlichem, wettbewerblichem Gewinnstreben am ehesten individuellen Bedarf erkundet und befriedigt, die Erneuerungsfähigkeit des Wirtschaftssystems wahrt und in der Summe der individuellen Erwerbsanstrengungen am ehesten das allgemeine Wohl fördert.

Die Gegenwehr wird geschwächt

Das *rechtspolitische Unbehagen* an diesem von Anreiztatbeständen, Sonderlasten und Regelwidrigkeiten durchsetzten Steuerrecht ist allgemein. Es gibt mehr als 500 Ausnahme-, Privilegien- und Lenkungstatbestände allein im deutschen Einkommensteuerrecht. Das Arglistige dieses Rechts liegt in dem Befund, dass fast jeder Steuerpflichtige mindestens eine dieser Bevorzugungen in Anspruch nimmt, er sich deshalb auf Seiten der Begünstigten wähnt, ohne zu ahnen, dass sein Konkurrent oder gar sein Feind deutlich mehr Privilegien in Anspruch nehmen darf. Dieses *vermeintliche Empfinden eines Privilegs schwächt die Gegenwehr* gegen Steuerlenkungen; es lässt die steuerliche Bevormundung als Verlockung spürbar werden und *verschleiert das Kartellsystem* gruppenerkämpfter und gruppennütziger Ausnahmetatbestände. Wenn jeder Steuerpflichtige sich zumindest in einem Vorzugstatbestand für die Nutzung dieses Privilegiensystems hat kaufen lassen, mag er dieses Belastungssystem öffentlich kritisieren, wird es aber individuell nutzen. Günstlinge eines Herrschaftssystems sind schlechte Kämpfer gegen Übermaß und Willkür dieser Herrschaft. Kritiker könnten verstummen, wenn das kritikwürdige System ihnen Vorteile zu bringen scheint.

Wenn die Steuervergünstigung den Steuerpflichtigen drängt, ein bestimmtes – etwa ein umweltfreundliches – Verhalten zu wählen, er sich aber durch Steuerzahlung von dieser Verhaltenslast freikaufen kann, verliert der freiheitsverpflichtete Staat seine Distanz gegenüber dem freiheitsberechtigten Bürger. *Das Steuergesetz lenkt schon die Entstehung von Handlungsmotiven,* wirkt bereits auf die Entstehung eines Willens ein. Die steuerliche Verteuerung eines Autos ohne Katalysator bestimmt die Kaufentscheidung des Käufers. Die Bevorzugung der Kapitalgesellschaft lenkt die Wahrnehmung der Vereinigungsfreiheit. Die Steuerentlastung für Kunst und Wissenschaft legt eine Finanzierung in diesen Lebensbereichen nahe. Der Steueranreiz für die Denkmalpflege oder für den umweltschonenden Energieverbrauch berührt das Recht an der eigenen Wohnung. Ein Steueranreiz, das Kleinkind in Fremdbetreuung zu geben, greift in den Kern der verfassungsrechtlich geschützten Selbstbestimmung der Eheleute ein.

Der Reiche erhält die höhere Subvention

Steuervergünstigungen und Sonderbelastungen durchbrechen die gesetzliche Regelbelastung und schaffen durch eine bewusste Bevorzugung oder Benachteiligung *Ungleichheit.* Diese ist rechtfertigungsbedürftig. Das gilt insbesondere, wenn der gelenkte Steuerpflichtige einen Teil seines Einkommens von der *progressiven Einkommensteuer* ausnehmen darf. Der gut Verdienende erhält dann wegen seines hohen Einkommens eine Subvention von 45 Cent pro eingesetztem Euro, der Mittelverdiener nur 25 Cent, der Kleinverdiener 0 Cent. Der steuerlich überbrachte Lenkungsanreiz erreicht den Geringverdiener in der Regel nicht, weil dieser ohnehin keine Einkommensteuer zahlt. Zudem hat allein der Gutverdiener dank hohen Einkommens die Freiheit, durch Steuerzahlung dem Lenkungsanreiz auszuweichen.

Die Lenkungsteuer ist damit *zielungenau.* Sie erreicht oft nicht den gemeinten Adressaten. Der einkommensteuerliche Anreiz zu einer umweltfreundlichen Anlage spricht den Geringverdiener nicht an, weil er sowieso keine Einkommensteuer schuldet. Der Umweltschutz durch erhöhte Energiesteuern trifft den Mountainbiker nicht, weil dieser die Umwelt nicht durch Benzinverbrauch belastet. Lenkungsteuern sind deswegen nur geeignet, wenn das angestrebte Verwaltungsziel auch verfehlt werden kann.

Vielfach trägt die Lenkungsteuer auch einen *Widerspruch in die staatlichen Organe.* Bei der Ökosteuer wirkt der Umweltminister auf die größtmögliche Schonung der Umwelt, also auf eine Verringerung der Steuererträge hin. Der Finanzminister hingegen arbeitet auf gleichbleibende, möglichst steigende Erträge hin – und damit auf eine stetige, wachsende Umweltbelastung. Die Bundesregierung wird institutionell befangen.

Die Steuersubventionen ufern gegenwärtig in einer Vielfalt und Widersprüchlichkeit aus, so dass das Parlament und die Öffentlichkeit *weder das Gesamtvolumen* der Steuersubventionen und Begünstigten *noch die einzelnen Begünstigungstatbestände kennen.* Sie brauchen sie auch nicht – anders als bei den Leistungssubventionen – in den jährlichen Haushaltsberatungen zu prüfen. Der Subventionsempfänger bedient sich selbst, indem er den steuerlich angebotenen Entlastungstatbestand erfüllt. Die Wirkungen und Kosten der Subvention werden dann – anders wiederum als bei der Leistungssubvention – nicht in einem Verwaltungsverfahren geprüft. Die Öffentlichkeit missversteht die Steuersubventionen deshalb oft als ungerechtfertigte Steuerschlupflöcher. Das Steuergesetz ist in seinem Gerechtigkeitsauftrag diskreditiert.

Subventionen zu Lasten fremder Kassen

Wenn die Subvention durch Geldzahlungen geleistet wird, muss die subventionierende Körperschaft – der Bund, die Länder, die Gemeinden, die Europäische Union – dieses Geld aus ihrem Haushalt finanzieren. Eine Steuersubvention hingegen wird vielfach zu Lasten fremder Kassen finanziert. Die wichtigsten Steuern – die Einkommen-, Körperschaft- und Umsatzsteuer – sind Gemeinschaftsteuern; der Ertrag anderer, insbesondere der Erbschaftsteuer, steht allein den Ländern zu. Doch die Steuerentlastungen werden in der Regel vom Bundesgesetzgeber angeboten. Dann müssen die Länder wesentliche Lasten der bundesgesetzlich angebotenen Subventionen tragen. Der Bund bestimmt Inhalt, Ziel und Kosten der Subvention, zwingt aber die Länder zur Mitfinanzierung.

Auch die Diskussion um die *Staatsquote* verliert ihre Vernünftigkeit, solange Steuervergünstigungen staatliche Mindereinnahmen vorspiegeln, obwohl der Staat mit diesen Steuervergünstigungen Herrschaft auch über das Kapital des Steuerpflichtigen gewinnt, das eigentlich für Besteuerungen nicht zur Verfügung steht. So dehnt der Staat seine Macht in die Privatwirtschaft und das Privateigentum aus, nimmt aber formal die Steuerquote zurück. Die Finanzmacht des Staates scheint verringert, ist tatsächlich aber wirkkräftig ausgedehnt worden.

Schließlich muss sich der Gesetzgeber immer wieder bewusst machen, dass die *Steuervergünstigung für den einen durch eine Zusatzbelastung für den anderen erkauft* wird. Solange die Staatsaufgaben nicht zurückgenommen werden, die Steuererträge also gleich bleiben müssen, ist des einen Gunst des anderen Last. Ein radikaler Abbau aller Vergünstigungs-, Lenkungs- und Ausnahmetatbestände würde den Einkommensteuergesetzgeber befähigen, die Steuersätze in der Einkommensteuer radikal zu senken, die Freibeträge auf 10 000 Euro pro Person und Jahr zu erhöhen, die Anfangseinkommen von 20 000 Euro pro Jahr durch einen Sozialausgleich zu entlasten, auf dieser Grundlage einen *einheitlichen Steuersatz von 25 %* einzuführen.

Regeltatbestände führen auf Irrwege

Einen wesentlichen Freiheitsverlust erleidet der Steuerpflichtige auch, wenn er sich *durch Regeltatbestände des Steuerrechts vom geradlinigen Weg unternehmerischen Entscheidens abbringen lässt.* Er sehnt sich *steuerlich* nach hohen Wertberichtigungen und Verlusten, nach geringen Erträgen und Gewinnen. Diese Bemühungen richten sich allerdings nur auf die steuerliche Darstellung des wirtschaftlichen Sachverhalts, nicht auf den tatsächlichen Erwerbserfolg, der weiterhin Gewinne vermitteln soll. Das Steuerrecht trägt in den erwerbswirtschaftlich tätigen Menschen einen Zwiespalt: Er sucht den immer größeren Erfolg, möchte aber steuerlich in stetigem Misserfolg gesehen werden.

Viele Gesellschaften schütten Gewinne aus, obwohl sie steuerlich Verluste ausweisen. Sie investieren, obwohl steuerlich keine Investitionskraft – kein Eigenkapital – erwirtschaftet worden ist. Sie zahlen erfolgsabhängige Boni, obwohl die Steuererklärung einen Misserfolg betrauert. Damit wird *die Freiheitsidee,* jeder müsse den Staat steuerlich maßvoll an seinem wirtschaftlichen Erfolg teilhaben lassen, *verfehlt.* Der Unternehmer nutzt die staatlich gewährten Rahmenbedingungen seines Wirtschaftens – den Frieden, das Vertragsrecht, den Euro, die Qualifikation seiner Arbeitnehmer, die Bildung und die Kaufkraft seiner Kunden –, um Einkommen zu erzielen, sucht aber die Finanzierungslast dieses Systems jeweils anderen Steuerpflichtigen aufzubürden. Eine solche Umverteilung verfälscht den kollektiven Preis für die Nutzung von Gemeingütern; sie gefährdet damit die Überzeugungskraft des Freiheitsgedankens und langfristig das System einer freien Marktwirtschaft.

Die Last des Verschweigens und Verschleierns

Das gegenwärtige Steuerrecht, das Steuervergünstigungen anbietet und Steuervermeidungsstrategien zulässt, führt zu einem weiteren, besonders schwerwiegenden Verlust an Freiheit. Wer sich auf Steuergestaltungen in der Grauzone des Rechts oder jenseits des Rechts eingelassen hat, verweigert die gesetzlich geschuldete Steuerzahlung, nähert sich mehr und mehr der Illegalität, der Kriminalität. Damit *verliert er den Status des selbstbewussten, zur stolzen Gegenwehr bereiten, freien Bürgers,* der sich gegen Fehlentwicklungen des Steuerrechts wehrt und auf grundlegende Steuerreformen drängt. Das Steuerrecht begegnet einem willfährigen Steuerzahler.

Das Steuerrecht hat seine Vertrauenswürdigkeit verloren. Dem Steuerpflichtigen leuchtet es nicht ein, warum er so viel und sein Konkurrent vielleicht so wenig Steuern zu zahlen haben. Der Steuerpflichtige empfängt den Steuerbescheid nicht mehr als Ausdruck seiner wirtschaftlichen Leistungsfähigkeit, die ihn stolz machen könnte, sondern empfindet die Steuerschuld als einen *intellektuellen Selbstvorwurf,* weil er bei hinreichender Gestaltungscleverness die Steuerlast hätte verringern oder vermeiden können. Und wenn er seine Steuererklärung eigenhändig mit seinem guten Namen unterschreibt, mag er bestätigen, dass er seinen Steuerberater sorgfältig ausgesucht hat. Das Recht verlangt – bis zum Jahr 2005 noch ausdrücklich – von ihm jedoch die Aussage, das Erklärte sei richtig. Diese Aussage wird er nicht machen können, weil er die Anforderungen des Steuergesetzes nicht verstehen kann. *Der Staat fordert etwas Unmögliches.* Doch der Steuerpflichtige erklärt nun nicht, er sehe sich zu der geforderten Aussage nicht in der Lage, sondern arrangiert sich mit dem Formular, erfüllt also Steuerrechtspflichten nicht mehr mit der gleichen Gediegenheit, in der er einen Vertragstext prüfen und unterzeichnen würde. Und schon die leichtfertige fehlerhafte Steuererklärung wird mit einer Geldbuße belegt.

Diese Labilität gegenüber dem Recht *führt den Pflichtigen in die Grauzonen des Rechts* und schließlich in die Bereitschaft zur Steuerhinterziehung. Nach Beobachtungen von Experten ist die Steuerhinterziehung inzwischen zum Massendelikt geworden. Bei Auslandseinkünften, bei der Schwarzarbeit, an der Grenze zwischen Betriebs- und Privatsphäre, bei der Zurechnung von Aufwand und Ertrag werden steuerlich erhebliche Tatsachen unrichtig dargestellt, um Steuern zu verkürzen. Der strikt auf Steuerlegalität bedachte Nachfrager gewinnt zu einigen Teilmärkten kaum noch Zugang. Hat sich der Steuerpflichtige dann einmal auf die Illegalität eingelassen und Schwarzgeldkonten angelegt, ist die Rückkehr in die Legalität – trotz der Möglichkeit der Selbstanzeige – oft erschwert; sie wird jedenfalls von vielen Beratern nicht energisch empfohlen, weil die Offenbarung der Illegalität die Finanzbehörden in Zukunft zu einer strengeren Anwendung des Gesetzes und zu vermehrten Nachprüfungen veranlassen könnte. Es droht der rote Reiter in der Steuerkartei. Und die nächste Generation steht im Erbfall vor der Frage, ob sie den Erblasser der Steuerhinterziehung überführen und infolgedessen weitgehend das Erbe verlieren will. Oft fällt dann die Entscheidung, die Illegalität fortzusetzen. Das Unrecht vermehrt sich, wird vererbt.

Der Staat kann dieser Entwicklung *allein durch Strafverfahren nicht Herr werden.* Auch genügt es nicht, wenn die Finanzbehörden und Gerichte immer wieder zu Recht und mit Nachdruck klarstellen, Steuerhinterziehung sei kein Kavaliersdelikt, sondern eine verwerfliche Straftat, die insbesondere die redlichen Steuerzahler schädige, die den staatlichen Ertragsausfall wegen der Steuerhinterziehung durch zusätzliche Steuerzahlungen ausgleichen müssen. Das Problem liegt tiefer. Der Staat muss sein Steuerrecht so ausgestalten, dass *die Maßstäbe der Besteuerung wieder zu rechtlichem Gemeingut werden, dass sie das allgemeine Rechtsbewusstsein prägen* und zum selbstverständlichen Handlungsmaßstab alltäglichen Wirtschaftens werden.

Wenn die Verbindlichkeit des Steuerrechts sich immer mehr in Einvernehmen, Arrangement und Einverständnis zu verlieren droht, entsteht eine fundamentale Gefahr für die individuellen Freiheitsrechte. *Freiheit braucht die Sicherheit im Recht.* Der Steuerpflichtige sucht vor allem die Gewissheit über das, was er dem Staat schuldet, und über das, was der Staat von ihm nicht verlangen darf. Wer das Recht aber nicht versteht oder gar Rechtserhebliches zu verbergen hat, verständigt sich mit den Finanzbehörden. Bürgerstolz und Selbstbewusstsein aus Eigeninitiative und verdientem Erfolg gehen verloren. Der Rechtsstaat droht in seiner Freiheitsgarantie just dort zu scheitern, wo der Bürger am ehesten in eine Krise mit seinem Staat gerät, mithin den verlässlichen Rechtsmaßstab erwartet – beim Finanzamt.

Deswegen hat der Gesetzgeber dem Steuerpflichtigen *durch ein einfaches, allgemeinverständliches, einsichtiges Recht die Grundlagen seiner Freiheit zurückzugeben.* Das Steuerrecht ist so zu erneuern, dass jedermann in einfachen Belastungsprinzipien erfährt, was sich steuerlich gehört, welche gleichbleibenden Pflichten er seinen Planungen zugrunde legen darf, welche Steuerregeln ihn bei seinen unternehmerischen Entscheidungen beeinflussen. Steuergerechtigkeit braucht ein allgemeines Bewusstsein von dem, was steuerlich gerecht ist.

9. Die Tür zur Grundsatzreform steht offen

Alte Steuer – gute Steuer?

Das Steuerrecht ist besonders *auf Stetigkeit, Nachhaltigkeit angelegt.* Die Steuerpflichtigen richten sich auf ein ihnen vertrautes Recht ein. Die Steuerberater wollen den guten Rat von gestern auch heute noch bestätigt sehen. Der Staat braucht verlässlich fließende Einnahmen. Und wenn das Steuerrecht Steuervergünstigungen zulässt, kämpfen diejenigen, die das Privileg erreicht haben, für dessen Bestand. Aus Tätern werden Wächter.

Da die Steuerlast in der Wirklichkeit nicht vorgezeichnet, sie vielmehr durch gesetzgeberischen Entscheid bestimmt worden ist, stützt sich das Vertrauen in das Steuerrecht vor allem auf dessen *Vertrautheit.* Wer den Lohnsteuerabzug oder die umsatzsteuerrechtliche Verteuerung eines Preises gewohnt ist, denkt kaum noch über die Richtigkeit dieser Steuern nach. Wer sein Haus auch durch Steuerentlastungen finanziert hat, erwartet, dass diese Begünstigungen langfristig fortbestehen. Wer gewohnt ist, Hundesteuer zu zahlen, wird kaum noch durch die Tatsache beunruhigt, dass der Halter von Katzen keine Steuern zu zahlen hat. Gute Gewohnheit hat vielfach die Kraft, eine innere Rechtfertigungsschwäche der Steuer zu ersetzen.

Allerdings ist das Steuerrecht gegenwärtig ein *Recht auf Rädern.* Es bewegt sich ständig, die Richtung ist offen, die Antriebsmittel wirken nicht selten gegenläufig. Das Einkommensteuergesetz wird jährlich sechs- bis zwölfmal geändert. Die Änderungen betreffen allerdings meist nur eine Fülle von Details, hier einen begrenzten Werbungskostenabzug, dort eine Sonderabschreibung, danach einen Quellenabzug durch Banken und Versicherungen, eine Verlängerung von Fristen, eine

Steuerbarkeit auch privater Veräußerungsgewinne, eine Detailabgrenzung der Erwerbstätigkeit von der Privattätigkeit und immer wieder Steuervergünstigungen, Lenkungstatbestände, Ausnahmen. Vielfach erlebt der Steuerberater, wenn er einen Fortbildungskurs erfolgreich besucht hat, dass das neu Erlernte schon nicht mehr gilt, weil der Gesetzgeber es schon wieder geändert hat. Steuerrechtswissen wird zur Wegwerfware eines immer neuen, aber nicht besseren Rechts.

Gerechte Steuersätze – 25 % für Kapital, 45 % für Arbeit?

Doch der Steuergesetzgeber hat nunmehr *das Tor für eine grundlegende Erneuerung und Vereinfachung des Einkommensteuerrechts geöffnet.*

Die Neueinführung der Abgeltungsteuer belastet Erträge aus Kapitalvermögen mit einem Steuersatz von 25 %. Einkünfte aus Arbeit hingegen werden in der Spitze mit 45 % besteuert. Doch jeder Euro vermittelt dieselbe finanzielle Leistungsfähigkeit, mag er aus Arbeit oder aus Kapital erzielt worden sein.

Die Tradition des deutschen Einkommensteuerrechts belastet das *»fundierte« Einkommen* aus Kapital höher als das Einkommen aus Arbeit. Das Kapital biete eine verlässlichere und stetigere Einkommensquelle, müsse kein Existenzminimum finanzieren, werde nicht krank, altere nicht und erspare dem Eigentümer weitgehend Arbeitsanstrengung. Inzwischen wächst die Bereitschaft, Einkünfte aus Kapital und Arbeit gleich zu belasten, weil sich beide Ertragsquellen in der Entwicklung des modernen Kündigungsschutzes, des Rechts der Alterssicherung und der Erfordernisse des Kapitalmanagements jedenfalls teilweise angeglichen haben. Wenn jetzt aber das Kapital privilegiert wird, benachteiligt der Gesetzgeber die Arbeit. Das Gesetz verliert Standfestigkeit, Einsichtigkeit, politische Vernunft. Der Wirtschaftsstandort Deutschland lebt aus der Kraft seiner Köpfe – der Unternehmensgründer, Erfinder, Wissenschaftler und Künstler –, die mit ihren Leistungen das Kapital anlocken und deswegen allenfalls eine Steuerlenkung zu Gunsten der Arbeit, nicht des Kapitals rechtfertigen.

Die Belastung gleicher Einkommen ist offensichtlich so ungleich, dass politische Vernunft sie nicht hinnehmen wird, der verfassungs-

rechtliche Gleichheitssatz sie verbietet. Weitere und kompliziertere Verwerfungen ergeben sich aus der Konkurrenz zwischen Kapitalgesellschaft und Personengesellschaft und den dort geltenden unterschiedlichen Steuersätzen, aus den unterschiedlichen Belastungssystemen für Kapitalgesellschaft und Anteilseigner einerseits und für die Personengesellschaften in ihren Gesellschaftern andererseits, sowie aus dem Zusammenwirken von Einkommensteuer, Körperschaftsteuer und Gewerbesteuer. Das System des Einkommensteuerrechts ist nicht mehr im Detail reparierbar, braucht vielmehr eine grundlegende Erneuerung. Gerade das Steuerrecht, der für den redlichen Bürger belastendste Pflichtentatbestand der Rechtsordnung, muss rechtliche Regeln entwickeln, die der inneren Überzeugung der Menschen von dem, was gerecht ist, entsprechen.

Solon war mit seinem Lied erfolgreich, das seinen Zuhörern in Musik und Poesie das vermittelte, was auch sie im Inneren empfanden. Der deutsche Gesetzgeber sollte den Bürgern in schöner, einfacher Sprache ein Gesetzbuch vorlegen, das sie zu Zahlungen verpflichtet, die jeder aus redlicher Verantwortung und Überzeugung anerkennen kann. Dann kann auch der Richter Urteile sprechen, die vom gesetzlichen Maßstab und von innerer Überzeugung gleichermaßen getragen werden.

VI. Der Mensch ist stark und schwach

1. Die Gesundheitsbeichte

Im 17. Jahrhundert forderte Leibniz, der Bürger solle mehrfach im Jahr eine »Gesundheitsbeichte« ablegen, bei der den Ärzten die Aufgabe zukomme, die Lebensführung des Menschen zu überwachen, die Lebensmittel zu kontrollieren, Kontroll- und Reihenuntersuchungen durchzuführen und allgemeine Verhaltensregeln zu entwickeln. Das Gesundheitswesen solle umfassend für Heil und Wohlergehen der Menschen sorgen, insbesondere auch vorbeugend Regeln für eine Säuglingspflege, eine Ernährungslehre, die sexuelle Praxis und gymnastische Übungen entwickeln.

2. Verschwenderischer Umgang mit der Gesundheit

Staat und Recht folgten damals einem Menschenbild, das den Menschen weniger als freiheitsfähig und mehr als lenkungsbedürftig versteht. An der Wende vom 18. zum 19. Jahrhundert herrschte die Auffassung, der Staat habe nicht nur das Leben seiner Bürger vor öffentlicher Gewalt zu schützen, »sondern überhaupt für sein körperliches Wohlsein« zu sorgen. Ein aufgeklärtes, zentralstaatliches Denken *setzte* unbekümmert *die Macht von Gesetz und Polizei ein, um die Bürger zu ihrem gesundheitlichen Wohlergehen zu zwingen.* Mit nichts würde, so klagte man damals, so verschwenderisch umgegangen wie mit der Gesundheit. Deswegen sei es Aufgabe der Polizeigesetze, gegen »die nachteiligen Folgen größerer Beisammenwohnungen zu schützen«, besonders aber deren körperliches Wohl zu befördern und das Leben möglichst zu verlängern.

Christoph Wilhelm Hufeland schrieb das damalige Standardwerk einer umfassenden medizinischen Lehre zur »verantwortungsvollen Lebensführung«. Unmäßigkeit im Essen schade ebenso wie »raffinierte Kochkunst«. Der Genuss von Likören und »Digestiva« wird verurteilt. Müßiggang, Untätigkeit, Langeweile, Übellaunigkeit, Todesfurcht, maßlose Leidenschaften, aber auch Neid und Missgunst würden die »Lebenskräfte« erschöpfen. Er lobt das Land- und Gartenleben, kritisiert die Verfeinerung des Lebensstils im 18. Jahrhundert, die »mehr Geistigkeit, aber weniger Kraft« erzeuge, weil das geistige Leben nicht die Kraft des Geistes erhöhe, »sondern nur seine Empfänglichkeit, seine Beweglichkeit, seine Genüsse, mehr die Herrschaft der Phantasie, als die der Vernunft«. Dabei denkt Hufeland allerdings mehr an individuelle Disziplin und Diät. Die öffentliche Hand habe eher die Aufgabe einer Hygieneplanung und eines Umweltschutzes, insbesondere wegen der »Luftverdorbenheit« in den Städten, die es unmöglich mache, »daß einer, der in der Mitte wohnt, einen Atemzug von Luft tun sollte, die nicht schon kurz vorher in der Lunge eines anderen verweilt hätte«.

Doch die bedrängenden Gesundheitsratschläge und die zunehmende Bevormundung der Bevölkerung durch eine umfassende Gesundheitspolizei treffen bald auf kritische Nachdenklichkeit. *Johann Wolfgang von Goethe* schreibt in seinem Brief an Charlotte von Stein vom 8. Juni 1787: »Auch muß ich selbst sagen, halt ich es für wahr, daß die Humanität endlich siegen wird, nur fürcht ich, daß zu gleicher Zeit die Welt ein großes Hospital und einer des anderen humaner Krankenwärter werden wird.«

Auch heute ist mancher Arzt *tief enttäuscht,* wenn er seinen Patienten durch Gespräche, Medikamente, auch Klinikaufenthalte für eine Mäßigung, für stetige Bewegung und Rauchverzicht gewonnen hat, dann aber erlebt, dass der Patient nach Rückkehr in seinen Alltag in seine früheren Gewohnheiten von Bewegungsarmut, Überernährung, Rauchen, Alkoholexzess oder Drogenkonsum zurückfällt. Mancher Arzt *neigt dann zu drastischen Maßnahmen* und will durch einen chirurgischen Eingriff den Magen verengen, den Patienten in eine gänzlich andere Umgebung drängen, die Sucht mit Geldsanktionen oder auch Freiheitsentzug bekämpfen, Bewegung und Sportlichkeit erzwingen. Dieser Rigorismus ist nach den Erfahrungen mit Selbstschädigung und Selbstzerstörung verständlich, hat aber einen hohen, meist einen zu hohen Preis: den Verlust der Freiheit. Selbstbestimmung setzt Selbstbeherrschung voraus, Fremdherrschaft mindert die Lebenskraft und verursacht Krankheit. Der Arzt ist für seinen Rat verantwortlich, muss dann aber den Patienten in die Freiheit entlassen.

3. Freiheit von Furcht und Not

Die individuelle Freiheit, sein eigenes Glück zu suchen, gewährt nicht nur eine Freiheit vom Staat, sondern ebenso die Freiheit »von Furcht und Not«. Die Freiheit von Furcht sichert gegen den gewalttätigen, nichtstaatlichen Angreifer. Die Freiheit von Not gewährt Hilfe bei Krankheit, Arbeitslosigkeit, Alter. Diese Freiheiten *weisen den Staat nicht in Distanz,* sondern fordern vom Rechtsstaat eine Friedensordnung, die den Menschen die Furcht vor Gewalttätigkeiten nimmt, und verlangen vom sozialen Staat Vorkehrungen zur Sicherung der Existenz jedes Menschen. Das Recht auf soziale Sicherheit garantiert »wirtschaftliche, soziale und kulturelle« Rechte, die für die Würde und die freie Entwicklung »unentbehrlich sind«; es fordert dabei aber, Organisation und Hilfsmittel jedes Staates zu berücksichtigen, stellt diese Leistungsrechte also unter einen Vorbehalt des Möglichen.

Die »Freiheit von Furcht und Not« gewinnt für die gegenwärtige Reform der Gesundheitseinrichtungen und der Gesundheitsvorsorge aktuelle Bedeutung. Einerseits sieht sich der Staat veranlasst, vorbeugend und heilend für die Gesundheit des einzelnen Menschen einzustehen; andererseits achtet er die individuelle Freiheit, mag sie auch zu Torheiten gegen die Gesundheit führen.

Freiheit als Gefahr für die Gesundheit?

Die Gesundheit ist eines der Rechtsgüter, das allgemeine Anerkennung findet. Dennoch wirft die Vorsorge für die Gesundheit Grundsatzfragen der Gerechtigkeit auf. *Das Gebot, keinen anderen zu verletzen, wendet sich nunmehr gegen den Adressaten selbst,* der seine eigene Gesundheit nicht schädigen soll. Das Recht jedes Menschen, sein eigenes Glück selbst zu suchen, wird durch eine staatliche Gesundheitsüberwachung zurückgedrängt, die dem Einzelnen sagt, was für sein gesundheitliches Glück das Richtige sei, und alle seine Verhaltensweisen – seine Ess- und Lebensgewohnheiten, das Maß seiner Anstrengungen, seine Genüsse und letztlich seine Gemütslage – in den Dienst dieser staatlich bestimmten Richtigkeit stellt. Die dem freien Bürger zugewiesene verantwortliche Herrschaft über sich selbst wird zu einer Verantwortlichkeit des Staates, also zur Fremdbestimmung. Das Erfordernis des verallgemeinerungsfähigen Maßstabes galt bisher nicht für die Wahrnehmung individueller Freiheit, soweit sie nur Herrschaft über sich selbst beansprucht; es schränkt aber nunmehr diese höchstpersönliche Freiheit ein. Und die Kultur des Maßes – das fünfte Kriterium der Gerechtigkeit – wird nicht mehr durch die Grenzen des Freiheitsrechtes, sondern durch Vorgaben für die Freiheitswahrnehmung getragen. Der Staat setzt dem Freiheitsberechtigten für seine höchstpersönliche Lebensführung ein Maß. Doch müsste er sich fragen lassen, ob er dabei das von ihm erwartete Maß wahrt.

Individueller Einfluss auf die eigene Gesundheit

Heute sind Gesundheitspflege und Gesundheitsschutz als staatliche Aufgaben anerkannt. Das Recht regelt aber nicht entschieden, inwieweit der Einzelne in persönlicher Freiheit selbst für seine Gesundheit vorsorgt und an seiner Heilung mitwirkt, andererseits die staatliche Regel den Menschen zu einem gesundheitsbewussten Leben drängen oder zwingen darf. *Gerade der Kranke will höchstpersönlich entscheiden, ob, wann, wie und von wem er behandelt werden will.* Unser Medizinrecht verlöre seine innere Rechtfertigung, wenn nicht jede Behandlung von der Einwilligung des Patienten abhinge. Die Medizin lehrt uns, dass die Heilungschance wesentlich von der aktiven Mitwirkung des Patienten abhängt, dass die Behandlung von Herz-Kreislauf-Erkrankungen erfolgreicher ist, wenn die Patienten ihren Bluthochdruck selbst messen und ihnen deshalb bewusst wird, dass sie die ärztlich verordneten Medikamente auch tatsächlich einnehmen müssen.

Medizinische Erfahrungen belegen auch, dass das menschliche Immunsystem durch seelische Belastungen geschwächt, hingegen durch Hoffnung und Lebenssicherheit gestärkt werden kann. *Das Denken und Fühlen des Patienten gewinnt Einfluss auf Krankheitsverlauf, Wirksamkeit der Therapie, Schmerzempfindung.* Lebenszeit und Lebensqualität können selbst bei Krebserkrankungen durch innere Haltung – Gelassenheit, Aufgabenplanung, gedankliche Auseinandersetzung – gesteigert werden.

Zugleich wissen wir, dass *das soziale Umfeld uns krank machen,* aber auch unsere Gesundheit stärken kann. Pflegen die Eltern Hygiene und Gesundheitsvorsorge, wird ihr Kind weniger häufig krank. Für allergische Krankheiten gilt das Gegenteil: Mit mehr Pflege schwächt sich die Widerstandskraft gegen Allergien. Wer in Armut und ohne Bildung aufwächst, wird durch Hunger, mangelhafte und gefährliche Ernährungsgewohnheiten, durch Feuchtigkeit, Kälte und Umweltbelastung in seiner Gesundheit gefährdet. Wer einen Arbeitsplatz hat, dort Erfolg und Anerkennung findet, auch im Übrigen in die Gesellschaft eingegliedert ist, bleibt widerstandsfähiger gegen Krankheiten. Wer unter Einsamkeit, Arbeitslosigkeit, Misserfolg leidet, wird anfälliger für Krankheiten. Wer in bestimmten Milieus und Lebensstilen aufwächst, erfährt in diesen Milieus auch einen für seine Gesundheit erheblichen Widerhall. Wir leben in unserer Natur, in unserer Kultur, in unseren Gewohnheiten und überkommenen Bindungen. Die Medizin weist immer wieder den Weg zurück zur Natur, fordert in diesem Rahmen Sicherheit in Kultur und Bindung.

Wahrung der Normalität und die Freiheit zum Anderssein

Ein Mensch erwartet ärztliche Hilfe, wenn sein Körper von der Normalität abweicht, nicht mehr vom natürlichen Ablauf des menschlichen Lebens bestimmt ist. Der Arzt soll Krankheiten heilen, Schmerzen lindern, Folgen des natürlichen Alterungsprozesses auffangen. Seine Fähigkeit, Krankheiten zu heilen, wächst ständig dank der Fortschritte der Medizin und begründet ein Grundvertrauen in die heilende Kraft der Ärzte, ihrer Hände, ihres Wissens, ihrer Hilfsmittel. Doch *Leistungssteigerungen jenseits der Normalität* sind verboten. Das Dopingmittel soll den Sportler nicht schneller laufen lassen, als seine Natur ihm erlaubt. Die Droge soll den Erlebnisbereich des Menschen nicht mehr weiten, als seiner Natur entspricht. Der Hirnforscher vermittelt dem Patienten nicht mehr Denkvermögen als dem Menschen eigen. Und der Schönheitschirurg sollte das Gesicht eines Menschen nicht edler gestalten als in der Natur angelegt. Maßstab jedes Körpereingriffs bleibt der Mensch in der ihm eigenen körperlichen Entwicklung.

Die Orientierung ärztlichen Verhaltens an der Normalität wird allerdings fragwürdig, wenn sie nicht als Maßstab ärztlicher Eingriffe dient, sondern medizinische Verhaltensgebote veranlasst. Die medizinische Erwartung eines Normalverhaltens trifft auf den *freiheitlichen Willen, das eigene Leben individuell, jenseits der Normalität zu gestalten.* Das Recht setzt auf die Kraft des freiheitsberechtigten Menschen, Herr seiner selbst zu sein, sich selbst zu mäßigen; es verzichtet in diesem Freiheitsvertrauen auf wesentliche gesetzliche Freiheitsschranken. Um dieser Freiheit willen nimmt die Rechtsordnung ein opulentes Essen und ein Trinkgelage, das Motorradfahren im Gefühl von Wind und Wagnis, den Sport der Drachenflieger oder Paraglider, auch das grundsätzlich unbegrenzte Angebot von Alkohol in Kauf. Doch bei der Patientenverfügung, in der ein gesunder Mensch bestimmt, wie die Medizin ihm begegnen soll, wenn eine schwere Krankheit eine willentliche Selbstbestimmung ausschließt, bedenken wir zweifelnd, ob die Aussage des kraftvollen und selbstbewussten Vernunftmenschen noch für die spätere Notlage des kranken und schwachen Hilfsbedürftigen gilt. Wir stehen vor der Frage, wie weit die Kraft von Wille und Vernunft reicht und wann der Mensch sich in die Hand des Schicksals und damit der dieses Schicksal verantwortlich begleitenden Menschen begeben muss. Beim Selbstmordversuch sind Polizei und alle Anwesenden verpflichtet, den Täter an seinem Versuch zu hindern. Der Selbstmordversuch ist für den Lebensunwilligen nicht strafbar. Tötet jemand einen anderen auf dessen Verlangen, so macht er sich strafbar.

Im Mittelalter lebte der Mensch ganz im Einklang mit der ihn umgebenden Natur. Der mittelalterliche Mensch beanspruchte nicht, nach eigenem Willen über sich selbst und seinen Körper zu bestimmen. Vielmehr war er, seine Gesundheit und sein Wohlergehen, in eine Schöpfung eingebunden, von Gott geschaffen und beschützt. Die menschliche Gesundheit war Zeichen dafür, dass die »rechte Ordnung« herrschte, Krankheit war Ferne, Flucht, Negation dieser Ordnung. *Hildegard von Bingen* empfahl deshalb, das menschliche Leben der Natur – dem Wechsel von Tag und Nacht, der Aufeinanderfolge von Jahreszeiten, der Kälte und Wärme – anzupassen, nach dem Vorbild des Grünens, Sprießens und Blühens zu leben, in dieser Einheit mit der Natur Gesundheit zu bewahren und Wohlbefinden zu sichern. Ungesunder Lebenswandel begründete individuelle Schuld.

Gesundheit wurde insbesondere als Einklang von Leib und Seele interpretiert. Hartmann von Aue beschreibt, wie der arme Heinrich – aussätzig und verzweifelt – von der Reinigung über die Erleuchtung zur Rettung findet. Ein Arzt hatte ihm gesagt, er könne durch das Herzblut einer Jungfrau geheilt werden, die für ihn freiwillig in den Tod gehe. Als er schließlich ein zum Tode bereites Mädchen gefunden hatte, erbarmte ihn dessen Anblick, er nahm das von Gott auferlegte Leiden an. Christus erbarmte sich nun Heinrichs, der ein gesunder Mensch wurde. Im Einklang von Mensch und Natur ist angelegt, dass das sinnlose Ankämpfen kranker Menschen gegen den Tod unter Verzicht auf ein sinnvolles eigenes Leben nur ein verlängertes Sterben ist.

4. Selbstbestimmung und Hilfsbedürftigkeit

Eine freiheitliche Verfassung versteht den Menschen als *selbstbewussten, entscheidungsfreudigen, tatendurstigen Herrn über sich selbst,* der sein Leben in die Hand nimmt und eigenverantwortlich gestaltet. Doch ebenso wissen wir, dass der Mensch oft *schwach und hilfsbedürftig ist.* Wird er geboren, ist er existenziell auf seine Eltern angewiesen. Wächst er heran, führen ihn seine Eltern zur Muttersprache, machen ihn sprech-, begegnungs- und kulturfähig. Der Schüler braucht seinen Lehrer, der Student seinen Professor. Der unerfahrene Berufsanfänger nutzt Erfahrung und Wissen des Dienstherrn, um sich in Vertragsfreiheit, Markt und Wettbewerb zurechtzufinden. Oft ist der Mensch krank, arbeitslos, behindert, entmutigt. Später wird er gebrechlich und braucht die helfende Hand des Mitmenschen. Unser idealisierendes Bild eines freien, selbstbestimmten Menschen ist mehr Anspruch als Wirklichkeit: Es fordert die Freiheit als Normalität des Menschen, bedarf aber der Korrektur für den Alltag, in dem der Mensch so frei nicht ist.

Rechtliche Normen handeln vom Regelfall

Rechtliche Normen handeln vom alltäglichen Leben, vom üblichen menschlichen Handeln; sie richten sich an den Jedermann, der Normalanforderungen genügen kann. In dieser Selbstbeschränkung des Rechts steckt viel freiheitliche Klugheit. Das Straßenverkehrsrecht erlaubt die Teilnahme am Straßenverkehr nicht nur Menschen mit der bestmöglichen körperlichen und geistigen Eignung, sondern gestattet auch schwerhörigen Menschen das Führen von Kraftfahrzeugen, gibt auch Fahrzeugführern mit einer gewissen Sehschwäche den Führerschein, erlaubt das Fahren auch bei leichten psychischen Störungen. Die Freiheit möglichst vieler Menschen zur Teilnahme am allgemeinen Straßenverkehr fordert den Verzicht auf größtmögliche Verkehrssicherheit.

Auch der Alltag des Berufslebens erlaubt *nur Leistungsstandards des Üblichen.* Der Chirurg kann nicht stets nach neuestem Stand von Wissenschaft und Technik operieren, nicht vor jeder Operation die Spitzenforscher anrufen und sich vergewissern, ob eine neue Methode gefunden worden ist. Selbst wenn er es könnte, würde er allein durch das Telefonat diese Methode noch nicht lernen. Deswegen erwartet das Recht eine Behandlung nach heutigem Stand von Wissenschaft und Technik, verbindet damit den Auftrag, in stetiger Anstrengung diesen Stand zu verbessern.

Die Idee der Freiheit fordert, den Menschen grundsätzlich so zu nehmen, wie er ist. Als ich ein kleiner Junge war, hat uns mein Großvater – er war Tischlermeister und Holzschnitzer – gelehrt, wir dürften vor Weihnachten den Christbaum nur so mit Kugeln und Kerzen behängen, dass die Äste nicht niedergedrückt werden, dass der Baum auch nach dem Schmücken noch das tun kann, was seiner Natur entspricht: zum Licht aufzustreben. Wir haben die Weisung des Großvaters getreulich befolgt. Viele Jahre später ist mir bewusst geworden, dass dieser Hinweis eine eindrucksvolle Definition der menschlichen Freiheit enthält. Wer immer den Menschen veredeln will, darf ihn nicht so bedrängen oder umarmen, dass er danach nicht mehr – entsprechend seiner Natur – in der Lage ist, zum Licht zu streben.

Krankheit und Behinderung

Wenn die Normen sich am Regelfall ausrichten, erwarten sie, dass jeder Mensch, soweit möglich, in dieser vom Recht aufgenommenen Regelhaftigkeit leben möge. Doch dabei stößt das Recht auf die Realität von Krankheit und Behinderung. Diese Wirklichkeit beantwortet die

Rechtsgemeinschaft entsprechend den verschiedenen, an sie gerichteten Anfragen unterschiedlich: Die *Krankheit ist auf Heilung,* also auf die Wiederherstellung des Zustands der Gesundheit angelegt. Die Behinderung fordert auch alle Anstrengungen zur Linderung und Heilung, begrenzt oft aber lebenslang die persönliche Entfaltungsfreiheit.

Krankenhäuser und Behinderteneinrichtungen müssen nach den Lebensbedingungen der Betroffenen unterschieden werden. Der Kranke und Behinderte soll möglichst in seinem heimatlichen, vertrauten Umfeld leben. Die Einrichtung soll von seiner Kultur und Religion geprägt sein, so dass wir Einrichtungen der Caritas und Diakonie, auch der Kommunen und Kreise brauchen. Wer in der alltäglichen Lebensführung auf die helfende Hand eines anderen Menschen angewiesen ist, benötigt gediegenere Vertrauensgrundlagen als der Mensch, der auf sich selbst gestellt bleiben kann. Deshalb gilt der Gedanke der *Subsidiarität,* des »subsidium«, der Hilfe, die möglichst von der Gemeinschaft geleistet wird, aus der ein Mensch stammt und in der er lebt, in der er eines Tages auch sein Leben zu beenden gedenkt. Ist eine familiäre Betreuung möglich, steht die öffentliche Einrichtung zurück.

Je länger der Betroffene auf eine Einrichtung angewiesen ist, desto bedachter müssen seine Entwicklungsmöglichkeiten in der Begegnung mit anderen Menschen, im Sport, im Beruf, in Bildung und Ausbildung auf seine Person abgestimmt werden. Dafür brauchen wir *weniger Sondereinrichtungen, sondern Einrichtungen mit einem differenzierenden Angebot.* Schulen und Arbeitsstätten zugleich für Behinderte und Nichtbehinderte können gegenseitig bereichern, wechselseitig wertvolle Erfahrungen vermitteln.

Individualanspruch oder Einrichtung

Der Staat leistet Kranken und Bedürftigen zunächst *Geldzahlungen,* die dem Empfänger erlauben, seinen Bedarf selbst zu bestimmen und zu befriedigen. Bietet der Staat Einrichtungen an, kann der Berechtigte diese nur nach den Vorkehrungen und Organisationsprinzipien nutzen, die in der Einrichtung angelegt sind. Wer seine Lebensmittel selbst kauft, bestimmt persönlich seine Mahlzeiten. Wer in der Einrichtung isst, folgt dem Speiseplan von deren Küche.

Bis zum Ende des 18. Jahrhunderts kannte das Arbeitsrecht ein *Deputatsystem,* nach dem der Arbeitnehmer seinen wöchentlichen Lohn teilweise in Sachgütern – Nahrungsmitteln und Kleidung – ausbezahlt bekam, damit er nicht seinen gesamten Lohn ins nächste Wirtshaus trage und seine Familie hungern lasse. Seitdem anerkennt das Recht, dass alle Menschen mit Geld umgehen können, mit Volljährigkeit voll geschäftsfähig sind. Der Arbeitnehmer empfängt seinen Lohn selbstverständlich in Geld, bestimmt seinen Bedarf selbst.

Diese freie Verfügungsgewalt hat zur Folge, dass *Wirtschaftsleben und Gütertausch sich zunächst in der freien Gesellschaft, nicht im Staat ereignen.* Es ist sozial, wenn sich Händler und Kunden täglich begegnen. Der Mensch kauft seine Brötchen, die er zum Leben braucht, beim privaten Bäcker. Dieser versorgt ihn gut. Nur wenn alle Bäcker in einer Gemeinde versagen würden, müsste die Gemeinde – der Staat – die Versorgung übernehmen und kleine Brötchen backen. Elementarversorgung und Mitmenschlichkeit ereignen sich prinzipiell in der individuellen Freiheit der Familie, des für alle offenen Marktes, der Freizeitgestaltung und persönlichen Lebensplanung. *Dabei braucht der Mensch allerdings meist Einrichtungen.* Er könnte nicht die Freiheit des Autofahrens in Anspruch nehmen, hätte er keine öffentlichen Straßen. Er könnte sich nicht bilden und ausbilden, böte der Staat nicht Schulen und Hochschulen an. Der Forscher findet seinen Arbeitsplatz vielfach in der staatlichen Bibliothek und dem staatlichen Labor. Der Rechtsuchende braucht die Gerichte, um sein Recht einzuklagen und durchzusetzen. Kranke und Behinderte sind auf Arztpraxen, Krankenhäuser, Behinderteneinrichtungen angewiesen, die ihnen Hilfe anbieten, weil sie sich insoweit die Bedingung ihrer Herrschaft über sich selbst, den Platz für ihre Ausbildung, ihre Betreuung, ihren Beruf nicht selbst schaffen können. Die Frage ist nicht, ob wir diese Einrichtungen brauchen, sondern wie wir diese Institutionen menschengerecht organisieren und für das offenhalten, was private Entfaltungsfreiheit und Selbstbestimmung dem Betroffenen versprechen.

5. Ein Recht auf Gesundheit?

Persönliche Verantwortung und Lebensbedingungen der Allgemeinheit

»Hauptsache gesund« – so lautet eine allgemeine Lebenserwartung, die aus der Erfahrung erwächst, dass Wohlbefinden, Leistungsfähigkeit, auch Anerkennung in Wirtschaft und Gesellschaft von der persönlichen Gesundheit abhängen. Doch wenn der Bürger seine Beiträge zur Krankenversicherung deswegen verdoppeln oder sich ständig staatlichen Gesundheitskontrollen unterwerfen sollte, entdeckt er schnell, dass seine Gesundheit eines von vielen Gütern ist, die sein Leben bestimmen. Mancher gefährdet seine Gesundheit, um höheres Einkommen zu erwerben. Er riskiert Leib und Leben für seinen Sport. Er beansprucht die Freiheit auch zu einem gesundheitsgefährdenden Genuss, etwa an einem feuchtfröhlichen Abend.

Das Grundgesetz regelt Freiheit und Gesundheit in demselben Artikel. Nach dem Recht von jedermann auf freie Entfaltung seiner Persönlichkeit bestimmt Artikel 2 in Absatz 2 Satz 1: »Jeder hat das Recht auf Leben und körperliche Unversehrtheit.« Mit diesem Satz garantiert die Verfassung selbstverständlich nicht, dass die Bürger nicht sterben müssten oder nicht krank werden könnten. Das *»Recht«* auf Leben und Unversehrtheit gewährleistet nur das, was eine verbindliche Regel bewirken kann: Sie sichert zunächst eine Freiheit vom Staat, ein *Abwehrrecht* gegen die Staatsgewalt, das den Staatsorganen die Todesstrafe, die Folter, die Körperverletzung verbietet. Daneben gibt das Recht auf Leben und körperliche Unversehrtheit dem einzelnen Menschen einen Anspruch, an den in Deutschland gegenwärtig erreichten Regelstandards der Krankenbehandlung, der Gesundheitsvorsorge, der Hygiene, der sozialen und kulturellen Existenzbedingungen teilzuhaben *(Teilhabeanspruch)*. Der einzelne Mensch kann also nicht von Verfassung wegen ein Einzelzimmer in einem Krankenhaus, die Anschaffung des modernsten Behandlungsgerätes oder die Untersuchung durch den Chefarzt verlangen, wohl aber fordern, dass seine Krankheit »nach allen Regeln ärztlicher Kunst« behandelt wird.

Dieser Behandlungsanspruch ist situations- und kulturgebunden. Er sichert im Krieg die Nothilfe der Sanitäter, im Frieden Operation und

Rehabilitation. Er verspricht nach den derzeitigen Kenntnissen der Medizin eine Herzkatheterbehandlung, welche die mittlere Lebenserwartung der Menschen erkennbar verlängert. Er bietet nach dem derzeitigen Stand der Arzneimittelforschung Medikamente, die bei Organtransplantationen das Abstoßen des fremden Organs verhindern und damit das Verpflanzen von Herz, Niere, Bauchspeicheldrüse erst ermöglichen.

Eine freiheitliche Ordnung, die jeden Menschen seines eigenen Glückes Schmied sein lässt, muss dem Einzelnen *Verantwortlichkeiten zuweisen, die er persönlich überschauen und beeinflussen kann.* Deswegen braucht der Sportverein nicht die gesamtwirtschaftlichen Verluste aus den von ihm veranlassten Sportrisiken zu verantworten, das in Insolvenz geratene Unternehmen nicht für die dadurch entstandenen Versorgungslücken einzustehen, der Scheidungsrichter nicht für das Unglück zu haften, das er den Scheidungskindern mit der Scheidung zufügt. Rechtliche Verantwortung muss auf den freiheitlich beherrschten Lebensbereich begrenzt sein, wenn sie Freiheit nicht entmutigen, Initiative und Gestaltungswille nicht übermäßig lähmen soll.

Der Anspruch auf persönliche Behandlung nach den derzeitigen Angeboten von Heilung, Schmerzlinderung und Mäßigung der Altersgebrechen *verflüchtigt sich jenseits der erbetenen ärztlichen Leistungen in allgemeinen Lebensbedingungen,* deren Rahmen der demokratische Gesetzgeber setzt.

Individuelles Recht und allgemeine Gewährleistung

Das Recht gewährt somit dem einzelnen Menschen keinen persönlichen Anspruch, mit dem er gute Bedingungen für seine Gesundheit vor allen anderen erkämpfen könnte. Im Ergebnis gibt es kein Recht auf Gesundheit. Ein solcher Leistungsanspruch wäre unerfüllbar. Der Einzelne gewinnt persönliche Ansprüche und Berechtigungen, wenn die Medizin seine Krankheit heilen, sein Leben retten kann. Je mehr er aber als Teil der Gesellschaft betroffen ist, desto weniger kann er diese Allgemeinentwicklung durch eigene Rechte steuern; hier ist er auf seine Bürgerrechte der demokratischen Wahl und der Abstimmung verwiesen. Erlässt der Gesetzgeber zur Sicherung von sauberer Luft und sauberem Wasser Umweltschutzgesetze, trifft er Vorsorge gegen allgemeine Risiken, ohne dass eine individuelle Belastung und Schädigung schon erkennbar wäre. Hier geht es um gute Politik, nicht um individuelle Rechte. Droht dann eine für eine Stadt konkret greifbare Umweltgefahr, etwa durch ein Hochwasser, wehrt der Staat zunächst die konkrete Gefahr ab, indem er Dämme errichtet, an anderer Stelle Schleusen öffnet, ohne dass der betroffene Einwohner schon ein eigenes Recht auf ein trockenes Grundstück gewinnt. Erst wenn das Wasser den Einzelnen unmittelbar in Leib und Leben bedroht, gewinnt der Betroffene einen Anspruch auf Schutz und Hilfe.

Gleiches gilt für die Rechte der Menschen untereinander. Stellt ein Kaufmann einen Automaten mit Getränken auf, deren Substanzen bei häufigem und intensivem Genuss Krankheiten verursachen, so kann der einzelne Mensch dem Kaufmann dieses Getränkeangebot nicht verbieten lassen. Bläst der Raucher seinem Nachbarn Tabakrauch ins Gesicht, so kann die staatliche Rechtsordnung diese Schädigung jedenfalls im Raum der öffentlichen Begegnung verbieten; individuelle Rechte beherrschen diese Begegnung der Menschen in der Allgemeinheit der Rechtsgemeinschaft nicht. Schlägt aber ein Gewalttäter seinem Opfer ins Gesicht, greifen dessen persönliche Rechte auf Unterlassung, Notwehr, Schadensersatz unmittelbar.

Das Recht *muss somit ein Maß finden, welche Gesundheitsvorkehrungen das Gesetz der Allgemeinheit gewährt und welchen Gesundheitsschutz der Betroffene aus persönlichem Recht fordern darf.* Bei persönlicher Krankheit hat der Mensch einen Anspruch auf Schutz und Behandlung. Ob er behandelt wird, bestimmt sein individueller Wille. Der Patient wird nur operiert, wenn er der Operation zustimmt; verweigert er die Zustimmung, wird er nicht operiert, selbst wenn nur eine Behandlung sein Leben retten könnte. Ist hingegen über das Maß der Sauberkeit in den Städten, die Dichte und Schädlichkeit des Rauchs aus den Fabrikschloten oder die Lärmbelastung durch die Fahrzeuge auf der Autobahn zu bestimmen, entscheidet der demokratische Gesetzgeber mit Mehrheit. Der Einzelne ist dieser Mehrheitsentscheidung unterworfen, kann sie kaum durch eigene Rechte bestimmen.

6. Was ist der Mensch, den die Rechtsordnung schützt?

Die Würde ist unantastbar

Damit stehen wir vor einer *Schlüsselfrage des Rechts:* Die Gleichheit jedes Menschen in Freiheit und Selbstbestimmung ist auf die Erfordernisse der Gemeinschaft, des gemeinverträglichen, friedlichen Zusammenlebens abzustimmen. Die gleiche Freiheit jedes Menschen und die Gleichheit aller Menschen vor dem Gesetz dürfen nicht in einen Gegensatz zueinander geraten, sondern müssen inhaltlich so in Einklang gebracht werden, dass jeder Mensch vor einer freiheitlichen Rechtsordnung gleich ist.

Dieses Kernanliegen der gesamten Rechtsordnung stellt das Grundgesetz an den Anfang unserer Verfassung, wenn es jeden Menschen in seiner Individualität in der Rechtsgemeinschaft willkommen heißt. *»Die Würde des Menschen ist unantastbar. Sie zu achten und zu schützen ist Verpflichtung aller staatlichen Gewalt.«* Güter haben einen Wert, Würde kommt nur dem Menschen zu. Die unantastbare Menschenwürde ist ein Tabu, das nicht berührt werden darf, wenn die Rechtsordnung nicht zusammenbrechen soll. Dieser Würdegedanke wird gegenwärtig aus drei Quellen lebendig gehalten: Das *Christentum* sieht den Menschen als Person, die durch Geist, Verstand und freien Willen eine einzigartige Sonderstellung einnimmt und aus seiner Gottesnähe einen eigenen Auftrag empfängt. Die *Aufklärung* deutet den Menschen als Person kraft seines Geistes, der ihn von den übrigen Lebewesen abhebt und ihn befähigt, sich seiner selbst bewusst zu werden, sich selbst zu bestimmen und die Umwelt zu gestalten. Der politische *Kampf um die Berechtigung jedes Menschen* sieht den Menschen als mit »Vernunft und Gewissen« begabt; er meint mit der Vernunft vor allem seine besondere Verantwortung für seine Mitmenschen, mit dem Gewissen vor allem das Mitgefühl für das Schicksal anderer Menschen.

Das *Grundgesetz nutzt die Früchte dieser drei ideengeschichtlichen Begründungen;* er hält sich für jede dieser Deutungen offen, erwartet aber für diesen Ausgangsgedanken der gesamten Verfassung, dass Christentum und Aufklärung, Verstand und Gewissen dieses Axiom des Verfassungsrechts auch heute tragen. Das Bundesverfassungsgericht stützt Grundsatzentscheidungen über Würde und Freiheit des

Menschen deshalb stets auf das Basisrecht der unantastbaren Würde, trifft dann aber die Abwägung gegenläufiger Rechte – der Pressefreiheit der Journalisten und des Persönlichkeitsrechts des Fotografierten, des Auftrags zur Seuchenvorsorge und des Datenschutzes für den Kranken, der Entwicklung der Adoptivfamilie und des Rechts auf Kenntnis der eigenen Abstammung – im Rahmen der besonderen Freiheitsrechte. Die *Würdegarantie* gibt der Verfassung und ihrer Auslegung ein *prinzipielles Maß*. Die einzelnen *grundrechtlichen Gewährleistungen weisen den Weg zu Einzelfolgerungen* und setzen diese dem Gesetzesvorbehalt, dem Verhältnismäßigkeitsprinzip, dem schonenden Ausgleich aus.

Doch hat die Würdegarantie des Artikel 1 Absatz 1 des Grundgesetzes eine eigenständige, nicht einschränkbare Folge: *Der Mensch ist in der Rechtsgemeinschaft willkommen, weil er Mensch ist* – mag er Nobelpreisträger oder Müßiggänger sein. Diese Würde *»ist«* unantastbar. Sie ist vorgegeben, wird in der Natur des Menschen vorgefunden, steht nicht zur Entscheidung eines Gesetzgebers, der bestimmen darf, was sein soll, sondern wird als ein »ist«, als ein vorgefundener Ausgangsbefund rechtlich aufgenommen und anerkannt. Die *Unantastbarkeit* bedeutet, dass niemand die Würde tasten, berühren, geschweige denn verletzen darf. Behutsamer und sensibler kann die Rechtsordnung diesen Achtungs- und Schutzanspruch nicht ausdrücken.

Der Mensch

Seinen konkreten Inhalt empfängt der Würdeanspruch aus der Person des Berechtigten: des Menschen. Er *ist undefiniert und wird nicht definiert*. Juristische Handwerklichkeit drängt zwar danach, den Berechtigten prägnant zu bestimmen. Würden wir aber den Menschen definieren nach seinem aufrechten Gang, seiner Sprache, seiner Fähigkeit zum Gedächtnis, nach seiner Kraft, sich selbst zu beobachten und zu steuern, würden wir dem Menschen, der nicht aufrecht gehen kann, über keine Sprache verfügt, der sein Gedächtnis verloren hat, der sich nicht selbst bestimmen kann, die Menschenwürde absprechen. Gerade derjenige, der den Elementarschutz des Rechts am meisten braucht, wäre von diesem Schutz ausgenommen.

Unser Verfassungssystem beruht auf einem Axiom, das gilt, ohne dass es bewiesen oder abgeleitet werden könnte; es setzt auf die *Offensichtlichkeit des Undefinierbaren.* Wir *haben eine gemeinsame Idee vom Menschen,* die wir, obwohl nicht definiert, alle teilen. Die Rechtsordnung muss diesem Menschen und seiner Würde gerecht werden. Juristische Erläuterungen bestimmen den Menschen als das Lebewesen, das von Menschen gezeugt worden ist; sie sprechen von der Unverwechselbarkeit des Menschen als Gattungswesen, machen den Schutz von der Existenz eines geborenen Menschen abhängig. Diese Erläuterungen erklären den Menschen mit dem Menschen. Der Mensch beansprucht Achtung und Schutz, allein weil er existiert und wie er existiert. Jede Unterscheidung der Würde nach dem jeweiligen Menschen ist ausgeschlossen. Der Schwerverbrecher verliert wegen der Verwerflichkeit seiner Tat nicht seine Würde; der Staatsphilosoph gewinnt trotz seiner Leistung und seiner Verantwortlichkeit an rechtlicher Würde nicht hinzu.

Dieses Konzept eines Würdeschutzes *gelingt nur in einer Hochkultur,* die gleiche Rechte jedes Menschen kennt, seine Freiheit und Selbstbestimmung achtet, die Rechtsordnung auf die Rechte des einzelnen Menschen ausrichtet. Dieses dem Menschen und der Humanität verpflichtete Recht bleibt in den Rechtsfolgen nüchtern und sachlich. Es verbietet die Folter, schützt die Privatsphäre, garantiert auch dem Strafgefangenen ein Mindestmaß an menschlichen Entfaltungsmöglichkeiten. *Humanität ist eine ethische Forderung,* keine rechtliche. Wäre sie eine rechtliche, müsste das Verhalten des Arztes, des Erziehers, auch des Gefängnisbeamten am Maßstab kaum definierbarer Humanität gemessen werden. Die Haftungsprozesse für ärztliches Fehlverhalten würden in ihren Maßstäben schwanken. Die Angst vor Haftung, die heute jedenfalls in der Medizin eher Fehlverhalten hervorzurufen als zu vermeiden droht, würde gesteigert, wäre Humanität nicht Ethos, sondern Recht.

Der Schutz der Menschenwürde ist der Verfassung so wesentlich, dass er für *schlechthin unabänderlich* erklärt wird. Die Würde ist tabu. Auch eine förmliche Verfassungsänderung dürfte die Grundsätze dieser Würdegarantie nicht berühren. Jedes Staatsorgan, das sich für eine solche Minderung dieser Verfassungsgewährleistung einsetzen würde, verlöre seine rechtliche und politische Legitimation aus der Verfassung.

Das Leben ist nicht das höchste Gut

Wenn die *Würde des Menschen der oberste Wert der gesamten Rechtsordnung* ist, sind ihm alle anderen Rechtsgüter zugeordnet. Auch das Leben ist damit nicht das höchste Gut. Wenn der Patient einer lebensrettenden Operation nicht zustimmt, darf der Chirurg ihn nicht behandeln; der Wille des Patienten, nicht der Lebensschutz bestimmt das Verhalten des Chirurgen. Könnte ein Leben nur durch eine qualvolle Behandlung über das natürliche Ende hinaus verlängert werden, ist nicht aller Einsatz geboten, um dieses Leben weiter zu erhalten. Vielmehr fordert das Recht eine der Würde dieses Menschen entsprechende Sensibilität. Bedroht ein Sexualtäter sein Opfer mit schweren Verletzungen oder Erniedrigungen, darf der Angegriffene Notwehr leisten, äußerstenfalls den Angreifer auch töten. Der Staat darf auch den Feuerwehrmann zu einem lebensgefährlichen Einsatz in ein brennendes Haus, den Sanitäter in ein lawinenbedrohtes Krisengebiet schicken. Ihn entwürdigen dürfte er nicht. Der Würdeanspruch ist Kerngewährleistung und fordernder Auftrag des Verfassungsrechts.

7. Die Aufgabe der Medizin

Gesundheit oder Lebensqualität

Wenn der Staat die Würde des Menschen als unantastbar zu achten und zu schützen hat, wird er in einem ersten Schritt Vorsorge treffen, dass die Gesundheit der Menschen erhalten oder wiederhergestellt wird. Wenn wir allerdings fragen, was mit Gesundheit rechtlich gemeint ist, werden wird von der Weltgesundheitsorganisation (WHO) im Stich gelassen. Diese Organisation versteht unter Gesundheit *das vollständige körperliche, soziale und geistige Wohlbefinden*. Diesen Auftrag, der dem Anliegen von Leibniz nahe kommt und den die Politik »Lebensqualität« nennt, erfüllt die Familie, wenn sie einen jungen Menschen so erzieht, dass er sich gesund und sozial entwickelt, dass er seine

Körperkraft und sein Wachstum entfaltet. Dieses Wohlbefinden ist auch Aufgabe des Versorgungssystems, das den Menschen so mit Gütern ausstattet, dass er keinen Mangel leidet. Insbesondere dem geistigen Wohlbefinden dienen auch die Schule und andere Bildungseinrichtungen, die dem Menschen fortschreitend intellektuelle Entfaltungsmöglichkeiten bieten. Auch der Staat erfüllt diese Aufgabe, wenn er Frieden sichert und die Menschen vor Verletzungen schützt. Wäre dieses umfassende Wohlbefinden von der Krankenversicherung versichert, hätte sie einen Finanzierungs- und Leistungsauftrag, der ihren Haushalt sprengen und ihre Beitragsforderung zu einer Gemeinlast, also zu einer Steuer machen würde.

Würde der Staat diesen umfassenden Gesundheitsbegriff zur Grundlage rechtlicher Anordnungen machen, *würde er sich in Richtung auf eine Diktatur bewegen.* Der Mensch dürfte auch in seinem Privatbereich nicht mehr rauchen, müsste seine Essgewohnheiten vor einem staatlichen Gewichtskommissar rechtfertigen, seine Bewegungseinheiten in die Stechuhr seiner Versicherung eingeben, seine Intimsphäre für staatliche Kontrollen öffnen. Er wäre gehalten, eine gesundheitsbewusste, maßvolle, verzichtsbereite Lebensführung zu belegen und dem Staat – ähnlich der Steuererklärung – eine jährliche Gesundheitserklärung einzureichen. Letztlich müsste er sein Einkommen und Vermögen diesem umfassenden Gesundheitsziel widmen, vielleicht an eine Umverteilungsorganisation abgeben, die mit dieser Finanzmacht eine allgemeine Wohlbefindenspolitik organisierte. An einem solchen Gesundheitsdruck werden die Menschen leiden, an ihm erkranken, diese bedrückende und unterdrückende Entwicklung als Gesundheitsbelastung erleben.

Deswegen müssen wir die Krankheit enger und treffsicherer definieren. Es ist Aufgabe des Arztes, *Krankheiten zu heilen, Schmerzen zu lindern, die Entwicklung des Menschen zu Alter und Gebrechlichkeit zu mäßigen.* Dieses Verständnis der Krankheit bestimmt auch die Gesundheitsvorsorge, die den Menschen vor übermäßiger Berufs- und Nervenbelastung bewahrt, ihn vor Übergewicht und deren Ursachen warnt, ihm den Verzicht auf das Rauchen empfiehlt, ihm eine Kultur des Maßes und stetiger Bewegung nahelegt. Dabei ist die vorbeugende Lebensführung dem Freiheitsberechtigten, jede eingreifende Maßnahme gegenüber der einzelnen Person, etwa eine Impfung, dem Arzt des individuellen Vertrauens vorbehalten. Die Prävention gegenüber der Allgemeinheit – die Aufklärung vor Gesundheitsgefahren, die Empfehlung gesundheitsbewusster Lebensführung, die Sicherheit im Straßenverkehr, der Umweltschutz – obliegt der Regierung und dem Gesetzgeber.

Unterschiedliche Erwartungen an den Arzt

Die Frage nach dem Recht, das dem Menschen gerecht wird, stellt sich insbesondere in der existenziellen Not von Krankheit und drohendem Tod. Rechtskultur zeigt sich in den *Maßstäben, die den jeweiligen Auftrag des Arztes bestimmen und die unterschiedlichen Erwartungen des Patienten an die Medizin prägen.* Teilweise bietet die Medizin – in dem beliebig oft produzierbaren Medikament – Heilung für jedermann, in anderen Notfällen – bei der Herztransplantation – sind die zur Heilung benötigten Güter nur begrenzt verfügbar, so dass der Arzt für diese Medizin mit begrenzten Handlungsmöglichkeiten Verteilungsregeln braucht. Der Psychiater sucht im individuellen Gespräch mit dem Patienten die Diagnose, das Miteinandersprechen ist die Therapie. Der Chirurg hingegen behandelt den schweigenden – in Vollnarkose gesetzten – Patienten, erwartet von ihm die vorherige Einwilligung zur Operation, nicht aber eine willentliche Mitwirkung an dem Heileingriff. Der Internist bemisst seine Behandlung der Herzerkrankung nach der Individualität des Patienten, während der Diabetesarzt gelegentlich an der individuellen Heilbarkeit von Zivilisationskrankheiten zweifelt und sich Rettung von einer fundamentalen Änderung unserer Lebensformen verspricht.

Alle diese Ärzte gehen davon aus, Krankheiten heilen und Schmerzen lindern, mäßigen zu können. *Doch jeder Arzt erlebt auch die begrenzte Kraft der ärztlichen Kunst.* Er kann Menschen mit Demenz kaum helfen und bemüht sich deshalb, diesen Kranken in ihrer Krankheit ein menschenwürdiges Leben zu ermöglichen und dementsprechend die Lebensbedingungen – das Wohnen, die mitmenschliche Hilfe, das Verständnis der Krankheit und die Anerkennung des Kranken – zu fördern und zu organisieren. Ein Arzt, der einen Sittlichkeitstäter zu therapieren und auch zu beurteilen hat, steht in der Verantwortung, eine Voraussage über das zukünftige Verhalten des Täters zu treffen, die den Richter veranlassen kann, diesem seine Freiheit zurückzugeben, bei Irrtum aber auch zukünftige Verbrechensopfer gefährdet. Und der Arzt, der einen Sterbenden begleitet, stellt sich die Frage, wie lange er den natürlichen Lauf der Dinge aufhalten, sich der Bestimmung seines Patienten zum Tod widersetzen soll. Er wird mit seinem Patienten einen Weg besprechen, auf dem Krankheit und Sterben zum Leben gehören. Die Frage der Gerechtigkeit stellt sich für Arzt und Patient elementar. Das Recht muss hier unvermittelt der Natur des Menschen, seinem Körper, seiner Entwicklung, seinem Schmerz, seinem Willen gerecht werden.

8. Die medizinische Leistung – ein rares Gut

Leistung nach Bedarf, nicht gegen Entgelt

Wenn der Patient mit seinem Arzt die erbetene ärztliche Leistung bespricht, wird er darauf verweisen, dass für ihn das Beste gerade gut genug sei. Und der Arzt will sein Bestes geben, dabei auch seine teuren Geräte und Verfahren einsetzen. Doch nicht jeder Patient kann den besten unter den Krankenhausärzten, das modernste unter den Medikamenten, das sonnigste unter den verfügbaren Zimmern in Anspruch nehmen. Stets *besteht ein Mangel* an Ärzten, Medikamenten und Zimmern. Deswegen müssen diese raren Güter nach Dringlichkeit und Bedarf verteilt werden.

Das herkömmliche Instrument, um rare Güter auf die Menschen richtig zu verteilen, bietet das Geld. Das Geld befähigt seinen Eigentümer, beliebige Güter zu tauschen. Der Anbieter findet dort einen Tauschpartner, wo der höchste Preis geboten wird. In diesem offenen Spiel von Angebot und Nachfrage entscheiden die Teilnehmer des Marktes, welcher Bedarf ihnen so dringlich ist, dass sie dafür ihr Geld ausgeben wollen, und welcher Preis ihnen so angemessen erscheint, dass sie dafür die Leistung erbringen. Für dieses Verteilungssystem ist nun allerdings entscheidend, wer über wie viel Kaufkraft verfügt. Herkömmlich erwirbt der Mensch Einkommen, wenn er seine Arbeitskraft einsetzt, um dafür einen Lohn zu erhalten, oder wenn er ein Gut am Markt anbietet, um aus dem Entgelt einen Gewinn zu erwirtschaften. *Dieses System allein genügt der Medizin jedoch nicht,* weil es denjenigen von der medizinischen Behandlung ausschließen würde, der nicht bezahlen und auch sonst eine Gegenleistung nicht anbieten kann. Die Medizin muss sich ihre Leistungen zwar entgelten lassen, darf sie aber nicht dem Zahlenden vorbehalten, sondern muss sie dem Bedürftigen erbringen.

Damit brauchen wir eine *Autorität, die über die Dringlichkeit des Bedarfs und seine Befriedigung entscheidet.* Diese Aufgabe kommt dem Staat zu, dessen Gesetzgeber die Verteilungsmaßstäbe bestimmt und die Finanzierung regelt. Doch die Tradition der deutschen Sozialversicherungen hat uns zu einer *Versicherungslösung* geführt, nach der ein Versicherungsunternehmen durch Versicherungsbeiträge die Kaufkraft bei den gesunden Menschen abschöpft, um dem Versicherten bei Bedarf – Krankheit – medizinische Leistungen zu verschaffen. Dabei ist eine uns vertraute, aber im System der Leistungsverteilung erstaunliche Grundsatzentscheidung getroffen worden: Die Rechtsordnung wählt als Regeltypus nicht die private Versicherung, die freiwillige Selbstvorsorge, in der ein Versicherter durch seine Beitragszahlung einen Kapitalstock bildet und so eine Anwartschaft auf ausreichende Zahlungen bei Krankheit gewinnt. Vielmehr hat der Gesetzgeber ein staatliches Zwangsversicherungssystem geschaffen, in das die Versicherten eingegliedert und zur Beitragszahlung verpflichtet werden. Die Beiträge allerdings werden nicht für die zukünftigen Versicherungsfälle gespart und verzinst, sondern zur Finanzierung der gegenwärtigen Krankheitsfälle verwendet.

Selbstvorsorge oder Fremdhilfe

Diese beiden Modelle der *freiwilligen Privatversicherung* und der *staatlichen Zwangsversicherung unterscheiden sich im Freiheitsvertrauen.* Die Privatversicherung vertraut auf die Vorsorgebereitschaft des Betroffenen, die Zwangsversicherung auf die Fremdhilfe der nächsten Generation. Die *Privatversicherung* baut darauf, dass der Mensch mit Beginn der Volljährigkeit, in der er Verträge schließen, wählen und gewählt werden kann, hinreichend Entscheidungskraft und Zukunftsverantwortung hat, um freiwillig für den zukünftigen Krisenfall späterer Krankheit vorzusorgen. Eine freiheitliche Rechtsordnung erwartet, dass auch der vor Kraft und Gesundheit strotzende Zwanzigjährige sich vorstellen kann und will, einmal krank und gebrechlich zu sein und dafür heute vorsorgen zu sollen.

Das *staatliche Zwangsversicherungssystem* hingegen vertraut nicht auf die individuelle Vorsorgefähigkeit und freiheitliche Verantwortung der Menschen; sie verpflichtet deshalb zur Mitgliedschaft und Beitragszahlung in der staatlichen Versicherung. Großes Vertrauen setzt diese staatliche Versicherung allerdings in die Bereitschaft und Fähigkeit der nächsten Generation, die heutigen Leistungsversprechen dieser Versicherung in Zukunft erfüllen zu wollen und zu können, also in einem Generationenvertrag ein verlässlicher Schuldner zu sein, ohne am Abschluss dieses »Vertrages« mitgewirkt zu haben.

Diese Grundsatzentscheidung betrifft *auch die Leistungen der Versicherungen*. Während die Privatversicherung im Prinzip dem Versicherten die freie Wahl des Arztes, der Leistungen und deren Finanzierung überlässt, sodann die Kosten in Höhe der vertraglichen Sicherungszusage erstattet, schöpft die staatliche Zwangsversicherung die Kaufkraft der Gesunden ab, um den Kranken Leistungen zu verschaffen. Dadurch gewinnt die staatliche Versicherung wesentlichen Einfluss auf die Leistungen und die Leistungserbringer. Die Kassen vereinbaren mit den Krankenhäusern und Ärzten bestimmte Leistungen und Leistungsbedingungen; sie bestimmen damit mehr und mehr die Struktur der Krankenhäuser und Praxen, auch das Anforderungsprofil an Ärzte und Medikamente. Die Kasse dominiert die Behandlungsmöglichkeiten.

Wer trägt zur Versicherung bei?

In diesem Zwangssystem sind nicht alle versichert, die zu dieser Versicherung beigetragen haben. Gegenwärtig ist anerkannt, dass die Beitragszahler beigetragen haben und deshalb versichert sind. Nicht anerkannt ist, dass die Eltern *diesen »Vertrag« ermöglichen, ihm durch ihre Kinder und deren Erziehung den Schuldner geben* und damit den »Beitrag« leisten, der den »Vertrag« erst erfüllbar macht. Zwar sind der nicht erwerbstätige Ehegatte und die Kinder »mit«versichert. Diese »Mitversicherung« erscheint jedoch weniger durch die Erziehungsleistung erworben, sondern hängt in Beginn und Dauer stets von der

Mitgliedschaft des Stammversicherten ab. Die »Mitversicherung« gilt deshalb – in Verkennung des Systems – als »versicherungsfremde Leistung«, als »Fremdlast«, ein Fremdkörper im System, unverdient, eine privilegierende Bereicherung. Eltern, die um der Kindererziehung willen auf Lohn verzichten, deswegen keinen Zahlungsbeitrag erbringen, sich aber um den das System tragenden Schuldner, um die Kinder kümmern, scheinen trotz ihres grundlegenden Beitrags in der Mitgliedergemeinschaft nicht eigenständig mitgliedsfähig. Sie empfangen deshalb »systemfremde Wohltaten«. Diese Sicht ist wirklichkeitsfremd, auch diskriminierend.

Wenn sodann beruhigend darauf verwiesen wird, die Mitversicherung sei *beitragsfrei*, ist auch dieses unrichtig. Wenn der erwerbstätige Ehepartner Krankenversicherungsbeiträge nach seinem Bruttolohn bezahlt, obwohl ein Teil dieses Lohnes wegen der Unterhaltspflichten seinem Ehepartner und seinen Kindern gehört, werden auch der nicht erwerbstätige Ehepartner und die Kinder in diesen ihnen gehörenden Lohnbestandteilen beitragsbelastet; sie erhalten insoweit einen durch den Beitrag anteilig verminderten Unterhalt. Auch hier wird der Gesetzgeber ein Zukunftskonzept entwickeln müssen, das die Leistungsfähigkeit dieser Versicherungen langfristig gewährleistet.

Drei Irrwege, Gesundheitsbelastungen zu begrenzen

Der *Bedarf an medizinischen Leistungen wird weiter ansteigen,* weil die Menschen dank der Erfolge der Medizin länger leben, die Kosten der Medizin mit den Ansprüchen weiter wachsen werden, dem aber weniger Erwerbstätige gegenüberstehen, weil zu wenig Kinder geboren werden, die Männer im Durchschnitt schon mit 62,1 Jahren und die Frauen mit 61,6 Jahren aus der Erwerbstätigkeit ausscheiden. Schon heute arbeiten fast 47% der Krankenhäuser ohne Ertrag. Über 95 000 Vollzeitstellen – ca. 10% der in Krankenhäusern insgesamt verfügbaren Stellen – sind zwischen 1995 und 2006 abgebaut worden. Dementsprechend verschlechtert sich das Verhältnis von Patient zu Mitarbeiter. Der Patient muss längere Wartezeiten, weniger Zuwendung, verminderte Investitionen, ein erhöhtes Risiko durch überlastetes Personal in Kauf nehmen. Hier steigt nicht die Produktivität, sondern das Qualitätsrisiko.

Wenn so das Gut der Krankenbehandlung immer knapper wird, kann der gesamte Bedarf an Behandlungsleistungen nicht mehr befriedigt werden. Deswegen sucht das Medizinrecht gegenwärtig drei Lösungswege, die sich aber als Irrwege erweisen:

Zunächst *werden die medizinischen Leistungen rationiert.* Notwendige Leistungen werden nicht mehr erbracht. Wir kennen diese Engpässe von den Lebensmittelkarten nach dem Kriege, von der Studienplatzvergabe nach dem Prinzip des Numerus clausus, auch von der aktuellen, glücklicherweise abgeklungenen Diskussion um Benzingutscheine. In der Medizin ist die Rationierung von Leistungen notwendig und geläufig, insbesondere bei der Transplantationsmedizin, die nicht über hinreichende Organe verfügt, weil es an Organspendern fehlt. Doch je mehr diese Prinzipien der Rationierung auf die vermehrbaren medizinischen Leistungen erstreckt werden, desto weniger gelingt es, das Leistungsangebot auf den tatsächlichen Bedarf der Kranken abzustimmen.

Der zweite Irrweg zwingt die Krankenhäuser und Ärzte, *Leistungen unentgeltlich zu erbringen.* Wenn das Vierteljahres- oder Jahreskontingent erschöpft ist, die Fallpauschale die Leistungen nicht deckt, der Leistungskatalog nicht hinreichend zwischen den Spitzenleistungen einer Forschungsklinik und den Regelleistungen einer Alltagsklinik unterscheidet, so ist der Leistungserbringer zur Unentgeltlichkeit, zur ökonomischen Unvernunft, tendenziell in die roten Zahlen gezwungen. Der Arzt muss teilweise seinen Beruf unentgeltlich ausüben, der Krankenhausträger sein Eigentum in die Selbstgefährdung führen, die Krankenhausorganisation ihre Zukunft in Frage stellen. Dieser Lösungsversuch ist schlechthin untauglich.

Drittens wird einer *Privatisierung und damit einer Kommerzialisierung* der Krankenhäuser das Wort geredet. Der vermeintliche Charme dieses Gedankens liegt in dem freien Austausch und Wettbewerb von Leistungsangebot und Leistungsnachfrage, der unser Wirtschaftssystem trägt und erfolgreich macht. Doch muss die jeweilige Organisationsform dem Ziel entsprechen, dem die Einrichtung zu genügen hat. Wer ein Gefängnis nach dem Ideal der Freiheit führen wollte, wird den dort zu erfüllenden Sicherungs- und Resozialisierungsauftrag verfehlen. Wer ein Prüfungsamt nach dem Gedanken der Erfolgsgleichheit leitet, wird die dort erwartete Unterscheidung von Eignung und Qualifikation verweigern. Wer bei einem privatisierten Krankenhaus mit einem fixierten Gesundheitsbudget Gewinne des Kapitalgebers von vielleicht 10 % oder mehr abzweigen muss, mag sich zunächst über die vorgezogenen Investitionen des Kapitalgebers freuen, wird dann aber in seinem Gesundheitsbudget diese Defizite vorfinden und dementsprechend seinen Auftrag nicht mehr voll erfüllen können oder aber benachbarte Krankenhäuser in ihrem Budget gefährden müssen. Privatisierung mit Wettbewerb und Gewinnmaximierung setzt den offenen Kampf um ein höheres Budget voraus, bleibt aber bei einem staatlich begrenzten Gesamtbudget untauglich.

9. Stärkung der Verantwortlichkeit als Wirtschaftlichkeitsprinzip

Die Finanzierbarkeit des Gesundheitswesens muss durch eine Stärkung individueller Verantwortlichkeit von Arzt und Patient gesichert werden. Medizinische Entscheidungen dürfen nicht finanzwirtschaftlich verfremdet werden, sondern müssen den *medizinisch schonenden Eingriff* wählen und damit die nicht erforderliche Medizin – und ihre Kosten – erübrigen. Im Zusammenwirken von Patient, Arzt und Kassen werden die Kassen wieder in ihre Funktion als dienende Finanzträger des Gesundheitswesens verwiesen und die Entscheidungen über die jeweilige medizinische Leistung in die Hand von Arzt und Patient zurückgegeben.

Der Patient kann durch eine *finanzielle Selbstbeteiligung,* auch durch *Beitragsrückerstattungen* in die Einschätzung einbezogen werden, ob eine Behandlung und ein Medikament erforderlich sind. Es ist verständlich, dass die ausufernde Begehrlichkeit jedes Menschen nach individualnützigen Leistungen den Patienten veranlasst, auf die bestmögliche Behandlung zu drängen. Deshalb muss ein Stück seines Geschäftssinns als Gegensteuerungsprinzip eingesetzt werden.

Auch die ärztliche Verantwortlichkeit fordert die Beachtung dieses Übermaßverbotes: Wenn eine *kostenaufwendige Medizin absichernder Vorsicht* auch die entferntesten Risiken vorsorglich abklären und überflüssige diagnostische Maßnahmen vornehmen will, so ist dieses ein

Behandlungsfehler und zugleich ein Verstoß gegen das Wirtschaftlichkeitsprinzip. Viele *Medikamente* werden verschrieben, aber nicht verbraucht. Die *Doppelerhebung* von Befunden und die Wiederholung diagnostischer Maßnahmen sind in der Regel medizinisch nicht indiziert und könnten dann in einem sehr einfachen Verfahren von der Kassenfinanzierung ausgenommen werden. Das Doppelungsverbot betrifft in gleicher Weise auch die ärztliche *Aufklärungs- und Dokumentationspflicht* und wird ergänzt durch das Erfordernis, gesteigerte Verwaltungsanforderungen an den Arzt zurückzunehmen. Zudem ist die *Zusammenarbeit* zwischen den verschiedenen Institutionen neu zu ordnen. Jede Institution ist entsprechend der an sie gerichteten Anforderungen und Risiken zu honorieren. Eine sich selbst überschätzende Institution muss vermeidbare Komplikationen und Nachbesserungserfordernisse selbst finanziell verantworten. So werden die *gestufte Honorierung* und die *Haftung* die Aufgaben der verschiedenen Kliniken, aber auch das Zusammenwirken zwischen Krankenhaus und Arztpraxis sachgerecht definieren.

Das Wirtschaftlichkeitsprinzip verlangt eine verschärfte medizinische Indikation, verbessert Kooperation und Arbeitsteilung unter den medizinischen Einrichtungen, mäßigt eine Medizin absichernde Vorsicht und erinnert erneut an die Frage, welcher Krankheitsverlauf als schicksalhaft hingenommen werden muss.

Gesundheit ist ein lebensnotwendiges Gut wie Wasser. Das Wasser zum Trinken ist unverzichtbar, das Wasser zum Waschen kulturnotwendig, das Wasser für die Vielzahl von Schwimmbädern vertrauter Überfluss, das Wasser für Wasserspiele Verschwendung, das Wasser für das Mühlrad technische Vergangenheit. Drängt gegenwärtig ein stetig steigender Bedarf das Wasser aus dem Fluss gleichmäßiger und maßvoller Versorgung zum Überfluss, so muss die Rechtsordnung eine Kultur des Maßes wiederherstellen. Dabei sind die Wasserkundigen und die Durstigen zu hören. Dann werden wir Wasser sparen, ohne zu verdursten, ohne die Hygiene zu gefährden, ohne die Dringlichkeit des jeweiligen Bedarfs unbewertet zu lassen, aber auch ohne den Wert des Wassers durch Verschwendung und Überfluss zu mindern.

VII. Recht in der Generationenfolge

1. Die zwölf Kamele

Ein wohlhabender Beduine – so erzählt uns Niklas Luhmann – bestimmte in seinem Testament, dass sein ältester Sohn, Achmed, die Hälfte seines Vermögens erben, der mittlere Sohn, Ali, ein Viertel erhalten solle und der jüngste, Benjamin, sich mit einem Sechstel begnügen müsse. Nach seinem Tode hinterließ der Vater elf Kamele. Achmed beanspruchte sechs Kamele, Ali sollte drei, Benjamin zwei erhalten. Diese Forderung traf auf den entschiedenen Widerstand von Ali und Benjamin, weil Achmed dann mehr als die Hälfte erhalten würde.

Ein weiser Richter stellte den drei Brüdern deshalb eines seiner Kamele zur Verfügung. Daraufhin teilten die Brüder zwölf Kamele unter sich auf. Achmed erhielt sechs, Ali drei, Benjamin zwei Kamele. Alle drei Brüder waren mit dieser Teilung zufrieden, obwohl sie jeweils die gleiche Anzahl an Kamelen erhielten, wie sie bei dem Vorschlag Achmeds zur Verteilung der elf Kamele erhalten hätten. Ob sie das zwölfte Kamel dem Richter zurückgegeben haben, ob es überhaupt existierte oder nur für die Teilungsverhandlungen erdacht worden war, lässt die Geschichte offen. Jedenfalls hat es sehr geholfen, einen schwer entscheidbaren Fall friedlich zu lösen.

2. Gefühlte und verstandene Gerechtigkeit

Die drei erbenden Brüder waren in der Geschichte mit der Erbteilung zufrieden, weil jeder *entsprechend der testamentarischen Bestimmung* des Vaters seine Hälfte, sein Viertel und sein Sechstel erhielt. Ali und Benjamin wären hingegen unzufrieden gewesen, wenn sie bei der Verteilung von elf Kamelen jeweils die gleiche Zahl – Achmed sechs, Ali drei, Benjamin zwei – erhalten, sie aber das Gefühl gehabt hätten, Achmed sei mehr als das ihm Vermachte zugesprochen worden. Entscheidend ist nicht so sehr, um wie viele Kamele jeder bereichert wird, sondern ob die Bereicherung strikt dem Testament entspricht.

Diese Kamele dienen der Rechtswissenschaft als *Lasttiere für vielfältige Botschaften.* Sie führen dem Recht das Erfordernis der Plausibilität – »gute Gründe«, »berechtigte Interessen«, die »Einsichtigkeit der Natur«, das »legitimierende Verfahren« und schließlich die »Vernunft« – zu, tragen an das Gesetz den Geltungsgrund – Autorität, Grundnorm, Gerechtigkeit – heran. Doch die Hauptbotschaft der zwölf Kamele lautet, dass *das Recht über den Tod hinaus Kontinuität wahren soll.* Der Wille des Vaters zu Lebzeiten ist das Maß für die Zeit nach seinem Tod. Die drei Erben streiten nicht über die Frage, ob es gerecht sei, dass der erste Sohn die Hälfte, der zweite ein Viertel, der dritte nur ein Sechstel erhalten soll. Sie prüfen auch nicht einen besonderen Bedarf, der einem der drei das zwölfte Kamel gerechterweise zugewiesen hätte. Sie anerkennen die Autorität des Erblassers und wünschen, dass dessen Wille in rechnerischer Genauigkeit erfüllt werde.

3. Die Weitergabe von Rechtsgütern

Recht greift über den einzelnen Menschen hinaus, schafft eine stetige Ordnung für viele Generationen. Der Staat, das Recht, die juristischen Personen, die öffentlichen Einrichtungen schaffen Lebensbedingungen, die unabhängig von der Person ihrer Urheber wirksam bleiben.

Auf der Grundlage dieses Rechts geben die Menschen Güter an die nächste Generation weiter – ihr Eigentum, ihr Wissen, ihre Kultur, ihr Recht. Dabei gibt jeder das, was er hat, und verstetigt damit die unterschiedlichen Grundlagen individueller Entfaltung. Hochkulturen schaffen den Verfassungstaat, Eltern geben ihren Kindern ihre Bildung und Lebenssicht, Eigentümer vererben mehr oder weniger Vermögen. Doch das Recht gilt für alle.

Das Vererben von Vermögen

Das moderne Erbrecht regelt für den Todesfall die Weitergabe des Vermögens. Die Weitergabe von Kultur, Tradition, Lebenssicht und menschlicher Erfahrung ist ein dem Tod vorausgehender Prozess des Erziehens in Jahren und Jahrzehnten. Doch auch das Erbrecht gibt

Eigentum nur als Freiheitschance an den Erben weiter. Wer eine ererbte Bibliothek nicht nutzen, eine Kunstsammlung nicht genießen, ein Unternehmen nicht führen, ein Vermögensdepot nicht verwalten kann, wird die im Eigentum angelegte Freiheit eher als Last erleben. Bibliothek und Kunstsammlung liegen brach, werden vom kulturellen Angebot zum Vorwurf. Die Unternehmensführung gerät bei Misserfolg zur Last, führt zur Missachtung. Das Vermögensdepot werden – wenn der Erbe damit nicht umgehen kann – vor allem Vermögensberater und Vermögensverwalter als Chance für ihren Erwerb nutzen. In Goethes Drama blickt Faust auf alte Geräte und Instrumente, die seiner zu spotten scheinen: »Was du ererbt von deinen Vätern hast, erwirb es, um es zu besitzen. Was man nicht nützt, ist eine schwere Last; nur was der Augenblick erschafft, das kann er nützen.«

Privates Eigentum ohne Erbrecht wäre nur Vermögensherrschaft auf Zeit, eine Art Rentenrecht, das mit dem Tod des Berechtigten unterginge. Der Eigentümer dürfte zu Lebzeiten sein Eigentum verschenken, könnte aber nicht über den Tod hinaus über Eigenes verfügen. Eine Gesellschaft ohne Erbschaft böte dem älter werdenden Menschen kaum noch einen Erwerbsanreiz, würde also Unternehmergeist, Erfindungsmut, künstlerische Kraft vorzeitig erlöschen lassen. Der Wille zum Sparen und zum Bilden von Vermögen würde gebrochen. Die Güter würden nach und nach mit jedem Todesfall auf die öffentliche Hand übergehen. Eine schleichende Sozialisierung wäre eingeleitet. Das Erbrecht verstetigt die Eigentümerfreiheit in privater Hand, berechtigt den Erblasser in seiner Testierfreiheit, seine Vermögensnachfolger zu bestimmen, hält im Pflichtteilsrecht ein Teil des Familiengutes in der Hand von Ehegatten und Kindern, regelt im Übrigen die gesetzliche Erbfolge für den Fall, dass der Erblasser sie nicht oder nicht vollständig geregelt hat.

Die erbrechtliche Nachfolge im Vermögen des Erblassers wirkt sich auf das Denken, die Lebensplanung, die Kultur der Beteiligten aus. Die Aussicht auf eine Erbschaft kann den Familienzusammenhalt, insbesondere bei Fortführung eines Familienunternehmens, festigen, aber auch im Streit über die zukünftige Erbschaft zerstören. Die Erwartung einer Erbschaft kann zu Qualifikation und Lebenstüchtigkeit anspornen, aber auch in der Sicherheit zukünftigen Wohlstandes lähmen. Sie kann Selbstbewusstsein und Besitzerstolz begründen, aber auch Ängstlichkeit oder gar Gefühle der Ohnmacht gegenüber den Bedrängnissen und Belastungen des zukünftigen Eigentümers hervorrufen.

Auch deswegen versuchen Erblasser selbst heute noch, in ihrem Testament nicht nur Eigentümerfreiheit weiterzugeben, sondern die Erben in ihrer Lebensführung zu binden. Das erste Anliegen ist stets, die Kinder *durch Erben nicht zu verderben*. Der amerikanische Investmentmanager *Warren Buffett* scheint zu beabsichtigen, fast sein gesamtes Vermögen einmal einer nach ihm benannten Stiftung für Geburtenkontrolle und gegen Atomwaffen zu übertragen und seinen drei Kindern nur wenig zu hinterlassen, damit sie selbst lernen, Geld zu verdienen. Er wolle seinen Kindern genug Geld vererben, dass sie das Gefühl haben, alles tun zu können, aber nicht so viel, dass sie nichts zu tun brauchen. Der Millionär *Jack Kelly,* der Vater von Grace Kelly, gab in einem Ethik-Testament seinen Kindern Ratschläge mit auf ihren zukünftigen Lebensweg, warnte sie zum Beispiel vor übermäßigem Spiel und Wetten und wies seine »testamentarisch nicht bedachten« Schwiegersöhne darauf hin, dass sein Erbe an seine Töchter diesen erlaube, die Rechnungen für ihre Kleider selbst zu bezahlen und so die Ehemänner entsprechend zu entlasten. Heute ist es noch vielfach üblich, im Testament oder auch im Begleitbrief Auflagen oder Empfehlungen auszusprechen, zum Beispiel dass die Spende an die Kirche fortgesetzt, die alte Tante besucht, der Hund versorgt werden möge.

Sehr konkrete Auflagen versuchen Erblasser zu begründen, wenn sie in Heiratsklauseln die Wahl des zukünftigen Ehepartners vorschreiben. Das Bundesverfassungsgericht beschäftigte sich vor wenigen Jahren mit einem Erbvertrag, der *Louis Ferdinand von Preußen* als Vorerbe, seine männlichen Abkömmlinge als Nacherben einsetzte. Die Nachkommen von Louis Ferdinand sollten nicht Erben werden, wenn sie nicht aus einer den Grundsätzen der alten Hausverfassung des Brandenburgisch-Preußischen Königshauses entsprechenden Ehe stammten und sich nicht hausverfassungsmäßig – mit einer »ebenbürtigen« hochadligen Dame protestantischen Glaubens – verheirateten. Das Bundesverfassungsgericht hatte zu prüfen, ob diese Heiratsklausel die Ehefreiheit der Nacherben verfassungswidrig beschränke. Es forderte von den Zivilgerichten die Feststellung, ob die Heiratsklausel auf den ältesten

Sohn einen unzumutbaren Druck bei der Wahl seiner Frau erzeuge. Zudem erschien fraglich, ob es ihm bei der geringen Anzahl der in Betracht kommenden »ebenbürtigen« Damen überhaupt möglich sei, die Heiratsklausel zu erfüllen. Nach Abschaffung der Monarchie vor fast hundert Jahren könne die Heiratsklausel außerdem nicht mehr geeignet sein, einen Eingriff in die Eheschließungsfreiheit von Familienangehörigen zu rechtfertigen. Außerdem stelle sich die Frage, ob im Falle der Enterbung Pflichtteilsansprüche existieren. Im Ergebnis scheint das Recht noch keinen Frieden unter den Erben geschaffen zu haben.

Freiheit und Bindungsbereitschaft

Heute noch üblich, vielleicht aber auch überholt, sind Klauseln, die eine Witwe im Falle der Wiederheirat enterben oder zumindest den Erbteil wesentlich verringern. Derartige Regelungen drängen in die außereheliche Lebensgemeinschaft. Die Witwe wird aber oft gute Gründe für eine Wiederheirat haben. Das Anliegen des Testators, mit der Wiederverheiratungsklausel Interessenkonflikte zwischen Kindern aus erster und zweiter Ehe oder zwischen den gemeinsamen leiblichen Kindern und Stiefvater oder Stiefmutter zu vermeiden, tritt gegenüber der Freiheit zur Ehe zurück. Das Erbe soll zur Freiheit befähigen, nicht Bindungen für Unvorhersehbares schaffen. Eigenwillig ist die umgekehrte Wiederverheiratungsklausel, wie sie *Heinrich Heine* – wohl zu Unrecht – zugeschrieben wird. Er soll verfügt haben, dass seine Witwe Alleinerbin werde, wenn sie sich wieder verheirate. Damit solle sichergestellt werden, »dass später einmal wenigstens ein Mann auf dieser Welt meinen Tod bedauert«.

Das Hauptanliegen der Erblasser gilt in der Regel der in den Vermögen ererbten Kultur. Das eigene künstlerische Werk soll gesichert, das aufgebaute Unternehmen fortgeführt, Hinterbliebene sollen versorgt werden. *Goethe* hat nach dem Tod seines Sohnes August 1830 sorgfältig ein Testament entworfen und darin insbesondere die zahlreichen Kunst- und Naturaliensammlungen, seine Briefsammlung, Tagebücher und seine Bibliothek in die Obhut eines Kustos gegeben, sodann für seine Schwiegertochter Ottilie Sorge getragen, schließlich seine drei Enkel zu seinen Erben eingesetzt und die Verwaltung des ihnen zufallenden Vermögens – wie damals auch zu Lebzeiten der Mutter üblich – ihren Vormündern übertragen.

Vielfach wird ein wesentlicher Teil eines Vermögens auf eine eigens dafür errichtete *Stiftung* übertragen, die eine Kunstsammlung, eine historische Stätte, ein Museum zu erhalten und der Öffentlichkeit zugänglich zu machen oder aber das Vermögen für eine von dem Stifter benannte Idee zu verwenden hat.

Das Erbrecht bestätigt damit eindrucksvoll die Idee des Freiheitsrechts und der Verantwortlichkeit des einen Menschen für den anderen. Der Mensch kann dem anderen Wesentliches nur in dessen Person, weniger in den äußeren Lebensumständen weitergeben. Elterliche Zuwendung, das Angebot von Lebensklugheit und Lebenserfahrung, Allgemeinbildung und berufliche Ausbildung, die Weite des Denkens und Erlebens in Kunst, Wissenschaft und Religion können einem anderen Menschen langfristig in einer Lebensgemeinschaft insbesondere der Familie, im Vorbild des Lehrers, des Meisters, des Trainers, im nachhaltigen Ausdruck von Ideen und Idealen der nächsten Generation weitergegeben werden. Es genügt nicht, dass wir unseren Kindern einen Computer vererben. Entscheidend ist, dass wir sie gelehrt haben, einen Computer zu nutzen, ihn herzustellen, zu reparieren und fortzuentwickeln.

4. Die Weitergabe von Maßstäben

Wer Rechtsverantwortung trägt, sucht seine Erfahrung, sein Rechtswissen seinen Nachfolgern weiterzugeben, seine Einsichten aus Gefahren und Irrtümern den Nachfolgern zu ersparen. Dieser Anspruch auf generationenübergreifende Regeln löst sich von der Person des Anordnenden und stellt sich den Maßstäben der Jugend, die in einer anderen Lebenserfahrung denkt.

Die Fürstentestamente

In der frühen Neuzeit versuchten deutsche Fürsten, ihrem Thronfolger für die Zeit nach ihrem Ableben ein bestimmtes Herrschaftsverständnis zu vermitteln und ihn auf eine kontinuierliche Politik zu verpflichten. Im 16., 17. und 18. Jahrhundert regelten *politische Testamente* weniger die Vermögensnachfolge des Erben nach dem Erblasser, sondern verpflichteten den Thronfolger auf das Herrschaftsverständnis und die Herrschaftsmaßstäbe des Verstorbenen. Der Thronfolger sollte Amtmann Gottes, Vater des Landes und seiner Bewohner, seit dem 18. Jahrhundert auch umsichtiger Staatswirt sein. Er wurde auf die Konfession des Erblassers eingeschworen, oft auch – selbst bei den Lutheranern – auf den katholischen Kaiser als Garanten von Frieden und als Vorkämpfer insbesondere bei der Türkenabwehr verpflichtet.

Diese Herrschertestamente sind *Vorboten unseres Verfassungsrechts,* das politische Erfahrung, bewährte Maßstäbe und verlässliche Institutionen an die nächste Generation weitergeben will. Der Fürst wollte seine Einsichten und Beobachtungen, die persönliche Kenntnis der Bürger und ihrer Bedürfnisse, die praktischen Folgerungen aus Bewährung und Scheitern, aus Sicherheit und Gefährdungen, die Verlässlichkeit im Religiösen, die Verantwortlichkeit eines Amtes, Klugheit und Geschick im Umgang mit der Staatswirtschaft an seinen Nachfolger weitergeben.

Die Inhalte wurden dem Thronfolger bei der *Testamentseröffnung* feierlich überreicht, oft mit Bekräftigung der Vorgaben in einem Eid. Der Erbprinz übernahm bei dieser Eröffnung eine Doppelrolle. Er war seit dem Tod des Testators bereits regierender Fürst, begegnete aber in der Testamentseröffnung noch einmal seinem verstorbenen Vater, dem er sich durch Handtreue oder Eid zur Befolgung seines Letzten Willens verpflichtete. In diesem Zeremoniell wurde der Wille des Verstorbenen veröffentlicht, damit eine allgemeine Rechtserwartung, vielleicht die Vorstufe einer allgemeinen Rechtsbindung begründet.

Allerdings hat der Thronfolger diesen Pflichtenstatus nicht selten – zuweilen mit gutem Grund – auch vermieden. Das Testament wurde *unterschlagen oder nicht eröffnet.* Der Erbe hat gelegentlich die Entgegennahme des Testaments verweigert. So macht das Streben, Nachfolger über den Tod hinaus zu binden, eine Bedingung menschlicher Rechtskultur bewusst: Die Regelung erreicht den Betroffenen nur, wenn er zur Entgegennahme bereit ist. Regeln ist nicht ein Akt der Unterwerfung, sondern braucht die Übereinstimmung zwischen Gesetzgeber und Gesetzesadressaten. Staatliches Führen braucht einen Vertrag, einen *Treuebund zwischen Herrscher und Volk,* der historisch die Vorstellung von Herrschaft und Gehorsam, modern ein Stück Freiheitsverzicht zur staatlichen Sicherung von Frieden und Existenz begründet. Herrschaft muss vom Beherrschten verstanden werden. Er will sich nicht unterwerfen, sondern in einem wechselseitigem Vertrag Rechte begründen und einräumen.

Testamentseröffnung und Testamentsverweigerung machen im Privaten allen Eltern deutlich, dass sie ihre Weltsicht, ihre Gedanken zu Familie, Recht, Wirtschaftlichkeit und Anstand *durch Erziehung und später durch stetige menschliche Begegnung vermitteln,* dass Recht und Testament aber diese Bindung letztlich nicht begründen können. Führen findet seine Instrumente in Vorbild und Begegnung, weniger in rechtlich eingeräumter Macht.

Jugend und Alter

Die Aufgabe, das menschlich Allgemeine weiterzugeben, ohne den Raum für das freiheitlich Individuelle zu verengen, stellt sich schon alltäglich zwischen Erfahrenen und Unerfahrenen, Wissenden und Unwissenden, Alt und Jung. Der Mensch weist als Jugendlicher im Übergang zu Freiheitskraft und Freiheitsfähigkeit Autorität zurück; im Alter erlebt er, dass er sich mehr vom verantwortlich Handelnden zum Beobachtenden zurücknehmen sollte. Als *Friedrich Schiller* in einer strengen Militärschule von einem Träumer zum Soldaten geformt, ihm herrisch »die Flausen aus dem Kopf getrieben« werden sollten, begann er mit 17 Jahren sein erstes großes Werk, *Die Räuber,* zu schreiben. Er litt unter dem Widerspruch zwischen Wirklichkeit und Ideal, wollte sich nicht von den Dingen beherrschen lassen, sondern Herrschaft über die Dinge gewinnen, kämpfte um die Freiheit der Berufswahl, der Gedanken, der Kunst. Schiller wehrte sich gegen die Autorität und später gegen eine Macht, die einer allgemeinen Ordnung und nicht dem einzelnen Menschen verpflichtet ist. Er verstand sich als »Weltbürger, der keinem Fürsten dient«. *Ein revolutionärer Geist steckt in jeder Jugend,* mag sie eine militärische Ausbildung durchlaufen oder – wie gegenwärtig – mit den Gesetzmäßigkeiten von Internet und Computerspielen, den Regeln von Sport und Reisen vertraut sein und sie in Freiheit nutzen wollen. Das Maß der Freiheit hindert nicht den glücklichen Ausgangsbefund, dass der junge Mensch die Welt nach seinen Ideen gestalten, sie deshalb später auch erneuern wird. Die Jugend lebt ihr zuweilen schier grenzenloses Vertrauen in die eigenen Fähigkeiten. Junge Menschen schätzen Gefahren des Motorradfahrens, des Paraglidings, des Extremkletterns gering, wollen sich und ihre Kräfte erproben.

Der *älter werdende Mensch muss lernen, dass die Gesellschaft vielfach seiner Ratschläge nicht länger bedarf.* Ein sehr erfahrener Professor, der sich inzwischen von der Universität zurückgezogen hat, blickt mit Gelassenheit auf sich selbst: Er höre – so sagt er von sich selbst – viel zu und spreche wenig, stelle eher Fragen, als dass er Antworten gebe, zeige Wissbegierde und Anteilnahme, ohne sich in Entscheidungen einzumischen. Er weiß, dass die gemeinsame Biographie mit ehemaligen Mitarbeitern, Schülern, Patienten und Klienten sich eher in deren Leben als in seinem Leben fortsetzt. Er zeigt gegenüber Erscheinungen und Entwicklungen, die er kaum gutheißt, vielleicht missbilligt, »ein leicht zerstreutes Unverständnis«. Der alt gewordene Mensch ist sich bewusst, dass er immer mehr Wiederholungen erlebt, früher Faszinierendes heute als Selbstverständlichkeit erfährt, mit den Jahren auch gebrechlich werden mag, schließlich eine helfende Hand für die elementaren Bedürfnisse seines Alltags braucht. Er lernt die Kraft des sprechenden Schweigens. Er verstärkt sein Bemühen, Herr seiner selbst zu bleiben. Ein Philosoph, der mehr als hundert Jahre alt geworden ist, nannte mir als Grund seiner geistigen und körperlichen Beweglichkeit seine tägliche Übung, zwanzig Minuten Fahrrad zu fahren und ein neues Gedicht zu lernen.

Nun können Anweisungen, Belehrungen und Ratschläge gut und böse, richtig und falsch sein. Deshalb ist der Angewiesene nicht nur Adressat von Befehl, Warnung, Drohung, nicht schlichtes Vollzugsorgan, sondern *Mitverantwortlicher.* Auch die verbindliche Anweisung ist nicht auf blinde Befolgung, sondern mehr auf Dialog angelegt. Das Beamtenrecht unterwirft den Amtsträger der dienstlichen Weisung des Vorgesetzten, verpflichtet den weisungsgebundenen Beamten aber auch, seine Vorgesetzten zu beraten und zu unterstützen. Bei einer rechtswidrigen Weisung darf er die Anweisung nicht befolgen, wenn dadurch eine Straftat begangen oder die Menschenwürde eines anderen verletzt würde.

Im Alltag bietet die Redefreiheit grundsätzlich das *Recht zur Gegenrede.* Jeder Mensch hat die natürliche, angeborene Freiheit, inhaltlich das mitzuteilen, was ihm auf der Zunge liegt. Er kann in gleicher Weise frei reden, wie er frei denken kann. Diese Redefreiheit endet bei der Lüge, die Vertrauen zerstört, bei der Täuschung, die den Vertragspartner enttäuscht, bei der Beleidigung, durch die der grundsätzlich unbescholtene Mensch innere Verletzungen erleidet. Doch die Kontinuität von Recht und Freiheitsverständnis baut eher auf Dialog und Gedächtnis als auf Anordnung und Vollstreckung.

Das Gedächtnis der Demokratie

So sehen wir erneut, dass Recht uns beim Bemühen um nachhaltige Gerechtigkeit helfen, allein das Recht aber dieses Ziel nicht erreichen kann. Dies gilt insbesondere für eine Verfassung wie das Grundgesetz, die auf die Freiheit der Menschen setzt und deswegen die Gestaltung der persönlichen und allgemeinen Lebensbedingungen weitgehend in der Verantwortlichkeit der freiheitsberechtigten Menschen lässt. Dennoch ist das Grundgesetz das Gedächtnis unserer Demokratie, das *Grundsatzerfahrungen* des Menschen mit der ihn umgebenden Welt, *bewährte Institutionen* für ein friedliches Zusammenleben der Menschen, *erprobte und bewährte Wertungen verbindlich an die Zukunft weitergeben will.*

5. Recht greift über die Generationen hinaus

Das Recht gilt, weil der Mensch über sich hinausdenkt. Seitdem er das Flugzeug erfunden hat, gehört das Fliegen zu seinem Leben. Ebenso wird er die Regeln des Friedens wahren, wenn er erfahren hat, wie Kriege beendet und vermieden werden können. Geltungsbedingung des Rechts ist *seine generationenübergreifende Verbindlichkeit,* das von einer Generation zur anderen weitergegebene Rechtswissen, die im Laufe der Jahrzehnte und Jahrhunderte entwickelte Rechtskultur, das Vertrauen in das Recht unabhängig von den für das Recht verantwortlichen Personen.

Recht gilt nicht, weil der einzelne Mensch einem rechtsbegründenden Vertrag zugestimmt hat oder ein Mensch mit seiner Autorität Recht setzt. Recht ist *Ausdruck einer gewachsenen Kultur,* die Fragen der menschlichen Bedürfnisse und der Wirklichkeit beantwortet und Institutionen, insbesondere ein Parlament, schafft. Dieses bringt Gesetze hervor, die über die Gegenwart hinausgreifen und auch für eine ferne Zukunft Verbindlichkeit beanspruchen. Der Mensch wird in eine Rechtsordnung geboren; er gewinnt in der Regel allein durch die demokratische Wahl Einfluss auf das Recht und ist sich bewusst, dass dieses Recht auch für seine Kinder und Enkel gelten soll. Das Recht wird von der Rechtsgemeinschaft, nicht dem Einzelnen getragen. In einer Demokratie bildet das Staatsvolk diese Gemeinschaft. Es ist – im Wechsel der Zugehörigen zu diesem Staatsvolk – Garant und Erneuerer des Rechts.

Die Stetigkeit des Rechts wird zunächst durch die *Stetigkeit der Wirklichkeit* getragen, die Anfragen an das Recht richtet. Wenn der Erblasser sein Grundstück an den Erben weitergibt, überträgt er damit zugleich das Eigentümerrecht. Ist sein Haus durch eine öffentliche Straße erschlossen, so wird diese von seinem Nachfolger wie von den anderen Verkehrsteilnehmern auch in Zukunft wie selbstverständlich genutzt. Hat er eine Firma gegründet, eine Erfindung gemacht, ein Buch geschrieben, so wirken diese Güter weiter und stützen Gestaltungsmöglichkeiten und Freiheitsrechte der folgenden Generationen. Das Recht bietet in der juristischen Person, im Erbrecht, in den langfristigen Verträgen, im Gesetz Möglichkeiten, um diese stetige Wirklichkeit auch rechtlich auf Dauer zu formen und zu gestalten.

Das Recht gewinnt langfristige Geltung ebenso *als Teil der Kultur.* Die Sprache, in der sich Recht ereignet, prägt die Menschen auf Jahre und Jahrhunderte. Das Wissen, etwa die Erfindung eines Medikamentes, die Technik eines Computers oder die Funktion eines Flugzeugs, bestimmt Leben und Freiheit der Menschen. Das Verstehen – der menschlichen Psyche, des Zusammenlebens in Demokratie oder Diktatur, des weltweiten Marktes – leitet das Denken und Handeln der Menschen. Die Geschichte lehrt Erfahrungen mit Krieg und Frieden,

Hunger und Überfluss, Herrschaft des Menschen oder des Gesetzes. Ebenso wirkt das Recht als Teil dieser Kultur, ist in sie eingebettet, empfängt wesentliche Inhalte aus dieser Kultur und sucht die Kultur zu festigen und inhaltlich zu formen. Das Recht weist Tyrannei zurück und organisiert eine Demokratie. Es sucht Frieden zu sichern und einen Krieg zu verhindern. Es organisiert Markt und Wohlstand und sichert im Sozialen die Existenzgrundlagen für jedermann. Es setzt auf Freiheit und sucht damit die Kultur von Kunst und Wissenschaft, Religion und Familie bestmöglich zu entfalten. Es bietet jedem Eigentum, Berufsfreiheit, Vertragsfreiheit, die Freiheit des Meinens, Publizierens, Sich-Informierens an. Es schützt Wohnung, Privatsphäre, persönliche Ehre. Recht ist Ausdruck der herrschenden Kultur und ein Instrument, um diese von Generation zu Generation weiterzugeben. Unsere heutige Sicht von Welt und Weltall, unser Verständnis von Würde und Freiheit, unser Wissen über Geschichte, Medizin und Technik formen Denken und Handeln des Menschen – und damit sein Recht.

Auch der *Rechtsetzer,* der Gesetze in der Autorität seiner Kompetenz, seines Willens setzt, verkündet das Gesetz grundsätzlich mit einem Geltungsanspruch für eine unbegrenzte Zukunft. Die großen Kodifikationen – des Bürgerlichen Gesetzbuches, des Strafgesetzbuches, des Allgemeinen Polizeirechts – bestimmen unsere Rechtsordnung seit mehr als 100 Jahren. Andere Gesetze – das Steuerrecht, das Sozialrecht, das Umweltrecht, das Arbeitsrecht – regeln einen stetigen Kern, wechseln allerdings ständig in ihren Einzelaussagen. Selbst Maßnahme- und Einzelfallgesetze, die eine Trasse der Eisenbahn regeln, ein Unternehmen privatisieren oder ein Staatsjubiläum organisieren, gewinnen Verbindlichkeit nur als Teil eines Rechts, das grundsätzlich langfristige Verbindlichkeit beansprucht. Recht gilt, weil es über die Generationen hinaus bindet.

Inhalte des Rechts

Die Stetigkeit des Rechts wird auch zum *Gegenstand seiner Regelungen.* Das Recht sichert die Friedlichkeit der Rechtsnachfolge. Im Erbfall beginnt kein Kampf um die hinterlassenen Güter. Das Recht hat die Rechtsnachfolge geregelt und zugleich den Erblasser ermächtigt, im

Rahmen des Gesetzes Regelungen zu treffen. Das Recht der juristischen Personen, insbesondere der GmbH und der Aktiengesellschaft, verselbständigt Unternehmen, die sich von der Person des Gründers und des gegenwärtigen Führungspersonals lösen und auf Dauer existieren. Eine langfristige Zusammenarbeit, etwa zwischen Produzent und Händler, zwischen Filmemacher und Fernsehanstalt, zwischen Urheber und Verwerter, wird im langfristigen Vertrag oder im Schutz geistigen Eigentums über die gegenwärtig Beteiligten hinaus verbindlich. Das Wirtschaftsrecht der sozialen Marktwirtschaft regelt Strukturen der Produktion und des Gütertausches, einen Markt, in den wechselnde Anbieter und Nachfrager hineintreten oder ihn auch wieder verlassen. Selbst die Freizeit wird durch Angebote von Vereinen und Institutionen mitgestaltet.

Recht muss *das Vertrauen der Rechtsgemeinschaft gewinnen,* sich ihr vertraut machen und deswegen langfristig überzeugende Regeln schaffen. Der Ursprung allen Rechts ist die gute Gewohnheit. Die tatsächliche Rechtsübung geht dem Rechtsbewusstsein, seiner sprachlichen Fassung voraus.

Eine der Hauptaufgaben des Rechts ist es, *unverletzliche und unveräußerliche Grundregeln* zu sichern, das Recht aber so *entwicklungsoffen* zu halten, dass die neuen Anfragen an das Recht sachgerecht beantwortet werden können. Diese Aufgabe erfüllt die Verfassung, die unabänderliche Regeln festschreibt, zugleich aber im Prinzip der Demokratie und des parlamentarischen Gesetzgebers auf stetige Erneuerung des Rechts angelegt ist. Das Recht genießt Vertrauen, weil es in seiner Struktur vertraut und in seinen Einzelaussagen antwortbereit ist.

Ein stetiges Recht gibt auch der individuellen Freiheit ihren verbindlichen Rahmen. *Das Gesetz regelt das Unabänderliche*, der Freiheitsberechtigte nutzt im Rahmen des Gesetzes *seine Freiheit zur Veränderung und Erneuerung*. Dieses Zusammenspiel von rechtlichem Rahmen und freiheitlicher Initiative ist insbesondere in Markt und Wettbewerb geläufig. Das Recht bestimmt, welche Lebensbereiche dem Wettbewerb zugänglich, welche ihm versperrt sind. Es regelt auch die Maßstäbe eines fairen, eines lauteren Wettbewerbs. Im Rahmen dieses Rechts suchen die Wettbewerber immer wieder ihr Angebot zu verändern, zu erneuern, zu verbessern.

VIII. Wettbewerb – Antrieb zum Erneuern und Zerstören

1. Der Ruderwettbewerb

Bei einem Ruderwettbewerb – der Zweier noch ohne Steuermann – sind acht Boote am Start. Das erste ist schwarz-gelb angestrichen, das zweite rot-grün, sechs weitere sind im Rennen. In jedem Boot sitzt vorne ein größerer und hinten ein kleinerer Ruderer.

Nun rudern die acht Boote um die Wette, und Boot Nr. 1 geht mit hauchdünnem Vorsprung vor Boot Nr. 2 durchs Ziel. Die anderen folgen abgeschlagen. Die beiden Ruderer des ersten Bootes jubeln und werden vom Publikum mit Beifallsstürmen bedacht. Doch auf dem Weg zum Siegerpodest hören sie eine Lautsprecherdurchsage, in der die Rennleitung den größeren Ruderer aus Boot 1 und den größeren Ruderer aus Boot 2 zum Sieger erklärt.

Das Publikum ist empört. Diese beiden Ruderer hätten sich nicht gemeinsam am Wettbewerb beteiligt, hätten vielmehr gegeneinander gerudert und könnten deshalb nicht gemeinsam zum Sieger erklärt werden. Die Goldmedaille verdiene die Mannschaft, die schneller als die anderen Mannschaften gewesen sei, die vor diesen die Ziellinie überschritten habe.

2. Der politische Wettbewerb

Die Empörung des Publikums ist verständlich. Jeder Wettbewerb ist darauf angelegt, *in einem fairen Verfahren einen Sieger zu ermitteln.* Im wirtschaftlichen Wettbewerb erhält allein der Bewerber mit dem besten Angebot den Auftrag. Im sportlichen Wettbewerb empfängt der Sportler mit der besten Leistung den Lorbeer. Im politischen Wettbewerb erreicht der Kandidat mit den meisten Stimmen das Mandat. Alle diese Wettbewerbe unterscheiden am Ende den Sieger von den Besiegten. Eine Person oder eine Mannschaft gewinnt, die anderen verlieren.

Diese Selbstverständlichkeit wird *bei politischen Wahlen vielfach missachtet.* Auch die Wahl begründet einen Wettbewerb, in dem Kandidaten und Parteien dem Wähler programmatische und personelle Alternativen unterbreiten, um die Stimmen der Wähler zu gewinnen. Sie wetteifern um die Gunst der Wähler und überbieten sich in Selbstempfehlungen und Versprechen. Doch am Wahlabend ist vielfach nicht eine Partei und ihr Spitzenkandidat zum Sieger gewählt, die Parlamentsmehrheit noch nicht bestimmt und die Regierungskoalition noch nicht gebildet. Vielmehr verkündet die Partei mit den meisten Stimmen durch ihren Spitzenkandidaten, sie werde nun mit den anderen Parteien nach allen Seiten hin offen verhandeln und nach drei Wochen dem Wähler mitteilen, welche Parteien sich zu einer Regierungskoalition zusammengefunden hätten, damit die Sieger seien und nunmehr die Regierung bildeten. *Der Wähler entscheidet nicht die Wahl, sondern stattet die von ihm gewählte Partei mit Verhandlungsmacht aus.* Die Wahl ist nicht unmittelbar, das Wahlergebnis wird durch die Verhandlungsführer bestimmt.

Der Abgeordnete wird unmittelbar gewählt

Das Prinzip der *Unmittelbarkeit* verlangt, dass der Gewählte allein vom Wähler und nicht von einem Dritten bestimmt wird. Die Unmittelbarkeit fordert ein Wahlverfahren, bei dem die Wähler durch ihre Stimmen in der Wahlkabine das Wahlergebnis bestimmen. Entscheidet nach der Wahlhandlung ein anderer nach seinem Ermessen über die regierungsbildende Mehrheit und nimmt damit den Wählern die Möglichkeit, allein mit ihrer Stimme diese Mehrheit zu wählen, so ist die Wahl mittelbar, vermittelt durch dieses Wahlgremium, und deshalb verfassungswidrig. Als 1848 mit der Allgemeinheit der Wahl alle Bevölkerungsgruppen ohne jede Unterscheidung nach politischer, wirtschaftlicher oder sozialer Zugehörigkeit zum Wahlrecht zugelassen wurden, hat sich bald der Grundsatz der unmittelbaren und geheimen Wahl durchgesetzt. Anfangs erschien das allgemeine Wahlrecht nur erträglich, wenn Wahlmänner nach der Wahl das Ergebnis noch beeinflussen und Arbeitnehmer bei Ausübung ihres Wahlrechts von einer Öffentlichkeit – ihren Dienstherren – beobachtet werden konnten. Doch heute gehört es zu den gefestigten und bewährten Grundsätzen des deutschen Wahlrechts, dass das Staatsvolk in geheimer Wahl das »letzte Wort« bei der Wahl der Kandidaten hat.

Nach Artikel 38 Absatz 1 Satz 1 des Grundgesetzes werden die Abgeordneten des Deutschen Bundestages in unmittelbarer Wahl gewählt. Die Wahl ist also eine *Personenwahl, keine Parteienwahl.* Dabei bestimmen die Parteien die Direktkandidaten, für die Listenkandidaten die Besetzung und die Reihenfolge der Liste. Der Wähler entscheidet mit seiner Erststimme über das Direktmandat und mit seiner Zweitstimme über den Erfolg der Listenkandidaten. Ein Einfluss der Partei nach dem Wahlakt ist ausgeschlossen.

Dieses Wahlsystem *stellte die Wähler in Deutschland jahrzehntelang vor eine klare politisch-programmatische Alternative*. Die CDU/CSU trat in Wettbewerb mit der SPD. Dem Wähler war fast immer bekannt, auf welcher Seite die FDP kämpfte. Später stand eine schwarzgelbe Alternative einer rot-grünen gegenüber. Stets wusste der Wähler, welche der beiden Alternativen er mit seiner Stimmabgabe wählte. Doch inzwischen sind mehr Parteien im Parlament vertreten, und bei der Wahl ist offen, welche Parteien bei der Regierungsbildung zusammenwirken. Diese vom Wähler bestätigte Vielfalt der Gruppierungen und Entwicklungsmöglichkeiten ist zunächst kein Anlass, über eine Erneuerung des Wahlrechts nachzudenken, weil die Wähler diese parteipolitische Ausgangslage geschaffen haben. Doch wenn diese Parteienvielfalt dazu führt, dass der Wahlwettbewerb sein Ziel – die Wahl einer klaren Parlamentsmehrheit und damit einer handlungsfähigen Regierung – nicht erreicht, wenn also das Wahlergebnis letztlich keinen Sieger hervorbringt, sondern Parteienverhandlungen mit ungewissem Ausgang veranlasst, muss der Gesetzgeber prüfen, ob das gegenwärtige Wahlsystem seine Aufgabe noch erfüllt, die Parlamentsmehrheit unmittelbar zu bestimmen.

Bei der Wahl der Kandidaten tritt die Partei in den Hintergrund

Die ursprüngliche Form der Parlamentswahlen ist die Mehrheitswahl, wie sie heute noch in England üblich ist. Das gesamte Wahlgebiet wird in so viele Wahlkreise eingeteilt, wie Sitze im Parlament zu vergeben sind. In jedem Wahlkreis ist *derjenige Kandidat gewählt, der die meisten Stimmen auf sich vereinigt.* Die für seine Gegenkandidaten abgegebenen Stimmen *entfallen;* sie wirken sich nicht auf die Zusammensetzung des Parlaments aus. Dieses Wahlsystem stellt vorrangig die Persönlichkeit des Kandidaten zur Wahl, weniger seine Parteizugehörigkeit. Es könnte allerdings dazu führen, dass die Kandidaten einer Partei jeden Wahlkreis – etwa mit 35 % der Stimmen – gewinnen, während die übrigen 65 % der Stimmen sich auf die unterlegenen Parteien verteilen und deswegen entfallen, die Partei mit 35 % der Stimmen im Parlament also alle Sitze erhält.

Diese Persönlichkeitswahl *entspricht weniger einem politischen System, in dem die Parteien die programmatischen Alternativen formulieren* und nur wenige ihrer Spitzenpolitiker, insbesondere den Kanzlerkandidaten, in das Bewusstsein der Wähler rücken. Der Wähler will vor der Wahl die Pläne und Vorhaben der Parlamentsmehrheit kennen und auf dieser Grundlage über die politischen Zielsetzungen und das dafür vorgesehene Führungspersonal entscheiden. Außerdem widerspricht das Persönlichkeitswahlrecht einer inzwischen gefestigten demokratischen Tradition in Deutschland. FDP und Grüne sind mit mehr als fünf Prozent der Stimmen, aber meist ohne Direktmandate im Deutschen Bundestag vertreten. Ein Persönlichkeitswahlrecht würde diese Parteien fast aus dem Parlament verbannen.

Bei der Wahl der Parteien tritt der Kandidat in den Hintergrund

Die *Verhältniswahl hingegen* rückt die Person der Kandidaten in den Hintergrund und *stellt die Parteien zur Wahl.* Die Verhältniswahl sucht die parteipolitische Gliederung der Wählerschaft im Parlament abzubilden. Die Volksvertretung wird zum Spiegelbild der Wahlentscheidung für oder gegen die Parteien. Der Wähler muss sich zwischen mehreren, von den politischen Parteien vorgeschlagenen Kandidatenlisten entscheiden. Im Parlament werden dann die Sitze nach den für die jeweiligen Parteilisten abgegebenen Stimmen verteilt. Die Parlamentsmehrheit und damit das Recht, die Bundesregierung zu bilden, gewinnt die Partei, welche die Mehrheit der Stimmen auf sich vereinigt, oder die Parteien, die sich mit ihren jeweils gewonnenen Stimmen zur Regierungsbildung zusammenschließen und dadurch die Mehrheit der Stimmen gewinnen.

Der Deutsche Bundestag wird letztlich nach den Grundsätzen dieser Verhältniswahl zusammengesetzt. Zwar wählt der Wähler mit seiner Erststimme die Hälfte der Abgeordneten des Deutschen Bundestages direkt, mit seiner Zweistimme die andere Hälfte nach Landeslisten. Doch werden die Direktkandidaten auf die Mandate angerechnet, die jeder Partei nach ihren Zweitstimmen im Lande zustehen. Diese modifizierte Verhältniswahl hatte 2005 zur Folge, dass CDU/CSU 35,2 %, SPD 34,2 %, FDP 9,8 %, Die Linke 8,7 % und Bündnis 90/Die Grünen 8,1 % der für die Parteien abgegebenen Stimmen und dementsprechend Sitze im Deutschen Bundestag erhielten. Wenn bei einer solchen Zusammensetzung des Deutschen Bundestages jede Partei grundsätzlich mit jeder anderen zu einer Koalition bereit wäre oder sich zumindest unterschiedliche Koalitionsmöglichkeiten eröffneten, *könnten sich bereits am Wahlabend Koalitionen andeuten, mit denen der Wähler nicht gerechnet hat.* Ebenso könnten im Laufe der Wahlperiode Koalitionen und Regierungen wechseln, ohne dass der Wähler auf diese Entwicklung Einfluss nehmen könnte. Das demokratische System verliert die unmittelbare Nähe zwischen Wählerwillen und Mandatsträger, die es durch den Wahlakt der Bundestagswahl für vier Jahre aus dem Wählerentscheid gewinnen soll.

Unmittelbare Wahl unter den vorab erklärten Koalitionsabsichten

Das Wahlrecht ist deshalb wieder auf den unmittelbaren Wählerentscheid zurückzuführen. Es sollte *die Parteien vor der Wahl verpflichten, verbindlich ihre Koalitionsabsichten dem Wähler mitzuteilen.* Die Partei A wird dann erklären, sie hoffe, allein die absolute Mehrheit der Parteistimmen zu erringen. Sollte sie dieses Ziel nicht erreichen, werde sie zusammen mit der Partei B eine Koalition eingehen. B bestätigt dieses Vorhaben. Die Parteien C und D erklären, zusammen die Mehrheit der Stimmen erreichen zu wollen. Die Partei E bekundet, dass sie Oppositionspartei werden und dort eine kraftvolle Gegen- und Kontrollposition gegenüber der Regierungspolitik übernehmen wolle.

Durch diese für eine Wahlperiode verbindlichen Aussagen gewinnt der Wähler klare programmatische und personelle Alternativen. Er bestimmt bereits am Wahlabend allein durch seinen Wahlentscheid, welche Partei oder Koalition die Parlamentsmehrheit und die Regierung bilden wird. Auch dieses System kann allerdings dazu führen, dass keine dieser Parteien oder Koalitionen die absolute Mehrheit erringt. Auch in diesem Fall muss das Wahlrecht den Wahlwettbewerb mit einem Sieger beenden: *Die Partei oder die dem Wähler angekündigte Koalition mit den meisten Stimmen erhält 50 % plus fünf der Sitze*, kann also für vier Jahre regieren, weil sie unter den dem Wähler vorgestellten parteipolitischen Alternativen das beste Ergebnis erzielt hat. Wenn also eine zur Wahl stehende Partei oder Koalition 46 % der Stimmen erhält, die andere 44 %, hat die erste die Wahl gewonnen und erhält 50 % plus fünf der Parlamentssitze. Sollte eine so gewählte Regierung während der Legislaturperiode auseinanderbrechen, wäre eine Neuwahl anzuberaumen. Andere Koalitionsabsprachen wären nicht zulässig. Über Parlamentsmehrheit und Regierung entscheidet allein der Wähler.

Da keine Partei verlässlich ihr Wahlergebnis voraussagen kann, werden sich alle Parteien vorab um Koalitionen bemühen, die möglichst sicher ein Ergebnis in der Nähe oder oberhalb der Fünfzigprozentgrenze versprechen. Zugleich geht die Partei gegenüber dem Wähler ins Wort. Der Wähler weiß, welche Parteien er mit seiner Stimme für die Regierungsverantwortung bestimmt und welche er von der politischen Macht fernhält. Umgekehrt kann der Wähler die Bereitschaft einer Partei, auch mit ihm unerwünschten Parteien zusammenzuarbeiten, in seiner Wahlentscheidung beantworten.

Dieses Wahlsystem *erneuert das Gleichgewicht zwischen dem die Regierung hervorbringenden Wähler und der in diesem Wahlauftrag tätigen Regierung*. Der Wähler weiß, wen er wählt. Der Gewählte wird allein durch den Wähler bestimmt. Der Wählerauftrag wird für die vier Jahre einer Legislaturperiode der gewählten Partei oder Koalition erteilt. Das Wahlverfahren gewinnt wieder die Kraft, am Wahlabend einen Sieger – die neue Parlamentsmehrheit und damit die Regierung – hervorzubringen. Der Wähler erlebt unmittelbar die Bedeutung seiner Wahlentscheidung.

Dieses Verfahren einer verbesserten Unmittelbarkeit genügt auch dem Erfordernis der *gleichen* Wahl. Die Gleichheit der Wahl verlangt, dass jeder Wähler die gleiche Zahl an Stimmen hat (Zählwert) und jede Stimme bei der Verteilung der Parlamentssitze gleich berücksichtigt wird (Erfolgswert). Nun liegt es in der Logik eines Wahlwettbewerbes, dass die Wähler der Mehrheit eine Regierung und die bestimmende Macht im Parlament hervorbringen, die Wähler der Minderheit hingegen nur die Opposition mit Sitz und Stimme ausstatten. So haben die Wähler – wie die Parteien – bei der Wahl unterschiedlichen Erfolg. Ebenso liegt es in der Logik der Wahl einer Koalition und Regierung, dass auch die Mehrheit, die etwa eine Koalition mit 45 % der Stimmen gegenüber der anderen Koalition mit 43 % der Stimmen zum Sieger wählt, in dieser mehrheitsbildenden Wirkung anerkannt wird. Das Parlament spiegelt, welche Parteien der Wähler bei der Entscheidung über den Sieger im Wahlwettbewerb bevorzugt hat. Die Parlamentsmehrheit ist nicht von beliebigen Koalitionsvereinbarungen abhängig.

Das Demokratieprinzip fordert, dass die Parlamentsmehrheit in unmittelbarer Verantwortlichkeit des Staatsvolkes – des Wählers – ermächtigt wird. Diese Legitimation darf nicht durch das Dazwischentreten einer demokratisch nicht hinreichend legitimierten Entscheidung der Parteiführung unterbrochen werden. Die Gleichheit der Wahl meint insoweit die *gleiche Chance* bei der Bestimmung einer parlamentarischen Mehrheit und sodann das *gleiche Stimmgewicht* im Vergleich der angebotenen Alternativen. Diese Differenzierung ist im Wahlwettbewerb angelegt, der von den Wählern erwartet, eine unter den Parteien oder Koalitionen als regierungsbildende Kraft auszuwählen. Sie ist deutlicher mit der Gleichheit der Wahl vereinbar als die Fünfprozentklausel, die bei der Vergabe der Sitze im Deutschen Bundestag nur die Parteien berücksichtigt, die mindestens 5 % der Zweitstimmen erhalten oder mindestens drei Direktmandate errungen haben.

Der unmittelbare Einfluss des Wählers auf das zukünftige Führungspersonal mag daneben auch dadurch verstärkt werden, dass der Wähler den von der Partei vorgeschlagenen *Direktkandidaten innerhalb der Landesliste der von ihm gewählten Partei gegen einen anderen austauschen kann*. Möglich wäre es auch, andere Personen vorzuschlagen, die bisher nicht um die Erststimmen konkurrieren.

Schließlich erscheint erwägenswert, dem Wähler das Recht einzuräumen, *mit einem eigenen Stimmrecht die Besetzung und die Reihenfolge der Landesliste der von ihm gewählten Partei zu verändern,* um so die Persönlichkeitswahl in einem von den Parteien bestimmten Wahlsystem zu stärken.

3. Der wirtschaftliche Wettbewerb

Die Wirtschaft muss nicht demokratisiert werden

Während der Bürger bei der demokratischen Wahl seine Freiheit ausübt, als Mitglied des Staatsvolkes auf den Staat und seine Entscheidungen Einfluss zu nehmen, verfolgt er bei der Wahrnehmung seiner wirtschaftlichen Freiheiten *seine eigenen, individualnützigen Interessen, über die nicht in einem Mehrheitsprinzip entschieden wird.* Die Anstrengung für den eigenen Erfolg soll in der Summe individueller Erwerbsbemühungen zur allgemeinen Prosperität führen.

Freiheitsverfahren mit stets neuen Chancen
Die Freiheit der Wettbewerbsteilnehmer rechtfertigt im Wettbewerb um einen Vertrag den Gewinn des Besten, der einen Vertragspartner gewonnen hat und damit die anderen von diesem Vertrag ausschließt. Wenn jeder Anbieter in Freiheit den Bedarf eines Nachfragers erkundet, um daraus seinen Gewinn zu erzielen, gewährleistet dieses Freiheitsverfahren am ehesten, dass der individuelle Bedarf in der Begegnung von Anbieter und Nachfrager festgestellt, gedeckt und durch stets neue Angebote besser befriedigt wird. Der Wettbewerb vermittelt einen Leistungsanreiz, der die Qualität der Produkte, die Wirksamkeit des Handels, die Begegnung mit dem Kunden stetig verbessert. Dieses Entdeckungsverfahren drängt die Beteiligten zu mehr Qualifikation, entwickelt ihre Produkte weiter, steigert ihre Leistungen, stärkt den Willen zum Besseren.

Dieser wirtschaftliche Wettbewerb unterscheidet sich grundlegend vom politischen. Bei der politischen Wahl konkurrieren die Parteien und Kandidaten einzig um das Ziel, die Parlamentsmehrheit zu erringen und damit die Regierung zu bilden. Im wirtschaftlichen Wettbewerb gibt es eine Fülle von Angeboten und Nachfragen, so dass der eine Konkurrent diesen Vertrag, der andere jenen erhält, der eine also hier der Sieger, der andere dort der Sieger ist. *Der wirtschaftliche Wettbewerb schließt die Mitbewerber von einem Vertrag, nicht aber von gleichzeitigen ähnlichen oder größeren Markterfolgen aus*. Deshalb ist das Prinzip des politischen Wettbewerbs nicht auf die Wirtschaft übertragbar. Der politische Wettbewerb zielt auf Mehrheit, der wirtschaftliche auf viele Einzelverträge. Die Forderung, die Wirtschaft müsse *»demokratisiert«* werden, *verfehlt die Wirklichkeit*. Im Marktwettbewerb rechtfertigen zwar letztlich auch die Nachfrager den Erfolg des Anbieters. Doch das Verfahren ist nicht auf Gesamtsieg und Gesamtniederlage angelegt. Täglich wechseln Chancen und Konkurrenten. *Das Unternehmen trifft nicht auf eine stetige, organisierte Opposition*. Die Entscheidungen werden auch unternehmensintern nicht in der programmatischen Alternativität von Vorstandsmehrheit und Oppositionsminderheit getroffen, sondern in gemeinsamer Anstrengung für den Kunden. Die Macht des Unternehmens und insbesondere des Vorstandes wird durch das Vertrauen der Kapitalgeber und die Mitwirkungsbereitschaft der Arbeitnehmer begründet und durch den Markterfolg gegenüber dem Kunden gerechtfertigt.

Marktoffenheit in Grenzen des Rechts

Markt und Wettbewerb sind durch Freiheit und Geld geprägt, drängen in eine Beliebigkeit ohne Grenzen. Diese Offenheit wird durch den weltweiten Markt und den Informationsaustausch in moderner Datentechnik noch vermehrt. Ein solcher Markt braucht einen rechtlichen Rahmen. Das Vertragsrecht befähigt jeden Anbieter und Nachfrager, sich in Freiheit einen Partner zu suchen, mit diesem einen Leistungstausch zu vereinbaren und in der willentlichen Übereinstimmung der Partner eine verbindliche Vereinbarung, neues Recht, hervorzubringen. Diese *Vertragsfreiheit* öffnet die Entwicklung des Wirtschaftslebens stets dem Neuen, dem Anderen, dem bisher Ungewohnten; sie trägt also die Dynamik der Freiheit in den ökonomischen Alltag. Diese Freiheit findet ihre Grenzen vor allem im *Verbot des Wuchers* und der *Sittenwidrigkeit,* in der *Vertragsfähigkeit* jedes Partners und insbesondere im *Schutz der Kinder und Jugendlichen,* in der *gleichen Chance auf*

Marktzugang, dem fairen, stets offenbleibenden Verfahren des *»lauteren« Wettbewerbs.*

Ludwig Erhard, der Wegbereiter der sozialen Marktwirtschaft, hat von Anfang an ein *Verbot von Kartellen* gefordert; er wollte gegen den Willen der Industrie Kartelle ausschließen und sich nicht mit dem bloßen Verbot eines Kartellmissbrauchs begnügen. Die Industrievertreter behaupteten, Kartelle seien notwendig, um die internationale Wettbewerbsfähigkeit des Landes zu verbessern. Sie stritten mehr für die Eigentumsrechte, weniger für die Freiheit. Ludwig Erhard dagegen wollte einen Markt mit Wettbewerb und einem funktionierenden Preismechanismus, suchte also Märkte mit einer starken Konkurrenz zu schaffen. Seine These, *»der Zweck allen Wirtschaftens«* könne *»nur der Verbrauch sein«*, wandte sich gegen eine allein vom Produzenten und Händler bestimmte Nutzung des Marktes. Insoweit diene der Markt den sozial Schwachen. *Der wachsende Wohlstand, nicht dessen Umverteilung führe zu mehr sozialer Gerechtigkeit.* In seinem Kampf für ein striktes Kartellverbot hat sich Ludwig Erhard letztlich nicht durchgesetzt. Das Kartellrecht verbietet zwar wettbewerbsbeschränkende Vereinbarungen zwischen Unternehmen, die missbräuchliche Behinderung von Konkurrenten, Abnehmern und Zulieferern sowie Unternehmenszusammenschlüsse, wenn sie die Vielfalt des Wettbewerbs gefährden. Die Weltoffenheit der Märkte aber verhilft Großunternehmen zu größerer Marktmacht; sie muss deshalb mit einem weltweit wirksamen Kartellrecht beantwortet werden.

Grundsätzlich wird jeder Unternehmer seinen Gewinn durch gute Produkte und günstige Preise zu erreichen suchen. Hat er aber eine *marktbeherrschende Stellung* gewonnen oder haben Unternehmen eine *Marktherrschaft abgesprochen,* könnten sie den Kunden den Preis diktieren und auch die Abnahme von Produkten minderer Qualität erzwingen. Wenn ein Großunternehmen der Energiebranche einen Markt der Stromversorgung beherrscht, vielleicht sogar den Stromtransport und die Stromverteilung bis zu jeder Steckdose bestimmt, so ist der Kunde fast wehrlos seinem Preisdiktat ausgeliefert. Deswegen ermächtigt das deutsche und das europäische Wettbewerbsrecht die Kartellbehörden, eine derartige marktbeherrschende Stellung zu unterbinden, insbesondere Unternehmensfusionen zu kontrollieren und Beteiligungen an anderen Unternehmen zu untersagen. Bestimmte Produkte, Kriegswaffen und andere Rüstungsgüter oder Produkte der Satellitendatensicherheit, unterliegen einer ausdrücklichen staatlichen Kontrolle. Gesetzliche Vorkehrungen gegen die Beteiligung ausländischer Staaten an deutschen Unternehmen zu mehr als 25 % sind auf dem Wege.

Allerdings sind die Kartellbehörden gegenwärtig nicht in der Lage, den Markt stets offen zu halten. Die Europäische Union, die weitgehend für Wettbewerbspolitik und Wettbewerbsbeschränkungen zuständig ist, verheißt seit 14 Jahren einen Binnenmarkt, in dem der freie Verkehr von Waren, Personen, Dienstleistungen und Kapital gewährleistet wird. Für die *Elektrizitätswirtschaft* ist bis heute dieses Ziel noch nicht erreicht. Die Wettbewerbspolitik sucht ihren Weg zwischen einem staatlichen Marktmonopol und wettbewerblicher Freiheit; sie hat sich zu einer Grundentscheidung noch nicht durchgerungen, sucht stattdessen Kompromiss- und Übergangslösungen. Während ein Schritt zur wettbewerblichen Freiheit in Deutschland noch ausreichend erscheint, empfinden Anhänger der Staatsversorgung in Frankreich schon diesen Schritt als Abbau sozialer Errungenschaften. So entstehen Konfliktlagen zwischen marktbestimmter und staatsbezogener Versorgung. Einige Staaten, auch Deutschland, erwägen, ihre Stromnetze zu verkaufen. In Frankreich ist der Staat bei einem Monopolversorger Großaktionär und gleichzeitig für die Netze verantwortlich.

Vielfach verzerrt auch die öffentliche Förderung – Beihilfen und Subventionen – das Leistungsangebot. Diese Intervention mit Steuergeldern erleben wir gegenwärtig bei der Biodieselindustrie, die aus Nahrungsmitteln Kraftstoffe herstellt, dadurch einen Energiebedarf zu Lasten des Lebensmittelbedarfs einer teilweise hungernden Weltbevölkerung befriedigt und so in einen Verdrängungswettbewerb »zwischen Tank und Teller« gerät. Ob in einem allein vom Nachfrager bestimmten Markt die Nachfragekraft der Hungernden gegenüber den Energienachfragern stärker ist, sie also verhindern könnte, dass Nahrungsmittel in Energie umgewandelt werden, erscheint durchaus offen. Wenn deshalb eine weltweit tätige Welthungerhilfe Kaufkraft bereitstellt, um den Hungernden den Zugang zum Markt zu erschließen, ist das rechtlich und moralisch geboten. Lassen demgegenüber aber Subventionen für Biotreibstoffe die Preise für Agrarrohstoffe wachsen, geraten die

Preise zudem durch eine wachsende Weltbevölkerung und geänderte Ernährungsgewohnheiten unter Druck, so scheint das Konzept eines freien, den Bedarf deckenden Marktes außer Kraft gesetzt.

Staatliches Steuern und Regulieren

Gesamtwirtschaftliche Steuerung

Unternehmerfreiheit, Wettbewerb und soziale Marktwirtschaft bauen auf eine strikt formale Gleichheit von Anbietern und Nachfragern, die grundsätzlich jedermann erlaubt, am Markt erfolgreich zu sein. Aufgrund dieser Freiheit unterscheiden sich die Menschen in Unternehmer und Arbeitnehmer, Großnachfrager und Kleinnachfrager, Produzent und Händler, schließlich in Arm und Reich. *Dieses Freiheitskonzept weist den Staat in Distanz*. Er muss mit seinem Recht diese Freiheit vor Wucher, Sittenwidrigkeit, Unlauterkeit und Kartell schützen, darf seine Macht des Geldes aber grundsätzlich nicht zur Steuerung des Marktes einsetzen, weil Steuererträge nur zur Finanzierung von Staatsaufgaben, strukturell nicht zur Begünstigung und Benachteiligung von Marktteilnehmern zur Verfügung stehen.

Dieser Grundsatz ist jedoch im Grundgesetz durch zwei Grundsatzentscheidungen durchbrochen worden. 1967 wurde die antizyklische Budgettheorie von Keynes wieder aufgenommen. Das »Wirtschaftswunder« dank Wirtschaftsfreiheit und Geldwertstabilität war zur Selbstverständlichkeit geworden. Der verfassungsändernde Gesetzgeber entdeckte die Steuerungskraft des Staatshaushaltes und verpflichtete Bund und Länder, bei ihrer Haushaltswirtschaft den *Erfordernissen des gesamtwirtschaftlichen Gleichgewichts Rechnung zu tragen*. Zugleich wurde die verfassungsrechtliche Grenze eines Staatskredits, wonach die jährliche Verschuldung die jährliche Investitionssumme nicht übersteigen dürfe, gelockert und eine Ausnahme *»zur Abwehr einer Störung des gesamtwirtschaftlichen Gleichgewichts«* zugelassen. Der Haushalt wird also für die Stabilität des Preisniveaus, einen hohen Beschäftigungsstand, ein außenwirtschaftliches Gleichgewicht bei stetigem und angemessenem Wirtschaftswachstum in Dienst genommen. Dieses »magische Viereck« trägt ein Stück Magie in das Verfassungsrecht, weil es die Prognose von Unvorhersehbarem erwartet und gegenläufige Teilziele einer rechtlich kaum vorstrukturierten politischen Einschätzung überantwortet. Nach diesem Maßstab wird der freie Bürger zum Gegenstand staatlicher Steuerung. Nach Keynes soll der Staat in wirtschaftlichen Krisen zur Finanzierung von zusätzlichen Staatsaufgaben oder von Steuersenkungen Kredite aufnehmen, um eine zusätzliche Nachfrage zu schaffen, die dann zu mehr Beschäftigung und zur Erhöhung des Sozialprodukts führt. Doch Keynes folgte bei diesen Überlegungen dem Grundsatz: »Auf lange Sicht sind wir alle tot.« Demgegenüber sagt eine »Gegenrevolution« in der Geldtheorie, dass die öffentliche Verschuldung zu Zinssteigerungen führt, damit private Investitionen zurückdrängt und die beschäftigungssteigernden Wirkungen vermehrter Staatsausgaben oder verminderter Steuerlasten neutralisiert oder auch ins Gegenteil verkehrt. Zudem seien die gesamtwirtschaftliche Schwäche und die hohe Arbeitslosigkeit vor allem durch Kosten und Wirtschaftsstrukturen verursacht, können also durch nachfragestimulierende Schuldenpolitik nicht gelöst werden. Auch außenwirtschaftliche Verdrängungseffekte müssten bedacht werden, wenn der Zustrom von Geldkapital aus dem Ausland die inländische Währung aufwerten kann, damit die Exportchancen der deutschen Industrie verschlechtert und Importe erleichtert.

Doch jenseits dieser ökonomisch-pragmatischen Einschätzung der Steuerungswirkungen stellt sich zunächst die Frage, ob *die Menschen der Gegenwart durch staatliche Geldmacht gesteuert werden* dürfen und ob *die Kreditaufnahme die nächste Generation belasten soll.* Freiheit meint grundsätzlich Freiheit vom Staat, auch von staatlichem Geld, das vom Empfänger eine bestimmte Verhaltensweise erwartet. Heute müssen wir *das Bestechlichkeitsverbot auch umkehren*: Gegenwärtig ist Bestechlichkeit verboten, weil der Staat in seiner Gemeinwohlverantwortlichkeit und seinem Amtsethos sich durch das Angebot von Geld nicht beeinflussen lässt. Jetzt brauchen wir auch eine aus unserer Freiheitsidee folgende Regel, die besagt, inwieweit der freie Bürger sich durch den Staat seine Freiheit nicht abkaufen lassen darf. Staatliche Steuerung durch die Macht des Geldes entspricht nicht der Idee des selbstbestimmten Bürgers, der Herr über sein eigenes Verhalten ist, sondern sieht den Bürger in der wenig ansprechenden Rolle dessen, der dem Geld hinterherläuft, für Geld vieles tut, was er andernfalls nicht tun würde.

Diese Globalbesteuerung ist dann vielfältig durch eine *Individual*steuerung im Steuerrecht, Sozialrecht, Umweltrecht, Technikrecht, Wissenschaftsrecht und Wirtschaftsrecht weiterentwickelt worden. Dabei verschieben sich die Anreize vom Geldangebot zu verwaltungseigenen Motivvorgaben. Auf dieser Grundlage formen Verwaltungsrecht und Verwaltungswissenschaft Ordnungssysteme und Verwaltungsstrukturen, die ein Stück Rechtsstaatlichkeit im Zwischenbereich zwischen Regel und Vereinbarung zu gewinnen suchen.

Sodann muss der Staat rechtfertigen, wie er diese Geldzahlungen oder Steuerminderungen finanzieren will. Ende der sechziger Jahre entschloss man sich zu einer *Finanzierung leichter Hand durch Kredit*. Wenn ein Staatskredit ausschließlich für Investitionen verwendet wird – ursprünglich war an den Ausbau eines Eisenbahnnetzes gedacht –, so sei sachgerecht, wenn die Begünstigung der nachfolgenden Generation auch von dieser mitfinanziert werde. Später wurde auch für den Ausnahmekredit, der nicht für Investitionen verwandt wurde, darauf verwiesen, dass jeder Staatskredit sich selbst finanziere, weil er das Geld wirtschaftlich im Inland einsetze und damit die Prosperität und das Steueraufkommen erhöhe. Das wissen wir heute besser.

Für unsere Gerechtigkeitsfrage müssen wir einen grundsätzlichen *Lastenausgleich unter den Generationen* suchen. Wenn alle Generationen in einem fiktiven Urzustand beisammensäßen und eine angemessene generationenübergreifende Lastenverteilung vereinbaren sollten, würden sie sich, wenn ihnen unter einem »Schleier des Nichtwissens« nicht bekannt wäre, welcher Generation sie später angehören, auf einen allgemeinen Spargrundsatz einigen, so dass jede Generation den gerechten Teil von ihren Vorfahren erhält und ihrerseits den Nachfahren den gerechten Teil weitergibt. Jede Staatsentscheidung muss nachhaltig sein; sie muss jeder Generation ein ähnlich verträgliches Leben ermöglichen.

Regulierung

Einen zweiten Fall, in dem das Grundgesetz die Freiheit der sozialen Marktwirtschaft deutlich eingeschränkt hat, bietet die Regulierungsbefugnis des Staates. Wenn Bahn, Post und Telekommunikation aus der Staatsverwaltung in Wirtschaftsunternehmen in privatrechtlicher

Form überführt werden, nimmt der Staat zunächst Staatsmacht zurück, behält sich dann aber die Regulierung dieses Marktes durch eine eigens dafür geschaffene Regulierungsbehörde, die *»Bundesnetzagentur«*, vor. Der Übergang von der Staatswirtschaft zur Privatwirtschaft eröffnet noch nicht einen freien Markt für alle Anbieter und Nachfrager. Das Staatsmonopol wirkt nach. Wenn etwa die Post noch über die »letzte Meile«, den Telefonanschluss zu allen Haushalten, verfügt, bedarf es einer Regulierung, um einem Konkurrenten den Zugang zu diesen Anschlüssen zu sichern. Die Regulierungsbehörde allerdings trifft hoheitsrechtliche Regelungen der Eingriffsverwaltung, um den freien Marktzutritt zu sichern, die Nutzung der Netze einem freien Wettbewerb zu öffnen, den Markt zu strukturieren, Kunden zu schützen und eine allgemeine, flächendeckende Versorgung von der Zugspitze bis zu den Halligen in der Nordsee auch dort zu sichern, wo nach privatwirtschaftlicher Rentabilität ein Leistungsangebot nicht zu erwarten ist.

Diese Regulierung kann nun bedeuten, dass der Staat einen Preis festsetzt, etwa die Erhöhung einer Telefongebühr um einen Cent erlaubt oder nicht erlaubt. Damit trifft *eine staatliche Behörde unternehmerische Entscheidungen, deren Folgen das Privatunternehmen trägt,* nicht der Staat. Hoheitliche Entscheidung und privatwirtschaftliche Entscheidungsverantwortlichkeit fallen auseinander. Deshalb muss die staatliche Regulierung, der staatliche Sicherstellungsauftrag zur Gewährleistung einer flächendeckend angemessenen und ausreichenden Versorgung, die Gewährleistungsverantwortung des Staates für eine bestimmte Marktstruktur und bestimmte Marktleistungen eine Übergangserscheinung bleiben. Sie darf nicht zu einem Modell alltäglichen Verwaltens werden. Doch Anzeichen für eine Ausweitung der Regulierung sind erkennbar: Wenn private Gruppen private Regelwerke setzen oder durch Schiedsgerichte rechtsprechungsähnlich Rechtsfrieden schaffen, sollen Freiheitsberechtigte durch Dienstleistungen eine verallgemeinerungsfähige Ordnung hervorbringen, dabei aber in einem staatlichen Ordnungssystem gebunden werden. Ähnliche Entwicklungen zeichnen sich im Recht der Produktzertifizierung, des dualen Systems beim Umgang mit Verpackungen sowie des Öko-Audits ab. Richtig ist in dieser Entwicklung, dass der Staat den Ordnungsrahmen für

Freiheit vorgeben muss. Fragwürdig ist, ob er die konkreten Freiheitsentscheidungen regulieren oder steuern muss. Das bewährte Freiheitsprinzip regelt eine klare Aufgabenzuweisung: Der Staat gewährt definierte, begrenzte Freiheitsrechte, der freie Bürger übt diese Rechte in Distanz zum Staat aus. Jede Vermischung dieser Verantwortlichkeiten bedarf der Rechtfertigung.

Trägt der Kapitalismus die Saat für seine Zerstörung in sich?

Verantwortungseigentum und anonymes Kapital

Die aktuelle Krise der Finanzmärkte gibt Anlass, sich auf dieses *Verantwortungsprinzip* zu besinnen, das jede Handlungsbefugnis mit der Pflicht verbindet, für die Handlungsfolgen einzustehen. Ausgangspunkt des Wirtschaftslebens ist das *Verantwortungseigentum,* bei dem ein Unternehmer seinen Betrieb selbst bewirtschaftet, mit seinem Namen und seinem Vermögen für die Qualität seiner Leistung einsteht. Je anonymer eine Kapitalgesellschaft wird, je weniger ein Fondsanleger weiß, was mit seinem Kapital geschieht, desto mehr schwächt dieses *anonyme Kapital* die Idee des privatnützigen Eigentums und untergräbt seine verfassungsrechtliche Gewährleistung. Die Fehlleistungen des Finanzmarktes erinnern an die These, der marktwirtschaftliche Kapitalismus und die Demokratie trügen die Saat für ihre eigene Zerstörung in sich: Die Menschen würden sich so sehr an die Vorzüge des freien Marktes gewöhnen, dass sie diesen irgendwann als Selbstverständlichkeit hinnähmen, ihn missbrauchen und letztlich aufs Spiel setzen würden. Nach ähnlichen Gewöhnungs- und Ermüdungsprozessen würden sie sich auch von der politischen Freiheit ab- und autoritären Regierungsformen zuwenden, um wirtschaftliche Ergebnisgleichheit und einen sozialen Ausgleich durch tägliche Umverteilung zu erreichen. Das Ergebnis wären Diktatur, Armut, Knechtschaft. Die Balance zwischen dem individuellen Freiheitsrecht, sich vom anderen eigennützig unterscheiden zu dürfen, und der Teilhabe aller an einem gemeinsamen Erfolg dieses Wettbewerbs scheint noch nicht gefunden.

Der *Finanzmarkt hat derzeit das Maß für einen gerechten Erwerb der gemeinsam erwirtschafteten Produktivität verloren.* Bei der Finanzierung durch eine Bank denken wir an den Bankier, der sich von seinem Kunden Geld leiht und dasselbe Geld einem Investor verleiht, diesem auf Kredit eine Maschine bereitstellt, damit er besser produzieren, dann aus den erhöhten Gewinnen das Darlehen tilgen und die Zinsen bezahlen kann. Mit der Aktie erwirbt der Aktionär eine Beteiligung an einer Kapitalgesellschaft, an deren Entwicklung er im Wert seines Papiers und der Höhe der Dividende als *Ankeraktionär* teilnimmt, die ihn gleichsam zum Mitunternehmer macht. Dabei sind Bank und Kunde, Aktionär und Gesellschaft miteinander vertraut, sesshaft, in persönlicher Verantwortung frei. Heute sind diese persönlichen Rechtsbeziehungen häufig *der Flüchtigkeit anonymer Finanztransfers gewichen.* Der Ankeraktionär ist zum computervernetzten Anleger geworden, in Hast nach höherem Gewinn und in Angst vor drohenden Verlusten. Das persönliche Sparen und der persönliche Kredit sind durch Finanztransaktionen verdrängt, bei denen eine Forderung immer wieder gekauft und verkauft, verbrieft und verpfändet, versichert und rückversichert wird, damit den Zusammenhang mit der realen Wertschöpfung verliert. *Geldautomat* und *Kreditkarte* verführen den Berechtigten nicht selten zu leichtsinnigem Denken, leichtfertigem Kauf. Die Banken werben für eine Verschuldung, verkaufen dann den Rückzahlungs- und Zinsanspruch, geben ihn zur Sicherheit oder auch für andere Risikogeschäfte. Die öffentliche Hand *verschuldet sich in unvorstellbarer Höhe,* ohne dass der Staat dieses Geld wirtschaftlich produktiv investiert und aus dieser Produktivität die Kraft zur Rückzahlung und Zinstilgung gewinnt. Der Gedanke an eine Rückzahlung wird bei der öffentlichen Haushaltsplanung verdrängt; Thema der Politik ist die Höhe der Neuverschuldung, also die Frage nach der Summe, um die der Staat den Schuldenberg zu vergrößern gedenkt.

Die traditionellen Instrumente der Finanzierung von Kredit, Aktie, Anleihe werden durch *Derivate* ersetzt, also Verträge über den zukünftigen Kauf oder Verkauf von Krediten, Aktien oder Waren, zu einem Preis, der schon heute vereinbart wird (Termingeschäfte), oder durch Verträge über Rechte zum zukünftigen Kauf oder Verkauf von Krediten, Aktien oder Waren (Optionsgeschäfte). Diese Verträge mögen Risiken verteilen und begrenzen, sind aber vor allem *Spiel und Wette,* sind Spekulation, die sich von der menschlichen Arbeit und der konkret greifbaren Wertschöpfung gelöst haben. Der Gewinn hängt nicht mehr von den erarbeiteten Werten ab, sondern von der Einschätzung zukünftiger Wertentwicklungen.

Handeln auf eigene Chance und eigenes Risiko

In meinem Ferienort grüßen sich Autofahrer, wenn sie sich begegnen, mit einem kurzen Wink – in der Nachbarschaft, weil wir uns kennen, auf engen Straßen, weil wir unsere Fahrt mit Blick auf den Entgegenkommenden verlangsamt haben. In der Großstadt hingegen kämpfen die Autofahrer um den besten Startplatz an der Ampel. *Nachbarschaft erwartet Rücksicht, Anonymität schafft Aggressivität.*

Die Finanzwirtschaft läuft Gefahr, in der Anonymität die Bindung zur persönlichen Berufsverantwortlichkeit und zum Verantwortungseigentum zu verlieren und nur noch den Refrain vom globalen Markt und von den Zwängen moderner Finanzwirtschaft zu singen, der immer weniger melodiös klingt und jetzt vom verlegenen Ruf nach staatlicher Hilfe überstimmt wird. Wenn aber die großen Gewinne in der Scheinwelt des Geld- und Risikotausches gemacht werden, fehlen Gewinne und Löhne bei Produktion, Handel und dem Menschen gewidmeter Dienstleistung. *Dieser Markt verteilt anonym, also falsch. Das Problem dieser Finanztransfers liegt in ihrer Unverantwortlichkeit, nicht in der Freiheit von Markt und Wettbewerb.* Freiheit meint immer auch Verantwortlichkeit. Wirtschaftliche Freiheit berechtigt zu einem *Handeln auf eigene Chance und eigenes Risiko,* persönlichen Gewinn und persönlichen Verlust, individuellen Erfolg und individuelle Haftung. Würde jede Bank, jeder Anlageberater, jeder Fondsmanager individuell das Verhältnis von Risiko und Zins, von Ungewissheit und Haftung bewusst machen, sodann selbst mit eigenem Namen und eigenem Vermögen für diese Aussage einstehen, gäbe es keine Fassungslosigkeit von Banken, Fonds, Sparern und Anlegern, die sich jetzt durch ein Risiko gefährdet sehen, das sie so nicht wahrgenommen und nicht bedacht haben. Und die Ratingagenturen, die Bankinstitute und Finanzfonds, deren Risiko- und Spekulationsprognosen zu immer höheren Gewinnmargen antreiben, müssten mit ihrem Vermögen für ihre Aussage haften, eine Anlage sei sicher, mutig, gefährdet, spekulativ, tollkühn.

Freiheitsrechte eröffnen *Handlungsräume in einem Ordnungsrahmen.* Im Wirtschaftsleben erlaubt dieser Rahmen ein bewusstes und verantwortliches Umgehen mit Chance und Risiko eigener Arbeit und eigenen Kapitals. Eine Wirtschaftsordnung, die das Verantwortungseigentum immer mehr durch das anonyme Eigentum ersetzt, in der ein Anleger nicht weiß und auch nicht wissen will, was mit seinem Kapital geschieht, zerstört die Berufs- und Eigentümerfreiheit, die soziale Marktwirtschaft. Die gegenwärtige Finanzkrise ist deswegen nicht Anlass, Freiheit und Markt in Frage zu stellen. Im Gegenteil: *Sie fordert dringlich die Rückkehr zu Freiheitsrechten, zur verantworteten Freiheit.*

Der Markt braucht Verantwortlichkeit, aus der Vertrauen erwächst

Wenn gegenwärtig um Vertrauen in Banken und Finanzsystem geworben wird, entspringt dieses Bemühen der Einsicht, dass ein Zusammenbruch bedeutender Banken auch gesunde Unternehmen von Produktion und Handel in den Sog der Insolvenz ziehen würde. Grundsätzlich hätte der freie Markt zur Folge, dass ein Unternehmen, das sich verspekuliert hat, von der *produktiven Kraft der »schöpferischen Zerstörung«* erfasst wird, also aus dem Markt ausscheidet und besseren Unternehmen Platz macht. Doch scheinen so viele Banken, Sparkassen, Fonds und andere Geldinstitute in Verträgen und Zweckgemeinschaften miteinander verbunden zu sein, dass nicht genügend gesunde Konkurrenten bereitstehen, um die Kunden und Anlagen der schwachen Mitbewerber zu übernehmen. Dieses »systemische« Problem kommt einem Kartell nahe. Es ist aufzulösen. Wenn die Finanzkraft der Steuerzahler herhalten soll, um ein Unternehmen zu sichern, muss diese Bereitschaft des Staates zur Mitverantwortung in ein Konzept neuer Vertrauensbildung eingebunden werden. Der Staat sollte als Repräsentant der Steuerzahler nicht bloß Sicherheiten für Schuldner bieten, nicht nur Finanzierungslücken und Einkommensfehlzuweisungen überbrücken und befestigen, sondern – wie dies in Ansätzen bereits geschieht – mit den notleidenden Finanzinstituten *Absprachen der Gegenseitigkeit* treffen, nach denen die wieder gesundeten Banken ihrerseits den Steuerzahler entlasten, insbesondere von den neuen Schulden, die zur Bewältigung der Bankenkrise aufgenommen werden. Hier *liegt der Schlüssel für Staat und Banken, um Vertrauen zu gewinnen.*

Erster Grundsatz:
Korrektur erst durch Recht, weniger durch Geld

Not kennt kein Gebot, sagt eine allgemeine Lebensregel und rechtfertigt damit Regeldurchbrechungen, die einem anderen aus einer Notlage helfen. Wer das Fenster eines Autos einschlägt, um ein darin fast erstickendes Kind zu retten, handelt rechtmäßig, weil der Schutz von Leib und Leben dem von Sachen vorgeht.

Doch für die gegenwärtige Finanz- und Wirtschaftskrise *gilt diese Regel nicht,* weil wir nicht in existenzielle Not geraten sind, sondern eher Übermaß und Übermut in eine Kultur des Maßes, vielleicht in eine gelassene Bescheidenheit zurückführen müssen. Gerade in der Aufgeregtheit der Gegenwart erwarten wir vom Staat Verlässlichkeit, Stetigkeit, Nachhaltigkeit. Er soll helfen, aber nur nach den Normen und in der Normalität, die uns zu Recht und Maß zurückfinden lässt.

Unsere erste Erwartung richtet sich an das staatliche *Recht.* Zunächst sollte der Gesetzgeber Freiheit wieder *deutlicher mit Verantwortlichkeit verbinden*, Erwerbschance mit Haftungsrisiko verknüpfen. Banken dürfen ihre Forderungen gegen ihre Kreditnehmer jedenfalls nicht so auf eine Zweckgesellschaft übertragen, dass sie sich damit der Haftung für die Gediegenheit ihres Schuldners entziehen. Anleger müssen einschätzen können, ob sie ein Wertpapier erwerben oder sich an Spiel und Wette beteiligen. Fondszeichner müssen wissen, ob mit ihrer Kapitalmacht Wälder abgeholzt oder landwirtschaftliche Strukturen aufgebaut werden. Hier kann das Gesetz Transparenz erzwingen, persönliche Verantwortlichkeiten zuweisen, Haftungstatbestände begründen. Persönliches Risiko lässt die Menschen vorsichtiger handeln, Schaden vermeiden.

Wer Geschäfte schlecht geführt hat, darf keine Boni beanspruchen. Deswegen muss der Rechtsstaat prüfen, ob Verträge, die dieses versprechen, mit den Grundsätzen eines ehrbaren Kaufmanns, mit Treu und Glauben zu vereinbaren oder aber nichtig sind. Für die Zukunft muss der Gesetzgeber unterbinden, dass für schlechte Leistungen Gutschriften vergeben werden. Außerdem sollte der Staat, soweit sein Einfluss reicht, sicherstellen, dass diejenigen, die ein Unternehmen in die

Krise gesteuert haben, später nicht als qualifiziert gelten, um diese Unternehmen just aus derselben Krise herauszuführen.

Zweiter Grundsatz: Steuererträge sind für Staatsaufgaben, nicht für Unternehmensdefizite verfügbar

Der Einfluss des Staates reicht weit, denn *die Wirtschaft erwartet von ihm weniger gutes Recht, sondern gutes Geld.* Damit stellt sich für die Normalität des Verfassungsstaates die Frage, ob die für den Staat verfügbaren Steuergelder zur Finanzierung von Unternehmensdefiziten verwendet werden dürfen. Die Garantie der Berufs- und Eigentümerfreiheit belässt das Bewirtschaften von Kapital und Arbeit, damit den Unternehmenserfolg und das Unternehmensrisiko in privater Hand und verweist den Staat darauf, seine Aufgaben durch Teilhabe am Erfolg privaten Wirtschaftens, durch Steuern, zu finanzieren. Die Gemeinlast der Steuer rechtfertigt sich nur, wenn die Steuererträge für die Allgemeinheit der Inländer verwendet werden. Diese Trennung von Privatunternehmen und Steuerstaat *verbietet es strukturell, private Defizite aus dem öffentlichen Haushalt zu decken.* Hier müssen wir die Zulässigkeit von Staatsleistungen und Steuervergünstigungen grundsätzlich neu bedenken.

Dritter Grundsatz: Hilfe nur bei sanierungsfähigen Unternehmen

Voraussetzung für jede Zuwendung von Steuergeldern ist, dass das jeweilige Unternehmen durch die Kapitalzufuhr mit hoher Wahrscheinlichkeit saniert werden wird. Unternehmen mit geringer Sanierungschance dürfen keine Staatsleistungen erhalten. Die Automobilindustrie kann weltweit fast doppelt so viel Autos produzieren, wie gekauft werden. Deshalb ist sorgfältig einzuschätzen, mit welcher Qualität und welcher Zahl wir am Weltmarkt erfolgreich sein können. Und am Ende stehen sanierte Unternehmen und ein sanierter Staatshaushalt – strikt getrennt, wie es sich für die freiheitsberechtigte Wirtschaft und den freiheitsverpflichteten Staat gehört.

Vierter Grundsatz: Gegenseitige Hilfe

Will der Staat ausnahmsweise Steuererträge zur Stütze privater Unternehmen einsetzen, hat er weiter zu entscheiden, *in welcher Form –*

Kredite, Garantieversprechen, verlorene Zuschüsse, Beteiligungen – er helfen will. Diese Entscheidung ist eine Folgeentscheidung der Steuerfinanzierung, darf also nicht – wie gegenwärtig – isoliert beurteilt werden. Selbstverständlich beteiligt sich der freiheitliche Staat strukturell nicht an privaten Unternehmen und verstaatlicht schon gar nicht Privatunternehmen durch Enteignung. Diesem Befund geht aber die ebenso richtige Feststellung voraus, dass der Staat selbstverständlich aus Steuergeldern nicht Unternehmensdefizite finanziert. Wenn der Staat – das sind die Steuerzahler – gegenwärtig trotz seiner außerordentlich hohen Verschuldung bereit ist, weitere Kredite aufzunehmen, um notleidende Unternehmen zu finanzieren, so ist es sachgerecht, diese Finanzierung mit Absprachen zu verbinden, die den privaten Unternehmer verpflichten, nach seiner Sanierung an der Sanierung des defizitären Staatshaushaltes mitzuwirken.

Für eine befristete Phase der Sanierung mag deshalb auch erwogen werden, eine *vorübergehende* staatliche Beteiligung an einem Unternehmen einem Staatszuschuss vorzuziehen. Wenn ein Unternehmen Geld braucht, bietet es grundsätzlich Beteiligung gegen Kapital. Der Anleger *nimmt damit teil am Ertrag und an der Wertentwicklung des Unternehmens.* Wenn nun der Steuerzahler einem Unternehmen Kapital zuführen muss, sollte er ebenfalls am Sanierungserfolg beteiligt werden. Die Unternehmensbeteiligung gibt dem Staat befristet Einfluss auf die strukturelle Entwicklung des Unternehmens und sichert ihm eine Teilhabe an zukünftigen Erträgen. Der Staat übernimmt eine Mitverantwortung für seine unternehmerischen Entscheidungen; *er trifft nicht – ähnlich der Regulierung* privatisierter Unternehmen – *von außen Unternehmensentscheidungen,* die nicht von Unternehmenssicht und Unternehmerhaftung geprägt sind: Wenn eine staatliche Regulierungsbehörde einem Unternehmen eine Preiserhöhung verweigert, ist allein das Unternehmen, nicht die Behörde durch die Folgen von Entscheidung und Fehlentscheidung betroffen. Ist der Staat als Aktionär oder Gesellschafter unternehmensbeteiligt, treffen seine Mitentscheidungen ihn im Wert seiner Beteiligungen und seiner Erträge.

Fünfter Grundsatz:
Verursacher erbringen die größten Sanierungsopfer
Sparer, Steuerzahler und Wähler gewinnen Vertrauen in den Rechtsstaat und in die Banken zurück, wenn sie spüren, *dass die Krise durch Opfer aller bewältigt wird.* Dabei müssen sich insbesondere *diejenigen in ihrer Einsatz- und Opferbereitschaft hervortun, die die Krise verursacht und zu verantworten haben.* Diese verantwortliche Freiheit, die für Fehlleistungen haftet, ist so überzeugend, dass sie freiheitlichen Wettbewerb und Demokratie immer wieder erneuert, aus Fehlentwicklungen herausführt, Stabilität schafft.

Vertragsfreiheit als Ausdruck von Freiheitsvertrauen

Vertrauen in die Modernisierungsfähigkeit der Unternehmer
Wir brauchen in diesem freiheitlichen System des demokratischen Staates und des verantwortlichen Marktes mehr Vertrauen in die Freiheitskraft der Menschen. Dieses Vertrauen gilt auch der Selbsthilfe und Erneuerungskraft von Unternehmen und Branchen wie der Autoindustrie, wenn diese einen Markt gesättigt oder ihre Produkte nicht hinreichend erneuert haben. *Freiheit setzt auf die Anpassungs- und Modernisierungsfähigkeit der Unternehmer.* Würde der Staat veraltete Produkte und Produktionsstrukturen durch Staatshilfen festigen, würde der freiheitsgerechte Anpassungsprozess gehemmt und behindert. Eine große Zahl von Betroffenen rechtfertigt nicht Fehllenkungen, sondern fordert gemeinsame Anstrengungen, um allen Beteiligten neue Arbeits- und Lebensbedingungen anzubieten. Auch in der Krise sollte der Staat *nur das tun, was er auch ohne die Krise für seine Bürger vorgesehen hätte* – Rechtsvereinfachungen, Steuersenkungen, Investitionen in Schule, Bildung, Verkehr. Das System eines freiheitlichen Marktes wäre grundsätzlich gefährdet, wenn *Zahlungsschwäche und Zahlungsunfähigkeit nur noch bei kleinen und mittleren Unternehmen in die Insolvenz, bei großen Unternehmen hingegen in die steuerfinanzierte Staatshilfe führen würden.*

Vertrauen in die Vertragsfreiheit

Ein freiheitsgefährdender Vertrauensschwund bedroht selbst das Prinzip der Vertragsfreiheit, der Grundlage unseres Wirtschaftens und unserer Prosperität. Wer Hand an die Wurzel dieses Vertragsrechts legt, gefährdet das Fundament der sozialen Marktwirtschaft, des Finanz- und Steuerstaates. Vor Jahren war es *selbstverständlich, dass ein ordentlicher Kaufmann nicht diskriminiert.* Und wenn er diskriminierte, würden seine Kunden sich abwenden und seine Kollegen ihn zur Ordnung rufen. Der Gesetzgeber traut uns diese Ehrbarkeit heute nicht mehr zu. Er berät erneut – durch eine Europäische Richtlinie veranlasst, aber diese noch überbietend – über das Antidiskriminierungsgesetz, ein Gleichstellungsgesetz, das nunmehr noch verschärft Bevorzugungen und Benachteiligungen insbesondere wegen des Alters, der Herkunft, einer Behinderung, des Geschlechts untersagen soll. Der Wille, Diskriminierungen zu verhindern, ist tatkräftig zu unterstützen. Doch stellt sich die Frage, inwieweit das Recht im Kampf gegen Diskriminierungen das richtige Mittel bietet.

Stellen wir uns einmal einen *Fußballbundestrainer* vor, der in öffentlicher Ausschreibung neue Mitglieder der Nationalmannschaft gegen Entgelt sucht. In dieser Ausschreibung sucht er: 1. junge Menschen, 2. nur Deutsche, 3. nur Gesunde und 4. nur Männer. Alle vier Diskriminierungskriterien (Alter, Herkunft, Behinderung, Geschlecht) sind ersichtlich verletzt. Nun erlaubt das Gesetz zwar Differenzierungen, wenn die Besonderheit des Berufs diese erfordert. Vielleicht würde jemand dennoch der Grundaussage des Gesetzes folgen und, was im Nebeneinander eines gemischten Tennisdoppels möglich ist, auch für das Gegeneinander im Fußball erwägen. Dann stellt sich die Frage, ob sich ein Gesetz im Grundsatz gegen jede Unterscheidung nach den genannten Kriterien wenden soll und damit auch gegen die Konvention von getrennten Männer- und Frauenwettkämpfen. Wir werden prüfen müssen, ob ein Gesetz notwendig ist, das in der Allgemeinheit seiner Formulierungen so nicht gemeint und gewollt sein kann.

Das Gleichheitsanliegen ist heute selbstverständlicher Bestandteil des Verfassungsstaates. Artikel 3 Absätze 2 und 3 des Grundgesetzes verbieten ausdrücklich, jemanden wegen seines Geschlechts zu benachteiligen oder zu bevorzugen. Dieser Angleichungsauftrag hat sein

Ziel noch nicht erreicht und ist hochaktuell, insbesondere beim gleichen Lohn für gleiche Arbeit von Mann und Frau. Das Problem des Gleichstellungsgesetzes liegt deshalb nicht in seinem Anliegen, sondern in seiner inhaltlichen Ausgestaltung, die zu wenige freiheitliche Unterscheidungen erlaubt; außerdem belastet es den Vertragspartner *mit der unzumutbaren Aufgabe, zu beweisen, dass er nicht diskriminiert hat.* Hier fragt die Rechtsordnung, die grundsätzlich das äußere Verhalten der Menschen regelt, *nach den inneren Motiven.* Im Übrigen ist ein solcher negativer Beweis schon nach der allgemeinen Lebenserfahrung kaum möglich. Jeder kann leidlich beweisen, was er gestern getan hat: Er hat gefrühstückt, ist zur Arbeit gefahren, hat abends ein Buch gelesen oder ein freundschaftliches Telefonat geführt. Jeweils darzulegen und zu beweisen, dass er dieses alles nicht getan hat, ist schwer, fast unmöglich. Der Strafprozess kennt den *Alibibeweis,* in dem ein Verdächtiger Zeugen dafür benennt, dass er den Mord nicht begangen, sondern dass er zur Mordzeit etwas anderes getan habe.

Vertragsfreiheit bedeutet traditionell, dass jeder Vertragsschließende *frei ist, sich seinen Partner auszuwählen* und den Inhalt des Vertrages einvernehmlich zu bestimmen. Er darf ein Vertragsangebot ablehnen, weil er den Partner nicht mag, weil ihm seine Haarfarbe nicht gefällt. Er darf einen Gegenstand nicht kaufen, weil ihm die Beschaffenheit eines anderen eher zusagt. Er darf einen Bewerber nicht einstellen, weil ein anderer ihm sympathischer ist.

Das klassische Beispiel für das Recht zu unterscheiden und das Verbot zu diskriminieren bietet das Urteil des *Amerikanischen Supreme-Court,* nach dem die staatliche Feuerpolizei grundsätzlich das Betreiben einer Wäscherei in Holzhäusern untersagen und in Steinhäusern erlauben darf, weil die Feuergefahr in Holzhäusern zu groß ist. Diese feuerpolizeilich vertretbare Unterscheidung wird aber unzulässig, wenn mit dem Verbot für Holzhäuser fast ausschließlich Einwanderer aus Asien betroffen und damit vom Markt verdrängt werden, obwohl sie hinreichend Feuersicherheit bieten. Unter dem Deckmantel des Feuerschutzes dürfen nicht Menschen bestimmter Herkunft von einer Erwerbstätigkeit ferngehalten werden, für die sie qualifiziert sind und die sie mit hinreichenden Sicherheitsstandards ausüben.

Lebensbereiche, die gegen Wettbewerb abgeschirmt sind

Wettbewerb beschreibt nicht nur eine Konkurrenzlage, in der sich der Stärkere durchsetzt, sondern enthält ein *Rechtfertigungsprinzip:* Ein faires Verfahren ermittelt den Besten und weist ihm einen Vorteil – die Goldmedaille, den Zugang zu einem Amt, das Vertragsangebot – zu, weil er der Beste ist. Wettbewerb meint nicht den bloßen Kampf, in dem der härteste Kämpfer seine Mitbewerber einschüchtern und unterwerfen darf, sondern formt den Wettstreit, der den Regeln des *»lauteren Wettbewerbs«* folgt, Verletzungen unterbindet und von einem Schiedsrichter geleitet wird.

Doch viele Lebensbereiche sind auch für einen solchen, durch ein faires Verfahren geprägten Wettbewerb nicht zugänglich. Das Werben um den *Ehepartner* mag man noch als Wettbewerb deuten. Haben beide Partner beim Standesbeamten ja gesagt und eine Ehe geschlossen, ist der Wettbewerb beendet: Jetzt gilt das Prinzip der Treue, nicht mehr die Suche nach einem anderen Partner. Wenn Eltern und Lehrer *ein Kind erziehen,* suchen sie seine Talente zu entfalten; sie wollen dabei nicht die Familie und Schulklasse in Sieger und Besiegte unterteilen, sondern die Gemeinschaft als Grundlage der Entwicklung jedes Kindes nutzen. Wer am *Straßenverkehr* teilnimmt, darf sich nicht mit anderen Teilnehmern ein Wettrennen liefern, sondern ordnet sich in den allgemeinen Verkehrsfluss ein, der jeden möglichst schnell und sicher an sein Ziel bringt. In *kirchlichen Gemeinschaften,* in *sozialen Verbänden,* im demokratischen *Staatsvolk* lebt jeder Mensch in der ihm eigenen Würde, die nicht durch die gleiche Würde des anderen verdrängt, vermindert oder beeinträchtigt wird. Mitmenschliches Begegnen und Zuwenden, Ausbilden und Bilden, die Aufgaben- und Arbeitsteilung in Zusammengehörigkeit und Zusammenwirken, der Zusammenhalt in Staatsvolk und Staat ermitteln nicht wettbewerblich Sieger und Besiegte, sondern setzen auf gleichbleibende Gemeinsamkeiten, die allen Beteiligten zu Gute kommen.

Das Prinzip der Freiheit rechtfertigt einen Wettbewerb, in dem der eine sich vom anderen abhebt. *Das Prinzip der Gleichheit weist den Wettbewerb zurück.* Es fixiert nicht Unterscheidungen, sondern gleicht Unterschiede aus. Wenn ich junge Studenten im Staatsrecht und im

Steuerrecht unterrichte, ist es nicht meine Aufgabe, nur die Besten zu glänzenden Juristen zu machen, die Schwachen aber in ihrem Studium scheitern zu lassen. Vielmehr sind mir alle an meinen Veranstaltungen teilnehmenden Studenten anvertraut. Ich suche alle mit meiner Lehre möglichst zu erreichen, erfülle meinen Auftrag am besten, wenn alle sich für einen juristischen Beruf qualifizieren. Das schließt selbstverständlich nicht aus, bei den Übungen die schlechten Klausuren und Hausarbeiten als mangelhaft zu qualifizieren und die besten wie bei einer »Olympiade« auszuzeichnen. Dadurch werden die anderen zu weiterer Studienanstrengung ermuntert und nicht als Verlierer links liegengelassen. Jeder darf Fehler machen, aus seinen Irrtümern lernen, seine Leistung in Kleingruppen von Starken und Schwachen verbessern. Der Mensch entwickelt sich vielfach nicht im Wettbewerb, sondern in der Geborgenheit der Familie, in der Gemeinschaft der Lernenden, in der Sicherheit eines gleichbleibenden Rechts für alle, in den Zukunftsgarantien von Sozialversicherungsträgern, im Gleichklang einer Gemeinschaft seiner Kultur, des demokratischen Staatsvolkes. Dominierende Handlungs- und Lebensprinzipien sind die gleiche Würde des Menschen und die Gemeinsamkeit des Friedens. Auf dieser Grundlage entwickeln sich Freiheit und damit auch Wettbewerb.

Der Mensch will auch einmal nicht besiegt werden können

Die Aufgabe, den modernen Menschen zur Freiheit zu befähigen, zu ermutigen und anzuspornen, lässt sich nur erfüllen, wenn die Freiheitsverantwortung begrenzt ist, wenn der Mensch auch eine Geborgenheit im Eigenen, eine Sicherheit im Recht, eine Verlässlichkeit im Vertrauten erlebt. Er schließt seine Wohnungstür, um sich in seiner Privatsphäre dem Blick seiner Konkurrenten zu entziehen, die Verantwortlichkeit in Beruf und öffentlichem Leben hinter sich zu lassen, die Bewährungsprobe in Markt, Politik und Sport zu beenden. Er beansprucht menschenrechtlich einen Status gesicherter Existenz, Würde, Privatheit und Anerkennung, über die kein Staat und kein anderer Mensch verfügen darf. Er lebt in der Verlässlichkeit der eigenen Sprache, in der er sich informiert und seine Meinung äußert, in der er die Welt, seine Weltsicht und Weltanschauung begreift, er seine Kunst und Wissenschaft ausübt, er anderen begegnet, sich mit ihnen versammelt und vereint. Er lebt in einer möglichst gleichbleibenden Friedensordnung, die ihn vor körperlicher Verletzung, vor Unterdrückung und Sklaverei, vor Ängstigung und existenzieller Entbehrung schützt, ihm ein gefestigtes Fundament zur Ausübung seiner persönlichen und wirtschaftlichen Freiheitsrechte bietet. Er baut auch auf die Selbstverständlichkeiten und Gepflogenheiten des anständigen Bürgers, der gediegenen Nachbarschaft, der redlichen Arbeit, des selbstlosen Ehrenamtes, der entlastenden Konventionen von Anstand, Stil und Rücksichtnahme. Er wünscht sich jeden Tag Phasen, in denen er nicht besiegt werden kann und nicht Besiegte hinter sich lässt, sondern sich zerstreut und entspannt, Erfolge und Misserfolge auf ihre Augenblicksbedeutung zurückführt.

Der Staat unterteilt nicht in Sieger und Besiegte

Der Staat ist freiheitsverpflichtet, nicht freiheitsberechtigt. Er handelt grundsätzlich nicht nach dem Recht der Freiheit und damit auch nicht nach den Maßstäben des Wettbewerbs. Die Demokratie formt das Staatsvolk zu einer Kulturgemeinschaft, unterteilt es nicht in Sieger und Besiegte. Der Rechtsstaat garantiert *gleiches Recht und gleichen Frieden für alle,* verhindert in diesem Jedermann-Status, dass der eine sich vordrängt und den andern hinter sich lässt. Die Republik bemüht sich um das allgemeine Wohl; sie bevorzugt nicht den Einzelnen, der mehr vom Staat verlangt, als er dem anderen zubilligt.

Der Staat steht außerhalb des Kampfes

Der Staat selbst nimmt nicht am Wettbewerb teil. Er ist *Intendant des Theaters,* steht außerhalb des Kampfes um die besten Rollen, Plätze und Stücke. Würde der Staat seine Tätigkeit als wirtschaftlichen Wettbewerb missverstehen, verfehlte er seine Aufgabe vollends: Ein Beamter, der gegen Höchstgebot Gewerbe zulassen, Berufsqualifikationen bestätigen oder Sondernutzungen erlauben würde, wäre *bestechlich* und damit strafbar. Wenn deshalb von einem »Steuerwettbewerb« unter den Staaten, einem »Bildungswettbewerb« unter den Bundesländern, einem »Standortwettbewerb« unter den Gemeinden gesprochen wird, beruht diese Rede von einem Wettbewerb auf einem grundsätzlichen Missverständnis. Selbstverständlich mag ein Staat im Bemühen um das beste Steuerrecht, die exzellente Universität und den glanzvollen Wirtschaftsstandort in eine tatsächliche Konkurrenz zu anderen Staaten treten. Doch ist diese Konkurrenz kein Wettbewerb, dessen Verfahren Sieger und Besiegte rechtfertigen würde. Vielmehr handeln Staaten eigenverantwortlich nebeneinander und erreichen ihr Ziel idealtypisch am besten, wenn jeder für seinen Verantwortungsbereich den größten Erfolg erzielt. Dabei können alle für ihren Bereich die gleiche Lösung – ein gutes Steuerrecht, eine exzellente Universität, glanzvolle wirtschaftliche Standortbedingungen – herstellen, ohne dass der eine den anderen verdrängen müsste. Der Status eines jeden Staates ist völkerrechtlich gesichert. Würde ein Staat dem anderen die Staatsbürger abwerben, ihn aus seinem Gebiet verdrängen oder gar in die Insolvenz treiben, so wäre dieses schlechthin rechtswidrig und könnte niemals mit dem Gedanken eines Wettbewerbs gerechtfertigt werden.

Staaten handeln nicht frei, sondern autonom. Freiheit meint Selbstbestimmung der einzelnen Personen. Autonomie hingegen bedeutet das Recht einer Gemeinschaft – einer Gemeinde oder Universität –, sich selbst Gesetze zu geben; sie beansprucht einen Entscheidungs- und Bestimmungsraum für andere und bildet selbstverantwortlich verallgemeinerungsfähige Regeln. Wenn die Philosophie den Gedanken der Autonomie mit der individuellen Freiheit verbindet, betont sie die Fähigkeit des Menschen zur ethischen, sittlichen, moralischen Bindung, stellt menschliche Vernunft über individuelles Belieben, erwartet vom fairen Menschen ein Gewissen, das verantwortliche, verallgemeinerungsfähige Maßstäbe für das eigene Handeln entwickelt. Diese *Selbstbestimmung in Gebundenheit tritt bei der staatlichen Autonomie noch deutlicher hervor:* Die Hoheitsgewalt des Staates begründet nicht beliebige Herrschaft, sondern Gewalt zur Wahrung von Recht und Frieden für alle anderen, Verantwortlichkeit insbesondere für die demokratischen Staatsbürger und dic Freiheitsberechtigten.

Ein Staatenwettbewerb verfälscht Verfassungsstrukturen

Das *Wort vom Staatenwettbewerb droht ein Gemeinplatz zu werden, der Elementarstrukturen von Staat und Verfassung verfälscht* und das politische Denken bedrohlich verwirrt. Wenn weltweit handelnde Kapitalgesellschaften die Staaten in einen Steuerwettbewerb zu drängen versuchen, indem sie vom Staat als Standortanreiz möglichst geringe Steuern fordern, wird der Wettbewerbsgedanke auf den Kopf gestellt. Dieser Wettbewerb unter Staaten zielt nicht auf deren größtmöglichen Gewinn, sondern auf einen geringstmöglichen Steuerertrag, wäre also ein Verfahren, das die finanzwirtschaftliche Grundlage des »wettbewerbenden« Staates planmäßig gefährdet. Dieser Wettbewerb behauptet eine freie Konkurrenz unter Staaten, obwohl diese bei der Gestaltung des Steuerrechts eher zusammenwirken. Wenn der Staatenverbund der Europäischen Union in der Umsatzsteuersystemrichtlinie das Umsatzsteuerrecht für die Mitgliedstaaten weitgehend vereinheitlicht, in einer Bilanzrichtlinie die Bemessungsgrundlage des mitgliedschaftlichen Einkommensteuerrechts systematisch annähert, so entsteht kein wettbewerbswidriges Kartell, sondern eine den freien Wettbewerb der Unternehmen im Binnenmarkt fördernde Zusammenarbeit der Staaten. Der Wettbewerber folgt dem Eigennutz, der Staat entwickelt in Unbefangenheit verallgemeinerungsfähige Regeln. Der Wettbewerber kämpft um Gewinnmaximierung ohne Haltepunkt, der Steuerstaat entfaltet eine Kultur des Maßes; er achtet ein Übermaßverbot und sucht im parlamentarischen Gesetzgebungsverfahren den schonenden Ausgleich.

Der Wettbewerber strebt nach einem Wachstum seines Unternehmens, sucht seine Ertrags- und Einflusssphäre möglichst auszudehnen. Der Staat *handelt innerhalb klarer Grenzen seiner Gebietshoheit,* seiner *Personalhoheit,* seiner verfassungsrechtlich vorgegebenen *Handlungsmittel.* Der Wettbewerber versucht seinen Ertrag durch Verhandlungsgeschick zu mehren und spielt mit verdeckten Karten, der Verfassungsstaat ist auf die Stetigkeit eines gesetzlichen Steuerertrages angelegt, beschließt und vollzieht sein Recht *in der Transparenz von Gleichmaß und parlamentarischem Verfahren.* Der Wettbewerber versteht die Insolvenz des Konkurrenten als Erfolg, der Verfassungsstaat bietet dem anderen Staat bei finanzieller Gefährdung *Finanzhilfen* und wirkt auf dessen Resolvenz hin. Eine »feindliche Übernahme« eines anderen Staates ist schlechthin ausgeschlossen.

Das Stichwort eines *»Bildungswettbewerbes«* ist gleichermaßen verfehlt. Würden alle Länder in ihren Bemühungen um die beste Universität und die beste Schule gute Universitäten und Schule anbieten, die diesen Optimalanforderungen genügen, so hätten sie in ihrer jeweiligen Autonomie den gleichen Erfolg – das Optimum – erreicht. Hätten die Kultusminister in der *Kultusministerkonferenz* den Weg zu diesem Erfolg vereinbart und abgestimmt verwirklicht, wäre nicht das Recht verletzt, sondern sachgerecht Autonomie wahrgenommen. Und wenn die Bundesländer in der ARD und im ZDF gemeinsam ein bundesweit wirksames Fernsehen betreiben, ist diese Zusammenarbeit erwünscht, nicht wettbewerbswidrig, weil Hoheitsträger auf gemeinsame Ziele hinarbeiten, nicht wettbewerblich konkurrieren.

Ein kommunaler *»Standortwettbewerb«* bedient sich oft finanzwirtschaftlicher Instrumentarien, die das Recht verbietet. Lockt eine Gemeinde ein Unternehmen durch das Versprechen einer befristeten Gewerbesteuerbefreiung, verletzt die Gemeinde das unabdingbare Prinzip der Gleichheit aller vor dem Gesetz. Bietet die Gemeinde dem Unternehmen kostenlos ein Betriebsgrundstück, bevorzugende Infrastrukturleistungen bei der Erschließung des Grundstücks oder eine spezielle Verkehrsanbindung, stehen vielfach der Gleichheitssatz und auch ein haushaltsrechtliches Schenkungsverbot entgegen. Auch für die Gemeinden bleibt es bei dem rechtsstaatlichen Ausgangsbefund: Der Bürger erwartet vom Staat vor allem gutes Recht, der Kunde vom Wettbewerber eine wirtschaftliche Leistung. Der Verfassungsstaat ist von einem strukturgebenden Ausgangsbefund geprägt: *Der Staat ist nicht frei, deswegen auch nicht zum freiheitlichen Wettbewerb berechtigt.*

Recht – ein rares Gut

Wenn der Gesetzgeber sich gegenwärtig bemüht, das *Recht wieder zu einem raren, deswegen wertvollen Gut werden zu lassen,* dementsprechend die Normenflut einzudämmen, auf eine Fülle von Normen zu verzichten, auf Deregulierung und einen schlankeren Staat hinzuwirken, darf dieses rechtsstaatliche Anliegen nicht durch das gegenläufige Prinzip eines Normenzuwachses dank Wettbewerb widerlegt werden.

Das Prinzip des freiheitlichen Wettbewerbs dient somit im Wirtschaftsleben der Erneuerung und Prosperität; es bietet dort wie auch in Sport und Politik *Anreize zu Anstrengung und Erfolg*, ist in der Politik Bedingung einer demokratischen Legitimation durch Wahl. Greift das

Wettbewerbsprinzip aber in *Lebensbereiche der Statussicherheit, der Geborgenheit, der Rechtsgebundenheit und des Ausgleichs* über, wirkt es zerstörend. Deswegen muss erneut ein Ausgleich zwischen Freiheit und Bindung, wettbewerblicher Veränderung und unverrückbarem Bestand, demokratisch Abstimmbarem und Unabstimmbarem, zwischen Anstrengung und Entspannung gefunden werden. Dabei sichert der Verfassungsstaat mit seinem unveränderbaren Recht und seinen Bewegungsprinzipien von Freiheit und Parlamentarismus, dass das Pendel hin- und herschwingen kann. Würde es auf Seiten des Wettbewerbs oder der Sicherheit fixiert, könnte das Uhrwerk nicht mehr laufen. *Die Zeit bliebe stehen,* der Mensch könnte seinen Standort und die davon ausgehende Entwicklung nicht mehr definieren.

Freiheitskämpfer streben nach Freiheit, doch der Mensch ist auch müde und bequem

Jeder Fußballvater und jede Eiskunstlaufmutter hat erfahren, dass eine Überforderung ihrer Kinder zu Untätigkeit, Passivität, Leistungsflucht führt. Auch der wettbewerbsbereite Sportler weiß, dass der Mensch nicht immer laufen, sondern auch einmal die Füße hochlegen will. Anstrengung und Muße, Konkurrenz und Zusammenwirken, Ehrgeiz und Unbeschwertheit bestimmen gleichermaßen menschliches Verhalten. Gegenwärtig beobachten wir vermehrt eine *Freiheitsmüdigkeit,* sehen Menschen aus Wettbewerb und Konkurrenz fliehen, begegnen mehr dem Willen, sich anzulehnen, als vorn im Kampf um Produkt und Markttauglichkeit zu stehen. Der moderne Mensch sucht oft eher Sicherheit, als dass er sich persönlich bewähren wollte. Auch der wettbewerbserprobte Unternehmer genießt den Erfolg, tut sich aber schwer zu verlieren. Zum Start fordert er Produktionsbedingungen und Sicherheitsstandards, die ihm den Markt bevorzugt erschließen. In der Konkurrenzlage drängt er auf rechtliche Privilegien und Subventionen, die ihm einen wettbewerbsverzerrenden Vorsprung sichern. Im Erfolg neigt er zum Kartell, das den Konkurrenten fernhält. In der Krise ruft er nach Steuergeldern.

Das Umweltrecht und das Recht der Verkehrssicherheit fordern erhöhte *Sicherheitsstandards*, die der sicherheitsbewusste Mensch so nicht nachfragen würde. Ganze Branchen des Immobilienwesens, der regenerativen Energietechnik, der Kranken- und Altersversicherung, der Anlagegüter und Finanzfonds bauen auf ein Geschäftsmodell, das nicht den Nachfrager in der Freiheit des Marktes sucht, sondern *den Nachfrager in der Sicherheit eines bevorzugenden Rechts zugeführt bekommt.* Mächtige Gruppen und Verbände bedrängen den Gesetzgeber immer wieder mit neuen Vorschlägen eines Privilegs, einer Subvention oder eines Steueranreizes. Besitzstandserwartungen und Besitzstandsgarantien schreiben Absatzmärkte, Abnahmegarantien und Lieferungsmonopole fest, entziehen sich also dem wettbewerblichen Prinzip des Wagens und Gewinnens und suchen den sicheren Hort rechtlich erschlossener Nachfrage. Der Anleger kauft nicht die Aktie mit persönlicher Chance und individuellem Risiko, sondern bevorzugt den Fonds, der Chancen und Risiken auf viele Schultern verteilen soll. Unternehmer und Kapitalgesellschaft setzen nicht auf das Wechselspiel von Gewinn und Verlust, sondern auf stetiges Wachstum, das Gewinn und Vermögen verlässlich mehrt. Bleibt dieses Wachstum aus, können wir das mit Hilfe von Stichworten wie »Gewinnwarnung« und »Minuswachstum« kaum, jedenfalls nur unbeholfen begreifen.

4. Freiheit will errungen sein

Moderne Freiheitskämpfer unterstellen wie selbstverständlich, dass der Mensch nach Freiheit strebt. Sie haben nicht mit der Gleichgültigkeit, der Müdigkeit, der Bequemlichkeit der Menschen gerechnet. Die Vorkämpfer der Freiheit werden immer rarer, je stabiler die Menschen Frieden, Wohlstand und individuelles Wohlbehagen erleben. Die Stetigkeit eines erträglichen Zustands verführt dazu, sich in diese erstarrte Sicherheit fallen zu lassen. *Doch Freiheit will immer wieder neu errungen sein.* Wer behauptet, der Mensch sei von Natur aus frei und suche die Freiheit im Recht, verficht die These, kein Gesetzgeber dürfe es wagen, die Freiheitsrechte in Frage zu stellen. Doch muss der Mensch zugleich *zur Freiheit befähigt werden, seine Verantwortlichkeit für die Freiheit stetig spüren,* sich *im Risiko bewähren, in der Enttäuschung selbst ermutigen.* Wer Anspannungen und Aufregungen kaum in seinem alltäglichen Leben, sondern nur beim abendlichen Fernsehen erfährt, hält Gewinn und Verlust, Chancen und Risiken für ein Spiel. Er wird geistig erschlaffen, freiheitsunmündig werden.

Derartige Ermüdungstendenzen sind erkennbar, wenn *Bildungsminister* auf begabtengerecht differenzierte Angebote und Leistungsnachweise verzichten wollen, *Anlageberater* dem Anleger die Kenntnis der Risiken vorenthalten, bei der *Krankheits- und Altersversicherung* kollektiver Zwang ohne jede individuelle Verantwortlichkeit regiert. Das Vertragsrecht verweigert sich individuellen Anliegen und bietet typisierte Sicherheit, je mehr es von Vertragsstandards und *Allgemeinen Geschäftsbedingungen* geprägt ist. Das Steuerrecht unterstellt individuelle, persönlich verantwortete Aussagen, wenn es vom Pflichtigen Erklärungen über Veräußerungsgewinn und Erträge seines Kapitalvermögens verlangt, die dieser aus eigenem Wissen nicht abgeben kann, die ihn deshalb in die resignierende Unverantwortlichkeit führen. Auch hier brauchen wir eine neue Balance: zwischen freiheitserprobender Chance und existenzieller Sicherheit, Zwischen Tatendurst am Morgen und Gelassenheit am Abend, zwischen der Kraft zu Erfolg und Niederlage und dem Schutz gegen Bedrängnis und Gefährdungen durch Wettbewerb und Konkurrenz.

Weder freiheitlicher Wettbewerb noch gleichheitsbestimmte Sicherheit sind Prinzipien, die sich selbst rechtfertigen. Sie bieten *Handlungsmaßstäbe, die sich stets an ihren Wirkungen für die betroffenen Menschen messen lassen müssen*. Ein wirtschaftlicher Wettbewerb, der die Menschen nicht angemessen versorgt, hat seinen Auftrag nicht erfüllt. Eine Zwangsversicherung, die Menschen ermüdet und lähmt, ist gescheitert. Daraus erwächst für die Erziehung wie für das Recht ein Gestaltungsauftrag: Der Mensch muss in seiner kulturellen Prägung wie in den Rahmenbedingungen seiner Existenz täglich neu zur Freiheit befähigt, darf aber nie so auf seine Freiheit zurückgeworfen werden, dass er den Anforderungen der Freiheit nicht gewachsen ist, dass er sich geängstigt, alleingelassen, existenziell bedroht fühlt. Freiheit ist ein Konzept der Hochkulturen: Der Freiheitsberechtigte muss die Kraft zur Verantwortlichkeit haben, seine Freiheit täglich wahrzunehmen, sich bewusst in einem freiheitlichen System mit Chancen und Risiken zu erproben, auch in den alltäglichen Verlockungen zu einem bevormundeten Leben für die eigene Freiheit einzutreten. Der Atem der Freiheit wird flacher, wenn die Menschen nur noch auf Lebenszeitanstellungen mit gesichertem Rentenanspruch hoffen, statt als freier Unternehmer einen überdurchschnittlichen Gewinn zu erzielen; wenn sie die Alterssicherung von einem kollektiven Zwangssystem erwarten, statt in den eigenen Kindern Beistand und Unterhalt vorzubereiten; wenn sie die Kritik an den politischen Programmen der Parteien in der Zeitung lesen, diese Programme aber nicht mehr selbst prüfen und beurteilen wollen. Eine Gefahr für die Freiheit liegt in den vermeintlich gesicherten Freiheitsrechten, die jede Anstrengung für die persönliche Freiheit erlahmen und jede individuelle Bewährung in den alltäglichen Freiheitserprobungen erschlaffen lassen. Die modernen Verfassungsstaaten begannen mit einem Aufbruch zur Freiheit, der Gleichheit als rechtlichen Rahmen anerkennt, in diesen Gewährleistungen Sicherheit gewinnt, aber sein Ideal in der Befreiung findet.

IX. Einlösungsvertrauen

1. Die Unersättlichkeit des König Midas

Eines Tages schweifte der Weingott Bacchus mit seinen Bacchantinnen und Satyrn hinüber nach Kleinasien. Zu seinem Gefolge gehörte Silenos, ein greiser Zecher, der, vom Weinrausch überwältigt, eingeschlafen und hinter seinen Zechgenossen zurückgeblieben war. Er wurde bald vermisst. Doch die Bauern des König Midas fanden ihn und brachten ihn zu ihrem König. Midas bewirtete Silenos mit fröhlichen Gelagen zehn Tage und Nächte lang. Dann führte er ihn zu Bacchus zurück, der, erfreut, seinen alten Genossen wiederzusehen, Midas bat, sich eine Gabe von ihm zu wünschen. Da sprach Midas: »Darf ich wählen, großer Bacchus, so schaffe, dass alles, was mein Leib berührt, sich in glänzendes Gold verwandle.« Sofort verwandelte sich der Zweig, den Midas von einer Eiche brach, in Gold. Hob er einen Stein vom Boden, wurde dieser zum funkelnden Goldklumpen. Brach er reife Ähren vom Halm, erntete er Gold. Das Obst, das er vom Baum pflückte, strahlte wie die Äpfel der Hesperiden. Und selbst das Wasser, in das er seine Hände tauchte, verwandelte sich in Gold.

Außer sich vor Freude ließ Midas sich ein Mahl richten. Doch als er nach dem Brot griff, wurde es zu steinhartem Metall. Steckte er das Fleisch in den Mund, klirrte schimmerndes Blech zwischen den Zähnen. Nahm er den Pokal, um Wein zu schlürfen, schien ihm flüssiges Gold die Kehle hinabzugleiten. Da wurde ihm klar, welch ein schreckliches Gut er sich erbeten hatte. So reich und doch so arm, verwünschte er seine Torheit. Verzweifelt schlug er seine Stirn mit der Faust – und auch sein Antlitz strahlte und funkelte wie Gold. Da hob er angstvoll die Hände zum Himmel empor und flehte Bacchus um Gnade an. Bacchus, der freundliche Gott, erhörte die Bitte des reuigen Toren, schickte ihn zum Fluss Paktolos, in den er sein Haupt tauchen solle, damit ihn die glänzende Firniss verlasse. Midas gehorchte dem Befehl, und sogleich wich der Zauber von ihm. Seit dieser Zeit hasste Midas allen Reichtum.

2. Ein fast wertloses Papier begründet große Erwartungen

Das Einlösungsvertrauen

Wir sind heute in Erwerbsstreben und Habsucht nicht so verblendet, dass wir hoffen würden, alles, was wir anfassen, werde zu Gold. Doch auch wir sinnen auf ein Zaubermittel, das uns erlaubt, alles, was wir uns wünschen, zu erwerben. Wir tragen ein *Stück Papier* in der Tasche, *das weniger als einen Cent wert* ist, von dem wir aber erwarten, dass wir es in wertvolle Güter eintauschen können. Dieses Papier trägt den Aufdruck 5 Euro, 10 Euro, 20 Euro, 50 Euro und bezeichnet damit den Wert, für den es eingetauscht werden kann.

Dieses *Einlösungsvertrauen* stützt sich auf ein Versprechen der Rechtsgemeinschaft, stets so produktiv zu sein, dass das Geld in Wirtschaftsgüter getauscht werden kann, und auch prinzipiell bereit zu sein, diese Tauschangebote anzunehmen. Garant dieses Einlösungsvertrauens war bei der Deutschen Mark die deutsche Volkswirtschaft und ist beim Euro die Europäische Union in den dem Euro-Währungsverbund angehörenden Staaten. Dieser Garant verliert sich aber wegen der Verflochtenheit der Währungsräume und des ständigen Tausches der verschiedenen Währungen langsam in der Anonymität des Weltmarktes.

Der *Wert des Geldes* wurde ursprünglich in Steinen, Schmuck, Muscheln, Pelzen, Metall, Münzen, Gold oder Silber gegenständlich, dann durch ein Papier ausgedrückt, dessen Wert durch Hinterlegung von Goldbarren gesichert ist. Heute hat sich das Geld von dieser gegenständlichen Sicherheit gelöst. Jeder kann es sich beschaffen, wenn er dem Geldautomaten Geld entnimmt, eine Kreditkarte vorlegt und dann eine Rechnung unterschreibt oder sich von seiner Bank einen Kredit bereitstellen lässt. Die Zentralbanken betreiben bewusst eine Politik der Geldmenge, indem sie die Banken verpflichten, Geld für einen höheren oder einen niedrigeren Preis bei ihnen zu hinterlegen, oder den Banken und dem Staat Kredit gewähren, also Geld schöpfen.

Unser Geldsystem und damit unsere Wirtschaft bauen *auf ein kühnes Konzept des Vertrauens*. Dank alltäglicher Erfahrung ist es uns vertraut, dass Geld jederzeit in die erwünschte Ware und Dienstleistung eingetauscht wird. Wir trauen den Produzenten, Dienstleistern und

Händlern zu, die benötigten Güter hervorzubringen oder zu beschaffen, weltweit anzubieten und an den Ort des Bedarfs zu bringen. Wir vertrauen den Banken, dass sie hinreichend Geld bereitstellen, das wir zur Finanzierung unserer Vorhaben benötigen. Vor allem aber vertrauen wir der nächsten Generation, die diese Leistungsversprechen mit ihrer Leistungskraft einlösen möge.

Dieses Geldvertrauen ist eine *herausragende Kulturleistung*. Jeder, der im Besitz eines Geldscheines ist, kann ihn einlösen. Das Geld schafft Gleichheit für jeden als Vertragspartner in aller Welt, sieht jeden als freiheitlich Berechtigten, erwartet einen dank dieser Freiheit stets leistungsfähigen Markt und baut auf eine weltweite Friedlichkeit und Tauschbereitschaft. Das Geld sichert eine verlässliche Versorgung, regt gediegene, sich stetig verbessernde Qualitätsstandards an, entdeckt und weckt immer neue Bedürfnisse, die nahezu beliebig befriedigt werden können.

Das Gegenprinzip zu diesem Geldvertrauen sind *Krieg* und *Terrorismus,* die Menschen und Güter zerstören, die Begegnung von Anbieter und Nachfrager unterbinden, die Verlässlichkeit des Geldwertes in Frage stellen. Eine zweite Gefahr für den Geldwert erwächst aus einer immer größeren *Distanz zwischen Geldwirtschaft und Realwirtschaft.* Wenn das Geld nicht mehr tatsächliche Wirtschaftsgüter und Werte widerspiegelt, die jederzeit vom Geldeigentümer eingetauscht werden können, schwächt sich die tatsächliche Grundlage des Geldvertrauens. Die zerstörende Kraft eines Krieges vernichtet Wirtschaftsgüter. Die Risikobereitschaft in grenzenloser Gewinnerwartung beschädigt wirtschaftliche Vernunft. Die Wirklichkeitsferne der Geldwirtschaft nimmt dem Geld seine Geltungsgrundlage.

Dieses Vertrauen in Geld und Gold hat *Midas* völlig verkannt. Er will Kaufkraft durch bloßes Berühren statt durch Erwerbsleistung gewinnen; er sucht nicht die Leistungsbereitschaft seiner Umgebung, will Güter allein durch eigene Hand und nicht durch Zusammenarbeit und Tausch schaffen, isoliert sich von Anbietern und Markt. Midas wünscht sich Reichtum außerhalb der Erwerbsgemeinschaft, kann aber nur in der Gemeinsamkeit von Produktion und Handel, Begegnung und Tausch reich werden. Er vereinsamt, hungert, verarmt in seinem Gold.

Instrument der Gleichheit

Das Geld ist Bedingung des Marktes; es befähigt die Vertragspartner auch dann zum Tausch, wenn nur einer eine erwünschte Leistung anzubieten hat, der andere hingegen das vom Anbieter gewünschte Wirtschaftsgut nicht erbringen kann. Käufer und Verkäufer sind beim Vertrag verschieden: Der eine hat das Auto, der andere das Geld. Das Geld aber bietet das *Instrument, um diese Verschiedenheit anzugleichen.* Geld eröffnet den Weg zum weltweiten Tausch, zur Befriedigung unterschiedlicher Bedürfnisse. Dabei bestimmt der Verbraucher in dem vereinbarten Preis den Wert, den er der Tauschleistung beimisst. *Geld macht die Güter messbar, stimmt ihren Wert auf die individuellen Bedürfnisse ab, ermöglicht so eine Angleichung der tatsächlichen Lebensverhältnisse* mit der leichten Hand des Marktes. Selbst dort, wo Güter unvergleichlich sind – der Mensch braucht in den Tropen einen Sonnenhut, bei den Eskimos einen Schlitten –, werden die Güter in Geld vergleichbar und messbar, obwohl diese Nachfrager sie unmittelbar niemals vergleichen und messen werden. Geld ist neben dem Recht das wichtigste Instrument der Gleichheit.

Wer Geld hat, ist umworbener Kunde; er gewinnt Einfluss auf andere Menschen, die ihm gegen Geld die gewünschten Leistungen erbringen. Im Geld kann der Mensch auch beliebige Kaufkraft für die Zukunft *sparen,* solange die nächste Generation das in Geld angelegte Einlösungsversprechen zu erfüllen bereit ist. Geld hält Gestaltungsmöglichkeiten langfristig offen. Der *Kredit* zieht zukünftige Kaufkraft in die Gegenwart vor. Schließlich ist Geld auch insoweit *wertfrei,* als man ihm nicht ansieht, wie es erworben worden ist. Es bewahrt seine Gültigkeit, mag es erarbeitet, als Kapitalzins erwirtschaftet, geraubt, erpresst oder erschlichen worden sein. *Geld hat keinen Charakter,* kann aber Charaktere und Verhaltensweisen von Menschen wesentlich beeinflussen.

3. Die Finanzkrise

Fragen wir nach den Gründen des gegenwärtigen Vertrauensverlustes, so sagen uns Finanzexperten, dass die Vielfalt der Anlagemöglichkeiten und Geldgeschäfte – der »Finanzprodukte« – *selbst für den Experten nicht erklärbar* und auch kaum in der Rationalität des Sprachlichen darstellbar sei. Niemand könne insgesamt beobachten und kontrollieren, wie ein Kredit den anderen stützt, wie Forderungen verkauft und gekauft, versichert und rückversichert, gebündelt und wieder aufgelöst werden, wie viele Wirtschaftseinheiten an Kredit und Wette beteiligt sind und verdienen, wie hoch das Eigenkapital der Banken ist, wie sehr die Entgelterwartungen der Manager (Boni) zu Risiken und Leichtfertigkeiten drängen. Der Finanzmarkt ist undurchschaubar geworden; er hat sich der Herrschaft des Menschen und seiner Verantwortlichkeit entzogen und verliert damit Vertrauenswürdigkeit.

Die Wissenschaft hat die Entwicklung oft *nur statistisch erfasst,* nicht kritisch bewertet. In Zahlen kann man Vergangenes und Gegenwärtiges begreifen, kaum aber die Zukunft deuten. Und die wesentlichen Fragen liegen oft in den Voraussetzungen des Zählens verborgen. Mir empfahl jüngst ein Freund zum Geburtstag, ich möge hundert Jahre alt werden, danach – so sage die Statistik – sterbe kaum noch ein Mensch.

Ausgangsbefunde des Geldmarktes sind *das Sparen* und *der Kredit.* Wenn dort alle Beteiligten verlässlich sind, investieren, tilgen und Zins zahlen, so mehren die gediegenen Geldgeschäfte individuelles Eigentum, Produktivität und allgemeinen Wohlstand. Das Geld repräsentiert tatsächliche wirtschaftliche Vorgänge: Der Sparer hat durch Arbeit mehr Einkommen erwirtschaftet, als er gegenwärtig braucht. Der Investor hat mit dem Kredit eine Firma gegründet, die neue Werte produziert, aus denen Tilgung und Zinsen bezahlt werden können. Die Bank vermittelt gespartes Geld als Investitionskraft, behält dabei die Gediegenheit und das Wirtschaftsgebaren ihrer Partner im Auge und weiß sich ihnen verantwortlich.

Das Szenario der Finanzmarktkrise ist ein anderes: Stellen wir uns vor, der Staat und die Banken planen eine *Politik des billigen Geldes* für alle Kreditnachfrager, die ein eigenes Haus bauen oder erwerben wollen. Die Bürger sollen sesshaft werden, in ihrem Eigenheim einen Raum persönlicher Entfaltungsfreiheit und Unabhängigkeit gewinnen, in langfristiger guter Nachbarschaft Mitverantwortung für das Gelingen der örtlichen Gemeinschaft übernehmen. Gute Politik schafft Privateigentum, stärkt Familien, begründet Verantwortlichkeiten.

Die Kreditnehmer dürfen das Haus bis zum Schornstein und darüber hinaus beleihen. Das Kreditgeschäft floriert, und die Bank braucht mehr Geld. Deshalb bündelt sie die Darlehen in einer Zweckgesellschaft und verkauft die Anteilsscheine. Dieses »Verbriefen« verschafft der Bank wieder Geld, um weitere Darlehen zu vergeben. Die Zweckgesellschaft übernimmt mit den Krediten deren Risiken; die Ursprungsbank hat keine Verantwortlichkeit für die Bonität des Kreditschuldners mehr. Diese Risikostreuung mehrt den Wagemut der Banken. *Die Suche nach Vertrauen trifft nicht mehr auf voll verantwortliche Menschen*. Die Zweckgesellschaft verteilt die Verluste aus Kreditausfällen nicht anteilsmäßig auf alle Investoren, sondern bildet verschiedene Gruppen, bei denen ein erhöhtes Verlustrisiko mit einer entsprechend höheren Rendite ausgeglichen wird. *Statt Sicherheit wird Risikobereitschaft zur Geschäftsgrundlage*. In diesem System wächst die Zahl der Hauskäufer, der Hauskredite, der diese Kredite verbriefenden Wertpapiere, des Handels mit diesen Papieren und schließlich der Spekulation auf diese Papiere. Die Anleihen werden neu versichert und bewertet, schließlich von institutionellen Anlegern gekauft. Was sich hinter dem Paket verbirgt, weiß niemand. Der realwirtschaftliche Ursprung, die Hauskredite bis über die Schornsteine hinaus, sind längst vergessen.

Schließlich können die Hauseigentümer ihre Kredite nicht mehr bedienen. Die Häuser werden versteigert, decken aber die Kreditsumme und die aufgelaufenen Zinsen nicht. Die Hauseigentümer werden obdachlos. Die Bank kann ihre Zahlungsverpflichtungen gegenüber anderen Banken nicht mehr erfüllen. Die Banken geben sich gegenseitig keine Kredite, weil sie einander nicht trauen, nicht mehr erwarten, dass ihre Wertpapiere tatsächliche Werte verbriefen. So *infiziert die Schwäche der einen Bank die andere*. Es zeigt sich, dass die gesamte Finanzbranche – Banken, Sparkassen, Fonds und andere Bankinstitute – durch Einlagen und Kredite so miteinander verbunden sind, dass die Zahlungsunfähigkeit der ersten Bank zur Zahlungsschwierigkeit der zweiten und zum Kapitalmangel der dritten wird. Das Finanzsystem gerät durch dieses *Kartellsystem* in eine Schieflage; es droht die Wirtschaft mit den benötigten Geldern nicht mehr versorgen zu können und verliert täglich an Vertrauen. Alle Unternehmen der Finanzbranche vergessen das Prinzip von Marktfreiheit und Wettbewerb, von Unternehmerfreiheit in Distanz zum Staat; sie rufen nach Steuergeldern, mit denen die Banken entschuldet und ein Vertrauen bildender Schutzschirm für das Kreditgewerbe errichtet werden soll.

Doch *der Staat ist selbst hoch verschuldet,* hat deshalb kein Geld, das er den Banken geben könnte. Er kann, will er nicht Kredite aufnehmen, um sie den Banken zu geben, nur die Sicherheit des zukünftigen Steueraufkommens bieten, Garantieversprechen zu Lasten zukünftiger Steuerzahler abgeben.

Im Ergebnis *ist mit Geld gehandelt worden, das sich schon bald verflüchtigt hat.* Der praktische Verstand, die alltägliche Vorsicht des Anlegers ist außer Kraft gesetzt worden, weil wohlklingende Bankprodukte glänzende Gewinne versprachen, erhöhte Risiken hohe Renditen zur Folge hatten, eine abenteuerliche Risikobereitschaft den Glanz ungeahnten Wachstums, das Ansehen wirtschaftlicher Tüchtigkeit, einen schier unglaublichen wirtschaftlichen Erfolg verhieß. *Geschäftsgrundlage war das Nichtwissen.* Neben die Rationalität einer Wissensgesellschaft trat ein Erwerb aus Vermutung, Wagnis, Unvorhersehbarem. Bei alledem haben die Banken ihre Finanzbereiche, insbesondere Sparen, Investieren, Fondseinlagen sowie Spiel und Wette, nicht rechtlich voneinander getrennt, so dass die Verluste in der Abteilung »Spiel« unmittelbar auch die Rückzahlung der Sparguthaben bedrohen. Lediglich die Fonds sind rechtlich verselbständigt.

Die Verluste und Risiken erreichen eine Summe, die für die betroffenen Menschen unvorstellbar ist. Vertrauen und Erwartungen weichen der Erfahrung, dass Wertpapiere zu bloßen Papieren, Banken zu Spielbanken, Gewinnhoffnungen zur Entwertungswirklichkeit werden. Zuversicht, Tatendrang, Risikobereitschaft werden zu Resignation, Fatalismus, Ängstlichkeit. *Midas* ist fast verhungert, weil alles, was er anfasste, zu Gold wurde. Der Finanzmarkt treibt die Anleger in die Verluste, weil alles, was in das Dunkel des Unwissens und der Unverantwortbarkeit geraten ist, entschwindet. Dieser Tiefpunkt einer Wirtschaftsentwicklung bietet dennoch eine einzigartige *Chance:* Die Besinnung auf eine Kultur des Maßes, die der Geldwirtschaft einen klaren rechtlichen Rahmen setzt, die Sichtbarkeit und Verständlichkeit der Geldgeschäfte zur Bedingung ihrer rechtlichen Zulässigkeit macht, den Banken eine Haftung für die Qualität ihres Angebots zuweist. Die Finanzkrise fordert einen kulturellen Aufbruch.

4. Elementarstrukturen von Geld und Markt

Der Finanzmarkt stellt uns vor die Frage, ob Freiheit und Markt geeignete Instrumente bieten, um einen weltweiten Geldverkehr zu organisieren, oder ob der Finanzmarkt durch andere Wirtschaftsformen ersetzt werden muss. Die Antwort fordert, elementar zu denken. Deswegen versetzen wir uns gedanklich in den Urzustand beginnenden Wirtschaftens und erwägen, ob es eine Alternative zur Struktur freiheitlichen Wirtschaftens gibt.

Vor Tausenden von Jahren lernt der Mensch, Hütten zu bauen, Früchte zu ernten, das Feuer zu hüten. Er beginnt, im Herbst Äpfel für den Winterbedarf aufzubewahren, fängt also an zu *sparen*. Im Frühjahr pflanzt er einige dieser Früchte in die Erde, erschließt sich damit neue Quellen des Erwerbs; er beginnt zu *investieren*. Später teilen sich die Menschen die Arbeit untereinander auf. Der eine arbeitet als Baumeister, der andere als Landwirt, der Dritte ist verantwortlich für Feuer und Energie. Jeder produziert mehr, als er selbst verbraucht, kann deshalb mit anderen die Güter tauschen. *Arbeitsteilung* und *Tauschwirtschaft* sind erfunden. Eine Marktwirtschaft beginnt.

Doch nicht immer begegnen sich Tauschpartner, die jeweils das Gut anbieten, das der andere braucht. Der Landwirt will seine Früchte heute nicht gegen eine Hütte oder gegen Energie tauschen, sondern später Pferd und Pflug erwerben. Deswegen vereinbaren die Tauschpartner, dem Landwirt als Entgelt für seine Früchte andere Werte – anfangs einen Steinkeil, dann Muscheln, Perlen – zu zahlen, mit dem er sich auf den Weg machen kann, um einen Verkäufer von Pferd und Pflug zu finden und diesen zu entgelten. So entsteht das *Geld*. Ein Vertragspartner erhält als Gegenleistung einen abstrakten Wert, den er später in beliebige Güter eintauschen kann. Dieser Wert war bis in die jüngste Gegenwart in einem Goldstück oder einer Münze gegenständlich greifbar. Die Kaufleute lagerten Goldbestände und Münzen in einem Depot und erhielten dafür eine Quittung, die sie berechtigte, das Hinterlegte abzuholen. Für jeden Tausch mussten sie dann wieder das Depot aufsuchen, um Gold und Münzen zu holen, mit denen sie den Verkäufer bezahlten, der dieses Geld wieder in ein Depot trug und dafür eine Quittung erhielt. Deshalb bot es sich an, statt des Goldes und der Münzen doch gleich die Quittung zu übergeben – das *Papiergeld* war erfunden. Doch der Wert eines Geldscheins war stets durch entsprechende Gold- und Münzreserven gesichert. Diese gegenständliche Sicherung des Geldwertes ist inzwischen aufgegeben. Der Geldwert ist heute überwiegend ein bloßer Wert in Büchern – auf dem Kontostand, im Bankdepot, im Wechsel und Scheck. Die Beteiligten vertrauen darauf, dass sie für einen heute gesparten Euro später einen ähnlichen Wert einlösen können. Dieses Einlösungsvertrauen stützt sich auf die Glaubwürdigkeit der Banken und Zentralbanken, auf die Volkswirtschaft, die ein gemeinsames Währungsgebiet bildet und für den Wert ihrer Währung steht, auf die folgende Generation, die dieses Einlösungsvertrauen rechtfertigen soll.

Sodann braucht der Hüttenbauer eine Maschine, die ihm beim Bauen hilft. Er verfügt aber nicht über genug Geld, um die Maschine zu erwerben. Sein Nachbar hingegen hat genügend Geld, kann aber keine Hütten bauen. Deswegen leiht er dem Baumeister sein Geld und lässt sich versprechen, der Baumeister werde ihm einen Teil seines durch die Maschine gesteigerten Gewinns als Zins zahlen. Der *Kredit* ist erfunden. Dieser Geldverleih gegen Zins war jahrhundertelang verpönt, auch von den Kirchen untersagt, ist heute aber Grundlage unseres Finanzierungssystems. Findige Kreditgeber hatten entdeckt, dass man nicht nur eigenes, sondern auch fremdes Geld als Darlehen anbieten könne. Der Bankier lässt sich vom Sparer eine Summe von hundert gegen einen Zins von 3 % auf zwei Jahre geben, gibt dieses Geld dem Investor gegen einen Zins von 6 % auf ebenfalls zwei Jahre und gewinnt durch diese Vermittlungsleistung ein beachtliches Einkommen. Die *Banken* entstehen.

Schließlich planen die Menschen Großvorhaben. Sie bauen Eisenbahnen, ein Postsystem, Telefonnetze oder eine Fluglinie. Sie gründen Kleider- und Autofabriken. Deshalb brauchen sie mehr Geld, als ein Einzelner bereitstellen kann, und legen ihr Geld zusammen, betreiben gemeinsam Unternehmen. So entsteht die *Kapitalgesellschaft,* in der eine

Fabrik, ein Handelsbetrieb oder ein anderes Wirtschaftsunternehmen verselbständigt wird und den Kapitalgebern ständige Einnahmen sichert. Diese Gesellschafter waren anfangs ihren Unternehmen langfristig verbunden. Doch aus dem Ankeraktionär wird bald ein flüchtiger Anleger, der sich einmal bei dieser, einmal bei jener Gesellschaft beteiligt, je nachdem, wo die größte Rendite zu erwarten ist. Es entsteht neben dem Gütermarkt ein Finanzmarkt, der nicht Güter und Arbeitsleistung tauscht, sondern Papiere, in denen sich tatsächliche Werte spiegeln.

Diese Entwicklung ist das Fundament heutigen Wirtschaftens. Es überzeugt, weil es die Freiheit und Gleichheit der Menschen mehrt. Es setzt allerdings voraus, dass Freiheit nicht zur Bindungslosigkeit übertrieben, Gleichheit nicht zur Maßstablosigkeit verfremdet wird.

5. Geld als Instrument der Freiheit

Der Finanzmarkt verlangt *verantwortliches Wirtschaften*. Verantwortlich handelt, wer die Wirkungen seines Tuns auf andere und auf sich selbst beobachtet, beurteilt, nach verallgemeinerungsfähigen Maßstäben bewertet und für sie einsteht. Das Verfassungsrecht garantiert nicht Eigentum, sondern Freiheitsrechte des Eigentümers, also Beziehungen gegenüber anderen, bei denen die Beteiligten grundsätzlich gleiche Freiheiten beanspruchen. Grenzenlose Freiheit wäre Willkür und deshalb vom Recht nicht geschützt. Recht ist stets *an das Maß gleicher Rechte des anderen gebunden.*

Das Handlungsprinzip des Wirtschaftens allerdings ist das *Streben nach Gewinnmaximierung*, das keine Grenze kennt und deshalb zur Maßlosigkeit neigt. Eine gewisse Mäßigung erfährt dieses Prinzip in der Knappheit der Güter, im Wettbewerb der Konkurrenten, in der Verantwortlichkeit gegenüber Mitarbeitern und im Einstehenmüssen für die eigenen Produkte.

Wenn allerdings Geld aus Geld entsteht, sind selbst *diese Schranken weniger wirksam*. Sie verlieren im Finanzmarkt viel Kraft. Geld ist die *Blankettbefähigung für beliebiges wirtschaftliches Handeln*, erlaubt das Aufbewahren und Sammeln zukünftiger Kaufkraft, scheint also eine Nachfragemacht fast ohne Bindung in der konkreten Marktlage und im Recht zu vermitteln. Deshalb ist die Frage nach der Verantwortlichkeit für das Geld eine der wesentlichen Bewährungsproben für unser modernes, freiheitliches Wirtschaftssystem.

Geld erwirbt man durch Arbeit oder durch Geld

Geld ist Entgelt, Gegenleistung in Münze, in einem Stück Papier, in einer Gutschrift auf dem Konto, in der jeweils eine bestimmte Wirtschaftsgemeinschaft verspricht, eine benannte Summe Kaufkraft gegen Leistungen einzutauschen. Geld ist ein Zahlungsmittel, ein Bewertungsmittel und ein Mittel, um zukünftige Kaufkraft aufzubewahren.

Geld ist Freiheit, ist ökonomische Grundlage fast aller Freiheitsrechte. Wer die Freiheit der Medien in Anspruch nehmen, sich am Straßenverkehr beteiligen, eine Familie gründen, ein Haus bauen oder in eine Firma eintreten will, braucht Kapital. Bis zum 19. Jahrhundert sicherten die Menschen die wirtschaftliche Grundlage ihrer Freiheit meist im Sachvermögen, im Gewerbebetrieb oder in einer Landwirtschaft. Heute stützen sie ihre Freiheit vor allem auf den Ertrag ihrer Arbeit oder ihres Finanzkapitals sowie auf Ansprüche aus einer solidarischen Daseinsvorsorge und Zukunftssicherung.

Damit wird das Geld zu einem der wichtigsten Instrumente moderner Freiheiten und ist deswegen von der Verfassung als Eigentum geschützt. Der Eigentümer mag sein Geld *besitzen* und wie Dagobert Duck in seinen Münzen baden. Er wird es aber vor allem *nutzen,* um daraus weitere Erträge zu erzielen. Er wird es *verwalten,* um in der bestmöglichen Anlageform die Rendite zu steigern. Er wird insbesondere über sein Geldeigentum *verfügen,* um es in Sachen, Dienstleistungen oder andere Währungen zu tauschen. *Geld ist gehortete ökonomische Freiheit,* verbrieft individuelle Kaufkraft der Zukunft.

Der Wert des Geldes hängt von der Gemeinschaft ab

Der Wert des Geldes ist *von der jeweiligen Rechtsgemeinschaft abhängig.* Er bildet sich durch das Verhalten der Menschen, die in ihrer Wirtschaftsfreiheit Löhne, Preise oder Zinsen vereinbaren, wirtschaftliche Entwicklungen einschätzen und prognostizieren. Der *Außenwert des*

Geldes folgt aus den Beziehungen zu anderen Währungen und deren staatlichen, wirtschaftlichen und gesellschaftlichen Grundlagen. Die Zentralbanken lenken die Menge des Geldes und seiner Erträge. Zugleich beeinflusst der Staat den Geldwert durch seine Ausgaben, seine Steuern, Gebühren und Sozialabgaben, durch seine Haushaltspolitik und seine Schulden.

Damit wächst dem Staat in seiner Wirtschafts- und Geldpolitik eine Verantwortlichkeit für den Geldwert zu. *Er garantiert Preisstabilität,* um den Geldeigentümer in seinem Vertrauen auf einen möglichst gleichbleibenden Geldwert, also das Sparen gleicher Kaufkraft, nicht zu enttäuschen. Dabei werden die Zentralbanken von Rechts wegen auf die Sicherung der Preisstabilität als vorrangiges Ziel verpflichtet und genießen oft gerichtsähnliche Unabhängigkeit gegenüber den Einflüssen der Politik. Geld hat viele Garanten, Geldvertrauen stützt sich auf die Gesellschaft insgesamt.

Verantwortungseigentum und anonymes Finanzkapital

Das Geldeigentum verändert die Struktur des Privateigentums und die aufgrund von Kapital wahrgenommenen Verantwortlichkeiten grundlegend. Das Finanzkapital begründet *anonymes Eigentum* mit geschwächten Verantwortlichkeiten. Es eilt in Sekundenschnelle um den Erdball, platziert sich dort, wo die größte Rendite zu erwarten ist, verantwortet aber kaum, was mit der Eigentumsmacht tatsächlich bewirkt wird. Ob ein durch das Kapital finanziertes Unternehmen Arbeitsplätze schafft oder Menschen ausbeutet, Krankenhäuser baut oder Kriege führt, ist für den Renditesuchenden unerheblich.

Auch das *Beteiligteneigentum* ersetzt zunehmend persönliche Mitunternehmerschaft durch anonyme Kapitalanlage. Wer sich an einer börsennotierten Publikums-Aktiengesellschaft beteiligt, gewinnt am Unternehmen weder das Recht zum Besitz, noch zur Verwaltung, noch das zur Verfügung. Seine Eigentümerposition ist auf ein – nicht selbstbestimmtes – Nutzungsrecht und auf die Verfügungsmacht über seine Beteiligung beschränkt. Die Unternehmensgeschicke werden von dem berufsqualifizierten – nicht eigentumsbeteiligten – Vorstand sowie den großen Kapital- und Kreditgebern bestimmt. Mancher Vorstand einer

Publikumsgesellschaft sieht sich wechselnden Eigentümern und Einflüssen gegenüber, ist oft auch damit beschäftigt, eine feindliche Übernahme abzuwehren. Auch das Verständnis von Eigenkapital und persönlichen Bezügen der Unternehmensleiter ist bei anonymen Publikumsgesellschaften anders: Der berufliche Akteur sucht in der Gesellschaft vor allem den persönlichen Erfolg, er pflegt nicht langfristig die Substanz des Unternehmens.

Schließlich veranlasst auch das *geistige Eigentum* strukturelle Verschiebungen. Wer nicht eine Ware hingeben oder eine persönliche Dienstleistung erbringen muss, um ein Entgelt zu erzielen, sondern Rechte an Filmen, Patenten, Computerprogrammen oder Büchern beliebig oft gegen Entgelt überlassen kann, stößt nicht auf das Mäßigungsinstrument der knappen Güter. Einzige Schranke seines Erwerbsstrebens ist die Aufnahmebereitschaft der Nachfrager. Auf diese zielt deshalb die Macht der Werbung. Der Erwerber von geistigem Eigentum wird deshalb eher zu spekulativem Handeln neigen und höhere Risiken eingehen; er ist mit seinen Erwerbsgrundlagen in Ort und Struktur fast ungebunden.

Deswegen muss die Rechtsordnung vermehrt um das Verantwortungseigentum kämpfen. Sollte es einer Volkswirtschaft nicht gelingen, *das persönlich verantwortete Unternehmereigentum im Mittelpunkt der Eigentumsordnung zu belassen,* sind letztlich die Plausibilität und Legitimität des Privateigentums gefährdet. Der Eigentumserwerb rechtfertigt sich grundsätzlich durch Arbeit, durch die Weitergabe des Eigenen als Familiengut, durch das Erbrecht und als Ertrag aus der Kapitalnutzung. Ergänzend mögen Stiftungen eine Balance zwischen dem privatnützigen und dem gemeinwohldienlichen Privateigentum herstellen. Die Freiheitsrechte aber ordnen privatnützige Eigentum dem Menschen, weniger der juristischen Person zu.

6. Drei Prinzipien zur Verteilung des Geldes

Markt, Staatsleistung, Mäzenatentum

Damit stellt sich die Frage, wie das Geld verteilt wird, wie der einzelne Mensch diese Freiheitsgrundlage des Geldes erwerben kann. Das gegenwärtige Recht kennt drei Prinzipien, um die Menschen an den Geldströmen zu beteiligen.

Der Markt

Das erste und wichtigste ist der *Marktwettbewerb,* in dem der Anbieter den Bedarf des Nachfragers erkundet und der Nachfrager für die von ihm gewünschte Leistung einen angemessenen Preis bietet. Der Arbeitnehmer bietet seine Arbeitsleistung für einen bestimmten Lohn an, erzielt damit ein regelmäßiges Einkommen, aus dem er sich und seine Familie ernährt. Der Handwerker bietet sein Werkstück – einen Schrank – an und findet einen Kunden, der ihm dafür einen Preis zahlt. In dieser Zahlung steckt – nach Abzug der Aufwendungen für den Schrank – ein Gewinn, von dem der Handwerker und seine Familie leben. Die Bank überlässt dem Investor eine Darlehenssumme; sie empfängt dafür einen Zins, aus dem sie sich finanziert. Dieses Tauschsystem baut darauf, dass der Anbieter seine Leistung nur erbringt, wenn ihm das Entgelt hoch genug erscheint; der Nachfrager den Preis nur zahlt, wenn er den Preis nicht als überhöht empfindet. Im vertraglichen Einverständnis liegt eine wesentliche Grundlage der Gerechtigkeit.

Der Gelderwerb auf dem Markt *findet seine Rechtfertigung und sein Maß in den Freiheitsrechten.* Die Freiheit des Berufstätigen und die des Eigentümers berechtigten, im Wettbewerb mit anderen Freiheitsberechtigten Gewinn und Umsatz zu erreichen. Doch der Wettbewerber kann in Freiheit nur entscheiden, wenn das Marktgeschehen für ihn verständlich ist, wenn er seine Entscheidung *in hinreichender Kenntnis des Angebots und im Wissen um die Folgen seiner Vertragsschlüsse* verantwortlich treffen kann. Wie das unmündige Kind keinen gültigen Vertrag schließen kann, so ist auch der Unwissende nicht in der Lage, im Nebel des Nichtwissens Entscheidungen zu treffen. Markt setzt Sichtbarkeit, Unterscheidungsfähigkeit, Verantwortbarkeit, Urteilskraft voraus.

Eine weitere Bedingung der Freiheit ist, dass der Freiheitsberechtigte *auf eigene Chance und eigenes Risiko* handelt. Deswegen darf Erwerbschance nicht vom Erwerbsrisiko, Erwerbsfreiheit nicht von der Haftung gesondert werden. Die Kapitalgesellschaft mit beschränkter Haftung war im 18. Jahrhundert, insbesondere in England, verboten, weil Firmeneigentum und Firmenleitung in einer Hand sein sollten. Man erwartete, dass das Bewirtschaften von Geld fremder Leute zu Nachlässigkeit und Verschwendung führen würde, dass Anleger sich märchenhafte Gewinne versprächen, die dann enttäuscht werden müssten. Wir sollten uns heute daran erinnern, dass das Verbot von Kapitalgesellschaften in England seinen Ursprung in den Geschäften mit den Südseekolonien hatte, bei denen irrationale Übertreibungen zu einer Spekulationsblase führten, die dann platzte und vielen Menschen Unglück brachte.

Selbstverständlich brauchen wir heute die *großen Kapitalgesellschaften,* um die großen Finanzierungsaufgaben etwa einer Eisenbahn, eines Telefonnetzes, eines Automobilproduzenten, einer weltweit tätigen Universalbank erfüllen zu können. Doch deren Finanz- und Gehaltsstrukturen sollten so angelegt sein, dass ein Gewinn aus der nachhaltigen Entwicklung des Unternehmens entsteht, dass seine Verantwortlichkeit gleichermaßen Kapitalgebern, Arbeitnehmern und Kunden gilt und Verluste der Gesellschaft auch das Entgelt für die Handelnden mindern. Löst sich die wirtschaftliche Tätigkeit von der Dauerbeteiligung an einer Kapitalgesellschaft und erlaubt den ständigen Wechsel von Beteiligungen, muss der Finanzmanager wie auch der Anleger persönlich das Risiko der Anlage kennen, mit seiner Unterschrift die Haftung für die Wirkungen des Kapitaleinsatzes – Krankenhausbau oder Kriegsfinanzierung – übernehmen. In dieser Einstandspflicht wird Risiko gemäßigt, Verantwortlichkeit zugewiesen, Freiheit sachgerecht definiert.

Steuerfinanzierte Staatsleistungen

Den zweiten Weg, sich Geld zu beschaffen, bietet der *Leistungsstaat,* der dem Bürger Geld zuwendet, ohne nach einer Gegenleistung zu fragen. Diese Zuteilung *rechtfertigt sich nicht durch den Tausch, sondern durch den Bedarf des Empfängers.* Der Sozialbedürftige braucht die staatliche Hilfe, um angemessen leben zu können. Der von einer Naturkatastrophe Betroffene hofft auf einen staatlichen Geldausgleich, damit die Gemeinschaft sein Unglück mittrage. Der Firmengründer beantragt staatliches Geld, um den schwierigen Start in die Selbständigkeit leichter vollziehen zu können.

Der Staat kann Zahlungen nur leisten, wenn er sich die Zahlungsmittel vorher beim Steuerzahler beschafft hat. Auch *diese Steuern gewinnen ihr Maß erst in der Ordnung des Rechts.* Solange es Steuern gibt, erscheint das Steueraufkommen dem Staat zu niedrig, die Steuerlast dem Bürger zu hoch. Wäre der Steuersatz 0 %, hätte der Staat keine Einnahmen. Wäre der Steuersatz 100 %, hätte der Staat wiederum fast keine Einnahmen, weil niemand sich mehr für den Erwerb anstrengen würde, wenn alles Erworbene dem Staat zufiele. Die richtige Höhe der Besteuerung liegt in dem Maß, das den jeweiligen Erwartungen an den Staat und der verfassungsrechtlich gepflegten Freiheitskultur entspricht.

Der *Erfindungsreichtum* bei der Entdeckung von Steuergegenständen scheint schier *grenzenlos,* bestimmt aber ganz wesentlich das Gesicht des Finanzstaates. Wenn in der Antike der römische Staat sich für einige Jahre aus dem Tributum, der Kriegsanleihe, finanziert hat, drängt dieses Finanzierungssystem den Staat zu ständigen – erfolgreichen – Eroberungskriegen. Mit dem Amt des Kaisers waren im Mittelalter erhebliche finanzielle Ausgaben verbunden, weil diese Herrscher den Finanzbedarf des Gemeinwesens aus den Erträgen ihres Eigenbesitzes decken mussten. Nur Begüterte konnten Kaiser werden. Doch die Steuer scheint oft schlicht Quellen zu suchen, bei denen etwas zu holen ist. Die Römer haben eine Sklavenumsatzsteuer erhoben, der Kaiser Vespasian ließ Bedürfnisanstalten besteuern – »pecunia non olet« (»Geld stinkt nicht«) –, Napoleon erhob eine Fenstersteuer, weil das Haus mit der zunehmenden Zahl und Größe von Fenstern und Türen auch höhere Mieten abwerfe, Peter der Große forderte für die Bärte der Männer eine Bartsteuer von 10 bis 20 Rubel, Preußen erhob eine Nachtigallensteuer, der württembergische Herzog Karl Eugen eine Spatzensteuer, um die Zahl der Nachtigallen und Spatzen zu bekämpfen. Die Schaumweinsteuer, auch Sektsteuer genannt, wurde 1902 zur Finanzierung der kaiserlichen Kriegsmarine eingeführt und besteht – obwohl es diese Marine seit 1918 nicht mehr gibt – bis heute. Manche Städte hatten eine Hockersteuer bei Zechern erhoben, die beim Anbruch der Sperrstunde noch im Wirtshaus herumhockten.

Der moderne, durch das Freiheitsprinzip geprägte Verfassungsstaat *wählt die Steuergegenstände möglichst freiheitsschonend,* belastet deswegen das *Einkommen* und den *Umsatz* als Vorgänge freiwilligen Tauschens, dessen Preis durch die Steuer verteuert wird. Der Steuerpflichtige erduldet nicht eine Steuerlast, sondern begegnet ihr als einer Bedingung von Markt und Erwerb. Bei der Umsatzsteuer, aber auch der Lohn- und Kapitalertragsteuer wird die Steuerlast im alltäglichen Tauschgeschehen kaum mehr bewusst.

Leistungen des sozialen Staates müssen gegenüber den Steuerzahlern parlamentarisch gerechtfertigt werden. Ob der Haushalt mehr Sicherheit oder mehr Bildung, mehr Krankenhäuser oder mehr Kindergärten, mehr Straßen oder mehr Forschungseinrichtungen finanziert, verantwortet das Parlament. Die Gemeinlast der Steuer ist Grundlage für die im Staatshaushalt ausgewiesenen Finanzermächtigungen. Der Finanzier gewinnt keinen Einfluss auf die Verwendung der Mittel. Gebühren und Beiträge hingegen gleichen besondere Leistungen oder Leistungsangebote des Staates aus. In den sozialen Sicherungssystemen erwerben die Beitragszahler Anwartschaften auf zukünftige Sicherheit. Einsichtig erscheinen auch die *Studiengebühren,* mit deren Ertrag die Studienbedingungen der Gebührenzahler verbessert werden. Hier ist nicht die Gebühren-, sondern die Steuerfinanzierung rechtfertigungsbedürftig. Wenn sieben junge Menschen an der Werkbank arbeiten müssen, um dem achten gebührenfrei ein Studium zu finanzieren, sie damit dessen Lebenseinkommen deutlich über die eigenen Einkommenserwartungen hinaus verbessern, so scheint dieses kaum vertretbar. Die Studiengebühr ist weniger unsozial als die steuerlich erzwungene Fremdfinanzierung des Studiums. Der soziale Staat muss sichern, dass jeder Begabte, auch wenn er mittellos ist, nicht in den Studiengebühren ein Studienhindernis erlebt. Ebenso muss er bewusst machen, dass eine gute Ausbildung etwas wert ist, also einen – individuell tragbaren – Studienbeitrag rechtfertigt.

Private Wohltätigkeit

Das dritte Instrument der Geldzuteilung bietet schließlich die private Wohltätigkeit, bei der *Spender, Sponsoren und Mäzene* einen Teil ihres Geldes für gemeinwohldienliche Zwecke aufwenden, sie insbesondere Wissenschaft und Forschung, Bildung und Erziehung, Religion und Mildtätigkeit fördern. Je reicher unsere Gesellschaft wird, desto häufiger entschließen sich Menschen zur Errichtung gemeinnütziger Stiftungen oder anderer Organisationsformen, um stetig in einem bestimmten Zweck die Allgemeinheit zu fördern, damit ein Stück ihres Erfolgs der Kultur zurückzugeben, die am Entstehen dieses Erfolgs mitgewirkt hat. Gemeinnütziges Handeln wird steuerlich entlastet, fordert dann aber ein *selbstloses, gemeinnütziges Handeln,* das die Allgemeinheit auf materiellem, geistigem oder sittlichem Gebiet fördert. Wer den Jugendsport finanziell unterstützt, handelt gemeinnützig. Wer einen Golfclub mitfinanziert, bei dem er selbst spielt, handelt eigennützig. Organisiert ein Verein Jugendreisen mit einem erzieherischen Zweck, ist das eine gemeinnützige Tätigkeit. Beschränkt sich der Verein hingegen darauf, seinen Mitgliedern preisgünstige Reisen zu vermitteln, dient er den Interessen der Mitglieder, handelt deshalb nicht selbstlos. Gewährt ein Verein seinen Mitgliedern nur gelegentlich kleine Geschenke, etwa für zehnjährige Vereinsmitgliedschaft, bleibt er gemeinnützig. Begünstigt der Verein hingegen Mitglieder durch Gewinnanteile oder Zuwendungen, so geht die Gemeinnützigkeit verloren. Das Einkommensteuerrecht folgt dem Gedanken, dass der Spender oder Mäzen, der eigenes Einkommen für die Gemeinschaft einsetzt, dieses nicht auch noch für eine Steuer einsetzen kann. Insoweit wirken bei der Gemeinnützigkeit Mäzen und Staat zusammen. Insbesondere im grundrechtssensiblen Bereich – der Förderung von Religion, Wissenschaft, Kunst – ist es ein Vorzug, wenn die freiheitsberechtigten Spender und Mäzene in der Vielfalt ihrer Vorstellungen förderungswürdige Vorhaben bestimmen und der Steuerstaat blind – durch Entlastung jeder dieser gemeinnützigen Förderungen – der Entscheidung eines Freiheitsberechtigten folgt.

Unterschiedliche Verantwortlichkeiten

Die Verantwortlichkeit in den drei Lebensbereichen ist höchst unterschiedlich: Auf dem Markt *tauscht jeder Marktteilnehmer nur, weil der Tausch nach seiner Einschätzung für ihn vorteilhaft ist.* Jeder verantwortet also *in Freiheit* die Wirkung, die in seinem eigenen Freiheitsbereich eintritt. Wenn der Hungrige die benötigten Lebensmittel kauft, hat er seine Lebensbedingungen deutlich verbessert. Spekuliert der

Anleger hingegen mit einer Aktie und verliert, hat er sich eigenverantwortlich eine Chance gekauft, und dieser Tausch ist durch seinen Willen zum Vertrag gerechtfertigt, mag später auch aus der Chance ein Verlust werden.

Staatliche Leistungen hingegen folgen dem *Prinzip der Gleichheit;* sie bestimmen alle Menschen in Deutschland als Zugehörige, die im Elementarbedarf gleichgestellt werden und an der gegenwärtigen Kultur unserer Wirtschaftskraft, unseres Rechts, unserer Freizeitgestaltung teilhaben sollen. Dabei bietet die staatliche Geldleistung dem Empfänger die Freiheit, selbst seinen Bedarf zu definieren und zu befriedigen. Der Empfänger von Sozialhilfe kann sich entscheiden, im Kauf von Kleidung sparsam zu sein, sich dafür ein Festmahl zu gönnen oder umgekehrt sich als Asket zu ernähren, dafür bessere Kleider zu wählen. Die Zuteilung von Sachgütern hingegen würde diese Bedarfs- und Dringlichkeitswertungen von Staatswegen vorwegnehmen. Der freiheitliche Staat gibt das Geld als Passepartout für beliebige Nachfrage.

Spende und Mäzenatentum dienen der Allgemeinheit, binden also den Geldeinsatz im gemeinnützigen Zweck. Der freiwillige, uneigennützige Einsatz privaten Geldvermögens ist eine zweckgebundene Schenkung an die Allgemeinheit, begründet eine enge Treuhänderschaft.

Die unterschiedlichen Maßstäbe und Verantwortlichkeiten in den drei Lebensbereichen *dürfen nicht miteinander vermengt werden.* Würde ein Beamter, der Baugenehmigungen oder Führerscheine zu erteilen hätte, diese gegen Höchstgebot verkaufen, würde er sich wegen Bestechlichkeit strafbar machen. Würde ein Unternehmer Geld für einen guten Zweck verschenken, wäre er seinen Mitunternehmern, seinen Kapitalgebern, vielleicht auch seinen Arbeitnehmern für diese Großzügigkeit Rechenschaft schuldig. Würde ein gemeinnütziges Unternehmen Tauschwirtschaft in einem Wirtschaftsbetrieb betreiben, verlöre es seine Gemeinnützigkeit.

Der Mensch erwirbt somit regelmäßig sein Geld am Markt. Er gibt einen Teil seines Einkommens und seiner Kaufkraft über die Steuern an den Staat, damit dieser Gemeinschaftsgüter finanzieren kann, und deckt auch den existenziellen Bedarf, den der Bedürftige aus eigener Kraft nicht oder nicht angemessen befriedigen kann. Schließlich vermittelt individuelles Einkommen und Vermögen die Kraft zur Selbstlosigkeit. Der Bürger gibt einen Teil seines Einkommens oder Vermögens freiwillig hin, um dadurch der Gemeinschaft zu dienen.

Geld ist nicht alles

Die drei Wege des Gelderwerbs – Tausch, Staatsleistung und selbstlose Zuwendung – zeigen, dass Geld anderen Zwecken dient – den Menschen ernährt, einen Bedürftigen stützt, eine Kultureinrichtung baut – und nicht Selbstzweck sein soll. Doch schon bei Aristoteles klingt eine weitere Funktion des Geldes an. Das Geld dient dem Unterhalt des Menschen und seiner Familie, soll darüber hinaus aber auch einen abstrakten Reichtum mehren. Martin Walser unterscheidet zwischen dem *Gelderwerb* und dem *Geldvermehren*. Der Kapitalnutzer sei sich bewusst, dass Geld, wenn es sich nicht vermehrt, wegen der Inflation weniger wird. Daraus entstehe ein Zwang zum Geldvermehren, es sei denn, man sei einverstanden, systematisch beraubt zu werden.

Der in Existenznot lebende Mensch wird bitter, wenn ihm ein Wohlhabender sagt, Geld sei nicht alles. Selbstverständlich wissen beide, dass zum Glück des Menschen Geborgenheit in Ehe und Familie, Anerkennung und Ansehen des Menschen in der Gesellschaft, das Erlebnis der eigenen Leistung und des Erfolges, die Übereinstimmung mit Ethos und Gerechtigkeit, die Zuwendung zum Nächsten und Bedürftigen gehören. Gerade die Finanzagenten, die unter dem Druck des Finanzmarktes arbeiten, erfahren, dass die vermeintlich irrationalen Werte von Verantwortlichkeit, Vertrauen, Freundschaft, Treue, Tradition, Familie, Religion Grundlage menschlichen Glücks sind. Vielleicht leiden sie sogar daran, dass ihr Markt sie zur stetigen Renditesteigerung, Gewinnoptimierung und Wettbewerbshärte drängt, dass sie den Gefahren der persönlichen Entlassung und der Übernahme ihres Unternehmens ausgesetzt sind. Der Arme wie der Finanzagent *gewinnen Zweifel, ob die Menschen sich weiter auf einen grenzenlosen Markt einlassen können*, ob sie sich auf das Prinzip des Wettbewerbs um den eigenen Vorteil verlassen dürfen und sie zulassen können, dass eine Dominanz des wirtschaftlichen Wettbewerbs und eine übermäßige Verrechtlichung persönlicher Freiheit die humanen Grundlagen dieser Entfaltungsfreiheit gefährden.

Der am Existenzminimum lebende Arme und der vom Herrschaftsanspruch eines aufgeregten Finanzmarktes bedrängte Finanzagent suchen nach dem *Geld als Grundlage individueller Freiheit*, das Freiheit spendet, nicht Freiheit raubt. Aristoteles gewinnt wieder Aktualität: Jeder Mensch braucht so viel Geld, dass er nicht darben muss, und soll sich vor einer Fülle von Geld hüten, die ihn so beansprucht, dass sie ihm ein Stück seiner Freiheit raubt.

7. Vertrauen als Bedingung des Rechts

Geld ist somit Ausdruck eines Elementarvertrauens aller am Wirtschaftsleben beteiligten Menschen. Geld baut in jedem Einzelgeschäft auf das allgemeine Vertrauen in den Geldwert, es bildet und bestärkt dieses Vertrauen in der alltäglichen Erfahrung des Geldes als Zahlungsmittel, Sparinstrument und Bewertungsmaßstab. Recht und Geld haben einen gemeinsamen Geltungsgrund: den Willen der Menschen zu diesen Grundlagen des Gemeinschaftslebens, die Überzeugung von dem Wert dieser raren Güter und die Erfahrung, dass die Achtung vor diesen Kulturleistungen dem Einzelnen und der Gemeinschaft nützt.

Recht und Wirtschaft bauen auf Vertrauen. Der innere Friede und damit die alltägliche Freiheit erwarten gegenseitige Achtung und Rücksichtnahme. Der Weltfriede stützt sich auf Vereinbarungen des Gewaltverzichts und der Abrüstung. Die Zukunftssicherung unterstellt einen »Generationenvertrag«, der die nachfolgende Generation an ähnliche Lebensformen und Leistungspflichten binden will, wie sie uns gegenwärtig vertraut sind. Forschung und Entwicklung erwarten, dass unsere Kinder sich unsere heutigen Erkenntnisstandards zu eigen machen und sie weiterentwickeln. Sprache und Kultur entfalten sich im gegenseitigen Verstehen. Die Entwicklung von der Urgemeinschaft, in der alle Menschen gegen alle kämpfen, zur modernen Kulturgesellschaft, die Sicherheit, Recht, Währung und Wohlstand gewährt, beschreitet einen Weg stetigen Vertrauens. Kulturfortschritt ist Vertrauensfortschritt.

X. Die Verteilung von Geld und Gütern

1. Das Theater mit begrenzter Sicht

Ein Wirtschaftskritiker beabsichtigt, das Einkommensgefälle in Deutschland ins allgemeine Bewusstsein zu rücken, zugleich aber auch für mehr Gelassenheit in dieser Welt der Unterschiede zu werben. Er lädt deshalb Menschen in ein Theater ein, verschweigt ihnen aber, dass die Plätze nach dem Jahreseinkommen vergeben werden sollen: Die erste Reihe ist für Einkommensmillionäre reserviert, Bezieher von Jahreseinkommen bis 2500 Euro sind auf die letzten Reihen verwiesen. Da die rund 40 Millionen Bezieher von Einkommen in Deutschland in keinem Theater Platz haben, soll jede Einkommensgruppe durch Repräsentanten vertreten sein.

Um nun die unterschiedlichen Verdienste sichtbar zu machen, sitzen die Gäste in 16 Reihen auf Stühlen, deren Sitzhöhe jeweils der Gruppe ihres Jahreseinkommens entspricht: Pro Einkommen von 10 000 Euro ist eine Sitzhöhe von einem Zentimeter vorgesehen. Nach diesem Maßstab werden die Gäste in den letzten vier Reihen auf Teppichen sitzen, weil ihr Einkommen unter der 10 000-Euro-Grenze liegt. In den folgenden sieben Reihen werden sie auf niedrigen Sitzkissen Platz finden. In den Reihen fünf und vier stehen Sofas mit tiefen Sitzen zur Verfügung, in Reihe drei erhöhte Sessel. In der zweitvordersten Reihe finden nur noch zwei Personen auf etwas höheren Stühlen Platz, in der ersten Reihe thront ein einziger Gast, allerdings auf einem Sitz in Höhe von fast drei Metern.

Unser Kritiker will auch zum Ausdruck bringen, was die Bezieher von Einkommen unmittelbar zur Finanzierung der Gemeinschaft getan haben. Deswegen wird die Rückenlehne der Sitze jeweils nach der Höhe der jährlich durchschnittlich gezahlten Einkommensteuer bemessen, für je 1000 Euro in einer Höhe von einem Zentimeter. Nach diesem Maß bleiben die letzten sechs Reihen ohne Lehne. In den Reihen zehn bis sechs haben die Lehnen eine Höhe von lediglich einem bis sechs Zentimeter, in der ersten Reihe von fast zehn Meter.

Bei dieser Sitzverteilung versperren die Gäste in den vorderen Reihen den hinteren die Sicht. Diese sind empört, weil die Reichen ihnen das Vergnügen an der Festveranstaltung nehmen. Daraufhin bittet der Gastgeber seine Gäste aus den letzten Reihen auf die Bühne und lädt sie ein, einmal einen Blick auf ihre Steuerleistungen für das Gemeinwesen zu werfen. Doch die Gäste sehen nur die hohen Stuhllehnen in den ersten Reihen, ihre eigenen in den hinteren Reihen bleiben unsichtbar. Darauf verbreitet sich allgemeines Unbehagen. Das Fest ist allen gründlich verdorben. Die Reichen fühlen sich zu sehr herausgestellt, die Armen in den Hintergrund gedrängt. Da erkennt der Gastgeber, dass er die Idee des Theaters, den gemeinsamen Kulturgenuss, gänzlich verfehlen wird. Er bittet alle Gäste nach einem kurzen Umtrunk in ein normales Theater, bunt gemischt, jeder mit gleichem Sessel und ähnlicher Sicht auf die Bühne. Und alle beginnen sich an der Theateraufführung zu vergnügen.

2. Die Einkommens- und Vermögensverteilung in Deutschland

Wer sich nach einem normalen Theater sehnt, in dem es zwar auch gute und schlechte Plätze gibt, jeder Platz aber einen ungestörten Blick auf die Bühne eröffnet, wird eine möglichst gleichmäßige Einkommensverteilung fordern. Doch jeder Mensch kann seinen Bedarf nur decken und seine Lebenslage nur verbessern, wenn er sich anstrengt und Güter gewonnen hat. *Leben baut auf Leistung*. In einer arbeitsteiligen Wirtschaft erhält jeder ein seiner Leistung angemessenes Entgelt. Der Verfassungsstaat allerdings fragt nicht nur nach Leistung und Entgelt, sondern auch nach den Gründen, warum jemand nicht leisten und an den Einkommensströmen nicht teilnehmen kann. Warum hat jemand nicht Deutsch erlernen, keine Berufsqualifikation erwerben, kein Unternehmen gründen, kein Kunstwerk schaffen, die hundert Meter nicht in zehn Sekunden laufen können?

Damit stellt sich die Frage nach einer Gleichheit im Sozialen. Diese fordert aber nicht, allen Menschen ein gleiches Einkommen zuzuweisen. Wenn wir heute alle Bürger in Deutschland mit einem Startkapital von 10 000 Euro ausstatteten und uns nach einem Jahr wieder träfen, hätten einige Erwerbsfreudige und Wirtschaftskundige diesen Betrag vielleicht verdoppelt, vorsichtige Anleger den Betrag auf 10 100 Euro vermehrt, andere das gesamte Geld verspielt. *Wer Eigentümer in die Freiheit entlässt, wird ihnen in freiheitlich veranlasster Verschiedenheit wieder begegnen.* Deswegen ist eine gleichmäßige oder annähernde Einkommensverteilung in einem freiheitlichen System nicht erreichbar. Auch wenn der Staat die Einkommen durch staatliche Intervention regelmäßig neu angleichen würde, schüfe er nicht diese Gleichheit, weil die freien Menschen während des Jahres ihr Einkommen unterschiedlich nutzen. Sie verwenden das Einkommen für ihre Lebensführung, investieren es und erzielen so weiteres Einkommen, lassen sich für Einkommen zukünftiges Einkommen versprechen, bringen andere mit ihrem Kapital in Abhängigkeit, verschenken oder vererben. Eine staatliche Ergebniskorrektur würde eher wirtschaftliche Anstrengungen und Initiativen lähmen, den Menschen ihre Freiheit rauben. Verteilungsgerechtigkeit muss deshalb beim Entstehen von Einkommen, nicht bei dessen Verwendung ansetzen. Thema ist der Einkommenserwerb, nicht die Umverteilung. Diese Erwerbsgerechtigkeit bezieht auch diejenigen ein, die nicht stark, sondern schwach sind.

Zwei Drittel der Bevölkerung besitzen kein Vermögen

Blicken wir näher auf die Einkommens- und Vermögensverteilung in Deutschland, fällt ins Auge, dass der Zugang zu Einkommen und Vermögen neu organisiert werden muss. Rund zwei Drittel der Gesamtbevölkerung verfügen über kein oder ein sehr geringes Nettovermögen. Knapp 30 % der erwachsenen Bevölkerung haben *kein Vermögen* oder sind sogar verschuldet. Bis zum Alter von 25 Jahren verfügen junge Erwachsene über ein durchschnittliches Nettogesamtvermögen von weniger als 4000 Euro. Nach Abschluss ihrer Ausbildung und mit Eintritt in das Erwerbsleben erschließen sie sich die Möglichkeit, zu sparen und ein Vermögen aufzubauen. Zusätzlich wächst die Wahrscheinlichkeit, dass sie erben oder innerhalb der Verwandtschaft Hilfen zu Hausbau und Existenzgründung erhalten. Das höchste Nettovermögen besitzt die Gruppe der 56- bis 65-jährigen mit durchschnittlich knapp

130 000 Euro. Mit dem Beginn des Ruhestandes werden Vermögensbestände aufgezehrt und auch an die Kindergeneration weitergegeben. Deswegen sinkt das individuelle Nettovermögen, besteht aber weiterhin in Höhe von mehr als 100 000 Euro fort. Das durchschnittliche individuelle Nettovermögen betrug im Jahre 2002 rund 81 000 Euro. Da allerdings die Begüterten über sehr hohe Vermögenswerte verfügen, trennt sich die arme Hälfte der Bevölkerung von der reichen bei einem Vermögenswert von etwa 15 000 Euro.

Blicken wir auf die *Art des individuell erworbenen Vermögens,* sehen wir vor allem die eigenen Häuser als Vermögenswert. Der Bürger will sesshaft werden, einen eigenen Raum für seine Freiheit gewinnen, sich auch für sein Alter eine unkündbare Wohnung sichern. Das selbstgenutzte Haus und Grundstück ist mit 62,9 % des Nettogesamtvermögens der wichtigste Vermögensbestandteil, gefolgt vom sonstigen, in der Regel durch Vermietung genutzten Immobilienvermögen mit 20,2 %. Das Geldvermögen beläuft sich auf 12 %, die privaten Versicherungen einschließlich der Bausparverträge auf 11 %. Das besonders ertragreiche Betriebsvermögen macht 12 % des gesamten Nettovermögens aus, wird aber von lediglich 4 % aller in Deutschland lebenden Personen gehalten. Das Sachvermögen springt in Form von wertvollen Sammlungen (Gold, Schmuck, Kunstgegenstände, Münzen) ins Auge, macht aber insgesamt nur 1,7 % des in Deutschland verfügbaren Nettovermögens aus.

Zwischen 2002 und 2005 gingen die *Bruttolöhne* und *Bruttogehälter* je Arbeitnehmer – unter Berücksichtigung einer Preissteigerung zwischen 1,1 und 2,0 % – real um 4,8 % zurück. Das Sozialhilferecht deckt das soziokulturelle Existenzminimum, senkt das Armutsrisiko in Deutschland von 26 % auf 13 %. Der Anteil der überdurchschnittlich Reichen ist deutlich gestiegen, auch ihr Reichtum überproportional gewachsen.

Ungleiche Erwerbschancen

Diese Übersicht der Einkommens- und Vermögensverteilung in Deutschland zeigt, dass der *Zugang zu Einkommen und Vermögen nicht für jedermann gleich ist*, die Menschen insbesondere nicht hinreichend in mittlere und höhere Einkommensschichten aufrücken. Wer Vermögen hat, kann aber zusätzliches Einkommen erwerben.

Der moderne Verfassungsstaat setzt aber darauf, dass möglichst alle aus eigenem Verdienst ein angemessenes Einkommen erzielen. Der deutliche Einkommenszuwachs nach Berufsqualifikation und dem Beginn der Erwerbstätigkeit zeigt, wie Einkommen gerecht verteilt werden kann: Erste Voraussetzungen sind die *Berufsqualifikation* und der *Arbeitsplatz* für jeden Erwerbswilligen. Sodann ist das Einkommen je nach erbrachter Leistung zu verteilen: Wer bessere Leistungen erbringt, mehr Verantwortung trägt und länger arbeitet, erhält ein höheres Einkommen. Diese Leistungsunterschiede werden nicht durch eine staatliche Behörde festgestellt, sondern frei von denen bestimmt, die jeweils die Leistung nachfragen und entgelten. Außerdem ist die Erwerbschance mit Risiko verbunden. Wer bei der Produktion von Waren Schaden verursacht, bei der Dienstleistung – etwa als Arzt, Architekt oder Rechtsanwalt – Fehler macht, bei der Leitung eines Großunternehmens oder der Spekulation an der Börse leichtsinnig handelt, muss für den daraus entstandenen Schaden eintreten, *muss haften.* Freiheit und persönliche Verantwortung verteilen auf der Grundlage ähnlicher Erwerbschancen Einkommen und Vermögen leistungsgerecht – nicht gleich, aber in einsichtigen Verschiedenheiten.

Wenn dann die Allgemeinheit über eine *Besteuerung der Einkommen* am individuellen Einkommen teilhat, jeder also weiß, dass der Spitzenverdienst eines anderen zu einem bestimmten Anteil – etwa zu einem Viertel – auch einen Ertrag für die Allgemeinheit begründet, werden Achtung und Anerkennung des Erfolgs des anderen wachsen. Zudem trägt eine maßvolle Erbschaftsteuer zur freiheitsgerechten Finanzausstattung des Staates bei. So könnte ein Wirtschaftssystem der Berufsfreiheit und der Eigentümerfreiheit wieder neue Überzeugungskraft gewinnen.

Auch die Daten über die Verwendung des individuellen Einkommens bestätigen, dass die Einkommensbezieher von ihrer Freiheit Gebrauch zu machen wissen. Wenn der Schwerpunkt der Vermögensbildung im selbstgenutzten Haus liegt, treffen die Menschen eine für sich und die Allgemeinheit einsichtige Anlageentscheidung. *Das eigene Haus macht die Menschen sesshaft,* bindet sie in einer konkreten

Nachbarschaft, in Lebensbedingungen der Friedlichkeit, der Hygiene, der Schulbildung, der Einkaufsmöglichkeiten, der sportlichen und kulturellen Infrastruktur, die von den Hauseigentümern mitgestaltet werden. Hier hat die Eigentumsordnung Wesentliches geleistet, bleibt allerdings im europäischen Vergleich noch deutlich hinter dem Normalmaß zurück.

3. Der Erwerb von Einkommen

Aus dem Wertpapier wird Papier

Geld wird als Arbeitslohn, Unternehmergewinn oder als Kapitalertrag verdient. Auch das Einkommen des Bankiers und des Aktionärs ist Leistungsentgelt; das überlassene Kapital steigert Produktivität, verdient deshalb einen Ertrag. Wenn nun aber die Finanzierungsinstrumente von Kredit, Aktie und Anleihe weiterverkauft, beliehen, zur Sicherheit gegeben, auch zum Gegenstand von Spekulation, Spiel und Wette werden, *lösen sich diese Geschäftsvorgänge von der realwirtschaftlichen Produktivität;* sie geraten in den Sog überhöhter, ständig wachsender Gewinnerwartungen, die schließlich – angetrieben von Ratingagenturen – auf überhöhte Gewinne zielen. Diese aber sind allenfalls durch unvertretbare Risiken erreichbar. Der Finanzmarkt, der in seinem Freiheitsprinzip das Neue entdecken und das Risiko wagen will, in seinem Wettbewerbsprinzip die produktive Zerstörung organisiert und deswegen besonders stabilisierende Strukturen braucht, bewegt sich von der *Gediegenheit eines Wirtschaftswachstums zum schwankenden Boden spekulativer Hoffnungen,* statistisch hochgerechneter, täuschender Erwartungen. Der Umlauf von Forderungen wird immer schneller, der Vermögensverwalter verliert die Übersicht, berauscht sich an der Geschwindigkeit und an Zuwachsraten, hebt in überhöhter Geschwindigkeit vom Boden der Realwirtschaft ab. Der Unfall kündigt sich an. Innerhalb weniger Jahre vervielfachen sich die Geschäftsvorfälle und Gelder, Banken und Finanzdienstleister schieben Forderungen hin und her, Wertverbriefungen entsprechen immer weniger realen Werten.

Ein beherrschendes Instrument des Finanzmarktes sind die *Derivate:* Derivatverträge handeln nicht mit Krediten, Aktien und Anleihen, sondern begründen von diesen Finanzierungsinstrumenten abgeleitete Rechte. Die Vertragspartner vereinbaren heute den Preis für einen zukünftigen Kauf oder Verkauf einer Aktie oder eines Kredits oder für das Recht auf den zukünftigen Kauf und Verkauf. Diese Verträge dienen vor allem der *Spekulation*. Der Vertragspartner wettet auf die Wertentwicklung. Die Bank wird insoweit zur Spielbank. Diese Formen der Geld- und Kapitalanlage weisen Gewinnchancen und Verlustrisiken ausschließlich dem Anleger zu, der auf den anstrengungslosen Wohlstandszuwachs hofft, den ihm die Werbung verheißt.

Der Wert aller dieser Verträge und ihrer Verbriefungen war zeitweilig durch kaum mehr als ein Zehntel real produzierter Werte gedeckt. Dieses Wertpapier ist *eher Papier als Wert*. Es droht sich teilweise in Luft aufzulösen. Doch nun hören wir den Ruf nach dem Staat, den Steuerzahlern, die für diese Luftpapiere einstehen, die Fehlentwicklung also durch eine gigantische Steuererhöhung, staatliche Neuverschuldung oder Geldentwertung auffangen sollen.

Erwerbsgerechtigkeit baut auf Eigenverantwortlichkeit, Neigung, Zusammenarbeit

Die Krise der Finanzmärkte veranlasst erneut ein gelassenes Nachdenken über die Frage, ob Markt und Wettbewerb geeignet sind, die von den Menschen benötigten Güter und Dienstleistungen anzubieten und die erwirtschafteten Werte angemessen zuzuteilen. *Der Grundgedanke von Marktfreiheit, von Wettbewerb um die bessere Leistung ist richtig, hat aber Voraussetzungen*. Der Markt spornt die Teilnehmer im Wettbewerb zu Höchstleistungen an; er wählt die beste Qualität aus, erkundet immer wieder die Bedürfnisse der Menschen, hält das Schwungrad der Neugierde, Leistungsbereitschaft und Erneuerungskraft in Bewegung.

Dabei setzt dieser Markt eine *Gleichheit* zwischen Anbieter und Nachfrager voraus. Grundsätzlich sind beide verschieden: Jeder bietet etwas an, das der andere zu erwerben wünscht. Der Gemüsehändler bietet die Äpfel, der Kunde das Geld. *Im Tausch wechseln diese Verschiedenheiten*. Doch wer nicht hinreichend über Kaufkraft verfügt, seine Arbeitskraft aus Not für einen Hungerlohn einsetzen muss, die Produkte des Marktes und die Gediegenheit der Anbieter nicht überblickt, die Angebote des modernen Finanzmarktes nicht versteht, ist nicht Vertragspartner auf gleicher Augenhöhe; er ist deswegen weniger mitgestaltendes Subjekt und mehr Objekt, auch Opfer des Marktes. Hier muss die Sozialhilfe jedermann die existenznotwendige Kaufkraft vermitteln. Gesetzlich begrenzte, allgemein verständliche Finanzprodukte können den Anleger entscheidungsfähig machen. Allgemeine Geschäftsbedingungen bieten Typusverträge an, die eine Ausgewogenheit zwischen Anbieter und Nachfrager nicht von der individuellen Vereinbarung erwarten, sondern nur die verallgemeinerungsfähigen Vertragsklauseln als angemessen anerkennen.

Wenn Markt und Wettbewerb auf die Antriebskraft individuellen Erwerbsstrebens, auf Eigenverantwortung und Durchsetzungskraft setzen, ist dieses ein Teil, keineswegs aber die alleinige Grundlage einer Produktions- und Einkommensgerechtigkeit. Der Mensch begegnet seinem Partner am Markt nämlich nicht immer als wissender, allein rational entscheidender Mensch. *Er ist oft unwissend, entscheidet irrational, sucht Stabilität und Sicherheit.* Die Anleger am Kapitalmarkt haben bisher auf die Scheinsicherheit der Ratingagenturen gesetzt, waren sich aber – oft uneingestanden – bewusst, dass sie das Geschehen des Finanzmarktes und damit Güte und Entwicklung des gekauften Finanzproduktes nicht verstehen. Aber auch die Alltagsnachfrage beruht oft auf Unwissen: Wer weiß, ob die gekaufte Tüte Milch gesundheitsschädlich ist, ob das erworbene Spielzeug das Kind gefährdet oder die gebuchte Reise in eine Gefahrenlage führt?

Zudem entscheidet der Kunde nach *Neigungen, Moden, Empfehlungen* und suggestiver Werbung. Die Modehäuser räumen im Herbst ihre Regale, weil das soeben noch im Glanz der Modernität angebotene und gekaufte Kleid – der letzte Schrei – nunmehr in das Grau des Veralteten, Muffigen, Schäbigen abgesunken ist. Der Sportwagenhersteller weiß, dass sein Fahrzeug den Rücken des Fahrers übermäßig belastet, in Anschaffung und Verbrauch überteuert ist, den Anforderungen des Umweltschutzes nicht genügt, aber den Charme der Jugend, des Wagnisses verspricht. Und die Gastronomie präsentiert ihre Speisen als Farbkompositionen, als Früchtemärchen, als Dessertgemälde, weil der Gast nicht nur essen, sondern auch sehen, phantasieren, sich überraschen lassen will.

Unternehmer und Nachfrager suchen keineswegs stets das Risiko hoher Gewinn- und Verlustchancen, sondern brauchen auch die *Verlässlichkeit und Stetigkeit* gediegener Wertzuwächse und Einkommen. Die Aktiengesellschaft hofft auf den Ankeraktionär und fürchtet die feindliche Übernahme. Der Firmengründer bündelt in einer Stiftung das Kapital seiner Kapitalgesellschaft, um das Unternehmen gegen den wechselnden Einfluss spekulativer Anleger abzuschirmen. Familienunternehmen verstetigen einen Betrieb in den Bindungen der Verwandtschaft, oft auch in einer bestimmten Region und Branche. Genossenschaften suchen den Gegensatz von Anbieter und Nachfrager zu überbrücken, den Kunden am Unternehmen zu beteiligen, damit Bedarf und Produktion in einer Gesellschaft zu vereinen. Arbeitnehmerbeteiligungen mäßigen den Kontrast zwischen Kapital und Arbeit, geben einen Teil des Kapitals in die Hand derer, die auf einen stetigen Arbeitsplatz angewiesen sind.

Vor allem aber sichert nicht nur das Erwerbsstreben des Einzelnen, sondern die *Zusammenarbeit* den wirtschaftlichen Erfolg. Auch beim Unternehmer, beim Financier, beim Nachfrager gilt die Regel, dass der Freiheitsberechtigte andere für sein Vorhaben gewinnen muss. Ein Unternehmer wird scheitern, wenn er seine Arbeitnehmer nicht als mitverantwortliche Partner versteht. Er wird langfristig nur Erfolg haben, wenn es ihm gelingt, sein Produkt als Markenprodukt in das Bewusstsein der Nachfrager zu rücken. Ein Unternehmergewinn erscheint nur einsichtig und wird nur anerkannt, wenn der Unternehmer Augenmaß, unternehmerisches Ethos und eine Kultur des Maßes pflegt, wenn er über die Steuern seinen angemessenen Beitrag für das Gemeinwesen leistet und so seinen Preis für die von der Rechtsgemeinschaft bereitgestellten Erwerbschancen zahlt. Zu Recht bleiben Unternehmerpersönlichkeiten im Gedächtnis, die bekannte Produkte hoher Qualität angeboten, in einer Krise das Unternehmen auch für die Arbeitnehmer gerettet, in gemeinnützigen Einrichtungen und Leistungen einen Teil ihres Erfolges an die Gemeinschaft zurückgegeben haben.

Der Staat regelt, wacht und setzt Gegengewichte

Fragen wir einen Unternehmer, der sich am freien Markt bewährt hat, was er vom Staat erwarte, antwortet er: *Distanz*. Stellen wir einem in Not geratenen Bankier dieselbe Frage, lautet die Antwort: *Hilfe*. Beides ist richtig. Weil der Mensch nicht nur wissend und rational, sondern auch unwissend und emotional wirtschaftet, er im Wagnis sein Einkommen und Vermögen mehren, aber auch seinen Lebensstandard und das ihm anvertraute Kapital gefährden kann, braucht die Wirtschaft Markt und Staat.

Das staatliche Recht regelt die Bedingungen des Marktes, stattet jedenfalls in Deutschland jedermann mit einer gewissen Kaufkraft aus, schützt die Verbraucher gegen gefährdende und unredliche Angebote, hält den Anbietermarkt durch Prinzipien des lauteren Wettbewerbs offen, fordert teilweise bestimmte Leistungsqualitäten und persönliche Verlässlichkeiten. Je unübersichtlicher der Markt – insbesondere die Finanzprodukte – werden, desto mehr muss das Recht die Angebote auf verständliche, verlässliche Typen verpflichten. Derivatverträge müssen für Anbieter und Nachfrager einsichtig und verantwortbar sein; vielleicht sollte man auf sie gänzlich verzichten. Je riskanter das Angebot für den Nachfrager wird, desto mehr muss der Anbieter sein Angebot durch Mithaftung verantworten; er sollte einen Teil der Risikogeschäfte auf eigene Rechnung betreiben. Je mehr ein Unternehmen – ein Energieversorger, eine Bank, eine Schlüsselindustrie – Bedeutung für die Versorgung der Menschen und die Funktionsfähigkeit des Wirtschaftssystems gewinnt, je mehr diese Unternehmen deshalb beim Niedergang den Staat zu Hilfe veranlassen, desto mehr muss das Unternehmen oder das Netz der jeweiligen Unternehmen Leistungssicherheit garantieren. Gewährleister ist nicht der Staat, sondern die Wirtschaft selbst, die eine Freiheit des Marktes beansprucht. Wenn gegenwärtig der Staat für Risiken verfehlter unternehmerischer Finanzpolitik einstehen soll, die er selbst kaum beeinflussen konnte, wird er gedrängt, wirtschaftliches Versagen zu honorieren, fehlerhafte Vermögensverteilungen zu verfestigen, Vertrauen dort zu schaffen, wo Misstrauen geboten ist. *Die Krise ist kein guter Ratgeber, um Normen für die Normalität zu entwickeln*. Das Wirtschaftsleben verdankt seine

Produktivität, seine Offenheit, seine Erneuerungskraft der Freiheit verantwortlicher Unternehmer. Ihre Bindung kann nicht allein durch das Vorbild unternehmerischen Ethos, durch die Selbstbindung von Unternehmen an ethische Maßstäbe oder durch Maßhalteappelle gesichert werden; sie braucht vielmehr gesetzliche Maßstäbe und deren Überwachung.

Grundsätzlich setzt das staatliche Gesetz einen *verbindlichen und verlässlichen Rahmen* für die Freiheit des Unternehmers und Verbrauchers in einem Markt, in dem Anbieter und Nachfrager ähnliche Ausgangspositionen gewinnen und beide möglichst wissend entscheiden, in dem beide vor dem Taumel von Gewinnsucht und Kaufrausch bewahrt werden, die Risikobereitschaft auf ein wirtschaftliches Wagnis begrenzt und nicht in Spiel und Wette gedrängt wird. Ist dieser Rahmen gesetzt und gegenwartsnah fortentwickelt, kann sich der Staat auf eine *wirksame Überwachung* des Marktgeschehens beschränken. Daneben wird er einzelne Unternehmen – nach einer Privatisierung – noch regulierend begleiten, bis die frühere Verwaltungsmacht einem offenen Markt gewichen ist.

In besonders risikoanfälligen Branchen wie dem Finanzmarkt werden private Unternehmen durch gemäßigt privatnützige Unternehmen – Genossenschaften, Sparkassen – ergänzt, vorübergehend auch durch staatliche Beteiligungen gestützt. *Markt und Wettbewerb sind deshalb nicht Naturquellen, aus denen eine gerechte Einkommensverteilung sprudelt, sondern Ausdruck von Freiheitsrechten,* die den Einkommenserwerb grundsätzlich privater Hand überlassen, dadurch dem Staat aber nicht jede Mitverantwortung für die freiheitlich erzielten Unterschiede nehmen. Insbesondere weltweit tätige Kapitalgesellschaften, die nicht in Struktur und Kultur einer Nationalökonomie eingebunden sind und oft die verschiedenen Staaten und Rechtsordnungen zu ihrem unternehmerischen Vorteil gegeneinander auszuspielen versuchen, die als juristische Person auch nicht ihr Vermögen durch Erbfall an andere Personen weitergeben müssen, brauchen ein klares Gegengewicht. Dieses kann nur der Staat sein, der Freiheitsrechte garantiert und dabei gewährleistet, dass Freiheit nicht zu beliebiger Herrschaft über andere, nicht zu Willkür wird.

4. Erwerbschance und Verantwortlichkeit

Wirtschaftliches Handeln sucht in der Freiheit von Anbieter und Nachfrager immer wieder neue Bedürfnisse zu entdecken und zu befriedigen, den Kunden durch Werbung zu mehr Nachfragebereitschaft zu drängen, die Produkte zu verbessern und zu vermehren, damit allgemeinen Wohlstand zu steigern, die Lebensbedingungen für jeden einzelnen Menschen angenehmer zu gestalten. *Dieses Streben nach Wachstum scheint schier grenzenlos.* Diese Unbegrenztheit widerspricht so lange nicht dem Gerechtigkeitsprinzip des Maßes und der Mäßigung, als das Wachstum nicht auf formalen Umsätzen und Gewinnen ohne reale Wertschöpfung ruht, sondern die ökonomischen Grundlagen menschlicher Freiheit und Entfaltung tatsächlich mehrt und dabei möglichst jedermann einbezieht.

Die Natur allerdings entwickelt stets Gegenkräfte gegen ungehemmtes Wachstum. Vermehrt sich eine Lebensform ohne Maß und Grenze, werden Parasiten und Räuber an diesem Wachstum zehren, es vermindern oder auch vernichten. Im Wirtschaftsleben bedarf es solcher Wachstumsgrenzen nicht, solange *Markt und Wettbewerb Wohlstand für alle schaffen,* individueller Anstrengung Erfolg bescheren und in der Summe der individuellen Erfolge die Allgemeinheit besserstellen, also sozial wirken. Diese Voraussetzungen sind allerdings gegenwärtig nicht immer gegeben.

Der Fondsanleger weiß nicht, was er tut

Markt und Wettbewerb bauen auf die Menschen, die ihren Beruf verantwortlich wahrnehmen und ihr Eigentum bedacht nutzen. Der Arzt erbringt eine Leistung, die der Patient entgilt, weil sie für ihn wertvoll ist. Der Regelfall dieses Marktes der Verantwortlichkeiten ist das *Verantwortungseigentum.* Der Unternehmer führt auf eigene Rechnung und im eigenen Namen mit persönlicher Verantwortung seinen Betrieb, gewährleistet in seiner Person und seinem Vermögen die Qualität seiner Leistung, schaut täglich seinen Kunden in die Augen und weiß daher deren Anforderungen und Erwartungen an sein Unternehmen einzuschätzen, sein Verhalten auf diese Bedürfnisse abzustimmen. Neben diesem Verantwortungseigentum tritt die verantwortliche Erwerbstätigkeit, bei der ein Arbeitnehmer seinem Arbeitgeber in dessen Auftrag und unter dessen Kontrolle seine Arbeitsleistung rechtschaffen erbringt und einen nach dieser Leistung bemessenen Lohn empfängt. Ebenso gewinnt der selbständig Berufstätige, der seine freiberufliche Leistung als Architekt, als Arzt, als Dolmetscher, als Rechtsanwalt erbringt, jeweils das Vertrauen seines Klienten, empfängt auf dieser Vertrauensgrundlage sein Honorar.

Der moderne Kapitalmarkt allerdings löst diesen Zusammenhang von Verdienen und Einkommen, von Erwerbsverantwortung und Erwerbsberechtigung. Der Anleger legt sein Kapital in einem anonymen *Finanzfonds* an; er erwartet von dem Fondsmanager, dass dieser sein Kapital dort plaziert, wo die größte Rendite zu erwarten ist. Welche Wirkungen mit dem Einsatz des Kapitals erzielt werden – ob Weizen oder Waffen produziert, ob Arbeitsplätze geschaffen oder Kinder ausgebeutet werden –, entzieht sich der Kenntnis und der Verantwortlichkeit des Anlegers. Der Kapitalgeber fragt nicht nach den Wirkungen seiner Kapitalmacht. Er will von den Umständen seines Erwerbs überhaupt nichts wissen, gibt sich mit der erzielten Rendite zufrieden, selbst wenn diese durch Ausbeutung, Korruption, Zerstörung oder Unterdrückung erzielt worden wäre. Dieses Wachstum ist nicht verantwortet, also nicht gerechtfertigt. Die Anonymität der Kapitalmacht gefährdet das Privateigentum.

Deswegen brauchen wir für diesen Markt neue Verantwortungsstrukturen, die dem Marktmächtigen neben der Chance auch die Verantwortung für die Risiken seiner Kapitalmacht und Kapitalwirkungen zuweisen. Jeder Anleger sollte über die Quelle seines Gewinns anschaulich unterrichtet werden und durch seine Unterschrift die persönliche Verantwortung, auch eine Haftung für die Wirkungen seines Kapitaleinsatzes übernehmen. Daneben sollte der Fonds – das Wirtschaftsunternehmen wie die einzelnen Fondsmanager – eine Haftungsverantwortung für Handlungen und deren Wirkungen tragen. In Finanzkreisen wird gegenwärtig das Prinzip *des Kapitäns* diskutiert, *der als Letzter das sinkende Schiff verlässt.* Wenn für ein in Seenot geratenes Schiff die Regel gilt, dass der für die Schiffsführung verantwortliche Kapitän zunächst die Frauen und Kinder in die Rettungsbote, danach alle männlichen Personen in Sicherheit bringt, sich selbst also nur retten kann, wenn die ihm anvertrauten Personen auf dem Weg der Rettung sind, wird der Kapitän sein Schiff so lenken, dass diese persönliche, existenzielle Risikolage möglichst vermieden wird. *Sein Risikobewusstsein stärkt seine Verantwortlichkeit,* festigt seine Vorsicht und Vorsorge. Die gesteigerte Risikoverantwortung hilft, das Risiko zu vermeiden. Übertragen wir diese Verantwortlichkeit des Kapitäns auf den Fondsmanager, so gerät dieser in Seenot, wenn für seine Anleger und das ihm anvertraute Kapital Verluste drohen. Er gerät aber auch in rauhe See, wenn der Einsatz der Kapitalmacht anderer Menschen Gesundheit und Leben gefährdet, ihre Entwicklung behindert, die Umwelt belastet.

Der Anbieter muss für die Folgen seiner Verlockungen einstehen

Auch die Publikumskapitalgesellschaften folgen einem Hang zur Anonymität, der die Verantwortlichkeit der Gesellschaft für die Kapitalgeber hervorhebt, die *Auswirkungen der Erwerbstätigkeit dieser Gesellschaft* auf die Arbeitnehmer und die Kunden, den Standort und das Umfeld *aber nicht oder nur schwach verantwortet.* Eine Restaurantkette kann die Ernährungsgewohnheiten und damit die gesunde Entwicklung ihrer Kunden verderben. Ein Videoversand kann mit Gewaltspielen Denken, Sensibilität und natürliche Entwicklung der Jugendlichen stören. Eine Kampfschrift kann Fehlinformationen, Verächtlichkeiten, gar Hass und Hetze verbreiten und dadurch den Leser in seinem Wissen und seiner Mündigkeit gefährden. Der Motorradfabrikant lädt den jungen Fahrer zu überhöhten Geschwindigkeiten ein. Die Tabakindustrie kann den Kunden noch immer zur Selbstschädigung verlocken. Diese Wirkungen rechtfertigen sich nicht aus der Annahme dieses Angebots. Zwar findet der einzelne Vertrag in dem einvernehmlichen Willen der Vertragspartner seinen rechtlichen Grund. Wer die fehlinformierende, diskreditierende und hetzende Zeitschrift kauft, hätte diesen Kauf in Freiheit auch unterlassen können. Doch die Lockmittel und Verführungen dieser Angebote verändern die Struktur der öffentlichen Debatte über die Demokratie, gefährden die Erziehung unserer Jugendlichen zu Freiheit und Urteilskraft, veranlassen selbstschädigende Essgewohnheiten, schwächen die Bereitschaft zum Rauchverzicht, stören die Sicherheit auf öffentlichen Straßen und können die provozierende Irrationalität von Amoktätern verursachen. Diese Gemeinschaftseffekte werden durch individuelle Vertragsabschlüsse nicht rechtens.

Deshalb wird der Staat die Allgemeinheit gegen gefährdende Angebote schützen, gefährliche oder Leichtsinn fördernde Fahrzeuge nicht zulassen, um ein stetig ausgeweitetes Rauchverbot und auch ein Produktionsverbot kämpfen. Der freiheitskonforme Weg allerdings weist wieder auf die *Aufklärung der Betroffenen*. Wenn die Öffentlichkeit regelmäßig über Fehlinformationen bestimmter Medien unterrichtet, über die Schadensfolgen jugendgefährdender Videos aufgeklärt, über die Gesundheitsschädlichkeit einzelner Ernährungs- und Verzehrgewohnheiten informiert, über die Folgen des Rauchens ins Bild gesetzt und mit den Unfallfolgen leichtsinnigen Fahrens konfrontiert wird, so kann sich ein Nachfrageverhalten entwickeln, das diese Fehlwirkungen in Grenzen weist.

Wirksamer noch ist die *Haftung des Produzenten und Händlers* für Gefahren und Folgewirkungen seines Produkts. Dieses gilt für jeden Hersteller und Vertreiber von Arzneimitteln, Lebens- und Genussmitteln. Ob ein Mensch durch ein Medikament oder durch zu fette Ernährung geschädigt wird, macht für seinen Schaden und die Verantwortlichkeit des Schädigers keinen Unterschied. Ob ein Verkehrsteilnehmer wegen zu schwacher Bremsen oder zu hoher Geschwindigkeit einen Unfall erleidet, ist für den dadurch entstandenen Schaden unerheblich, mag sich auch die Mitverantwortlichkeit des Fahrers für seine überhöhte Geschwindigkeit deutlich von der für eine ihm nicht bewusste Schwäche seiner Bremsen unterscheiden. Die geistig-seelischen Schäden, die Medien oder Videos hervorrufen können, wirken subtiler, oft auch nachhaltiger, sind auch in der Schadensverursachung schwerer nachzuweisen. Doch wenn unser Recht den zum Drogenkonsum und damit zur Selbstschädigung verführenden Drogenhändler zu Recht bestraft, sollte dasselbe Recht den Verführer zu Gewalttätigkeit und Pornographie nicht straflos ausgehen lassen.

Die menschenlose Fabrik braucht Arbeit

Diese Verantwortlichkeit des Handelnden für die Wirkungen seines Tuns stellt Forderungen an die moderne Entwicklung zu fast menschenlosen Fabriken, die besser und verlässlicher als durch Menschenhand mit Computern und Robotern produzieren. Wenn wir für diese Produktionsstätten fragen, wem die dort erwirtschafteten Gewinne gehören, erscheint die traditionelle Antwort offenkundig: Gewinnberechtigt ist der Kapitalgeber, der mit seinem Geld die Computer und Roboter gekauft, der sein Kapital für sich hat arbeiten lassen. Doch wenn dieses die letztverbindliche Antwort wäre, hätten wir bald eine *geteilte Gesellschaft,* in der 10 % – die Kapitalgeber – den wirtschaftlichen Erfolg der Produktivität genießen, 90 % – die entlassenen Arbeitnehmer – hingegen von den Einkommensströmen ausgenommen wären und keine Produkte mehr kaufen könnten. Wir stehen wieder vor der Frage, die vor mehr als hundert Jahren Gerhart Hauptmann in seinem Stück *Die Weber* beschrieben hat. Damals erlebten die Handweber, dass ihre Handarbeit nicht mehr gebraucht wurde, weil die Webmaschinen Webstoffe besser, schneller und billiger herstellen konnten. Damals wie heute konnte und sollte der technische Fortschritt nicht aufgehalten werden. Er erwies sich letztlich für alle als Segen, weil er den Menschen harte Handarbeit erspart und ihre Kraft für andere Aufgaben freigesetzt hat. Doch muss der Übergang von der manuellen zur technischen Produktion so gestaltet werden, dass die bisherigen Handarbeiter nicht in Zukunft vom Erwerbsleben und Einkommen ausgeschlossen sind. Strukturell müssen die Erwerbsquellen für alle erschlossen bleiben.

Deswegen wäre zu erwägen, den Gedanken der *Genossenschaft* neu zu beleben. Produzenten und Kunden sind in einer Gesellschaft so zusammenzuführen, dass die Nachfrager an dem von ihrer Nachfrage abhängigen Gewinn teilhaben. Auch wird eine rechtzeitige *Beteiligung der Arbeitnehmer* am Betriebskapital dafür sorgen können, dass die Unterschiede zwischen Kapitalgebern und Arbeitnehmern nicht zu schroff werden. Die Kernlösung allerdings wird in der Entdeckung der vielen *neuen Arbeitsplätze* liegen, die bisher nicht angeboten werden: in der Familie, in der Jugend- und Altenpflege, in der Bildung und Erziehung, in der Forschung und Wissenschaft, in Daten- und Wissenssystemen, im Kunst- und Kulturleben, in Umweltschutz und Zukunftssicherung. In Deutschland fehlt es nicht an Arbeit, auch nicht an Kapital, um diese Arbeit bezahlen zu können. Wir leben in einem der reichsten Länder der Erde. Grundlegend neu zu organisieren sind jedoch die Einkommensströme, so dass jeder, der arbeitet, auch einen angemessenen Lohn erhält.

Als vor zwanzig Jahren der Ersatz der menschlichen Arbeit durch die Maschine bewusst wurde, hat die Politik eine *Maschinensteuer* erwogen, mit der ein Teil des Gewinns aus der Maschinenproduktivität abgeschöpft und für die Finanzierung gemeinschaftsdienlicher Arbeitsleistungen genutzt werden sollte. Besser wäre jedoch ein System, in dem die Maschinen der Arbeit dienen, die Maschinenleistung dann vor allem in der Arbeitsleistung bezahlt würde. Wenn die Produktion von Autos als Ertragsquelle nicht vom Autohandel, von der Autoreparatur und Autopflege sowie der Versorgung der Fahrzeuge mit Kraftstoff gesondert würde, sondern alle Produktions- und Arbeitseinheiten rund um das Auto so vernetzt wären, dass die Leichtigkeit des Kapitalertrags und die Schwere des Arbeitslohns alle Beteiligten treffen würden, wäre die Produktivität der Maschinen für alle eine Ertragsquelle und für alle eine Arbeitsentlastung. Damit ist nicht Riesen-Kraftfahrzeug-Konzernen das Wort geredet, sondern die Aufgabe definiert, die Preise zwischen Produzenten, Händlern, Autowerkstätten, Tankstellen und Öllieferanten neu zu bestimmen. Ein Produzent ohne Händler, ein Händler ohne nachfolgende Werkstattbetreuung, eine Werkstatt für Autos mit leeren Tanks wird keinen Euro verdienen. Wenn hier alle Beteiligten voneinander unabhängig sind, insbesondere auch die Händler und Werkstätten sich aus dem Sog der Großproduzenten befreit haben, werden sie in ihrem Preis ein Stück vom maschinell erwirtschafteten Gewinn beanspruchen. Wir brauchen keine Maschinensteuer, sondern eine *Verteilung des Maschinengewinns* unter allen, die am Entstehen dieses Gewinns mitwirken.

Handwerk und Maschinenwerk

Die Entlastung von körperlicher Arbeit durch die Maschine bietet dem Menschen mehr Freiheit, kann ihm aber auch das Erlebnis und die Befriedigung nehmen, handwerklich tätig zu sein. *Körperliche Arbeit* ist zunächst mühsam, belastet den Menschen, drückt ihn nieder, bietet ihm eine Arbeit, die oft nur durch die Hoffnung auf den Feierabend und den Urlaub erträglich wird. Viele Menschen erfüllen einen Job, um Einkommen zu erzielen, sehen ihre Arbeit ohne einen eigenen Wert für ihre Persönlichkeit und Freiheit, schaffen Produkte im Dienst fremder Interessen. Arbeit ereignet sich vor allem bei der Massenproduktion anonym, monoton, fremdbestimmt. Werden Produkte stets gleicher Qualität hergestellt, beschränkt sich die individuelle Arbeit meist auf wenige Handreichungen. Hier ist die Maschine dem Menschen überlegen, wirkt ausschließlich entlastend.

Der *Handwerker* hingegen schafft nicht ein gleichförmiges, immer wiederkehrendes Produkt, sondern bringt ein Werk hervor, das seine Gedanken, sein Geschick, seinen Gestaltungswillen ausdrückt. Er übt einen Beruf aus, in dem er zunächst Lehrling ist, es dann aber zur Meisterschaft bringt, in dem er nicht nur Einkommen erzielt, sondern ein Werk hervorbringt, das für den Auftraggeber wie für ihn von Wert ist. Er übt in seinem Beruf, arbeitet am Werk, freut sich an dessen Gelingen und sucht es stetig zu verbessern. Auch handwerkliche Leistungen lassen sich wiederholen, können auch von Maschinen erbracht werden. Das individuell geprägte Werk bleibt aber dem Handwerker vorbehalten. So können die Maschinen schöpferische Kraft freisetzen, die Bedeutung des Handwerks grundlegend verändern. Bei den Hohenzollern musste jeder Prinz ein Handwerk erlernen, um sich in der Auseinandersetzung mit seinem Werk für das Regieren und Führen zu qualifizieren. Heute empfinden viele Kopfarbeiter das Bedürfnis, als Heimwerker in Haus und Garten ihre handwerklichen Fähigkeiten zu bilden, ein einmaliges Werk herzustellen, die eigene Lebenswelt individuell zu gestalten.

Wer *geistiges Eigentum* hervorbringt – eine Oper komponiert, ein Buch schreibt, ein Patent erfindet oder ein Computerprogramm entwickelt –, schafft ein Werk, das in seiner Individualität für jedermann zugänglich gemacht wird, dessen Nutzung der Eigentümer vielfach übertragen, dabei aber die Substanz seines Eigentumsrechts behalten kann. Der Schöpfer des geistigen Eigentums verbindet sein Werk mit seinem Namen, entäußert sein Denken und Empfinden, ein Stück seiner

Persönlichkeit, seiner Lebenserfahrung, seine Gestaltungskraft in seinem Werk. Er will seinem Publikum in seinem Werk begegnen, in ihm erkannt werden, Beifall erhalten. Der Broterwerb bleibt ein Ziel dieser Tätigkeit, tritt aber gegenüber der schöpferischen Absicht und der Freude an der Publikation vielfach zurück. Mancher Künstler ist in seiner Kunst virtuos, bei der Wahrnehmung seiner wirtschaftlichen Interessen aber eher unbeholfen. Vielfach wird der Beruf zur Berufung. Der Geistliche, der Operndirektor, der Professor wird berufen; man ruft nach ihm, nicht weil ein Arbeitsplatz besetzt, sondern eine Person mit einer Aufgabe betraut werden soll.

In dieser Entwicklung *vom Job zum Arbeitsplatz,* zum Handwerk, zum Beruf und zur Berufung werden die Maschinen den Menschen zu Handwerk, Beruf, Berufung befreien. Im Übergang von der körperlichen Arbeit zur maschinellen Produktion wird es Unruhen geben, weil sich ein Mensch, der Jahre und Jahrzehnte eine körperliche Tätigkeit ausgeübt hat, oft nur schwer auf andere Aufgaben einlassen wird. Hier werden das Recht und die Wirtschaft einen behutsamen Übergang organisieren müssen. Doch grundsätzlich entlasten Produktionsmaschinen, Fahrzeuge, Computer von Mühsal; sie befreien den Menschen zu Beruf und Berufung.

Das Soziale in der Marktwirtschaft

Hier liegt eine neue Chance für das Soziale in der Marktwirtschaft. Diese soziale Wirtschaft baut auf ein hoffnungsvolles Bild des Menschen, der nach persönlichem Glück und Nutzen strebt, sich deshalb zu größerer Leistung anspornt und damit bessere Formen der Arbeitsteilung und Zusammenarbeit, des allgemeinen Wohlstands und Wachstums entwickelt. Voraussetzung ist ein *starker Staat,* der immer wieder neu den freien, gegen Machtkonzentrationen abgeschirmten Wettbewerb sichert, den freien Zugang aller zum Markt offen hält, das tägliche Plebiszit der Kunden über die Leistungen der Unternehmer organisiert. Dieser Markt wirkt sozial, weil er jedem Kunden die Leistung anbietet, die dieser nach der individuellen Einschätzung seines Bedarfs benötigt.

Grundprinzip dieses Marktes ist die *Selbstverantwortlichkeit.* Der Einzelne strengt sich für seinen Lebensunterhalt an, bildet sich fort, um mehr Einkommen und damit bessere Freiheitsgrundlagen zu erzielen. Er trägt dazu bei, »Wohlstand für alle« hervorzubringen.

Sozial ist deshalb nicht eine Rechtsordnung, die dem Erwerbstätigen erst Einkommen gibt, dieses Einkommen dann aber – umverteilend – einem anderen zuweist und damit das Streben schwächt, sich um den sozialen Aufstieg zu bemühen. Aufgabe des Staates ist vor allem die *Chancengleichheit*: Bildungsangebote, Arbeitsmarktpolitik, Gesundheitspolitik, Ausbildung und Fortbildung, auch Gründungshilfen, die möglichst jeden zu Erwerb und Einkommen befähigen. Damit garantiert der Staat jedem ein existenzsicherndes Mindesteinkommen. Hier allerdings muss das System der vielen Einzelforderungen ersetzt werden durch eine einfache und übersichtliche Existenzgarantie. Konzepte eines Grundeinkommens, eines einheitlichen Sozialanspruchs, einer Einheitssteuer, möglicherweise auch einer negativen Einkommensteuer liegen für den Gesetzgeber bereit.

Dabei sind die *Kosten staatlicher Leistungen* bewusst zu machen. Wenn gegenwärtig die Lohnsteuer und die Sozialversicherungsbeiträge von den Arbeitgebern einbehalten werden, die indirekten Steuern, insbesondere die Umsatzsteuer, vom Verbraucher im Preis an den Unternehmer entrichtet werden, bleiben Abgaben und Kosten weitgehend unbemerkt. Der Bürger erlebt die Staatsleistungen, aber nicht unmittelbar seine Vorbelastungen durch Abgaben, die diese Staatsleistungen erst ermöglichen. Kosten werden insbesondere verschleiert, wenn der Staat Ausbildungs- und Studiengänge verlängert, um Arbeitslose zu beschäftigen, dadurch das Bildungssystem aber übermäßig verteuert oder gar mit dem Angebot einer vermeintlichen Chance an Chancenlose belastet. In ähnlicher Weise werden individuelle Verantwortlichkeiten und Kosten auf die Allgemeinheit überwälzt, wenn Unternehmen gut ausgebildete Arbeitskräfte vorzeitig in den Rentnerstatus entlassen und damit das soziale System fast unfinanzierbar machen. Diese Verdunkelungs- und Verdrängungstechniken sind unsozial.

»Soziale« Marktwirtschaft meint wirtschaftliche Freiheit für jedermann, die zum Wohlstand für alle führt. Der Staat garantiert den offenen, für jedermann zugänglichen Markt, versucht jeden Bildungs- und Erwerbswilligen angemessen zu qualifizieren, wirkt auf ein Arbeitsplatzangebot für jeden Nachfrager hin, steht mit Sozialleistungen für diejenigen in Reserve, die keine Arbeit haben und nicht über ausreichende Arbeitskraft verfügen. In diesem Wirtschaftssystem ist für jedermann ersichtlich, dass *der soziale Leistungsstaat nur geben kann, was der fordernde Steuerstaat vorher genommen hat,* dass also die Bedürftigen nur das erhalten können, was vorher die Allgemeinheit durch Steuerzahlungen aufgebracht hat. Erhöhen sich die Staatsleistungen, müssen die Steuern erhöht werden. Sinken die Staatsleistungen, können die Steuern gesenkt werden. Ein Kandidat, der vor den Wahlen höhere Staatsleistungen – mehr Kindertagesstätten, bessere Straßen, mehr exzellente Universitäten und Spitzenmedizin – verspricht, findet bei den Wählern Gehör. Er müsste aber redlicherweise hinzufügen, dass er damit auch höhere Steuern fordert, und würde dadurch die Nachdenklichkeit der Wähler veranlassen. Wenn die Autofabriken Sanierungshilfen, der Finanzmarkt Krisenhilfen, die Exporteure Staatsbürgschaften, Regionalunternehmen Bestandsgarantien vom Staat erwarten, müssten sie zugleich Steuererhöhungen anregen. Sie weisen aber auf die Härte des Wettbewerbs und die Konkurrenz der Billiglohnländer, auf die Veränderungen eines globalen Marktes hin und rufen nach Steuersenkungen. Diese Verbandspolitik ist zwiespältig, widersprüchlich, antisozial. Der Staat sollte sich diesen Einflüsterungen strikt verschließen.

Die Marktwirtschaft erfüllt ihren Auftrag, »sozial« zu sein, wenn sie *alle Menschen in Deutschland mit den benötigten Gütern versorgt,* jeden Arbeitswilligen an den Einkommensströmen beteiligt, einen Mehrwert erwirtschaftet, der durch Steuern maßvoll abgeschöpft und den Kranken, Arbeitslosen, Schwachen zugewiesen werden kann. Für die Starken begründet das »Soziale« die moralische Pflicht, am Markt erfolgreich zu sein.

5. Freiheit vor Erwerbsanstrengung

Lebenskultur im Sog der Gewinnmaximierung

Wirtschaftliches Wachstum ist somit von verantwortlicher Freiheit, von der Sozialpflichtigkeit in Beruf und Eigentum abhängig. Eine zweite Grenze des Wachstums ergibt sich aus dem *Willen des Men-*

schen, nicht nur erwerbstätig zu sein, sondern sich in seiner Familie, seiner Kultur, seiner Freizeitgestaltung zu entfalten. Der Mensch will gesellig sein und reisen, Sport treiben und musizieren, lesen und die Oper besuchen, lernen und sich bilden, fernsehen und seinen Computer nutzen, Haus und Garten pflegen. Hat er seine Talente und Fähigkeiten entwickelt, Wissen und Erfahrung vermehrt, will er diese Handlungsmöglichkeiten in der Gesellschaft, der Kultur, der Politik zur Wirkung bringen. *Der Mensch will nicht nur erwerben, sondern seine Freiheit in der Begegnung mit anderen erfahren.* Er will auch in seiner kulturellen und sozialen Leistung anerkannt werden, in seiner Offenheit für vielfältige Freiheiten seine Freiheitswahrnehmung erproben und erhärten. Die Sklaven standen ihrem Herrn nahezu grenzenlos für Dienstleistungen zur Verfügung. Der freie Mensch erwirbt Einkommen, um eine ökonomische Grundlage für seine Freiheit zu gewinnen.

Allerdings üben Markt, Wettbewerb und wirtschaftlicher Erfolg eine Faszination aus, die gerade *die Erfolgreichen immer mehr in den Sog von Erwerbsanstrengung und Gewinnmaximierung geraten lässt.* Sie verzichten um des wirtschaftlichen Ertrages willen auf Kultur und Freizeit, gefährden ihre Familie und beschädigen ihre Gesundheit. Die Vielseitigkeit ihrer Freiheitskraft droht zu verkümmern. Die Erwartungen der Wirtschaftsorganisation gerade gegenüber hochqualifizierten Berufen – im Bankenwesen, bei der Unternehmensberatung, der Rechtsberatung und Wirtschaftsprüfung, auch bei Ärzten – zielen zumindest am Anfang der Berufstätigkeit auf nahezu ausschließliche Verfügbarkeit im Beruf. Arbeitszeiten von zwölf und mehr Stunden pro Tag in einer Sechs-Tage-Woche sind teilweise selbstverständlich. Die Berufstätigen erleben unter diesen Bedingungen Erfolg, Anerkennung, oft auch hohes Einkommen, finden aber kaum Zeit, das Geld zu genießen, es mit anderen, dem Freundeskreis zu teilen, Ehe und Familie zu gründen, eine Kultur des Wohnens zu entfalten, Feste zu feiern, ein Wochenende in den Bergen zu wandern oder die Oper zu besuchen. Deswegen rate ich meinen erfolgreichen Doktoranden, wenn sie sich für einen dieser Berufe entscheiden, bei dem Einstellungsgespräch hart über das Honorar, härter aber über die Arbeitszeit zu verhandeln. Ich spreche dann – in der Gewissheit, in meinem Freiheitsbegriff nicht missverstanden zu werden – über eine Freiheit vom Erwerbsstreben.

Selbstverständlich ist der junge Mensch bereit, seine Qualifikation und Leistungskraft voll einzusetzen – dieses aber an fünf Tagen in der Woche, um sich am sechsten und siebten den anderen schönen Dingen dieses Lebens zu widmen, außerdem an jedem Tag jedenfalls am Abend Zeit für Freundschaft, Ehe und Familie zu haben. Doch im Ergebnis verhandeln die Berufseinsteiger über das Honorar meist erfolgreich, werden hingegen in der Frage der Arbeitszeit mit allgemeinen Zusicherungen vertröstet, die sich dann in der Dringlichkeit der Alltagsaufgaben verlieren.

Ein Wirtschaftssystem, das nicht der freiheitlichen Entfaltung der beteiligten Menschen dient, vielmehr *den Gelderwerb und die mit dem Geld verbundene Macht zum Hauptanliegen werden lässt,* wird dem Menschen nicht gerecht. Seine geistige Kultur verkümmert, wenn er sich in die Gesamtmechanik eines Betriebes oder Marktes fügt und einem Wachstumsziel folgt, das nicht ihn wachsen lässt, sondern den Gewinn. Dieses finanzielle Wachstum stiftet nicht Sinn, fördert nicht mitmenschliche Begegnung und Austausch, vermittelt nicht Wohlwollen, Willkommen, Dankbarkeit. Der Wohlhabende verfügt über alle Mittel, seine Fähigkeiten zu entfalten, den Raum seiner Freiheit zu vergrößern, sich Anerkennung anderer zu erwerben, den Sinn seines Lebens sehr bewusst zu stiften. Doch oft zahlt er einen zu hohen Preis für seinen Reichtum, wenn er seine nichtökonomischen Fähigkeiten und Freiheiten brachliegen lässt, er im fast ausschließlichen Bemühen um Erwerb und Erhalt seines Reichtums die Fülle seines Lebens verfehlt.

Familie und Erwerb

Wie sehr unsere Gesellschaft sich gegenwärtig auf Beruf und Erwerb ausrichtet und andere notwendige Lebensinhalte vernachlässigt, zeigt unsere Wirtschafts- und Familienpolitik. Der Staat setzt mit dem Elterngeld und dem Angebot von Kinderkrippenplätzen Anreize, dass die jungen Eltern möglichst bald nach der Geburt eines Kindes wieder in das Erwerbsleben zurückkehren, sie für diese Berufstätigkeit schon ihre Kleinkinder in fremde Hand geben mögen. Hier finden sich drei Interessen zu einer *erstaunlichen Koalition* zusammen: Die *Wirtschaft* braucht dringend die Arbeitskraft auch der jungen Eltern und sucht sie deshalb zu veranlassen, nach der Geburt baldmöglichst in das Erwerbsleben zurückzukehren. Die *Gleichberechtigung* von Männern und Frauen, ihr Erfolg und ihre Wertschätzung werden zu sehr aus der beruflichen Entwicklung und zu wenig aus ihrer Familienleistung definiert. Die Gesellschaft drängt dann ebenfalls auf berufliche Anstrengung und erwerbsdienlichen Einsatz, bei dem das Kind, die Ehe und Familie möglichst nicht stören mögen. Und eine *politische Ideologie* überhöht die Erwartungen an Erziehungsauftrag und Erziehungskraft des Staates, schätzt die prägende Kraft der Eltern in ihrer Zuwendung zum Kind gering, verkürzt die Lebensgemeinschaft der Eltern mit dem Kind auf Abendstunden und Feiertage, nimmt damit der lebenslänglichen Verantwortlichkeit der Eltern für das Kind Ernst und Erfahrungsgrundlage des Alltäglichen. Wer sein Kind nur abends ins Bett und morgens in die Krippe bringt, kennt es nicht in gleicher Weise wie die Eltern, die ihr Kind rund um die Uhr begleiten.

Dennoch begegnen wir immer wieder der These, schon die Kleinkinder seien in staatlichen Krippen besser aufgehoben als im Elternhaus. Deshalb *wird das Elterngeld zur Lohnfortzahlung*. Eine Mutter oder ein Vater erhalten dieses Geld beim zweiten oder dritten Kind nicht, weil sie vorher ein Kind erzogen haben und nicht unmittelbar erwerbstätig gewesen sind. In dem berechtigten Kampf der Eltern um ihre Familien- und Berufsfreiheit – für Vater und Mutter – sollten wir unsere Aufmerksamkeit aber mehr auf die Kinder richten, die Freude der Eltern am Kind stärken, sie nicht zu schuldbewussten Erwerbseiferern machen, aber ihre Berufschancen verlässlich sichern.

Die Biographien für junge Paare sind wieder so zu entwerfen, dass die Freiheit zur Familie und die Freiheit zum Beruf keine Gegensätze werden. Die jungen Eltern sind heute durchaus bereit, für ihre Kleinkinder die Erwerbstätigkeit zeitweilig zu unterbrechen, wenn sie danach gleiche oder bessere Erwerbsmöglichkeiten vorfinden. Wird zudem die Familienarbeit als die wohl wertvollste Arbeitsleistung in unserer Gesellschaft angemessen entgolten, der Mutter oder dem Vater also *für ihre Erziehungsleistung von der Rechtsgemeinschaft ein Einkommen gezahlt,* wird sich erweisen, dass den jungen Eltern der Sinn nach beiden Gärten der Freiheit – der Familie und des Berufs – steht. Wenn wir dann noch unsere *Ausbildungs- und Erwerbsbiographie* so umorganisieren, dass die Gymnasialzeit oder sonstige Schulzeit – bei entsprechender Entlastung des Lehrstoffs – mit 17 endet, eine nachfolgende Studienzeit mit 22 oder 23 Jahren – je nach Wehr- und Ersatzdienst – abgeschlossen sein kann, dann die Phase der Familiengründung beginnt, so stehen die Partner in einer Lebensphase vor der Entscheidung zu Ehe und Familie, in der diese freudig und beherzt getroffen werden kann. Sichert das staatliche Recht dann den Eltern, dass sie wegen ihrer Kinder – wegen ihrer Doppelleistung und Doppelverantwortung in Familie und Beruf – vorrangig Fortbildungsmöglichkeiten und Arbeitsplätze angeboten bekommen, wird unsere Welt wieder vom Kopf auf die Füße gestellt: Wir sichern unsere Existenz und Zukunft in unseren Kindern. Daraus wird sich auch wirtschaftliches Wachstum ergeben.

Wem diese Vorschläge etwas radikal erscheinen, der sei daran erinnert, dass unsere Gesellschaft in Deutschland stirbt. Der Patient liegt auf der Intensivstation. Deswegen bedarf es entschlossener und energischer Maßnahmen.

Zukunftsicherheit

Die zukünftige Verteilung von Geld und Gütern hängt von der Existenz und Ausbildung der dann wirtschaftenden Menschen ab, muss also heute in den Familien vorbereitet werden. Organisationen und Maßstäbe der finanziellen Zukunftsicherung sind deshalb so auszulegen, dass sie Familien fördern, nicht hemmen. In der Tradition des Rechts ist die *Familie* die Beistands- und Unterhaltsgemeinschaft von Eltern und Kindern.

Wenn das *Sozialversicherungsrecht* diese innere Bindung zwischen Eltern und Kindern lockert und alle Kinder in einer staatlichen Zwangsversicherung zum Unterhalt aller – auch der kinderlosen – älteren Menschen verpflichtet, so liegt darin eine soziale Errungenschaft zugunsten der kinderlosen Menschen, aber auch eine Benachteiligung der Eltern, die sich der Erziehung der Kinder gewidmet und dafür häufig auch auf ein eigenes Einkommen und damit auf Beitragszahlungen in die Rentenversicherung verzichtet haben. Hinzu tritt nun die staatliche Förderung der Kinderfremdbetreuung in Kindertagesstätten, die eine außerfamiliäre Kinderbetreuung anregt und unterstützt, um den Eltern eine Freiheit zur Erwerbstätigkeit zu geben. Auch dadurch könnte die Lebens- und Erfahrungsgemeinschaft zwischen Eltern und Kindern geschwächt werden. Dem traditionellen Anliegen, in der Familie verantwortungsbewusste und leistungsbereite Mitglieder der zukünftigen Gesellschaft zu erziehen, werden alternative Lebensgemeinschaften mit oder ohne Kinder, in kleinsten, aber auch weniger gebundenen Familiengemeinschaften gegenübergestellt. Eine solche Gesetzgebung ist nicht im Vorhinein kulturwidrig oder ungerecht, bedarf aber schon als gesetzliches Experiment besonderer Rechtfertigung, weil sich der Verfassungsstaat hier ein Scheitern nicht leisten kann. Es geht um unsere Zukunft, unsere zukünftige Existenz in unseren Kindern.

6. Reichtum und Armut

Unser Wachstum braucht eine weitere Korrektur, wenn die Zuwächse auf die einzelnen Menschen so unterschiedlich verteilt werden, dass übertriebener Reichtum und bittere Armut entstehen, dieses Verteilungsergebnis also nicht als gerecht empfunden werden kann. Selbstverständlich bleibt es bei der Regel, dass Freiheit bedeutet, sich von anderen unterscheiden zu dürfen. Wer Tag und Nacht arbeitet, soll ein höheres Einkommen und Vermögen erzielen, als derjenige, der sich Tag und Nacht der Geselligkeit und dem Lebensgenuss widmet. Doch rechtfertigt das freiheitliche Unterscheidungsgebot nur die Verschiedenheiten, die von den Freiheitsberechtigten durch Einsatz, Begabung, Tüchtigkeit und auch Lebensglück erreicht worden sind. Diese Rechtfertigung aus der persönlichen Lebensführung allerdings greift nicht für die gegenwärtige Verteilung von Reichtum und Armut.

Wachsende Distanz zwischen Arm und Reich

Wenn 2 % der Erdbevölkerung die Hälfte des Reichtums ihr eigen nennen, hingegen die Hälfte der Weltbevölkerung kaum 1 % dieses Reichtums besitzt, haben *der weltoffene Markt,* das Prinzip der Wirtschaftsfreiheit, der Abbau von Handelsschranken, *ihre Aufgabe nicht erfüllt.*

Breite, verarmte Bevölkerungsschichten haben keine Kaufkraft und deshalb keinen Zugang zum Weltmarkt; sie verlieren ohne Bildung Produktionsmittel und Lebenskultur. Ihre Chance, durch freiheitliche Anstrengung selbst zu erwerben, schwindet immer mehr.

In Deutschland ist das Armutsrisiko bisher durch die Prosperität der Wirtschaft und die Nachfrage nach Arbeitskräften aller Art, auch durch die staatliche Sozialhilfe deutlich gemäßigt. *Armut* bezeichnet hier den *Mangel an lebenswichtigen Gütern,* insbesondere Ernährung, Obdach, Kleidung, berührt damit die verfassungsrechtliche Garantie der Menschenwürde, die jedermann ein Leben unter den in Deutschland üblichen Mindestbedingungen verspricht. In der Europäischen Union allerdings wird schon derjenige als armutsgefährdet bezeichnet, der *weniger als 60% des durchschnittlichen Einkommens besitzt.* Diese vom Einkommen der anderen abhängende Armut benennt einen kritischen Wert für die Gesamtverteilung des Einkommens, sagt aber wenig über höchstpersönliche Mangel- und Notlagen aus.

In Deutschland wächst die Armut insbesondere bei Alleinerziehenden und Kindern. Armut hat für die Kinder vielfach zur Folge, dass sie sich ungesünder ernähren, weniger bewegen, in isolierten Wohnvierteln bleiben, weniger gute Schulen besuchen, über keine guten Sprachkenntnisse verfügen, mangelhafte Ausbildungsmöglichkeiten gewinnen. Dieser Befund ist alarmierend und fordert eine Korrektur, insbesondere der Finanzausstattung der Familien, der Zugangshilfe zu Sprache, Grundrechenarten, Schreiben und Lesen, des Einstiegs in die Berufswelt als Bewährungs- und Qualifikationschance. Ein vom Durchschnittseinkommen abhängiger Armutstatbestand sagt aber nichts über den tatsächlichen Mangel aus, den der Betroffene leiden muss; er weist vielmehr auf die ungleiche Einkommensverteilung in der Gesellschaft hin. Gelänge es unserer Volkswirtschaft, unsere Einkommen zu verdoppeln und an dieser Verdopplung alle gleichermaßen zu beteiligen, blieben diejenigen, die 60% oder weniger des verdoppelten Durchschnittseinkommens verdienten, statistisch dennoch arm. Nach diesen Berechnungen ist eine statistische Armut nie vermeidbar, wird das Armutsproblem nie gelöst sein. So verfestigt sich eine große Umverteilungsverwaltung für alle Zeiten, die »soziale Frage« wird statistisch nie zufriedenstellend beantwortet.

Der Lottogewinn überzeugt, der Unternehmensgewinn nicht

Wenn jemand eine Million Euro im Lotto gewinnt, findet dieser zufällige, offensichtlich unverdiente Gewinn allgemeine Anerkennung, *weil jeder die Chance hatte, sich am Spiel zu beteiligen*. Viele Menschen spielen mit und kaufen sich wöchentlich ihre Hoffnung auf einen Lottogewinn. Die Chance, in unserer sozialen Marktwirtschaft eine Million Euro zu verdienen, ist ungleich höher. Zudem kann jeder durch Anstrengung und Qualifikation selbst wesentlich dazu beitragen, dass sich seine Chancen verbessern und er sich auf den Weg jährlich steigender Einkommen begibt. Dennoch scheint dieses Marktsystem, das mehr Millionäre schafft als das Lottospiel, nicht in ähnlicher Weise überzeugend wie das auf Irrationalität angelegte Lottosystem. Der Grund dürfte in der Undurchsichtigkeit und Unverstehbarkeit der Erwerbsmöglichkeiten liegen, insbesondere des anonymen Kapitalmarktes und der Aufgaben und Wirkungsweisen von Industriemanagern. Beim Lotto wird der Gewinn nach einem einfachen Spiel zugeteilt, der Zufall kann jeden in gleicher Chance beglücken. Beim Kapitalmarkt geht es oft auch um Spiel und Wette; doch die Regeln versteht kaum jemand, kann sie deshalb auch nicht als gerecht verstehen. Die Spitzenmanager der Wirtschaft strengen sich dem Profisportler vergleichbar an; sie arbeiten diszipliniert und verbessern ständig ihre Qualifikation. Doch die Leistung des Sportlers – das Tor zu schießen – wird von jedermann beobachtet und anerkannt, während die Firmenorganisation, Vertragshärte, Markterkundung und Produktverbesserung des Managers vom Publikum allenfalls erahnt, nicht aber begriffen werden.

Doch der Grund für diese unterschiedlichen Gerechtigkeitswertungen liegt tiefer. Der Mensch strebt nicht nach Einkommen um jeden Preis, sondern nach einem *Einkommen, das seine individuelle, von ihm geschätzte Lebenssituation verbessert*. Er will nicht mit dem Großverdiener tauschen, dessen Berufsbelastungen, Zeitbedrängnisse, Mitarbeiterverantwortlichkeiten, Risiken des Scheiterns und Anfeindungen er innerlich abwehrt; stattdessen hofft er auf ein höheres Einkommen in seiner ihm vertrauten, von ihm geschätzten und genossenen Lebenslage, in seinem Sport. In dieser seiner Welt strebt er nach dem Lottogewinn oder auch nach dem Honorar eines Sportlers, beabsichtigt aber nicht, ein Spitzengehalt für ein Leben in Banktürmen und Flugzeugen zu verdienen.

Alle Erfahrung mit Recht und Gerichten lehrt, dass der Mensch am ehesten im Einklang mit dem Recht lebt, wenn er bei hinreichendem Einkommen eine stabile Familie, eine gute Nachbarschaft, aktive Vereine, ein ihm gemäßes kulturelles Umfeld und dessen Anerkennung erfährt. Er erwartet nicht als Bittsteller und Verbraucher Geldleistungen vom Staat, sondern als Staatsbürger gutes Recht. Er will weniger Aktionär einer renditeträchtigen Groß-AG sein und mehr Mitglied einer Genossenschaft, die gemeinsam die Erwerbs- und Verkaufsbedingungen ihrer Genossen gestaltet. *Der Gedanke der Demokratie ist durchaus lebendig:* Der Bürger will nicht vor einem Herrscher stehen, der seine Herrschaft durch Zahlungen aufrechterhält. Er will den Herrschenden durch Wahl legitimieren, damit dieser Recht setzt, das allen Bürgern gerecht wird. Wir brauchen nicht den Gefälligkeitsstaat, der Wohltaten zu Lasten der Steuerzahler austeilt, sondern den Rechtsstaat, der dem Bürger seine Rechte gibt und ihm möglichst wenig von seinem Einkommen und seiner Kaufkraft nimmt.

Gerecht verteilen, nicht Unrechtes umverteilen

Mehr als 90 % der Menschen in Deutschland beobachten die Einkommensverteilung aus den Erfahrungen eines Arbeitnehmers und empfinden dort einen wesentlichen Strukturfehler. Unser Wirtschaftssystem *gewährt ein strukturell höheres Entgelt auf das Eigenkapital und ein geringeres auf die abhängige Arbeit.* Die Kapitalgesellschaften dienen dem Gewinn der Kapitalgeber; die Arbeitslöhne sind Kosten, die möglichst gering zu halten sind. Betriebssanierungen suchen den Weg der Entlassungen und eines Lohnverzichts, um Kosten zu senken und die Ertragsfähigkeit des Unternehmens zu mehren. Die Kapitalrendite hingegen wird möglichst konstant gehalten oder gesteigert. Ein Teil der Gewinne wird nicht an die Kapitalgeber ausgeschüttet, sondern den Rücklagen des Unternehmens zugeführt und thesauriert; er steigert damit auch den Wert der Anteile, wirkt also ökonomisch wie eine Ausschüttung. Wenn dann noch die leitenden Angestellten – insbesondere der Vorstand – nicht wie die Arbeitnehmer durch einen ihrer Arbeitsleistung angemessenen Lohn entgolten werden, sie vielmehr Gewinnanteile als wesentlichen Zusatzlohn erhalten (gewinnabhängige Lohnbestandteile), arbeiten der Vorstand einer Kapitalgesellschaft und ihre Kapitalgeber Hand in Hand und steigern stetig den Kapitalertrag. Letztlich werden alle Produktionsmittel, Material und Vorprodukte, Energie, Arbeit und sonstige Dienstleistungen, Fremdkapital, Markterschließung und Werbung, Forschung und Entwicklung so eingesetzt, dass leitende Angestellte und Kapitalgeber einen größtmöglichen Gewinn erzielen, dass der Kapitalertrag und der nach ihm bemessene Vorstandslohn steigen. Die alleinige Gewinnberechtigung des Kapitals wird zum Problem, die gerechte Verteilung von Überschüssen auf Arbeit und Kapital zur Aufgabe.

Verteilungsgerechtigkeit setzt also beim Einkommen an, will Einkommen von vornherein leistungsgerecht zuteilen, weniger unterschiedliche Einkommen im Nachhinein durch staatliche Intervention – durch Steuern und Transferleistungen – umverteilen. Die Umverteilung beobachtet lediglich, dass der andere mehr hat, und behauptet, das sei zu viel, nimmt dem anderen dieses Zuviel und gibt es demjenigen, der weniger hat. Dieses Konzept ist freiheitswidrig und ineffektiv. Es denkt in der Perspektive dessen, der im Innenhof der Universität auf dem Rasen in der Sonne liegt und spöttisch auf diejenigen blickt, die sich im Hörsaal durch harte Arbeit zu qualifizieren suchen, um später ein höheres Einkommen zu erzielen, von dem der sonnengebräunte Beobachter dann einen Anteil fordert. Das Freiheitsprinzip rechtfertigt den Unterschied aus der verschiedenen Wahrnehmung der Freiheit: Wer sich beruflich qualifiziert hat, gewinnt bessere Einkommenschancen. Wer sich dem Müßiggang widmet, mindert sein zukünftiges Einkommen. Eine Umverteilung vom Leistungsträger zum Müßiggänger böte die falschen Anreize: Das Wirtschaftssystem muss die Erwerbsanstrengung begünstigen, damit möglichst viele Leistungen erbracht werden, die allgemeine Prosperität steigt und hinreichende Steuererträge für die Bedürftigen – nicht die Müßiggänger – bereitgestellt werden.

7. Die Gewinnbeteiligung ist zu erweitern

Allerdings wird die Entgegensetzung von Leistungsträger und Müßiggänger dem Problem gegenwärtiger Einkommensverteilung nicht voll gerecht. Leistungsträger werden im Status der Arbeitnehmer unterdurchschnittlich entgolten, Leistungsträger im Status der Organisatoren, Manager und Kapitalgeber mit überhöhten Gewinnen bedacht. Die Reform muss deshalb *an dieser alleinigen Gewinnberechtigung des Eigenkapitals und der gewinnabhängigen Honorierung der Spitzenarbeit* ansetzen.

Gewinnberechtigung aller Betriebsbeteiligten

Bei dem Entstehen von Wirtschaftsgütern sind Kapital und Arbeitseinsatz erforderlich; beides ist Bedingung für das Entstehen eines Gewinns, deswegen auch gleich am Gewinn zu beteiligen. Das Bereitstellen von *Eigenkapital* und die *Arbeitsleistung* sollten zunächst *mit einem festen Betrag entlohnt,* das Eigenkapital also verzinst, die Arbeitsleistung mit einem Fixlohn pro Arbeitseinheit bedacht werden. Diese Kosten sind Aufwand des Betriebes. Eigen- und Fremdkapital werden gleich behandelt. Die Verzinsung des Eigenkapitals und der Arbeitslohn mindern als Aufwand das Jahresergebnis. *Der verbleibende Gewinn wird dann anteilig auf die Kapitalgeber und die Arbeitnehmer aufgeteilt.* Der Aufteilungsschlüssel könnte dem sonstigen Aufwand für Kapitalverzinsung und Lohn folgen, würde dann im Regelfall zum größeren Teil dem Arbeitenden zugute kommen.

In diesem System werden auch die *Spitzenkräfte,* insbesondere der Betriebsvorstand, durch einen Arbeitslohn und die allgemeine Gewinnbeteiligung entgolten. Dabei sind selbstverständlich Sonder- und Spitzenvergütungen für das Führungspersonal möglich und angemessen. Da auch diese Vergütungen aber als Personalaufwand den Gewinn und damit das auf Kapitalgeber und Arbeitnehmer verteilungsfähige Ergebnis mindern, werden die Kapitalgeber und die übrigen Arbeitnehmer jeweils kritisch prüfen, für welche Honorierung sie ihre Spitzenkräfte gewinnen und im Betrieb halten können.

Zu erwägen wäre weiterhin, *das Unternehmensrisiko vorab durch eine* – den Gewinn mindernde – *Risikoabsicherung zu verringern.* Die Kapitalgeber tragen das Risiko, für ihren Kapitaleinsatz keinen Ertrag oder gar Verluste zu erzielen, im Falle der Insolvenz ihre Kapitaleinlage ganz oder teilweise zu verlieren. Den Arbeitnehmern droht der Verlust des Arbeitsplatzes. Diese Risikokasse stünde dem Unternehmen in Phasen der Ertraglosigkeit und von Verlusten zur Verfügung, würde also das Unternehmen verstetigen und festigen, damit das Kapitalrisiko und das Arbeitsplatzrisiko deutlich mindern. *Verantwortungseigentum und verantwortliche Arbeit bilden eine Gemeinschaft von Chance und Risiko,* streben nach einem gemeinsamen Gewinn, vermeiden in gemeinsamer Verantwortlichkeit einen Verlust, bieten allen Betriebsbeteiligten den gleichen fairen Gewinn zur Bemessung ihres Einkommens und mindern in vorweggenommenem Risikoausgleich die Gefahr von Fehlentwicklungen. Die Kollektivierung der Kapitalgesellschaften wird aufgehalten, das Verantwortungseigentum und die verantwortete Berufsausübung gestärkt. Mit den Bindungen des Gewinns, insbesondere seiner Verminderung durch den Festzins, den Festlohn und den Risikoausgleich, werden die Unternehmen verstetigt, Börsenspekulationen gemäßigt, Anfälligkeiten der Unternehmen für kurzfristige spekulative Übernahmen verringert, Neugründungen erleichtert. Die Idee der sozialen Marktwirtschaft gewinnt wieder an Überzeugungskraft. Die Kluft zwischen Arm und Reich wird verringert.

Das Unternehmen nähert sich wieder mehr der Nachhaltigkeit eines landwirtschaftlichen Betriebs, der an Unternehmer und Mitarbeiter nur die Früchte verteilt, die in diesem Jahr geerntet oder in der Scheune gespeichert worden sind. Arbeitnehmer und Kapitalgeber arbeiten gemeinsam auf einen jährlichen und stetigen Erfolg des Unternehmens hin, wirken in ihrer Selbstbetroffenheit und Sachkunde übermäßiger Verschuldung, Scheinwertschöpfungen, Wettvereinbarungen vorbeugend entgegen. Die Kapitalgeber werden durch die Absenkung des gewinnunabhängigen Lohns und durch die Risikovorsorge deutlich besser vor Ertraglosigkeit und insbesondere vor dem Verlust ihres Kapitals geschützt. Für die Arbeitnehmer wird der Arbeitsplatz sicherer, weil das Unternehmen bei unzulänglicher Rentabilität die gewinnabhängigen Löhne nicht bezahlen muss und deswegen kaum zu Entlassungen gezwungen ist. *Der Interessengegensatz zwischen Kapital und Arbeit wird abgeschwächt.* Die Arbeit ist weniger ein Kostenfaktor, der den Gewinn mindert, sondern ein Produktionsfaktor, der Gewinn erzeugt. Auch die Risiken sind ähnlich auf Kapital und Arbeit verteilt: Das Kapital hat einen Anspruch auf Grundverzinsung, die Arbeit auf Grundentlohnung. Zusatzentgelte sind für beide gewinnabhängig. Bei Scheitern des Unternehmens werden die Ansprüche gegenstandslos. Bei Insolvenz allerdings kann der Kapitalgeber sein gesamtes Kapital verlieren, der Arbeitnehmer hingegen seine Arbeitskraft anderweitig einsetzen.

Die Arbeitslosen für den Gewinn gewinnen

Allerdings bleibt das Problem der Arbeitslosen, der Arbeitsbereiten, die keinen Arbeitsplatz finden. Wenn wir gegenwärtig nach der Arbeitslosenstatistik über *drei Millionen Arbeitslose* haben und die tatsächliche Zahl der Arbeitslosen noch deutlich – um ein bis zwei Millionen – höher liegen dürfte, hat der Arbeitsmarkt seine Funktion, die Bedürfnisse der Arbeitsnachfrager zu befriedigen, nicht erfüllt. Fachleute sagen, dass in Deutschland eine annähernde Vollbeschäftigung erreicht werden könnte, wenn das gesamte Lohnniveau um etwa 20 bis 30 % gesenkt würde. Eine solche Lohnabsenkung erscheint allerdings trotz der bedrückenden Schicksale der Arbeitslosen ausgeschlossen und auch durch Bedrängnisse eines weltoffenen Arbeitsmarktes erschwert. Wenn die Arbeit aber durch einen festen Lohn von 70 % bis 80 % des bisherigen Lohnniveaus und zusätzlich durch einen Gewinnanteil entgolten wird, können im Ergebnis 100 oder mehr Prozent des Tariflohns bezahlt werden. Dabei nimmt auch der Arbeitnehmer an einem Betriebsverlust teil, weiß aber, dass er durch seine Arbeit das Jahresergebnis mit beeinflusst, dass im Übrigen seine Gewinne tendenziell eher wachsen als die Löhne. Das Unternehmen wird mehr Arbeitsuchende einstellen, weil die Arbeitnehmer nicht den vollen Lohn unabhängig von dem Jahresergebnis fordern, sondern ein Teil ihres Lohnanspruchs erfolgsabhängig ist. Die Tarifvertragsparteien mögen den Fixlohn der tarifabhängigen Arbeitnehmer fest vereinbaren, für die Gewinnanteile eine Gewinnerwartung formulieren. Ihr Einfluss und ihre Glaubwürdigkeit werden wachsen, weil sie Arbeitslose nicht mehr ausgrenzen, sondern hinzugewinnen, damit die wesentliche Schwäche des gegenwärtigen Tarifsystems beenden.

Auch der soziale Staat ist erfolgsbeteiligt

Der Staat wird von dieser Neuorientierung der sozialen Marktwirtschaft profitieren, weil bei Verringerung der Arbeitslosenzahl *der Bedarf nach staatlichen Transferleistungen sinkt,* die gewachsene Zahl der Arbeitnehmer höhere Steuern und auch höhere Sozialversicherungsbeiträge zahlt, das gemeinsame Bemühen um einen Betriebserfolg die allgemeine Prosperität steigert und auch die Einkommen gerechter verteilt. Die gemeinsame Wahrnehmung der Berufsfreiheit und der Eigentümerfreiheit stellt Arbeit und Eigenkapital als Grundlage der marktwirtschaftlichen Ordnung gleich, sichert das Soziale dieser Ordnung schon im Entstehen des Einkommens und der Teilhabe fast aller an den Einkommensströmen.

8. Die soziale Zuteilung von Einkommen

Auch wenn diese verbesserte Zusammenarbeit von Kapitalgebern und Arbeitnehmern auf eine Vollbeschäftigung hinwirkt, wird diese tatsächlich nicht vollständig erreicht werden, weil ein geringer Teil der Arbeitsfähigen freiwillig in der Arbeitslosigkeit verharrt, andere bedeutsame Arbeitsleistungen erbringen, ohne deswegen bei der Zuteilung von Einkommen berücksichtigt zu werden, insbesondere bei der Familienarbeit, bei Studium und Ausbildung, auch bei der gemeinnützigen Arbeit. Auch diese Menschen werden in unserem reichen Staat selbstverständlich nicht verhungern, weder existenziell noch kulturell. Deswegen ist *zunächst die Leistung sachgerecht zu definieren, sodann das fehlende Einkommen durch Sozialleistungen auszugleichen.*

Sozial ist die mitmenschliche Zuwendung

Das Soziale meint das Mitmenschliche, das sich zwischen zwei Menschen ereignet. Deswegen ist es sozial, wenn der Arbeitnehmer durch

Arbeit seinen Lohn verdient, damit sich und seine Familie aus eigener Kraft durch sein Einkommen ernähren kann. Es ist sozial, wenn zwei Eheleute sich eine lebenslange Lebens-, Wirtschafts- und Beistandsgemeinschaft versprechen, also in der Verantwortlichkeit füreinander Zukunftssicherheit, Gelassenheit gegenüber Risiken, Vertrauen zueinander gewinnen. Es ist sozial, wenn die Eltern ihre Kinder gut erziehen, ihnen damit Entfaltungsmöglichkeiten und Freiheit vermitteln. Es ist sozial, wenn der Sportverein die jungen Menschen zu körperlicher Fitness und Fairness erzieht.

Der soziale Staat setzt darauf, dass der Mensch sich in Freiheit bewähren will, er sich deshalb eine seinen Begabungen, Qualifikationen und Neigungen entsprechende Arbeit sucht, damit die kulturelle und wirtschaftliche Leistungskraft der Rechtsgemeinschaft stärkt und selbst ein Einkommen erzielt. Nach dieser Erwartung können sich etwa 97 % der Bevölkerung ihre Bedürfnisse selbst erfüllen und dabei so viel an Mehrwert erwirtschaften, dass auch die übrigen 3 % an den kulturellen, rechtlichen und wirtschaftlichen Standards unserer Gemeinschaft teilhaben können.

Die staatliche Sozialpolitik richtet sich deshalb zunächst auf die Hilfe bei der Beschaffung von Arbeitsplätzen. Dabei wird auch diese Politik bewusst machen, dass Arbeit Anerkennung und Selbstbewusstsein vermittelt, dass durch Arbeit verdientes Einkommen wertvoller ist als die staatliche Geldleistung, dass Eigenhilfe dem individuellen Bedarf mehr entspricht als Fremdhilfe.

Entgeltwürdige Leistung muss anerkannt werden

Sodann muss der soziale Staat die Arbeitsleistungen entdecken, die für die Gemeinschaft besonders wertvoll sind, es deshalb verdienen, durch ein Einkommen anerkannt zu werden. *Die wichtigste Leistung erbringen heute die Eltern*, die unserem Gemeinwesen in gut erzogenen jungen Menschen eine Zukunft geben. Die Eltern bieten ihrem Kind Zärtlichkeit, Zuneigung, Zeit, Zukunft. Doch verhindern gegenwärtig handfeste Wirtschaftsinteressen, dass Recht und Wirtschaft einen unbefangenen Blick bei der Suche nach den Leistungsträgern dieser Gesellschaft entwickeln. Die Wirtschaftsunternehmen drängen die jungen

Eltern, ihre Kleinkinder in fremde Obhut zu geben und möglichst bald ihrem Erwerbsberuf nachzugehen.

Die Struktur der gegenwärtigen Berufs- und Wirtschaftsordnung hat ihren Grund in der Trennung von Erwerbsort und Familienort – von Arbeitsplatz und Familienwohnung – sowie in der rechtlichen Herabstufung der Familientätigkeit zu einer wirtschaftlich unerheblichen Leistung. Während die Eltern sich früher in landwirtschaftlichen und gewerblichen Betrieben gleichzeitig der Erziehung und dem Erwerb gewidmet, sie damit auch die in der Arbeit liegenden Möglichkeiten der Begegnung, der Anerkennung und der Einkommenserzielung wahrgenommen haben, wird der wirtschaftliche Wert der Erziehungsleistung heute nur noch beruflichen Erziehern zuerkannt, die in Schule, Kindergarten oder therapeutischer Einrichtung tätig sind. Die familiäre Erziehung bleibt in der Privatheit des Familienlebens und der eigenen Wohnung und scheint deshalb eine von vornherein nicht entgeltwürdige Leistung, sondern Konsum, nicht Quelle für Einkommen, Wohlstand und Sicherheit, sondern Aufwand für die persönliche Lebensführung zu sein.

Unsere Leistungsgesellschaft muss deshalb wieder die unverzichtbaren Zukunftsleistungen der Eltern als Wert und damit als entgeltwürdig behandeln. Ein *Elterngeld* sollte den erziehenden Eltern zumindest für die ersten drei Lebensjahre des Kindes als Entgelt für eine erbrachte Leistung zugewendet werden. Damit würde die Leistungsgesellschaft die wichtigste Leistung, das Haben und Erziehen von Kindern, anerkennen. Die Eltern würden als Leistungsträger des Gesellschafts- und Wirtschaftssystems entgolten und entlohnt; dank ihrer Kaufkraft träten sie wieder in den Mittelpunkt der Gesellschaft.

Das Familieneinkommen wird gemindert

Familien werden gegenwärtig durch das Steuerrecht benachteiligt. Wenn der Gesetzgeber *die Steuerlast von der direkten Besteuerung des Einkommens zur indirekten Besteuerung des Umsatzes verschiebt,* trifft diese indirekte Besteuerung vor allem die Familien, die ihr gesamtes Einkommen konsumieren, dieses deshalb insgesamt der Umsatzsteuer unterwerfen müssen. Ein Alleinstehender mit gleichem Einkommen wird einen Teil seines Einkommens sparen und investieren können, bezahlt insoweit überhaupt keine Umsatzsteuer, weil das Sparen, Investieren und selbst die Börsenumsätze von der Umsatzsteuer ausgenommen sind. Doch die Familien tragen auch einen überproportionalen Teil der Einkommensteuerlast. Das Einkommensteuergesetz kennt nur ein Ehegattensplitting, besteuert also die Erwerbs- und Wirtschaftsgemeinschaft der Ehe ebenso wie andere Erwerbsgemeinschaften, etwa eine Offene Handelsgesellschaft, eine Kommanditgesellschaft oder eine Gesellschaft mit beschränkter Haftung. Während bei diesen Gesellschaften aber Eltern, wenn sie hinreichend Vermögen und gute Berater haben, ihre Kinder als Gesellschafter mit in die Erwerbsgemeinschaft einbeziehen, damit auch ihren Kindern einen Teil des gemeinsamen Einkommens jeweils mit einem eigenen Freibetrag und einem niedrigen Progressionssatz zuwenden können, ist dieser Weg dem Klein- und Durchschnittsverdiener versperrt. Ein *Familiensplitting* kennt das Gesetz nicht. Bei der Einkommensteuer sind die Familien mit kleineren und mittleren Einkommen deshalb deutlich gegenüber den Familien mit großen Einkommen benachteiligt.

Wenn jetzt die Kleinkinder in den Krippen, sodann auch die Kinder in den Kindergärten steuerfinanziert – *»gebührenfrei«* – betreut werden sollen, scheint das vor allem Eltern mit geringem Einkommen entgegenzukommen. Doch auch hier wirkt sich aus, dass die Belastungen durch indirekte Steuern, insbesondere durch die Umsatzsteuer und die Besteuerung der Energie, steigen und die Familien härter treffen, weil sie einen höheren Verbrauch haben und oft, da nur ein Elternteil erwerbstätig ist, ein niedrigeres Einkommen erzielen. Familien finanzieren deshalb die Kinderbetreuung überdurchschnittlich mit. Und wenn Eltern sich in Freiheit und Verantwortlichkeit entscheiden, ihr Kleinkind nicht in eine Krippe zu geben, sondern selbst zu erziehen, müssen sie die Betreuung fremder Kinder mitfinanzieren.

Sodann ist die elterliche Erziehung der Kinder Anliegen eines *Generationenvertrages:* Die Zukunftssicherung bei Rente, Krankheit, Arbeitslosigkeit, Pflege, die Garantie des Geldwertes in der nächsten Generation, die Stetigkeit von Produktivität, Binnennachfrage und Export, der Erhalt unserer Sprache und Kultur, die Sicherung der Demokratie im Staatsvolk sind auf die Kinder angewiesen. Deswegen muss die

Kindererziehung als Arbeitsleistung auch entgolten werden. Die *Bezahlung der Familienarbeit* gibt den Eltern echte Wahlfreiheit zwischen beruflicher Erwerbstätigkeit und eigenhändiger Erziehung der Kinder; sie vermeidet die gegenwärtigen wirtschaftlichen Nachteile der Erziehungstätigkeit, insbesondere den Verlust des früheren Einkommens des jetzt erziehenden Elternteils, stellt die Eltern insoweit den Kinderlosen gleich, anerkennt die Leistung der Mütter und gibt ihnen Kaufkraft, damit Marktmacht.

Ein Reformvorschlag: Mindestgeld für alle

Die Probleme der Kinderarmut, der Altersarmut, eines nichtexistenzsichernden Erwerbseinkommens, auch der Entwicklung einer Zwei-Klassen-Medizin veranlassen ein elementares Nachdenken über die Richtigkeit der gegenwärtigen sozialen Sicherungssysteme. *Grundsätzlich ist jeder für sich verantwortlich.* Der Staat schützt vor dem individuellen Unglück, die weniger als das Existenzminimum zur Verfügung zu haben, schwächt aber nicht die persönliche Verantwortungsbereitschaft und Anstrengung durch »das Pumpwerk des Wohlfahrtstaates«, das allen – »unter beträchtlichen Leitungsverlusten« – hinreichende Einnahmen zuleitet.

Dieses System eines freiheitlichen und sozialen Staates, in dem jeder durch eigenen Erwerb sein Einkommen und Vermögen möglichst mehrt, der Staat aber ein finanzielles Existenzminimum sichert, ist gegenwärtig in einer Fülle von Sozialansprüchen und sozialen Abgabebefreiungen so unübersichtlich geworden, dass insbesondere die Antragsberechtigten das System kaum noch verstehen und angemessen nutzen können. Deswegen bedarf das Sozialrecht einer *grundlegenden Vereinfachung,* die jeden Bedürftigen tatsächlich mit einem Mindestgeld ausstattet, allgemeines Rechtsbewusstsein bildet und damit das Soziale dieses Wirtschaftssystems zur Selbstverständlichkeit des Rechts macht.

Wünschenswert ist, dass alle Erwachsenen in Deutschland *monatlich über 800 Euro Einnahmen* verfügen. Die meisten Menschen verdienen dieses Einkommen durch eigene Arbeit. Doch auch wer ein solches Einkommen nicht erzielt, erhält es vom Staat. Allen Eltern sollte zudem für jedes Kind bis zum 18. Lebensjahr ein Mindestgeld in Höhe von monatlich 500 Euro zugesichert werden.

Das staatlich gewährte Mindestgeld sinkt mit wachsenden eigenen Einkünften. Bis zu einem Bruttomonatseinkommen von 1600 Euro fällt keine Einkommensteuer an. Übersteigt das Bruttoeinkommen diesen Betrag, ist auf die eigenen Einkünfte eine Einheitssteuer von 25 % zu zahlen. Die Steuer verringert sich um einen Betrag von 200 Euro im Monat. Das entspricht einem Grundfreibetrag von 9600 Euro. Im Betrag von 800 Euro sind 200 Euro Gesundheits- und Pflegeprämie enthalten, die für diese Zukunftssicherung eingesetzt werden müssen. Vom 67. Lebensjahr an erhält jeder eine Rente bis zu 1400 Euro. Zum Grundbetrag von 800 Euro tritt eine Zusatzrente von höchstens 600 Euro hinzu. Die Höhe dieser Rente bemisst sich nach Verdienst und Lebensarbeitszeit.

Dieses Konzept eines allgemeinen Mindestgeldes kommt dem *Bürgergeld* nahe, muss deshalb gegen viele Fehldeutungen dieses Vorschlags abgeschirmt werden. Erster Vorteil dieses Mindesteinkommens ist die Vereinfachung des Sozialrechts. Der Bedürftige hat nicht mehr viele Ansprüche gegen viele Schuldner, sondern einen Anspruch gegen eine staatliche Behörde. Dieser Anspruch wird von Amts wegen – ohne Anträge – erfüllt. Seine Höhe und die aus ihm erwachsenen Haushaltsbelastungen sind für Parlament und Öffentlichkeit ersichtlich. Der Einfachbetrag bildet Rechtsbewusstsein über das Maß des Sozialen, das diesen Staat bestimmt.

Das Mindestgeld hat den weiteren Vorteil, dass *die Arbeit billiger wird,* weil die Lohnzusatzkosten für die Arbeitnehmer ganz und für die Arbeitgeber zur Hälfte entfallen. Ein Mindestlohn, der Beschäftigung vernichtet, wird überflüssig. Keiner braucht mehr aus existenzieller Not eine gering vergütete Arbeit anzunehmen. Die Mindesteinnahmen erhält jeder, während den Mindestlohn nur die Arbeitnehmer beanspruchen dürfen.

Das Mindestgeld bezieht insbesondere diejenigen in die Verteilung des verfügbaren Geldes ein, die entgeltwürdige, aber nicht entgoltene Arbeitsleistungen erbringen. Die *Familientätigkeit* und die *ehrenamtliche Arbeit* werden zwar durch das Mindestgeld nicht entgolten, aber als Teil des gesamten Erwerbssystems anerkannt. Man schätzt, dass in

Deutschland jährlich etwa sechzig Milliarden Stunden Erwerbsarbeit und etwa hundert Milliarden Stunden Familien- und ehrenamtliche Arbeit geleistet werden. Das Mindestgeld bietet einen ersten Ansatz, um diese Arbeit nicht zum Weg in die individuelle Armut werden zu lassen. Das Kindermindestgeld ist zudem etwa doppelt so hoch wie das jetzige Kindergeld. Das Mindestgeld bietet auch eine Grundrente, schützt deshalb vor Altersarmut. Alle Bürger sind gegen Krankheitsrisiko und Pflegebedarf versichert. Darauf mögen Zusatzversicherungen aufbauen.

An ein derartiges Mindestgeld für alle richten sich drei kritische Fragen. Die erste prüft, ob das allgemeine Mindestgeld *die Bereitschaft zur eigenen Erwerbsanstrengung schwächt,* ob das staatlich garantierte Mindestgeld Bequemlichkeit fördert und Leistungsscheue begünstigt. Doch ist das Mindestgeld nicht so hoch, dass es einem Zusatzerwerb die Attraktivität nähme. Im Übrigen treffen diese Grundsatzüberlegungen auch das gegenwärtige Sozialsystem. Auch dort wird – wenn auch komplizierter und unübersichtlicher – ein bedarfsabhängiges Mindestgeld gewährt. Der soziale Staat garantiert von Verfassung wegen eine finanzielle Deckung des existenznotwendigen Bedarfs für jedermann, mag der Betroffene auch selbstverschuldet in die Einkommenslosigkeit geraten sein. Das Mindestgeld wird gleichmäßiger, aber nicht höher sein als die Gesamtheit der im Sozialsystem erreichbaren öffentlichen Leistungen. Es dürfte in seiner Einfachheit, Verständlichkeit und Berechenbarkeit bewusst machen, welche sozialen Belastungen der Allgemeinheit zumutbar sind, wo die Grenze allgemeiner Solidarität verläuft, wie der Staat einer leichtfertigen Belastung oder Überforderung des sozialen Systems entgegenwirkt.

Damit stellt sich die zweite Frage, ob das Mindestgeld im Rahmen der hier vorgeschlagenen Neuorganisation der Einkommensströme *finanzierbar* ist. Dieses wird bereits für das geltende Recht des Einkommenserwerbs und der Besteuerung bejaht. Im Übrigen wäre eine Nichtfinanzierbarkeit kein Einwand gegen das Einfachkonzept, sondern gegen die Höhe des Mindestgeldes. Mindestgeld und bisherige Sozialhilfe stehen der Höhe nach gleichermaßen unter Finanzierungsvorbehalt. Keinesfalls darf das Mindestgeld allerdings mit einer rechtspolitischen Verschiebung der Steuerlast von der Einkommen- zur

Umsatzsteuer verbunden werden, weil die Umsatzsteuer die Bedürftigsten am härtesten trifft.

Die dritte Frage zielt auf die *Gerechtigkeit der Verteilungswirkungen*. Die Armutsquote wird verringert. Die Bürokratiebarriere für den Bedürftigen, der gegenwärtig wegen der Antrags- und Nachweiserfordernisse begründete Ansprüche teilweise nicht geltend macht, wird abgesenkt. Der Zuwachs an Arbeitsplätzen erspart Arbeitslosengeld und Arbeitshilfe. Eine bedarfsabhängige Grundsicherung für alle – auch für die Familienarbeit und die gemeinnützige Arbeit – stärkt Eigenverantwortlichkeit, weist Wohlfahrtsstaatlichkeit zurück.

9. Geld und Güter

Der Unternehmer verdient die Gunst des Verbrauchers

Wenn die Einkommen gerecht verteilt sind, genügt dieser Verteilungserfolg noch nicht der Verteilungsgerechtigkeit. Der Mensch beansprucht weniger Geld als Güter. Wachstum und wirtschaftlicher Fortschritt sind nicht schon erreicht, wenn die Einkommen steigen, sondern wenn *die Nachfrager dank der Einkommen besser versorgt werden.* Die soziale Marktwirtschaft – so sagte es Ludwig Erhard – verpflichtet die Unternehmer, durch eigene Leistung im Wettbewerb die Gunst des Verbrauchers zu verdienen. Marktwirtschaft baut auf die Bereitschaft von Unternehmer und Verbraucher, für das eigene Schicksal Verantwortung zu tragen, nach Leistungssteigerung zu streben, Freiheit, private Initiative und Vorsorge zu entfalten. Diese Marktwirtschaft setzt auf den Menschen, der sich durch seine Arbeit, die darin angelegte Anerkennung und das daraus erwachsende Einkommen bewähren will. Jeder wirtschaftliche Fortschritt soll »sich nicht in höheren Gewinnen, Renten, oder Pfründen niederschlagen, sondern alle diese Erfolge werden an den Konsumenten weitergegeben«. Das Wachstum durch Markt – seine Wandlung, Bewegung, Entfaltung und Anpassung – beruht auf dieser unternehmerischen Freiheit, die auf die Bedürfnisse des Verbrauchers ausgerichtet ist.

Verzicht auf Wachstum?

Natürliches Wachstum kennt eine Grenze. Der Mensch wächst bis zum Erwachsensein, der Baum bis zu der ihm eigenen Höhe, die Schneemasse bis zum Frühling. Auch Wirtschaftswachstum trifft auf eine Grenze. Die Erfahrung lehrt, dass der Rezession ein Boom folgt, dieser die Depression und dann die Erholung. Jedenfalls erlebt jede Wirtschaft mittelfristig Wachstum und Rückgang, muss sich auf beide Entwicklungsmöglichkeiten einstellen.

Die *Freiheitskräfte des Marktes scheinen derzeit zu ermüden.* Großkonzerne dominieren, der Markt wird teilweise monopolisiert, Marktoffenheit durch Bürokratie verengt. Fehlleistungen und Fehlstrukturen werden aus Haushaltsmitteln ausgeglichen, teilweise verlängert.

Gegenwärtig ist unsere Gesellschaft sogar bereit, bewusst auf Wachstum zu verzichten. Dieser Verzicht gilt nicht den erhofften Steigerungen von Umsatz und Gewinn, sondern den Kindern, damit der Zukunft eines wirtschaftlichen Wachstums. Deshalb werden in Zukunft Unternehmer, Erfinder, Arbeitgeber, Arbeitnehmer und Konsumenten fehlen. Die Wirtschaft wird schrumpfen.

Unsere Hoffnung richtet sich auf *stetiges Kulturwachstum.* Dabei ist ein Wachstum gemeint, das sich nicht nur in herkömmlichen Produkten, Produktions- und Handelsformen zeigt, sondern voraussetzt, dass die wirtschaftlichen Leistungen erneuert und dem Bedarf angepasst werden. Wenn heute Handarbeit Werte hervorbringt, wird das morgen die Maschine leisten. Wenn heute die Warenproduktion zu Gewinnen führt, wird morgen die Schöpfung geistigen Eigentums erfolgreicher sein. Wenn heute verlässlich erschlossene Märkte das Wachstum tragen, treten morgen andere an deren Stelle. So ist Wachstum ein Entwicklungs- und Erneuerungskonzept, das aus dem Menschen – seiner Existenz, guten Erziehung und Ausbildung – erwächst, also wiederum die Sicht des Wirtschaftlichen weitet: *Familienpolitik ist die beste Wachstumspolitik,* Bildungspolitik der beste Garant für Markterneuerung und Technologiefortschritt, der demokratische Zusammenhalt des Staatvolkes – der »Volks-Wirtschaft« – die gediegenste Standortpolitik in einem weltoffenen Markt.

Die Politik für Familien, damit für Wachstum, für Bildung, für Erneuerung von Leistungen und Markt, für die innere Gebundenheit der Demokratie, für die Volkswirtschaft ist Sache des Staates. Seine Organisation – der ausufernde oder der schlanke Staat, der zentrale oder der bürgernahe Staat, der von einer Hand regierte oder in seinen Gewalten geteilte Staat – muss deshalb zum Thema unserer Gerechtigkeitsüberlegungen werden.

XI. Grundrechte und Staatsorganisation

1. Die eigennützige Begnadigung

Veit Stoß, ein begnadeter Bildhauer, hatte mit hohem Einsatz und teilweise beachtlichen Gewinnen spekuliert. Auf der Leipziger Ostermesse 1503 hatte er die Summe von 1265 Gulden in ein Bekleidungsunternehmen investiert, dann aber mit dem Konkurs dieses Unternehmens dieses Geld verloren. Um dennoch seinen Einsatz zu retten, hatte Stoß sich hinreißen lassen, einen Schuldschein zu fälschen. Er wurde gefasst, in ein »Lochgefängnis« geworfen, gefoltert und so zu einem Geständnis veranlasst.

Auf dieses Verbrechen stand die Strafe der Hinrichtung durch Verbrennen. Der Rat der Stadt Nürnberg entschied jedoch nach acht Tagen Bedenkzeit, von dieser Strafe abzusehen und»Gnade und Barmherzigkeit« zu beweisen. Der Rat vollzog mit dem Durchbrennen der Wangen die mildeste aller möglichen Strafen. Veit Stoß wurde jedoch zeitlebens verpflichtet, Nürnberg nie mehr zu verlassen. Damit sollten die Fähigkeiten des Künstlers allein für diese Stadt eingesetzt werden.

Doch der König und spätere Kaiser Maximilian I. suchte den Künstler Veit Stoß für sich zu gewinnen und stellte ihm einen Freibrief aus. Um dem Konflikt zwischen der städtischen Gerichtsbarkeit und der kaiserlichen Autorität auszuweichen, untersagte der Rat der Stadt Nürnberg Veit Stoß, den Freibrief öffentlich anzuschlagen. Außerdem verpflichtete er Stoß, bei Reisen jeweils um Zustimmung zu ersuchen.

2. Der Künstler, dem Recht entrückt

Die Rechtsgeschichte kennt immer wieder Urteile, in denen eine Hoheitsgewalt gegen Künstler und Wissenschaftler eine Strafe verhängt, eine andere Hoheitsgewalt diese aber wieder erlassen hat, um ihnen die Möglichkeit weiteren Schaffens offenzuhalten. Insbesondere Künstler wurden nicht selten aus dem Recht gewöhnlicher Sterblicher herausgehoben, ihnen wurde eine Art »Souveränität« zugesprochen, in der sie das Recht nicht erreichte. Doch insbesondere die Opfer empfanden diese Ausnahme als Willkür.

Derartige *Strafbefreiungen wegen »übermenschlicher« Begabung,* souveräner Entrücktheit gegenüber dem Recht, der Immunität des »einzigartigen« Künstlers erscheinen heute wegen der Gleichheit vor dem Gesetz, der strengen Gesetzesbindung gerade des Strafrichters unerträglich. Unsere Verfassung kennt lediglich das Begnadigungsrecht. Die Unterscheidung von Hoheitsgewalten – die Gewaltenteilung – dient heute der Aufgabe, die Gleichheit vor dem Gesetz und die Freiheit jedermanns zu sichern.

Freiheit und Gleichheit werden materiell in den Grundrechten gewährleistet, brauchen aber auch eine *Staatsorganisation,* die auf den Schutz dieser Grundrechte angelegt ist. Ein Grundrecht wirkt kraftvoller, wenn es nicht nur in der Verfassung gewährleistet ist, sondern *vor einem unabhängigen Gericht geltend gemacht* werden kann, und der Grundrechtsberechtigte in diesem Gerichtsverfahren Waffengleichheit gegenüber dem Staat gewinnt, falls er eine Verletzung seiner Grundrechte abwehren will. Gestattet die Verfassung *Grundrechtseingriffe nur auf der Grundlage eines Gesetzes,* begrenzt und mäßigt dieser Vorbehalt einer allgemeinen, nach öffentlicher Debatte durch die gewählten Abgeordneten beschlossenen Regel die Beschränkung dieser Rechte. Der Rechtsstaat baut auf die Teilung der Staatsgewalt in Gesetzgebung, Regierung und Rechtsprechung.

Eine *Demokratie* rechtfertigt die Staatsgewalt aus dem Wählervotum und führt ihre Ausübung immer wieder auf den Willen der Staatsbürger zurück; sie organisiert damit eine Staatsverfassung im Dienste der Freiheit der Betroffenen. Die Kulturgemeinschaft des Staatsvolkes erwartet und festigt die Zugehörigkeit und Mitbetroffenheit möglichst aller Bürger in dieser Rechtsgemeinschaft, stärkt damit die Gleichheit vor dem Gesetz und die Allgemeinheit der Gesetzesinhalte.

Das *Bundesstaatsprinzip* teilt die Staatsgewalt auf Bund und Länder auf, schafft damit Bürgernähe und Vielfalt. Wenn die Verfassung keine zentrale, geheime Staatspolizei erlaubt, die Polizei vielmehr dezentral in die Zuständigkeit der Länder weist, ist die Gefahr einer willkürlichen Verhaftung und einer Misshandlung des Verhafteten deutlich verringert. Die Mitwirkung Deutschlands in der *Europäischen Union* und die internationale Zusammenarbeit geben dem Staat eine Offenheit, in der weltweite – universale – Menschenrechte entstehen und in der gegenseitigen Beobachtung der Staaten eingefordert werden. Deshalb ist es die Kunst einer Staatsverfassung, eine freiheitsgerechte *Balance zwischen bundesstaatlicher Nähe und völkerrechtlicher Weite* herzustellen.

Fundament aller Grundrechte ist der Garant dieser Rechte, der *starke, schlanke Staat*. Er sichert den Frieden, gewährleistet Recht und Gerichtsbarkeit, pflegt die Lebensbedingungen des freien und gleichheitsberechtigten Menschen. Bindet der Staat sich selbst durch seine Verfassung, verpflichtet er sich also auf die Grundrechte und auf eine den Grundrechten dienende Gerichtsbarkeit, so bietet er als Verfassungsstaat die besten Chancen, dass die in den Grundrechten angelegte Idee der Gerechtigkeit tatsächlich verwirklicht wird.

3. Gesetzeskultur und ihre Gefährdung

Wenn das Gesetz und nicht der Mensch herrscht, wenn alle Menschen vor dem Gesetz gleich sind, gilt die allgemeine Regel, die niemanden begünstigt und keinen benachteiligt. Das Gesetz setzt allgemeine und unausweichliche Maßstäbe, die jeden Menschen in seiner Freiheit gleich berechtigen und in seinen Verantwortlichkeiten und Freiheitsgrenzen gleich verpflichten. Dieses Ideal der Gerechtigkeit wird durch das Grundgesetz zum geschriebenen Gesetz. Die Verfassung beauftragt den Gesetzgeber, diesem Grundgedanken des Rechts in allen Lebensbereichen Geltung zu verschaffen. Doch die Wirklichkeit der Gesetzgebung ist eine andere.

Zufall, Irrtum, Leidenschaft und Unverstand

Der Bürger träumt vom *Gesetz, das wie die naturwissenschaftlichen Gesetze allein aus Erkennen und Wissen folgt,* das dem Menschen, seiner Natur und Kultur, gerecht wird. Doch das Gesetz wird von Repräsentanten eines Staatsvolkes beschlossen, das nicht nach der Gerechtigkeit für alle Menschen fragt, sondern unterschiedliche Anliegen und

Eigeninteressen verfolgt. So gerät das Parlament unter den Druck von Parteien, Verbänden und Einzelinteressenten, die für sich eine Ausnahme von der allgemeinen Regel fordern oder eigens eine auf ihre Besonderheit ausgerichtete Vorschrift verlangen. Und nicht selten erliegt das Parlament diesem Druck.

Dieser Kampf des allgemeinen Gesetzes gegen das Privileg ist in der modernen Gesetzesgeschichte geläufig. Dem Gesetzgeber steht die berühmte Warnung vor Augen, die *von Kirchmann* 1848 – dem Jahr der Paulskirchen-Verfassung – formuliert hat: In den Naturwissenschaften setzten sich stets die *natürlichen Gesetze* durch, mögen auch vorübergehend falsche Gesetze die Theorie beherrschen. Die Erde drehe sich fortwährend um die Sonne, obwohl Ptolemäus das Gegenteil als Gesetz aufgestellt habe. Die Seele bleibe einfach, obwohl Kant sie in zahllose Kräfte zerlegt habe. Das Getreide ziehe aus der Luft seine Hauptnahrung, mag auch in der Ökonomie lange der Humus als Hauptnahrungsquelle gegolten haben. Das *positive Rechtsgesetz* hingegen sei auch von Zufall, Irrtum, Leidenschaft und Unverstand bestimmt, mache damit eine Wissenschaft, die sich vorrangig dem Erklären und Verdeutlichen dieses Gesetzes widme, zu einer Dienerin des Zufälligen und Mangelhaften. Sie befasse sich mit den Lücken, Zweideutigkeiten und Widersprüchen des Gesetzes, beobachte die Unkenntnis, die Nachlässigkeit, die Leidenschaft des Gesetzgebers. »Indem die Wissenschaft das Zufällige zu ihrem Gegenstand macht, wird sie selbst zur Zufälligkeit; drei berichtigende Worte des Gesetzgebers und ganze Bibliotheken werden zu Makulatur.«

Dieses *drastische Warnsignal* zu Beginn von Demokratie und Verfassunggebung in Deutschland ruft uns nachhaltig ins Bewusstsein, dass auch das allgemeine, privilegienfeindliche Gesetz immer wieder errungen werden muss. Wir sind nur in guter Verfassung, wenn die Gesetze den Geist der Verfassung spiegeln, also die Bürger und Wähler ihren Gerechtigkeitssinn immer neu entfalten, deshalb ihre Eigeninteressen in Freiheit verwirklichen, für das Gesetz aber auf einen allgemeinen, ausnahmslosen Rahmen dringen.

Überdifferenzierung und Gruppenrecht

Der deutsche Gesetzgeber hat große Kodifikationen hervorgebracht, insbesondere das Bürgerliche Gesetzbuch und das Strafgesetzbuch, droht sich aber gegenwärtig in Überindividualisierungen und Details, in Tagesaktualität und Flüchtigkeit zu verlieren.

Wenn das deutsche Einkommensteuergesetz den *progressiven Steuersatz* der Einkommensteuer in einer mathematischen Formel ausdrückt, so sucht das Gesetz eine Überdifferenzierung, die unverständlich bleibt und deshalb nicht als gerecht verstanden werden, nicht Rechtsbewusstsein bilden kann. Wenn das Außensteuergesetz die steuererhebliche *Systemverschiebung* in einer Fülle von ökonomischen und gesamtwirtschaftlichen Kriterien regelt, die sich einem Rechtsvollzug schlechthin entziehen, so kann nicht mehr nach Gesetz, sondern nur noch nach Verständigung besteuert werden. Wenn europäische Regeln den *Krümmungsgrad von Gurken* festgelegt haben, so hat der Rat für mehr als zwanzig Jahre die Aufmerksamkeit der Rechtsadressaten auf ein belangloses Detail und erst jüngst den Blick wieder auf das Allgemeine gerichtet. Wenn eine Richtlinie Vorschriften »über den *Geräuschpegel in Ohrenhöhe der Fahrer von land- und forstwirtschaftlichen Zugmaschinen auf Rädern*« anzugleichen sucht, so sollte sie mit diesem legalistischen Lärm nicht gehört werden. Auch Regelungen über die Länge und Dicke von *Grünbananen,* über die Größe von *Äpfeln,* über die Gestaltung von Traktorsitzen widmen sich Details und Kleinräumigkeiten, die nur in der freien Begegnung von Anbieter und Nachfrager beurteilt werden sollten.

Vielfach sucht der Gesetzgeber nicht die allgemeine Regel, sondern will die dem Gesetzesanwender vorbehaltene Individualgerechtigkeit verwirklichen. Oft kann der Gesetzgeber eine allgemeine Regel parlamentarisch nur durchsetzen, wenn er einzelnen Gruppen vorher Ausnahmen einräumt. Sonderregeln und Einzelfallgesetze werden zur Alltagserscheinung. Das Steuerrecht hat uns gezeigt, dass das Gesetz vom gleichbleibenden Maßstab eines Jedermannsrechts zum ständig wechselnden Einzelfallgesetz verkümmert ist.

Die Normenflut drückt uns nieder

Wenn der Gesetzgeber sich weniger an die Allgemeinheit wendet, sondern eher Einzelnen und Gruppen ihr Sonderrecht bietet, schwillt die Zahl der gesetzlichen Regelungen ins Unermessliche an. Die Gesetzgebung in Deutschland und in der Europäischen Union hat inzwischen einen Umfang erreicht, der von vornherein ausschließt, dass alle Mitglieder des Parlaments von jedem Gesetz wissen. Schlechthin unmöglich ist, dass alle Gesetzesadressaten jedes sie betreffende Gesetz kennen können. Damit verliert das aufgeklärt rational bestimmte Gesetz seinen Ausgangs- und Zielpunkt: Wer nicht weiß, kann nicht bewusst, nicht rational, nicht verantwortlich entscheiden.

Das Privileg provoziert

Bedenken wir, dass *Veit Stoß* die Strafe der Verbrennung erspart geblieben ist, weil verschiedene Herrscher die Kraft dieses Künstlers noch nutzen wollten, so haben wir Verständnis, weil wir an die faszinierenden Kunstwerke denken, die uns durch den Vollzug des Gesetzes verlorengegangen wären. Blicken wir hingegen auf das Opfer der Untat, fordern wir Schutz und Sühne. Diesen Konflikt löste Angelica Bernini, deren einer Sohn Täter, deren anderer Sohn Opfer ist, entschieden zugunsten des Opfers. *Giovanni Lorenzo Bernini*, der Künstler von St. Peter in Rom, hatte eine Geliebte, Constanza Bonarelli, die zugleich sein Modell war. Als er im April 1638 bei einem überraschenden Besuch seine Geliebte Constanza fast unbekleidet mit seinem Bruder Luigi antraf, jagte er Luigi bis zu ihrer gemeinsamen Werkstatt von St. Peter und brach ihm dort mit einer Eisenstange zwei Rippen. Constanza ließ er durch seinen Diener entstellen. Wegen dieser Tat wurde Giovanni Bernini zu der gewaltigen Summe von 3000 Scudi verurteilt. Doch Papst Urban VIII. erließ Bernini die Strafe, nachdem er ihn vorher veranlasst hatte, endlich zu heiraten. Die Absolution wurde damit begründet, dass Bernini »ein seltener Mensch« sei, »von sublimer Begabung, durch göttliches Wirken geboren, um zum Ruhme Roms Licht in dieses Jahrhundert zu tragen«. Doch Angelica, die Mutter von Giovanni und Luigi Bernini, forderte eine gerechte Strafe für Giovanni, der die Gerechtigkeit nicht mehr fürchten würde; »umso mehr, als er sich offensichtlich alles ungestraft erlauben« könne.

Wenn wir unseren Blick über die Kunst hinaus auf einen bedeutenden Erfinder, einen Unternehmensgründer, einen friedenstiftenden Politiker richten, so fiele uns der Verzicht auf die Erfindung, das Unternehmen, den Frieden ebenfalls schwer: Doch bevor wir Sonderrechte einräumen, würden wir erwägen, ob wir eine Schleuse für Privilegien öffnen dürfen und damit Allgemeinheit und Überzeugungskraft des Gesetzes gefährden. Ausgangspunkt der Demokratie ist die Kulturgemeinschaft des Staatsvolkes, deren Zusammenhalt wesentlich aus dem allgemeinen, für jedermann gleichen Gesetz erwächst. Wer diese Allgemeinheit durchbricht, lockert den Zusammenhalt, schwächt die Gleichheit, stört die Demokratie.

4. Das Dorf

Wir leben in einer *offenen Welt*. In der Europäischen Union gibt es keine Staatsgrenzen mehr. Die Wirtschaft nutzt die weltweiten Märkte. Die Reiselust, der Sport, die Wissenschaft führen uns in alle Regionen und Winkel dieser Erde. Das Fernsehen bringt uns Nachrichten aus aller Welt. Die Staaten suchen die Probleme dieser Welt – Frieden, Ernährung, Flüchtlingsbewegungen, Umweltschutz, Verkehr – gemeinsam zu lösen. Politik und Recht gehen erste Schritte in Richtung auf eine die Welt im Elementaren einende Gesellschaft.

Dennoch lebt jeder Mensch in seinem Dorf. Er ist auf den Mitmenschen, auf die Beziehung zum anderen angelegt, erlebt Frieden oder Streit in seiner Nachbarschaft, atmet die gute Bergluft oder den Feinstaub seines Wohnortes, spricht seine Muttersprache, vielleicht in einem regionalen Dialekt, ernährt und kleidet sich nach dem Angebot vor Ort. Dieses Dorf ist nicht allein der Wohnort, in dem wir leben und dessen Lebensbedingungen uns bestimmen. Viele Menschen finden ihren festen Mittelpunkt in einem Betrieb, einem wissenschaftlichen Labor, einer internationalen Konferenz, einem Sportverein, einem Klub. Sie leben in ihrem Beruf, ihrem Markt, ihrer politischen Verantwortung. Sie sind in ihrer Abenteuerlust mobil, kehren nicht jeden Abend in ihre Wohnung zurück, bewahren aber die Mitte ihres Lebens in ihrer Familie, ihrer beruflichen Gemeinschaft, ihrer Kulturgesellschaft, ihrer Schutzgenossenschaft. Der Mensch mag hundert anderen Menschen freundschaftlich verbunden sein, mit tausend Menschen zusammenleben, vielleicht zehntausend Menschen persönlich begegnen. Die sieben Milliarden der Weltbevölkerung bleiben für ihn eine statistische Größe.

Diese *Sicherheit im Eigenen,* die *Geborgenheit im Zuhause,* die rechtliche Herrschaft des Menschen über sich und über einen ihm gehörenden Lebensraum ist Bedingung unserer Rechtsordnung. Wenn der Mensch nur noch als Teil eines Kollektivs begriffen wird, wenn er als Nachfragepotenzial, als Patientengut, als Wählerschaft, als Bevölkerung gesehen wird, die man einsetzen, nutzen, lenken und kontrollieren müsste, geht in der Anonymisierung das Recht verloren. Recht beginnt, indem wir den einzelnen Menschen berechtigen. Das Ursprungsrecht aller Menschenrechte ist die Würde jedes Menschen, die ihn berechtigt, Rechte zu haben, ihm die Freiheit gibt, sein Leben selbst zu entwerfen, sich »aus dem Unbestimmten zum Selbstbestimmten« zu entwickeln. Diese universalen Menschenrechte sind in einer Zeit entwickelt worden, in der ein Leonardo da Vinci mit seinen Entdeckungen allein ein neues Zeitalter einleiten, das Lächeln der Mona Lisa malen, eine funktionsfähige Flugmaschine bauen, die Herzklappen des Menschen untersuchen, Stadtpläne zeichnen, ein Versorgungssystem entwerfen, Waffen entwickeln konnte. Doch die Freiheit war auf den Menschen in örtlicher Gemeinschaft ausgerichtet, bewährte sich in der Anerkennung und Ehrung durch die Stadtgemeinschaft, war so gemeinschaftsbezogen gedacht, wie wir heute die Freiheit als Recht gewähren, also in die staatliche Gemeinschaft einbetten.

Freiheit birgt für die Rechtsgemeinschaft ein Risiko, Unterdrückung lässt sie scheitern. Individuelle Freiheit ist inhaltlich offen, unbestimmt. Kollektive Ziele hingegen geben bestimmte Inhalte vor, nehmen dem Einzelnen damit ein Stück Freiheit, Eigenwilligkeit, Selbstbestimmung und Verantwortlichkeit. Der Verfassungsstaat definiert die Allgemeininteressen in den Aussagen des Grundgesetzes, dann in den Entscheidungen der demokratischen Parlamente, belässt aber das Verhalten des einzelnen Menschen und seinen persönlich beherrschten Lebensbereich in individueller Freiheit. Das Risiko des Gewinnens oder Verspielens der Zukunft liegt in der Hand des einzelnen Menschen. Doch die Zugehörigkeit und Mitbetroffenheit der freien Bürger zu ihrem »Dorf«, ihrer Demokratie, ihrem Staat veranlasst einen ständigen Austausch über die politischen Gemeinschaftsziele, der dieses Risiko schwächt, theoretisch werden lässt.

5. Der Bundesstaat sucht Bürgernähe

Das Gesetz erreicht eine umso größere Allgemeinheit, je weiter die Gesetzgebungsgewalt des Parlaments reicht. *Es scheint deshalb zum großflächigen Zentralstaat zu drängen.* Kulturelle Geborgenheit und Nähe hingegen brauchen die vertraute, persönlich erlebte kleinere Einheit. Der deutsche Verfassungsstaat steht vor der Aufgabe, den europäischen Hang zum staatenübergreifenden einheitlichen Recht des Binnenmarktes und die bundesstaatliche Untergliederung der Staatsgewalt in einzelne Länder zusammenzuhalten und aufeinander abzustimmen. Die Allgemeinheit bemisst sich nach verschiedenen, sich überschneidenden Rechtskreisen der Gemeinde, des Bundeslandes, des Bundes und der Europäischen Union. Dieses System bietet die Chance eines ausgewogenen Zusammenklangs von Weite und Nähe, birgt aber auch das Risiko von Überdifferenzierung, Widersprüchlichkeit, von Privileg und Unverständlichkeit.

Bei der *Wiedervereinigung Deutschlands* standen die Bürger der ehemaligen DDR vor der Aufgabe, sich auf die größere Einheit eines grundlegend anderen Staats- und Rechtssystems einzustellen, dabei aber ein Stück regionaler Kultur zu bewahren. Dieser Auftrag wurde durch das im Grundgesetz vorgesehene Bundesstaatsprinzip erleichtert. Es erlaubt den Bürgern in den Bundesländern, wichtige politische Fragen in ihrem Land eigenständig und unabhängig vom Gesamtstaat zu entscheiden. Die kommunalen Angelegenheiten der örtlichen Gemeinschaft, die Einrichtung der Schulen und Hochschulen, Bau und Programme von Theatern, Opernhäusern und Museen, das Polizeiwesen und die Regionalpolitik werden in den Ländern entschieden. Bei diesen Entscheidungen sind eigene Parlamente und eigene Regierungen des jeweiligen Landes dem Wähler verantwortlich.

Diese Aufteilung der Staatsgewalt und des Rechts auf Bund und Länder ist eine *Eigenart der deutschen Verfassungsgeschichte*; sie folgt nicht aus einer vorgegebenen Idee des Menschenbildes, der Staatlichkeit oder eines natürlichen Rechts, sondern ist in der föderativen Tradition Deutschlands – des Heiligen Römischen Reichs deutscher Nation, des Deutschen Bundes, der Verfassung der Paulskirche, des Norddeutschen Bundes, des Deutschen Reichs – gewachsen. Die Vorstufen des Bundesstaates ebneten vor allem den Weg zu einer friedlichen Streitschlichtung. Der Konflikt zwischen den Gliedern eines Bundesstaats ist eine der historischen Wurzeln der Verfassungsgerichtsbarkeit. Die Bundesglieder untereinander waren zur Selbsthilfe nicht berechtigt und daher bei Kompetenzstreitigkeiten im Verhältnis zwischen dem Bund und seinen Gliedern auf eine Schiedsinstanz angewiesen. Dem Reichskammergericht war aufgegeben, »auf dem Wege gerichtlichen Prozesses zu schlichten, was bis dahin mit dem Schwerte ausgemacht wurde«. Der Bundesstaat trägt die Ausgangsidee des Verfassungsstaats, es solle das Gesetz herrschen, nicht der Mensch.

Vielfalt politischen Lebens

Das Bundesstaatsprinzip *zerstückelt somit nicht die staatliche Einheit, sondern gibt ihr eine freiheitsdienliche, rechtsstaatliche, soziale Form.* Ausgangspunkt der Staatenbildung in Deutschland ist die Einheit von Sprache und Kultur, modern gesprochen: das *Staatsvolk.* »Ein Volk übrigens sind die Deutschen schon lange gewesen, wenigstens seitdem es eine hochdeutsche Sprache gibt als Träger einer gemeinsamen Bildung«, sagt *Schleiermacher* 1815. Nur ein Staat seien wir nicht gewesen. *Goethe* sieht in der »bewundernswürdigen Volkskultur, die alle Teile des Reichs gleichmäßig durchdrungen hat«, einen Vorteil für das geistige Leben, auch für die Wohlfahrt der Menschen. »Gesetzt, wir hätten in Deutschland seit Jahrhunderten nur die beiden Residenzstädte Wien und Berlin, oder gar nur eine, da möchte ich doch sehen, wie es um die deutsche Kultur stände?« Die Paulskirchen-Verfassung (1848) geht davon aus, dass »bei größeren Staaten der Sitz der Regierung die Hauptsache ist, und die entfernteren Provinzen verlassen sind«. In einem Bunde verschiedener Staaten dagegen ist jeder einzelne Staat ein kleiner Mittelpunkt der Kultur, der Wissenschaft und Kunst. »Bei dem Bürger wächst die Lust, Opfer für die nächste Heimat zu bringen, und entfaltet sich bei rascher Bewegung mehr Lebensfähigkeit in allen kleinen Kreisen, mehr Genuss der Freiheit und leichterer Widerstand.«

Die Aufteilung der Gesetzgebungskompetenz auf Bund und Länder erlaubt dem Bund grundsätzlich, Rechtseinheit im ganzen Bundesgebiet zu schaffen, gestattet aber den Ländern, ihre Gesetze auf die Besonderheiten einer Region, der Bevölkerung, der Landschaft, der Kultur abzustimmen. Der Bund regelt die baurechtlichen Planungsmaßstäbe grundsätzlich für das Bundesgebiet, die Länder erlauben die regionale Gestaltung der örtlichen Bauten – vom friesischen Bauerndorf, von den Münsteraner Klinkerbauten, den rheinischen Schieferhäusern, der oberbayerischen Lüftelmalerei, der Dresdener Altstadt bis hin zum Frankfurter Bankenviertel oder zur Münchener Leopoldstraße. Die geteilte Gesetzgebungsgewalt erlaubt den Landesparlamenten und Landespolitikern eine Alternative, eröffnet bürgernahe Entscheidungen.

Jede Landesregierung hat eine eigene Aufgabe, insbesondere für die Landesverwaltung in den Landesbehörden, die auch Bundesgesetze vollziehen, für den Landeshaushalt, für die landeseigenen Aufgaben von Kommunalwesen, Polizeiwesen, Schulen, Hochschulen und Kultur. Zugleich gewinnen die Landesregierungen über den Bundesrat Einfluss auf das Handeln des Bundes, insbesondere seine Gesetzgebung. So kann eine Landesregierung politische Alternativen zur Bundespolitik entwickeln, im kleineren Raum ihres Gebietes auch einmal Experimente wagen, den Wählern des Landes andere Ideen und deren Vollzug vorstellen. Parteien, die im Bund in der Opposition stehen, können in den Ländern beweisen, dass sie leistungsfähige Politiker haben, die nicht nur gute Politik versprechen, sondern ins Werk gesetzt haben. Die Landespolitiker sammeln in ihren Ländern konkrete politische Erfahrung, können sich dort in politischer Verantwortung erproben und verbessern. Mitglieder des Bundesrates gewinnen auch ein bundespolitisches Profil.

Bundesstaatlichkeit stärkt Freiheit

Die Untergliederung des Staates in einzelne Länder *ermöglicht mehr Freiheit,* weil so der Macht und Mehrheit im Bund eine eigene Landeshoheit entgegensteht, die Mitwirkungsrechte und Einwirkungschancen der Bürger in Bundestags- und Landtagswahlen mehrt, ein Gegengewicht gegen die Einseitigkeit der Bundesparteien schafft, Korruptionsgefahren und Ämterpatronage entgegenwirken mag. Die Staatsgewalt rückt in den Ländern näher an den Bürger heran; sie kann ihre Anliegen in der Vielfalt und Unterschiedlichkeit der Länder verwirklichen, etwa in Berlin ein anderes Universitätsrecht, ein anderes Gaststättenrecht und ein anderes Rauchverbot oder einen anderen Religionsunterricht anbieten als in Bayern oder Baden-Württemberg. Berlin mag seine Theaterkultur in drei großen Opern entfalten, Flächenstaaten eher auf die regionale Vielfalt der städtischen und der Staatstheater setzen. Das Polizeigesetz der Stadtstaaten mag eher die Gefahrenlage auf Zentralplätzen und in der U-Bahn bekämpfen, das Polizeirecht der Flächenstaaten eher die verschiedenen Gefahren unterschiedlicher Gemeinschaften regeln.

Auch die bundesstaatliche Gewaltenteilung schafft ein Stück Freiheitskultur. Wenn die *militärische Gewalt* beim Bund, die *polizeiliche Gewalt* bei den Ländern liegt, vermeidet das Grundgesetz eine freiheitsbedrohliche Konzentration elementarer Herrschaft. Gibt das Grundgesetz die *Gesetzgebungskompetenz* im Wesentlichen in die Kompetenz des Bundes, den *Gesetzesvollzug* in die Kompetenz der Länder, so bedarf es einer alltäglichen Abstimmung der Staatsgewalten und eines Ausgleichs von Gesetzesvorhaben und Vollzugserfahrung im Bundesrat. Liegt die *Steuergesetzgebung* beim Bund, werden die *Steuererträge* hingegen auf Bund und Länder aufgeteilt, so ist auch die Macht des Geldes in staatlicher Hand gemäßigt.

Der Befolgungsanspruch gegenüber dem Bundesgesetz trifft auf weniger Widerstand oder gar Aufruhrgefahr, wenn *die Minderheit in den Bundesorganen in den Ländern die Mehrheit bilden kann.* Parteien und Verbände werden durch die bundesstaatliche Organisation gelockert, für Wertungen und Erfahrung der Menschen vor Ort zugänglich; sie erleben in der raumgebundenen Freiheit eines Landes den Willen und das Recht der Menschen, politisch anders zu entscheiden. Gerade die deutsche Geschichte lehrt, dass der Bundesstaat, solange er sich durchsetzen kann, totalitäre Systeme abwehrt. Die nationalsozialistische Diktatur und die Diktatur des realen Sozialismus in der DDR wurden erst möglich, nachdem der Bundesstaat abgeschafft, die Organisation zentralistischer Führung durchgesetzt worden war.

Der Hang zur großen Einheit

Das Bundesstaatsprinzip ist allerdings gegenwärtig von der Gefahr innerer Auszehrung bedroht. Parteien und Verbände suchen Einfluss auf die Bundesgesetzgebung, weniger auf die Landesgesetzgebung zu gewinnen. Sie *drängen zum großen Etat* des Bundes, weil dort höhere Summen zu verteilen sind. Sie suchen die Nähe der Bundespolitiker und Bundesorgane, weil diese mehr Kompetenzen und weitgreifendere Einflussbereiche besitzen.

Teilweise wachsen auch die Aufgaben über den Kompetenzbereich der Länder hinaus. Rundfunk und Fernsehen, eine Landeskompetenz, nehmen mit ihren Sendungen Landesgrenzen nicht zur Kenntnis. Deswegen gründen die Länder *gemeinsame Einrichtungen* wie die ARD oder das Zweite Deutsche Fernsehen. Sie schaffen sich mit der Deutschen Hochschule für Verwaltungswissenschaften in Speyer eine gemeinsame Bildungs- und Fortbildungseinrichtung, suchen die Zulassung der Studienbewerber auf die deutschen Hochschulen zentral zu organisieren, erfüllen unter Mitwirkung des Bundes Gemeinschaftsaufgaben im Bereich von Wissenschaft und Forschung, regionaler Wirtschaftsstruktur, Agrarstruktur und Küstenschutz, besetzen Mitglieder des Vorstandes oder eines Verwaltungsrates bei Bundesverwaltungsträgern wie der Deutschen Bundesbank, der Agentur für Arbeit oder dem Rundfunkrat der »Deutschen Welle«. Die Länder koordinieren auf Ministerpräsidentenkonferenzen oder Treffen der Fachminister ihr politisches Handeln und wirken damit auf eine ländergeschaffene Einheit im Bund hin. Ein Prinzip der *»Bundestreue«* fordert gegenseitige Rücksichtnahme zwischen Bund und Ländern, einen föderativen Pflichtenbegriff, in dem die Treue im »ewigen Bund« nachklingen mag.

Wenn die *Ministerpräsidenten* der Länder sich aber weniger um die Schul- und Hochschulpolitik ihres Landes, um die dortige innere Sicherheit, um ihre Bediensteten und die Ausgeglichenheit des Landeshaushalts kümmern, sondern *mehr auf eine Mitwirkung in der Europa- und Außenpolitik drängen,* über den Bundesrat die großen Strukturfragen der Energiepolitik, der Steuer- und Sozialpolitik, der Ausländerpolitik mitentscheiden wollen, droht dem Bundesstaat eine Fehlentwicklung. Die *Föderalismusreform* hat zwar einen Grund für das Übergewicht des Bundesrates bei der Gesetzgebung des Bundes aufgehoben. Gesetze bedürfen nicht mehr der Zustimmung des Bundesrates, wenn das Bundesgesetz auch Organisation und Verfahren des Vollzugs der Bundesgesetze durch die Länder regelt. Doch hat die gleiche Reform einen Zustimmungsvorbehalt des Bundesrates neu eingeführt, der für alle Bundesgesetze gilt, die finanzielle Verpflichtungen der Länder beim Vollzug der Bundesgesetze begründen. Hier könnte ein weitgreifender Zustimmungsvorbehalt des Bundesrates bei der Bundesgesetzgebung abgeschafft und durch einen fast gleich weit reichenden ersetzt worden sein. Das reformpolitische Ziel, die Zustimmungsgesetze deutlich zu verringern, wäre dann vielfach deklariert, vordergründig erfüllt, aber – systematisch eher beiläufig, in der Wirkung gleichwohl kraftvoll – widerlegt.

6. Deutschland als Mitglied der Europäischen Union

Als wenige Jahre nach der Gründung der Europäischen Wirtschaftsgemeinschaft (EWG) der französische Staatspräsident *Charles de Gaulle* und der deutsche Bundeskanzler *Konrad Adenauer* vor dem Rastatter Schloss sich die Hände reichten und verkündeten, nun sei ein dauerhafter Friede am Rhein endgültig gesichert und die freie Begegnung der Jugend in Deutschland und Frankreich gewährleistet, standen Tausende junger Menschen vor dem Schloss und stimmten jubelnd, erstmals eine Europafahne schwenkend, diesem Aufbruch zu. Ich stand als Schüler in dieser Gruppe, und die Begeisterung für Europa hält bis heute an. Damals hofften wir, mit dem Fahrrad von Kehl nach Straßburg ohne Grenzkontrollen fahren und dort im Schatten des Münsters jungen Franzosen begegnen zu können. Die Kühnheit, auf ein gemeinsames Zahlungsmittel des Euros zu hoffen und die wechselseitige Anerkennung von Studien- und Schulabschlüssen zu erwarten, hatten wir damals nicht. Allerdings waren wir fest davon überzeugt, dass Europa nur als Demokratie, mit traditioneller Gewaltenteilung und machtbeschränkenden Grundrechten geplant und gelingen wird. Diese Selbstverständlichkeit fordern das deutsche Grundgesetz und viele Verfassungen anderer Mitgliedstaaten heute ausdrücklich.

Das Europa der Staaten als Friedens- und Freiheitschance

Doch müssen wir die Kunst entfalten, in der Europäischen Union die Mitte zwischen privilegierender Enge und bürgerferner Weite zu finden. Das *Faszinosum einer europäischen Gemeinschaft* des Friedens, des offenen Marktes, der politischen Werte bietet eine Errungenschaft, die uns heute vertraut ist, Sicherheit in Freiheit vermittelt und Gelassenheit gibt.

Die Entwicklung der Staaten in Europa bekräftigt gegenwärtig die hergebrachten Fundamente europäischen Rechts: die Staatlichkeit, die Demokratie, die Gemeinschaft des Rechts und die Grundrechte. *Mit jedem neuen Verfassungsstaat steigt die Chance von Frieden und Menschenrechten in Europa.* Wo Völker und Nationen sich noch nicht zusammengefunden hatten, wuchs die Gefahr der Unfriedlichkeit und der Menschenrechtsverletzung. Für die Gemeinschaft unter Staaten hat die Europäische Union *die neue Rechtsform eines Staatenverbundes* unter selbständigen, demokratischen, europaoffenen Verfassungsstaaten entwickelt. In den Organisationsprinzipien von Verfassungsstaat und Staatenverbund schafft die Europäische Union eine Rechtsordnung, in der die Mitgliedstaaten *Hoheitsaufgaben* gemeinsam wahrnehmen.

Die Europäische Union – eine Vertragsunion

Europarecht gilt in Deutschland nur, wenn das deutsche Parlament – Bundestag und Bundesrat – ihm zustimmt. Der zustimmende Parlamentsbeschluss *bildet die Brücke, über die das Europarecht den räum-*

lichen Geltungsbereich Deutschlands erreicht. Stimmt das deutsche Parlament dem Vertrag oder einer Vertragsänderung nicht zu, bleiben dieses Europarecht und damit auch die auf der vertraglichen Grundlage erlassenen Rechtsakte in Deutschland unverbindlich.

Viele Verfassungen der Mitgliedstaaten sind ausdrücklich, insbesondere zur Ratifizierung des Maastricht-Vertrages, *auf den Prozess einer immer weiter gehenden europäischen Integration abgestimmt worden.* Einige Verfassungen machen die Mitwirkung des jeweiligen Mitgliedstaates von der Rechtsstruktur der Europäischen Union abhängig, die insbesondere demokratischen und rechtsstaatlichen Grundsätzen entsprechen muss *(Struktursicherungsklausel).* Manche Verfassung sichert ausdrücklich die im Integrationsprozess unberührt bleibende Verfassungs- und Staatsstruktur des Mitgliedstaates, der vor allem ein Rechtsstaat, eine Demokratie, ein Sozialstaat bleiben will *(Identitätsgarantie).* Einige Verfassungen fordern für die Zustimmung zum Unionsvertrag *ein Verfahren der Verfassungsänderung oder der Volksabstimmung,* weil mit dem Unionsvertrag Hoheitskompetenzen an die Europäische Union übergehen und dadurch die Verfassung inhaltlich verändert wird. Diese Regeln des jeweiligen Verfassungsrechts binden das Parlament bei der Entscheidung, ob es das Europarecht in seinem Hoheitsbereich für geltend erklären darf. Würde das Parlament einem Vertragsentwurf zustimmen, dabei aber diesen Verfassungsmaßstab verletzen, wäre die Zustimmung verfassungswidrig und könnte durch das zuständige Organ – in Deutschland durch das Bundesverfassungsgericht – für nichtig erklärt werden. Das Europarecht würde dann in Deutschland nicht gelten. *Das Verfassungsrecht beansprucht insoweit Vorrang vor dem Europarecht.*

Europarecht – eine dauernde Baustelle, keine Verfassung

Der Prozess der europäischen Integration ähnelt einem »langen ruhigen Fluss«, der in ein Meer fließt, dessen Ufer noch nicht deutlich erkennbar sind. Auch gegenwärtig lebt die Europäische Union vom *»Charme des Unfertigen«.* Sie hat sich inzwischen auf 27 Mitgliedstaaten erweitert, von denen gerade die jungen demokratischen Rechtsstaaten in Mittel- und Osteuropa die Verfassungsstaatlichkeit noch erproben, deswegen weniger gefestigt sind, andererseits in der Erfahrung des noch Ungewohnten Stärken und Schwächen der Europäischen Union zuweilen leichter feststellen können.

Der Unionsvertrag darf nicht als »Verfassung« gedeutet werden. Versteht man die Verfassung nicht nur als eine Grundbefindlichkeit eines Menschen oder einer Organisation – wir fühlen uns in guter Verfassung oder sprechen von Kommunalverfassung oder Wirtschaftsverfassung –, sondern als die *Grundordnung eines Staates,* die dem Staat dauernde und umfassende Verantwortlichkeiten für ein Staatsvolk, ein Staatsgebiet, eine Staatskultur zuweisen, so trifft der Rechtsgedanke der Verfassung den Staatenverbund der Europäischen Union nicht. *Die Union ist kein Staat und soll in überschaubarer Zukunft kein Staat werden. Sie verfügt nur über* bestimmte, *vertraglich begrenzte Einzelermächtigungen und* gewinnt nur zusätzliche Kompetenzen, wenn die Mitgliedstaaten den Unionsvertrag ändern. Sie hat *keine eigene Finanz- und Steuerhoheit,* ist vielmehr auf die Finanzausstattung durch die Mitgliedstaaten angewiesen. Einige Mitgliedstaaten verfügen über annähernd 50% des in ihrem Gebiet erwirtschafteten Bruttoinlandsprodukts, während die Europäische Union über weniger als 2% des in der Union erwirtschafteten Sozialprodukts verfügt. Die Union stützt *sich nicht auf ein eigenes europäisches Staatsvolk,* sondern leitet ihre Hoheitsgewalt von den Mitgliedstaaten und deren Staatsvölkern ab. Sie hat kein eigenes Hoheitsgebiet, sondern wirkt in den Staatsgebieten ihrer Mitgliedstaaten. Sie *kann ihre Entscheidungen* – die Gesetze und die Einzelakte – grundsätzlich *nicht selbst vollstrecken,* sondern ist auf die Vollstreckungsmacht der Mitgliedstaaten und ihrer Behörden angewiesen. Sie erneuert sich rechtlich nicht selbst, sondern braucht dazu *die Zustimmung der Mitgliedstaaten als »Herren der Verträge«.* Die Europäische Union beansprucht insbesondere nicht, eine umfassende Grundordnung des öffentlichen Lebens zu statuieren, eigenständig neue Aufgaben aufzugreifen, ihre Organisation und ihre Verträge aus sich heraus weiterzuentwickeln.

Verfassungen verstetigen einen Staat, gehen auf einen Souverän, auf das Volk zurück. Die Europäische Union hingegen ist eine *Organisation im Werden;* sie verfügt – im Vergleich zu manchen Mitgliedstaaten – nur über eine schwach gefestigte eigene Rechtstradition und verfolgt eine Integrationsdynamik, die den Integrationsprozess gleichzeitig erweitern und verdichten will.

Die rechtliche Struktur der Europäischen Union ist *ohne Vorbild*. Sie stuft politische Macht und Hoheitsgewalt zwischen Mitgliedstaaten und Unionsorganen ab, braucht ein Organisationsstatut, das Aufgaben, Kompetenzen und Befugnisse der Europäischen Union klar begründet und begrenzt.

Zukunfts- und Gegenwartsorganisation

Die staatlichen Verfassungen enthalten das Gewaltenteilungsprinzip, in dem auch ein *Zeitschema* angelegt ist. Die *Gesetzgebung* greift in die *Zukunft* vor, die *Verwaltung* ist mit der *Gegenwart* befasst, die *Rechtsprechung* beurteilt die *Vergangenheit*. Diese Zeitverantwortlichkeiten finden in der Europäischen Union nicht die herkömmlichen Rahmenbedingungen vor. Sie handelt im Wesentlichen durch ihre Organe: Die *Europäische Kommission,* die den Integrationsprozess vorantreibt und den Zusammenhalt wahrt, den *Europäischen Rat,* das Organ der Regierungen der Mitgliedstaaten, das die Gesetze erlässt und sonstige Grundsatzentscheidungen trifft, das *Europäische Parlament,* das an der Gesetzgebung mitwirkt, und der *Europäische Gerichtshof,* der europarechtliche Streitfälle entscheidet und die Einheit des Europarechts in 27 Mitgliedstaaten wahrt. Der Europäische Gerichtshof verstand sich traditionell als »Motor der Integration«, ist also – auch wenn dieser Motor gegenwärtig leiser zu werden scheint – nicht nur mit abgeschlossenen Fällen der Vergangenheit, sondern ebenso mit der Gestaltung der Zukunft befasst. Die vollziehende Gewalt liegt im Wesentlichen bei den Mitgliedstaaten, so dass die Gemeinschaft kaum über ein der Gegenwart zugewandtes Organ verfügt. Die Union scheint im Bestreben nach ständigem Kompetenzzuwachs befangen, lebt im stets Unfertigen, in der Entwicklung zum Besseren, in der Annäherung an die noch nicht erreichte Vollendung. Dies gilt insbesondere in der gegenwärtigen Phase einer deutlichen Erweiterung der Europäischen Union. Die Europäische Union ist in ihrem gesamten Organisationsgefüge eher als Zukunftsgewalt ausgerichtet; sie braucht deshalb in den Mitgliedstaaten eine Gegenwartsgewalt.

Die Europäische Union bedarf besonderer demokratischer Rechtfertigung

Die europäischen Gesetze erlassen die Europäische Kommission und der Rat als *Exekutivorgan der Mitgliedsländer, nicht ein Parlament*. Das Europäische Parlament gewinnt bei dieser Gesetzgebung zwar zunehmend Mitentscheidungsrechte, kann aber aus eigener Kompetenz kein Gesetz ins Werk setzen, sondern es allenfalls verhindern. Das Recht, dem Rat *Gesetzesvorlagen* vorzulegen, liegt im Wesentlichen bei der Europäischen Kommission, dem Integrationsorgan der Union.

Doch das *Demokratiedefizit* der Europäischen Union hat noch tiefgreifendere Wurzeln. Im Rat, der die Gesetze erlässt, *fehlt der institutionelle Gegensatz zwischen Regierungsmehrheit und Opposition*. Auch im Parlament ist dieser nur schwach ausgebildet. Vor allem aber *fehlt der Europäischen Union das europäische Staatsvolk*. Das Europäische Parlament besteht »aus Vertretern der Völker der in der Gemeinschaft zusammengeschlossenen Staaten«. Eine Demokratie ohne Staatsvolk aber gibt es nicht.

Die Entwicklung des Vertrages

Die Fortentwicklung des Unionsvertrages ist vielfach durch demokratische Gegensignale gemäßigt und geformt worden. Die *Dänen* haben 1992 den Maastricht-Vertrag abgelehnt. Der »Verfassungsvertrag« 2005 wurde durch Referenden in *Frankreich* und den *Niederlanden* zurückgewiesen. Der Lissaboner Vertrag ist gegenwärtig durch das negative Votum der *Iren* in Frage gestellt worden. Daraufhin haben die Medien kritisiert, dass die *Europäische Union sich von 862 415 Iren* – so viele hatten mit Nein gestimmt – *aufhalten lasse*. Doch diese Frage wird dem Problem nicht gerecht. Irland ist inzwischen das einzige Mitgliedsland, das für eine Vertragsänderung noch unmittelbar die Zustimmung des Staatsvolkes fordert. Alle anderen Staatsvölker konnten den Vertrag weder unmittelbar ablehnen noch ihm zustimmen, da sie nicht gefragt worden sind. Dieser Verzicht auf ein Plebiszit hat – etwa in der Tradition des Grundgesetzes – gute Gründe. Doch wenn man die 862 415 Iren gegen die vielen Millionen Abstimmungsberechtigten in anderen Mitgliedstaaten stellt, bringt man *Äußerungsberechtigte gegen Menschen in Stellung, die sich nicht unmittelbar äußern konnten.* Und dann stellt sich die Frage, ob die anderen – wenn sie unmittelbar gefragt worden wären – zugestimmt oder abgelehnt hätten.

Der Unionsvertrag darf *nur einstimmig durch die 27 Mitgliedsstaaten geändert werden.* Diese Regel entspricht der Vertragsnatur des Unionsvertrages: Jeder Vertragspartner stimmt einer Vertragsänderung zu, oder er verweigert die Änderung.

Die gegenwärtigen Probleme mit dem Lissabonvertrag dürfen nicht dazu verleiten, die gediegene demokratische und rechtstaatliche Struktur der Europäischen Union um eines Integrationsfortschritts willen zu gefährden. Die Verfassungsgerichte der Mitgliedstaaten haben diese als Bedingung der Integration hervorgehoben und eine *judizielle Bewegung der Demokratisierung* der Union eingeleitet. Die Besonderheit der europäischen Gemeinschaft liegt *in ihrer erheblichen, aber begrenzten Fülle von Aufgaben und Befugnissen,* die sie durch Rechtsakte wahrnimmt, die in den Mitgliedstaaten unmittelbar verbindlich sind, also nicht nur die Staatsorgane, sondern auch die Staatsbürger verpflichten. Damit bleibt die Europäische Union eine überstaatliche, supranationale Organisation, eine Vereinigung der Mitgliedstaaten, nicht ein von einem europäischen Unionsvolk getragener Staat. *Sie kann sich insbesondere nicht selbst neue Aufgaben, Kompetenzen und Befugnisse erschließen; sie* darf sich nicht durch »Vertragsabrundungskompetenzen« runder machen, als es die Verträge vorsehen. Als vertragliche Rechtsgemeinschaft verfügt sie nicht über die Souveränitätsreserve eigener politischer Macht. Soweit sie zu Hoheitsakten, insbesondere zur Rechtsetzung, ermächtigt ist, darf der Rat dank vertraglicher Ermächtigung beim Erlass von Verordnungen und Richtlinien teilweise mehrheitlich entscheiden, so dass dort einzelne Staaten überstimmt werden können. Diese Minderung der demokratischen Legitimation wird aber im Zaum gehalten, weil jeder einzelne Staat eigenverantwortlich darüber bestimmt, welche Kompetenzen und Verantwortlichkeiten er der Europäischen Union übertragen will und bei welchen Entscheidungen er mit dem Mehrheitsprinzip einverstanden ist.

Die europäischen Organe sind somit *zum hoheitlichen Handeln nur berechtigt, wenn der Unionsvertrag sie ausdrücklich ermächtigt*. Dies gilt vermehrt auch für den Europäischen Gerichtshof, der Recht zu sprechen, also den Inhalt des Vertrages zur Wirkung zu bringen hat.

Auch der Europäische Gerichtshof ist ein *Vertragsorgan,* hat die Aufgaben und Kompetenzen, die ihm im Vertragstext zugewiesen sind. Der Europäische Gerichtshof besteht aus einem Richter je Mitgliedstaat, ist folglich gegenwärtig mit 27 Richtern besetzt, die aus Mitgliedstaaten mit unterschiedlichen Traditionen, Wertvorstellungen und Rechtsordnungen kommen. Am Gerichtshof werden 23 verschiedene Sprachen gesprochen. Der Gerichtshof hat deshalb insbesondere die Aufgabe, diese unterschiedlichen Rechtsvorstellungen, Rechtsstrukturen und politischen Erfahrungen für die Auslegung des Vertrages in strikter Bindung an dessen Vorgaben zusammenzuführen. *Rechtsprechung stärkt stets das geschriebene Recht.* Europäische Rechtsprechung hat in einer dynamischen Integrationsentwicklung die Stetigkeit und Verlässlichkeit der in der Vertragsurkunde verbrieften rechtlichen Gemeinsamkeiten zu wahren.

Kompetenzen und Grundfreiheiten

Doch der Europäische Gerichtshof versteht sich nicht selten als Motor der Integration. Dies zeigt sich insbesondere, wenn er die begrenzten Einzelermächtigungen und die Grundrechte *zu einem Gesamtkonzept des Integrationsantriebs zusammenfügt*.

Die vertragliche Handlungsermächtigung bestimmt, ob die Europäische Union eine Maßnahme ergreifen darf oder nicht. Die Grundrechte regeln, welche Freiheits- und Gleichheitsrechte die Union zu beachten hat, wenn sie eine ihr zustehende Maßnahme ergreift. Der Europäische Gerichtshof verkehrt diese Regel. Weil der Vertrag die Union zur Achtung von Freiheit und Gleichheit verpflichte, müsse das Gericht überall, wo Freiheit und Gleichheit verletzt seien, auch ohne Entscheidungskompetenz diese Prinzipien verwirklichen. Diese Argumentation entspricht der eines Grundstückeigentümers, der versprochen hat, zu Silvester Gäste in seinem Haus zu bewirten, diese Verpflichtung jetzt aber auf dem Nachbargrundstück in einem fremden Haus erfüllen will. Die Logik juristischer Rechtsetzung ist klar: Zunächst muss ein Hoheitsorgan zum Handeln ermächtigt sein. Sodann begrenzen die Grundrechte der Bürger die Wahrnehmung dieser Ermächtigung.

Die *prinzipielle Unterscheidung zwischen Kompetenzzuweisungen und grundrechtlichen Schranken bei der Kompetenzausübung* ist dem Verfassungsrecht geläufig. Wenn im Bundesstaat ein Land die Kompetenz für das Hochschulrecht hat, das eine Land deshalb einen neuen Studienschwerpunkt in der Medizin, das andere in der Informatik einrichtet, sind diese Unterschiede durch das Selbstbestimmungsrecht der Landesparlamente gerechtfertigt. Niemand käme auf die Idee, den Bund zu berechtigen, aufgrund des bundeseinheitlichen Grundsatzes der Gleichheit vor dem Gesetz die Länder zu zwingen, gleiche Studiengänge einzurichten. Jedes Land hat in seinem Kompetenzbereich die Gleichheit zu achten, muss aber nicht der Entscheidung eines anderen Landes aus Gleichheitsgründen folgen.

Doch der Europäische Gerichtshof versteht die Grundfreiheiten des Vertrages weniger als Schranken der europäischen Hoheitsgewalt zugunsten der Bürger und mehr *als Auftrag, im Dienst der Grundfreiheiten die Handlungsermächtigung der Unionsorgane über den Vertrag hinaus zu erweitern.*

1. Gleicher Zugang zum Soldatenberuf

Auf dieser Grundlage der im Vertragstext ausdrücklich benannten Einzelermächtigungen und eines im Vertragstext anklingenden Grundrechtekatalogs setzt der Europäische Gerichtshof die Grundrechte nicht nur zum individuellen Schutz gegen die europäischen Hoheitsgewalten ein, sondern auch zur Begründung neuer europäischer Hoheitsbefugnisse. Der Unionsvertrag belässt die *Verteidigungsgewalt* ersichtlich in der Zuständigkeit der Mitgliedstaaten, gibt nach ausdrücklichem Wunsch der Mitgliedstaaten den europäischen Organen keine Herrschaft über die Streitkräfte der einzelnen Staaten, ihr Personal und ihre Waffen. Dennoch nutzte der Europäische Gerichtshof den Gleichheitssatz, um einer Frau, die in der deutschen Bundeswehr Soldatin werden wollte, entgegen dem damaligen deutschen Recht Zugang zur Bundeswehr zu verschaffen.

2. Altersgrenze für befristete Arbeitsverhältnisse

Ende 2002 hatte der deutsche Gesetzgeber zur Lockerung des Arbeitsmarktes die Altersgrenze, von der an Arbeitnehmer uneingeschränkt *befristete Arbeitsverhältnisse* eingehen dürfen, vorübergehend von 58 *auf 52 Jahre gesenkt*. Die Europäische Union hatte ihrerseits im Jahre 2000 eine Antidiskriminierungsrichtlinie erlassen, die Ungleichbehandlung wegen des Alters in Beschäftigung und Beruf untersagt, dabei den Mitgliedstaaten allerdings altersbedingte Ungleichbehandlungen gestattet, wenn sie damit die Beschäftigung fördern wollten. Der Europäische Gerichtshof hat die Herabsetzung der Altersgrenze durch den deutschen Gesetzgeber dennoch für unvereinbar mit dem Diskriminierungsverbot der Europäischen Union erklärt und angeordnet, dass die deutsche Neuregelung ab sofort unangewendet zu bleiben habe. Damit wurden alle auf der Grundlage dieser gesetzlichen Arbeitsmarktreform geschlossenen befristeten Arbeitsverhältnisse in unbefristete umgewandelt.

Diese kühne Rechtsprechung veranlasst die Frage, ob der Europäische Gerichtshof hier nicht *ersichtlich aus den ihm vertraglich zugewiesenen Kompetenzen ausbricht,* dieser Rechtsakt also in Deutschland nicht beachtet werden darf. Die Arbeitsmarkt- und Sozialpolitik gehört zu den Kompetenzen der Mitgliedstaaten, nicht der Europäischen Union. Die gesetzliche Ungleichbehandlung wegen des Alters betraf keine Ungleichbehandlung wegen der Staatsangehörigkeit, auch keine grenzüberschreitende Gleichheitsfrage, für die der Europäische Gerichtshof allenfalls zuständig wäre. Vor allem aber erklärte die Europäische Richtlinie eine Ungleichbehandlung zur Beschäftigungsförderung in den Mitgliedstaaten ausdrücklich für zulässig; sie setzte den Mitgliedstaaten außerdem eine Anpassungsfrist bis zum 2. Dezember 2006, so dass Deutschland im Jahre 2002 noch nicht verpflichtet war, diese Richtlinie umzusetzen.

3. Umweltstrafrecht

Die Kompetenz des Europäischen Gerichtshofs scheint ebenfalls offenkundig überschritten, wenn er durch zwei Entscheidungen aus den Jahren 2005 und 2007 eine Kompetenz der Europäischen Gemeinschaft für das Strafrecht begründet. Bisher war nahezu einhellig anerkannt, dass *die Zuständigkeit für das Strafrecht bei den Mitgliedstaaten liegt.* Das bestätigt auch der Europäische Gerichtshof im Grundsatz. Die fehlende Zuständigkeit der Gemeinschaft könne »den Gemeinschaftsgesetzgeber jedoch nicht daran hindern, Maßnahmen in Bezug auf das Strafrecht der Mitgliedstaaten zu ergreifen, die seiner Meinung nach erforderlich sind«, um europäisches Umweltrecht durchzusetzen. Deswegen könne der europäische Gesetzgeber die Mitgliedstaaten »zur Einführung derartiger Sanktionen verpflichten«.

Ein Vertragsorgan – der Europäische Gerichtshof – sucht dem Vertrag einen Inhalt zu geben, den ihm die Mitgliedstaaten als Herren der Verträge ausdrücklich nicht gegeben haben. Diese Rechtsprechung rührt an die Fundamente von Recht und Rechtsprechung. Der Europäische Gerichtshof beansprucht mit seiner Autorität eine Urteilskompetenz, die der Vertrag ihm verweigert. Der grundrechtsbetroffene Bürger weiß nicht, ob er dem geltenden Vertragsrecht oder der gerichtlichen Handhabung dieses Vertragsrechtes vertrauen und folgen soll.

»Wahrung der Rechte«

Im Übrigen enthält der Unionsvertrag bisher keinen verbindlichen Grundrechtekatalog. Er sucht Grenzen, Barrieren und Diskriminierungen beim grenzüberschreitenden Wirtschaftsverkehr durch Grundfreiheiten abzuschaffen. Einzelne ausdrückliche Grundrechte wie das Verbot jeder Diskriminierung aus Gründen der Staatsangehörigkeit oder das Recht jedes Unionsbürgers, sich im Unionsgebiet grundsätzlich frei zu bewegen und aufzuhalten, sind hinzugetreten. Außerdem betont der Unionsvertrag, dass die Union auf den Grundsätzen der Freiheit, der Demokratie, der Achtung der Menschenrechte und Grundfreiheiten sowie der Rechtsstaatlichkeit beruhe. Die Union werde die Grundrechte der Europäischen Menschenrechtskonvention achten.

Doch die am 7. Dezember 2000 vom Europäischen Rat in Nizza feierlich proklamierte *Charta der Grundrechte der Europäischen Union ist bisher nicht geltendes Recht.* Der Text des geltenden Gemeinschaftsrechts enthält programmatische Verpflichtungen auf die Grundrechte, nicht aber einen Katalog geltender Grundrechte. Der Europäische Gerichtshof hat die in den gemeinsamen Verfassungsüberlieferungen der Mitgliedstaaten angelegten Grundrechte rechtschöpfend zum Maßstab seiner Rechtsprechung gemacht – inhaltlich eine Errungenschaft für das Europarecht, kompetenzrechtlich aber ohne festen Boden. Zur Begründung verweist das Gericht auf seinen Auftrag, *»die Wahrung des Rechts bei der Auslegung und Anwendung dieses Vertrags« zu sichern.* Dieses Wort *»Recht«* trägt aber nicht die Gerechtigkeit der europäischen Verfassungskultur in das Gemeinschaftsrecht. Die Wahrung des Rechts »bei der Auslegung und Anwendung dieses Vertrags« meint ersichtlich die Wahrung des in der Vertragsurkunde verbrieften Rechts, nicht die Anwendung einer Grundrechtecharta, um deren Inkraftsetzen die Mitgliedstaaten sich bis heute erfolglos bemühen. Im Übrigen sagt der einschlägige Artikel 220 des EG-Vertrages ausdrücklich, dass der Gerichtshof und das Gericht erster Instanz »im Rahmen ihrer jeweiligen Zuständigkeiten« die Wahrung des Rechts sichern. Die Rechtswahrung setzt also Zuständigkeiten voraus, begründet diese nicht. Der Anspruch eines Gerichts, *unmittelbar den Maßstab der Gerechtigkeit ohne vertragliche Konkretisierung zu verwirklichen,* erscheint von einer Gestaltungsfreude, in der ein Sonnenstrahl des Königlichen glänzt.

Als der Europäische Gerichtshof sich Ende der fünfziger und sechziger Jahren als »der Motor der Integration« betätigte und Kompetenzen der damaligen EWG in den Vertrag hineinlas, die dort so nicht beschrieben waren, konnte man diesen kühnen richterlichen Akt mit dem legitimen Anliegen, *die zarte Integrationspflanze zu einer ersten Blüte zu bringen,* rechtfertigen. Nachdem die Europäische Union heute jedoch eine Fülle und Dichte von Kompetenzen und Befugnissen gewonnen hat und diese Handlungsermächtigungen in demokratisch schwacher Legitimation, gelegentlich auch in einer Flut von Normen und nicht allgemeinverständlichen Differenzierungen wahrnimmt, braucht die europäische Integration nichts dringlicher als eine Grundrechtsprechung, die europäische Macht begrenzt, nicht erweitert. Ein Kernprinzip europäischer Rechtskultur liegt in der Entgegensetzung von gestaltender und kontrollierender Gewalt.

Wer entscheidet den Kompetenzkonflikt?

Sollte ein *Urteil des Europäischen Gerichtshofs die dem Gericht zustehenden Vertragskompetenzen offensichtlich überschreiten,* empfindet der betroffene Bürger Ohnmacht, fühlt sich einem Gericht ausgeliefert. Dabei geht es nicht um die Notwendigkeit, jedes Gerichtsverfahren einmal durch ein Verfahren abzuschließen und dabei den Prozessparteien auch ein – tatsächliches oder vermeintliches – Fehlurteil zuzumuten. Das Problem liegt in der Frage, ob dieses Gericht überhaupt entscheiden darf. Die Ohnmacht, die Wehrlosigkeit, erwächst aus dem Gefühl, der Herrschaft eines Organs unterworfen zu sein, dem diese Herrschaft nicht zusteht. Deswegen stellt sich die Frage, wer in einem solchen Kompetenzkonflikt zu entscheiden hätte – eine Überlegung, die alle beteiligten Gerichte zur Vorsicht mahnt, damit dem Kompetenzkonflikt vorbeugt und darin ihren Erfolg sieht.

Für einen solchen Kompetenzkonflikt wäre letztverantwortliches Gericht das jeweilige Verfassungsgericht der Mitgliedstaaten, in Deutschland also das *Bundesverfassungsgericht.* Dieses hat zu überwachen, dass in Deutschland nur Europarecht zur Anwendung kommt, das vom deutschen Parlament durch Zustimmung zu dem jeweiligen Unionsvertrag für verbindlich erklärt worden ist. Ein Europarecht außerhalb dieses ausdrücklich anerkannten Rechts ist in diesem Mitgliedstaat nicht verbindlich, darf deshalb von keinem Staatsorgan als geltendes Recht gehandhabt werden. Das Bundesverfassungsgericht darf sich dem verfassungsrechtlichen Auftrag, den Einklang aller Rechtsakte von Unionsorganen mit den verfassungsrechtlichen Bedingungen für die Verbindlichkeit des Europarechts in Deutschland zu gewährleisten, nicht entziehen. Es müsste auf Antrag die Ungültigkeit dieser Rechtsakte feststellen.

Der Europäische Gerichtshof hingegen garantiert die europaweit einheitliche, für alle 27 Mitgliedsstaaten wirksame Anwendung und Fortbildung des Europarechts. Verfassungsrecht ist nicht sein Maßstab. Er kann also nicht die Vereinbarkeit des Europarechts mit nationalem Verfassungsrecht garantieren. Würde nun das Verfassungsgericht eines Mitgliedstaates einen Rechtsakt als ungültig qualifizieren, das Gericht eines anderen Mitgliedstaates hingegen denselben Rechtsakt anerkennen, wäre die Einheit des Europarechts *nicht gefährdet.* Manche Regelungen des Europarechts, insbesondere die Währungsunion und das Schengener Flüchtlingsabkommen, gelten von vornherein nicht für alle Mitgliedstaaten. Eine verfassungsgerichtliche Gegenwehr gegen eine Entscheidung eines europäischen Organs, das seine Kompetenzen ersichtlich überschreitet, würde im Gegenteil die Europäische Gemeinschaft als Rechtsgemeinschaft stärken. Sie überwacht zwei Gerechtigkeitsprinzipien. Kompetenzzuweisungen begründen eine definierte, also begrenzte Verantwortlichkeit. Auch die Rechtsprechung unterliegt der Kultur des rechtlichen Maßes.

Um eine Ausgewogenheit zwischen Europarecht und mitgliedstaatlichem Verfassungsrecht langfristig zu sichern, wird gegenwärtig auch erwogen, dem Europäischen Gerichtshof ein *europäisches Kompetenzgericht* gegenüberzustellen, das aus Mitgliedern – vielleicht den Präsidenten – der mitgliedstaatlichen Verfassungsgerichte gebildet wird. Dieses Gericht hätte ausschließlich die Aufgabe, Kompetenzüberschreitungen des Europäischen Gerichtshofs zu beanstanden. Ein Vertragsorgan würde durch ein weiteres Vertragsorgan rechtlich ausbalanciert, das nur für die Kompetenzfrage zuständig ist, in der Sache nicht entscheidet. Damit würde eine Aufgabe, die bei den nationalen Verfassungsgerichten liegt, durch ein Gemeinschaftsgericht erleichtert.

7. Erst Weltoffenheit, dann Globalisierung

Verlust an Verantwortung, Regel, Maß

Mit dem Fall des Eisernen Vorhangs in Europa entstand die Hoffnung, *die Idee der wirtschaftlichen Freiheit, der Weltoffenheit des Begegnens und Wirtschaftens habe sich nunmehr durchgesetzt* und sei auf dem Weg, allgemein wirtschaftliches Wachstum zu fördern und Armut zu verringern. Doch dann haben weltweit tätige Unternehmen ihre Macht dem Einfluss und der Mäßigung der einzelnen Staaten entzogen, ihre Tätigkeit nahezu ausschließlich auf eine Wertschöpfung für ihre Kapitalgeber ausgerichtet, teilweise auch einen angemessenen steuerlichen Beitrag zur Finanzierung der Staaten verweigert. Aus einer weltoffenen Freiheit ist eine Globalisierung geworden, die um ein Maß ringt. Produktionsstätten, Handelshäuser und Finanzkapital drängen in die Länder, in denen sie ihre Freiheitsrechte weitgehend als Freiheit von Steuern, von Tarifsystemen, von einem Sozial- und Umweltrecht handhaben können. Das Stichwort des *»Standortwettbewerbs«* sucht zu rechtfertigen, dass die Unternehmen die einzelnen um Ansiedlung von

Unternehmen bemühten Staaten gegeneinander ausspielen, weshalb die Steuern auf Unternehmenserträge und Privateinkünfte sinken, die Erträge aus Umsatzsteuern und Verbrauchsteuern steigen. Die notwendige Deregulierung wird gelegentlich in die Nähe der Bindungslosigkeit, damit der Maßstabslosigkeit getrieben.

Die Arbeitnehmer hingegen sind eher an den Ort ihrer Herkunft, ihrer vertrauten Umgebung, ihres Familienwohnsitzes, ihrer Sprache gebunden und geraten so ins Hintertreffen. Die Lebens- und Einkommensverhältnisse der Arbeitnehmer drohen in Deutschland langsam zu sinken, während die Inhaber der weltweiten Unternehmen ihre Erträge und Lebensverhältnisse verbessern. Die Welt droht auf *eine Spaltung zwischen den wirtschaftlich modernisierungsfähigen Ländern und den von der Weltwirtschaft abgekoppelten, nicht »anschlussfähigen« Ländern* zuzugehen. In der Welt leben heute etwa eine Milliarde Menschen in extremer Armut und müssen mit weniger als einem Dollar am Tag auskommen. Mehr als die Hälfte des weltweiten Vermögens aber liegt in der Hand von nur 2 % der Menschen. Ein Prozent der Weltbevölkerung verfügt allein über 40 % des Weltvermögens, während sich die ärmere Hälfte der Menschheit mit einem Prozent begnügen muss. Auch innerhalb der Industriestaaten wächst der Unterschied zwischen Reich und Arm. In den Vereinigten Staaten verdiente ein Manager Anfang der siebziger Jahre im Durchschnitt das 25-Fache von einem Industriearbeiter. Anfang 2000 verdiente er das 500-Fache. Der globale Markt bietet nicht mehr Wohlstand für alle. Er scheint Menschen zu *schädigen*, ihnen ein Stück *ihrer Freiheit, ihres persönlichen Glückes zu nehmen.*

Die Verteilung der von den Menschen gemeinsam erwirtschafteten Werte schwächt die Überzeugungskraft eines freiheitlichen Wirtschaftssystems, damit auch die politische und soziale Stabilität. Wir müssen uns dafür einsetzen, dass aus dem Siegeszug der Freiheitsidee nicht eine Krise von Freiheit und Demokratie wird, dass die Marktwirtschaft ein System der Freiheitsrechte und des Sozialen bleibt.

Offenheit oder Orientierungslosigkeit

Doch die Welt ist nicht nur wirtschaftlich offen, sondern auch kulturell. Die Möglichkeiten der elektronischen Kommunikation, die Netzwerke von Wissenschaft, Medien, Politik, Recht und Kunst, die Leichtigkeit des Fernverkehrs überwinden Distanzen, schaffen vermeintliche Nähe. Der Mensch erlebt allabendlich in seinem Fernsehgerät ein kleines Welttheater, ruft mit seinem Notebook die jüngsten Publikationen der Oxford University Press ab, schreibt dem Kollegen in Australien mit seinem Sprachprogramm eine Nachricht auf dem Computer, fliegt in einer Tagesreise um die halbe Welt, beobachtet auf seinem Bildschirm politische Erklärungen, Opernaufführungen oder Sportereignisse auf anderen Kontinenten, spielt ein Online-Spiel mit einem Partner aus einer anderen Weltregion, den er nie gesehen hat und nie persönlich sehen wird. Die Lebensbedingungen des Menschen ändern sich elementar – eine Faszination der Lebenschancen, eine bedrängende Vielfalt, in Teilen vielleicht auch eine Überforderung individueller Freiheit.

Diese Offenheit und Weite stellen uns vor die Frage, ob es uns gelingt, in dieser *fast richtungslosen Dynamik* der täglichen Erneuerung und schier grenzenlosen Weite weiter die Grundprinzipien der Gerechtigkeit zu wahren und individuelle Verantwortlichkeit zuzuweisen, menschliches Verhalten in allgemeinen Regeln zu binden und in einer Kultur des Maßes zu mäßigen.

Demokratie und Freiheit setzen *greifbare und anforderbare Verantwortlichkeiten* voraus. Doch verlieren unsere Regierungen gegenwärtig die Fähigkeit, die Wirtschaft gezielt zu steuern? Wird im Zuge der Globalisierung die Verantwortung des Sozialstaates für den Kranken, Schwachen, Arbeitslosen geschwächt oder gar aufgegeben? Gibt es eine Instanz, die den Austauschentwicklungen einen Rahmen gibt – wachsende Arbeit in Schwellenländern und wachsende Arbeitslosigkeit in wohlhabenderen Ländern, steigende Umweltbelastung in unterentwickelten Ländern und Belastungsverminderungen in hochentwickelten Ländern, steigende Armut in den ärmsten Ländern, verminderte Armut in Mittelländern, zunehmende Armut in reichen Ländern? Wer lenkt die zögernde, aber erkennbare Entwicklung zu einer Weltgesellschaft im Ökonomischen? Wer bestimmt deren Recht und Moral? Wer garantiert, dass die in der Ökonomisierung angelegten Mächtigkeiten nicht als Macht zum Krieg, als Macht zur politischen Diktatur, als Macht zur weltumgreifenden Wirtschaftsherrschaft missbraucht werden?

Auch die *individuelle Verantwortlichkeit muss neu zugewiesen und aus dem Nebel eines Kollektivsystems herausgelöst werden:* Wer verantwortet Informationen, Fehlinformationen und Informationslücken in einem elektronischen Lexikon, dessen Aussagen täglich von fast jedermann in aller Welt verändert werden? Wer steht für eine von einer internationalen Nachrichtenagentur verbreiteten, von tausend Medien in aller Welt aufgenommenen Schmähkritik gegenüber einer Person ein, die diesem Schwall des Fehlwissens hilflos gegenübersteht? Wer haftet dem Anleger für Verluste in einer Währung, gegen die andere Anleger spekuliert haben? Wer verantwortet, wenn Unternehmen zu unsichere Kleinwagen, zu fette Speisen, zu zuckerhaltige Getränke produzieren? Wer steht für die allein dem »Markt« überlassenen Lösungen der Interessenkonflikte zwischen Anteilseignern und Unternehmensleitern, zwischen Groß- und Kleinaktionären, zwischen Kapitalgebern und Arbeitnehmern ein? Wer gleicht die Verluste aus, wenn der Kapitalmarkt seine Aufgabe der Altersvorsorge nicht mehr vollständig erfüllt?

Ein weiteres *Erfordernis der Gerechtigkeit, die verallgemeinerungsfähige Regel, gerät im Zuge der Globalisierung in Not.* Jeder Staat bildet Regeln grundsätzlich nur für sein Hoheitsgebiet. Dadurch entstehen Verschiedenheiten, aber auch Widersprüche. Wenn der eine Staat eine Person, die in seinem Gebiet wohnt, mit ihrem in der gesamten Welt erzielten Einkommen besteuert, der andere alles in seinem Gebiet erwirtschaftete Einkommen mit Einkommensteuer belastet, so muss ein Autor, der im ersten Staat wohnt, im zweiten seine Bücher verkauft, in beiden Staaten Einkommensteuer bezahlen. Diese Doppelbelastung beträgt teilweise 100 oder mehr Prozent des Einkommens. In anderen Fällen entstehen Regelungslücken. Der eine Staat verzichtet gänzlich auf die Besteuerung des Einkommens, sucht als »Steueroase« durch diese bewusste Lücke die Industrieansiedlung oder auch nur die Unternehmensverwaltung in sein Gebiet zu locken. Ein Staat besteuert einen Gewinn nicht beim Unternehmen, sondern beim Unternehmer, der andere Staat beim Unternehmen und nicht beim Unternehmer, so dass ein Steuerplaner Unternehmen und Unternehmer jeweils im Staat der Steuerfreiheit ansiedeln und damit die Steuerlast gänzlich zu vermeiden sucht.

Staaten oder Weltstaat

Dennoch verabschieden wir den Traum vom *Weltstaat,* der ein für den gesamten Erdball geltendes Recht setzt und dieses Recht auch vollzieht. Ein solcher Staat, dessen Herrschaft alle Winkel dieser Erde erreicht, ist für den freiheitsbewussten Menschen eine Bedrohung. Dieser Weltstaatsgewalt könnte sich niemand entziehen. Der Mensch verlöre selbst das Elementarrecht des Auswanderns, der Flucht, des Asyls. Die Anliegen der wirtschaftlichen, politischen und militärischen Mächte richteten sich allein auf diese Weltregierung und übten letztlich einen unerträglichen Druck aus. Hätten Menschen bösen Willens oder Taugenichtse diese Weltregierung erobert, gäbe es kein Gegengewicht freiheitlicher und demokratischer Staaten, die diese Herrscher in ihre Schranken weisen würden.

Deshalb bleibt nur der Weg, *die rechtliche Verantwortlichkeit der demokratischen Staaten und der freiheitsberechtigten Bürger zu stärken* und dort einen Maßstab zu finden, der das Gesetz nicht auf den Einzelfall und die Gruppenanliegen verengt, sich aber auch nicht in der Kultur- und Verantwortungsschwäche weltumspannender Regeln verliert. Dieser Maßstab taugt dann als Modell für staatenübergreifende Vereinbarungen.

Schließlich hat die globale Wirtschaft ihr Maß verloren, soweit sie *ausschließlich* darauf baut, dass *der »Markt« schon die richtige Lösung finden werde.* Am Markt nehmen die Marktteilnehmer – die Unternehmer, die Arbeitnehmer, die Kreditgeber, die Konsumenten – ihre Freiheitsrechte wahr, müssen deshalb durch rechtliche Regelungen in Grenzen gewiesen werden. Ohne einen rechtlichen Rahmen ist ein Wirtschaftssystem nicht funktionsfähig. Das Recht muss insbesondere einen Ausgleich zwischen Kapitalgebern und Managern finden, die Schutzinteressen von Arbeitnehmern und Gläubigern auf die Firmeninteressen abstimmen, das Qualitätsbedürfnis der Verbraucher und Anleger befriedigen, die Sicherheit von Arbeitsplatz, Kapital, Standort, Produktion und Produkt stützen, die Besteuerung als Preis der Freiheit unausweichlich gewährleisten. »Der Markt« ist ein hochsensibler Regelungsauftrag an den Gesetzgeber, nicht schon selbst eine Gesetzmäßigkeit, die Regelungen erübrigen würde.

Die gegenwärtigen Übertreibungen des Finanzmarktes, die Maßlosigkeit von Gewinnerwartungen und Gewinnzuweisungen, die Gehaltsbemessung nach formalen, nicht realen Wertsteigerungen, die Anonymität der Finanzfonds, die Unverständlichkeit der Finanzprodukte ist selbst für Experten *undurchschaubar*. Markt und Wettbewerber aber setzen verständige Anbieter und Nachfrager voraus, die bewusst und wissend ihre Entscheidungen treffen. *Aus der Rationalität des Marktes wird die Irrationalität des Spiels.* Auch die Idee eines stetigen Wachstums – von Gewinn, Arbeitslohn, Kapitalertrag, Bruttoinlandsprodukt, Marktanteil, Steueraufkommen – täuscht und enttäuscht. Doch die Manager, Werbestrategen, die Produktentwickler geraten unter Druck, dieses unerreichbare stetige Wirtschaftswachstum zu erreichen.

Die Renaissance des totgesagten Staates

Das Anliegen, klare Verantwortlichkeiten zu wahren, verallgemeinerungsfähige Regeln zu bilden und dabei eine Kultur des Maßes zu begründen, kann nur der freiheitliche, demokratische Staat erfüllen. Quelle rechtlicher Regelungen ist der Staat, das demokratische Staatsvolk. Der demokratische Gesetzgeber erlässt die Gesetze, rechtfertigt sie vor dem Wähler und garantiert die Freiheit des einzelnen Menschen. *Recht ist deshalb grundsätzlich territorial begrenzt,* in seinem Geltungsanspruch auf das Hoheitsgebiet des jeweiligen Staates beschränkt. Die Rechtsetzung durch den Staat ist unverzichtbar, muss allerdings durch zwischenstaatlich vereinbartes Recht ergänzt werden.

Mancher Diplomat und mancher Rechtsexperte ist allerdings ermüdet von der Mühseligkeit zwischenstaatlicher Verhandlungen, in der Machtgelüste, Regionalinteressen, Interessentenanliegen in die Ineffizienz zu führen drohen. So sehnt sich manch einer nach einem einmaligen Handstreich oder Machtakt, der ein verbindliches Weltenrecht begründet. Doch dieses Recht wäre das Ende der Freiheit. Wie die Eltern nicht mit einem herrischen Machtspruch den Freiheitswillen ihrer Kinder niederdrücken dürfen, die Familie vielmehr zusammenhalten, weil sich ihre Mitglieder freiheitsbewusst und verschieden in ihren Lebensplanungen, Berufen und Kulturinteressen verständigen wollen, so wahren auch die Staaten Freiheit und Vielfalt ihrer Bürger nur, wenn sie in dieser Freiheitlichkeit die rechtlichen Gemeinsamkeiten feststellen und vereinbaren. Die Entwicklung der universalen Menschenrechte, OECD-Standards der Doppelbesteuerung, die Vereinheitlichung des Kaufrechts setzen ermutigende Signale.

Der Staat hat viele Nachrufe erlebt, ist häufig totgesagt worden. An die Stelle von Nation und Nationalbewusstsein seien Verfassungspatriotismus und Kosmopolitismus getreten. Der Nationalstaat werde von der Europäischen Union aufgesogen, ein »postnationaler« Verfassungsbegriff lasse Staat und Nation hinter sich. Die Entwicklung von Internet und Datenautobahnen, Rundfunk und Fernsehen würden die Territorialität beenden. Schließlich wurde sogar das Ende der Geschichte ausgerufen.

Doch *dieser totgesagte Staat entfaltet gegenwärtig eine erstaunliche Lebendigkeit*. Der Mensch erhofft sich weiterhin Freiheit und Sicherheit zur Entfaltung seiner Lebensbedingungen. Diese setzen auch in einem weltoffenen Markt und einer mobilen Gesellschaft *Sesshaftigkeit, kulturelle Wurzeln, Bindung in einem konkreten Raum* – eine Demokratie – voraus. Staaten schaffen die Voraussetzungen für die freiheitliche Entfaltung des Menschen. Der Verfassungsstaat ist das Konzept, das die Gesetzgebung – die Bildung allgemeiner Regeln – vor dem Bürger, dem Wähler, verantwortet, im Freiheitsrecht dem Berechtigten Autonomie gibt und ein Maß setzt, Beliebigkeit und Willkür ausschließt, in der Garantie von Freiheit und Gleichheit vor dem Gesetz auf eine Regelbildung von hinreichender Allgemeinheit drängt. Der Ruf nach mehr Gerechtigkeit richtet sich heute mehr denn je an die Staaten. Die staatliche Gesetzgebung wird dann Sorge tragen, dass die *verschiedenen Rechtsordnungen aufeinander abgestimmt werden*.

Staatliche Verantwortung, überstaatliche Verallgemeinerung

Die Staaten werden versuchen, die wechselseitige Anerkennung nationaler Regeln durch Vereinbarung mit anderen Staaten durchzusetzen, sich länderübergreifend – insbesondere im Rahmen der Europäischen Union – auf eine Angleichung ihrer Gesetzgebung zu einigen, sich international auf eine Vereinheitlichung einschlägiger Regeln zu verständigen und mit den übrigen Staaten *eine Weltmarktordnung zu begründen.* Stets bleibt die Verantwortung für das jeweilige Staatsgebiet bei dem Staat, seinen demokratisch gewählten Organen. *Der Grad der Verallgemeinerung bestimmter Regeln über dieses Staatsgebiet hinaus ist die Kunst, die gegenwärtig noch nicht hinreichend entfaltet ist.* Unternehmerfreiheit – und damit unternehmerische Tätigkeit in Markt und Wettbewerb – gewinnt in diesen demokratisch entwickelten Maßstäben ihr Maß. Je mehr die Flüchtigkeit des Internets, des Geldes oder einer spontanen Reise in die andere Hälfte des Erdballs Verantwortlichkeiten für ein bestimmtes Gebiet, für ein bestimmtes Staatsvolk, für die einer Staatsgewalt anvertrauten Menschen zu lockern droht, desto mehr muss das Recht die Globalisierung mit der Verantwortlichkeit individueller Freiheit und demokratischer Legitimation einer Staatsgewalt beantworten.

Der Verfassungsstaat muss sich vor allem gegenüber der überragenden Macht der international wirkenden Unternehmen und Fonds behaupten. *Das Problem heutiger Gesellschaft und Politik ist nicht der Staat, sondern das Kapital, das kaum eine Kultur des Maßes pflegt.* Wenn die weltweit handelnden Kapitalgesellschaften bestimmen, was wir essen, wie wir uns kleiden und bewegen, welche Informationen wir erhalten und welche Freizeitbedürfnisse wir entwickeln, sie diese Bestimmungsmacht aber im fast ausschließlichen Ziel der Gewinnmaximierung – eines Prinzips der Maßlosigkeit – ausüben, muss der Verfassungsstaat diesem seine Kultur des Maßes entgegenstellen. Wenn die Kapitalgesellschaften dabei in einer Anonymität wechselnder Kapitalgeber organisiert sind, muss der grundrechtsgewährende Staat den Zusammenhang zwischen Freiheitswahrnehmung und deren Verantwortung neu herstellen.

Die *Macht des Rechts darf nicht der Macht des Geldes,* die Hoheitsgewalt des Staates nicht der Verführungskraft des Marktes, die Kultur des Maßes nicht einer Maßlosigkeit der Gewinnmaximierung *weichen.* Der Staat steht insbesondere vor der Aufgabe, das *Recht aus unterschiedlichen Quellen* als einheitliche Ordnung in der jeweiligen Sprache dem Menschen zu vermitteln.

Keine Angleichung nur nach Durchschnittswerten

In diesem Vertrauen auf den Staat *treffen wir allerdings auf staatliche Rechtsordnungen unterschiedlicher Qualität:* Die eine Ordnung hat bereits hohe Standards von Freiheit, Wertesicherheit und Demokratie erreicht, die andere ringt noch um die Anerkennung dieser Werte im Elementaren. Rechtsvereinheitlichung meint deswegen keinesfalls stets eine Annäherung in Durchschnittswerten. Dieses würde für rechtliche Hochkulturen das Recht niederdrücken, auf ein minderes Niveau absenken. Dementsprechend treffen Staaten mit unterschiedlichen Rechtsvorstellungen und je eigenem Rechtsbewusstsein aufeinander. Noch bis heute fühlen sich die Vereinigten Staaten oft anderen Staaten – auch den europäischen – moralisch überlegen. Der amerikanische Verfassungsrichter *Antonin Scalia* soll ausdrücklich den Gedanken zurückgewiesen haben, internationales und ausländisches Recht könnten für die Interpretation der amerikanischen Verfassung von Bedeutung sein: »Wir haben nicht den gleichen moralischen und rechtlichen Bezugsrahmen wie der Rest der Welt, und hatten das auch niemals. Wenn man den Verfassungsvätern sagen würde, dass wir uns daranmachten, etwas zu tun, was genauso wie Europa ist, so wären sie entsetzt.«

Antonin Scalia verweist mit berechtigtem Stolz auf die Hochkultur der amerikanischen Verfassung, vernachlässigt aber ein wesentliches Element dieser Kultur: die Gewaltenteilung. Diese ereignet sich zwischen Regierung, Gesetzgebung und Rechtsprechung, zwischen Regierung und Verwaltung, zwischen Bund und Ländern, aber auch zwischen den Staaten. Diese Hoheitsträger suchen jeweils das bessere Recht zu gewähren, vergleichen sich im Bemühen um Erneuerung und Fortschritt, hoffen auf Anerkennung durch den anderen.

XII. Zehn Gerechtigkeitsprinzipien in Zeiten des Umbruchs

1. Die Ablösung des unerwünschten Herrschers

Ludwig II. von Bayern war ein künstlerisch und literarisch gebildeter Mensch, phantasiereich und romantisch, voll Leidenschaft für Theater und Musik. Er förderte die Künste, erbaute Schlösser und Theater. Seine Legende wirkt bis heute und sichert ihm die Verehrung vieler Menschen.

Doch am nüchternen Maßstab von Wirtschaftlichkeit und Effizienz gemessen, war seine Regentschaft schwach und verschwenderisch. Der König missachtete Ansehen und Ehrgefühl der Hofbediensteten, vernachlässigte die Bedürfnisse der Bürger und verursachte unvertretbar hohe Staatsschulden. Deswegen suchte der ihn umgebende Hof nach Wegen, wie man ihn ablösen könne. Der Aufgeklärtheit und Humanität der Zeit standen Kerker, Verbannung und Tötung entgegen. Die am Horizont aufschimmernde Demokratie war noch nicht so einflussreich, dass die Macht des Königs hätte zeitlich begrenzt werden können. Deswegen bediente sich der Hof eines in der Geschichte immer wieder einmal erwogenen und auch praktizierten Instruments, der Entmündigung.

Hochangesehene Ärzte erklärten Ludwig II. für dauerhaft regierungsunfähig; er leide an unheilbarer fortschreitender Paranoia (Verrücktheit) mit Verfall der geistigen Kräfte. Die Gutachter hatten ihre Feststellungen lediglich auf Aussagen von Hofdienern, Stallpersonal und ehemaligen Kabinettssekretären gestützt, Ludwig II. persönlich niemals gesehen, auch seine Leibärzte nicht befragt und kaum Krankenakten studiert. Die Wissenschaft stellte sich in den Dienst der Staatsräson, erklärte den König für unfähig, sich den Staatsgeschäften weiter zu widmen, machte damit den Weg frei für einen Nachfolger.

2. Der Herrscher, nicht das Recht steht in Frage

Gerechtigkeit wirkt wie die Gesundheit. Ist sie uns gegeben, wird sie kaum bewusst. Fehlt sie uns, tritt sie in die Mitte unseres Lebens. Deshalb liegt es nahe, uns unserer Gerechtigkeitserwägungen abschließend an einem Beispiel zu vergewissern, bei dem Rechtsstrukturen fehlen, die heute selbstverständlich sind, deswegen die Anliegen und Bedingungen des Rechts besonders sichtbar machen.

Ludwig II. musste weichen, weil seine Umgebung einen anderen König wollte. Der Hof kämpfte nicht gegen die Unterdrückung durch einen Tyrannen; er anerkannte das ererbte Königtum, wollte von einem König regiert werden, hielt jedoch diesen Herrscher für nicht mehr geeignet. *Herrschaft wird auf Dauer vom Einvernehmen der Beherrschten getragen. Der Mensch will sich nicht einer Herrschaft unterwerfen, sondern sich auf eine Herrschaft verständigen.* Schon in der Frühgeschichte schließen Herrscher und Volk einen Bund gegenseitiger Treue. Die modernen Vertragstheorien erklären den Staat als Ergebnis eines Vertrags, in dem der freie Bürger ein Stück seiner Freiheit aufgibt, um vom Staat Frieden, Recht und Existenzsicherheit zu empfangen. Diese Vertragsvorstellung allerdings will die Rechtsgemeinschaft erklären, nicht begründen. Selbstverständlich wäre der einzelne Bürger nicht befugt, den Vertrag zu kündigen und sich dadurch der Herrschaft des Rechts zu entziehen.

Menschliche Gemeinschaft ist auf Autorität angelegt. Die Kinder brauchen ihre Eltern, die Schulklasse den Lehrer, das Orchester den Dirigenten, der Handwerksbetrieb den Meister, der Weltkonzern seinen Chef. Und der altgewordene Mensch wird von einer helfenden Hand von der einen Seite der Straße auf die andere geführt. Im Recht weist der eine den anderen verbindlich an, etwas zu tun oder zu unterlassen. Recht regelt, und jeder Mensch erwartet, seine Freiheit im Rahmen allgemeiner Regeln entfalten zu können. Die Autorität des Rechts ist der Staat. In der Demokratie wählt das Staatsvolk seine Repräsentanten, damit diese für alle Bürger Entscheidungen treffen und durchsetzen.

Ludwig II. war Herrscher in der Phase des Übergangs von der Monarchie zur Demokratie. In einer Demokratie wäre er als Herrscher abgewählt worden, hätte sich nach seinem Amt mit den Mitteln eines

Privatmanns den Künsten widmen und seinen persönlichen Lebensstil pflegen können. Doch weil das Königtum den Herrscherwechsel zu Lebzeiten des Königs kaum zuließ, Amtsaufgaben und Privatleben nicht deutlich trennte, die Verantwortlichkeiten des Herrschers gegenüber den Beherrschten rechtsverbindlich nur undeutlich formulierte und Verfassungsrecht keine Kultur des Maßes vorgab, suchte die Politik einen Weg zur Ablösung des Herrschers, der nur durch grobes Unrecht – die Verfremdung der Verfassung und die Korrumpierung der Wissenschaft – gangbar wurde. Der Fall Ludwigs II. ist geeignet, uns die seitdem erzielten Gerechtigkeitsfortschritte bewusst zu machen, dem gegenwärtigen Verfassungsstaat und seinen grundrechtsberechtigten Bürgern vor Augen zu führen, was uns fehlen würde, wenn wir nicht in freiheitlicher und demokratischer Verfasstheit leben würden.

3. Zehn Maßstäbe der Gerechtigkeit

Stellen wir die Maßstäbe des Grundgesetzes und in ihnen zugleich unsere zehn Gerechtigkeitsprinzipien dem Schicksal Ludwigs II. gegenüber, so wird die Kraft einer im Verfassungstext geschriebenen Gerechtigkeit sichtbar.

1 Niemand darf die Rechte anderer verletzen

Ludwig II. ist gescheitert, weil er den Menschen kaum persönlich begegnet ist, sie kaum angesehen und ihnen damit kaum Ansehen vermittelt hat – weil er ihre Würde und Ehre verletzt hat. Er setzt die öffentlichen Haushaltsmittel überwiegend für den Bau von Schlössern und Theatern, für die Förderung der Kunst ein, vernachlässigt damit die Investitionen und Zuwendungen, die durch die steuerliche Gemeinlast der Allgemeinheit zugesagt sind. Er geht mit den öffentlichen Geldern verschwenderisch um, führt den Staat in die Überschuldung, verletzt damit auch die Rechte der nachfolgenden Generation, die diese Schuldenlast zu tragen hat. Die Macht Ludwigs II. wäre heute vielfach verfassungsrechtlich begrenzt gewesen. Wir erwarten von dieser Verfasstheit der Herrschaft, dass die Staatsorgane auf das Gemeinwohl hinwirken und die Grundrechte der einzelnen Menschen beachten.

Der Kampf des Rechts gegen die Verschuldung, für den Schutz der nächsten Generation, für die Stabilität des Geldeigentums und gegen Inflation und Währungsreform ist hochaktuell.

2 Jeder Mensch darf sein Glück selbst suchen

Ludwig II. lebt für seine Musik und insbesondere die Kunst von Richard Wagner; er nutzt seine Kraft und seinen Willen, um Schlösser und Theater zu bauen. Er sucht sein persönliches Glück in Musik, Architektur, bildender Kunst. Dabei unterscheidet er jedoch nicht deutlich zwischen der Freiheit des einzelnen Menschen, sein persönliches Glück zu suchen, und der Verpflichtung des Herrschers, dem Glück der freiheitsberechtigten Menschen zu dienen. Er handelt als Herrscher nach Maßstäben, die nur für seine persönliche Freiheit gelten. Das Recht auf eigenes Glück baut auf die Unterscheidung zwischen freiheitsberechtigtem Menschen und freiheitsverpflichtetem Staat, begrenzt damit die Freiheit auf den selbstbeherrschten Lebensbereich und zieht deutliche Grenzen zu den Ressourcen der Allgemeinheit, die nicht für das Wohl eines Einzelnen eingesetzt werden dürfen.

Gegenwärtig wird sich diese Grenze vor allem im Schutz des Staatshaushalts gegen den Zugriff Privater bewähren müssen, die Subventionen, Steuervergünstigungen, Schutzschirme zu Lasten der Allgemeinheit beanspruchen.

3 Das Recht weist Verantwortlichkeiten zu

Die Monarchie ist aus einem persönlichen Herrschaftsverhältnis zwischen König und Untertan erwachsen; sie wird weniger in Staatsaufgaben und Verantwortlichkeiten begriffen. Der moderne Verfassungsstaat hingegen findet seinen Ausgangspunkt in der Würde und Freiheit jedes Menschen, so dass sich staatliche Herrschaft jeweils materiell rechtfertigen und in demokratischen Wahlen immer wieder erneuern muss. Hätte Ludwig II. in dem Bewusstsein regiert, dass seine Herrschaft regelmäßig durch den Wähler überprüft werde, er sich auch vor den Grundrechten der Bürger bewähren müsse, wäre ihm eine Verantwortlichkeit nahegelegt, die den Dialog, die Suche nach einer allen Beteiligten gerecht werdenden Politik gefördert hätte.

Der demokratische Rechtsstaat betont die Verantwortlichkeit der Herrschenden, kann diese aber auch nicht rechtlich anordnen. Heute ist die Politik nicht durch eine zu ausgeprägte Neigung zur Kunst bedroht, sondern gerät in den Sog der Parteilichkeit und des Verbandswesens. Die Verantwortlichkeit der Staatsorgane für die demokratischen Bürger und jeden Grundrechtsberechtigten bleibt ein stetig beunruhigender Auftrag.

4 Der Handlungsmaßstab lässt sich verallgemeinern

Ludwig II. hat sich in seinem Lebensstil und in der Wahl seiner Regierungsschwerpunkte fast provozierend von dem Erwarteten, Üblichen losgesagt. Die Bürger sind enttäuscht, die benachbarten Herrscherhäuser beunruhigt, der Hof Ludwigs II. ist empört. Seine Welt der Schlösser und Theater ist nicht die Welt des Volkes. Die königlichen Entscheidungen suchen ihr Maß allein im Willen des Herrschers, stellen nicht die Frage, ob jedermann nach diesen Maßstäben zu handeln berechtigt sei. Ein Kernanliegen der Gerechtigkeit ist verfehlt.

Das heutige Recht gibt mit der Garantie von Jedermannsrechten – Freiheit, Gleichheit und Sicherheit –, aber auch mit dem Wahlrecht aller Bürger einen Rechtsmaßstab vor, der auf Verallgemeinerung drängt. Dennoch geraten auch in der modernen Demokratie Gemeinschaftsanliegen – der Familien, der Sparer, der Arbeitnehmer – gegenüber gut organisierten, politisch erfahrenen Kleingruppen ins Hintertreffen. Auch hier muss die Verallgemeinerungsfähigkeit staatlicher Regeln immer wieder bedacht und neu erkämpft werden.

5 Die Kultur des Maßes

Das Unglück Ludwigs II. beruht auf seiner Maßlosigkeit. Sein vorrangiges Interesse an Kunst und Bauten, der Einsatz von Finanzmitteln über das verfügbare Geld hinaus, weitere Planungen ins schier Unermessliche fordern Maß und Haltepunkt. Auch ein einsichtiges und wertvolles Ziel – die Förderung der Kunst – muss eingebettet werden in die übrigen Aufgaben des Herrschers. Eine Herrschaft ohne Maß entzieht sich selbst ihre Grundlage.

Das Grundgesetz regelt mit der Gewaltenteilung, dem Bundesstaatsprinzip, den Grundrechten, dem Vorbehalt des Gesetzes eine Kultur des Maßes und der Mäßigung, die dem Unglück Ludwigs II. rechtzeitig Rechtsmaßstäbe entgegengestellt hätte. Doch bleibt auch heute die Macht des Geldes – überhöhte Staatsausgaben, übermäßige Besteuerung, die Bereitschaft zu immer höheren Staatsschulden – der Politikbereich, der sich am ehesten rechtlicher Mäßigung entzieht. Damals wie heute bieten überhöhte Staatshaushalte und Staatsverschuldung die Bewährungsprobe für eine Kultur des Maßes.

6 Gerechtigkeit in der Generationenfolge

Die Monarchie war nachhaltig darauf angelegt, Herrschaft und Herrschaftsmaßstäbe in der Generationenfolge innerhalb der Königsfamilie weiterzugeben. Doch Ludwig II. hat dieses Prinzip aus den Augen verloren. Er hat selbst keine eigene Familie, erprobt seine Ideale und Handlungsprinzipien nicht im täglichen Umgang mit seinen Mitmenschen und gibt sie nicht in einer täglich vorweggenommenen Erbfolge in Zusammenarbeit und Dialog an die nächste Generation weiter. Selbst seine Bauten, Investitionen für die nächsten Generationen, zielen nicht auf kontinuierliche Kulturherrschaft, nicht auf die Festigung des Königtums und seines Hofstaates, sondern dienen eher persönlichen Neigungen und Interessen.

Unser heutiges Rechtsverständnis sucht die Gerechtigkeit in der Generationenfolge, in sozialen Sicherungssystemen, in Maßstäben des Umweltschutzes, in der Verpflichtung auf ein gesamtwirtschaftliches Gleichgewicht, im Vertrauen auf das Geld. Doch der Vier- oder Fünf-Jahres-Rhythmus der parlamentarischen Demokratie treibt auch in die Kurzfristigkeit, die Tagesaktualität. Dies gilt insbesondere für das Gesetz, das vielfach Gegenwartsmaßnahmen und Einzelfallregelungen dienen muss.

7 Wettbewerb in Freiheit und Geborgenheit im Recht

Das Gesetz gibt Sicherheit. Freiheit setzt den Menschen dem Ungewissen aus. Das Gesetz schafft Bindung. Freiheit verantwortet sich in Schuld und Haftung. Ludwig II. beansprucht die Sicherheit und die Finanzmittel der Monarchie, muss sich aber kaum in einem freiheitlichen Wettbewerb – des Marktes oder der demokratischen Wahlen – bewähren. Er beansprucht Handlungsfreiheit zu Lasten der Allgemeinheit, stellt sich nicht einem Gegenüber des Konkurrenten oder des kritischen Wählers. Die rechtlichen Mechanismen der Mäßigung bleiben wirkungslos.

Das Grundgesetz begründet eine Ordnung, die von einer klaren Unterscheidung zwischen freiheitlichem Wettbewerb und Sicherheit im Recht ausgeht. Allerdings ist auch diese Stütze der Gerechtigkeit gefährdet, wenn Verfahren und Inhalte der Gesetzgebung in einem Wettbewerb – dem Steuerwettbewerb, dem Standortwettbewerb, dem Bildungswettbewerb – fehlgedeutet werden. Auch fühlen wir uns an die Vereinsamung Ludwigs II. erinnert, wenn Akteure des Finanzmarktes sich ganz dem Glasperlenspiel der Gewinnmaximierung durch Spekulation widmen, dadurch Gespräch und Austausch mit den Mitmenschen überflüssig erscheinen. Das gegenwärtige Recht verfügt über einsichtige Stützen des Gerechtigkeitsprinzips. Sie müssen allerdings folgerichtig genutzt werden.

8 Vertrauen ist Bedingung der Gerechtigkeit

Ludwig II. hat mit seiner Politik, die den Menschen die persönliche Begegnung oft verweigert und ihre Finanzkraft überfordert, das Vertrauen seiner Umgebung verloren. Er versteht seine Herrschaft nicht als eine Verpflichtung gegenseitigen Gebens und Nehmens, sondern als einseitige Berechtigung. Damit verkennt er eine Grundvoraussetzung politischer Macht. Menschen wollen nicht beherrscht werden, sondern sich auf eine Herrschaft verständigen, die letztlich dem einzelnen Menschen zugute kommt.

Heute ist die Bereitschaft zum Vertrauen besonders ausgeprägt. Wir leben in der Sicherheit und Zuversicht eines Verfassungsstaates, den wir für selbstverständlich halten und deswegen nicht selten auch überstrapazieren. Allerdings schwindet das Vertrauen in das Geld, teilweise in die Ehrbarkeit von Kaufmann und Markt, in die Erneuerungskraft der Politik, in die Distanz des Staates gegenüber Parteien und Interessengruppen. Diese Vertrauensverluste äußern sich vordergründig in der Nichtbeteiligung an einer Wahl, auch im Wählen extremer Gruppen, betreffen aber im Kern die Autorität des Rechts, damit den Gestaltungsanspruch des Gerechtigkeitsprinzips.

9 Erwerben, nicht umverteilen

Jedes Wirtschaftssystem baut darauf, dass derjenige, der Geld ausgeben will, es grundsätzlich vorher erwirbt, verdient. Soweit er zum Erwerb nicht in der Lage ist, begründet sein existenzieller Finanzbedarf einen Anspruch gegen die Rechtsgemeinschaft auf angemessenen Unterhalt. Ludwig II. hat Finanzmittel beansprucht, die ihm jedenfalls für seine Zwecke so nicht zur Verfügung standen. Er hat Gelder für Zwecke umverteilt, ohne diese Umwidmung rechtfertigen zu können. Damit verletzte er die Verteilungsgerechtigkeit, ein heute mit besonderer Sensibilität empfundenes Gerechtigkeitsprinzip.

Keine Gesellschaft kann die Frage nach der Verteilungsgerechtigkeit abschließend beantworten. Gegenwärtig scheint das Maß gerechten Erwerbs und notwendiger Umverteilung nur noch schwach wirksam. Doch können wir den Ursprung dieses Problems nicht in einer einzigen Person – Ludwig II. – erkennen, sondern müssen viele Elemente der Güterverteilung – vom Finanzmarkt bis zum Sozialrecht – neu überdenken. Die Zeitgenossen Ludwigs II. glaubten, durch die Ablösung des Herrschers die Krise zu beenden. Wir haben anspruchsvollere Aufgaben vor uns.

10 Die Aufgliederung der Staatsgewalten

Ludwig II. war fast noch ein absoluter Herrscher, dem kein Parlament und kein Gericht seine Grenzen weist. Hätte das Parlament ihn wegen seiner Politik absetzen können oder wäre eine Königsanklage vor einem Verfassungsgericht möglich gewesen, hätten diese Verfahren vermutlich von vornherein eine mehr auf das Gemeinwohl und das Maß ausgerichtete Regentschaft veranlasst. Jedenfalls wäre der Herrscher schonender – die Würde des Königs, des Hofes und der Wissenschaftler wahrend – abgelöst worden. Das demokratische Prinzip der Macht auf Zeit hätte den Herrscherwechsel zu einer Normalität werden lassen.

So zeigt uns die Tragik Ludwigs II. die Idee der Gerechtigkeit: Sie schützt Herrscher und Beherrschte, bewahrt sie vor Enttäuschung und Demütigung, fördert Wohlstand und Verteilungsgerechtigkeit, sichert vor allem Freiheit, Gleichheit, Frieden: Die Herrschaft des Rechts ist die beste aller Herrschaftsformen.

4. Der Verfassungsbaum

Blicken wir auf das *Grundgesetz,* einen historischen, wenn auch zuweilen verkannten *Glücksfall für das Recht in Deutschland,* so sehen wir einen großen Verfassungsbaum, der die ihn umgebende Landschaft prägt. Er wächst aus dem *Humus* der tatsächlichen Bedürfnisse des Menschen und den daraus folgenden Anfragen an das Recht, findet mit den *Wurzeln* seiner Rechtskultur und Rechtserfahrung dort seine Nahrung, wird in einem unverrückbaren, das Verfassungskonzept weithin sichtbar machenden *Stamm* erkennbar, gewinnt in den aus diesem Stamm erwachsenden *Ästen* die Beweglichkeit von Gesetzgebung und Freiheitswahrnehmung in den Stürmen und Winden der Zeit, ist schließlich in seinem Gesamtbild von den *Blättern* bestimmt, die im Herbst abfallen, sich im Frühjahr zu einem ähnlichen Gesamtbild erneuern, den Verfassungsbaum aber stets auch dem Wechsel der Zeiten unterwerfen.

Im Humus sind die Grundbedürfnisse des Menschen angelegt – nach Frieden und Sicherheit, nach Freiheit und Gleichheit, zunehmend nach Weltoffenheit. Diese Rechtsgüter sind – von den Zehn Geboten bis zu den modernen Freiheitsideen – heute anerkannt. *Niemand darf diese Güter verletzen,* will er nicht den gesamten Baum verdorren lassen. Der Staat muss den Humus dieser Güter pflegen, damit der Baum sich alljährlich kraftvoll entfaltet.

Die Wurzeln nehmen die Kraft dieses Humus auf, formen sie zu *Freiheitsrechten* und zu einem *Auftrag an den Gesetzgeber,* in allgemeinen Gesetzen dem einzelnen Menschen und seiner Würde zu dienen. Diese das »Glück« des Menschen fördernden Wurzeln geben immer wieder Existenz- und Erneuerungskraft an den Gesamtbaum weiter.

Diese Kraft des Erhaltens und Erneuerns wird im allseits ersichtlichen Stamm zu den *unveränderlichen Verfassungsprinzipien* geformt, die in den Grundrechten, der Demokratie, dem Rechtstaat, dem Bundesstaat, dem Finanzstaat, dem Sozialen unverrückbar und unabänderlich sind.

Der Baum wird vor allem sichtbar und trägt Früchte in seinen Ästen, den vielen vom Gesetzgeber hervorgebrachten und immer wieder *er-*

neuerten Gesetzen, die sich der Zeit anpassen können, sich aber niemals so weit biegen dürfen, dass sie die Bindung mit dem Stamm verlören und deswegen abbrächen. Die Gesetze haben insbesondere die *Allgemeinheit* des Rechts zu wahren. Derartige Kodifikationen bieten das Bürgerliche Gesetzbuch, das Strafgesetzbuch, das Allgemeine Verwaltungsrecht; ähnliche Gesetzbücher erwarten wir für das Steuerrecht, das Sozialrecht, das Arbeitsrecht.

Schließlich wird das Gesamtbild des Baumes durch die Blätter bestimmt, die im Herbst substantiell verlorengehen, deren erneutes Wachsen wir aber für das Frühjahr erwarten. Diese Blätter sind das *Steueraufkommen* und der jährliche *Staatshaushalt,* der *befristete Auftrag des Wählers* an Regierung und Gesetzgebung, die sich für die nächste Periode auf einen anderen oder zumindest anders legitimierten Amtsinhaber einrichten müssen, auch die Vielfalt der Familien, Berufstätigen, Kulturschaffenden oder Eigentümer, die *ihren Auftrag und ihre Freiheit in die Hand ihrer Nachfolger geben.*

Gerechtigkeit denkt immer zum Besseren. Sie wird nie erreicht, erlaubt aber Geborgenheit im vertrauten Recht, Zufriedenheit in der Zugehörigkeit zu dieser Verfassungsgemeinschaft. Gerechtigkeit ist eine faszinierende Idee, die wir immer wieder neu denken müssen. Doch wir erleben sie auch täglich und brauchen dann in der Sicherheit dieses Rechts keinen Gedanken an sie zu verschwenden.

5. Recht und Rechtsverständnis

Im Schatten dieses Verfassungsbaums versammeln sich nicht Revolutionäre, die in Verzweiflung über Unterdrückung und Willkür den Tyrannen bekämpfen und die Menschen vom Joch dieses Herrschers befreien. Heute brauchen wir Kämpfer für die Gerechtigkeit, die in der Rationalität des geltenden Rechts als Abgeordnete »an Aufträge und Weisungen nicht gebunden und nur ihrem Gewissen unterworfen« sind, als Mitglieder der Bundesregierung »Gerechtigkeit gegenüber jedermann üben«, als Richter die ihnen »anvertraute« Gewalt rechtfertigen, als freie Bürger zwischen Belieben in eigener Sache und Verantwortlichkeit gegenüber anderen Menschen zu unterscheiden wissen. In der Unfreiheit kämpfen die Unterdrückten für ein anderes Recht. In einer demokratischen Rechtsordnung entwickeln die Freiheitsberechtigten eine Verantwortlichkeit, in der sie ihre Freiheitsrechte wahrnehmen. Sie brauchen mehr Charakterstärke und Urteilskraft als der Revolutionär, weil sie nicht Bajonette einsetzen, sondern mit der Macht der Sprache überzeugen müssen.

Der Kampf um die Gerechtigkeit setzt auf Unbefangenheit der Staatsorgane, Anstand der Freiheitsberechtigten, Vertrauenswürdigkeit von Recht und Geld. Die Grundprinzipien der Verfassung überzeugen, sind vertraut, beanspruchen langfristige Geltung. Die Freiheit der Menschen, das Wahlrecht der Bürger, die auf Wiederwahl angewiesene Mächtigkeit der Staatsorgane halten das Recht beweglich, antwortbereit. Es ist im Staatsvolk und seiner Selbstkritik verankert. Der Auftrag zur Gerechtigkeit baut auf das aus dieser Ordnung gewachsene Recht, ist aber ohne Freiheitswille und Erneuerungskraft der Menschen nicht zu erfüllen. Gerechtigkeit setzt auf Staat, Gesetz, freie Bürger. Sie sucht jedem Menschen als Person und Persönlichkeit gerecht zu werden. Gerechtigkeit fordert die vernünftige Regel, crwartet aber auch, dass die Aufklärung weitergedacht, andere Zugänge zum Leben und zu seiner Schönheit erschlossen werden. Dieses Recht unterbreitet ein überzeugendes Angebot. Nehmen wir es an.

Anmerkungen

Kapitel I. Gerechtigkeit – ein fragendes Wort

S. 13: Zur Geschichte des Gyges vgl. Platon, Politeia, 359c–360b, abgedruckt und übersetzt in: Thomas Alexander Szlezák (Hrsg.), Platon. Der Staat. Politeia. Griechisch-Deutsch, 2000, S. 108 ff.

S. 13: Zur Gerechtigkeit als für die Seele selbst das Beste vgl. Platon, Politeia, 612b, abgedruckt und übersetzt in: Thomas Alexander Szlezák (Hrsg.), Platon. Der Staat. Politeia. Griechisch-Deutsch, 2000, S. 858 ff.

S. 13: Zur Belohnung des Gerechten nach dem Tod vgl. Platon, Politeia, 613a–b, abgedruckt und übersetzt in: Thomas Alexander Szlezák (Hrsg.), Platon. Der Staat. Politeia. Griechisch-Deutsch, 2000, S. 862 f.

S. 13: Zum Gleichnis des Läufers vgl. Platon, Politeia, 613b–e abgedruckt und übersetzt in: Thomas Alexander Szlezák (Hrsg.), Platon. Der Staat. Politeia. Griechisch-Deutsch, 2000, S. 862 ff.

S. 13: Friedrich Hebbels Version »Gyges und sein Ring« (1856) findet sich abgedruckt in: Gerhard Fricke/Werner Keller/Karl Pörnbacher (Hrsg.), Friedrich Hebbel. Werke, Band 2, 1964, S. 7 ff.; zum unterschiedlichen Ausgang der Gyges-Geschichte bei Platon und Hebbel vgl. ferner Susanne Kaul, Poetik der Gerechtigkeit, 2008, S. 45 ff.

S. 15: Zum Gedanken von Thomas Hobbes, nur die Autorität, nicht die Wahrheit setze Recht, siehe Thomas Hobbes, Leviathan, ore The Matter, Forme & Power of a Common-Wealth Ecclesiasticall and Civill (1651), 2nd Part, Chap. XXVI, abgedruckt in: Michael Oakeshott (Hrsg.), Thomas Hobbes. Leviathan or the matter, forme and power of a commonwealth ecclesiasticall and civil, 1946, S. 172 ff., übersetzt in: Iring Fetscher (Hrsg.), Leviathan oder Stoff, Form und Gewalt eines kirchlichen und bürgerlichen Staates, 12. Neudruck, 2004, S. 203 ff. Das Zitat »authoritas, non veritas, facit legem« stammt jedoch aus der späteren, gekürzten lateinischen Version: Leviathan. Sive de materia, forma, et potestate civitatis ecclesiasticae et civilis (1670), abgedruckt in: Wilhelm Molesworth (Hrsg.), Thomae Hobbes Malmesburiensis opera philosophica, Band 3, 1841, Neudruck 1961, S. 202.

S. 15: Zum Gedanken des Sokrates, was Schaden verursache, gehöre nicht zur Gerechtigkeit, vgl. auch Susanne Kaul, Poetik der Gerechtigkeit, 2008, S. 49 f.

S. 18: Leo Tolstois Gleichnis »Wieviel Erde braucht der Mensch?« (1885) findet sich abgedruckt in Eberhard Dieckmann/Gerhard Dudek (Hrsg.), Lew Tolstoi. Gesammelte Werke in 20 Bänden, Band 9, 1980, S. 190 ff.

S. 19: Nach Angaben der Deutschen Welthungerhilfe (Hrsg.), Hunger. Ausmaß, Verbreitung, Ursache, Auswege, o. J., S. 2, sterben täglich 24 000 Menschen an Hunger; das Welternährungsprogramm der Vereinten Nationen geht von noch höheren Schätzungen aus: World Food Programme (Hrsg.), Hunger, 2004, S. 2.

S. 19: Zu den verfassungsrechtlichen Anforderungen an den Schwangerschaftsabbruch vgl. Bundesverfassungsgericht, Amtliche Sammlung, Band 39, 1 ff. – Schwangerschaftsabbruch I; Band 88, 203 ff. – Schwangerschaftsabbruch II.

S. 20: Das Zitat aus »Der Vorleser« findet sich bei Bernhard Schlink, Der Vorleser, 1997, S. 187.

S. 21: Zum »Schleier des Nichtwissens« vgl. John Rawls, A Theory of Justice (1971), Neudruck 2005, S. 136 ff. et passim, übersetzt in: John Rawls, Eine Theorie der Gerechtigkeit, 1. Aufl., 1975, S. 159 ff. et passim; vgl. ferner John Rawls, Justice as Fairness. A Restatement (2001), 2. Aufl., 2001, S. 85 ff. et passim, übersetzt in Erin Kelly (Hrsg.) John Rawls. Gerechtigkeit als Fairness. Ein Neuentwurf, 1. Aufl., 2006, S. 139 ff. et passim.

S. 21: Zur Unabhängigkeit von Abgeordneten vgl. Art. 38 Abs. 1 S. 2 des Grundgesetzes: »Sie (Die Abgeordneten) sind Vertreter des ganzen Volkes, an Aufträge und Weisungen nicht gebunden und nur ihrem Gewissen unterworfen.«

S. 22: Zum Tatbestand des Diebstahls vgl. § 242 Abs. 1 des Strafgesetzbuches vom 15. Mai 1871 (Reichsgesetzblatt S. 127), in der Fassung der Bekanntmachung vom 13. November 1998 (Bundesgesetzblatt I S. 3322), zuletzt geändert durch Art. 1 des Gesetzes vom 31. Oktober 2008 (Bundesgesetzblatt I S. 2149).

S. 22: Der Gleichheitssatz des Art. 3 Abs. 1 des Grundgesetzes betont: »Alle Menschen sind vor dem Gesetz gleich.«

S. 22: Zur Privatspähre vgl. Bundesverfassungsgericht, Amtliche Sammlung, Band 27, S. 1 (6) – Mikrozensus; Band 101, S. 361 (382 ff.) – Caroline von Monaco II.

S. 22: Zu Mithörvorrichtungen des Staates vgl. Bundesverfassungsgericht, Amtliche Sammlung, Band 106, S. 28 (44 ff.) – Mithörvorrichtung.

S. 22: Zu Tonbandaufzeichnungen durch den Staat vgl. Bundesverfassungsgericht, Amtliche Sammlung, Band 34, S. 238 (246 f.) – Tonband.

S. 22: Zum Schutz der Privatsphäre vgl. Bundesverfassungsgericht, Amtliche Sammlung, Band 101, S. 361 (384) – Caroline von Monaco II.

S. 22: Zum Datenschutz siehe die Entscheidungen des Bundesverfassungsgerichts, Amtliche Sammlung, Band 65, S. 1 (41 ff.) – Volkszählungsurteil; Band 113, S. 29 (45) – Durchsuchung einer Rechtsanwaltskanzlei; Band 118, S. 168 (184) – Abruf von Kontostammdaten.

S. 22: Das Grundrecht auf »informationelle Selbstbestimmung« ist jüngst erweitert worden um die Vertraulichkeit und Integrität informationstechnischer Systeme; vgl. Bundesverfassungsgericht in: Neue Juristische Wochenschrift, 2008, 822 (824 ff.).

S. 23: Zum Tatbestandsmerkmal der Gewinnerzielungsabsicht vgl. § 15 Abs. 2 S. 2, § 15 Abs. 2 S. 1, Abs. 3 S. 1, § 4 Abs. 5 S. 2 des Einkommensteuergesetzes in der Fassung der Bekanntmachung vom 19. Oktober 2002 (Bundesgesetzblatt I S. 4210; 2003 I S. 179), zuletzt geändert durch Art. 1 des Gesetzes vom 21. Dezember 2008 (Bundesgesetzblatt I S. 2896).

S. 23: Zur Ermittlung der »Gewinnerzielungsabsicht« vgl. Paul Kirchhof, in: Paul Kirchhof (Hrsg.), Einkommensteuergesetz. Kompaktkommentar, 8. Aufl., 2008, § 2 Rn. 49a mit Nachweisen.

S. 23: Zum »Motivtest« vgl. Europäischer Gerichtshof, Deutsches Steuerrecht 2006, S. 1686 ff.

S. 23: Zu den Erwartungen an das allgemeine Gesetz vgl. Gregor Kirchhof, Die Allgemeinheit des Gesetzes, 2009.

S. 24: Für eine Geschichte des Rechts in Quellentexten vgl. Christoph Horn/Nico Scarano (Hrsg.), Philosophie der Gerechtigkeit, 2002, jeweils mit Einführungen und Kerntexten; Winfried Brugger/Ulfrid Neumann/Stephan Kirste (Hrsg.), Rechtsphilosophie im 21. Jahrhundert, 2008, mit Kerntexten.

S. 24: Zur Übergabe der Zehn Gebote vgl. Exodus 19,1 – 34, 35.

S. 24: Zum Naturrecht vgl. John Locke, Two treatises of government (1689), book II., chap. II, § 4, abgedruckt in: Peter Laslett (Hrsg.), John Locke. Two treatises of government. A critical edition with an introduction and apparatus criticus, 1960, S. 285 (287); übersetzt in: Walter Euchner (Hrsg.), John Locke. Zwei Abhandlungen über die Regierung, 12. Neudruck, 2007, S. 200 (201) et passim; sowie zur Einführung Bernd Rüthers, Rechtstheorie, 3. Aufl., 2007, § 12; Alexander Hollerbach, Naturrecht, in: Wilhelm Korff/Lutwin Beck/Paul Mikat (Hrsg.), Lexikon der Bioethik, Band 2, 1998, S. 738 ff.; Klaus Stern, Idee der Menschenrechte und Positivität der Grundrecht, in: Josef Isensee/ Paul Kirchhof (Hrsg.) Handbuch des Staatsrechts, Band V, 2. Aufl., 2000, § 108 Rn. 9 f. jeweils mit weiteren Quellennachweisen.

S. 25: Zu den Vertragstheorien vgl. deren wichtigste Vertreter mit ihren Werken: Thomas Hobbes, Leviathan, ore The Matter, Forme & Power of a Common-Wealth Ecclesiasticall and Civill (1651), abgedruckt in: Michael Oakeshott (Hrsg.), Thomas Hobbes. Leviathan or the matter, forme and power of a commonwealth ecclesiasticall and civil, 1946, übersetzt in: Iring Fetscher (Hrsg.), Leviathan oder Stoff, Form und Gewalt eines kirchlichen und bürgerlichen Staates, 12. Neudruck, 2004; John Locke, Two treatises of government (1689), abgedruckt in: Peter Laslett (Hrsg.), John Locke. Two treatises of government. A critical edition with an introduction and apparatus criticus, 1960; übersetzt in: Walter Euchner (Hrsg.), John Locke. Zwei Abhandlungen über die Regierung, 12. Neudruck, 2007; Jean-Jacques Rousseau, Du contrat social ou principes du droit politique (1762), übersetzt in: Jean-Jacques Rousseau, Sozialphilosophische und Politische Schriften, 1981, S. 267 ff.

S. 25: Zum »Schleier des Nichtwissens« vergleiche John Rawls, A Theory of Justice (1971), Neudruck 2005, S. 136 ff. et passim, übersetzt in: John Rawls, Eine Theorie der Gerechtigkeit, 1. Aufl., 1975, S. 159 ff. et passim; vgl. ferner John Rawls, Justice as Fairness. A Restatement (2001), 2. Aufl., 2001, S. 85 ff. et passim, übersetzt in Erin Kelly (Hrsg.) John Rawls. Gerechtigkeit als Fairness. Ein Neuentwurf, 1. Aufl., 2006, S. 139 ff. et passim. Er ermöglicht eine Gleichheit der Menschen, damit diese sich in ihrer Unparteilichkeit für die gerechteste Gesellschaftsordnung entscheiden können, ohne von eigenen Interessen geleitet zu werden.

S. 25: Zum Thema Schwur und Eid vgl. Wolfgang Schild, Alte Gerichtsbarkeit. Vom Gottesurteil bis zum Beginn der modernen Rechtsprechung, 2. Aufl., 1985, S. 20 et passim; Colette Brunschwig, Visualisierung von Rechtsnormen, 2001.

S. 26: Zur Auslieferung eines Ausländers an sein Heimatland, wenn die von ihm begangene Tat dort mit dem Tode bestraft wird, vgl. Bundesverfassungsgericht, Amtliche Sammlung, Band 60, S. 348 ff. – Auslieferung II; Die Auslieferung ist nach Art. 102 des Grundgesetzes (»Die Todesstrafe ist abgeschafft.«) nur zulässig, wenn der ersuchende Staat förmlich zusichert, die Todesstrafe weder zu verhängen noch zu vollstrecken (Bundesverfassungsgericht, Amtliche Sammlung, Band 60, S. 348 (354) – Auslieferung II).

S. 26: Das Zensurverbot des Art. 5 Abs. 1 S. 3 des Grundgesetzes (»Eine Zensur findet nicht statt.«) erfasst nur die Vorzensur. Vgl. hierzu Bundesverfassungsgericht, Amtliche Sammlung, Band 33, S. 52 (71) – Zensur; Band 47, S. 198 (236) – Wahlwerbesendung; Band 73, S. 118 (166) – 4. Rundfunkentscheidung; Band 83, S. 130 (155) – Josephine Mutzenbacher; Band 87, S. 209 (230) – Freiwillige Selbstkontrolle; zum Zensurverbot vgl. ferner: Christian Starck, in: Hermann von Mangoldt/Friedrich Klein/Christian Starck (Hrsg.), Kommentar zum Grundgesetz, Band 1, 5. Aufl., 2005, Art. 5 Rn. 170 ff.

S. 26: Zum Verfahren einer »Vorprüfung der Strafbarkeit« vgl. Bundesverfassungsgericht, Amtliche Sammlung, Band 87, S. 209 (233) – Freiwillige Selbstkontrolle.

S. 26: Zu erdrosselnder Steuer und Zensur siehe Bundesverwaltungsgericht, Amtliche Sammlung, Band 23, S. 194 (199); Christian Starck, in: Hermann von Mangoldt/Friedrich Klein/Christian Starck (Hrsg.), Kommentar zum Grundgesetz, Band 1, 5. Aufl., 2005, Art. 5 Rn. 174.

S. 26: Zur Sprache als Verkleidung des Gedankens siehe Ludwig Wittgenstein, Tractatus logico-philosophicus (1921), 4002, abgedruckt in Brian McGuinness/Joachim Schulte (Hrsg.), Ludwig Wittgenstein. Logisch-philosophische Abhandlung. Tractatus logico-philosophicus, 1. Aufl., 1989, S. 40.

S. 26: Das Zitat Heinrich Bölls ist der Rede »Die Sprache als Hort der Freiheit« (1959) entnommen und abgedruckt in: Bernd Balzer (Hrsg.), Heinrich Böll. Werke. Essayistische Schriften und Reden I, Band 7, 1979, S. 301.

S. 27: Zum Richteramt des mittelalterlichen Herrschers siehe Peter Graf Kielmansegg, Volkssouveränität. Eine Untersuchung der Bedingungen demokratischer Legitimation, 1977, S. 19.

S. 27: Zur Justitia mit Schwert vgl. die Darstellung am Hochgrab von Papst Clemens II. (gestorben 1047 n. Chr.) im Westchor des Doms zu Bamberg aus dem Jahre 1247, wahrscheinlich die älteste Darstellung einer Justitia im deutschen Sprachraum, hierzu: Georg Gresser, Clemens II. Der erste deutsche Reformpapst, 2007, S. 130 ff. Zu den verschiedenen Darstellung der Justitia und deren Attribute in der Kunst vgl. ferner Otto Rudolf Kissel, Die Justitia. Reflexionen über ein Symbol und seine Darstellung in der bildenden Kunst, 2. Aufl., 1997; zum Grabmal allgemein: Sigrid Müller-Christensen, Das Grab des Papstes Clemens II. im Dom zu Bamberg, 1960.

S. 29: Zum Reitverbot vgl. Bundesverfassungsgericht, Amtliche Sammlung, Band 80, S. 137 ff. – Reiten im Walde.

S. 29: Zum personellen Schutzbereich der Berufsfreiheit vgl. Bundesverfassungsgericht, Amtliche Sammlung, Band 78, S. 179 ff – Heilpraktikergesetz.

S. 29: Zum personellen Schutzbereich der Versammlungsfreiheit vgl. Helmuth Schulze-Fielitz, in: Horst Dreier (Hrsg.), Grundgesetz-Kommentar, Band 1, 2. Aufl., 2004, Art. 8 Rn. 48 ff.

S. 29: Zur Zusammensetzung von Universitätsgremien vgl. Bundesverfassungsgericht, in: Bundesverfassungsgericht, Amtliche Sammlung, Band 55, S. 37 ff. – Bremer Modell.

S. 29: Zu Mehrheitsverhältnissen in universitären Aufsichtsgremien vgl. Bundesverfassungsgericht, Amtliche Sammlung, Band 111, S. 333 ff. – Brandenburgisches Hochschulgesetz.

S. 29: Zu Studienplatzkapazitäten und Auswahlverfahren vgl. Bundesverfassungsgericht, Amtliche Sammlung, Band 43, S. 291 ff. – numerus clausus II; Band 66, 155 ff. – Hochschule Hannover; Maßstab war dort allerdings Art. 12 (freie Wahl der Ausbildungsstätte) in Verbindung mit Art. 3 des Grundgesetzes (Gleichheitssatz) und dem Sozialstaatsprinzip.

S. 29: Zum Begriff des geistigen Eigentums vgl. etwa Paul Kirchhof, Der verfassungsrechtliche Gehalt geistigen Eigentums, in: Walther Fürst/Roman Herzog/Dieter Umbach (Hrsg.), Festschrift für Wolfgang Zeidler, Band 2, 1987, S. 1639 (1653 ff.).

S. 29: Zu Rentenanspruch und Eigentumsgarantie vgl. Bundesverfassungsgericht, Amtliche Sammlung, Band 53, S. 257 (291 ff.) – Versorgungsausgleich I.

S. 29: Zur Frage der Grundrechtsberechtigung einer Gemeinde vgl. Bundesverfassungsgericht, Amtliche Sammlung, Band 61, S. 82 (105 ff.) – Sasbach; kein verfassungsrechtlicher Eigentümerschutz.

S. 29: Zu Eigentumsschutz und Einkommensteuer vgl. Bundesverfassungsgericht, Amtliche Sammlung, Band 115, S. 97 (110) – Obergrenze für Einkommensteuer und Gewerbesteuer.

S. 30: Zur »Rechtsquelle« vgl. Karl Bader, Deutsches Recht, in: Deutsche Philologie im Aufriss, Band III, 2. Aufl., 1962, Sp. 1971 (1983 ff.); Theodor Bühler, Rechtsquellenlehre, 3 Bände, 1977–1985; Ekkehard Kaufmann, Rechtsquellen, in: Adalbert Erler/Ekkehard Kaufmann (Hrsg.), Handwörterbuch zur deutschen Rechtsgeschichte, Band IV, 1990, Sp. 335 ff.; Paul Kirchhof, Rechtsquellen und Grundgesetz, in: Christian Starck (Hrsg.), Bundesverfassungsgericht und Grundgesetz. Festgabe aus Anlaß des 25-jährigen Bestehens des Bundesverfassungsgerichts, Band II, 1976, S. 50 ff.

S. 30: Das wörtliche Zitat zur Natur findet sich bei Iwan Sergejewitsch Turgenjew, Vorabend, 1860, abgedruckt in: Iwan Turgenjew. Gesammelte Werke in Einzelbänden, 1994, Band 3, S. 12.

S. 31: Zur Problematik der Enteignungen in der sowjetisch besetzten Zone sowie später in der Deutschen Demokratischen Republik vgl. Bundesverfassungsgericht, Amtliche Sammlung, Band 84, S. 90 ff. – Bodenreform I; 94, 12 ff. – Bodenreform II; 97, 89 ff. – Rückübereignungsanspruch.

S. 35: Zum Rundfunkbegriff vgl. Bundesverfassungsgericht, Amtliche Sammlung, Band 90, S. 60 ff. – Rundfunkgebühr.

S. 35: Zur allgemeinen Medienfreiheit vgl. Bundesverfassungsgericht, Amtliche Sammlung, Band 25, S. 256 ff. – Blinkfüer; Band 34, S. 269 ff. – Soraya; Band 101, S. 361 ff. – Caroline von Monaco II.

S. 35: Zum Streit um die Fünf-Prozent-Klausel siehe Bundesverfassungsgericht, Amtliche Sammlung, Band 82, S. 322 ff. – Wahlvertrag I.

S. 37: Zum »Krieg aller gegen alle« vgl. Thomas Hobbes, Leviathan, ore The Matter, Forme & Power of a Common-Wealth Ecclesiasticall and Civill (1651), 1st Part, Chap. XIII, abgedruckt in: Michael Oakeshott (Hrsg.), Thomas Hobbes. Leviathan or the Matter, Forme and Power of a Commonwealth Ecclesiastical and Civil, 1946, S. 80 ff., übersetzt in: Iring Fetscher (Hrsg.), Leviathan oder Stoff, Form und Gewalt eines kirchlichen und bürgerlichen Staates, 12. Neudruck, 2004, S. 94 ff.

S. 38: Zu den Reimen des Baseler Professors Sebastian Brant vgl. Sebastian Brant, Das Narrenschiff (1494), Kapitel 69, abgedruckt in: Manfred Lemmer (Hrsg.), Sebastian Brant. Das Narrenschiff, 2. Aufl., 1994, S. 176, übertragen in: Hans-Joachim Mähl (Hrsg.), Sebastian Brant. Das Narrenschiff, 1992, S. 252.

S. 39: »Der alte Landmann an seinen Sohn« (1775) ist ein Gedicht von Ludwig Christoph Heinrich Hölty. Das Zitat ist abgedruckt bei Walter Hettche (Hrsg.), Ludwig Christoph Heinrich Hölty. Gesammelte Werke und Briefe, 1998, S. 226.

S. 39: Zum Begriff des Bösewichts vgl. Lutz Röhrich, Das große Lexikon der sprichwörtlichen Redensarten, Band 1, 1991, S. 243.

S. 39: Das Freischützzitat findet sich bei Friedrich Kind, Der Freischütz, 3. Aufzug, 6. Auftritt, abgedruckt in: Attila Csampai/Dietmar Holland (Hrsg.), Carl Maria von Weber. Der Freischütz, 1981, S. 82.

S. 39: Zum Zitat über Sprache als Kanal vgl. John Locke, An essay concerning human understanding (1690), book III, chap. XI, sect. 5, abgedruckt in: John W. Yolton (Hrsg.), An Essay Concerning Human Understanding, Band II, 1964, S. 107, übersetzt in: John Locke, Versuch über die menschliche Vernunft, Band II, 4. Aufl., 1981, S. 146.

S. 41: Das Beispiel zu den unterschiedlichen Wertungen beim Begriff der »öffentlichen Sicherheit und Ordnung« im Laufe der Zeit findet sich bei Bill Drews, Preußisches Polizeirecht, Band 1, 4. Aufl., 1933, S. 16.

S. 41: Zum Familienbegriff des Grundgesetzes als Lebensgemeinschaft von Eltern und Kindern vgl. Bundesverfassungsgericht, Amtliche Sammlung, Band 10, S. 59 (66) – elterliche Gewalt; Band 18, S. 97 (105 f.) – Haushaltsbesteuerung; Band 24, S. 119 (135) – Adoption; Band 48, S. 327 (339) – Familienname; Band 80, S. 81 (90) – Erwachsenenadoption; vgl. ferner Christian Seiler, Grundzüge eines öffentlichen Familienrechts, 2008, S. 34 ff.

S. 42: Zum Steuerabzug vgl. §§ 48–48 d des Einkommensteuergesetzes in der Fassung der Bekanntmachung vom 19. Oktober 2002 (Bundesgesetzblatt I S. 4210; 2003 I S. 179), zuletzt geändert durch Art. 90 des Gesetzes vom 17. Dezember 2008 (Bundesgesetzblatt I S. 2586 mit Wirkung vom 1.9.2009); die Vorschriften der §§ 48–48 d des Einkommensteuergesetzes wurden durch das Gesetz zur Eindämmung illegaler Betätigung im Baugewerbe vom 30. August 2001, Bundesgesetzblatt I 2001, S. 2267 in das Einkommensteuergesetz eingefügt; zur Bedeutung dieser Vorschriften vgl. Dietmar Gosch, in: Paul Kirchhof (Hrsg.), Einkommensteuergesetz. Kompaktkommentar, 8. Aufl., 2008, § 48–48 d.

S. 43: Zur Strafbarkeit des Glücksspiels vgl. §§ 284 f. des Strafgesetzbuches in der Fassung der Bekanntmachung vom 13. November 1998 (Bundesgesetzblatt I S. 3322), zuletzt geändert durch Art. 1 des Gesetzes vom 31. Oktober 2008 (Bundesgesetzblatt I S. 2149).

S. 43: Zum Finanzmarktstabilisierungsfondsgesetz vom 17. Oktober 2008 vgl. Bundesgesetzblatt I S. 1982.

S. 45: Zu den Anforderungen an ein allgemeines Gesetz vgl. Gregor Kirchhof, Die Allgemeinheit des Gesetzes, 2009.

Kapitel II. Die zu früh abgebrochene Aufklärung

S. 52: Zur Geschichte Hebels siehe Johann Peter Hebel, Der kluge Richter (1805), abgedruckt in: Wilhelm Altwegg (Hrsg.), Johann Peter Hebels Werke, Band II, 2. Aufl., 1958, S. 51 f.

S. 57: Zur Forderung der Aufklärung, sich seines eigenen Verstandes zu bedienen, vgl. Immanuel Kant, Beantwortung der Frage: Was ist Aufklärung? (1784), in: Königlich Preußische Akademie der Wissenschaften (Hrsg.), Kants gesammelte Schriften, 1. Abt.: Werke, Band VIII, Neudruck 1923, S. 33 ff.

S. 57: Zu den Wahrheiten im Recht vgl. die amerikanische Declaration of Independence vom 4. Juli 1776: »WE hold these Truths to be self-evident, that all Men are created equal, that they are endowed by their Creator with certain unalienable Rights, that among these are Life, Liberty, and the Pursuit of Happiness«, abgedruckt in: Melvin I. Urofsky/Paul Finkelman (Hrsg.), Documents of American Constitutional and Legal History, Band I, 2. Aufl., 2002, S. 55: »Wir halten folgende Wahrheiten für klar und keines Beweises bedürfend, nämlich: dass alle Menschen gleich geboren, dass sie von ihrem Schöpfer mit gewissen unveräußerlichen Rechten begabt sind, dass zu diesen Leben, Freiheit und das Streben nach Glückseligkeit gehöre.« Übersetzung aus: Dieter Gosewinkel/Johannes Masing (Hrsg.), Die Verfassung in Europa 1789–1949, 2006, S. 136.

S. 57: Zum Grundgedanken der reinen praktischen Vernunft vgl. Immanuel Kant, Kritik der praktischen Vernunft (1788), in: Königlich-Preußische Akademie der Wissenschaften (Hrsg.), Kants gesammelte Schriften, 1. Abt.: Werke, Band V, Neudruck 1913, S. 1 (30).

S. 59: Zum Zitat Gerhard Ertls vgl. das Interview mit den beiden Nobelpreisträgern in: Cicero, Magazin für politische Kultur, Dezember 2007, 124 (128).

S. 59: Zum Zitat Peter Grünbergs vgl. das Interview mit den beiden Nobelpreisträgern in: Cicero, Magazin für politische Kultur, Dezember 2007, 124 (130).

S. 60: Zum Thema Tabu und Recht vgl. Jacob Grimm, Von der Poesie im Recht, in: Zeitschrift für geschichtliche Rechtswissenschaft, Band II, 1816, Heft 1, S. 25 (27 f.); Josef Isensee, Menschenwürde: Die säkulare Gesellschaft auf der Suche nach dem Absoluten, Archiv des öffentlichen Rechts, Band 131 (2006), S. 173 (179); ferner Josef Isensee, Tabu im freiheitlichen Staat, 2003; zum Verhältnis von Tabu und Recht vgl. auch Otto Depenheuer (Hrsg.), Recht und Tabu, 2003.

S. 60: Zum »Raum der Gründe« vgl. Wilfrid Sellars, Empiricism and the philosophy of mind, 1997, S. 75 f., übersetzt in: Thomas Blume (Hrsg.), Der Empirismus und die Philosophie des Geistes, 1999, S. 65 f.

S. 61: Einen Überblick zu Wissen als Grundlage staatlichen Handelns gibt Bardo Faßbender, Wissen als Grundlage staatlichen Handelns, in: Josef Isensee/Paul Kirchhof (Hrsg.), Handbuch des Staatsrechts, Band IV, 3. Aufl., 2006, § 76 Rn. 7 f.

S. 61: Zu den Formen von Wissen vgl. Hans Mohr, Wissen – Prinzip und Ressource, 1999, S. 10 f.

S. 61: Das wörtliche Zitat wurde dem veröffentlichten Nachlass Jean Pauls entnommen, abgedruckt in: Thomas Wirtz/Kurt Wölfel (Hrsg.), Jean Paul. Ideen-Gewimmel. Texte & Aufzeichnungen aus dem unveröffentlichten Nachlass, 1996, S. 65, dazu Bardo Faßbender, Wissen als Grundlage staatlichen Handelns, in: Josef Isensee/Paul Kirchhof (Hrsg.), Handbuch des Staatsrechts, Band IV, 3. Aufl., 2006, § 76 Rn. 8.

S. 61: Zu den ins Weltliche transponierten theologischen Vorstellungen vgl. Herbert Krüger, Allgemeine Staatslehre, 2. Aufl., 1966, S. 51, in Bezug auf Carl Schmitts Formel »Alle prägnanten Begriffe der modernen Staatslehre sind säkularisierte theologische Begriffe«, abgedruckt in: Carl Schmitt, Politische Theologie. Vier Kapitel zur Lehre von der Souveränität, 1. Aufl., 1922, S. 37; hierzu: Bardo Faßbender, Wissen als Grundlage staatlichen Handelns, in: Josef Isensee/Paul Kirchhof (Hrsg.), Handbuch des Staatsrechts, Band IV, 3. Aufl., 2006, § 76 Rn. 12 f.

S. 61: Zum Orientierungswissen vgl. Hans Mohr, Wissen – Prinzip und Ressource, 1999, S. 12 f.

S. 62: Das Augustinuszitat »Dilige, et quod vis fac« findet sich bei Aurelius Augustinus, In epistulam Joannis ad Parthos tractatus, VII, 8, im Original abgedruckt in: Patrologia Latina (PL) 35, Sp. 2029 (2033).

S. 62: Zur Bitte um Keuschheit und Enthaltsamkeit vgl. Aurelius Augustinus, Confessiones, VIII, 7, abgedruckt und übersetzt in: Augustinus, Confessiones. Bekenntnisse, 2004, S. 342 f.

S. 63: Zum inneren Frieden als Voraussetzung des Weltfriedens vgl. die Dankesrede Karl Jaspers', Wahrheit, Freiheit und Friede, in: Börsenverein des Deutschen Buchhandels (Hrsg.), Reden zur Verleihung des Friedenspreises des Deutschen Buchhandels 1958, 1958, S. 7 (10 f.).

S. 63: Die Schildeungen zu Max Frischs Begräbnis finden sich bei Jürgen Habermas, Ein Bewusstsein von dem, was fehlt, in: Neue Zürcher Zeitung vom 10. Februar 2007.

S. 64: Zur Freiheit von Religion vgl. Bill of Rights, Section 16 der Declaration of Rights von Virginia vom 12. Juni 1776, abgedruckt in: William F. Swindler (Hrsg.), Sources and Documents of United States Constitutions, Band 10, 1979, S. 48 (50), übersetzt in: Dieter Gosewinkel/Johannes Masing (Hrsg.), Die Verfassung in Europa 1789–1949, 2006, S. 134 (135); Erster Zusatzartikel der Verfassung der Vereinigten Staaten von Amerika, abgedruckt in: Melvin I. Urofsky/Paul Finkelman (Hrsg.), Documents of American Constitutional and Legal History, Band I, 2. Aufl., 2002, S. 86 (95), übersetzt in: Dieter Gosewinkel/Johannes Masing (Hrsg.), Die Verfassung in Europa 1789–1949, 2006, S. 146 (155); Art. 10 der Erklärung der Menschen- und Bürgerrechte vom 26. August 1789, als Präambel der Verfassung vom 3. September 1791 abgedruckt; vgl. Dieter Gosewinkel/ Johannes Masing (Hrsg.), Die Verfassung in Europa 1789–1949, 2006, S. 165 (166).

S. 65: Zum sogenannten Lüth-Urteil vgl. Bundesverfassungsgericht, Amtliche Sammlung, Band 7, S. 198 ff. – Lüth.

S. 65: Zur objektiven Wertordnung vgl. Bundesverfassungsgericht, Amtliche Sammlung, Band 7, S. 198 (205) – Lüth.

S. 65: Zur Wechselwirkung zwischen allgemeinem Gesetz und der Erkenntnis der wertsetzenden Bedeutung der Grundrechte vgl. Bundesverfassungsgericht, Amtliche Sammlung, Band 7, S. 198 (209) – Lüth.

S. 66: Zur gleichzeitigen Politisierung des Rechts in der DDR vgl. Jan Schaefer, 1958 – Schicksalsjahr der Rechtsentwicklung in beiden deutschen Teilstaaten, in: Juristenzeitung, 2008, 703 (705 ff.).

S. 66: Zu den Aussagen auf der Babelsberger Konferenz vgl. Jan Schaefer, 1958 – Schicksalsjahr der Rechtsentwicklung in beiden deutschen Teilstaaten, in: Juristenzeitung, 2008, 703 (706).

S. 67: Zum Parteibeschluss als oberstes Maß von Recht und Unrecht vgl. Jan Schaefer, 1958 – Schicksalsjahr der Rechtsentwicklung in beiden deutschen Teilstaaten, in: Juristenzeitung, 2008, 703 (706 f.)

S. 68: Zum »Wahren, Guten, Schönen« vgl. Johann Wolfgang von Goethe, Epilog zu Schillers Glocke (1815), abgedruckt in: Erich Trunz (Hrsg.), Goethes Werke. Hamburger Ausgabe, Band 1, 9. Aufl., 1969, S. 256 (257).

S. 68: Zum Gotteszuspruch vgl. Eugen Biser, Ist der Mensch, was er sein kann? Eine anthropologische Reflexion, in: Stimmen der Zeit, Band 199, 1981, S. 291 (298).

S. 68: Zur Nutzung der Früchte christlichen Denkens vgl. Josef Isensee, Menschenwürde: Die säkulare Gesellschaft auf der Suche nach dem Absoluten, in: Archiv des öffentlichen Rechts, Band 131 (2006), S. 173 (206 f.).

S. 69: Zum Glauben an Würde und Wert der menschlichen Persönlichkeit siehe Präambel der Charta der Vereinten Nationen vom 26. Juni 1945 in der durch Beschluss der Generalversammlung der Vereinten Nationen vom 17.12.1963 – in Kraft getreten am 31.8.1965

(UNTS Band 557 S. 143 ff.) –, durch Beschluss vom 20.12.1965 – in Kraft getreten am 12.6.1968 (UNTS Band 638 S. 308; Bundesgesetzblatt 1973 II S. 431) und vom 20.12.1971 – in Kraft getreten am 24.9.1973 (Bundesgesetzblatt 1974 II S. 769) – geändert und durch Bekanntmachung vom 28.8.1980 (Bundesgesetzblatt 1980 II S. 1252) bereinigten Fassung; vgl. auch das Gesetz zum Beitritt der Bundesrepublik Deutschland zur Charta der Vereinten Nationen vom 6.6.1973 (Bundesgesetzblatt II S. 430). Damit trat die Charta der Vereinten Nationen für die Bundesrepublik mit deren Aufnahme am 18.9.1973 in Kraft (siehe die Bekanntmachung vom 27.11.1974, Bundesgesetzblatt II S. 1397); zum Inhalt der Präambel vgl. die Kommentierung von Rüdiger Wolfrum in: Bruno Simma u. a. (Hrsg.), Charta der Vereinten Nationen. Kommentar, 1991, S. 1 ff.

S. 69: Zur Werteklausel der Europäischen Union vgl. Art. 2 des Vertrages über die Europäische Union vom 7. Februar 1992 (BGBl. II S. 1252), zuletzt geändert durch den Vertrag von Lissabon zur Änderung des Vertrages über die Europäische Union und des Vertrages zur Gründung der Europäischen Gemeinschaft vom 13. Dezember 2007, (Abl. C 306/1-271); konsolidierte Fassung in: Abl. 2008 C 115/13: »Die Werte, auf die sich die Union gründet, sind die Achtung der Menschenwürde, Freiheit, Demokratie, Gleichheit, Rechtsstaatlichkeit und die Wahrung der Menschenrechte einschließlich der Rechte der Personen, die Minderheiten angehören. Diese Werte sind in allen Mitgliedstaaten in einer Gesellschaft gemeinsam, die sich durch Pluralismus, Nichtdiskriminierung, Toleranz, Gerechtigkeit, Solidarität und die Gleichheit von Frauen und Männern auszeichnet.«

S. 69: Der Text der amerikanischen Declaration of Independence vom 4. Juli 1776 betont: »WE hold these Truths to be self-evident, that all Men are created equal, that they are endowed by their Creator with certain unalienable Rights, that among these are Life, Liberty, and the Pursuit of Happiness«, abgedruckt in: Melvin I. Urofsky/Paul Finkelman (Hrsg.), Documents of American Constitutional and Legal History, Band I, 2. Aufl., 2002, S. 55: »Wir halten folgende Wahrheiten für klar und keines Beweises bedürfend, nämlich: dass alle Menschen gleich geboren, dass sie von ihrem Schöpfer mit gewissen unveräußerlichen Rechten begabt sind, dass zu diesen Leben, Freiheit und das Streben nach Glückseligkeit gehöre.« Übersetzung aus: Dieter Gosewinkel/Johannes Masing (Hrsg.), Die Verfassung in Europa 1789–1949, 2006, S. 136.

S. 70: Zur Identitätsgarantie vgl. Art. 79 Abs. 3 des Grundgesetzes (»Eine Änderung dieses Grundgesetzes, durch welche die Gliederung des Bundes in Länder, die grundsätzliche Mitwirkung der Länder bei der Gesetzgebung oder die in den Artikeln 1 und 20 niedergelegten Grundsätze berührt werden, ist unzulässig.«) in Verbindung mit Art. 20 (»(1) Die Bundesrepublik Deutschland ist ein demokratischer und sozialer Bundesstaat. (2) Alle Staatsgewalt geht vom Volke aus. Sie wird vom Volke in Wahlen und Abstimmungen und durch besondere Organe der Gesetzgebung, der vollziehenden Gewalt und der Rechtsprechung ausgeübt. (3) Die Gesetzgebung ist an die verfassungsmäßige Ordnung, die vollziehende Gewalt und die Rechtsprechung sind an Gesetz und Recht gebunden. (4) Gegen jeden, der es unternimmt, diese Ordnung zu beseitigen, haben alle Deutschen das Recht zum Widerstand, wenn andere Abhilfe nicht möglich ist.«) und Art. 1 des Grundgesetzes (»(1) Die Würde des Menschen ist unantastbar. Sie zu achten und zu schützen ist Verpflichtung aller staatlichen Gewalt. (2) Das deutsche Volk bekennt sich darum zu unverletzlichen und unveräußerlichen Menschenrechten als Grundlage jeder menschlichen Gemeinschaft, des Friedens und der Gerechtigkeit in der Welt. (3) Die nachfolgenden Grundrechte binden Gesetzgebung, vollziehende Gewalt und Rechtsprechung als unmittelbar geltendes Recht.«).

S. 72: Zur Unabänderlichkeit verfassungsrechtlicher Fundamentalprinzipien vgl. nochmals Art. 79 Abs. 3 des Grundgesetzes (»Eine Änderung dieses Grundgesetzes, durch welche die Gliederung des Bundes in Länder, die grundsätzliche Mitwirkung der Länder bei der Gesetzgebung oder die in den Artikeln 1 und 20 niedergelegten Grundsätze berührt werden, ist unzulässig.«) in Verbindung mit Art. 20 (»(1) Die Bundesrepublik Deutschland ist ein demokratischer und sozialer Bundesstaat. (2) Alle Staatsgewalt geht vom Volke aus. Sie wird vom Volke in Wahlen und Abstimmungen und durch besondere Organe der Gesetzgebung, der vollziehenden Gewalt und der Rechtsprechung ausgeübt. (3) Die Gesetzgebung ist an die verfassungsmäßige Ordnung, die vollziehende Gewalt und die Rechtsprechung sind an Gesetz und Recht gebunden. (4) Gegen jeden, der es unternimmt, diese Ordnung zu beseitigen, haben alle Deutschen das Recht zum Widerstand, wenn andere Abhilfe nicht möglich ist.«) und Art. 1 des Grundgesetzes (»(1) Die Würde des Menschen ist unantastbar. Sie zu achten und zu schützen ist Verpflichtung aller staatlichen Gewalt. (2) Das deutsche Volk bekennt sich darum zu unverletzlichen und unveräußerlichen Menschenrechten als Grundlage jeder menschlichen Gemeinschaft, des Friedens und der Gerechtigkeit in der Welt. (3) Die nachfolgenden Grundrechte binden Gesetzgebung, vollziehende Gewalt und Rechtsprechung als unmittelbar geltendes Recht.«).

S. 72: Zur Freiheit des Abgeordnetenmandats vgl. Art. 38 Abs. 1 S. 2 des Grundgesetzes: »Sie (Die Abgeordneten) sind Vertreter des ganzen Volkes, an Aufträge und Weisungen nicht gebunden und nur ihrem Gewissen unterworfen.«

S. 72: Zur Glaubens- und Gewissensfreiheit vgl. Art. 4 Abs. 1 des Grundgesetzes: »Die Freiheit des Glaubens, des Gewissens und die Freiheit des religiösen und weltanschaulichen Bekenntnisses sind unverletzlich.«

S. 74: Zur Moralität von Gesetzen vgl. Immanuel Kant, Die Metaphysik der Sitten (1797), in: Königlich-Preußische Akademie der Wissenschaften (Hrsg.), Kants gesammelte Schriften, 1. Abt.: Werke, Band VI, Neudruck 1914, S. 203 (214).

S. 74: Zur Freiheit von jedermann vgl. Immanuel Kant, Die Metaphysik der Sitten (1797), in: Königlich-Preußische Akademie der Wissenschaften (Hrsg.), Kants gesammelte Schriften, 1. Abt.: Werke, Band VI, Neudruck 1914, S. 203 (230 f.); ferner hierzu Robert Alexy, Kants Begriff des praktischen Gesetzes, in: Okko Behrends (Hrsg.), Der biblische Gesetzesbegriff, 2006, S. 197 (207 ff.).

S. 74: Zur Kritik einer »väterlichen« Regierung vgl. Immanuel Kant, Über den Gemeinspruch: Das mag in der Theorie richtig sein, taugt aber nicht für die Praxis (1793), in: Königlich Preußische Akademie der Wissenschaften (Hrsg.), Kants gesammelte Schriften, 1. Abt.: Werke, Band VIII, Neudruck 1923, S. 273 (290 f.).

S. 75: Der Abgeordnete als Vertreter des ganzen Volkes findet seine verfassungsrechtliche Verankerung in Art. 38 Abs. 1 S. 2 des Grundgesetzes: »Sie sind Vertreter des ganzen Volkes, an Aufträge und Weisungen nicht gebunden und nur ihrem Gewissen unterworfen.«

S. 76: Zur Wahlberechtigung vgl. Art. 38 Abs. 2 des Grundgesetzes: »Wahlberechtigt ist, wer das achtzehnte Lebensjahr vollendet hat; wählbar ist, wer das Alter erreicht hat, mit dem die Volljährigkeit eintritt.«

S. 76: Zur Aufgabe der Rechtsprechung vgl. Art. 20 Abs. 3 des Grundgesetzes: »Die Gesetzgebung ist an die verfassungsmäßige Ordnung, die vollziehende Gewalt und die Rechtsprechung sind an Gesetz und Recht gebunden.«

S. 76: Zu der dem Richter anvertrauten rechtsprechenden Gewalt vgl. Art. 92 des Grundgesetzes: »Die rechtsprechende Gewalt ist den Richtern anvertraut; sie wird durch das Bundesverfassungsgericht, durch die in diesem Grundgesetze vorgesehenen Bundesgerichte und durch die Gerichte der Länder ausgeübt.«

S. 76: Zu den Gesetzgebungskompetenzen von Bund und Ländern bei der Steuererhebung vgl. Art. 105 des Grundgesetzes: »(1) Der Bund hat die ausschließliche Gesetzgebung über die Zölle und Finanzmonopole. (2) Der Bund hat die konkurrierende Gesetzgebung über die übrigen Steuern, wenn ihm das Aufkommen dieser Steuern ganz oder zum Teil zusteht oder die Voraussetzungen des Artikels 72 Abs. 2 vorliegen. (2a) Die Länder haben die Befugnis zur Gesetzgebung über die örtlichen Verbrauch- und Aufwandsteuern, solange und soweit sie nicht bundesgesetzlich geregelten Steuern gleichartig sind. Sie haben die Befugnis zur Bestimmung des Steuersatzes bei der Grunderwerbsteuer. (3) Bundesgesetze über Steuern, deren Aufkommen den Ländern oder den Gemeinden

(Gemeindeverbänden) ganz oder zum Teil zufließt, bedürfen der Zustimmung des Bundesrates.«

S. 76: Zur Verteilung von Steuererträgen siehe Art. 106 des Grundgesetzes.

S. 77: Zur Menschenwürde vgl. Art. 1 Abs. 1 des Grundgesetzes: »Die Würde des Menschen ist unantastbar. Sie zu achten und zu schützen ist Verpflichtung aller staatlichen Gewalt.«

S. 77: Zu Ehe und Familie siehe Art. 6 Abs. 1 des Grundgesetzes: »Ehe und Familie stehen unter dem besonderen Schutze der staatlichen Ordnung.«

S. 77: Zur Pflicht der Eltern zur Pflege und Erziehung der Kinder vgl. Art. 6 Abs. 2 S. 1 des Grundgesetzes: »Pflege und Erziehung der Kinder sind das natürliche Recht der Eltern und die zuvörderst ihnen obliegende Pflicht.«

S. 77: Zur Pflicht, die aus dem Eigentum erwächst, vgl. Art. 14 Abs. 2 des Grundgesetzes: »Eigentum verpflichtet. Sein Gebrauch soll zugleich dem Wohle der Allgemeinheit dienen.«

S. 77: Die Bedeutung des Gesetzes klingt im Text des Grundgesetzes vor allem als Instrument zur Grundrechtseinschränkung und Grundrechtsverdeutlichung an; dieser Gesetzesvorbehalt ist aber ein Kompetenzvorbehalt, vgl. Fritz Ossenbühl, Vorrang und Vorbehalt des Gesetzes, in: Josef Isensee/Paul Kirchhof (Hrsg.), Handbuch des Staatsrechts, 3. Aufl., Band V, 2007, § 101 Rn. 11 f.

S. 78: Zur Bewertungsfreiheit von Handelsschiffen vgl. Bundesverfassungsgericht, Amtliche Sammlung, Band 97, S. 67 ff. – Schiffsbauverträge.

S. 79: Zu Nation und Demokratie vgl. Franz Schnabel, Deutsche Geschichte im 19. Jahrhundert, Band I, 5. Aufl., 1959, S. 111.

S. 79: Zur Doppelfunktion der Demokratie vgl. Peter Graf Kielmansegg, Volkssouveränität. Eine Untersuchung zu den Bedingungen demokratischer Legitimität, 1977, S. 69 f., 148 f.; vgl. ferner Ernst Wolfgang Böckenförde, Demokratie als Verfassungsprinzip, in: Josef Isensee/Paul Kirchhof (Hrsg.), Handbuch des Staatsrechts, Band II, 3. Aufl., 2004, § 24 Rn. 3 ff.; Peter Badura, Die parlamentarische Demokratie, in: Josef Isensee/Paul Kirchhof (Hrsg.), Handbuch des Staatsrechts, Band II, 3. Aufl., 2004, § 25 Rn. 27 ff.

S. 79: Zur Zurückweisung der dem Grundgesetz zuwiderlaufenden politischen Vorstellungen vgl. Art. 9 Abs. 2 des Grundgesetzes (Vereinigungsverbot), Art. 21 Abs. 2 des Grundgesetzes (Parteienverbot); vgl. ferner Art. 18 des Grundgesetzes (Verwirkung von Grundrechten).

S. 80: Zu den Nomaden vgl. Brun-Otto Bryde, Zur Einführung: Afrikanische Rechtssysteme, in: Juristische Schulung, 1982, S. 8 ff.

S. 80: Zum Zusammenhang von Sesshaftigkeit und dem Entstehen subjektiver Rechte vgl. Gerd Morgentaler, Gleichheit und Rechtssystem – Widerspruchsfreiheit, Folgerichtigkeit, in: Rudolf Mellinghoff/Ulrich Palm (Hrsg.), Gleichheit im Verfassungsstaat, 2008, S. 51 (54 f.).

S. 80: Zum Elementaranliegen des Rechts, zwischen Selbstbestimmung des Einzelnen und dessen Mitgliedschaft in einem Zusammenschluss einen Ausgleich zu finden, vgl. Jean-Jacques Rousseau, Du contrat social ou principes du droit politique (1762), 1er livre, chapitre 8, übersetzt in: Jean-Jacques Rousseau, Sozialphilosophische und Politische Schriften, 1981, S. 267 (280 f.).

S. 81: Zu den historischen Anlässen als Entstehensbedingungen der Verfassung siehe Dieter Grimm, Ursprung und Wandel der Verfassung, in: Josef Isensee/Paul Kirchhof, (Hrsg.), Handbuch des Staatsrechts, Band I, 3. Aufl., 2003, § 1 Rn. 11 ff.

S. 81: Zum Staat und seiner Rechtsordnung vgl. Ernst-Wolfgang Böckenförde, Der Staat als sittlicher Staat, 1978; Hasso Hofmann, Politik, Recht, Verfassung, 1986; Paul Kirchhof, Der Staat als Organisationsform politischer Herrschaft und rechtlicher Bindung, in: Deutsches Verwaltungsblatt 1999, 637 ff.; Wolfgang Reinhard, Geschichte der Staatsgewalt, 3. Aufl., 2002; Udo Di Fabio, Die Staatsrechtslehre und der Staat, 2003; Josef Isensee, Der Verfassungsstaat als Friedensgarant, in: Rudolf Mellinghoff/Gerd Morgenthaler/Thomas Puhl (Hrsg.), Die Erneuerung des Verfassungsstaates, 2003, S. 7 ff.; Udo Di Fabio,

Der Verfassungsstaat in der Weltgesellschaft, in: Rudolf Mellinghoff/Gerd Morgenthaler/ Thomas Puhl (Hrsg.), Die Erneuerung des Verfassungsstaates, 2003, S. 57 ff.; Dieter Grimm, Ursprung und Wandel der Verfassung, in: Josef Isensee/Paul Kirchhof, (Hrsg.), Handbuch des Staatsrechts, Band I, 3. Aufl., 2003, § 1 Rn. 9 f., 11 ff.; Hans-Jürgen Papier, Steuerungs- und Reformfähigkeit des Staates, in: Rudolf Mellinghoff/Gerd Morgenthaler/Thomas Puhl (Hrsg.), Die Erneuerung des Verfassungsstaates, 2003, S. 103 ff.; Josef Isensee, Staat und Verfassung, in: Josef Isensee/Paul Kirchhof, (Hrsg.), Handbuch des Staatsrechts, Band II, 3. Aufl., 2004, § 15 Rn. 21 ff.

S. 81: Zur Bestätigung der bisherigen Verfasstheit des Rechts in England vgl. die Bill of Rights von 1689, den Vertrag zwischen dem Parlament und dem neuen Monarchen, in dem die alten Rechte bekräftigt wurden. Originaltext abgedruckt in: David C. Douglas (Hrsg.), English Historical Documents, Band VI: Andrew Browning (Hrsg.), 1660–1714, 1996, S. 122 ff., übersetzt in: Dieter Gosewinkel/Johannes Masing (Hrsg.), Die Verfassung in Europa 1789–1949, 2006, S. 119 ff.; Dieter Grimm, Die Zukunft der Verfassung, 1991, S. 78 f.

S. 82: Zur amerikanischen Abkehr vom bisherigen Recht vgl. Dieter Grimm, Ursprung und Wandel der Verfassung, in: Josef Isensee/Paul Kirchhof, (Hrsg.), Handbuch des Staatsrechts, Band I, 3. Aufl., 2003, § 1 Rn. 11.

S. 82: Zur Französischen Revolution und deren rechtlichen Errungenschaften vgl. Hasso Hofmann, Die Grundrechte 1789–1949–1989, in: Neue Juristische Wochenschrift, 1989, 3177 ff.

S. 82: Zum Hungerwinter nach dem 2. Weltkrieg vgl. Karl-Heinz Rothenberger, Die Hungerjahre nach dem Zweiten Weltkrieg, 1980, S. 141 ff.; Reinhard Mußgnug, Zustandekommen des Grundgesetzes und Entstehen der Bundesrepublik Deutschland, in: Josef Isensee/ Paul Kirchhof, (Hrsg.), Handbuch des Staatsrechts, Band I, 3. Aufl., 2003, § 8 Rn. 10, 11.

S. 82: Zur Handlungsunfähigkeit im anfänglichen Chaos nach dem Kriege vgl. Michael Stolleis, Besatzungsherrschaft und Wiederaufbau deutscher Staatlichkeit 1945–1949, in: Josef Isensee/Paul Kirchhof, (Hrsg.), Handbuch des Staatsrechts, Band I, 3. Aufl., 2003, § 7 Rn. 24 f.

S. 82: Zu Entstehen und Festigung der deutschen Teilung vgl. Otto Luchterhandt, Die staatliche Teilung Deutschlands, in: Josef Isensee/Paul Kirchhof (Hrsg.), Handbuch des Staatsrechts, Band I, 3. Aufl., 2003, § 10 Rn. 1 ff.

S. 82: Zum Auftrag der westlichen Besatzungsmächte zur Verfassunggebung vgl. Frankfurter Dokumente zur zukünftigen Entwicklung Deutschlands vom 1. Juli 1948; Texte bei Ernst Rudolf Huber (Hrsg.), Quellen zum Staatsrecht der Neuzeit, Band 2, 1951, S. 197 ff.

S. 83: Zum grundgesetzlichen Verfassungsauftrag zur Wiedervereinigung vgl. Bundesverfassungsgericht, Amtliche Sammlung, Band 36, S. 1 (17 ff.) – Grundlagenvertrag; Band 77, 137 (149 ff.) – Teso.

S. 84: Zum Prozess der Wiedervereinigung vgl. im Einzelnen Michael Kilian, Der Vorgang der deutschen Wiedervereinigung, in: Josef Isensee/Paul Kirchhof (Hrsg.), Handbuch des Staatsrechts, Band I, 3. Aufl., 2003, § 12 Rn. 13 ff.

S. 85: Zur Mitwirkung Deutschlands an der Europäischen Union vgl. Bundesverfassungsgericht, Amtliche Sammlung, Band 89, S. 155 ff. – Maastricht.

S. 85: Eine unmittelbar auf die Europäische Union bezogene Struktursicherungsklausel enthalten neben Art. 23 Abs. 1 S. 1 des Grundgesetzes (eine Union, »die demokratischen, rechtsstaatlichen, sozialen und föderativen Grundsätzen und dem Grundsatz der Subsidiarität verpflichtet ist und einen diesem Grundgesetz im Wesentlichen vergleichbaren Grundrechtsschutz gewährleistet«), Kap. 10 § 5 Abs. 1 der schwedischen Verfassung (Freiheits- und Rechtsschutz entsprechend der Verfassung und der Europäischen Menschenrechtskonvention) und in abstrakterer Form auch Art. 88-1 f. der französischen Verfassung (freiwillige gemeinsame Kompetenzausübung, Vorbehalt der Gegenseitigkeit). Art. 7 Abs. 6 der portugiesischen Verfassung ermächtigt zur Hoheitsübertragung unter dem Vorbehalt der Gegenseitigkeit, unter Beachtung des Subsidiaritätsprinzips und mit dem Ziel der Verwirklichung des wirtschaftlichen und sozialen Zusammenhalts; Art. 7 Abs. 5 ergänzt, dass Portugal den europäischen Einigungsprozess für Demokratie, Frieden, wirtschaftlichen Fortschritt und Gerechtigkeit unter den Völkern unterstützt. In allgemeiner Fassung sieht Art. 20 Abs. 1 der dänischen Verfassung eine Übertragung von Hoheitsrechten nur auf Einrichtungen zur Förderung der zwischenstaatlichen Rechtsordnung und Zusammenarbeit vor.

S. 85: Zur Identitätsgarantie vgl. Art. 23 Abs. 1 S. 3 des Grundgesetzes (Maßstäbe des Art. 79 Abs. 3 des Grundgesetzes). In vielen Mitgliedstaaten wird der Vorbehalt der verbleibenden Verfassungs- und Staatsstruktur ungeschriebenen Teilen der Verfassungsordnung entnommen, insbesondere dem Souveränitätsgrundsatz. Siehe hierzu insbesondere die Entscheidungen des Spanischen Verfassungsgerichtshofs vom 1.7.1992 (Europäische Grundrechte Zeitschrift, 1993, 285 ff.), des Französischen Verfassungsrats vom 31.12.1997 (Europäische Grundrechte Zeitschrift, 1998, 27 ff.) und des Dänischen Obersten Gerichtshofs vom 6.4.1998 (Europäische Grundrechte Zeitschrift, 1999, 49 ff.); dazu Gerhard Ring/Line Olsen-Ring, Souveränitätsübertragung nach dänischem Verfassungsrecht, in: Europäische Zeitschrift für Wirtschaft, 1998, 589 ff.). Zum entsprechenden Souveränitätsverständnis in Italien vgl. Agostino Carrino, Verfassung und Souveränität in Europa am Beispiel Italiens, in: Zeitschrift für europarechtliche Studien, 1998, 427 ff.

S. 85: Verfahrensanforderungen bei Kompetenzübertragungen auf die Europäischen Gemeinschaften stellt neben Art. 23 Abs. 1 S. 2 und 3 des Grundgesetzes (Zustimmung des Bundesrates, verfassungsändernde Mehrheit) Art. 168 der belgischen Verfassung (Beteiligung der Kammern) und Kap. 10 § 5 Abs. 1 der schwedischen Verfassung (Dreiviertelmehrheit der Abstimmenden oder verfassungsändernde Mehrheit). Für jegliche Übertragung von Hoheitsgewalt erfordert Art. 93 S. 1 der spanischen Verfassung ein verfassungsausführendes Gesetz und Art. 20 Abs. 2 der dänischen Verfassung eine Fünfsechstelmehrheit der Mitglieder des Folketing. Vgl. auch die entsprechende Bestimmung in Art. 90 Abs. 2–4 der polnischen Verfassung (Mehrheitserfordernisse, Volksabstimmung).

S. 86: Eine Übersicht über die Stärkung der parlamentarischen Demokratien in der Union durch die Verfassungsgerichte der Mitgliedstaaten bietet Ulrich Hufeld, Europas Verfassungsgemeinschaft – Staatsrechtliche Perspektive, in: Ulrich Hufeld/Astrid Epinay, Europäisches Verfassungsrecht, 2008, S. 35 ff.

S. 86: Die 54. Änderung des Grundgesetzes vom 19. März 2009 findet sich im BGBl. 2009 I S. 606.

Kapitel III. Mensch, Person, Persönlichkeit im staatlichen Recht

S. 92: Zu Mose, dem Auszug der Israeliten aus Ägypten und dem Bund mit Gott vgl. Exodus; zum Tod des Moses vgl. Deuteronomium 34, 1 – 12.

S. 93: Zum Einfluß der Figur des Moses auf Kunst und Kultur vgl. die Statue Michelangelos für das Grabmal von Julius II. in Rom, hierzu: Enrico Guidoni, Il Mosè di Michelangelo, 1982; Thomas Mann, Das Gesetz (deutsch 1944), abgedruckt in: Thomas Mann, Gesammelte Werke in zwölf Bänden, Band VIII, 1960, S. 808 ff.; Arnold Schönberg, Moses und Aaron (1957), hierzu Rolf Fath, Reclams Opernführer, 37. Aufl., 2002, S. 648 ff.; weiterführend etwa Wolf-Daniel Hartwich, Moses und die Moderne. Die Kritik des Alten Testaments in der deutschen Literatur des 18. – 20. Jahrhunderts, Diss., 1996.

S. 94: Die Charakterisierung des Moses aus der Feder Thomas Manns findet sich zu Beginn von dessen Erzählung »Das Gesetz« (deutsch 1944), abgedruckt in: Thomas Mann, Gesammelte Werke in zwölf Bänden, Band VIII, 1960, S. 808.

S. 94: Thomas Mann, Das Gesetz (deutsch 1944), abgedruckt in: Thomas Mann. Gesammelte Werke in zwölf Bänden, Band VIII, 1960, S. 808 (871) bezeichnet die Zehn Gebote als den »Fels des Anstandes«.

S. 94: Der Text zu den Zehn Geboten folgt Notker Wolf/Matthias Drobinski, Regeln zum Leben, Die Zehn Gebote – Provokation und Orientierung heute, 2. Aufl., 2008, S. 59 f.

S. 98: Zur Somalia-Entscheidung vgl. Bundesverfassungsgericht, Amtliche Sammlung, Band 89, S. 38 ff. – Somalia; Band 90, S. 286 ff. – Bundeswehreinsatz.

S. 98: Zur Herausgabe der Kinder vom Vater an die Mutter vgl. Bundesverfassungsgericht, Amtliche Sammlung, Band 99, S. 49 ff. – Tiemann.

S. 98: Zur Angleichung des steuerrechtlichen und sozialrechtlichen Existenzminimums vgl. Bundesverfassungsgericht, Amtliche Sammlung, Band 87, S. 153 ff. – Existenzminimum.

S. 99: Zum Widerstreit zwischen Selbsthilfe und Faustrecht einerseits und allgemeinem, friedenstiftendem Recht andererseits vgl. Johann Wolfgang von Goethe, Götz von Berlichingen (1773), abgedruckt in: Dieter Borchmeyer u.a. (Hrsg.), Johann Wolfgang Goethe. Sämtliche Werke. Briefe, Tagebücher und Gespräche, I. Abt.: Sämtliche Werke, Band 4: Dieter Borchmeyer (Hrsg.), Johann Wolfgang von Goethe. Dramen 1765–1775, 1985, S. 279 ff. und insbesondere S. 302 ff.; dazu: Patrick Roetzel, Goethes »Götz« – oder »die Welt ist ein Gefängnis«, in: Neue Juristische Wochenschrift, 1995, 849 (850).

S. 99: Zu Adolf Hitlers Steuerbefreiung: Frank Bajohr, Der folgenlose Skandal. Korruptionsaffären im Nationalsozialismus, in: Martin Sabrow (Hrsg.), Skandal und Diktatur. Formen öffentlicher Empörung im NS-Staat und in der DDR, 2004, S. 59 (64).

S. 99: Zu den Anforderungen an Gesetzgeber, Gesetz und Normadressaten vgl. schon Platon, Nomoi, 718a ff.; 722c ff., abgedruckt in: Gunther Eigler (Hrsg.), Platon. Werke in acht Bänden. Griechisch und Deutsch, Band VIII.1, 1977, S. 260 ff. und 274 ff.; Marcus Tullius Cicero, De legibus II, V, 11 ff., Text und Übersetzung bei: Rainer Nickel (Hrsg.), M. Tullius Cicero. De legibus – Paradoxa Stoicorum, 1994, S. 80 ff.

S. 100: Zur Trias Mensch, Person und Persönlichkeit vgl. Hanno Kube, Ehre und Persönlichkeitsrecht, in: Josef Isensee/Paul Kirchhof (Hrsg.), Handbuch des Staatsrechts, Band VII, 3. Aufl., 2009, § 148 Rn. 2 ff.

S. 100: Zum Ausdruck des Persönlichkeitsverständnisses im beginnenden 19. Jahrhundert vgl. Johann Wolfgang von Goethe, West-östlicher Diwan (1819–1827), Buch Suleika, abgedruckt in: Friedrich Apel u. a. (Hrsg.), Johann Wolfgang von Goethe. Sämtliche Werke. Briefe, Tagebücher, und Gespräche, I. Abt.: Sämtliche Werke, Band 3/I: Hendrik Birus (Hrsg.), Johann Wolfgang Goethe. West-östlicher Diwan, Teil I, 1994, S. 375 (386), Friedrich Karl von Savigny, System des heutigen Römischen Rechts (1840), Band 2, Neudruck 1973, § 60, S. 1 f.; G., Menschenrechte, in: Karl von Rotteck/Karl Welcker (Hrsg.), Das Staatslexikon. Encyklopädie der sämmtlichen Staatswissenschaften für alle Stände, Band 9, 3. Aufl., 1864, S. 766 (768), der Verfasser G. bleibt anonym.

S. 100: Das Bundesverfassungsgericht hat allerdings die Garantie der »freien Entfaltung der Persönlichkeit«, Art. 2 Abs. 1 des Grundgesetzes, als allgemeine Handlungsfreiheit gedeutet, damit die grundrechtlich garantierte Freiheit deutlich ausgeweitet, ihr aber ihren idealistischen Kern insoweit genommen; vgl. Bundesverfassungsgericht, Amtliche Sammlung, Band 6, S. 32 (36 ff.) – Elfes; seitdem ständige Rechtsprechung; ferner Hanno Kube, Persönlichkeitsrecht, in: Josef Isensee/Paul Kirchhof (Hrsg.), Handbuch des Staatsrechts, Band VII, 2009, § 148 Rn. 25 f. und 107 ff.

S. 103: Zum göttlichen Recht vgl. Franz Böckle, Natürliches Gesetz als göttliches Gesetz in der Moraltheologie, in: Franz Böckle/Ernst-Wolfgang Böckenförde (Hrsg.), Naturrecht in der Kritik, 1973, S. 165 ff.; Ralf Dreier, Göttliches und menschliches Recht, in: Zeitschrift für evangelisches Kirchenrecht, (32) 1987, 289 ff.

S. 103: Zum Naturrecht vgl. Bernd Rüthers, Rechtstheorie, 3. Aufl., 2007, § 12; Alexander Hollerbach, Naturrecht, in: Wilhelm Korff/Lutwin Beck/Paul Mikat (Hrsg.), Lexikon der Bioethik, Band 2, 1998, S. 738 ff.; Klaus Stern, Idee der Menschenrechte und Positivität der Grundrechte, in: Josef Isensee/Paul Kirchhof (Hrsg.) Handbuch des Staatsrechts, Band V, 2. Aufl., 2000, § 108 Rn. 9 f.

S. 104: Zum Gesellschaftsvertrag vgl. Jean-Jacques Rousseau, Du contrat social ou principes du droit politique (1762), übersetzt in: Jean-Jacques Rousseau, Sozialphilosophische und Politische Schriften, 1981, S. 267 ff.; dazu: Wolfgang Kersting, Die politische Philosophie des Gesellschaftsvertrags, 2005; Wolfgang Kersting, Jean-Jacques Rousseaus »Gesellschaftsvertrag«, 2002.

S. 104: Zum Schleier des Nichtwissens siehe John Rawls, A Theory of Justice (1971), Neudruck 2005, S. 136 ff. et passim, übersetzt in: John Rawls, Eine Theorie der Gerechtigkeit, 1975, S. 159 ff. et passim; vgl. ferner John Rawls, Justice as Fairness. A Restatement, 2. Aufl., 2001, S. 85 et passim, übersetzt in Erin Kelly (Hrsg.) John Rawls. Gerechtigkeit als Fairness. Ein Neuentwurf, 2006, S. 139 ff. et passim.

S. 104: Zu den Maßgaben an die »höchste Macht« vgl. John Locke, Two treatises of government (1689), book II., chap. XI, §§ 134 ff., abgedruckt in: Peter Laslett (Hrsg.), John Locke. Two treatises of government. A critical edition with an introduction and apparatus criticus, 1960, S. 285 (373 ff.), übersetzt in: Walter Euchner (Hrsg.), John Locke. Zwei Abhandlungen über die Regierung, 12. Neudruck, 2007, S. 200 (283 ff.).

S. 105: Zum Philosophenkönig vgl. Platon, Politeia, 473c–e, abgedruckt in: Thomas Alexander Szlezák (Hrsg.), Platon. Der Staat. Politeia. Griechisch-Deutsch, 2000, S. 450 ff.; ferner auch Platon, Nomoi, 711e–712a, abgedruckt in: Gunther Eigler (Hrsg.), Platon. Werke in acht Bänden. Griechisch und Deutsch, Band VIII.1, 1977, S. 242 f.; Platon, Politikos, 294a–c, abgedruckt in: Gunther Eigler (Hrsg.), Platon. Werke in acht Bänden. Griechisch und Deutsch, Band VI, 2. Aufl., 1970, S. 403 (522 f.); hierzu: Franz Vonessen, Der Philosoph als König. Platons Ideenlehre. Band 2, 2003. Den Philosophenkönig ablehnend, den Einfluss von Philosophen aber in der äußeren Wirklichkeit wünschend: Immanuel Kant, Zum ewigen Frieden (1795), in: Königlich Preußische Akademie der Wissenschaften (Hrsg.), Kants gesammelte Schriften, 1. Abt.: Werke, Band VIII, Neudruck 1923, S. 341 (369); hierzu: Heinrich Karpp, Die Philosophenkönige bei Platon und Kant, Gymnasium, (60) 1953, 334 ff.

S. 105: Zum Kampf aller gegen alle vgl. Thomas Hobbes, Leviathan, ore The Matter, Forme & Power of a Common-Wealth Ecclesiasticall and Civill (1651), 1st Part, Chap. XIII, abgedruckt in: Michael Oakeshott (Hrsg.), Thomas Hobbes. Leviathan or the matter, forme and power of a commonwealth ecclesiasticall and civil, 1946, S. 80 ff., übersetzt in: Iring Fetscher (Hrsg.), Leviathan oder Stoff, Form und Gewalt eines kirchlichen und bürgerlichen Staates, 12. Neudruck, 2004, S. 94 ff.

S. 105: Zur historischen Begriffsentwicklung der Tyrannis vgl. Martin Dreher/Jürgen Hüllen, Tyrannis, in: Joachim Ritter/Karlfried Gründer (Hrsg.), Historisches Wörterbuch der Philosophie, Band 10, 1998, Sp. 1607 ff.; vgl. ferner zur literarischen Rezeption von Tyrannen Clausdieter Schott, Kleingeschriebene und hochgehängte Gesetze. Von Tyrannen und Zitaten, in: Rechtshistorisches Journal, (16) 1997, 453 ff.

S. 105: Zum Thema Demokratie allgemein vgl. Ernst-Wolfgang Böckenförde, Demokratie als Verfassungsprinzip, in: Josef Isensee/Paul Kirchhof (Hrsg.) Handbuch des Staatsrechts, Band II, 3. Aufl., 2004, § 24; Peter Badura, Die parlamentarische Demokratie, in: Josef Isensee/Paul Kirchhof (Hrsg.) Handbuch des Staatsrechts, Band II, 3. Aufl., 2004, § 25.

S. 105: Zum Begriff des Staatsvolks vgl. Georg Jellinek, Allgemeine Staatslehre 3. Aufl. 1914, S. 406 ff. und in neuerer Zeit Rolf Grawert, Staatsvolk und Staatsangehörigkeit, in: Josef Isensee/Paul Kirchhof (Hrsg.) Handbuch des Staatsrechts, Band II, 3. Aufl., 2004, § 16; Reinhold Zippelius, Allgemeine Staatslehre, 15. Aufl., 2007, § 11.

S. 105: Zur Staatsgewalt vgl. Georg Jellinek, Allgemeine Staatslehre 3. Aufl. 1914, S. 427 ff. und 435 ff.; und in neuerer Zeit Albrecht Randelzhofer, Staatsgewalt und Souveränität, in: Josef Isensee/ Paul Kirchhof (Hrsg.) Handbuch des Staatsrechts, Band II, 3. Aufl., 2003, § 17; Reinhold Zippelius, Allgemeine Staatslehre, 15. Aufl., 2007, § 9.

S. 107: Zum Weltenstaat vgl. schon Johann Gottlieb Fichte, Der geschloßne Handelsstaat (1800), abgedruckt in: Hans Hirsch (Hrsg.), Johann Gottlieb Fichte. Der geschloßne Handelsstaat, 3. Aufl., 1979; Ernst Jünger, Der Weltstaat, 1960; vgl. zum Thema Weltstaat allgemein: Matthias Lutz-Bachmann/James Bohman (Hrsg.), Weltstaat oder Staatenwelt?, 2002.

S. 108: Zur Sympathie bei Adam Smith vgl. Adam Smith, The Theory of moral sentiments, (1759), part 3, chap. 1, übersetzt in: Walther Eckstein (Hrsg.), Theorie der ethischen Gefühle, 2004, S. 167.

S. 108: Das Zitat zum Ziel und Zweck der Produktion findet sich bei Adam Smith, An Inquiry into the Nature and Causes of the Wealth of Nations (1776), book 4, chap. 8, übersetzt in: Horst Claus Recktenwald (Hrsg.), Adam Smith. Der Wohlstand der Nationen, 6. Aufl., 1993, S. 558.

S. 108: Zur Erwartung Kants an das menschliche Handeln vgl. Immanuel Kant, Kritik der praktischen Vernunft (1788), in: Königlich-Preußische Akademie der Wissenschaften (Hrsg.), Kants gesammelte Schriften, 1. Abt.: Werke, Band V, Neudruck 1913, S. 1 (30).

S. 108: Zu den Warnungen Friedrich A. von Hayeks vgl. Friedrich A. von Hayek, Die verhängnisvolle Anmaßung: Die Irrtümer des Sozialismus, 1996, S. 18 ff. und 65 ff.

S. 109: Zum Prozess von Versuch und Irrtum sowie den Erfahrungen aufeinanderfolgender Generationen vgl. Friedrich A. von Hayek, Die Verfassung der Freiheit, 4. Aufl., 2005, S. 201.

S. 110: Der Anteil der Industrienationen an der Weltbevölkerung wurde für das Jahr 2007 berechnet nach United Nations (Hrsg.), World Population Prospects: The 2006 Revision. Executive Summary, 2007, S. 7, Tabelle 1.

S. 110: Zur Weltbevölkerung vgl. die Zahlen bei United Nations (Hrsg.), World Population Prospects: The 2006 Revision. Executive Summary, 2007, S. 7, Stand Juli 2007.

Kapitel IV. Freiheit, Gleichheit, Sicherheit

S. 112: Der Sachverhalt sowie umfangreiche Informationen zum Fall des Müllers Arnold finden sich bei: Tilman Repgen, Der Müller Arnold und die Unabhängigkeit des Richters im friderizianischen Preußen, in: Ulrich Falk/Michele Luminati/Matthias Schmoeckel (Hrsg.), Fälle aus der Rechtsgeschichte, 2008, S. 223 ff.; Horst Sendler, Friedrich der Große und der Müller Arnold, in: Juristische Schulung 1986, 759 ff.

S. 113: Zur Funktion des Königs als oberster Gesetzgeber und Gerichtsherr siehe auch Detlef Merten, Der Katte-Prozess, 1980, S. 30, 41.

S. 114: Zur Reaktion Friedrichs II. auf das in seinem Namen ergangene Urteil vgl. Horst Sendler, Friedrich der Große und der Müller Arnold, in: Juristische Schulung 1986, 759 (760).

S. 114: Zur Aufnahme der Auffassung des Königs in das Recht vgl. Allgemeines Landrecht für die Preußischen Staaten von 1794, Zweyter Theil, Fünfzehnter Titel, § 246, abgedruckt in: Hans Hattenhauer (Hrsg.), Allgemeines Landrecht für die Preußischen Staaten von 1794. Textausgabe, 1970, S. 602.

S. 114: Zur Rechtsprechung des Bundesverwaltungsgerichts in einem ähnlichen Fall vgl. Bundesverwaltungsgericht, Amtliche Sammlung, Band 36, S. 248 ff.; dazu Horst Sendler, Friedrich der Große und der Müller Arnold, in: Juristische Schulung 1986, 759 (762).

S. 114: Zu Assoziationen mit den Begriffen Müller und Mühle vgl. Bernhard Großfeld/Andreas Möhlenkamp, Die Mühle in Märchen und Recht – Zur Verknüpfung von Wirtschaft, Kultur und Recht, in: Neue Juristische Wochenschrift, 1996, 1103 (1105, 1107, 1110 f.).

S. 115: Zur Einmischung Friedrichs II. in laufende Verfahren vgl. Horst Sendler, Friedrich der Große und der Müller Arnold, in: Juristische Schulung 1986, 759 (760 f.).

S. 115: Zur Brüderlichkeit vgl. Mona Ozouf, Brüderlichkeit, in: François Furet/Mona Ozouf (Hrsg.), Kritisches Wörterbuch der Französischen Revolution, Band II, 1996, S. 1037 ff.; zu deren Dartsellung S. 1038; zur Utopie der Stadt der Bruderliebe S. 1042.

S. 116: Zum Zitat, jeder Franzose sei bis zum Vaterlandsverrat Bruder, sowie der Feststellung, Aristokraten hätten kein Vaterland, vgl. Mona Ozouf, Brüderlichkeit, in: François Furet/Mona Ozouf (Hrsg.), Kritisches Wörterbuch der Französischen Revolution, Band II, 1996, S. 1037 (1042).

S. 116: Zum Zitat, es gebe nur Brüder oder Feinde, vgl. Mona Ozouf, Brüderlichkeit, in: François Furet/Mona Ozouf (Hrsg.), Kritisches Wörterbuch der Französischen Revolution, Band II, 1996, S. 1037 (1043): »In einem freien Volk gibt es nur Brüder oder Feinde«, sagt die Sektion Marchés.

S. 116: Zu Brüderlichkeit und Gewalt vgl. Jean Paul Sartre, Kritik der dialektischen Vernunft, Band I, 1967, S. 466 et passim.

S. 116: Die französische Verfassung von 4. November 1848 findet sich abgedruckt in: Dieter Gosewinkel/Johannes Masing (Hrsg.), Die Verfassungen in Europa 1789–1949, 2006, S. 301 ff. Zur Liebe des Vaterlandes vgl. die Einleitung der Verfassung unter VII, S. 301; zur gegenseitigen brüderlichen Unterstützung und zum brüderlichen Beistand für die bedürftigen Brüder vgl. unter VIII, S. 302.

S. 116: Die Erklärung der Rechte des Menschen und des Bürgers vom 26.8.1789 wird als Präambel der Verfassung vom 3. September .1791 verstanden und ist übersetzt in: Dieter Gosewinkel/Johannes Masing (Hrsg.), Die Verfassung in Europa 1789–1949, 2006, S. 165 ff.

S. 116: Zur Verfassung der Französischen Republik vom 24. Juni 1793 vgl. die Übersetzung in: Dieter Gosewinkel/Johannes Masing (Hrsg.), Die Verfassung in Europa 1789–1949, 2006, S. 193 ff., hier insbesondere Art. 1 und 2.

S. 116: Zu den Artikeln 1 bis 4 der Verfassung der Französischen Republik vom 5. Fructidor III (22. August 1795) vgl. die Übersetzung in: Dieter Gosewinkel/Johannes Masing (Hrsg.), Die Verfassung in Europa 1789–1949, 2006, S. 206.

S. 117: Zum Recht, sein Vermögen, seine Einkünfte, den Ertrag seiner Arbeit und seines Fleißes zu genießen und darüber zu verfügen, vgl. Art. 5 der Verfassung der Französischen Republik vom 5. Fructidor III (22. August 1795), übersetzt in: Dieter Gosewinkel/Johannes Masing (Hrsg.), Die Verfassung in Europa 1789–1949, 2006, S. 206.

S. 117: Zur Forderung des Abbé Sieyès vgl. Emmanuel Joseph Sieyès, Préliminaire de la Constitution. Reconnaissance et Exposition raisonnée des Droits de l'Homme et du Citoyen, 1789, übersetzt in: Eberhard Schmitt/Rolf Reichardt (Hrsg.), Emmanuel Joseph Sieyès. Politische Schriften 1788–1790, 2. Aufl., 1981, S. 239 (248).

S. 117: Zur Forderung des Abbé Sieyès vgl. ferner Josef Isensee, Das Grundrecht als Abwehrrecht und staatliche Schutzpflicht, in: Josef Isensee/Paul Kirchhof (Hrsg.), Handbuch des Staatsrechts, Band V, 2. Aufl., 2000, § 111 Rn. 26; zu den Schutzpflichten als Revolutionsthema vgl. Gerhard Robbers, Sicherheit als Menschenrecht, 1987, S. 64 ff.; Walter Rudolf, Die französische Menschenrechtserklärung und ihre Wirkungen, in: Erhard Denninger (Hrsg.), Kritik und Vertrauen. Festschrift für Peter Schneider zum 70. Geburtstag, 1990, S. 430 ff.

S. 117: Die Erklärung der Menschen- und Bürgerrechte vom 26. August 1789, als Präambel der Verfassung vom 3. September 1791 abgedruckt, garantiert in Art. 2 als Menschenrechte »die Freiheit, das Eigenthum, die Sicherheit, der Widerstand gegen Unterdrückung«, vgl. Dieter Gosewinkel/Johannes Masing (Hrsg.), Die Verfassung in Europa 1789–1949, 2006, S. 165; die Verfassung der Französischen Republik vom 24. Juni 1793 nennt dann als die Rechte, deretwegen die Regierung eingesetzt ist »Gleichheit, Freiheit, Sicherheit, Eigenthum«, vgl. Dieter Gosewinkel/Johannes Masing (Hrsg.), Die Verfassung in Europa 1789–1949, 2006, S. 193; zu deren Inhalt vgl. Art. 2, 3, 4 und 5 der Verfassung der Französischen Republik vom 22. August 1795, Dieter Gosewinkel/Johannes Masing (Hrsg.), Die Verfassung in Europa 1789–1949, 2006, S. 206.

S. 118: Zum jedem Menschen kraft seiner Menschheit zustehenden Recht, sein eigener Herr zu sein, vgl. Immanuel Kant, Die Metaphysik der Sitten (1797), in: Königlich-Preußische

Akademie der Wissenschaften (Hrsg.), Kants gesammelte Schriften, 1. Abt.: Werke, Band VI, Neudruck 1914, S. 203 (237 f.).

S. 118: Zum Bedürfnis nach sozialstaatlichen Maßnahmen vgl. Peter Unruh, Der Verfassungsbegriff des Grundgesetzes, 2002, S. 198 f.

S. 118: Zum revolutionären Ruf nach Brüderlichkeit vgl. Peter Unruh, Der Verfassungsbegriff des Grundgesetzes, 2002, S. 199; ferner zur Allgegenwärtigkeit der Brüderlichkeit, obschon sie zunächst nicht in Gesetzestexten erscheint, Mona Ozouf, Brüderlichkeit, in: François Furet/Mona Ozouf (Hrsg.), Kritisches Wörterbuch der Französischen Revolution, Band II, 1996, S. 1037 (1040 f.).

S. 119: Zur Entwicklung der Gesellschaftsordnung und der Verfassung in den amerikanischen Kolonien vgl. Peter Unruh, Der Verfassungsbegriff des Grundgesetzes, 2002, S. 60 ff.

S. 119: Zum Krieg aller gegen alle vgl. Thomas Hobbes, Leviathan, ore The Matter, Forme & Power of a Common-Wealth Ecclesiasticall and Civill (1651), 1st Part, Chap. XIII, abgedruckt in: Michael Oakeshott (Hrsg.), Thomas Hobbes. Leviathan or the matter, forme and power of a commonwealth ecclesiasticall and civil, 1946, S. 80 ff., übersetzt in: Iring Fetscher (Hrsg.), Leviathan oder Stoff, Form und Gewalt eines kirchlichen und bürgerlichen Staates, 12. Neudruck, 2004, S. 94 ff.

S. 120: Zur den Qualitätsmerkmalen Glücks- und Sicherheitsgewähr für eine Regierung vgl. Bill of Rights, Section 3 der Declaration of Rights von Virginia vom 12. Juni 1776, abgedruckt in: William F. Swindler (Hrsg.), Sources and Documents of United States Constitutions, Band 10, 1979, S. 48 (49), zum Recht auf Sicherheit in den frühen Verfassungen ferner: Gerhard Robbers, Sicherheit als Menschenrecht, 1987, S. 51 ff.; Josef Isensee, Das Grundrecht als Abwehrrecht und staatliche Schutzpflicht, in: Josef Isensee/Paul Kirchhof (Hrsg.), Handbuch des Staatsrechts, Band V, 2. Aufl., 2000, § 111 Rn. 25.

S. 120: Zu den frühen, den Genuss des Lebens, die Freiheit und das Eigentum garantierenden Verfassungen vgl. Part I – The Bill of Rights, Art. I, No. XII der Verfassung von New Hampshire vom 2. Juni 1784, abgedruckt in: William F. Swindler (Hrsg.), Sources and Documents of United States Constitutions, Band 6, 1976, S. 342 (345); Bill of Rights, Section 1 der Declaration of Rights von Virginia vom 12. Juni 1776, abgedruckt in: William F. Swindler (Hrsg.), a. a. O., Band 10, 1979, S. 48 (49); Chapter I, Art. IX der Verfassung von Vermont vom 8. Juli 1777, abgedruckt in: William F. Swindler (Hrsg.), a. a. O., Band 9, 1979, S. 487 (490); Part I, Art. X der Verfassung von Massachusetts vom 25. Oktober 1780, abgedruckt in: William F. Swindler (Hrsg.), a. a. O., Band 5, 1975, S. 92 (94); hierzu Josef Isensee, Das Grundrecht als Abwehrrecht und staatliche Schutzpflicht, in: Josef Isensee/Paul Kirchhof (Hrsg.), Handbuch des Staatsrechts, Band V, 2. Aufl., 2000, § 111 Rn. 25.

S. 120: Zur Steuer als Preis für die staatliche Schutzfunktion vgl. Fritz Karl Mann, Steuerpolitische Ideale, 1937, Nachdruck 1978, S. 105.

S. 120: Zur Philosophie des Staatsvertrags vgl. Josef Isensee, Das Grundrecht als Abwehrrecht und staatliche Schutzpflicht, in: Josef Isensee/Paul Kirchhof (Hrsg.), Handbuch des Staatsrechts, Band V, 2. Aufl., 2000, § 111 Rn. 25.

S. 120: Zum Zitat aus den Reichstagsberatungen, die Magna Charta unserer öffentlichen Freiheit sei das Privatrecht, vgl. Rudolph Sohm, in: Benno Mugdan (Hrsg.), Die gesamten Materialien zum BGB, Band I, 1899, S. 909; dazu Hasso Hoffmann, Die Grundrechte 1789–1949–1989, in: Neue Juristische Wochenschrift, 1989, 3177 (3180); zur Entwicklung der Sicherheitsgarantie durch den Staat und später auch durch das Zusammenwirken aller Menschen in den vier Stufen der vier Französischen Erklärungen der Menschen- und Bürgerrechte vgl. Josef Isensee, Das Grundrecht als Abwehrrecht und staatliche Schutzpflicht, in: Josef Isensee/Paul Kirchhof (Hrsg.), Handbuch des Staatsrechts, Band V, 2. Aufl., 2000, § 111 Rn. 27.

S. 121: Zum Frieden als Ziel in der Charta der Vereinten Nationen vgl. die Präambel und Art. 1 der Charta der Vereinten Nationen vom 26. Juni 1945 in der durch Beschluss der

Generalversammlung der Vereinten Nationen vom 17.12.1963 – in Kraft getreten am 31.08.1965 (UNTS Band 557 S. 143 ff.) –, durch Beschluss vom 20.12.1965 – in Kraft getreten am 12.6.1968 (UNTS Band 638 S. 308; Bundesgesetzblatt 1973 II S. 431) und vom 20.12.1971 – in Kraft getreten am 24.9.1973 (Bundesgesetzblatt 1974 II S. 769) – geändert und durch Bekanntmachung vom 28.8.1980 (Bundesgesetzblatt 1980 II S. 1252) bereinigten Fassung; vgl. auch das Gesetz zum Beitritt der Bundesrepublik Deutschland zur Charta der Vereinten Nationen vom 6. Juni 1973 (Bundesgesetzblatt II S. 430). Damit trat die Charta der Vereinten Nationen für die Bundesrepublik mit deren Aufnahme am 18.9.1973 in Kraft (siehe die Bekanntmachung vom 27.11.1974, Bundesgesetzblatt II S. 1397); zum Inhalt der Präambel vgl. die Kommentierung von Rüdiger Wolfrum in: Bruno Simma u. a. (Hrsg.), Charta der Vereinten Nationen. Kommentar, 1991, Präambel, S. 1 ff.

S. 121: Zu den Vereinten Nationen als Friedensgemeinschaft vgl. Art. 1 Nr. 1, Art. 48 Abs. 2 der Charta der Vereinten Nationen vom 26. Juni 1945 in der durch Beschluss der Generalversammlung der Vereinten Nationen vom 17.12.1963 – in Kraft getreten am 31.08.1965 (UNTS Band 557 S. 143 ff.) –, durch Beschluss vom 20.12.1965 – in Kraft getreten am 12.6.1968 (UNTS Band 638, S. 308; Bundesgesetzblatt 1973 II S. 431) und vom 20.12.1971 – in Kraft getreten am 24.9.1973 (Bundesgesetzblatt 1974 II S. 769) – geändert und durch Bekanntmachung vom 28.8.1980 (Bundesgesetzblatt 1980 II S. 1252) bereinigten Fassung; vgl. auch das Gesetz zum Beitritt der Bundesrepublik Deutschland zur Charta der Vereinten Nationen vom 6.6.1973 (Bundesgesetzblatt II S. 430), ferner Bundesverfassungsgericht, Amtliche Sammlung, Band 90, S. 286 ff. – Out-of-area-Einsatz.

S. 121: Zum Verteidigungsauftrag und Bündnisfall der NATO vgl. Präambel sowie Art. 5 des Nordatlantikvertrags vom 4. April 1949, Bundesgesetzblatt 1955 II S. 289, in der Fassung des Protokolls vom 17.10.1951, Bundesgesetzblatt 1955 II S. 293; Der Nordatlantikvertrag (in Kraft seit dem 24.8.1949) ist für die Bundesrepublik Deutschland gemäß der Bekanntmachung vom 9.5.1955 (Bundesgesetzblatt II S. 630) in der Fassung vom 15.10.1951 am 6.5.1955 in Kraft getreten. Siehe hierzu auch das Gesetz über den Beitritt der Bundesrepublik vom 24.3.1955 (Bundesgesetzblatt II S. 256).

S. 121: Zur Entscheidung des obersten amerikanischen Gerichtes vgl. Urteil des Supreme Courts vom 26. Juni 2008 – District of Columbia v. Heller.

S. 121: Zum zweiten Zusatzartikel der Verfassung der Vereinigten Staaten von Amerika vgl. die Übersetzung in: Dieter Gosewinkel/Johannes Masing (Hrsg.), Die Verfassung in Europa 1789–1949, 2006, S. 155; Originaltext: »A well regulated Militia, being necessary to the security of a free State, the right of the people to keep and bear Arms, shall not be infringed.«, abgedruckt in: Melvin I. Urofsky/Paul Finkelman (Hrsg.), Documents of American Constitutional and Legal History, Band I, 2. Aufl., 2002, S. 96.

S. 122: Zum Recht auf Selbstverteidigung mit standesgemäßen Waffen in der Bill of Rights vgl. deren Originalwortlaut, abgedruckt in David C. Douglas (Hrsg.), English Historical Documents, Band VI: Andrew Browning (Hrsg.), 1660–1714, 1996, S. 122 (123), übersetzt in: Dieter Gosewinkel/Johannes Masing (Hrsg.), Die Verfassung in Europa 1789–1949, 2006, S. 119 (120).

S. 122: Zum Menschenrecht auf Widerstand gegen Unterdrückung vgl. Art. 2 der Verfassung vom 3. September 1791, Präambel, Erklärung der Rechte des Menschen und Bürgers, übersetzt in: Dieter Gosewinkel/Johannes Masing (Hrsg.), Die Verfassung in Europa 1789–1949, 2006, S. 165. Die Erklärung der Rechte des Menschen und Bürgers vom 26. August 1989 wird in der Form der Präambel der Verfassung vom 3. September 1791 zitiert.

S. 122: Zum Gewaltmonopol vgl. Max Weber, Wirtschaft und Gesellschaft. Grundrisse der verstehenden Soziologie, 2. Halbband, 5. Aufl., 1976, S. 821 ff.; Detlef Merten, Rechtsstaat und Gewaltmonopol, 1975; Josef Isensee, Die Friedenspflicht des Bürgers und das

Gewaltmonopol des Staates, in: Georg Müller u. a. (Hrsg.), Staatsorganisation und Staatsfunktionen im Wandel. Festschrift für Kurt Eichenberger zum 60. Geburtstag, 1982, S. 23 ff.; Josef Isensee, Das staatliche Gewaltmonopol als Grundlage und Grenze der Grundrechte, in: Everhardt Franßen u. a. (Hrsg.), Bürger – Richter – Staat. Festschrift für Horst Sendler zum Abschied aus seinem Amt, 1991, S. 39 ff.; Josef Isensee, Staat und Verfassung, in: Josef Isensee/Paul Kirchhof (Hrsg.), Handbuch des Staatsrechts, Band II, 3. Aufl., 2004, § 15 Rn. 83 ff.

S. 122: Zur grundsätzlichen Nichtbeschränkung der Geschwindigkeit auf Autobahnen vgl. § 3 Abs. 3 Nr. 2 Buchstabe c der Straßenverkehrsordnung vom 16. November 1970 (Bundesgesetzblatt I S. 1565), zuletzt geändert durch die Verordnung vom 28. November 2007 (Bundesgesetzblatt I S. 2774).

S. 122: In den einzelnen Bundesstaaten der Vereinigten Staaten von Amerika gibt es Geschwindigkeitsbegrenzungen (speed limits), die allerdings von Staat zu Staat variieren, jedoch 80 mph (ca. 129 km/h) nicht überschreiten. In Staaten wie Alaska, Maine oder Pennsylvania wurde die Höchstgeschwindigkeit auf 65 mph (ca. 105 km/h) begrenzt, in Hawaii sind nur höchstens 60 mph (ca. 97 km/h) erlaubt, in anderen Staaten wie Florida, Kalifornien oder Kansas 70 mph (ca. 113 km/h). Allein Texas erlaubt in besonders menschenleeren Gebieten eine zulässige Höchstgeschwindigkeit von 80 mph (ca. 129 km/h).

S. 123: Zu Gewaltherrschaft und Totalitarismus vgl. Hannah Arendt, The Origins of Totalitarism (1951), übersetzt in: Hannah Arendt, Elemente und Ursprünge totaler Herrschaft, 2. Aufl., 1991; Hans Maier (Hrsg.), Totalitarismus und Politische Religionen, Band 1–3, 1996, 1997, 2003

S. 124: Zu Terror und Gewalt vgl. Jan Philipp Reemtsma, Vertrauen und Gewalt, 2008.

S. 126: Zum Recht auf den »Genuss des Lebens« vgl. die Formulierungen in Part I – The Bill of Rights, Art. I, No. XII, der Verfassung von New Hampshire vom 2. Juni 1784, abgedruckt in: William F. Swindler (Hrsg.), Sources and Documents of United States Constitutions, Band 6, 1976, S. 342 (345); Bill of Rights, Section 1 der Declaration of Rights von Virginia vom 12. Juni 1776, abgedruckt in: William F. Swindler (Hrsg.), a. a. O., Band 10, 1979, S. 48 (49); Chapter I Art. IX der Verfassung von Vermont vom 8. Juli 1777, abgedruckt in: William F. Swindler (Hrsg.), a. a. O., Band 9, 1979, S. 487 (490); Part I, Art. X der Verfassung von Massachusetts vom 25. Oktober 1780, abgedruckt in: William F. Swindler (Hrsg.), a. a. O., Band 5, 1975, S. 92 (94).

S. 126: Zum natürlichen Zustand vollkommener Freiheit vgl. John Locke, Two treatises of government (1689), book II, chap. II, § 4, abgedruckt in: Peter Laslett (Hrsg.), John Locke. Two treatises of government. A critical edition with an introduction and apparatus criticus, 1960, S. 285 (287), übersetzt in: Walter Euchner (Hrsg.), John Locke. Zwei Abhandlungen über die Regierung, 12. Neudruck, 2007, S. 200 (201) et passim.

S. 128: Zur prinzipiellen Unbegrenztheit der Freiheit des Einzelnen und der Begrenztheit der Eingriffsbefugnis des Staates in die Freiheitssphäre vgl. Carl Schmitt, Verfassungslehre, 1928, S. 126.

S. 129: Zur Religionsfreiheit und ihrer unterschiedlichen internationalen Deutung vgl. Christian Walter, Religionsverfassungsrecht – in vergleichender und internationaler Perspektive, 2006.

S. 131: Zu allgemeinen sozialen Leistungsgrundrechten vgl. Hans F. Zacher, Sozialpolitik und Verfassung im ersten Jahrzehnt der Bundesrepublik Deutschland, 1980, S. 848 f; Albrecht Weber, Die Grundrechte im Integrationsprozess der Gemeinschaft in vergleichender Perspektive, in: Juristenzeitung 1989, 965 (973).

S. 131: Zum Recht auf Frieden vgl. Eibe H. Riedel, Menschenrechte der dritten Dimension, in: Europäische Grundrechtszeitung, 1989, 9 (16).

S. 132: Zum Vorgang des Vergleichens siehe Paul Kirchhof, Der allgemeine Gleichheitssatz, in: Josef Isensee/Paul Kirchhof (Hrsg.), Handbuch des Staatsrechts, Band V, 2. Aufl., 2000, § 124 Rn. 6 ff.

S. 135: Zu gesellschaftlicher Demütigung und Revolutionsausbruch vgl. François Furet/Denis Richet, Die Französische Revolution, 1968, S. 20.

S. 135: Zur Debatte um das Erbrecht vgl. Jens Beckert, Unverdientes Vermögen, 2004, S. 37 ff.

S. 135: Zum Zitat, man wolle wirkliche Gleichheit oder den Tod, vgl. Manifeste des égaux (1796), abgedruckt in: Philippe Buonarotti, Conspiration pour l'égalité, dite de Babeuf, Band 2, 1828, S. 130 (131), übersetzt in: Kurt Schnelle (Hrsg.), Sylvain Maréchal: Was ist ein Atheist? – Manifest der Gleichen, 1963, S. 38 (39).

S. 135: Zu Gleichheit und Diktatur vgl. Christian Starck, in: Hermann von Mangoldt/Friedrich Klein/Christian Starck (Hrsg.), Kommentar zum Grundgesetz, Band 1, 5. Aufl., 2005, Art. 3 Rn. 4.

S. 136: Zu den Auswüchsen von falsch verstandener Gleichheit und Gleichmacherei vgl. Mona Ozouf, Gleichheit, in: François Furet/Mona Ozouf (Hrsg.), Kritisches Wörterbuch der Französischen Revolution, Band II, 1996, S. 1136 (1154 f.).

S. 136: Zu Gleichheit im Glücksstreben siehe Paul Kirchhof, Der allgemeine Gleichheitssatz, in: Josef Isensee/Paul Kirchhof (Hrsg.), Handbuch des Staatsrechts, Band V, 2. Aufl., 2000, § 124 Rn. 71 ff.; zum Recht auf Glück vgl. ferner die amerikanische Declaration of Independence vom 4. Juli 1776: »We hold these Truths to be self-evident, that all Men are created equal, that they are endowed by their Creator with certain unalienable Rights, that among these are Life, Liberty, and the Pursuit of Happiness«, abgedruckt in: Melvin I. Urofsky/Paul Finkelman (Hrsg.), Documents of American Constitutional and Legal History, Band I, 2. Aufl., 2002, S. 55: »Wir halten folgende Wahrheiten für klar und keines Beweises bedürfend, nämlich: dass alle Menschen gleich geboren, dass sie von ihrem Schöpfer mit gewissen unveräußerlichen Rechten begabt sind, dass zu diesen Leben, Freiheit und das Streben nach Glückseligkeit gehöre.« Übersetzung aus: Dieter Gosewinkel/Johannes Masing (Hrsg.), Die Verfassung in Europa 1789–1949, 2006, S. 136.

S. 136: Zum Zitat, formale Gleichheit vor dem Gesetz sei eine Abstraktion von einer solchen Belanglosigkeit, von einer solchen Albernheit, vgl. Stanislas, Comte de Clermont-Tonnerre, Analyse raisonnée de la constitution française. Décrétée par l'Assemblée Nationale. Des années 1789, 1790 et 1791, 2. Aufl., 1791, S. 23.

S. 139: Zur Demokratie als Macht auf Zeit vgl. Paul Kirchhof, Der allgemeine Gleichheitssatz, in: Josef Isensee/Paul Kirchhof (Hrsg.), Handbuch des Staatsrechts, Band V, 2. Aufl., 2000, § 124 Rn. 188.

S. 139: Zum Staatsvolk als Subjekt der Demokratie vgl. Bundesverfassungsgericht, Amtliche Sammlung, Band 83, S. 37 (50 ff.) –Ausländerwahlrecht I; Band 83, S. 60 (71 ff.) – Ausländerwahlrecht II.

S. 139: Zur Rede des Abbé Sieyès über die Frage des königlichen Vetos usw. vom 7. September 1789 vgl. die Übersetzung in: Eberhard Schmitt/Rolf Reichardt (Hrsg.), Emmanuel Joseph Sieyès. Politische Schriften 1788–1790, 2. Aufl., 1981, S. 259 (266 ff.).

S. 139: Zum volonté générale vgl. Jean-Jacques Rousseau, Du contrat social ou principes du droit politique (1762), 2nd livre, chapitre 3, übersetzt in: Jean-Jacques Rousseau, Sozialphilosophische und Politische Schriften, 1981, S. 267 (291).

S. 139: Zur Ungebundenheit der antiken Politiker vgl. Mona Ozouf, Gleichheit, in: François Furet/Mona Ozouf (Hrsg.), Kritisches Wörterbuch der Französischen Revolution, Band II, 1996, S. 1136 (1147).

S. 139: Zum an Grundbesitz und Steuerbetrag geknüpften passiven Wahlrecht vgl. Ernst Schulin, Die Französische Revolution, 4. Aufl., 2004, S. 103; Gerd van den Heuvel, Der Freiheitsbegriff der Französischen Revolution, 1988, S. 122 f.

S. 139: Zu den Schwierigkeiten bei unmittelbarer Demokratie vgl. Peter Krause, Verfassungsrechtliche Möglichkeiten unmittelbarer Demokratie, in: Josef Isensee/Paul Kirchhof (Hrsg.), Handbuch des Staatsrechts, Band III, 3. Aufl., 2005, § 35 Rn. 45 ff.

S. 140: Zur Betonung der Gleichheit vor der Freiheit durch Abbé Sieyès vgl. Mona Ozouf, Gleichheit, in: François Furet/Mona Ozouf (Hrsg.), Kritisches Wörterbuch der Französischen Revolution, Band II, 1996, S. 1136 (1151).

S. 140: Zum Lequinio-Zitat vgl. Joseph Marie Lequinio, Les préjugés détruits, 1792, S. 86.

S. 141: Zur Gleichheit im Vergleichsrahmen des Gesetzgebers vgl. Paul Kirchhof, Der materielle Gehalt von Kompetenznormen, in: Jörn Ipsen/Bernhard Stüer (Hrsg.), Europa im Wandel. Festschrift für Hans-Werner Rengeling, 2008, S. 567 ff. (auch mit Beispielen einer Gleichheit, die über Kompetenzgrenzen hinausgeht).

S. 141: Zur Gleichheit nach der immer gleichen »Aufnahmefähigkeit der Mägen« vgl. die Verteidigungsrede des Gracchus Babeuf, abgedruckt in: John Anthony Scott (Hrsg.), Gracchus Babeuf. Die Verschwörung für die Gleichheit, 1988, S. 65.

S. 142: Zur Chancengleichheit vgl. Christian Starck, in: Hermann von Mangoldt/Friedrich Klein/Christian Starck (Hrsg.), Kommentar zum Grundgesetz, Band 1, 5. Aufl., 2005, Art. 3 Rn. 33 ff.; zur Gleichheit in der Bildung vgl. Paul Kirchhof, Der allgemeine Gleichheitssatz, in: Josef Isensee/Paul Kirchhof (Hrsg.), Handbuch des Staatsrechts, Band V, 2. Aufl., 2000, § 124 Rn. 114 ff.

S. 142: Zur Rechtsänderungen, die immer auch eine neue Ungleichheit gegenüber der früheren Rechtslage begründen, vgl. Günter Dürig, in: Theodor Maunz/Günter Dürig (Hrsg.), Kommentar zum Grundgesetz, Band I, Art. 3 Abs. 1 Rn. 201; Paul Kirchhof, Der allgemeine Gleichheitssatz, in: Josef Isensee/Paul Kirchhof (Hrsg.), Handbuch des Staatsrechts, Band V, 2. Aufl., 2000, § 124 Rn. 138, Werner Heun, in: Horst Dreier (Hrsg.), Grundgesetz-Kommentar, Band 1, 2. Aufl., 2004, Art. 3 Rn. 38.

S. 142: Zum Gedanken des allgemeinen Gesetzes und der Gleichheit in der Zeit bei Rechtsänderung vgl. Gregor Kirchhof, Die Allgemeinheit des Gesetzes, 2009.

S. 142: Zum Grundgesetz und dessen bewusster Abkehr von der vorangegangenen Diktatur vgl. Bundesverfassungsgericht, Amtliche Sammlung, Band 3, S. 225 (233) – Gleichberechtigung; Band 39, S. 1 (67) – Schwangerschaftsabbruch I; Peter Unruh, Der Verfassungsbegriff des Grundgesetzes, 2002, S. 334 f.

S. 142: Zum Einigungsprozess eingehend: Michael Kilian, Der Vorgang der deutschen Wiedervereinigung, in: Josef Isensee/Paul Kirchhof (Hrsg.), Handbuch des Staatsrechts, Band I, 3. Aufl., 2003, § 12; sowie die Beiträge in: Josef Isensee/Paul Kirchhof (Hrsg.), Handbuch des Staatsrechts, Band IX, 1997.

S. 142: Zu Wiedergutmachung und Ausgleich vgl. Christian Starck, in: Hermann von Mangoldt/Friedrich Klein/Christian Starck (Hrsg.), Kommentar zum Grundgesetz, Band 1, 5. Aufl., 2005, Art. 3 Rn. 173 ff., 181 f.

S. 143: Zur Statusgleichheit vgl. Christian Starck, in: Hermann von Mangoldt/Friedrich Klein/Christian Starck. (Hrsg.), Kommentar zum Grundgesetz, Band 1, 5. Aufl., 2005, Art. 3 Rn. 55; Paul Kirchhof, Der allgemeine Gleichheitssatz, in: Josef Isensee/Paul Kirchhof (Hrsg.), Handbuch des Staatsrechts, Band V, 2. Aufl., 2000, § 124 Rn. 196.

S. 143: Zur Schutzverpflichtung des Staates vgl. Paul Kirchhof, Der allgemeine Gleichheitssatz, in: Josef Isensee/Paul Kirchhof (Hrsg.), Handbuch des Staatsrechts, Band V, 2. Aufl., 2000, § 124 Rn. 196 f.

S. 144: Zur Sachgerechtigkeit vgl. Werner Heun, in: Horst Dreier (Hrsg.), Grundgesetz-Kommentar, Band 1, 2. Aufl., 2004, Art. 3 Rn. 35; Paul Kirchhof, Der allgemeine Gleichheitssatz, in: Josef Isensee/Paul Kirchhof (Hrsg.), Handbuch des Staatsrechts, Band V, 2. Aufl., 2000, § 124 Rn. 205 ff.

S. 145: Zur Bewährung des Gleichheitssatzes gegenüber fast jeder Rechtsfrage vgl. Christian Starck, in: Hermann von Mangoldt/Friedrich Klein/Christian Starck (Hrsg.), Kommentar zum Grundgesetz, Band 1, 5. Aufl., 2005, Art. 3 Rn. 15.

S. 145: Zur Gleichheit und Freiheit vgl. Paul Kirchhof, Der allgemeine Gleichheitssatz, in: Josef Isensee/Paul Kirchhof (Hrsg.), Handbuch des Staatsrechts, Band V, 2. Aufl., 2000, § 124 Rn. 169 ff.

S. 146: Zur Sachgerechtigkeit vgl. Christian Starck, in: Hermann von Mangoldt/Friedrich Klein/Christian Starck (Hrsg.), Kommentar zum Grundgesetz, Band 1, 5. Aufl., 2005, Art. 3 Rn. 44 ff.

S. 147: Zu Erbschaftsteuer und Bewertungsverfahren vgl. Bundesverfassungsgericht, Amtliche Sammlung, Band 93, S. 165 (172 ff.) – Einheitswert II; Band 117, S. 1 (30 ff.) – Erbschaftsteuer.

S. 147: Zu Sozialhilferecht und Existenzminimum vgl. Bundesverfassungsgericht, Amtliche Sammlung, Band 40, S. 121 (133) – Waisenrente II; Band 87, S. 153 (170 f.) – Grundfreibetrag.

S. 147: Zu Umweltschutz und Kooperationsverfahren vgl. Bundesverfassungsgericht, Amtliche Sammlung, Band 98, S. 83 (101 ff.) – Landesrechtliche Abfallabgabe; Band 98, S. 106 (120 ff.; 125 ff.) – Kommunale Verpackungsteuer.

S. 147: Zum Willkürverbot vgl. Paul Kirchhof, Der allgemeine Gleichheitssatz, in: Josef Isensee/Paul Kirchhof (Hrsg.), Handbuch des Staatsrechts, Band V, 2. Aufl., 2000, § 124 Rn. 237.

S. 147: Zur Gleichheit vor dem Gesetz vgl. Art. 3 Abs. 1 des Grundgesetzes »Alle Menschen sind vor dem Gesetz gleich.«.

S. 148: Zum allgemeinen Gesetz vgl. Art. 19 Abs. 1 S. 1 des Grundgesetzes für das grundrechtseinschränkende Gesetz: »Soweit nach diesem Grundgesetz ein Grundrecht durch Gesetz oder auf Grund eines Gesetzes eingeschränkt werden kann, muss das Gesetz allgemein und nicht nur für den Einzelfall gelten.«; siehe hierzu Gregor Kirchhof, Die Allgemeinheit des Gesetzes, 2009.

S. 149: Zum Betrug vgl. § 263 Abs. 1 und 3 des Strafgesetzbuches in der Fassung der Bekanntmachung vom 13. November 1998 (Bundesgesetzblatt I S. 3322), zuletzt geändert durch Art. 1 des Gesetzes vom 31. Oktober 2008 (Bundesgesetzblatt I S. 2149); zur Steuerhinterziehung vgl. § 370 Abs. 1 und 3 der Abgabenordnung in der Fassung der Bekanntmachung vom 1. Oktober 2002 (Bundesgesetzblatt I S. 3866; 2003 I S. 61), zuletzt geändert durch Art. 89 des Gesetzes vom 17. Dezember 2008 (Bundesgesetzblatt I S. 2586 mit Wirkung vom 1.9.2009).

S. 149: Zum Strafrahmen bei Steuerhinterziehung vgl. Bundesgerichtshof, in: Neue Juristische Wochenschrift, 2009, 528 ff.

Kapitel V. Rechtliche Regel und innere Überzeugung

S. 151: Zur Anekdote um die Umgehung des Gesetzes durch Solon mittels Gesang vgl. Plutarch, Vitae parallelae, Solon 8, abgedruckt in: Hans Gärtner (Hrsg.), Plutarchus. Vitae parallelae, Band I.1, 2000, S. 90, übersetzt in: Konrat Ziegler, Große Griechen und Römer, Band 1, 1954, S. 218 f.; zum Ganzen auch Marie Theres Fögen, Das Lied vom Gesetz, 2007, S. 117 ff.

S. 151: Zu den drei erhaltenen Fragmenten von Solons Gesang und deren Übersetzung vgl. Christoph Mülke, Solons politische Elegien und Iamben, 2002, S. 40 ff.

S. 151: Zu den Sichtweisen der Revolutionäre vgl. Albert Camus, Les justes, 1949.

S. 152: Zur Gedichtform der späteren Gesetze Solons vgl. Plutarchus, Vitae parallelae, Solon 3,4, abgedruckt in: Hans Gärtner (Hrsg.), Plutarchus. Vitae parallelae, Band I.1, 2000, S. 85, übersetzt in: Konrat Ziegler, Große Griechen und Römer, 1954, S. 213 f.; vgl. auch Marie Theres Fögen, Das Lied vom Gesetz, 2007, S. 123.

S. 152: Zu historischen Versformen des Rechts vgl. Marie Theres Fögen, Das Lied vom Gesetz, 2007, S. 122; vgl. auch Athenaios, Deipnosophistai 14, 619 b, übersetzt bei Claus Friedrich/Thomas Nothers, Athenaios. Das Gelehrtenmahl, Buch XI–XV, zweiter Teil, Buch XIV und XV, 2001, S. 378; ferner Friedrich Schlegel, Geschichte der Poesie der Griechen und Römer, 1798, S. 361, abgedruckt in: Ernst Behler (Hrsg.), Kritische Friedrich-Schlegel-Ausgabe, Band 1, 1979, S. 566 f .; Mario Bretone, Geschichte des römischen Rechts, 1992, S. 61.

S. 152: Zu Text und Übersetzung des Zwölftafelgesetzes vgl. Dieter Flach (Hrsg.), Das Zwölftafelgesetz – Leges XII tabularum, 2004.

S. 152: Zum Auswendiglernen des Zwölftafelgesetzes vgl. Marcus Tullius Cicero, De legibus II, 23, 59, Text und Übersetzung bei: Rainer Nickel (Hrsg.), M. Tullius Cicero. De legibus. Paradoxa Stoicorum, 1994, S. 136 f.; Mario Bretone, Geschichte des römischen Rechts, 1992, S. 53.

S. 152: Zum Narrenschiff vgl. Sebastian Brant, Das Narrenschiff (1494), abgedruckt in: Manfred Lemmer (Hrsg.), Sebastian Brant. Das Narrenschiff, 2. Aufl., 1968, übertragen in: Hans-Joachim Mähl (Hrsg.), Sebastian Brant. Das Narrenschiff, 1992.

S. 152: Zum Spiegelzitat vgl. Sebastian Brant, Das Narrenschiff (1494), Vorrede, abgedruckt in: Manfred Lemmer (Hrsg.), Sebastian Brant. Das Narrenschiff, 2. Aufl., 1968, S. 6, übertragen in: Hans-Joachim Mähl (Hrsg.), Sebastian Brant. Das Narrenschiff, 1992, S. 10.

S. 152: Zum Narrentanzzitat vgl. Sebastian Brant, Das Narrenschiff (1494), Kapitel 1, abgedruckt in: Manfred Lemmer (Hrsg.), Sebastian Brant. Das Narrenschiff, 2. Aufl., 1968, S. 7, übertragen in: Hans-Joachim Mähl (Hrsg.), Sebastian Brant. Das Narrenschiff, 1992, S. 12.

S. 152: Zum Sachsenspiegel vgl. Eike von Repgow, Sachsenspiegel, Reimvorrede, in hochdeutscher Übertragung abgedruckt in: Eike von Repgow, Der Sachsenspiegel, 2002, S. 9 ff.

S. 152: Zum Wortspiel »Rechtfertigen durch Recht fertigen« vgl. Marie Theres Fögen, Das Lied vom Gesetz, 2007, S. 123, Fn. 271.

S. 154: Zu den Zitaten aus der Unabhängigkeitserklärung der Vereinigten Staaten vgl. Declaration of Independence vom 4. Juli 1776, abgedruckt in: Melvin I. Urofsky/Paul Finkelman (Hrsg.), Documents of American Constitutional and Legal History, Band I, 2. Aufl., 2002, S. 55, übersetzt in: Dieter Gosewinkel/Johannes Masing (Hrsg.), Die Verfassung in Europa 1789–1949, 2006, S. 136.

S. 155: Die Unabhängigkeitserklärung wurde von Thomas Jefferson in Anlehnung an John Locke entworfen; vgl. dazu John Locke, Two treatises of government (1689), book II, chap. IX, § 123, abgedruckt in: Peter Laslett (Hrsg.), John Locke. Two treatises of government. A critical edition with an introduction and apparatus criticus, 1960, S. 285 (368), übersetzt in: Walter Euchner (Hrsg.), John Locke. Zwei Abhandlungen über die Regierung, 12. Neudruck, 2007, S. 200 (278), der allerdings von Leben, Freiheiten und Eigentum gesprochen hat.

S. 155: Zum Glück als Ziel des vernünftigen und pflichtbewussten Handelns vgl. Diogenes Laertius, Vitae philosophorum, VII, 89 und 128, abgedruckt in: Miroslav Marcovich (Hrsg.), Diogenis Laertii vitae philosophorum, Vol. I, S. 497 und 519 f., übersetzt in: Klaus Reich (Hrsg.), Diogenes Laertius. Leben und Meinungen berühmter Philosophen, Band 2, 2008, S. 43 und 59.

S. 155: Die Herkunft des Begriffes »Glück« ist unklar, vgl. aber »g(e)lücke«, das mittelniederdeutsche »gelucke« und das mittelniederländische »geluc(ke)«. Eine Ansicht geht nach Bedeutungsübertragung aus dem Altfranzösischen von den Bedeutungen »Festsetzung, Bestimmung und Beschluss« und »christliches Fatum« aus; vgl. hierzu Friedrich Kluge, Etymologisches Wörterbuch der deutschen Sprache, 24. Aufl., 2002, S. 362, Stichwort »Glück«.

S. 155: Zum Glück als innerer Zustand vgl. Heinrich Meier, Prolog über das Glück, in: Heinrich Meier (Hrsg.), Über das Glück, 2009, S. 8 ff.; vgl. ferner Eric Hilgendorf, Glück und Recht. Vom »Pursuit of Happiness« zum Recht auf Selbstbestimmung, in: Hermes Andreas Kick (Hrsg.), Glück. Ethische Perspektiven – aktuelle Glückskonzepte, 2008, S. 47 ff.

S. 155: Zum Unterschied von Glücksgefühl und feinsinnigeren Glückserfahrungen vgl. bereits Jeremy Bentham, in: John Bowring (Hrsg.), The Works of Jeremy Bentham, Volume II, 1843, S. 253; Er spricht von »pleasure«, nicht wie die Amerikanische Unabhängigkeitserklärung von »happiness«; andererseits John Stuart Mill, Utilitarianism (1861), abgedruckt in: John Stuart Mill, Utilitarianism. Liberty. Representative Government, Reprint 1964, S. 1 (9), übersetzt in: Manfred Kühn (Hrsg.), John Stuart Mill, Utilitarismus, 2006, S. 16: »es sei besser, ein unzufriedener Sokrates zu sein, als ein zufriedener Narr«; vgl. auch Eric Hilgendorf, Glück und Recht, in: Hermes Andreas Kick (Hrsg.), Glück, Ethische Perspektiven – aktuelle Glückskonzepte, 2008, S. 47 (49).

S. 155: Zum Kindervers vgl. Theodor Storm, Knecht Ruprecht (1862), abgedruckt in: Karl Ernst Laage/Dieter Lohmeier (Hrsg.) Theodor Storm. Sämtliche Werke, Band 1: Dieter Lohmeier (Hrsg.), Theodor Storm. Gedichte. Novellen. 1848–1867, 1987, S. 76.

S. 155: Zum christlichen Ansatz für das »gute Leben«, wonach der Gerechte siebenmal fällt, jedoch wieder aufsteht, vgl. Buch der Sprichwörter 24,16.; vgl. aber im Gegensatz dazu Aurelius Augustinus, Sermo CXXV, 11, im Original abgedruckt in: Patrologia Latina (PL) 38, Sp. 688 (698): »Wozu immer der Mensch gelangt, alsbald wird ihm wertlos, wozu er gelangte.«

S. 155: Zu den Ursachen von Unglück vgl. Bertrand Russell, Eroberung des Glücks. Neue Wege zu einer besseren Lebensgestaltung, 2. Aufl., 1978, S. 11 ff. (Erster Teil).

S. 155: Zu den Ursachen von Glück vgl. Bertrand Russell, Eroberung des Glücks. Neue Wege zu einer besseren Lebensgestaltung, 2. Aufl., 1978, S. 99 ff. (Zweiter Teil).

S. 155: Zu Glück als Erfüllung im Tun vgl. Horst W. Opaschowski, Deutschland 2030, Wie wir in Zukunft leben, 2008, S. 631.

S. 155: Zu Glück und Zukunft vgl. Horst W. Opaschowski, Deutschland 2030, Wie wir in Zukunft leben, 2008, S. 656.

S. 155: Das Sprichwort »Jeder ist seines Glückes Schmied« findet sich bereits in der Sprichwortsammlung des römischen Konsuls Appius Claudius Caecus (307 v. Chr.), siehe hierzu Lutz Rörich, Das große Lexikon der sprichwörtlichen Redensarten, Band 3, 1992, S. 1375.

S. 158: Zum »guten Leben« vgl. Aristoteles, Nikomachische Ethik, 1153b, abgedruckt und übersetzt in: Rainer Nickel (Hrsg.), Die Nikomachische Ethik, 2001, S. 314 ff.; vgl. ferner Friedo Ricken, Gemeinschaft. Tugend. Glück. Platon und Aristoteles über das gute Leben, 2004, S. 78.

S. 158: Eine Ausprägung der Goldenen Regel findet sich im Buch Tobit 4,15. Dazu sagt Aurelius Augustinus, in: De doctrina christiana III, xiv, 22, 52: »Non intellexerunt, ne multa commemorem, *Quod tibi fieri non vis, alii ne feceris*, nullo modo posse ulla eorum gentili diversitate variari.«, zitiert nach: William Green (Hrsg.), Sancti Aureli Augustini De doctrina Christiana libri quattuor, in: Sancti Aureli Augustini Opera, sect. VI, pars VI, 1963, S. 93, »Sie haben nicht erkannt, dass z. B. (um nicht zu viel zu erwähnen) die Regel ›Was du nicht willst, dass dir geschehe, das füge keinem anderen zu‹ auf keine Weise durch irgendeine Verschiedenheit der Völker verändert werden kann.«; Übersetzung bei Aurelius Augustinus. Die christliche Bildung (De doctrina Christiana), 2002, S. 118 f.; vgl. auch Sebastian Brant, Das Narrenschiff (1494), Kapitel 69, abgedruckt in: Manfred Lemmer (Hrsg.), Sebastian Brant. Das Narrenschiff, 2. Aufl., 1968, S. 176 ; übertragen in: Hans-Joachim Mähl (Hrsg.), Sebastian Brant. Das Narrenschiff, 1992, S. 252: »Der ist ein Narr, wer andern tut, was ihm von keinem scheint als gut. Schau jeder, was er andern tu', damit man es auch ihm füg' zu.«

S. 158: Zur Geschichte der Goldenen Regel vgl. Albrecht Dihle, Die goldene Regel. Eine Einführung in die Geschichte der antiken und frühchristlichen Vulgärethik, 1962; Leonidas Joh. Philippidis, Die »Goldene Regel«, 1929.

S. 158: Zur Freiheit durch Beherrschung der Triebe vgl. Friedrich Schiller, Über Anmut und Würde, abgedruckt in: Otto Dann u. a. (Hrsg.), Friedrich Schiller. Werke und Briefe,

Band 8: Rolf-Peter Janz (Hrsg.), Friedrich Schiller. Theoretische Schriften, 1992, S. 330 (378).

S. 158: Zum Gebrauch des eigenen Verstandes vgl. Immanuel Kant, Beantwortung der Frage: Was ist Aufklärung? (1784), in: Königlich-Preußische Akademie der Wissenschaften (Hrsg.), Kants gesammelte Schriften, 1. Abt: Werke, Band VIII, Neudruck 1923, S. 33 (35 ff.).

S. 158: Zum Gehorsam gegen das selbstgegebene Gesetz vgl. Jean-Jacques Rousseau, Du contrat social ou principes du droit politique (1762), 1er livre, chapitre 8, übersetzt in: Jean-Jacques Rousseau, Sozialphilosophische und Politische Schriften, 1981, S. 267 (284).

S. 158: Zum unparteiischen Zuschauer vgl. Adam Smith, The Theory of moral sentiments, (1759), part 3, chap. 1, übersetzt in: Walther Eckstein (Hrsg.), Theorie der ethischen Gefühle, 2004, S. 167 ff.

S. 158: Zum Verhältnis des Unternehmers und des Konsumenten vgl. schon Adam Smith, An Inquiry into the Nature and Causes of the Wealth of Nations (1776), book 4, chap. 8, übersetzt in: Horst Claus Recktenwald (Hrsg.), Adam Smith. Der Wohlstand der Nationen, 6. Aufl., 1993, S. 558.

S. 158: Zum Verbraucher als Maßstab und Richter allen wirtschaftlichen Tuns vgl. Ludwig Erhard, Wohlstand für alle, 1957, S. 67.

S. 158: Zur modernen Sicht des Marktes vgl. Friedrich A. von Hayek, Die verhängnisvolle Anmaßung. Die Irrtümer des Sozialismus (1988), 1996, S. 18 f., 65 ff.; zu moralischen Prinzipien bei Vordenkern der sozialen Marktwirtschaft: Franz Kromka, Markt und Moral. Neuentdeckung der Gründerväter, 2008.

S. 158: Zum Prozess des Erprobens und Korrigierens vgl. Friedrich A. von Hayek, Die Verfassung der Freiheit, 4. Aufl., 2005, S. 200 ff.

S. 159: Selbst ein Freiheitskämpfer wie Friedrich Schiller verwendete noch den Titel »Die Schaubühne als moralische Anstalt betrachtet«. Dieses Thema war zuvor Gegenstand einer Vorlesung, die unter dem Titel »Was kann eine gute stehende Schaubühne eigentlich wirken?« vor der Kurpfälzischen Deutschen Gesellschaft gehalten wurde, abgedruckt in: Otto Dann u. a. (Hrsg.), Friedrich Schiller. Werke und Briefe, Band 8: Rolf-Peter Janz (Hrsg.), Friedrich Schiller. Theoretische Schriften, 1992, S.185 ff., zur Veröffentlichungsgeschichte unter dem neuen Titel vgl. dort S. 1247 ff.

S. 159: Zur väterlichen im Gegensatz zur vaterländischen Regierung bei Kant vgl. Immanuel Kant, Über den Gemeinspruch: Das mag in der Theorie richtig sein, taugt aber nicht für die Praxis (1793), in: Königlich Preußische Akademie der Wissenschaften (Hrsg.), Kants gesammelte Schriften, 1. Abt.: Werke, Band VIII, Neudruck 1923, S. 273 (290 f.).

S. 160: Zur Anekdote über die Verabschiedung der Menschenrechtserklärung vgl. Walter Kasper, Die theologische Begründung der Menschenrechte, in: Dieter Schwab u. a. (Hrsg.), Staat, Kirche, Wissenschaft in einer pluralistischen Gesellschaft. Festschrift für Paul Mikat, 1989, S. 99 (100).

S. 160: Zur Menschenwürde vgl. Art. 1 Abs. 1 S. 1 des Grundgesetzes: »Die Würde des Menschen ist unantastbar.«

S. 160: Zum Begriff Gewissen in der Verfassung vgl. Art. 4 Abs. 1 des Grundgesetzes: »Die Freiheit des Glaubens, des Gewissens und die Freiheit des religiösen und weltanschaulichen Bekenntnisses sind unverletzlich.« Und Art. 38 Abs. 1 S. 2 des Grundgesetzes: »Sie (Die Abgeordneten) sind Vertreter des ganzen Volkes, an Aufträge und Weisungen nicht gebunden und nur ihrem Gewissen unterworfen.«

S. 160: Zur Entfaltung der Persönlichkeit vgl. Art. 2 Abs. 1 des Grundgesetzes: »Jeder hat das Recht auf die freie Entfaltung seiner Persönlichkeit, soweit er nicht die Rechte anderer verletzt und nicht gegen die verfassungsmäßige Ordnung oder das Sittengesetz verstößt.«

S. 160: Zur Verpflichtung aus dem Eigentums vgl. Art. 14 Abs. 2 des Grundgesetzes: »Eigentum verpflichtet. Sein Gebrauch soll zugleich dem Wohle der Allgemeinheit dienen.«

S. 162: Zur Gespaltenheit der Revolutionäre vgl. Mona Ozouf, Freiheit, in: François Furet/Mona Ozouf (Hrsg.), Kritisches Wörterbuch der Französischen Revolution, Band II, 1996, S. 1103 f.

S. 163: Zur unterschiedlichen Bewertung der Freiheit der Krieger und der Eigentümer in der Antike vgl. Mona Ozouf, Freiheit, in: François Furet/Mona Ozouf (Hrsg.), Kritisches Wörterbuch der Französischen Revolution, Band II, 1996, S. 1103 (1107 f.).

S. 163: Zur Metapher vom Leichentuch der Freiheit von Camille Desmoulins, vgl. Mona Ozouf, Freiheit, in: François Furet/Mona Ozouf (Hrsg.), Kritisches Wörterbuch der Französischen Revolution, Band II, 1996, S. 1103 (1114).

S. 164: Zum Eichendorff-Zitat vgl. Joseph von Eichendorff, Preußen und die Konstitutionen (1832), abgedruckt in: Joseph von Eichendorff, Werke, Band V: Politische und historische Schriften. Streitschriften, 1988, S. 95 (129): »Keine Verfassung als solche garantiert sich selbst.«

S. 165: Zur Untreue vgl. § 266 des Strafgesetzbuches in der Fassung der Bekanntmachung vom 13. November 1998 (Bundesgesetzblatt I S. 3322), zuletzt geändert durch Art. 1 des Gesetzes vom 31. Oktober 2008 (Bundesgesetzblatt I S. 2149); vgl. hierzu jüngst Ralph Schilha, Die Aufsichtsratstätigkeit in der Aktiengesellschaft im Spiegel strafrechtlicher Verantwortung, 2008, S. 212 ff.

S. 165: Zur Höhe der Staatsverschuldung am Jahresende 2008 vgl. Statistisches Bundesamt, Pressemitteilung Nr. 060 vom 20.2.2009.

S. 165: Zur geplanten Schuldengrenze im Grundgesetz vgl. Entwurf eines Gesetzes zur Änderung des Grundgesetzes (Art. 115, 143 d) vom 24.3.2009, BTDrucks. 16/12410.

S. 167: Zur Diskurstheorie im Recht vgl. die Darstellung und Kritik bei Armin Engländer, Diskurs als Rechtsquelle?, 2002.

S. 169: Zur Strafzumessung bei Steuerhinterziehung vgl. Bundesgerichtshof, in: Neue Juristische Wochenschrift, 2009, 528 ff.

S. 169: Zur Einführung des Straftatbestands der Steuerhinterziehung vgl. Hans-Peter Ullmann, Der deutsche Steuerstaat. Geschichte der öffentlichen Finanzen vom 18. Jahrhundert bis heute, 2005, S. 51 f.

S. 169: Hans Delbrück, Volksvermögen und Steuerdeklaration, in: Preußische Jahrbücher, 136 (1909), S. 166 f. (166); Franz Meisel, Moral und Technik bei der Veranlagung der preußischen Einkommensteuer, in: Schmollers Jahrbuch 35 (1911), S. 285 f.; F. Kühnert, Rückblick auf die Ergebnisse der preußischen Einkommensteuer-Veranlagung im 25-jährigen Zeitraum 1892–1916, in: Zeitschrift des Preußischen Statistischen Landesamts, 57 (1917), 11 (16).

S. 169: Zu strukturellen Erhebungsmängeln bei der Besteuerung von Zinseinkünften vgl. Bundesverfassungsgericht, Amtliche Sammlung, Band 84, S. 239 (275 ff.) – Zinsbesteuerung.

S. 170: Zur »Nachbargleichheit« im Steuerrecht vgl. Albert Hensel, Zur Dogmatik des Begriffs »Steuerumgehung«, in: Bonner Festgabe für Ernst Zitelmann, 1923, S. 217 (220).

S. 170: Zum Zitat zur »Nachbargleichheit« vgl. Albert Hensel, Die Abänderung des Steuertatbestandes durch freies Ermessen und der Grundsatz der Gleichheit vor dem Gesetz, in: Vierteljahresschrift für Steuer- und Finanzrecht, 1927, 39 (62).

S. 170: Zur Frage, ob das deutsche Steuerrecht gerecht sei, vgl. die Umfrageergebnisse in: Institut für Demoskopie Allensbach, Allensbacher Berichte 2008/Nr. 5, S. 2; deutsche Bevölkerung ab 16 Jahre.

S. 170: Zur Einschätzung der Bevölkerung, ob Steuerhinterziehung weitverbreitet sei, vgl. Institut für Demoskopie Allensbach, Allensbacher Berichte 2008/Nr. 5., S. 3.

S. 170: Zur Frage, in welchen Bevölkerungsschichten sich Steuerhinterziehung ereigne, vgl. Institut für Demoskopie Allensbach, Allensbacher Berichte 2008/Nr. 5, S. 4.

S. 171: Zur Abgeltungsteuer vgl. § 32 d, § 43 Abs. 5 S. 1 des Einkommensteuergesetzes in der Fassung der Bekanntmachung vom 19. Oktober 2002 (Bundesgesetzblatt I S. 4210;

2003 I S. 179), zuletzt geändert durch Art. 90 des Gesetzes vom 17. Dezember 2008 (Bundesgesetzblatt I S. 2586 mit Wirkung vom 1.9.2009).

S. 171: Zu den Ausnahmen der Abgeltungsteuer vgl. im Einzelnen Hans-Jochem von Beckerath, in: Paul Kirchhof (Hrsg.), Einkommensteuergesetz, Kompaktkommentar, 8. Aufl., 2008, § 20 Rn. 681 ff.; Thomas Rödder, Unternehmensteuerreformgesetz 2008, Beihefter zum deutschen Steuerrecht 2007, Heft 40, S. 1 (18 f.).

S. 171: Zu den daraus resultierenden Gestaltungsmöglichkeiten vgl. Hans-Jochem von Beckerath, in: Paul Kirchhof (Hrsg.), Einkommensteuergesetz, Kompaktkommentar, 8. Aufl., 2008, § 20 Rn. 681 ff.; Thomas Rödder, Unternehmensteuerreformgesetz 2008, in: Beihefter zum deutschen Steuerrecht 2007, Heft 40, S. 1 (18).

S. 172: Zum Taxibeispiel vgl. §12 Abs. 2 Nr. 10 des Umsatzsteuergesetzes in der Fassung der Bekanntmachung vom 21. Februar 2005 (Bundesgesetzblatt I S. 386), zuletzt geändert durch Art. 7 des Gesetzes vom 19. Dezember 2008 (Bundesgesetzblatt I S. 2794).

S. 172: Zum Ketchup-Beispiel vgl. Anlage 2, Nr. 32 zum Umsatzsteuergesetz in der Fassung der Bekanntmachung vom 21. Februar 2005 (Bundesgesetzblatt I S. 386), zuletzt geändert durch Art. 7 des Gesetzes vom 19. Dezember 2008 (Bundesgesetzblatt I S. 2794).

S. 172: Zum Wasser-Beispiel vgl. Anlage 2, Nr. 34 zum Umsatzsteuergesetz in der Fassung der Bekanntmachung vom 21. Februar 2005 (Bundesgesetzblatt I S. 386), zuletzt geändert durch Art. 7 des Gesetzes vom 19. Dezember 2008 (Bundesgesetzblatt I S. 2794).

S. 172: Zum Imbiß-Gartenrestaurant-Beispiel vgl. Bundesfinanzministerium, Erlass vom 16.10.2008, Bundessteuerblatt I, 2008, S. 949 ff.

S. 172: Zu Wirtschaftsrecht und Wirtschaftsverwaltungsrecht vgl. Peter Badura, Wirtschaftsverfassung und Wirtschaftsverwaltung, 3. Aufl., 2008, Rn. 8 ff.

S. 172: Zu Steuerrecht und Unternehmerfreiheit vgl. Klaus-Dieter Drüen, Unternehmerfreiheit und Steuerumgehung, in: Steuer und Wirtschaft, 2008, 154 (156).

S. 172: Zur Rechtsprechung bei Kettenschenkung vgl. Bundesfinanzhof, Bundessteuerblatt II, 1994, S. 128 f.

S. 173: Zur Überkreuzvermietung vgl. Bundesfinanzhof, Bundessteuerblatt II, 1991, S. 904 ff.; Bundessteuerblatt II, 1996, S. 158 ff.

S. 173: Zum unentgeltlichen Nießbrauch des Sohnes an einer Darlehensforderung und dessen steuerrechtlicher Unerheblichkeit vgl. Bundesfinanzhof, Bundessteuerblatt II, 1977, S. 115 ff.; ferner auch Bundessteuerblatt II, 1991, S. 38 f.

S. 174: Für eine Übersicht zur Steuergestaltung vgl. Paul Kirchhof, Die Steuern, in: Josef Isensee/Paul Kirchhof (Hrsg.), Handbuch des Staatsrechts, Band V, 3. Aufl., 2008, § 118 Rn. 34 ff.

S. 174: Zum Beispiel der Steuerfreiheit bei einer nicht steuerlich motivierten Auswanderung nach Kenia vgl. Joachim Lang, in: Klaus Tipke/Joachim Lang, Steuerrecht, 19. Aufl., 2008, § 5 Rn. 101.

S. 174: Zum Fall der »Schwarzwaldklinik« vgl. Bundesverfassungsgericht, Amtliche Sammlung, Band 101, S. 151 (156 f) – Schwarzwaldklinik.

S. 174: Zum Gleichbehandlungsgebot vgl. Art. 3 Abs. 1 Grundgesetz: »Alle Menschen sind vor dem Gesetz gleich.«

S. 174: Zur Vereinigungsfreiheit vgl. Art. 9 Abs. 1 Grundgesetz: »Alle Deutschen haben das Recht, Vereine und Gesellschaften zu bilden.«

S. 174: Zur Gründung im Niedrigsteuerland vgl. Bundesfinanzhof, Bundessteuerblatt II, 1977, S. 265 f.; Bundessteuerblatt II, 1993, S. 84 ff.

S. 175: Zum Fremdvergleich durch das Finanzamt vgl. Franz Wassermeyer, Veranlassung und Fremdvergleich, in: Paul Kirchhof u. a. (Hrsg.), Steuerrechtsprechung, Steuergesetz, Steuerreform. Festschrift für Klaus Offerhaus zum 65. Geburtstag, S. 405 (409)

S. 175: Zur internationalen Steuerkonkurrenz offener Staaten vgl. Wolfgang Schön, Steuergesetzgebung zwischen Markt und Grundgesetz, in: Rudolf Mellinghoff/Gerd Morgenthaler/Thomas Puhl (Hrsg.), Die Erneuerung des Verfassungsstaates, 2003, S. 143 (175 ff.).

S. 178: Zu Kopf- und Vermögensteuer vgl. Paul Kirchhof, Die Steuern, in: Josef Isensee/Paul Kirchhof (Hrsg.), Handbuch des Staatsrechts, Band V, 3. Aufl., 2007, § 118 Rn. 16.

S. 179: Zu den objektiven Ertragsteuern vgl. Eckart Schremmer, Über »gerechte Steuern«. Ein Blick zurück ins 19. Jahrhundert, 1994, S. 14 ff.

S. 179: Zur Entwicklung der Steueraufkommensstruktur von 1950 bis 2009 vgl. Bundesministerium der Finanzen (Hrsg.), Monatsbericht des BMF. Februar 2009, S. 82.

S. 180: Die Börsenumsatzsteuer wurde durch Art. 4 des Finanzmarktförderungsgesetzes vom 22. Februar 1990 (Bundesgesetzblatt I S. 266) zum 1. Januar 1991 abgeschafft.

S. 180: Zur Zuordnung von Steuern zu Staatsformen vgl. Fritz Karl Mann, Steuerpolitische Ideale, 1937, S. 57.

S. 182: Zum Schutz des Geldeigentums vgl. Bundesverfassungsgericht, Amtliche Sammlung, Band 93, S. 121 (138) – Vermögensteuer; Band 115, S. 97 (112 f.) – Obergrenze für Einkommen- und Gewerbesteuer.

S. 182: Der zitierte Vergleich zwischen Gans und Steuerzahler wird dem Finanzminister Ludwigs XIV., Jean Baptiste Colbert (1619–1683), zugeschrieben.

S. 182: Der Vergleich zwischen Steuererhebung und Schafschur wird dem amerikanischen Physiker Austin O'Malley (1858–1932) zugeschrieben.

S. 182: Zum Bibelzitat, dass, wer Steuern erpresst, auch das Land zugrunde richtet, vgl. Buch der Sprichwörter 29,4.

S. 182: Zum Zitat Friedrichs des Großen, über die Kunst, die Steuern zu erheben, ohne den Staatsbürger zu bedrücken vgl. Friedrich der Große, Regierungsformen und Herrscherpflichten (1777), abgedruckt in: Gustav Berthold Bolz (Hrsg.), Die Werke Friedrichs des Großen, Band 7, 1912, S. 225 (232).

S. 182: Zur rechtlichen Mäßigung der Steuergewalt vgl. Paul Kirchhof, Die Steuern, Josef Isensee/Paul Kirchhof (Hrsg.), Handbuch des Staatsrechts, Band V, 3. Aufl., 2007, § 118 Rn. 6 ff.

S. 183: Zur Antwort Friedrichs des Großen auf die »große Frage« vgl. Friedrich der Große, Testament politique (1768), abgedruckt und übersetzt in: Richard Dietrich (Hrsg.), Die politischen Testamente der Hohenzollern, 1986, S. 462 (498 f.).

S. 183: Zu den Anmaßungen des Fiskus vgl. Carl von Rotteck, Eigenthum, in: Carl von Rotteck/Carl Welcker, Staats-Lexikon oder Encyklopädie der sämmtlichen Staatswissenschaften, Band 4, 1846, neue, verbesserte Auflage S. 628 f.

S. 183: Zum Bibelzitat, dem Kaiser zu geben, was des Kaisers ist, vgl. Matthäus 22,21; Markus, 12,17; Lukas 20,25; zur Deutung, dass eine Münze mit dem Abbild des Kaisers auch dem Kaiser als Steuer zu entrichten, das Ebenbild Gottes, der Mensch, aber Gott zu geben sei, vgl. Tertullianus, De idololatria, 15, 3, lateinischer Text mit einer englischen Übersetzung bei: J. H. Waszink/J. C. M. van Winden (Hrsg.), Tertullianus. De idololatria,1987, S. 52 f.

S. 183: Zum Schutz vor erdrosselnden Eingriffen in das Eigentum vgl. Bundesverfassungsgericht, Amtliche Sammlung, Band 4, S. 7 (12) – Investitionshilfe; Band 16, S. 147, (161) – Werkfernverkehr, Band 38, S. 61 (80 f.) – Leberpfennig; Band 82, S. 159 (190) – Absatzfonds, ständige Rechtsprechung.

S. 183: Zum Halbteilungsgrundsatz bei der steuerlichen Gesamtbelastung des Bürgers vgl. Bundesverfassungsgericht, Amtliche Sammlung, Band 93, S. 121 (138) – Vermögensteuer.

S. 183: Zur späteren Entscheidung, die lediglich ein Verbot einer grundlegenden Beeinträchtigung des wirtschaftlichen Erfolgs fordert, vgl. Bundesverfassungsgericht, Amtliche Sammlung, Band 115, S. 97 (114 ff.) – Obergrenze für Einkommen- und Gewerbesteuer.

S. 184: Zur abschreckenden Wirkung von Steuern, z. B. auf alkoholische Getränke, vgl. Rainer Wernsmann, Verhaltenslenkung in einem rationalen Steuersystem, 2003, S. 92.

S. 184: Zur Kraftfahrzeugsteuer vgl. §§ 3 c und 3 d des Kraftfahrzeugsteuergesetzes in der Fassung der Bekanntmachung vom 26. September 2002 (Bundesgesetzblatt I S. 3818), zuletzt geändert durch Art. 11 des Gesetzes vom 20. Dezember 2007 (Bundesgesetzblatt I S. 3150).

S. 184: Für eine Übersicht der Steuervergünstigungen vgl. Alfred Boss, Steuervergünstigungen in Deutschland: Ist die Finanzpolitik auf dem richtigen Weg?, Kieler Arbeitspapier Nr. 1301, 2006, S. 5 f.

S. 185: Zu den steuerfinanzierten »Schrottimmobilien« vgl. Bundesgerichtshof in Zivilsachen, Amtliche Sammlung, Band 159, S. 280 ff.; Band 167, S. 252 ff.; Band 168, S. 1 ff.

S. 185: Zu den Energiesteuern vgl. Energiesteuergesetz vom 15. Juli 2006 (Bundesgesetzblatt I S. 1534; 2008, 660; 2008, 1007), geändert durch Art. 1 des Gesetzes vom 18. Dezember 2006 (Bundesgesetzblatt I S. 3180).

S. 185: Zu den Steuervergünstigungen für bestimmte Industriebereiche vgl. Bundesministerium der Finanzen, Bericht der Bundesregierung über die Entwicklung der Finanzhilfen des Bundes und der Steuervergünstigungen für die Jahre 2003–2006 (Zwanzigster Subventionsbericht), 2006, Nr. 69 ff.

S. 185: Zur Beanstandung des Bundesrechnungshofs vgl. Bundesrechnungshof, Bemerkungen 2006, Kurzfassung 2006, Ziff. 55.

S. 187: Zur Nichterreichung des Lenkungsziels bei Lenkungssteuern vgl. Bundesverfassungsgericht, Amtliche Sammlung, Band 98, S. 106 (121) – Verpackungsteuer; Band 110, S. 274 (292 f.) – Ökosteuer; Band 117, S. 1 (32) – Bewertung im Erbschaftsteuerrecht.

S. 188: Zu den Gemeinschaftssteuern vgl. Art. 106 Abs. 3 des Grundgesetzes.

S. 188: Zu Steuern, die den Ländern zustehen, vgl. Art. 106 Abs.2 Nr. 2 des Grundgesetzes

S. 188: Zum einheitlichen Steuersatz von 25%, den Entlastungen durch Sozialausgleich und den Freibeträgen vgl. Paul Kirchhof, Einkommensteuergesetzbuch, ein Vorschlag zur Reform der Einkommen- und Körperschaftsteuer, 2004, S. 155 ff., 160 ff. und 44 ff.

S. 193: Zur Abgeltungsteuer vgl. § 32 d des Einkommensteuergesetzes in der Fassung der Bekanntmachung vom 19. Oktober 2002 (Bundesgesetzblatt I S. 4210; 2003 I S. 179), zuletzt geändert durch Art. 90 des Gesetzes vom 17. Dezember 2008 (Bundesgesetzblatt I S. 2586 mit Wirkung vom 1.9.2009). Diese bestimmt ab 1.1.2009 einen einheitlichen Steuersatz von 25 % im Grundsatz für alle Einkünfte aus Kapitalvermögen, vgl. dazu Claus Lambrecht, in: Paul Kirchhof (Hrsg.), Einkommensteuergesetz, Kompaktkommentar, 8. Aufl., 2008, § 32 d Rn. 10 ff.

S. 193: Zum Steuersatz von 25 % vgl. § 32 d Abs. 1 S. 1 des Einkommensteuergesetzes in der Fassung der Bekanntmachung vom 19. Oktober 2002 (Bundesgesetzblatt I S. 4210; 2003 I S. 179), zuletzt geändert durch Art. 90 des Gesetzes vom 17. Dezember 2008 (Bundesgesetzblatt I S. 2586 mit Wirkung vom 1.9.2009).

S. 193: Zum Spitzensteuersatz bei Einkünften aus Arbeit vgl. § 32 a Abs. 1 S. 2 Nr. 5 des Einkommensteuergesetzes in der Fassung der Bekanntmachung vom 19. Oktober 2002 (Bundesgesetzblatt I S. 4210; 2003 I S. 179), zuletzt geändert durch Art. 90 des Gesetzes vom 17. Dezember 2008 (Bundesgesetzblatt I S. 2586 mit Wirkung vom 1.9.2009).

S. 193: Zur Besteuerung des fundierten Einkommens vgl. Bundesverfassungsgericht, Amtliche Sammlung, Band 13, S. 331 (347 ff.) – Personenbezogene Kapitalgesellschaft; Band 93, 121 (139 f.) – Vermögensteuer, Begründung des Preußischen Gesetzesentwurfs vom 2. November 1892 wegen einer Ergänzungssteuer, Nr. 6 der Drucksachen des Preußischen Abgeordnetenhauses (17. Legislaturperiode, V. Session 1892/93), abgedruckt in: Finanzarchiv 10, Band I, 1893, S. 370 ff.; Klaus Tipke, Die Steuerrechtsordnung, Band II, 2. Aufl., 2003, S. 922 ff.

S. 194: Zum Gleichheitssatz vgl. Art. 3 Abs. 1 des Grundgesetzes: »Alle Menschen sind vor dem Gesetz gleich.«

S. 194: Zu den Verwerfungen zwischen Kapitalgesellschaft und Personengesellschaft vgl. Thomas Rödder, Unternehmensteuerreformgesetz 2008, in: Beihefter zum deutschen Steuerrecht 2007, Heft 40, S. 1 (5 f.).

Kapitel VI. Der Mensch ist stark und schwach

S. 195: Zu den Forderungen von Gottfried Wilhelm Leibniz vgl. seine Notizen »Directiones ad rem Medicam pertinentes«, abgedruckt in: Fritz Hartmann/Matthias Krüger, Directiones ad rem Medicam pertinentes. Ein Manuskript G. W. Leibnizens aus den Jahren 1671/72 über die Medizin, in: Studia Leibnitiana 8 (1976), 40 (50 ff.).

S. 195: Zur Gesundheitsbeichte vgl. Gottfried Wilhelm Leibniz, Directiones ad rem Medicam pertinentes, abgedruckt in: Fritz Hartmann/Matthias Krüger, Directiones ad rem Medicam pertinentes. Ein Manuskript G. W. Leibnizens aus den Jahren 1671/72 über die Medizin, in: Studia Leibnitiana 8 (1976), 40 (60 f.).

S. 195: Zur umfassenden Heilsvorsorge durch den Staat vgl. Christian Wolff (1697–1754), Vernünftige Gedanken von dem gesellschaftlichen Leben der Menschen und insonderheit dem gemeinen Wesen, 1721, Faksimiledruck 1971, passim.

S. 195: Zum Zitat über die Sorge um das körperliche Wohlbefinden der Bürger durch den Staat vgl. Christian Friedrich Ludwig Wildberg, Kurzgefaßtes System der medicinischen Gesetzgebung, 1804, S. 4.

S. 195: Zu den nachfolgenden Überlegungen vgl. Klaus Bergdolt, Leib und Seele. Eine Kulturgeschichte des gesunden Lebens, 1999, S. 246 ff., 275 ff.

S. 195: Zum Zitat über Polizei und Gesundheit vgl. Johann Peter Frank (1745–1821), System einer vollständigen medicinischen Polizey, 2. Aufl., 1784, Band I, S. 5; hierzu: Caren Möller, Medizinalpolizei, 2005, S. 18 ff.

S. 195: Zur verantwortlichen Lebensführung vgl. Christoph Wilhelm Hufeland (1762–1836), Makrobiotik oder die Kunst, das menschliche Leben zu verlängern, 1984, S. 132 ff. und 137 ff.

S. 196: Zum Lob auf das Land- und Gartenleben vgl. Christoph Wilhelm Hufeland (1762–1836), Makrobiotik oder die Kunst, das menschliche Leben zu verlängern, 1984, S. 181 ff.

S. 196: Zur Kritik an der Verfeinerung des Lebensstils vgl. Christoph Wilhelm Hufeland, Geschichte der Gesundheit nebst einer physischen Charakteristik des jetzigen Zeitalters, 1812, S. 21.

S. 196: Zur »Luftverdorbenheit« vgl. Christoph Wilhelm Hufeland (1762–1836), Makrobiotik oder die Kunst, das menschliche Leben zu verlängern, 1984, S. 131.

S. 196: Zum Brief von Johann Wolfgang von Goethe an Charlotte von Stein vgl. Karl Eibl u. a. (Hrsg.), Johann Wolfgang von Goethe. Sämtliche Werke, II. Abteilung: Briefe, Tagebücher und Gespräche, Band 3: Karl Eibl (Hrsg.), Johann Wolfgang von Goethe, Italien – im Schatten der Revolution: Briefe, Tagebücher und Gespräche vom 3. September 1786 bis 12. Juni 1794, 1991, Nr. 106, S. 302 (306).

S. 197: Zur Freiheit von Furcht und Not vgl. die Präambel der Allgemeinen Erklärung der Menschenrechte, verkündet von der Generalversammlung der Vereinten Nationen am 10. Dezember 1948, die allerdings eine unverbindliche Resolution blieb und erst mit dem Internationalen Pakt über bürgerliche und politische Rechte vom 19. Dezember 1966 (Bundesgesetzblatt 1973 II S. 1534) sowie dem Internationalen Pakt über wirtschaftliche, soziale und kulturelle Rechte vom 19. Dezember 1966 (Bundesgesetzblatt 1973 II S. 1570) Verbindlichkeit erreichte; vgl. zur Entwicklung Thilo Rensmann, Wertordnung und Verfassung, 2007, S. 18 ff.

S. 197: Zum Verständnis der »Freiheit und Not« vgl. Thilo Rensmann, Wertordnung und Verfassung, 2007, S. 20 f.

S. 197: Zur sozialen Sicherheit vgl. Art. 22 der Allgemeinen Erklärung der Menschenrechte, Res. 217 A (III) der Generalversammlung der Vereinten Nationen, abgedruckt in: Universal Declaration of Human Rights, GAOR III (Part I – Resolutions), Doc. A/810, S. 71 ff.

S. 197: Zum ausdrücklichen »Vorbehalt des Möglichen« vgl. Art. 22 der Allgemeinen Erklärung der Menschenrechte, Res. 217 A (III) der Generalversammlung der Vereinten Nationen, abgedruckt in: Universal Declaration of Human Rights, GAOR III (Part I – Resolutions), Doc. A/810, S. 71 ff.; hierzu: Thilo Rensmann, Wertordnung und Verfassung, 2007, S. 21.

S. 198: Zu Heilungschancen und aktiver Mitwirkung der Patienten bei Herz-Kreislauf-Erkrankungen vgl. Peter Sabicki u. a., Strukturoptimierung der antihypertensiven Therapie. Langzeitergebnisse einer randomisierten prospektiven Studie in Arztpraxen, in: Deutsches Ärzteblatt 90 (1993), 1736 ff.

S. 199: Zum Wort »Zurück zur Natur«, das fälschlich Rousseau zugeschrieben wird, sowie zu frühen deutschen Belegen vgl. den Beitrag von Ralf Bülow »Zurück zur Natur« – Preisaufgabe aus Heft 5/1989 –, abgedruckt in: Der Sprachdienst, 34. Jahrgang (1990), 62 f. Diese Forderung ist ihrem Sinn nach im Laufe der Geschichte schon früher erhoben worden, zur naturverbundenen Medizin vgl. schon das Werk der Hildegard von Bingen, hierzu: Heinrich Schipperges (Hrsg.), Hildegard von Bingen. Heilkunde. Das Buch von dem Grund und Wesen und der Heilung der Krankheiten, 6. Aufl., 1986.

S. 199: Zum Krankheitsbegriff vgl. Adolf Laufs, Grundlagen des Arztrechts, in: Adolf Laufs/ Wilhelm Uhlenbruck (Hrsg.), Handbuch des Arztrechts, 3. Aufl., 2002, § 1 Rn. 9 ff.

S. 199: Zum Grundvertrauen in die Ärzteschaft vgl. die Pressemitteilung der GfK (Gesellschaft für Konsumforschung) Custom Research vom 3.8.2007, S. 1, die ermittelte, dass Mediziner und Lehrer in Europa wie Amerika das meiste Vertrauen genießen; zum Patiententypus vgl. Jürgen Barmeyer, Praktische Medizinethik, 2. Aufl., 2003, S. 43 ff.

S. 200: Zur Helmpflicht der Motorradfahrer vgl. aber Bundesverfassungsgericht, Amtliche Sammlung, Band 59, S. 275 ff. – Schutzhelmpflicht; zur Gurtpflicht vgl. Entscheidung des Bundesverfassungsgerichts, abgedruckt in: Neue Juristische Wochenschrift, 1987, 180.

S. 200: Zur gegenwärtigen Debatte um das Für und Wider von Patientenverfügungen vgl. für viele Christian Jäger, Die Patientenverfügung als Rechtsinstitut zwischen Autonomie und Fürsorge, in: Michael Hettinger u. a. (Hrsg.) Festschrift für Wilfried Küper zum 70. Geburtstag, 2007, S. 209 ff; sowie die Beiträge des Sammelbandes Marion Albers (Hrsg.), Patientenverfügungen, Schriften zum Bio-, Gesundheits- und Medizinrecht, Band 2, 2008.

S. 200: Zur Ingewahrsamnahme durch die Polizei vgl. etwa § 28 Abs. 1 Nr. 2 c des Polizeigesetzes von Baden-Württemberg in der Fassung vom 13. Januar 1992 (Gesetzblatt S. 1), zuletzt geändert durch Gesetz vom 18. November 2008 (Gesetzblatt S. 390); dazu Wolfgang Martens, in: Bill Drews/Gerhard Wacke/Klaus Vogel/ Wolfgang Martens, Gefahrenabwehr, Band 2, 8. Aufl., 1977, S. 115; Thomas Würtenberger/Dirk Heckmann/Rainer Riggert, Polizeirecht in Baden-Württemberg, 6. Aufl., 2005, Rn. 402; Volkmar Götz, Allgemeines Polizei- und Ordnungsrecht, 14. Aufl., 2008, § 4 Rn. 32.

S. 200: Zu Suizid und unterlassener Hilfeleistung vgl. Bundesgerichtshof in Strafsachen, Amtliche Sammlung, Band 6, S. 147 ff.; Band 13, S. 162 (169); Dieter Dölling, Suizid und unterlassene Hilfeleistung, in: Neue Juristische Wochenschrift, 1986, 1011 ff.; zum Meinungsstand siehe Peter Cramer/Detlev Sternberg-Lieben, in: Adolf Schönke/Horst Schröder, Strafgesetzbuch. Kommentar, 27. Aufl., 2006, § 323 c Rn. 7.

S. 200: Zur Straflosigkeit des Selbstmordversuchs vgl. Reichsgericht in Strafsachen, Amtliche Sammlung, Band 70, S. 313 (315); Bundesgerichtshof in Strafsachen, Amtliche Sammlung, Band 2, S. 150 (152); Albin Eser, in: Adolf Schönke/Horst Schröder, Strafgesetzbuch. Kommentar, 27. Aufl., 2006, Vorbemerkung zu § 211 ff. Rn. 33.

S. 200: Zur Tötung auf Verlangen vgl. § 216 Abs. 1 des Strafgesetzbuches in der Fassung der Bekanntmachung vom 13. November 1998 (Bundesgesetzblatt I S. 3322), zuletzt geändert durch Art. 1 des Gesetzes vom 31. Oktober 2008 (Bundesgesetzblatt I S. 2149).

S. 200: Zu Gesundheit, rechter Ordnung und Krankheit als ein Zeichen für die Negation dieser Ordnung vgl. Heinrich Schipperges (Hrsg.), Hildegard von Bingen. Heilkunde. Das Buch von dem Grund und Wesen und der Heilung der Krankheiten, 2. Aufl., 1957, S. 112 ff.

S. 200: Zu den Empfehlungen der Hildegard von Bingen vgl. Klaus Bergdolt, Leib und Seele. Eine Kulturgeschichte des gesunden Lebens, 1999, S. 166; Heinrich Schipperges (Hrsg.), Hildegard von Bingen. Heilkunde. Das Buch von dem Grund und Wesen und der Heilung der Krankheiten, 2. Aufl., 1957, S. 52 f.

S. 201: Zum armen Heinrich vgl. Helmut de Boor (Hrsg.), Hartmann von Aue. Der arme Heinrich. Mittelhochdeutscher Text und Übertragung, 1963; vgl. ferner Hartmann von Aue, Der arme Heinrich. Nachdichtung von Rainer Malkowski, 2003.

S. 201: Zur Heilung des armen Heinrich vgl. Helmut de Boor (Hrsg.), Hartmann von Aue. Der arme Heinrich. Mittelhochdeutscher Text und Übertragung, 1963; S. 104 ff. (Zeile 1389 ff.); Hartmann von Aue, Der arme Heinrich. Nachdichtung von Rainer Malkowski, 2003, S. 104 ff.

S. 201: Zum Ankämpfen gegen den Tod als verlängertes Sterben vgl. schon Platon, Politeia III, 406a–b, abgedruckt in: Thomas Alexander Szlezák (Hrsg.), Platon. Der Staat. Politeia. Griechisch-Deutsch, 2000, S. 252 f.

S. 202: Zu Fort- und Weiterbildungspflichten vgl. aber Adolf Laufs, Fort- und Weiterbildung, in: Adolf Laufs/Wilhelm Uhlenbruck (Hrsg.), Handbuch des Arztrechts, 3. Aufl., 2002, § 11.

S. 204: Einen historischen Überblick zur Truck-Gesetzgebung gibt Alfons Dopsch, Naturalwirtschaft und Geldwirtschaft, 1930, S. 187, 193, 208 ff. et passim.

S. 205: Zum Abwehrcharakter des Rechts auf Leben vgl. Dieter Lorenz, Recht auf Leben und körperliche Unversehrtheit, in: Josef Isensee/Paul Kirchhof (Hrsg.), Handbuch des Staatsrechts, Band VI, 2. Aufl., 2001, § 128 Rn. 23; Helmuth Schulze-Fielitz, in: Horst Dreier (Hrsg.), Grundgesetz-Kommentar, Band 1, 2. Aufl., 2004, Art. 2 II Rn. 42. Allgemein zur Abwehrfunktion von Grundrechten vgl. Bundesverfassungsgericht, Amtliche Sammlung, Band 7, S. 198 (204) – Lüth; Band 21, S. 362 (372) – Sozialversicherungsträger; Band 33, S. 303 (330) – numerus clausus I; Band 50, S. 290 (336 f.) – Mitbestimmungsurteil; Band 61, S. 82 (101) – Sasbach; Band 68, S. 193 (205) – Zahntechniker-Innung; Christian Starck, in: Hermann von Mangoldt/Friedrich Klein/Christian Starck (Hrsg.), Kommentar zum Grundgesetz, Band 1, 5. Aufl., 2005, Art. 1 Abs. 3 Rn. 182 ff.

S. 205: Zum Verbot der Todesstrafe vgl. Art. 102 des Grundgesetzes, dazu Bundesgerichtshof, Monatsschrift für Deutsches Recht 1996, S. 402 ff.; Helmuth Schulze-Fielitz, in: Horst Dreier (Hrsg.), Grundgesetz-Kommentar, Band 1, 2. Aufl., 2004, Art. 2 II Rn. 60. Zur Auslieferung bei drohender Todesstrafe in einem ausländischen Staat vgl. Bundesverfassungsgericht, Amtliche Sammlung, Band 60, S. 348 (354 ff.) – Auslieferung.

S. 205: Zum Folterverbot vgl. Dieter Lorenz, Recht auf Leben und körperliche Unversehrtheit, in: Josef Isensee/Paul Kirchhof (Hrsg.), Handbuch des Staatsrechts, Band VI, 2. Aufl., 2001, § 128 Rn. 41; zum Schutz durch Art. 1 Abs. 1 des Grundgesetzes vgl. Christian Starck, in: Hermann von Mangoldt/Friedrich Klein/Christian Starck (Hrsg.), Kommentar zum Grundgesetz, Band 1, 5. Aufl., 2005, Art. 1 Abs. 1 Rn. 51, 56, 69; zum Verhältnis von Leben und Würde vgl. Wolfram Höfling, Wer definiert des Menschen Leben und Würde?, in: Otto Depenheuer u. a. (Hrsg.), Staat im Wort. Festschrift für Josef Isensee, 2007, S. 525 (528 ff.).

S. 205: Zum grundsätzlichen Verbot der Körperverletzung durch den Staat vgl. Christian Starck, in: Hermann von Mangoldt/Friedrich Klein/ Christian Starck (Hrsg.), Kommentar zum Grundgesetz, Band 1, 5. Aufl., 2005, Art. 2, Abs. 2 Rn. 193 ff.; Helmuth Schulze-Fielitz, in: Horst Dreier (Hrsg.), Grundgesetz-Kommentar, Band 1, 2. Aufl., 2004, Art. 2 II Rn. 33 ff.

S. 205: Zum Teilhabeanspruch vgl. Helmuth Schulze-Fielitz, in: Horst Dreier (Hrsg.), Grundgesetz-Kommentar, Band 1, 2. Aufl., 2004, Art. 2 II Rn. 96.

S. 205: Zur Wahrung des Rechtes auf körperliche Unversehrtheit nach allen Regeln ärztlicher Kunst vgl. Bundesverfassungsgericht, Amtliche Sammlung, Band 57, S. 70 (99) – Universitäre Krankenversorgung.

S. 208: Zur Würde des Menschen vgl. Art. 1 Abs. 1 des Grundgesetzes; hierzu Christian Starck, in: Hermann von Mangoldt/Friedrich Klein/Christian Starck (Hrsg.), Kommentar zum Grundgesetz, Band 1, 5. Aufl., 2005, Art. 1 I Rn. 1 ff.

S. 208: Zur Menschenwürde als Tabu vgl. Jacob Grimm, Von der Poesie im Recht, in: Zeitschrift für geschichtliche Rechtswissenschaft, Band II, 1816, Heft 1, 25 (27 f.).

S. 208: Zur Menschenwürde als Tabu vgl. ferner Josef Isensee, Menschenwürde: Die säkulare Gesellschaft auf der Suche nach dem Absoluten, Archiv des öffentlichen Rechts, 131 (2006), 173 (179); Josef Isensee, Tabu im freiheitlichen Staat, 2003, S. 35 ff.

S. 208: Zum Christentum als Quelle des Würdegedankens vgl. Josef Isensee, Menschenwürde: Die säkulare Gesellschaft auf der Suche nach dem Absoluten, Archiv des öffentlichen Rechts, 131 (2006), 173 (199 f.).

S. 208: Zum Menschenbild der Aufklärung vgl. Immanuel Kant, Beantwortung der Frage: Was ist Aufklärung? (1784), in: Königlich-Preußische Akademie der Wissenschaften (Hrsg.), Kants gesammelte Schriften, 1. Abt: Werke, Band VIII, Neudruck 1923, S. 33 ff.

S. 208: Zur Begabung des Menschen mit Vernunft und Gewissen vgl. Art. 1 S. 2 der Allgemeinen Erklärung der Menschenrechte vom 10. Dezember 1948: »Sie [Die Menschen] sind mit Vernunft und Gewissen begabt und sollen einander im Geiste der Brüderlichkeit begegnen«; Res. 217 A (III) der UN-Generalversammlung, Universal Declaration of Human Rights, GAOR III (Part I – Resolutions), Doc. A/810, p. 71; Übersetzung des deutschen Übersetzungsdienstes bei den Vereinten Nationen, dazu Thilo Rensmann, Wertordnung und Verfassung, 2007, S. 16 ff.

S. 209: Zur Privat- und Intimsphäre vgl. Bundesverfassungsgericht, Amtliche Sammlung, Band 38, S. 312 (320) – Berufsbezogenes Zeugnisverweigerungsrecht; zum strafrechtlichen Schuldprinzip vgl. Bundesverfassungsgericht, Amtliche Sammlung, Band 20, S. 323 (331) – nulla poena sine culpa; Band 45, S. 187 (259 f.) – Lebenslange Freiheitsstrafe; zur Unschuldsvermutung: Bundesverfassungsgericht, Amtliche Sammlung, Band 74, S. 358 (370 ff.) – Unschuldsvermutung I; Band 82, S. 106 (114 f.) – Unschuldsvermutung II; zum Verbot eines Zwangs zur Selbstbezichtigung vgl. Bundesverfassungsgericht, Amtliche Sammlung, Band 38, S. 105 (114 f.) – Rechtsbeistand; Band 56, S. 37 (41 ff.) – Bremer Modell; Band 95, S. 220 (241) – Aufzeichnungspflicht; zum Anspruch des Straftäters aus Resozialisierung vgl. Bundesverfassungsgericht, Amtliche Sammlung, Band 35, S. 202 (235 f.) – Lebach; zum Recht auf Kenntnis der eigenen Abstammung vgl. Bundesverfassungsgericht, Amtliche Sammlung, Band 90, S. 263 (270 f.) – Ehelichkeitsanfechtung; Band 96, S. 56 (63) – Vaterschaftsauskunft; zum Recht am eigenen Namen vgl. Bundesverfassungsgericht, Amtliche Sammlung, Band 78, S. 38 (49) – Gemeinsamer Familienname; zum Recht am eigenen Bild vgl. Bundesverfassungsgericht, Amtliche Sammlung, Band 35, S. 202 (220) – Lebach, Band 101, S. 361 (392) – Caroline von Monaco II; zum Recht am eigenen Wort vgl. Bundesverfassungsgericht, Amtliche Sammlung, Band 54, S. 148 (155) – Eppler; zum Grundrecht auf Datenschutz vgl. Bundesverfassungsgericht, Amtliche Sammlung, Band 65, S. 1 (42 ff.) – Volkszählung; zum Schutz der persönlichen Ehre vgl. Bundesverfassungsgericht, Amtliche Sammlung, Band 54, S. 208 (217 f.) – Böll; zum Recht auf schuldenfreien Eintritt in die Volljährigkeit vgl. Bundesverfassungsgericht, Amtliche Sammlung, Band 72, S. 155 (170 ff.) – Ererbtes Handelsgeschäft; zur Gewährleistung einer menschenwürdigen Existenz vgl. Bundesverfassungsgericht, Amtliche Sammlung, Band 82, S. 60 (85) – Steuerfreies Existenzminimum; Band 99, S. 246 (259 ff.) – Kinderexistenzminimum; zur körperlichen wie geistig-seelischen Identität und Integrität vgl. Bundesverfassungsgericht, Amtliche Sammlung, Band 56, S. 54 (75) – Fluglärm.

S. 210: Zur juristischen Definition des Menschen als vom Menschen gezeugt vgl. Christian Starck, in: Hermann von Mangoldt/Friedrich Klein/Christian Starck (Hrsg.), Kommentar zum Grundgesetz, Band 1, 5. Aufl., 2005, Art. 1 I Rn. 18.

S. 210: Zum Menschen als Gattungswesen vgl. Bundesverfassungsgericht, Amtliche Sammlung, Band 87, S. 209 (228) – Einziehung einer Videokassette; Wolfram Höfling, in: Michael Sachs (Hrsg.) Grundgesetz. Kommentar, 4. Aufl., 2007, Art. 1 Rn. 50.

S. 210: Zur Existenz eines geborenen Menschen für die Menschenwürdegarantie vgl. Horst Dreier, in: Horst Dreier (Hrsg.), Grundgesetz-Kommentar, Band 1, 2. Aufl., 2004, Art. 1 Rn. 64.

S. 210: Zur Identitätsgarantie der Menschenwürde vgl. Art. 79 Abs. 3 des Grundgesetzes.

S. 210: Zum Tabu der Menschenwürde vgl. schon Jacob Grimm, Von der Poesie im Recht, in: Zeitschrift für geschichtliche Rechtswissenschaft, Band II, 1816, Heft 1, 25 (27 f.).

S. 211: Zur Definition des Begriffs »Gesundheit« durch die Weltgesundheitsorganisation (WHO) vgl. die Satzung der WHO vom 22. Juli 1946, die Gesundheit beschreibt als »state of complete physical, mental and social well-being and not merely the absence of disease or infirmity«; Off. Rec. Wld. Hlth. Org., 1947 (2), S. 98 (100); deutsche Übersetzung nach der Bekanntmachung der Satzung der Weltgesundheitsorganisation vom 22. Januar 1974, Bundesgesetzblatt II 1974 S. 43 (45): »Zustand völligen körperlichen, seelischen und sozialen Wohlbefindens und nicht nur das Freisein von Krankheit und Gebrechen«.

S. 216: Zur Familienversicherung vgl. § 10 Abs. 1 S. 1 des fünften Buches des Sozialgesetzbuches – Gesetzliche Krankenversicherung (Art. 1 des Gesetzes vom 20. Dezember 1988, Bundesgesetzblatt I S. 2477), zuletzt geändert durch Art. 6 Nr. 1 des Gesetzes vom 21. Dezember 2008 (Bundesgesetzblatt I S. 2940).

S. 216: Zur Abhängigkeit vom Stammversicherten vgl. § 19 Abs. 3 des fünften Buches des Sozialgesetzbuches – Gesetzliche Krankenversicherung (Art. 1 des Gesetzes vom 20. Dezember 1988, Bundesgesetzblatt I S. 2477), zuletzt geändert durch Art. 6 Nr. 1 des Gesetzes vom 21. Dezember 2008 (Bundesgesetzblatt I S. 2940).

S. 217: Zur negativen Bedeutung der Begriffe »versicherungsfremde Leistung« und »Fremdlast« vgl. Hermann Butzer, Fremdlasten in der Sozialversicherung, 2001, S. 36 ff.

S. 217: Zum Begriff Fremdlast im Bereich der Sozialversicherung allgemein vgl. Hermann Butzer, Fremdlasten in der Sozialversicherung, 2001, insbesondere S. 29 ff.

S. 217: Zur Beitragsfreiheit vgl. § 3 S. 3 des Fünften Buches des Sozialgesetzbuches – Gesetzliche Krankenversicherung (Art. 1 des Gesetzes vom 20. Dezember 1988, Bundesgesetzblatt I S. 2477), zuletzt geändert durch Art. 6 Nr. 1 des Gesetzes vom 21. Dezember 2008 (Bundesgesetzblatt I S. 2940); hierzu Peter Axer, Die Familie zwischen Privatrecht, Sozialrecht und Steuerrecht, in: Deutsche Steuerjuristische Gesellschaft 29 (2006), S. 175 (198); Franz Ruland, Das Bundesverfassungsgericht und der Familienlastenausgleich in der Pflegeversicherung, in: Neue Juristische Wochenschrift, 2001, 1673 (1678).

S. 217: Zum Rückgang der Geburten in Deutschland im Laufe der letzten Jahre vgl. Statistisches Bundesamt (Hrsg.), Statistisches Jahrbuch 2008, S. 49.

S. 217: Zum Durchschnittsalter der aus der Erwerbstätigkeit ausscheidenden Männer und Frauen vgl. Vorruhestand. Teurer Abschied aus dem Berufsleben, in: Informationsdienst des Instituts der deutschen Wirtschaft Köln, Jg. 34, Nr. 28 vom 10. Juli 2008, S. 4.

S. 217: Zur Lage der Krankenhäuser vgl. Deutsches Krankenhausinstitut e.V. (Hrsg.), Krankenhausbarometer. Umfrage 2008, S. 62.

S. 217: Zum Stellenabbau in Krankenhäusern zwischen 1995 und 2006 vgl. das Zahlenmaterial in: Statistisches Bundesamt (Hrsg.), Statistisches Jahrbuch 2008, S. 237.

S. 218: Zu den Engpässen trotz Lebensmittelkarten vgl. nur den Titel des Buches von Elmar Faber/Carsten Wurm (Hrsg.), Allein mit Lebensmittelkarten ist es nicht auszuhalten … Autoren- und Verlegerbriefe 1945–1949, 1991.

S. 218: Zu den verfassungsrechtlichen Vorgaben bei der Studienplatzvergabe vgl. Bundesverfassungsgericht, Amtliche Sammlung, Band 33, S. 303 (329 ff.) – numerus clausus I; Band 43, S. 291 (313 ff.) – numerus clausus II.

S. 218: Zur Notwendigkeit einer Erhöhung der Zahl der Organspender vgl. Nationaler Ethikrat (Hrsg.), Die Zahl der Organspenden erhöhen – Zu einem drängenden Problem der Transplantationsmedizin in Deutschland. Stellungnahme, 2007.

Kapitel VII. Recht in der Generationenfolge

S. 221: Zur Geschichte der zwölf Kamele vgl. Niklas Luhmann, Die Rückgabe des zwölften Kamels. Zum Sinn einer soziologischen Analyse des Rechts, posthum veröffentlicht in: Gunther Teubner (Hrsg.), Die Rückgabe des zwölften Kamels. Niklas Luhmann in der Diskussion über Gerechtigkeit, 2000, S. 3 f.

S. 222: Zu den Kamelen als Lasttiere für vielfältige Botschaften vgl. Marie Theres Fögen, Das Lied vom Gesetz, 2007, S. 103 ff. mit Nachweisen.

S. 223: Zum Faust-Zitat vgl. Johann Wolfgang von Goethe, Faust. Der Tragödie Erster Teil (1808), Zeile 681 ff., abgedruckt in: Friedmar Apel u. a. (Hrsg.), Johann Wolfgang von Goethe. Sämtliche Werke. Briefe, Tagebücher und Gespräche, I. Abteilung: Sämtliche Werke, Band 7/1: Albrecht Schöne (Hrsg.), Johann Wolfgang von Goethe. Faust. Texte, 1994, S. 43.

S. 224: Zum Testament Warren Buffetts vgl. Hans Flick/Frank Hannes/Christian von Oertzen, Prominente Testamente, 2005, S. 99 (101).

S. 224: Zum Testament Jack Kellys vgl. Hans Flick/Frank Hannes/Christian von Oertzen, Prominente Testamente, 2005, S. 61 (65).

S. 224: Zum Urteil des Bundesverfassungsgerichts zum Erbvertrag im ehemaligen deutschen Kaiserhaus vgl. Bundesverfassungsgericht, in: Neue Juristische Wochenschrift, 2004, 2088 ff.

S. 225: Zur Wiederverheiratungsklausel und Heinrich Heine vgl. Hans Flick/Frank Hannes/Christian von Oertzen, Prominente Testamente, 2005, S. 67 (72).

S. 225: Zum Goethe-Testament vgl. Hans Flick/Frank Hannes/Christian von Oertzen, Prominente Testamente, 2005, S. 93 (94 f.).

S. 226 : Zu Fürstentestamenten und den folgenden Ausführungen vgl. jüngst Susan Richter, Fürstentestamente der frühen Neuzeit. Politische Programme und Medien intergenerationeller Kommunikation, Diss. Heidelberg, 2009.

S. 227: Zum Treuebund zwischen Herrscher und Volk vgl. Christoph Koch, Vertrag, Treueid und Bund. Studien zur Rezeption des altorientalischen Vertragsrechts im Deuteronomium und zur Ausbildung der Bundestheologie im Alten Testament, 2008, S. 19 ff.; Zum Vertrag des Volkes ferner die Vertragstheoretiker Thomas Hobbes, Leviathan, ore The Matter, Forme & Power of a Common-Wealth Ecclesiasticall and Civill (1651), abgedruckt in: Michael Oakeshott (Hrsg.), Thomas Hobbes. Leviathan or the matter, forme and power of a commonwealth ecclesiasticall and civil, 1946, übersetzt in: Iring Fetscher (Hrsg.), Leviathan oder Stoff, Form und Gewalt eines kirchlichen und bürgerlichen Staates, 12. Neudruck, 2004; John Locke, Two treatises of government (1689), abgedruckt in: Peter Laslett (Hrsg.), John Locke. Two treatises of government. A critical edition with an introduction and apparatus criticus, 1960, übersetzt in: Walter Euchner (Hrsg.), John Locke. Zwei Abhandlungen über die Regierung, 12. Neudruck, 2007; Jean-Jacques Rousseau, Du contrat social ou principes du droit politique (1762), übersetzt in: Jean-Jacques Rousseau, Sozialphilosophische und Politische Schriften, 1981, S. 267 ff.

S. 228: Schillers Werk »Die Räuber« (Erstdruck 1981, Uraufführung 1782 in Mannheim) ist abgedruckt in: Klaus Harro Hilzinger u. a. (Hrsg.), Friedrich Schiller. Werke und Briefe, Band 2: Gerhard Kluge (Hrsg.), Friedrich Schiller. Dramen I, 1988, S. 9 ff.; zur Entstehung vgl. ebenda, S. 888 ff.

S. 228: Zu Schillers Kampf gegen die Autorität und eine sich selbst verratende Macht vgl. den Inhalt der beiden Dramen Wallenstein, abgedruckt in: Otto Dann u. a. (Hrsg.), Friedrich Schiller. Werke und Briefe, Band 4: Frithjof Stock (Hrsg.), Friedrich Schiller.

Wallenstein, 2000, S. 9 ff., und Don Carlos, abgedruckt in den verschiedenen Fassungen bei: Klaus Harro Hilzinger u. a. (Hrsg.), Friedrich Schiller. Werke und Briefe, Band 3: Gerhard Kluge (Hrsg.), Friedrich Schiller. Dramen II, 1989.

S. 228: Zum Weltbürgerzitat vgl. Ankündigung »Rheinische Thalia«, abgedruckt in: Otto Dann u. a. (Hrsg.), Friedrich Schiller. Werke und Briefe, Band 8: Rolf-Peter Janz (Hrsg.), Friedrich Schiller. Theoretische Schriften, 1992, S. 897.

S. 229: Zur Darstellung des älteren Professors vgl. Lars Gustafsson, Der perfekte Emeritus, in: Deutsche Akademie für Sprache und Dichtung (Hrsg.), Jahrbuch, 2006, S. 120 (125).

S. 229: Zur Beratungspflicht des Beamten gegenüber seinem Vorgesetzten und zur Ausführung von dessen Anordnungen vgl. § 37 des Beamtenrechtsrahmengesetzes in der Fassung der Bekanntmachung vom 31. März 1999 (Bundesgesetzblatt I S. 654), zuletzt geändert durch § 63 Abs. 2 S. 2 des Gesetzes vom 17. Juni 2008 (Bundesgesetzblatt I S. 1010) sowie § 62 Abs. 1 des Bundesbeamtengesetzes vom 5. Februar 2009 (Bundesgesetzblatt I S. 160); Wolfgang Loschelder, Weisungshierarchie und persönliche Verantwortung in der Exekutive, in: Josef Isensee/Paul Kirchhof (Hrsg.), Handbuch des Staatsrechts, Band V, 3. Aufl., 2007, § 107 Rn. 91.

S. 229: Zu den Pflichten des Beamten bei Bedenken gegen die Rechtmäßigkeit oder bei rechtswidrigen Weisungen vgl. § 38 Abs. 2 und 3 des Beamtenrechtsrahmengesetzes in der Fassung der Bekanntmachung vom 31. März 1999 (Bundesgesetzblatt I S. 654), zuletzt geändert durch § 63 Abs. 2 S. 2 des Gesetzes vom 17. Juni 2008 (Bundesgesetzblatt I S. 1010), § 63 Abs. 2 und 3 des Bundesbeamtengesetzes vom 5. Februar 2009 (Bundesgesetzblatt I S. 160); Wolfgang Loschelder, Weisungshierarchie und persönliche Verantwortung in der Exekutive, in: Josef Isensee/Paul Kirchhof (Hrsg.), Handbuch des Staatsrechts, Band V, 3. Aufl., 2007, § 107 Rn. 95 f.

S. 230: Zur Redefreiheit vgl. Art. 5 Abs. 1 S. 1 des Grundgesetzes: »Jeder hat das Recht, seine Meinung in Wort, Schrift und Bild frei zu äußern und zu verbreiten und sich aus allgemein zugänglichen Quellen ungehindert zu unterrichten.« Dazu Bundesverfassungsgericht, Amtliche Sammlung, Band 7, S. 198 (208) – Lüth; ferner auch Art. 10 der Europäischen Menschenrechtskonvention, dazu Europäischer Gerichtshof für Menschenrechte (Große Kammer), Urteil vom 17.12.2004, in: Neue Juristische Wochenschrift, 2006, 1645 ff. – Pedersen und Baadsgaard/Dänemark.

S. 230: Zur Gegenrede, die als »Zusammenstoß entgegengesetzter Meinungen« die Chance bietet, die ganze Wahrheit über einen Diskussionsgegenstand zu ermitteln, vgl. John Stuart Mill, On Liberty (1859), abgedruckt in: John Stuart Mill, Utilitarianism. Liberty. Representative Government, Reprint 1964, S. 61 (111), übersetzt in: John Stuart Mill, Über die Freiheit, 1969, S. 64; ferner zu Redefreiheit und Kant vgl. Winfried Brugger, Kants System der Redefreiheit, in: Der Staat 46 (2007), S. 515 ff.

S. 230: Zu den Grenzen der Redefreiheit vgl. Martin Kriele, Ehrenschutz und Meinungsfreiheit, in: Neue Juristische Wochenschrift, 1994, 1897 ff.; Josef Isensee, Grundrecht auf Ehre, in: Burckhardt Ziemske u. a. (Hrsg.), Staatsphilosophie und Rechtspolitik. Festschrift für Martin Kriele zum 65. Geburtstag, 1997, S. 5 ff.

S. 230: Zum Gedächtnis der Demokratie: Paul Kirchhof, Das Grundgesetz als Gedächtnis der Demokratie – Die Kontinuität des Grundgesetzes im Prozess der Wiedervereinigung und der europäischen Integration, in: Martin Heckel (Hg.), Die innere Einheit Deutschlands inmitten der europäischen Einigung, 1996, S. 35 ff.

Kapitel VIII. Wettbewerb – Antrieb zum Erneuern und Zerstören

S. 235: Zu den Wahlrechtsgrundsätzen vgl. Art. 38 Abs. 1 S. 1 des Grundgesetzes: »Die Abgeordneten des Deutschen Bundestages werden in allgemeiner, unmittelbarer, freier, gleicher und geheimer Wahl gewählt.«

S. 235: Zum Grundsatz der Unmittelbarkeit vgl. Bundesverfassungsgericht, Amtliche Sammlung, Band 47, S. 253 (279) – Gemeindeparlamente in Nordrhein-Westfalen; ferner Hans Meyer, Wahlgrundsätze, Wahlverfahren, Wahlprüfung, in: Josef Isensee/Paul Kirchhof (Hrsg.), Handbuch des Staatsrechts, Band III, 3. Aufl., 2005, § 46 Rn. 16.

S. 235: Zur Allgemeinheit der Wahl vgl. Bundesverfassungsgericht, Amtliche Sammlung, Band 58, S. 202 (205) – Aktives Wahlrecht deutscher EG-Beamter.

S. 235: Zur Geschichte des allgemeinen Wahlrechts vgl. Ferdinand Frensdorff, Die Aufnahme des allgemeinen Wahlrechts in das öffentliche Recht Deutschlands, in: Festgabe der Göttinger Juristen-Fakultät für Rudolf Jhering, 1892, S. 136 (156, 167 ff.).

S. 236: Zum »letzten Wort« des Staatsvolkes vgl. Bundesverfassungsgericht, Amtliche Sammlung, Band 7, S. 63 (68) – Listenwahl.

S. 236: Zur Personenwahl im Parteienstaat vgl. Bundesverfassungsgericht, Amtliche Sammlung, Band 7, S. 63 (68) – Listenwahl; Band 95, S. 335 (349) – Überhangmandate II.

S. 236: Zum Ausschluss des Einflusses nach der Wahl vgl. Bundesverfassungsgericht, Amtliche Sammlung, Band 7, S. 63 (69) – Listenwahl; Band 47, S. 253 (279) – Gemeindeparlamente.

S. 236: Zur Problematik des Rotationsprinzips vgl. – dort für eine Vereinbarkeit mit dem Grundsatz der Unmittelbarkeit der Wahl – Niedersächsischer Staatsgerichtshof, in: Neue Juristische Wochenschrift, 1985, 2319 (2320).

S. 236: Zur Mehrheitswahl in England vgl. David Feldman (Hrsg.), English Public law, 2004, S. 18 Rn. 1.45.

S. 238: Zum personalisierten Verhältniswahlrecht vgl. Bundeswahlgesetz in der Fassung der Bekanntmachung vom 23. Juli 1993 (Bundesgesetzblatt I S. 1288, 1594), zuletzt geändert durch das Gesetz vom 17. März 2008 (Bundesgesetzblatt I S. 394); hierzu insbesondere §§ 1, 4, 6 Abs. 4 des Bundeswahlgesetzes; zum Überhangmandat vgl. § 6 Abs. 5 S. 1 des Bundeswahlgesetzes, siehe dazu Entscheidung des Bundesverfassungsgerichts, abgedruckt in: Deutsches Verwaltungsblatt, 2008, 1045 ff. – Überhangmandate.

S. 238: Zum Wahlergebnis 2005 vgl. Bundeswahlleiter, Dritte Bekanntmachung zur Bundestagswahl am 18. September 2005 vom 7. Oktober 2005, Bundesanzeiger (Amtlicher Teil), Jahrgang 2005, ausgegeben am 19.10.2005, Nr. 198, S. 15282 ff.

S. 240: Zum Thema Demokratie grundlegend: Ernst-Wolfgang Böckenförde, Demokratie als Verfassungsprinzip, in: Josef Isensee/Paul Kirchhof (Hrsg.), Handbuch des Staatsrechts, Band II, 3. Aufl., 2004, § 24; Peter Badura, Die parlamentarische Demokratie, in: Josef Isensee/Paul Kirchhof (Hrsg.), Handbuch des Staatsrechts, Band II, 3. Aufl., 2004, § 25.

S. 240: Zur Fünf-Prozent-Klausel vgl. Bundesverfassungsgericht, Amtliche Sammlung, Band 51, S. 222 (232 ff.) – Fünfprozentklausel; ferner Band 1, S. 208 (230 ff.) – 7,5-%-Sperrklausel.

S. 240: Zur Berücksichtigung der Parteien, die mindestens 5 % der Zweitstimmen oder mindestens drei Direktmandate errungen haben, vgl. § 6 Abs. 6 des Bundeswahlgesetzes in der Fassung der Bekanntmachung vom 23. Juli 1993 (Bundesgesetzblatt I S. 1288, 1594), zuletzt geändert durch das Gesetz vom 17. März 2008 (Bundesgesetzblatt I S. 394).

S. 241: Zum Wettbewerb als Entdeckungsverfahren vgl. Friedrich A. von Hayek, Der Wettbewerb als Entdeckungsverfahren (1968), abgedruckt in: Reinhold Veit (Hrsg.), Freiburger Studien. Gesammelte Aufsätze von F. A. von Hayek, 1969, S. 249 ff.

S. 243: Zum Kartellverbot und Ludwig Erhard vgl. Alfred C. Mierzejewski, Ludwig Erhard. Der Wegbereiter der sozialen Marktwirtschaft, Biografie, 2005, S. 130, 170 f.

S. 243: Zum Erhard-Zitat über den Verbraucher als Zweck allen Wirtschaftens vgl. Erhards Rede vor der 14. Vollversammlung des Wirtschaftsrates des vereinigen Wirtschaftsgebietes in Frankfurt am Main vom 21. April 1948, abgedruckt in: Karl Hohmann (Hrsg.), Ludwig Erhard. Gedanken aus fünf Jahrzehnten, 1988, S. 95 (98).

S. 243: Zum Scheitern des Kartellverbotes vgl. Alfred C. Mierzejewski, Ludwig Erhard. Der Wegbereiter der sozialen Marktwirtschaft, Biographie, 2005, S. 170 f., 181 f.

S. 244: Zur staatlichen Kontrolle bestimmter Produkte vgl. § 7 Außenwirtschaftsgesetz in der Fassung der Bekanntmachung vom 26. Juni 2006 (Bundesgesetzblatt I S. 1386), zuletzt geändert durch Art 1 des Gesetzes vom 18.4.2009 (Bundesgesetzblatt I S. 770).

S. 244: Zu den Konfliktlagen zwischen marktbestimmter und staatsbezogener Versorgung vgl. Thomas von Danwitz, Der europäische Elektrizitätsbinnenmarkt zwischen Wettbewerbsorientierung und Wettbewerbsbeschränkung, in: Jörg Ennuschat u. a. (Hrsg.), Wirtschaft und Gesellschaft im Staat der Gegenwart. Gedächtnisschrift für Peter J. Tettinger, 2007, S. 703 (717 f.).

S. 244: Zur Höhe der Beteiligung des französischen Staates beim Stromversorger vgl. http://investors.edf.com/the-edf-group/edf-investors/stock-information/shareholding-policy-117065.html.

S. 245: Zu den Erfordernissen des gesamtwirtschaftlichen Gleichgewichts vgl. Art. 109 Abs. 2 und 3 des Grundgesetzes: »(2) Bund und Länder haben bei ihrer Haushaltswirtschaft den Erfordernissen des gesamtwirtschaftlichen Gleichgewichts Rechnung zu tragen. (3) Durch Bundesgesetz, das der Zustimmung des Bundesrates bedarf, können für Bund und Länder gemeinsam geltende Grundsätze für das Haushaltsrecht, für eine konjunkturgerechte Haushaltswirtschaft und für eine mehrjährige Finanzplanung aufgestellt werden.« Hierzu 15. Gesetz zur Änderung des Grundgesetzes vom 8.6.1967 (Bundesgesetzblatt I S. 581). Am gleichen Tag wurde auch das Gesetz zur Förderung der Stabilität und des Wachstums der Wirtschaft verkündet (Bundesgesetzblatt I S. 582). Zu dieser Thematik und zum Folgenden vgl. Hermann Pünder, Staatverschuldung, in: Josef Isensee/Paul Kirchhof (Hrsg.), Handbuch des Staatsrechts, Band V, 3. Aufl., 2007, § 123 Rn. 8 ff. Art. 115 des Grundgesetzes wurde durch das 20. Gesetz zur Änderung des Grundgesetzes vom 2.5.1969 (Bundesgesetzblatt I S. 357) novelliert. Die Diskussion wurde maßgeblich geprägt durch das sog. Troeger-Gutachten (Kommission für die Finanzreform, Gutachten über die Finanzreform in der Bundesrepublik Deutschland, 1966). Zum politischen Hintergrund vgl. Udo Di Fabio/Rudolf Mellinghoff, Sondervotum zur Entscheidung des Bundesverfassungsgerichts, Amtliche Sammlung, Band 119, S. 96 ff. – Bundeshaushalt 2004, S. 155 (161 f.).

S. 245: Zu Ausnahmen bei der Aufnahme eines Staatskredits vgl. Art. 115 Abs. 1 S. 2, 2. Halbsatz des Grundgesetzes: »Ausnahmen sind nur zulässig zur Abwehr einer Störung des gesamtwirtschaftlichen Gleichgewichts.«

S. 245: Zum »magischen Viereck« vgl. § 1 S. 2 des Gesetzes zur Förderung der Stabilität und des Wachstums der Wirtschaft vom 8. Juni 1967 (Bundesgesetzblatt I S. 582), zuletzt geändert durch Art. 135 der Verordnung vom 31. Oktober 2006 (Bundesgesetzblatt I S. 2407) – dazu Bundesverfassungsgericht, Amtliche Sammlung, Band 79, S. 311 (338 f.) – Staatsverschuldung; 119, 96 (140) – Bundeshaushalt 2004; ferner Hermann Pünder, Staatverschuldung, in: Josef Isensee/Paul Kirchhof (Hrsg.), Handbuch des Staatsrechts, Band V, 3. Aufl., 2007, § 123 Rn. 8 ff.

S. 246: Zu den Forderungen Keynes' vgl. John Maynard Keynes, The General Theory of Employment, Interest and Money, 1936. Siehe auch Entscheidung des Bundesverfassungsgerichts, Amtliche Sammlung, Band 79, S. 311 (331) – Staatsverschuldung; Band 119, S. 96 (137 f.) – Bundeshaushalt 2004; Sachverständigenrat zur Begutachtung der gesamtwirtschaftlichen Entwicklung, Staatsverschuldung wirksam begrenzen – Expertise im Auftrag des Bundesministers für Wirtschaft und Technologie, 2007, S. 45 ff. mit weiteren Nachweisen; Stefan Mückl, »Auch in Verantwortung für die künftigen Generationen« – »Generationengerechtigkeit« und Verfassungsrecht, in: Otto Depenheuer u. a. (Hrsg.), Staat im Wort. Festschrift für Josef Isensee, 2007, S. 183 (189); Markus Heintzen, Staatshaushalt, in: Josef Isensee/Paul Kirchhof (Hrsg.), Handbuch des Staatsrechts, Band V, 3. Aufl., 2007, § 120 Rn. 21; zum Ganzen mit weiteren Nachweisen vgl. Hermann Pünder, Staatverschuldung, in: Josef Isensee/Paul Kirchhof (Hrsg.), Handbuch des Staatsrechts, Band V, 3. Aufl., 2007, § 123 Rn. 8.

S. 246: Das englische Zitat »In the long run we are all dead« findet sich bei John Maynard Keynes, A tract on monetary reform, chapter 3, abgedruckt in: The collected writings of John Maynard Keynes, Volume IV, 1971, S. 65, übersetzt bei John Maynard Keynes, Ein Traktat über Währungsreform, 1924, S. 83.

S. 246: Zur »Gegenrevolution« in der Geldtheorie vgl. Milton Friedman, The Counter-Revolution in Monetary Theory, 1970, übersetzt als »Die Gegenrevolution in der Geldtheorie« in: Peter Kalmbach (Hrsg.), Der neue Monetarismus, 1973, S. 47 ff.

S. 246: Zur Verschuldungsdebatte insgesamt vgl. Bundesverfassungsgericht, Amtliche Sammlung, Band 79, S. 311 (335 f.) – Staatsverschuldung, sowie etwa Otto Gandenberger, Öffentliche Verschuldung – II. Theoretische Grundlagen, in: Handwörterbuch der Wirtschaftswissenschaft, Band V, 1980, S. 480 (483 ff.); Sachverständigenrat zur Begutachtung der gesamtwirtschaftlichen Entwicklung, Staatsverschuldung wirksam begrenzen – Expertise im Auftrag des Bundesministers für Wirtschaft und Technologie, 2007, S. 37 ff.; Werner Heun, Staatsverschuldung und Grundgesetz, in: Die Verwaltung 18 (1985), S. 1 (10 ff.); Helmut Siekmann, in: Sachs, Grundgesetz Kommentar, 2007, Art. 115 Rn. 4 und insbesondere Hermann Pünder, Staatverschuldung, in: Josef Isensee/Paul Kirchhof (Hrsg.), Handbuch des Staatsrechts, Band V, 3. Aufl., 2007, § 123 Rn. 9.

S. 246: Zur Ansicht, gesamtwirtschaftliche Schwäche und hohe Arbeitslosigkeit seien vor allem durch Kosten und Wirtschaftsstrukturen verursacht und durch nachfragestimulierende Schuldenpolitik nicht gelöst worden, vgl. auch Bundesverfassungsgericht, Amtliche Sammlung, Band 79, S. 311 (339 f.) – Staatsverschuldung; Band 119, S. 96 (150) – Bundeshaushalt 2004; Udo Di Fabio/Rudolf Mellinghoff, Sondervotum zur Entscheidung des Bundesverfassungsgerichts, Amtliche Sammlung, Band 119, S. 96 ff. – Bundeshaushalt 2004, S. 155 (157 ff.). Näher hierzu Hermann Pünder, Staatverschuldung, in: Josef Isensee/Paul Kirchhof (Hrsg.), Handbuch des Staatsrechts, Band V, 3. Aufl., 2007, § 123 Rn. 9 mit weiteren Nachweisen.

S. 247: Zum Staatskredit als Instrument der Eisenbahnfinanzierung vgl. Hans Peters, Lehrbuch der Verwaltung, 1949, S. 215.

S. 247: Zur »Goldene Regel der Finanzpolitik«, wonach Investitionen die kommenden Generationen reicher machen, vgl. Sachverständigenrat zur Begutachtung der gesamtwirtschaftlichen Entwicklung, Staatsverschuldung wirksam begrenzen – Expertise im Auftrag des Bundesministers für Wirtschaft und Technologie, 2007, S. 31 f., 49 ff., 74 ff. Näher Ben J. Hejdra/Lex Meijdam, Public Investment and Intergenerational Distribution, in: Journal of Economic Dynamics & Control 26 (2002), S. 707 ff.; vgl. grundsätzlich Richard Abel Musgrave; The Theory of Public Finance – A Study in Public Economy, New York 1959; Otto Gandenberger, Öffentliche Verschuldung – II. Theoretische Grundlagen, in: Handwörterbuch der Wirtschaftswissenschaft, Band V, 1980, S. 480 (490 f.); Paul Henseler, Verfassungsrechtliche Aspekte zukunftsbelastender Parlamentsentscheidungen, in: Archiv des öffentlichen Rechts 108 (1983), S. 489 (516 ff.); Stefan Funke, Die Verschuldungsordnung – Ein Beitrag zur finanzwirtschaftlichen Ordnungspolitik, 1995, S. 99 ff.

S. 247: Zum Ausgleich unter den Generationen vgl. Stefan Mückl, »Auch in Verantwortung für die künftigen Generationen« – »Generationengerechtigkeit« und Verfassungsrecht, in: Otto Depenheuer u. a. (Hrsg.), Staat im Wort. Festschrift für Josef Isensee, 2007, S. 183 (184 f.). Für eine rechtsphilosophische Einordnung vgl. Heinz Kleger, Gerechtigkeit zwischen Generationen, in: Peter Paul Müller-Schmid (Hrsg.), Begründung der Menschenrechte, Archiv für Rechts- und Sozialphilosophie, Beiheft Nr. 26 (1986), S. 147 (177 ff.).

S. 247: Zur Nachhaltigkeit von Staatsentscheidungen vgl. Hans Jonas, Das Prinzip Verantwortung, 1979, S. 36, der den kategorischen Imperativ von Kant erweitert: »Handle so, dass die Wirkungen deiner Handlung verträglich sind mit der Permanenz echten menschlichen Lebens auf Erden.«

S. 248: Zur Bundesnetzagentur vgl. Drittes Gesetz zur Reform eisenbahnrechtlicher Vorschriften vom 27.4.2005 (Bundesgesetzblatt I S. 1138); Zweites Gesetz zur Neuregelung des Energiewirtschaftsrechts vom 7.7.2005 (Bundesgesetzblatt I S. 1970), darin auch das »Gesetz über die Bundesnetzagentur für Elektrizität, Gas, Telekommuniukation, Post und Eisenbahnen«, vgl. hierzu näher Johannes Masing, Soll das Recht der Regulierungsverwaltung übergreifend geregelt werden?, Gutachten zum 66. Deutschen Juristentag 2006, B.I.2.

S. 248: Zum nachwirkenden Staatsmonopol für den Bereich der Bahn vgl. Robert Uerpmann-Wittzack, Verkehr, in: Josef Isensee/Paul Kirchhof (Hrsg.), Handbuch des Staatsrechts, Band IV, 3. Aufl., 2006, § 89 Rn. 5 ff; für Post und Telekom: Johannes Masing, Post und Telekom, in: Josef Isensee/Paul Kirchhof (Hrsg.), Handbuch des Staatsrechts, Band IV, 3. Aufl., 2006, § 90 Rn. 13 ff., 29 ff.

S. 248: Zum Sicherstellungsauftrag vgl. Hermann Butzer, Sicherstellungsauftrag, in: Josef Isensee/Paul Kirchhof (Hrsg.), Handbuch des Staatsrechts, Band IV, 3. Auf., 2006, § 74 Rn. 1 ff.

S. 248: Zum Problem der Gewährleistungsverantwortung vgl. Johannes Masing, Post und Telekom, in: Josef Isensee/Paul Kirchhof (Hrsg.), Handbuch des Staatsrechts, Band IV, 3. Aufl., 2006, § 90 Rn. 49.

S. 248: Zur Ausweitung der Regulierung vgl. Martin Burgi, Privatisierung, in: Josef Isensee/Paul Kirchhof (Hrsg.), Handbuch des Staatsrechts, Band IV, 3. Aufl., 2006, § 75 Rn. 9.

S. 248: Zur »regulierten Selbstregulierung« vgl. Gunnar Folke Schuppert, Das Konzept der regulierten Selbstregulierung als Bestandteil einer als Regulierungswissenschaft verstandenen Rechtswissenschaft, in: Die Verwaltung 2001, Beihefter 4, S. 201 ff.; Martin Burgi, Verwaltungsorganisationsrecht, in: Hans-Uwe Erichsen/Dirk Ehlers (Hrsg.), Allgemeines Verwaltungsrecht, 13. Aufl., 2006, § 9 Rn. 37. Eng damit verwandt ist der von Matthias Schmidt-Preuß und Udo Di Fabio verwendete Begriff der staatlich veranlassten gesellschaftlichen Selbstregulierung, vgl. hierzu deren Beiträge in: Veröffentlichungen der Vereinigung der Deutschen Staatsrechtslehrer 56 (1997), 160 ff. und 235 ff.

S. 248: Zu Einordnung der Produktzertifizierung vgl. Hans Christian Röhl, Akkreditierung und Zertifizierung im Produktsicherungsrecht, 2000; Jan O. Merten, Private Entscheidungsträger und Europäisierung der Verwaltungsrechtsdogamtik, 2005, S. 121 ff.

S. 248: Zum Umgang mit Verpackungen vgl. die Verordnung über die Vermeidung und Verwertung von Verpackungsabfall vom 21.8.1998 (Bundesgesetzblatt I S. 2379), zuletzt geändert durch Verordnung vom 15.5.2002 (Bundesgesetzblatt I S. 1572); ferner Andreas Finckh, Regulierte Selbstregulierung im Dualen System, 1998.

S. 248: Zum Öko-Audit vgl. Gesetz zur Ausführung der EG-Öko-Audit-Verordnung in der Fassung der Bekanntmachung vom 4.9.2002 (Bundesgesetzblatt I S. 3490), zuletzt geändert durch Gesetz vom 4.12.2004 (Bundesgesetzblatt I S. 3166).

S. 249: Zur Abwendung auch von politischen Freiheitssystemen vgl. Friedrich A. von Hayek, Der Weg zur Knechtschaft (1944), 2003.

S. 252: Zum Prozess der »schöpferischen Zerstörung« vgl. Joseph Alois Schumpeter, Kapitalismus, Sozialismus und Demokratie, 2. Aufl., 1950, S. 134 ff. und insbesondere 137 f.

S. 254: Zu Produktionskapazitäten der Autoindustrie und Nachfrage vgl. Der Spiegel 9/2009, S. 26.

S. 257: Zur Diskussion um die neue Antidiskriminierungsrichtlinie vgl. Pressemitteilung des Europäischen Parlaments vom 2. April 2009: Europäisches Parlament unterstützt Antidiskriminierungsrichtlinie.

S. 258: Zur Pflicht des Arbeitgebers, die Nichtdiskriminierung nachzuweisen vgl. § 22 des Allgemeinen Gleichbehandlungsgesetzes vom 14. August 2006 (BGBl. I S. 1897), zuletzt geändert durch Artikel 15 Abs. 66 des Gesetzes vom 5. Februar 2009 (BGBl. I S. 160) .

S. 258: Zum Urteil des amerikanischen Supreme Courts vgl. Yick Wo v. Hopkins, 118 U.S. 356 (1886).

S. 260: Zur deutschen Sprache vgl. Paul Kirchhof, Deutsche Sprache, in: Josef Isensee/Paul Kirchhof (Hrsg.), Handbuch des Staatsrechts, Band II, 3. Aufl., 2004, § 20.

S. 262: Zum Begriff der Autonomie vgl. Rosemarie Pohlmann, Autonomie, in: Joachim Ritter (Hrsg.), Historisches Wörterbuch der Philosophie, Band I, 1971, Sp. 701 ff.

S. 262: Zu Autonomie in der Philosophie vgl. Immanuel Kant, Kritik der praktischen Vernunft (1788), in: Königlich-Preußische Akademie der Wissenschaften (Hrsg.), Kants gesammelte Schriften, 1. Abt.: Werke, Band V, Neudruck 1913, S. 1 (32).; ferner Johannes Hirschberger, Geschichte der Philosophie, Band II, 1963, S. 345 f.

S. 263: Zur Umsatzsteuersystemrichtlinie vgl. Richtlinie 2006/112/EG vom 28.11.2006 – Mehrwertsteuer-Systemrichtlinie.

S. 263: Zur Bilanzrichtlinie vgl. Richtlinie 78/660/EWG vom 25.07.1978 – Bilanzrichtlinie.

S. 264: Nach § 16 Abs. 4 S. 1 GewStG besteht ein gesetzliches Differenzierungsverbot. Der Hebesatz der kommunalen Gewerbesteuer muss für alle in der Gemeinde vorhandenen Unternehmen gleich sein; vgl. Dietmar Gosch, in: Blümich, EStG-KStG-GewStG, Stand Oktober 2006, § 16 Rn. 22 Gewerbesteuergesetz.

Kapitel IX. Einlösungsvertrauen

S. 269: Zur Sage um König Midas vgl. Gustav Schwab, Sagen des klassischen Altertums (1838–1840), 2001, S. 948 f.

S. 270: Zum Einlösungsvertrauen vgl. Bundesverfassungsgericht, Amtliche Sammlung, Band 97, S. 350 (372) – Euro.

S. 270: Zur historischen Entwicklung des Geldes sowie zu dessen Vorformen vgl. Hans Harlandt, Die Evolution des Geldes, 3. Aufl., 1984, S. 13 ff., 53 ff.; Ralph Anderegg, Grundzüge der Geldtheorie und Geldpolitik, 2007, S. 7 ff.; hierzu auch Michael North, Das Geld und seine Geschichte, 1994, S. 9 ff.

S. 270: Zur Hinterlegungspflicht vgl. Art. 19 des Protokolls über die Satzung des Europäischen Systems der Zentralbanken und der Europäischen Zentralbank vom 7. Februar 1992 (Bundesgesetzblatt II S. 1253), zuletzt geändert mit Wirkung vom 1.6.2004 (Bundesgesetzblatt II S. 845) durch Beschluss des Rates vom 21.3.2003 (Bundesgesetzblatt 2004 II S. 3) und die Akte zum Beitrittsvertrag vom 16.4.2003 (Bundesgesetzblatt 2003 II S. 1410); dazu Fritz Rittner/Meinrad Dreher, Europäisches und Deutsches Wirtschaftsrecht, 2. Aufl., 2008, § 5 Rn. 60; zur Rolle der Bundesbank und der Europäischen Zentralbank vgl. Cornelia Manger-Nestler, Par(s) inter pares? Die Bundesbank als nationale Zentralbank im europäischen System der Zentralbanken, 2008, S. 71 ff., 183 f., 254 ff. et passim.

S. 279: Das Sprachbild, im Geld verkörpere sich »geprägte Freiheit«, verwendet das Bundesverfassungsgericht in seiner Entscheidung Bundesverfassungsgericht, Amtliche Sammlung, Band 97, S. 350 (371) – Euro, und lehnt sich dabei an ein Wort Fjodor Dostojewskis an (Fjodor Dostojewski, Aufzeichnungen aus einem Totenhaus, 1994, S. 25).

S. 279: Zum Schutz des Geldes durch Art. 14 des Grundgesetzes vgl. Otto Depenheuer, in: Hermann von Mangoldt/Friedrich Klein/Christian Starck (Hrsg.), Kommentar zum Grundgesetz, Band 1, 5. Aufl., 2005, Art. 14 Rn. 157 ff; Bundesverfassungsgericht, Amtliche Sammlung, Band 97, S. 350 (370) – Euro.

S. 283: Zum historischen Verbot von Kapitalgesellschaften in England vgl. Malcolm Balen, A Very English Deceit. The Secret History of the South Sea Bubble and the First Great Financial Scandal, 2000.

S. 284: Zum römischen »tributum« vgl. Lorenz von Stein, Lehrbuch der Finanzwissenschaft, Band I, 4. Aufl., 1878, S. 226; Hans Philipp, Tributum und tributus, in: Wilhelm Kroll/Karl Mittelhaus (Hrsg.), Paulys Real-Encyclopädie der Classischen Altertumswissenschaft, 13. Halbbd., 1939, Sp. 1 (7, 54, 61); Michael Stolleis, Pecunia Nervus Rerum, 1983, S. 63 ff.

S. 284: Zur heutigen Sektsteuer vgl. Gesetz zur Besteuerung von Schaumwein und Zwischenerzeugnissen vom 21. Dezember 1992 (Bundesgesetzblatt I S. 2150, 2176), zuletzt geändert durch Art. 2 des Gesetzes vom 15. Juli 2006 (Bundesgesetzblatt I S. 1594).

S. 284: Zu weiteren, oft seltsam anmutenden Steuern vgl. Alfons Pausch/Jutta Pausch, Kleine Weltgeschichte der Steuerzahler, 1988; Uwe Schulz (Hrsg.), Mit dem Zehnten fing es an. Eine Kulturgeschichte der Steuer, 3. Aufl., 1992.

S. 286: Zur Entlastung gemeinnützigen Handelns vgl. §§ 51 ff. der Abgabenordnung in der Fassung der Bekanntmachung vom 1. Oktober 2002 (Bundesgesetzblatt I S. 3866; 2003 I S. 61), zuletzt geändert durch Art. 89 des Gesetzes vom 17. Dezember 2008 (Bundesgesetzblatt I S. 2586 mit Wirkung vom 1.9.2009) – steuerbegünstigte Zwecke; auch § 10b und § 34g des Einkommensteuergesetzes in der Fassung der Bekanntmachung vom 19. Oktober 2002 (Bundesgesetzblatt I S. 4210; 2003 I S. 179), zuletzt geändert durch Art. 1 des Gesetzes vom 20. Dezember 2008 (Bundesgesetzblatt I S. 2850).

S. 286: Zum Beispiel der nicht selbstlosen Vermittlung preisgünstiger Reisen durch einen Verein an seine Mitglieder vgl. Bundesfinanzhof, Bundessteuerblatt 1990 II, S. 550 ff.

S. 286: Zur Selbstlosigkeit vgl. § 55 Abs. 1 Nr. 1 S. 2 der Abgabenordnung in der Fassung der Bekanntmachung vom 1. Oktober 2002 (Bundesgesetzblatt I S. 3866; 2003 I S. 61), zuletzt geändert durch Art. 89 des Gesetzes vom 17. Dezember 2008 (Bundesgesetzblatt I S. 2586 mit Wirkung vom 1.9.2009).

S. 287: Zum Tatbestand der Bestechlichkeit vgl. § 332 Abs. 1 des Strafgesetzbuches in der Fassung der Bekanntmachung vom 13. November 1998 (Bundesgesetzblatt I S. 3322), zuletzt geändert durch Art. 1 des Gesetzes vom 31. Oktober 2008 (Bundesgesetzblatt I S. 2149).

S. 287: Zum Verlust der Gemeinnützigkeit eines Unternehmens vgl. § 64 der Abgabenordnung in der Fassung der Bekanntmachung vom 1. Oktober 2002 (Bundesgesetzblatt I S. 3866; 2003 I S. 61), zuletzt geändert durch Art. 89 des Gesetzes vom 17. Dezember 2008 (Bundesgesetzblatt I S. 2586 mit Wirkung vom 1.9.2009).

S. 288: Zu Aristoteles und der Kunst des Gelderwerbs vgl. Aristoteles, Politik, 1256b40 – 1258b7, abgedruckt in: Aristoteles, Politik, 4. Aufl., 1980, S. 17 f.

S. 288: Zur Unterscheidung zwischen Gelderwerb und Geldvermehren vgl. Martin Walser, Angstblüte, Roman, 2006, S. 125.

S. 288: Zum Zwang zum Geldvermehren vgl. Martin Walser, Angstblüte, Roman, 2006, S. 132.

S. 289: Zu Aristoteles und dem Maß des Gelderwerbs vgl. wiederum Aristoteles, Politik, 1256b40 – 1258b7, abgedruckt in: Aristoteles, Politik, 4. Aufl. 1980, S. 17 f.

Kapitel X. Die Verteilung von Geld und Gütern

S. 290: Zur Zahl der Einkommenbezieher vgl. Statistisches Bundesamt/Gesellschaft sozialwissenschaftlicher Infrastruktureinrichtungen/Wissenschaftszentrum Berlin für Sozialforschung (Hrsg.), Datenreport 2008. Ein Sozialbericht für die Bundesrepublik Deutschland, 2008, S. 111.

S. 290: Die folgenden Berechnungen basieren auf den Daten zur Lohn- und Einkommensteuer des Statistischen Bundesamtes, abrufbar unter unter: http://www.destatis.de/jetspeed/portal/cms/Sites/destatis/Internet/DE/Content/Statistiken/FinanzenSteuern/Steuern/LohnEinkommensteuer/Tabellen/Content75/LohnEinkommensteuerstatistik,templateId=renderPrint.psml.

S. 292: Zu den zwei Dritteln der Gesamtbevölkerung, die über kein oder lediglich ein sehr geringes Nettovermögen verfügen, vgl. Deutsches Institut für Wirtschaftsforschung

(DIW), Vermögen in Deutschland wesentlich ungleicher verteilt, Wochenbericht des DIW, Nr. 45/2007, S. 665 (668).

S. 292: Zu den 30 %, die kein Vermögen haben oder verschuldet sind, vgl. Deutsches Institut für Wirtschaftsforschung (DIW), Vermögen in Deutschland wesentlich ungleicher verteilt, Wochenbericht des DIW, Nr. 45/2007, S. 665 (668).

S. 292: Zum durchschnittlichen Nettovermögen der bis zu 25-jährigen jungen Erwachenen vgl. Deutsches Institut für Wirtschaftsforschung (DIW), Vermögen in Deutschland wesentlich ungleicher verteilt, Wochenbericht des DIW, Nr. 45/2007, S. 665 (670).

S. 293: Zum Trennungswert 15 000 Euro vgl. Deutsches Institut für Wirtschaftsforschung (DIW), Vermögen in Deutschland wesentlich ungleicher verteilt, Wochenbericht des DIW, Nr. 45/2007, S. 665.

S. 293: Zur Portfoliostruktur des individuellen Nettovermögens vgl. Deutsches Institut für Wirtschaftsforschung (DIW), Vermögen in Deutschland wesentlich ungleicher verteilt, Wochenbericht des DIW, Nr. 45/2007, S. 665 (670).

S. 293: Zum Rückgang der Bruttolöhne und -gehälter vgl. Bundesregierung (Hrsg.), Lebenslagen in Deutschland. Der 3. Armuts- und Reichtumsbericht der Bundesregierung, 2008, S. 11 f.

S. 293: Zur Senkung des Armutsrisikos durch das Sozialhilferecht vgl. Bundesregierung (Hrsg.), Lebenslagen in Deutschland. Der 3. Armuts- und Reichtumsbericht der Bundesregierung, 2008, S. 24 f. (Armutsrisikoschwelle: 60 % des mittleren Nettoäquivalenzeinkommens).

S. 295: Der Anteil der reichsten 10 % am realen Nettoäquivalenzeinkommen ist von 23,3 % im Jahr 2004 auf 24,9 % im Jahr 2005 gestiegen. Der Anteil des sechsten Dezils ist gleich geblieben, die Anteile aller anderen Dezile sind in diesem Zeitraum kleiner geworden. Die Anteile der fünf ärmsten Dezile sind von 29,9 % auf 28,7 % gefallen (Bundesregierung (Hrsg.), Lebenslagen in Deutschland. Der 3. Armuts- und Reichtumsbericht der Bundesregierung, 2008, 19). Im Jahr 2002 betrug die Eigentümerquote in Deutschland 42,6 % (Statistisches Bundesamt (Hrsg.), Statistisches Jahrbuch 2007, S. 286). Im europäischen Vergleich bildet Deutschland damit das Schlusslicht. In Estland, Litauen, Ungarn und Spanien ist sie mehr als doppelt so hoch (vgl. Europa in Zahlen. Eurostat Jahrbuch 2008, 2008, S. 234).

S. 296: Zur Deckung von Derivatverträgen: Ein Kenner der Branche schrieb mir, der Nominalwert aller Derivatkontrakte belief sich 2007 auf 516 Billionen US-Dollar, das Weltsozialprodukt erreichte 2004 insgesamt 55 Billionen US-Dollar.

S. 299: Zum »Gewährleistungsstaat« vgl. Markus Heintzen/Andreas Voßkuhle, Beteiligung Privater an der Wahrnehmung öffentlicher Aufgaben und staatliche Verantwortung, in: Veröffentlichungen der Vereinigung der Deutschen Staatsrechtslehrer, Band 62 (2003), S. 220 ff., 266 ff.

S. 300: Zur Selbstbindung von Unternehmen an ethische Maßstäbe vgl. Klaus M. Leisinger, Unternehmensethik. Globale Verantwortung und modernes Management, 1997; Hans-Ulrich Küpper, Unternehmensethik. Hintergründe, Konzepte, Anwendungsbereiche, 2006; Elisabeth Göbel, Unternehmensethik. Grundlagen und praktische Umsetzung, 2006; Reinhard Pfriem, Unsere mögliche Moral heißt kulturelle Bildung. Unternehmensethik für das 21. Jahrhundert, 2007; Wolfgang Kersting, Moral und Kapital. Grundfragen der Wirtschafts- und Unternehmensethik, 2008.

S. 305: Zum Text von Gerhart Hauptmanns Stück »Die Weber« vgl. Gerhart Hauptmann, Die Weber (1892), abgedruckt in: Gerhart Hauptmann, Gesammelte Werke, Band 1, 1913, S. 293 ff.

S. 306: Zur Maschinensteuer vgl. die Kritik bei Josef Isensee, Der »Maschinenbeitrag« ist Steuer, in: Deutsche Rentenversicherung 1981, S. 53 ff.; Hans-Wolfgang Arndt, Maschinenabgabe und Verfassungsrecht – zu den Grenzen der Gestaltungsfreiheit des Steuer- und Sozialversicherungsgesetzgebers, in: Deutsche Rentenversicherung 1987, S. 282 ff.;

Marburger Arbeitskreis für Sozialrecht und Sozialpolitik (Hrsg.), Maschinensteuer – Ausweg aus der Finanzkrise der Sozialversicherung?, 1984; Wilhelm Krelle, Der »Maschinenbeitrag«. Gesamtwirtschaftliche Auswirkungen alternativer Bemessungsgrundlagen für die Arbeitgeberbeiträge zur Sozialversicherung, Gutachten im Auftrag des Bundesministeriums für Arbeit und Sozialordnung, 1985.

S. 307: Zur Pflicht der Hohenzollernprinzen, ein Handwerk zu erlernen, vgl. Hans-Joachim Neumann, Friedrich III., 2006, S. 15.

S. 309: Zu »Wohlstand für alle« vgl. Ludwig Erhard, Wohlstand für alle, 1957.

S. 312: Zu den Anreizen des Elterngeldes vgl. Christian Seiler, Grundzüge eines öffentlichen Familienrechts, 2008, S. 115.

S. 314: Zur finanziell kaum wirksamen Berücksichtigung von Kindererziehungszeiten und anderen »versicherungsfremden« Leistungen vgl. Hermann Butzer, Fremdlasten in der Sozialversicherung, 2001, S. 31 ff.; Christian Seiler, Grundzüge eines öffentlichen Familienrechts, 2008, S. 84 ff.

S. 314: Zu den Kindertagesstätten vgl. §§ 22 ff. des Achten Buches des Sozialgesetzbuches – Kinder und Jugendhilfe – (Art. 1 des Gesetzes vom 26. Juni 1990, Bundesgesetzblatt I S. 1163) in der Fassung der Bekanntmachung vom 14. Dezember 2006 (Bundesgesetzblatt I S. 3134), zuletzt geändert durch Art. 105 des Gesetzes vom 17. Dezember 2008 (Bundesgesetzblatt I S. 2586).

S. 315: Zur staatlichen Förderung der Kinderbetreuung vgl. Christian Seiler, Grundzüge eines öffentlichen Familienrechts, 2008, S. 120 ff.

S. 315: Zum gesellschaftlichen Wandel und der Gefährdung von Ehe und Familie vgl. Friederike Gräfin Nesselrode, Das Spannungsverhältnis zwischen Ehe und Familie in Art. 6 des Grundgesetzes, 2007, S. 157 f., 198.

S. 315: Zu den Zahlen der Verteilung des Reichtums der Erde auf die Weltbevölkerung vgl. Pressemitteilung des World Institute for Development Economic Research der United Nations University, vom 5. Dezember 2006., S. 1 ff.

S. 316: Zur Armutsgefährdung in der Europäischen Union vgl. Pressemitteilung des Statistischen Bundesamtes Nr. 505 vom 5.12.2006.

S. 316: Zur wachsenden Armut bei Alleinerziehenden und Kindern vgl. Pressemitteilung der Organisation für wirtschaftliche Zusammenarbeit (OECD) vom 21. Oktober 2008 zu ihrer Studie »Mehr Ungleichheit trotz Wachstum?«.

S. 316: Zu den Folgen von Kinderarmut vgl. Bundesregierung (Hrsg.), Lebenslagen in Deutschland. Der 3. Armuts- und Reichtumsbericht der Bundesregierung, 2008, S. 53 et passim.

S. 320: Zur Gewinnbeteiligung vgl. Peter Rösler, Konzeption einer auf der institutionellen Gleichstellung von Arbeit und Kapital beruhenden marktwirtschaftlichen Ordnung mit Vollbeschäftigung, 2008; Klaus-Rudolf Wagner, Kaptialbeteiligung von Mitarbeitern und Führungskräften, 2. Aufl., 2008, Eckhard Voß/Peter Wilke/Klaus Maak; Mitarbeiter am Unternehmen beteiligen, 2003; Arndt Böker, Grundlagen der Arbeitnehmerkapitalbeteiligung, 2006.

S. 322: Bundesagentur für Arbeit, Stand: April 2009, http://statistik.arbeitsamt.de/statistik; Arbeitslose insgesamt: 3 584 826.

S. 327: Zu den fiskalischen Effekten von Kindern vgl. Martin Werding/Herbert Hofmann, Die fiskalische Bilanz eines Kindes im deutschen Steuer- und Sozialsystem, in: ifo Schnelldienst 2/2006, 59. Jahrgang, S. 28 (35); Kurt Biedenkopf u. a., Starke Familie. Bericht der Kommission »Familie und demographischer Wandel«, 2005, S. 89 ff.

S. 327: Zum »Pumpwerk des Wohlfahrtsstaates« vgl. Wilhelm Röpke, Jenseits von Angebot und Nachfrage, 5. Aufl., 1979, S. 233 f.

S. 328: Zum Bürgergeld vgl. Michael Borchard (Hrsg.), Das solidarische Bürgergeld, 2007; Dieter Althaus, Die Jahrhundertreform: Das Solidarische Bürgergeld, in: Frankfurter Allgemeine Sonntagszeitung vom 26.4.2008, S. 8.

S. 328: Zur Verbilligung der Arbeit wegen entfallender oder nur hälftig zu zahlender Lohnzusatzkosten vgl. Sachverständigenrat zur Begutachtung der gesamtwirtschaftlichen Entwicklung (SVR), Das Erreichte nicht verspielen. Jahresgutachten 2007/2008, S. 235 ff.; Ingrid Hohenleitner/Thomas Straubhaar, Bedingungsloses Grundeinkommen und Solidarisches Bürgergeld – mehr als sozialutopische Konzepte, in: Thomas Straubhaar (Hrsg.), Bedingungsloses Grundeinkommen und Solidarisches Bürgergeld – mehr als sozialutopische Konzepte, 2007, S. 4 (81).

S. 329: Zur Finanzierbarkeit des Mindestgeldes vgl. Dieter Althaus, Die Jahrhundertreform: Das Solidarische Bürgergeld, in: Frankfurter Allgemeine Sonntagszeitung vom 26.4.2008, S. 8.

S. 330: Zum Unternehmer, der sich im Wettbewerb die Gunst des Verbrauchers verdienen muss, vgl. Ludwig Erhard, Wohlstand für alle, 1957, S. 177.

S. 330: Zur Bereitschaft, in der Marktwirtschaft Verantwortung zu tragen sowie zum Streben nach Leistungssteigerung und der Entfaltung von Freiheit und privater Initiative und Vorsorge vgl. Ludwig Erhard, Wohlstand für alle, 1957, S. 256 f.

S. 330: Zur Weitergabe der wirtschaftlichen Erfolge an die Konsumenten vgl. Ludwig Erhard, Wohlstand für alle, 1957, S. 174.

Kapitel XI. Grundrechte und Staatsorganisation

S. 333: Zur Geschichte um Veit Stoß vgl. Max Loßnitzer, Veit Stoß. Die Herkunft seiner Kunst, seine Werke und sein Leben, 1912, S. 94 ff.; Zdzislaw Kepinski, Veit Stoß, 1981, S. 67 ff.; Horst Bredekamp, Der Künstler als Verbrecher. Ein Element der frühmodernen Rechts- und Staatstheorie, 2008, S. 23 ff.

S. 333: Zu Straftaten und Begnadigung anderer Künstler vgl. Horst Bredekamp, Der Künstler als Verbrecher. Ein Element der frühmodernen Rechts- und Staatstheorie, 2008, S. 11 ff. (Benvenuto Cellini), S. 28 ff. (Michelangelo), S. 38 ff. (Leone Leoni), S. 49 ff. (Giuseppe Cesari), S. 53 ff. (Giovanni Lorenzo Bernini).

S. 334: Zur Souveränitat der Künstler vgl. Horst Bredekamp, Der Künstler als Verbrecher. Ein Element der frühmodernen Rechts- und Staatstheorie, 2008, S. 68 f.

S. 334: Zur Immunität des »einzigartigen« Künstlers vgl. Horst Bredekamp, Der Künstler als Verbrecher. Ein Element der frühmodernen Rechts- und Staatstheorie, 2008, S. 68, 77 ff.

S. 334: Zur Gleichheit vgl. Art. 3 Abs. 1 des Grundgesetzes: »Alle Menschen sind vor dem Gesetz gleich.«

S. 334: Zu Art. 103 Abs. 2 des Grundgesetzes: »Eine Tat kann nur bestraft werden, wenn die Strafbarkeit gesetzlich bestimmt war, bevor die Tat begangen wurde.«

S. 334: Zum Begnadigungsrecht des Bundespräsidenten vgl. Art. 60 Abs. 2 des Grundgesetzes: »Er (Der Bundespräsident) übt im Einzelfalle für den Bund das Begnadigungsrecht aus.« Ferner Bundesverfassungsgericht, Amtliche Sammlung, Band 25, S. 352 (358) – Gnadengesuch; Martin Nettesheim, Die Aufgaben des Bundespräsidenten, in: Josef Isensee/Paul Kirchhof (Hrsg.), Handbuch des Staatsrechts, Band III, 3. Aufl., 2005, § 62 Rn. 51 ff.

S. 335: Zur Offenheit des Staates vgl. Klaus Vogel, Die Verfassungsentscheidung des Grundgesetzes für die internationale Zusammenarbeit, 1964, S. 33 f., 42 f.; Udo Di Fabio, Das Recht offener Staaten, 1998.

S. 336: Zu den Formulierungen Kirchmanns vgl. Julius von Kirchmann, Die Werthlosigkeit der Jurisprudenz als Wissenschaft, 3. Aufl., 1848, S. 15 f.; zum wörtlichen Zitat vgl. S. 17.

S. 337: Die Formel des progressiven Steuersatzes regelt § 32 a Abs. 1 des Einkommensteuergesetzes in der Fassung der Bekanntmachung vom 19. Oktober 2002 (Bundesgesetzblatt I

S. 4210; 2003 I S. 179), zuletzt geändert durch Art. 1 des Gesetzes vom 20. Dezember 2008 (Bundesgesetzblatt I S. 2850):
»Die tarifliche Einkommensteuer bemisst sich nach dem zu versteuernden Einkommen. Sie beträgt vorbehaltlich der §§ 32 b, 32 d, 34, 34 a, 34 b und 34 c jeweils in Euro für zu versteuernde Einkommen
1. bis 7664 Euro (Grundfreibetrag): 0;
2. von 7665 Euro bis 12 739 Euro: (883,74 * y + 1500) * y;
3. von 12 740 Euro bis 52 151 Euro: (228,74 * z + 2397) * z + 989;
4. von 52 152 Euro bis 250 000 Euro: 0,42 * x – 7914;
5. von 250 001 Euro an: 0,45 * x – 15 414.
»y« ist ein Zehntausendstel des 7664 Euro übersteigenden Teils des auf einen vollen Euro-Betrag abgerundeten zu versteuernden Einkommens. »z« ist ein Zehntausendstel des 12 739 Euro übersteigenden Teils des auf einen vollen Euro-Betrag abgerundeten zu versteuernden Einkommens. »x« ist das auf einen vollen Euro-Betrag abgerundete zu versteuernde Einkommen. Der sich ergebende Steuerbetrag ist auf den nächsten vollen Euro-Betrag abzurunden.«

S. 337: Zum Außensteuergesetz vgl. Außensteuergesetz vom 8. September 1972 (Bundesgesetzblatt I S. 1713), zuletzt geändert durch Art. 24 des Gesetzes vom 20. Dezember 2007 (Bundesgesetzblatt I S. 3150).

S. 337: Zum Krümmgrad von Gurken vgl. »Gurken dieser Klasse müssen von guter Qualität sein. Sie müssen: (…) ziemlich gut geformt und praktisch gerade sein (maximale Krümmung: 10 mm auf 10 cm Länge der Gurke)«, vgl. II. B ii) des Anhangs der Verordnung (EWG) Nr. 1677/88 der Kommission vom 15. Juni 1988 zur Festsetzung von Qualitätsnormen für Gurken, ABl. Nr. L 150 vom 16. Juni 1988, 21 f.

S. 337: Zu den Vorschriften über den Geräuschpegel bei land- und forstwirtschaftlichen Zugmaschinen vgl. Richtlinie 77/311/EWG des Rates vom 29. März 1977, dazu Heinrich Honsell, Die Erosion des Privatrechts durch das Europarecht, in: Zeitschrift für Wirtschaftsrecht, 2008, 621 (623).

S. 337: Zu weiteren Beispielen unnötiger Verordnungen vgl. Heinrich Honsell, Die Erosion des Privatrechts durch das Europarecht, in: Zeitschrift für Wirtschaftsrecht, 2008, 621 (622 f.).

S. 337: Zu Einzelfallgesetzen vgl. Bundesverfassungsgericht, Amtliche Sammlung, Band 25, S. 371 (396) – lex Rheinstahl.

S. 338: Zur Gesetzgebung in Deutschland insgesamt vgl. Gregor Kirchhof, Die Allgemeinheit des Gesetzes, 2009.

S. 338: Zu Veit Stoß vgl. Horst Bredekamp, Der Künstler als Verbrecher. Ein Element der frühmodernen Rechts- und Staatstheorie, 2008, S. 23 ff.

S. 338: Zum Straferlass durch Urban VIII. vgl. Horst Bredekamp, Der Künstler als Verbrecher. Ein Element der frühmodernen Rechts- und Staatstheorie, 2008, S. 61 mit Fußnote 119; dort findet sich ebenfalls das Zitat.

S. 338: Zur Forderung Angelica Berninis vgl. Horst Bredekamp, Der Künstler als Verbrecher. Ein Element der frühmodernen Rechts- und Staatstheorie, 2008, S. 66 mit Fußnote 127; dort findet sich ebenfalls das Zitat.

S. 340: Zum Menschenrecht vgl. Hannah Arendt, Es gibt nur ein einziges Menschenrecht, abgedruckt in: Otfried Höffe/Gerd Kadelbach/Gerhard Plumpe, Praktische Philosophie/Ethik, Reader zum Funk-Kolleg, Band 2, 1981, S. 152 ff.

S. 340: Zur Entwicklung vom Unbestimmten zum Selbstbestimmten vgl. Udo Di Fabio, Menschenrechte in unterschiedlichen Kulturräumen, in: Günter Nooke/Georg Lohmann/Gerhard Wahlers (Hrsg.), Gelten Menschenrechte universal?, 2008, S. 63 (68).

S. 340: Zu den universalen Menschenrechten vgl. Klaus Stern, Die Idee der Menschen- und Grundrechte, in: Detlef Merten/Hans-Jürgen Papier (Hrsg.), Handbuch der Grundrechte, Band I, 2004, § 1; Udo Di Fabio, Menschenrechte in unterschiedlichen Kulturräumen, in:

Günter Nooke/Georg Lohmann/Gerhard Wahlers (Hrsg.), Gelten Menschenrechte universal?, 2008, S. 63 ff.

S. 340: Zum Ursprung des neuzeitlichen Universalismus vgl. Giovanni Pico della Mirandola, De hominis dignitate, abgedruckt und übersetzt in: August Buck (Hrsg.), Giovanni Pico della Mirandola, De hominis dignitate. Über die Würde des Menschen, 1990, S. 6 f.; zur Bedeutung des Werkes für den neuzeitlichen Universalismus vgl. Udo Di Fabio, Menschenrechte in unterschiedlichen Kulturräumen, in: Günter Nooke/Georg Lohmann/Gerhard Wahlers (Hrsg.), Gelten Menschenrechte universal?, 2008, S. 63 (67); vgl. ferner auch Konrad Hoffmann, Jacob Burckhardt. Die Kultur der Renaissance in Italien. Ein Versuch, 1985, S. 243.

S. 341: Zur individuellen Freiheit in den Händen des Einzelnen als Wesenselement moderner Gesellschaften vgl. Udo Di Fabio, Menschenrechte in unterschiedlichen Kulturräumen, in: Günter Nooke/Georg Lohmann/Gerhard Wahlers (Hrsg.), Gelten Menschenrechte universal?, 2008, S. 63 (77); Wolfgang Kersting, Kritik der Gleichheit. Über die Grenzen der Gerechtigkeit und der Moral, 2002, S. 128 f. (insbesondere zur Unterscheidung zwischen Menschenrecht und Menscheninteresse).

S. 342: Zu Deutschland als traditionellem Modell des gelebten Föderalismus vgl. Karl Loewenstein, Verfassungslehre, 2. Aufl., 1975, S. 318.

S. 342: Zur föderativen Tradition in Deutschland und mit detaillierten Anregungen zum Folgenden vgl. Josef Isensee, Idee und Gestalt des Föderalismus im Grundgesetz, in: Josef Isensee/Paul Kirchhof (Hrsg.), Handbuch des Staatsrechts, Band VI, 3. Aufl., 2008, § 126 Rn. 10 ff.

S. 342: Zu föderativen Konflikten als Wurzel der Verfassungsgerichtsbarkeit vgl. Wolfgang Löwer, Zuständigkeiten und Verfahren des Bundesverfassungsgerichts, in: Josef Isensee/Paul Kirchhof (Hrsg.), Handbuch des Staatsrechts, Band III, 3. Aufl., 2005, § 70 Rn. 28.

S. 342: Zum Zitat über die Aufgabe des Reichskammergerichts vgl. Wilhelm Emrich (Hrsg.), Ricarda Huch. Gesammelte Werke, Band 8: Im alten Reich. Lebensbilder deutscher Städte, 1967, S. 560.

S. 342: Zum Zitat Schleiermachers vgl. Friedrich Schleiermacher, An den Herrn Geheimenrath Schmalz (1815), abgedruckt in: Matthias Wolfes (Hrsg.), Friedrich Schleiermacher. Kleine Schriften 1786–1833, Abt. 1: Schriften und Entwürfe, Band 14, 2003, S. 125 (162).

S. 342: Zur Aussage Goethes vgl. Johann Peter Eckermann, Gespräche mit Goethe in den letzten Jahren seines Lebens (23.10.1828), abgedruckt bei Ernst Beutle (Hrsg.), Johann Wolfgang von Goethe. Gedenkausgabe der Werke, Briefe und Gespräche, Band 24, 1949, S. 693 (703 f.).

S. 343: Zum Bürger und dessen Freiheitsgenuss und Widerstandsbereitschaft vgl. Ausschuss-Bericht über die deutsche Reichsverfassung (Berichterstatter Abgeordneter Mittermaier), Stenographischer Bericht über die Verhandlungen der deutschen constituirenden Nationalversammlung zu Frankfurt am Main, herausgegeben von Franz Wigard, 1848, Band IV, S. 2712 (2723).

S. 344: Zu den Vorteilen einer Gliederung des Staates in einzelne Länder vgl. Josef Isensee, Idee und Gestalt des Föderalismus im Grundgesetz, in:Josef Isensee/Paul Kirchhof (Hrsg.), Handbuch des Staatsrechts, Band VI, 3. Aufl., 2008, § 126 Rn. 258 ff.

S. 345: Zur Abschaffung des Bundesstaates in der nationalsozialistischen Diktatur und der Diktatur des realen Sozialismus in der DDR vgl. Rolf Grawert, Die nationalsozialistische Herrschaft, in: Josef Isensee/Paul Kirchhof (Hrsg.), Handbuch des Staatsrechts, Band I, 3. Aufl., 2003, § 6 Rn. 11 f.; Georg Brunner, Das Staatsrecht der Deutschen Demokratischen Republik, in: Josef Isensee/Paul Kirchhof (Hrsg.), Handbuch des Staatsrechts, Band I, 3. Aufl., 2003, § 11 Rn. 7, 59 f.

S. 345: Die Deutsche Hochschule für Verwaltungswissenschaften ist dem Land Rheinland-Pfalz zugeordnet, Gesetz- und Verordnungsblatt Rheinland-Pfalz, 1950, S. 265.

S. 345: Zu den Gemeinschaftsaufgaben von Bund und Ländern vgl. im Einzelnen Art. 91a und Art. 91b des Grundgesetzes.

S. 345: Zu den gemeinsamen Einrichtungen der Länder vgl. Josef Isensee, Idee und Gestalt des Föderalismus im Grundgesetz, in: Josef Isensee/Paul Kirchhof (Hrsg.), Handbuch des Staatsrechts, Band VI, 3. Aufl., 2008, § 126 Rn. 184 ff.

S. 345: Zum Prinzip der Bundestreue vgl. Josef Isensee, Idee und Gestalt des Föderalismus im Grundgesetz, in: Josef Isensee/Paul Kirchhof (Hrsg.), Handbuch des Staatsrechts, Band VI, 3. Aufl., 2008, § 126 Rn. 160 ff.

S. 346: Ein wesentliches Ziel der Föderalismusreform I war die Reduzierung der Anzahl der Gesetze, die der Zustimmung durch den Bundesrat bedürfen, um so Blockademöglichkeiten abzubauen, Verfahren transparenter zu gestalten und Verantwortlichkeiten eindeutiger zuweisen zu können. Dazu wurde Art. 84 Abs. 1 des Grundgesetzes dahingehend modifiziert, dass Bundesgesetze, welche die Behördeneinrichtung und das Verwaltungsverfahren der Länder regeln, nunmehr ohne Zustimmung des Bundesrates erlassen werden können. Die Länder dürfen jedoch durch landesgesetzliche Regelungen davon abweichen. Nur in Ausnahmefällen, die im Bundesgesetz bezeichnet und begründet werden müssen, kann die Abweichungsmöglichkeit der Länder ausgeschlossen werden. Einigkeit wurde bereits darüber erzielt, dass eine Abweichungsbefugnis der Länder dann ausgeschlossen werden kann, wenn Regelungen des Umweltverfahrensrechts betroffen sind (Gemeinsame Entschließung von Bundestag und Bundesrat, BT-Drs. 16/2052, S. 2 und BR-Drs. 462/06, S. 3).

S. 346: Mit Art. 104a Abs. 4 des Grundgesetzes wurde ein neuer Tatbestand der Zustimmungsbedürftigkeit eingeführt, der dann eingreifen soll, wenn Gesetze mit erheblichen Kostenfolgen für die Länder verbunden sind, die Länder also Geld- oder geldwerte Sachleistungen an Dritte erbringen müssen, ohne dass ihnen ein wesentlicher Spielraum zur Bestimmung der Höhe der Leistungen bleibt. Dies könnte zum Beispiel einschlägig sein für die Kosten der Unterbringung von Asylbewerbern, die Bereitstellung von Tagesbetreuungsplätzen oder die Erbringung von Sozialleistungen. Weiterhin zustimmungsbedürftig bleiben darüber hinaus alle verfassungsändernden Gesetze (Art. 79 Abs. 2 des Grundgesetzes) und Gesetze, die das Finanzaufkommen der Länder berühren (Art. 105 Abs. 3 des Grundgesetzes).

S. 347: Zu den Anforderungen einer Mitwirkung Deutschlands an der Europäischen Union vgl. Art. 23 Abs. 1 S. 1 des Grundgesetzes: »Zur Verwirklichung eines vereinten Europa wirkt die Bundesrepublik Deutschland bei der Entwicklung der Europäischen Union mit, die demokratischen, rechtsstaatlichen, sozialen und föderativen Grundsätzen und dem Grundsatz der Subsidiarität verpflichtet ist und einen diesem Grundgesetz im wesentlichen vergleichbaren Grundrechtsschutz gewährleistet.«

S. 347: Eine unmittelbar auf die Europäische Union bezogene Struktursicherungsklausel enthalten neben Art. 23 Abs. 1 S. 1 des Grundgesetzes (eine Union, »die demokratischen, rechtsstaatlichen, sozialen und föderativen Grundsätzen und dem Grundsatz der Subsidiarität verpflichtet ist und einen dem Grundgesetz im Wesentlichen vergleichbaren Grundrechtsschutz gewährleistet«) auch Kap. 10 § 5 Abs. 1 der schwedischen Verfassung (Freiheits- und Rechtsschutz entsprechend der Verfassung und der Europäischen Menschenrechtskonvention) und in abstrakterer Form auch Art. 88-1 f. der französischen Verfassung (freiwillige gemeinsame Kompetenzausübung, Vorbehalt der Gegenseitigkeit). Art. 7 Abs. 6 der portugiesischen Verfassung ermächtigt zur Hoheitsübertragung unter dem Vorbehalt der Gegenseitigkeit, unter Beachtung des Subsidiaritätsprinzips und mit dem Ziel der Verwirklichung des wirtschaftlichen und sozialen Zusammenhalts; Art. 7 Abs. 5 ergänzt, dass Portugal den europäischen Einigungsprozess für Demokratie, Frieden, wirtschaftlichen Fortschritt und Gerechtigkeit unter den Völkern unterstützt. In allgemeiner Fassung sieht Art. 20 Abs. 1 der dänischen Verfassung eine Übertragung von Hoheitsrechten nur auf Einrichtungen zur Förderung der zwischenstaatlichen Rechtsordnung und Zusammenarbeit vor.

S. 347: Zur Mitwirkung des Bundestags und des Bundesrats vgl. Art. 23 Abs. 2 des Grundgesetzes: »In Angelegenheiten der Europäischen Union wirken der Bundestag und durch den Bundesrat die Länder mit. Die Bundesregierung hat den Bundestag und den Bundesrat umfassend und zum frühestmöglichen Zeitpunkt zu unterrichten.« Vgl. ferner Art. 52 Abs. 1 S. 1 des Vertrages über die Europäische Union vom 7. Februar 1992 (BGBl. II S. 1252), zuletzt geändert durch den Vertrag über den Beitritt der Republik Bulgarien und Rumäniens zur Europäischen Union vom 25. April 2005 (BGBl. II S. 1146): »Dieser Vertrag bedarf der Ratifikation durch die Hohen Vertragsparteien gemäß ihren verfassungsrechtlichen Vorschriften.«

S. 348: Zum Maastricht-Vertrag vgl. Bundesverfassungsgericht, Amtliche Sammlung, Band 89, S. 155 (171 f.) – Maastricht.

S. 348: Zur Identitätsgarantie vgl. Art. 23 Abs. 1 S. 3 des Grundgesetzes: »Für die Begründung der Europäischen Union sowie für Änderungen ihrer vertraglichen Grundlagen und vergleichbare Regelungen, durch die dieses Grundgesetz seinem Inhalt nach geändert oder ergänzt wird oder solche Änderungen oder Ergänzungen ermöglicht werden, gilt Artikel 79 Abs. 2 und 3.« Zu den Maßstäben vgl. Art. 79 Abs. 2 und 3 des Grundgesetzes: »(2) Ein solches Gesetz bedarf der Zustimmung von zwei Dritteln der Mitglieder des Bundestages und zwei Dritteln der Stimmen des Bundesrates. (3) Eine Änderung dieses Grundgesetzes, durch welche die Gliederung des Bundes in Länder, die grundsätzliche Mitwirkung der Länder bei der Gesetzgebung oder die in den Artikeln 1 und 20 niedergelegten Grundsätze berührt werden, ist unzulässig.« In vielen Mitgliedstaaten wird der Vorbehalt der verbleibenden Verfassungs- und Staatsstruktur ungeschriebenen Teilen der Verfassungsordnung entnommen, insbesondere dem Souveränitätsgrundsatz. Siehe hierzu insbesondere die Entscheidungen des Spanischen Verfassungsgerichtshofs vom 1.7.1992 (Europäische Grundrechte-Zeitschrift, 1993, 285), des Französischen Verfassungsrats vom 31.12.1997 (Europäische Grundrechte-Zeitschrift, 1998, 27) und des Dänischen Obersten Gerichtshofs vom 6.4.1998 (Europäische Grundrechte-Zeitschrift, 1999, 49 ff.; dazu Gerhard Ring/Line Olsen-Ring, Souveränitätsübertragung nach dänischem Verfassungsrecht, in: Europäische Zeitschrift für Wirtschaftsrecht, 1998, 589 ff.). Zum entsprechenden Souveränitätsverständnis in Italien Agostino Carrino, Verfassung und Souveränität in Europa am Beispiel Italiens, in: Zeitschrift für europarechtliche Studien, 1998, 427 ff.

S. 348: Verfahrensanforderungen bei Kompetenzübertragungen auf die Europäischen Gemeinschaften stellt neben Art. 23 Abs. 1 S. 2 und 3 des Grundgesetzes (Zustimmung des Bundesrates, verfassungsändernde Mehrheit) Art. 168 der belgischen Verfassung (Beteiligung der Kammern) und Kap. 10 § 5 Abs. 1 der schwedischen Verfassung (Dreiviertelmehrheit der Abstimmenden oder verfassungsändernde Mehrheit). Für jegliche Übertragung von Hoheitsgewalt erfordert Art. 93 S. 1 der spanischen Verfassung ein verfassungsausführendes Gesetz und Art. 20 Abs. 2 der dänischen Verfassung eine Fünfsechstelmehrheit der Mitglieder des Folketing. Vgl. auch die entsprechende Bestimmung in Art. 90 Abs. 2–4 der polnischen Verfassung (Mehrheitserfordernisse, Volksabstimmung).

S. 348: Zur Übertragung von Hoheitsgewalt auf die Europäischen Gemeinschaften ermächtigen neben Art. 23 Abs. 1 des Grundgesetzes ausdrücklich die Verfassungen von Frankreich (Art. 88-1 bis 88-4), Irland (Art. 29 Abs. 4) und Schweden (Kap. 10 § 5 Abs. 1). In allgemeiner Fassung ermächtigen zur Übertragung von Hoheitsgewalt auf überstaatliche Einrichtungen ausdrücklich die Verfassungen von Spanien (Art. 93 S. 1), den Niederlanden (Art. 92), Dänemark (Art. 20 Abs. 1) und Belgien (Art. 34). Vgl. auch die entsprechende Bestimmung in der polnischen Verfassung (Art. 90 Abs. 1).

S. 348: Zum Vorrang des Verfassungsrechts vgl. Bundesverfassungsgericht, Amtliche Sammlung, Band 89, S. 155 (181 ff.) – Maastricht.

S. 348: Zum Flussvergleich vgl. Europäisches Parlament, Bericht vom 29.1.2008 über den

Vertrag von Lissabon, 2007/2286 (INI), Entwurf einer Entschließung des Europäischen Parlaments, Begründung, S. 12/111.

S. 348: Zum »Charme des Unfertigen« vgl. Josef Isensee, Europa – die politische Erfindung eines Erdteils, in: Josef Isensee/Paul Kirchhof/Hermann Schäfer/Hans Tietmeyer, Europa als politische Idee und als rechtliche Form, 2. Aufl., 1994, S. 103 f.

S. 349: Die Europäische Union hat keine Kompetenz-Kompetenz, Zur Geschichte des Begriffs: Peter Lerche, »Kompetenz-Kompetenz« und das Maastricht-Urteil des Bundesverfassungsgerichts, in: Jörn Ipsen u. a. (Hrsg.) Verfassungsrecht im Wandel. Wiedervereinigung Deutschlands. Deutschland in der Europäischen Union. Verfassungsstaat und Föderalismus. Zum 180-jährigen Bestehen der Carl Heymanns Verlag KG, S. 409 ff.

S. 349: Zu den »Herren der Verträge« vgl. Bundesverfassungsgericht, Amtliche Sammlung, Band 89, S. 155 (190) – Maastricht; Auswärtiges Amt, Denkschrift zum Vertrag von Lissabon vom 13.12.2007, AS-RK 2007, 11.12.2007, S. 5.

S. 350: Der europäische Staatenverbund ist deswegen auch kein »Verfassungsverbund«, so aber Ingolf Pernice, Die dritte Gewalt im europäischen Verfassungsverbund, Europarecht, 1996, S. 27 (29 ff.); Markus Heintzen, Gemeineuropäisches Verfassungsrecht in der EU, Europarecht, 1997, S. 1 f.; Peter Häberle, Verfassungsrechtliche Fragen im Prozess der europäischen Einigung, in: Europäische Grundrechte-Zeitschrift, 1992, 429 f.; Christian Calliess, in: Christian Calliess/Matthias Ruffert (Hrsg.), EU-Vertrag/EG-Vertrag. Kommentar, 3. Aufl., 2007, Art. 1 EU-Vertrag Rn. 36 ff.

S. 350: Zum Zeitschema vgl. Gerhart Husserl, Recht und Zeit. Fünf rechtsphilosophische Essays, 1955, S. 42 ff.

S. 351: Im EG-Vertrag werden die europäischen Gesetze Verordnung und Richtlinie genannt, Art. 249 Abs. 1 Unterabsatz 2 und 3 des Vertrages zur Gründung der Europäischen Gemeinschaft in der Fassung des Vertrages über die Europäische Union vom 7. Februar 1992 (BGBl. II S. 1253), zuletzt geändert durch den Vertrag über den Beitritt der Republik Bulgarien und Rumäniens zur Europäischen Union vom 25. April 2005 (BGBl. II S. 1146): »[2] Die Verordnung hat allgemeine Geltung. Sie ist in allen ihren Teilen verbindlich und gilt unmittelbar in jedem Mitgliedstaat. [3] Die Richtlinie ist für jeden Mitgliedstaat, an den sie gerichtet wird, hinsichtlich des zu erreichenden Ziels verbindlich, überlässt jedoch den innerstaatlichen Stellen die Wahl der Form und der Mittel.«

S. 351: Zum Verfahren der Mitentscheidung durch das Europäische Parlament vgl. insbesondere Art. 251 des Vertrages zur Gründung der Europäischen Gemeinschaft in der Fassung des Vertrages über die Europäische Union vom 7. Februar 1992 (BGBl. II S. 1253), zuletzt geändert durch den Vertrag über den Beitritt der Republik Bulgarien und Rumäniens zur Europäischen Union vom 25. April 2005 (BGBl. II S. 1146).

S. 351: Zur Mitwirkung der Europäischen Kommission beim Zustandekommen von Rechtsakten vgl. Matthias Ruffert, in: Christian Calliess/Hermann-Josef Ruffert (Hrsg.), EU-Vertrag/EG-Vertrag. Kommentar, 3. Aufl., 2007, Art. 211 EG-Vertrag Rn. 12 ff.

S. 351: Zur Zusammensetzung des Europäischen Parlaments vgl. Art. 189 Abs. 1 des Vertrages zur Gründung der Europäischen Gemeinschaft in der Fassung des Vertrages über die Europäische Union vom 7. Februar 1992 (BGBl. II S. 1253), zuletzt geändert durch den Vertrag über den Beitritt der Republik Bulgarien und Rumäniens zur Europäischen Union vom 25. April 2005 (BGBl. II S. 1146).

S. 351: Zur Fortentwicklung des Unionsvertrages vgl. Europäisches Parlament, Bericht vom 29.1.2008 über den Vertrag von Lissabon (2007/2286 [INI]), EP-Dokument A6-0013/2008, S. 12 ff.

S. 352: Eine Übersicht über die Verfassungsrechtsprechung der Mitgliedstaaten bietet Ulrich Hufeld, Europas Verfassungsgemeinschaft – staatsrechtliche Perspektiven, in: Ulrich Hufeld/Astrid Epiney, Europäisches Verfassungsrecht, 2009, S. 35 ff.

S. 352: Zur fehlenden Souveränität der Europäischen Union vgl. Thomas Oppermann/Claus Dieter Classen/Martin Nettesheim, Europarecht, 4. Aufl., 2009, § 5 Rn. 23 f.

S. 353: Zur Zusammensetzung des Europäischen Gerichtshofs vgl. Art. 221 Unterabsatz 1 des Vertrages zur Gründung der Europäischen Gemeinschaft in der Fassung des Vertrages über die Europäische Union vom 7. Februar 1992 (BGBl. II S. 1253), zuletzt geändert durch den Vertrag über den Beitritt der Republik Bulgarien und Rumäniens zur Europäischen Union vom 25. April 2005 (BGBl. II S. 1146): »Der Gerichtshof besteht aus einem Richter je Mitgliedstaat.«

S. 353: Zu den 23 Sprachen, in denen der EU-Vertrag Verbindlichkeit erlangt, vgl. Art. 53 des Vertrages über die Europäische Union vom 7. Februar 1992 (BGBl. II S. 1252), zuletzt geändert durch den Vertrag über den Beitritt der Republik Bulgarien und Rumäniens zur Europäischen Union vom 25. April 2005 (BGBl. II S. 1146): »[1] Dieser Vertrag ist in einer Urschrift in dänischer, deutscher, englischer, französischer, griechischer, irischer, italienischer, niederländischer, portugiesischer und spanischer Sprache abgefasst, wobei jeder Wortlaut gleichermaßen verbindlich ist; er wird im Archiv der Regierung der Italienischen Republik hinterlegt; diese übermittelt der Regierung jedes anderen Unterzeichnerstaats eine beglaubigte Abschrift. [2] Nach den Beitrittsverträgen ist der Wortlaut dieses Vertrags auch in bulgarischer, estnischer, finnischer, lettischer, litauischer, maltesischer, polnischer, rumänischer, schwedischer slowakischer, slowenischer, tschechischer und ungarischer Sprache verbindlich.«

S. 354: Das Urteil des Europäischen Gerichtshofs vom 11. Januar 2000 stellte im Verfahren Tanja Kreil/Bundesrepublik Deutschland fest, dass die deutschen Rechtsvorschriften, die Frauen vollständig vom Dienst mit der Waffe ausschließen, gegen den gemeinschaftsrechtlichen Grundsatz der Gleichheit von Männern und Frauen verstießen; das Urteil ist abgedruckt in: Neue Juristische Wochenschrift, 2000, 497 ff.

S. 355: Zur Unvereinbarkeit der Herabsetzung der Altersgrenze mit dem Diskriminierungsverbot vgl. Europäischer Gerichtshof, abgedruckt in: Neue Juristische Wochenschrift, 2005, 3695 ff.

S. 355: Zur Entscheidung zum Umweltstrafrecht im Jahre 2005 vgl. Europäischer Gerichtshof, abgedruckt in: Deutsches Verwaltungsblatt, 2005, 1575 f.

S. 355: Zur Entscheidung zum Umweltstrafrecht im Jahre 2007 vgl. Europäischer Gerichtshof, abgedruckt in: Europäische Grundrechte-Zeitschrift, 2007, 696 ff.

S. 356: Zum Verbot der Diskriminierung aus Gründen der Staatsangehörigkeit vgl. Art. 12 des Vertrages zur Gründung der Europäischen Gemeinschaft in der Fassung des Vertrages über die Europäische Union vom 7. Februar 1992 (BGBl. II S. 1253), zuletzt geändert durch den Vertrag über den Beitritt der Republik Bulgarien und Rumäniens zur Europäischen Union vom 25. April 2005 (BGBl. II S. 1146): »[1] Unbeschadet besonderer Bestimmungen dieses Vertrags ist in seinem Anwendungsbereich jede Diskriminierung aus Gründen der Staatsangehörigkeit verboten. [2] Der Rat kann nach dem Verfahren des Artikels 251 Regelungen für das Verbot solcher Diskriminierungen treffen.«

S. 356: Zur Freizügigkeit im Gebiet der Europäischen Union vgl. Art. 18 des Vertrages zur Gründung der Europäischen Gemeinschaft in der Fassung des Vertrages über die Europäische Union vom 7. Februar 1992 (BGBl. II S. 1253), zuletzt geändert durch den Vertrag über den Beitritt der Republik Bulgarien und Rumäniens zur Europäischen Union vom 25. April 2005 (BGBl. II S. 1146): »(1) Jeder Unionsbürger hat das Recht, sich im Hoheitsgebiet der Mitgliedstaaten vorbehaltlich der in diesem Vertrag und in den Durchführungsvorschriften vorgesehenen Beschränkungen und Bedingungen frei zu bewegen und aufzuhalten. (2) Erscheint zur Erreichung dieses Ziels ein Tätigwerden der Gemeinschaft erforderlich und sieht dieser Vertrag hierfür keine Befugnisse vor, so kann der Rat Vorschriften erlassen, mit denen die Ausübung der Rechte nach Absatz 1 erleichtert wird. Er beschließt gemäß dem Verfahren des Artikels 251. (3) Absatz 2 gilt nicht für Vorschriften betreffend Pässe, Personalausweise, Aufenthaltstitel oder diesen gleichgestellte Dokumente und auch nicht für Vorschriften betreffend die soziale Sicherheit oder den sozialen Schutz.«

S. 356: Zu den Grundsätzen der Freiheit, der Demokratie, der Achtung der Menschenrechte und Grundfreiheiten sowie der Rechtsstaatlichkeit vgl. Art. 6 Abs. 1 und 2 des Vertrages über die Europäische Union vom 7. Februar 1992 (BGBl. II S. 1252), zuletzt geändert durch den Vertrag über den Beitritt der Republik Bulgarien und Rumäniens zur Europäischen Union vom 25. April 2005 (BGBl. II S. 1146): »(1) Die Union beruht auf den Grundsätzen der Freiheit, der Demokratie, der Achtung der Menschenrechte und Grundfreiheiten sowie der Rechtsstaatlichkeit; diese Grundsätze sind allen Mitgliedstaaten gemeinsam. (2) Die Union achtet die Grundrechte, wie sie in der am 4. November 1950 in Rom unterzeichneten Europäischen Konvention zum Schutze der Menschenrechte und Grundfreiheiten gewährleistet sind und wie sie sich aus den gemeinsamen Verfassungsüberlieferungen der Mitgliedstaaten als allgemeine Grundsätze des Gemeinschaftsrechts ergeben.«

S. 356: Zur Europäischen Menschenrechtskonvention vgl. Konvention zum Schutze der Menschenrechte und Grundfreiheiten vom 4. November 1950, in der Fassung der Neubekanntmachung vom 17. Mai 2002, Bundesgesetzblatt 2002, II, S. 1054; die Konvention ist am 3.9.1953 in Kraft getreten. Die Bundesrepublik Deutschland ratifizierte die Konvention am 5.12.1952.

S. 356: Zur Grundrechtecharta der Europäischen Union vgl. Charta der Grundrechte der Europäischen Union, am 7. Dezember 2000 vom Europäischen Rat in Nizza feierlich proklamiert (ABl. Nr. C 364/1) in der am 12. Dezember 2007 in Straßburg unterzeichneten Fassung: (Abl. EU 2007 Nr. C 303 S. 1; BGBl. 2008 II S. 1165); bislang nicht in Kraft getreten.

S. 356: Die Charta der Grundrechte ist bislang nicht rechtsverbindlich. Sie wurde ursprünglich vom Europäischen Konvent erarbeitet und am 7. Dezember 2000 von den Staats- und Regierungschefs feierlich in Nizza proklamiert. Die Charta bildete Teil II des »Vertrages über eine Verfassung für Europa«. Dieser Vertrag wurde am 29. Oktober 2004 in Rom unterzeichnet, anschließend allerdings nicht in allen Mitgliedstaaten ratifiziert. Am 13. Dezember 2007 unterzeichneten die Staats- und Regierungschefs sowie die Außenminister der EU den »Vertrag von Lissabon zur Änderung des Vertrages über die Europäische Union und des Vertrages zur Gründung der Europäischen Gemeinschaft«. Dieser wurde noch nicht ratifiziert. Am 12. Juni 2008 sprach sich die Bevölkerung von Irland in einem Referendum gegen die Ratifikation dieses Vertrages aus: Irland ist der einzige Mitgliedstaat, in dem es zur Ratifikation des Vertrages von Lissabon eines Referendums bedarf. Art. 6, Abs. 1 dieses Reformvertrages lautet: »Die Union erkennt die Rechte, Freiheiten und Grundsätze an, die in der Charta der Grundrechte der Europäischen Union vom 7. Dezember 2000 in der am 12. Dezember in Straßburg angepassten Fassung niedergelegt sind; die Charta der Grundrechte und die Verträge sind rechtlich gleichrangig. Durch die Bestimmungen der Charta werden die in den Verträgen festgelegten Zuständigkeiten der Union in keiner Weise erweitert. Die in der Charta niedergelegten Rechte, Freiheiten und Grundsätze werden gemäß den allgemeinen Bestimmungen des Titels VII der Charta, der ihre Auslegung und Anwendung regelt, und unter gebührender Berücksichtigung der in der Charta angeführten Erläuterungen, in denen die Quellen dieser Bestimmungen angegeben sind, ausgelegt.« Beigefügt ist dem Reformvertrag das »Protokoll über die Anwendung der Charta der Grundrechte der Europäischen Union auf Polen und das Vereinigte Königreich«.

S. 356: Zu Grundrechtecharta und EU-Vertrag vgl. Art. 6 Abs. 2 des Vertrages über die Europäische Union vom 7. Februar 1992 (BGBl. II S. 1252), zuletzt geändert durch den Vertrag über den Beitritt der Republik Bulgarien und Rumäniens zur Europäischen Union vom 25. April 2005 (BGBl. II S. 1146): »Die Union achtet die Grundrechte, wie sie in der am 4. November 1950 in Rom unterzeichneten Europäischen Konvention zum Schutze der Menschenrechte und Grundfreiheiten gewährleistet sind und wie sie sich aus den gemeinsamen Verfassungsüberlieferungen der Mitgliedstaaten als allgemeine Grundsätze des Gemeinschaftsrechts ergeben.«

S. 357: Zu Art. 220 Unterabsatz 1 EG-Vertrag: »Der Gerichtshof und das Gericht erster Instanz sichern im Rahmen ihrer jeweiligen Zuständigkeiten die Wahrung des Rechts bei der Auslegung und Anwendung dieses Vertrags.«

S. 357: Zur Grundrechtecharta der Europäischen Union vgl. Charta der Grundrechte der Europäischen Union, am 7. Dezember 2000 vom Europäischen Rat in Nizza feierlich proklamiert (ABl. Nr. C 364/1) in der am 12. Dezember 2007 in Straßburg unterzeichneten Fassung: (Abl. EU 2007 Nr. C 303 S. 1; BGBl. 2008 II S. 1165); bislang nicht in Kraft getreten; dazu Jürgen Meyer/Norbert Bernsdorff, Charta der Grundrechte der Europäischen Union, 2. Aufl., 2006.

S. 358: Art. 23 Abs. 1 des Grundgesetzes lautet: »Zur Verwirklichung eines vereinten Europa wirkt die Bundesrepublik Deutschland bei der Entwicklung der Europäischen Union mit, die demokratischen, rechtsstaatlichen, sozialen und föderativen Grundsätzen und dem Grundsatz der Subsidiarität verpflichtet ist und einen diesem Grundgesetz im wesentlichen vergleichbaren Grundrechtsschutz gewährleistet. Der Bund kann hierzu durch Gesetz mit Zustimmung des Bundesrates Hoheitsrechte übertragen. Für die Begründung der Europäischen Union sowie für Änderungen ihrer vertraglichen Grundlagen und vergleichbare Regelungen, durch die dieses Grundgesetz seinem Inhalt nach geändert oder ergänzt wird oder solche Änderungen oder Ergänzungen ermöglicht werden, gilt Artikel 79 Abs. 2 und 3.«

S. 360: Zur Verteilung des Weltvermögens vgl. James B. Davies, The World Distribution of Household Wealth, 2006.

S. 360: Zum Verhältnis von Managergehältern und Industriearbeiterlöhnen vgl. die Zahlen bei Reinhard Marx, Das Kapital, 2008, S. 24.

S. 364: Zur Forderung nach einem stetigen und angemessenen Wirtschaftswachstum vgl. § 1 des Gesetzes zur Förderung der Stabilität und des Wachstums der Wirtschaft vom 8. Juni 1967 (Bundesgesetzblatt I S. 582), zuletzt geändert durch Gesetz vom 31. Oktober 2006 (Bundesgesetzblatt I S. 2407).

S. 365: Zu den Doppelbesteuerungsabkommen vgl. Klaus Vogel/Moris Lehner, Doppelbesteuerungsabkommen, 5. Aufl., 2008.

S. 365: Zur Vereinheitlichung des Kaufrechts vgl. Übereinkommen der Vereinten Nationen über Verträge über den internationalen Warenkauf (CISG) vom 11. April 1980 (Bundesgesetzblatt 1989 II S. 588, berichtigt durch Bundesgesetzblatt 1990 II 1699). Für die Bundesrepublik ist das Übereinkommen am 1.1.1991, für die ehemalige Deutsche Demokratische Republik am 1.3.1990 in Kraft getreten (Bekanntmachung vom 23.10.1990, Bundesgesetzblatt II S. 1477).

S. 365: Zu Verfassungspatriotismus und Kosmopolitismus vgl. Jürgen Habermas, Können komplexe Gesellschaften eine vernünftige Identität ausbilden? in: Jürgen Habermas, Zur Rekonstruktion des historischen Materialismus, 1976, S. 92 ff.; Peter Glotz, Der Irrweg des Nationalstaats, 1990.

S. 365: Zur These, der Nationalstaat gehe in der Europäischen Union auf, vgl. Ingolf Pernice, Europäisches und nationales Verfassungsrecht, in: Veröffentlichungen der Vereinigung der Deutschen Staatsrechtslehrer, 60 (2001), 148 (155); vgl. auch Ingolf Pernice, Carl Schmitt, Rudolf Smend und die europäische Integration, in: Archiv des öffentlichen Rechts, 120 (1995), 100, 102 f.; zur Lockerung von Homogenitätsanforderungen und demokratischer Legitimation durch das Staatsvolk vgl. auch Georg Nolte, Verfassungsvertrag für Europa, in: Otto Behrens/Christian Starck (Hrsg.), Gesetz und Vertrag I, Abhandlungen der Akademie der Wissenschaften zu Göttingen, 2004, S. 151 (164); Thomas Schmitz, Integration in der supranationalen Union, 2001, S. 384; Peter M. Huber, Europäisches und nationales Verfassungsrecht, in: Veröffentlichungen der Vereinigung der Deutschen Staatsrechtslehrer, 60 (2001), 194 (198); Christoph Möllers, Verfassunggebende Gewalt – Verfassung – Konstitutionalisierung, in: Armin von Bogdandy (Hrsg.), Europäisches Verfassungsrecht, Theoretische und dogmatische Grundzüge, 2003, S. 9 f., 20.

S. 365: Zur Beendigung der Territorialität durch neuen Medien vgl. Nachweise und Kritik bei: Rüdiger Voigt, Den Staat denken, 2007, S. 42.
S. 365: Zum »Ende der Geschichte« vgl. Francis Fukuyama, The End of History and the last Man, 1992.
S. 365: Zu Staaten als Voraussetzung für die Freiheit vgl. Francis Fukuyama, Staaten bauen: Die neue Herausforderung internationaler Politik, 2004.
S. 367: Zum Zitat des amerikanischen Verfassungsrichters Antonin Scalia vgl. Manfred Berg/Dieter Gosewinkel, Verfassung und Kultur, in: Christof Mauch/Kiran Klaus Patel (Hrsg.), Wettlauf um die Moderne, Die USA und Deutschland 1890 bis heute, 2008, S. 155.

Kapitel XII. Zehn Gerechtigkeitsprinzipien in Zeiten des Umbruchs

S. 368: Zum Leben König Ludwigs II. von Bayern vgl. Elmar D. Schmid, König Ludwig II. im Porträt, 1996; Dirk Heißerer, Ludwig II., 2003; Christof Botzenhart, »Ein Schattenkönig ohne Macht will ich nicht sein«. Die Regierungstätigkeit König Ludwigs II. von Bayern, 2004; Heinz Häfner, Ein König wird beseitigt. Ludwig II von Bayern, 2008.
S. 368: Zum psychiatrischen Gutachten vgl. Dirk Heißerer, Ludwig II., 2003., S.112 ff; Heinz Häfner, Ein König wird beseitigt. Ludwig II von Bayern, 2008, S. 353 ff. et passim; Wolfgang Schmidbauer/Johannes Kemper, Ein ewiges Rätsel will ich bleiben mir und anderen. Wie krank war Ludwig II. wirklich?, 1986, S. 116 ff.
S. 369: Zum Bund von Herrscher und Volk im altorientalischen Vertragsrecht vgl. jüngst Christoph Koch, Vertrag, Treueid und Bund. Studien zur Rezeption des altorientalischen Vertragsrechts im Deuteronomium und zur Ausbildung der Bundestheologie im Alten Testament, 2008, S. 19 ff.
S. 369: Zu den modernen Vertragstheoretikern vgl. Thomas Hobbes, Leviathan, ore The Matter, Forme & Power of a Common-Wealth Ecclesiasticall and Civill (1651), abgedruckt in: Michael Oakeshott (Hrsg.), Thomas Hobbes. Leviathan or the matter, forme and power of a commonwealth ecclesiasticall and civil, 1946, übersetzt in: Iring Fetscher (Hrsg.), Leviathan oder Stoff, Form und Gewalt eines kirchlichen und bürgerlichen Staates, 12. Neudruck, 2004; John Locke, Two treatises of government (1689), abgedruckt in: Peter Laslett (Hrsg.), John Locke. Two treatises of government. A critical edition with an introduction and apparatus criticus, 1960, übersetzt in: Walter Euchner (Hrsg.), John Locke. Zwei Abhandlungen über die Regierung, 12. Neudruck, 2007; Jean-Jacques Rousseau, Du contrat social ou principes du droit politique (1762), übersetzt in: Jean-Jacques Rousseau, Sozialphilosophische und Politische Schriften, 1981, S. 267 ff.